# 管理静思录

盛昭瀚 著

南京大学出版社

**图书在版编目(CIP)数据**

管理静思录/盛昭瀚著. —南京:南京大学出版
社,2023.7
ISBN 978 - 7 - 305 - 27099 - 4

Ⅰ.①管… Ⅱ.①盛… Ⅲ.①工程管理—文集 Ⅳ.
①F40 - 53

中国版本图书馆 CIP 数据核字(2023)第 110781 号

出版发行 南京大学出版社
社　　址 南京市汉口路 22 号　　　　　邮编　210093
出 版 人 金鑫荣

**书　　名 管理静思录**
著　　者 盛昭瀚
责任编辑 余凯莉

照　　排 南京开卷文化传媒有限公司
印　　刷 苏州市古得堡数码印刷有限公司
开　　本 787 mm×960 mm　1/16　印张 35.75　字数 533 千
版　　次 2023 年 7 月第 1 版　2023 年 7 月第 1 次印刷
ISBN 978 - 7 - 305 - 27099 - 4
定　　价 158.00 元

网　　址:http://www.njupco.com
官方微博:http://weibo.com/njupco
微信服务号:njupress
销售咨询热线:(025)83594756

# 序之陆则

## 壹

寓居石头城，成贤街南端的一幢高层公寓。

卧室兼书房十多平方。一张小电脑桌，紧靠着南窗；一盏可调光的台灯歪着头，既照着电脑屏幕，又用余光看着我写作，特别是近几年来，每天数它陪伴我的时间最长。

晚间有时散步，站在对面街角。明亮的车灯，如同闪光的长河在眼前奔流不息；街灯沿着"河岸"延伸，消失在街的尽头。

抬头放眼，数到公寓我那一层，看准了那个窗口，竟只是一个昏暗的光点，这是空间尺度不同的缘故。

日子波澜不惊，每天周而复始，时间过得好慢。宋柳永就有"孤馆，度日如年。风露渐变，悄悄至更阑"。反之，年华转瞬如梭，屈指古稀早过，时间又过得真快。宋王沂孙有"过眼年华，动人幽意，相逢几番春换"。这是时间尺度不同的关系。

的确，时间的快慢要看各人怎么看。在牛顿物理学中，时间被看成绝对的，它以不变的速度前进，无所谓快慢；但是，狭义相对论认为，物体运动时，时间会变慢，速度越快，时间就越慢；而广义相对论认为，物质质量越大，距离越近，时间越慢。总括起来，相对论认为，时间流逝的快慢只取决于参照物在宇宙中的位置及速度，这真是极聪明的物理学家才懂的物理学。

作为普通人，我只能从一个凡人视角来理解时间的快慢。年纪大了，含饴弄孙，采菊东篱，会觉得一天下来时间很快；退休了，从忙碌中解脱，无所事事，闲时多得无措，又会觉得时间真慢。

年轻人，朝气蓬勃，自感来日方长，时间意识往往淡薄，也就无所谓时间快慢。当然，不同情境下，年轻人也会有时间快慢之分：事业心强的，整日有忙不完的事，总感到时间不够用，一开口就是时间太快；反之，工作无压力，闲得无聊，或听某位讲者报告，味同嚼蜡，如坐针毡，巴不得快点结束，可时间偏偏过得太慢。可见，时间是快还是慢，断不会万口一辞，往往莫衷一是，要依人、依事、依情景、依心境而定。

这说明，时间是与人的心境相连的。

环境安静，心境平和，自己的思绪会与时间一起舒缓地向前流淌。这时，被时间浸润的思绪犹如山泉——有点甜；饮一口，能品出卡尔维诺说的"我相信缓慢、平和、细水长流的力量，踏实、冷静"。若更进一步，"清知思绪断，爽觉心源彻"，更是到了人生时间体验的最高境界。

反之，长期在燥热浮华的环境里生活，人的思绪难以冷静下来。你看唱戏的角儿，聚光灯下，讲究个幞头，再使劲往脸上抹上油彩，虽然华艳，但极易使人名头太多，头脑发晕，唱走了板。做学问，不可当唱戏，更不可入戏太深，对名头过于热衷。

一般认为，我们生活在牛顿物理学的时空观中，时间无有快慢，除非你自己握紧，拧得它"变慢"；但时间确实是有质量的，静气能够提高属于你的时间的质量，而时间的质量又保证了你思考的质量。

在宁静的时间里思考，容易融入一种恬淡的境界，少了许多羁绊，用多年的风雨阅历做基石，写下些许感悟，会比年轻时更真切、更豁达，不叹老，不悲秋。

窗口的光点虽然昏暗，但静思让人心底敞亮，也理解了"思，须静也"的真谛。中国古人把"静气"当作读书做学问的优秀品质，也是一种宝贵的学养，尤其认为，这一品质不是与生俱来的，而是需要学习和修炼的，因此有了"习静"一说，细想起来，好深刻的哲理！

十余年下来，习惯了静言思之、记点文字，作为一位老管理学人的刍荛之言。

于是,有了这本《管理静思录》。

## 贰

《管理静思录》,顾名思义:一是关于管理学的思考,二是在宁静环境与心绪中的思考。所以,思考是从容的,不是急就章。

比较而言,心绪的宁静比环境的安静对思考的质量更为重要。环境的安静是外在的,而心绪的宁静是内生的,是以"心"的宁静,实现对问题清晰、透彻的思考与感悟。

遵循以上原则,《管理静思录》收录文章时主要考虑如下因素。

第一,思,从心囟声。思,本来是大脑的功能,与心脏无关,但中国古人以"心"作"思"的基础,虽不符合现代西医解剖学的原理,其实是古人看透了思考要源自自己灵魂这一深刻的哲理。法国雕塑家罗丹以人的思考为灵感创作雕塑作品,名为《思想者》。其将人的深邃、腾飞的思考与刚健的身体完美融合,构成人的生命与精神的永恒。自我之"思"不能由他人替代,独立思考从来都是一个人健康生命的重要组成部分,故本书没有一篇是别人代笔的。

第二,这么多年来,先后写了一些东西,其中有一些文章算是用心表达了自己对问题的思考,本书尽量集结了这部分文章。

第三,对管理的思考,有些主要是学术性的,这类思考的载体大都为学术论文。但是,由于不准备把《管理静思录》编撰成学术论文集,因此,这类"静思"的文章不予收录,只收录管理思想、管理学理或者管理学术中偏重于管理思想方面的文章。

目前收录的文章,有以下特点。

第一,有些文章聚焦于某个重要的主题,如当前我国管理学领域正面临一个历史性转折,需要我们站在时代的高度,确立我国管理学学术研究的新方位,弄清楚当前管理学研究领域中的若干基础性思维原则。笔者在近五六年的时间内集中对上述问题进行了"静思",几篇文章写好了搁在一边。2019年年初,适逢《管理科学学报》开辟了"管理新思维、新思想、新理论、新方法论"新栏目,笔者从8篇系列文章中整理出4篇,还将其他主题一致的文章一并收录在本书中献给大家。此外,本书文章主题还包括对我国管理科学与工程学科发展70年历史的回顾、反思与展望,以期诠释恩格斯"科学是一种社会建制"的重要论断。

第二,有些文章是"集中火力"对一个重要科学问题的"静思"。如重大工程管理基础理论建设问题,这是国际工程管理学术界公认的具有引领性、前沿性的重要科学问题。近年来,国际学术界还集中一批优秀学者"寻找"重大工程管理基础理论。中国学者依托我国丰富的重大工程管理实践与科学思维原则,首次在国际上对重大工程管理基础理论的学术体系与话语体系进行了系统性的探索,这是中国学者自主性"静思"的结果。这一成果的主体部分已经在国际著名学术出版社以学术专著的方式出版,正如其英文版"前言"所述,为获得这一成果,前前后后静思了30余年,最近,又出版了该书的中文版。这一科学问题的学术思想研究与成果形成过程,在相关专著的前言和序中都有所交代,其中的不少内容属于思考心得,还有若干围绕重大工程管理发表在报刊、学术刊物上的文章,也作为本书"静思"专题的一部分。

第三,我国管理学发展的现实道路深深铭刻着我国独特的国情与文化烙印,并为我国大量的现实需求所推动,因此,本书收录了对我国管理科学与工程学科发展70年历史的回顾、反思与展望,以期诠释恩格斯"科学是一种社会建制"重要论断。另外,对具有重大现实意义的复杂系统管理的展望及对早期中国管(治)理思想的文化记忆等也都首次在本书中出现。

收录的文章无论长短,都经过或多或少的"静思"。唐代诗人贾岛骑在驴背上作诗,不断"推敲"。贾先生不仅骑驴于喧嚣的大街之上,还差点冲撞到代理京兆尹礼部侍郎韩愈的仪仗队,环境实在不安静,但就贾先生本人而言,他倒真的是以宁静的心境在静思。

第四,回到现实。我特别喜欢汪曾祺先生和他的作品。汪先生是江苏高邮人,中国当代作家、散文家、戏剧家、京派作家的代表人物。被誉为"抒情的人道主义者""中国最后一个纯粹的文人""中国最后一个士大夫"。汪先生似乎不讲究文章章法结构,然而那都是"苦心经营的随便";汪曾祺的语言干净自然,"能不说的话就不说"。这其实必须静下心来像贾岛那样"推敲"才能做到。

汪先生外祖父家小客房的南墙上挂着一条横幅,上书苏东坡的诗句"无事此静坐",故他对"静"感悟很深:静,是一种气质,也是一种修养。静是要经过锻炼的,古人叫作"习静"。唐人诗云:"山中习静朝观槿,松下清斋折露葵。"汪先生很喜欢程颢的诗:"万物静观皆自得,四时佳兴与人同。"唯静,才能照观万物,顺乎自然。

汪先生花了十多年,养成了静坐的习惯,才达到文字"苦心经营的随便"的境界,可见"习静"谈何容易啊!

本人愧未能做到万一。

## 叁

回忆是一种常见的思考形态,因为人常在回忆中思考。由于各人的人生轨迹不一样,回忆的内容自然也各不相同。一般来说,人生中的许多"首次"往往是回忆与静思的"首选"。我想,这大概是因为"首次"在人的记忆仓库的某个地方往往"捷足先登",占了首位。

1982年夏,我写了我自己的首篇学术论文,题目为《定时发车的公共汽车起始站的排队模型》,经中科院专家评审后刊登在1983年《南京工学院学报》第一期。论文研究了输入服从参数为Poisson流,相继服务时间为定长且有最大服务容量的服务系统的排队模型,引进了相应的不可约、非周期的嵌入Markov链,给出了该链为正常返的充分必要条件以及该链为零常返与非常返的充分必要条件;计算了遍历性情况下的平稳分布与平稳状态下的平均队长和平均最长等待时间。该文实际上是用了15页的篇幅做了一道随机服务系统数学证明题。今天看来,学术水平一般,但它是40年前自己撰写的首篇学术论文,值得回忆,何况在这篇论文写作过程中的几桩轶事,反倒成为难得的境遇了。

那年夏天特别热,一家几口住在原来学生宿舍"筒子楼"里,一间房,两张高低床,每家房门口的"标配"为:一边一只煤炉,另一边一堆煤球。一家炒菜,起码十家能免费闻到菜香。

有段时间,夫人出差,女儿去了外公家,留下我专心致志做这道数学证明题。天实在太热,只有一把蒲扇陪伴,放个方凳在房门口当桌,为的是走廊上那点串风,名副其实的"赤膊上阵"。好在那会儿大家的"绅士文明"标准都不高,吃饭油水也不多,还不至于大腹便便,因此,各人体型都还"拿得出手",也就见怪不怪了。

为了不浪费时间,每天一早煮一小锅饭,蒸个鸡蛋,烧一小锅"鸡毛菜"汤,外加酱菜少许或者一个咸鸭蛋,既填饱了肚子又有营养,极省时间。每顿饭后只要洗一只碗。特别是,鸡毛菜洗干净,用手掐断,放入锅中,白开水直接煮,煮好后加点香油和盐,连菜刀都用不着,天天如此。几天之后,"证明题"做出来了,检查再三无误,为了犒劳自己,上街用肉票买了点肉,这下用上刀了,那时刀也清苦,好多天不沾油水,拿起菜刀一看,菜刀上竟满是锈斑。

另外,连着几天,从早到晚独自一人埋头苦干,一天下来,连和左右邻居见个面、打个招呼的机会都没有。某日,听门外隔壁邻居讲话,突然想不起他姓什么,吓得不敢出门,以防迎面见了打不成招呼岂不丢人。哪知,越想不出越紧张,越紧张越想不出,只能躲在房间里绞尽脑汁,想把人家姓什么"挖掘"出来再出门,长时间无果;突然间,有人大声喊了他一声,原来姓周,真是姓周,周老师!幸亏有人提醒,天助我也!否则,面对面见了,招呼道"老师好",那周老师一定惊岔万分。此后,我信了:一人独居久了,思维与话语能力还真能出障碍。

记得那年冬天,中科院数学所学者来南京主讲运筹学,从某单位借的一间教室,被挤得水泄不通。学员们来自全国各地,年长的、年轻的,穿中山装、军大衣的都是同学,大家不问来路、背景,只为求知。清晨,街道上还很冷清,揣2个馒头骑40分钟自行车往教室赶,为的是占个前面的位子听得清楚,回来再一字一句重新整理一遍笔记。上课的专家没有一点架子,拿着粉笔,整黑板又写又画,搞得中山装上满是粉笔灰;讲授运筹学,注重严谨性,完整推导一个定理往往要写满两三黑板,不看讲稿,全都熟稔于心。有了榜样,后来我讲运筹学,用一节多课,写满几黑板仅为证明一个定理,前一天备课,把证明过程背得烂熟,再默上几遍,上课当天,一气呵成。看着满黑板的符号,充满了教师的成就感。可见,粉笔比 PPT 更能让教师体验到幸福,还能够逼着你练字,不似现在,无论字有多丑,电脑都为你挡着。硕士研究生学习热情很高。学期结束考运筹学,从上午 8 点开始,原定 4 个小时到 12 点结束,学生一再主动要求延长时间,直至下午 2 点,教师既心疼又欣慰。

冬日的下午,暖阳从窗口落在身上,沏上一杯茶,在杯中一抹淡碧的陪伴下,专注地看一本书,静静地享受这份恬静与惬意。偶尔从远处隐隐传来一两声走街串巷的叫卖声,反倒更让人感到身边的那份宁静。

这就是 20 世纪 80 年代初的大学普通教师的生活,低水平的物质生活,连电风扇都是罕见的奢侈品,但彼此都很乐观、向上,期盼和憧憬着科学的春天与改革开放带给大家美好的生活。

写到这里,不由得又让我回想起那时大学研究生刻苦钻研、认真求知的精神。不久前,我们学院的周晶教授(1986 年毕业于南京工学院自动化所系统工程专业的硕士研究生)交给我一份她保存了 35 年、我作为她的导师起草的关于 Karmarkar 算法研究的硕士论文答辩决议初稿原件,可谓"物归原主"。答辩决议初稿不长,大约 400 余字,但修改了 10 多处。

众所周知,一直到 20 世纪 80 年代,单纯形算法都是线性规划(LP)问题占据统治地位的方法,单纯形与 LP 几乎为同义语。但从算法复杂性角度看,算法分为"好"的算法(多项式、P 算法)与"不好"的算法(指数、NP 算法),既然单纯形算法运用那么广泛,它究竟属于什么算法,理论上一直没有解决这个问题。1972 年,Klee 构造了一个反例,LP 出现了 NP 算法。1979 年,苏联的哈齐扬提出了一个多项式椭球算法;1984 年,印度数学家 Karmarkar 又提出了一个多项式 Karmarkar 算法。正如答辩决议指出的:周晶"在相关信息尚不太充分的情况下,选择了这一算法开展研究,探讨了目标函数和约束条件均为非齐次模型,证明了 Karmarkar 提出的滑动目标函数法的可行性并研究了加速算法收敛速度等问题,选题具有一定的探索意义,值得提倡和可取","周晶的论文《一种改进的 Karmarkar 多项式时间算法》思路清晰,推理正确,达到了硕士学位的学术水平"。答辩决议起草时间为 1986 年 4 月 3 日，与 Karmarkar 提出这一算法大约相隔 2 年时间。今天看到这 2 页微微泛黄的答辩决议，很有感慨：第一，30多年前的硕士研究生已经能够很敏捷地跟踪国际前沿，开展"信息尚不太充分的"科学问题研究；第二，答辩决议的评价虽然充分肯定了她的水平，但口气是那么平和，并无多少溢美之词和"帽子"，这就是那个时代大学科学研究与人才培养的基本氛围，即谦和、踏实而静气。

## 肆

不由得又想起汪曾祺先生。他作为戏剧家，编出的现代京剧《沙家浜》家喻户晓，其中《智斗》中的阿庆嫂一段"垒起七星灶，铜壶煮三江，摆开八仙桌，招待十六方，来的全是客，全凭嘴一张，相逢开口笑，过后不商量，人一走，茶就凉"，充满了斗争智慧的诗意，还有他的《早晨》《爬山虎》等散文诗，想必都是"苦心经营"静思后所得。有人说，诗意的本质是安静中的蓬勃，人的诗意，本质上是对安静生命的一种敬意，是孤独之美，是与另一个自己的厮守，因此，哪里有安静的生命，哪里就有诗意，自然就有诗。

诗，本义是把心中的思想表达出来的语言。《毛诗·序》曰："诗者，志之所之也。在心为志，发言为诗。"故，诗言志，后专指抒发情感的押韵文字，这恐怕是因为押韵文字更容易吟唱、记忆和流传。不管如何，诗作可算是人们对美好生活与丰富感情的向往、寄托与表达，诗往往是美好的代表。

在中国，说起历朝历代的诗，毫无疑义当推唐朝的诗。《全唐诗》记载，唐朝"得诗四万八千九百余首，凡二千二百余人"。其中，白居易生前曾自编其集《白氏文集》（初名《白氏长庆集》），收诗文三千八百多篇，为唐代诗人中留存作品最多的。另外，也有一生只写了两首诗的初唐诗人扬州人张若虚，其中一首《春江花月夜》被后世之人评为"孤篇盖全唐"，连诗仙李白读过他的诗都表示甘拜下风。

由美好的诗意说到无穷远处，自然想到四个字：诗与远方！对这四个字的喜爱，各人有各人的道理。有人从意蕴、有人从心境、有人从励志、还有人从追求与理想来感悟它、欣赏它,这都无所谓,一千个人有一千个哈姆雷特嘛。我想可能是这四个字给身处缤纷复杂世界的人们以充分广阔的思维空间,让人们能够放飞自我心境,自由翱翔;我认为人们喜爱这四个字是因为它没有标准答案,各人都可以通过对"诗"与"远方"的理解来诠释对蓝天、田野和生活的情怀。

诗与远方,其意是诗在远方,诗要到远方去寻觅。为什么?实在是因为现实有着太多的压力,经历着艰辛、不顺、坎坷、波折、忙碌,即"眼前的苟且",这些都不像美好的诗。于是,人不由得感慨,心中那像诗一样美好的追求、向往、幸福与快乐都不在身边,而只能去远方追寻。远方有美好,所以有诗。这也不失是一种对人积极向上、向前的激励。

但细想开来,我又心生一丝"不解":我们生活的空间在距离上是互为参照的,当我们憧憬着远方的诗意的时候,那些"远方"的人们不也憧憬着我们这儿的诗意!这样一来,处处岂不都既有诗,又有"眼前的苟且"。所以,我们其实无须自虑和自恼,走到何地,都既是"远方"又是"眼前",因此总有诗,也总有"苟且"。无论何时何地,诗与苟且总是融为一体的。这样一想,心境会平复许多,不再埋怨生不逢时或者生不逢处了。

有人认为,"诗与远方"是一种心境,只在心里。不过,我想说的是,"诗与远方"不应"只在心里",还应在手中、在脚下。不论是张若虚的一首诗,还是四万八千九百余首中的许多"无名氏"的诗篇,都需要诗人用心、用手一字字写出来;通向远方的路不仅要用手铺筑,还要用脚一步步走完。如果"只在心里"有作诗的打算、铺路的规划,只是坐在那儿"论道"而不行动,那永远也没有现实的"诗与远方"。

在这个意义上,美好的诗般的生活与眼前平凡的工作是不可分离的,人们只有以积极乐观豁达的心态对待生活,不管身处何处、遇到何种坎坷,心中都有阳光,都会有诗。由此不难理解,最难能可贵的是为了实现美好生活而持之以恒、脚踏实地的奋斗,如果仅仅停留在向往、空谈甚至埋怨层面,那美好的诗般的生活只能在无穷远处。

说到这里,不禁想起我在《管理理论:品格的时代性与时代化》中提到的:管理理论的品格中蕴含着一种自我评判、否定,不断被修正和重构的品格,这一品格即为管理理论的时代化;管理中国化是时代化在中国的具体形态,是管理理论在中国发展的现实道路;管理理论的中国化主要基于中国管理实践、回应我国社会经济发展与改革中的重大问题,在解决中国实际管理问题过程中形成自主性的管理理论。

在当前国际工程管理学术界,重大工程管理基础理论就是"诗与远方",中国学者不仅将其记在心中,更在 30 多年中考察了全国 20 多个省区市的重大工程,率先在国际学术界提出我国自主性的重大工程管理基础理论体系,并且作为"我国重大工程管理理论时代化的一个成功**示例**"。

从学理上不难看出,管理理论的中国化是一个庞大的知识创新系统工程,也是一个漫长渐进的过程,需要管理学各个领域的学者一步步向前推进,这是实现"诗与远方"的必由之路。反之,任何毕其功于一役或者一蹴而就的企图都是违背理论创新客观规律和不切实际的。

一位学界的朋友看到此文,好心但有些急于求成地写道:"管理理论的时代化,应该是全面地认识、广泛地展开、深入地应用和持续地推进,这才是'化',而不应该仅仅停留在工程项目管理理论这一类特定理论的时代化上面,在这一点上我们可以进行商榷。"

因为不常见面,所以也就没有机会与朋友当面商榷,但我认为这无妨,因为这一问题并不复杂。管理理论中国化,是个整体性概念,它需要一个个学者在其具体学术领域或方向上,踏踏实实地一步步开展中国化的探索工作,并以其自身的具体"示例"作为"中国化"大厦的一砖一瓦。也就是说,一个个具体领域甚至一个个方向上的"中国化",都是管理理论"中国化"事业不可缺少的组成部分,没有一个个这样实实在在的探索和示例,又哪里来"全面、广泛、深入、持续的"中国化? 就像伟大的万里长征,没有一步步艰苦跋涉,哪能一步到达陕北,伟大的解放战争,没有一个个战役的胜利,新中国绝不可能"化"出来。

特别是在当前,诸多事实告诉我们,做学问,特别是像管理理论"中国化"这样的大学问,特别需要我们中国学者在群体意义上克服浮躁心态,一点点积累,把冷板凳坐热比任何空谈与口号都重要。在这一点上,西汉桓宽所云"言之非难,行之为难。故贤者处实而效功,亦非徒陈空文而已",真是深知其理。

我国现代管理学术发展时间短、积淀薄、传承少,科学研究的文化建设越来越成为当务之急,学科带头人摒弃空谈、习静务实的学术品格与榜样作用尤其重要,因为带头人往往是年轻人不知不觉中的榜样。

学界的宏大规划与愿景固然美好,但重要的是不能仅仅把它挂在嘴边,大而化之。许多时候,它其实就是我们每个人的那张冷板凳和那盏平凡而无趣但始终闪烁的昏暗光点。

## 伍

2001年,南京大学管理科学与工程研究院成立,学校虽然非常关心和支持,但事情还得自己一件件做起来,一切都得从零开始。在没有科研项目之际,一位博士生带来一个信息:某公司有一个项目管理方面的课题,他们不想做了,如果我们愿意就转给我们。真是雪中送炭,我们是"饥不择食",决定答应了下来再说。

后来一了解,原来是一家很不错的软件公司,帮助正在建设的江苏苏通大桥开发管理信息系统,进展顺利,但他们还承担了苏通大桥工程管理的总结与研究工作,公司基本上都是计算机人员,对工程管理研究不太在行,经费又少,只有30万,大头都赚了,想想不如转给别人,一了百了。

在当时,30万对我们可是"大餐"啊!二话不说,去了工程现场,第一次见识了什么是现代化重大工程建设,并为之震撼。

这类"软"项目,一般是由甲方安排,但又不指望承担单位拿出什么重要成果对他们进行实际指导,因为业主和承包商都有着丰富的管理经验,不会临时"等米下锅"。而承担单位也往往搜集一些材料,编一个提纲,找一些案例,立几个观点,写几份材料,请几个熟人当评审专家,完事。

可这一次,当我们稍微密切接触工程现场和工程师们,彻底改变了我们的传统想法,认识到苏通大桥是个真真切切的复杂系统,必须按照复杂系统思维认识它、分析它，不能以传统的项目管理那一套来对待它，更不能按照过去那一套研究程式"走过场"。

不久，我们第一次与集工程师、行政领导与专家于一身的大桥建设指挥部总指挥游庆仲等一行人谈了我们对苏通大桥是个复杂系统的看法，对它的管理需从认知上有个飞跃，要做深入的研究，而原来签订的 30 万元的合同还是基于对大桥的传统看法，反映在合同内容和目标上基本上都是项目管理思维，与现实情况有很大偏差。我们希望指挥部能够用新的理念变革作为大桥工程管理研究的思维原则，重新考虑这一课题，否则，要我们完全按照传统的项目管理来做，我们还是把 30 万元退还给指挥部。

一番话说完，会场上空前静肃。不一会儿，游总指挥长舒了一口气说："多年来，我在江苏长江上由西向东造桥，长江越来越宽，桥也越来越长、越来越复杂，这些年，我一直在考虑如何管理好复杂桥梁的工程建设，可许多时候，话到嘴边，就是说不透彻，今天，你们讲的就是我这些年来一直想要的。苏通大桥建到了长江口，到头了，是江苏最复杂的跨江大桥，在管理上也一定要有重大变革。好，我同意，那 30 万合同原来不是和你们签的，现在我们按照复杂系统思维开展大桥工程管理课题研究，重来！"

好！酣畅淋漓，掷地有声，一锤子定音。没几日，暑假到了，我们师生 10 余人，穿着统一的文化衫，走进了大桥工地。为了克服自身脱离工程实践的弱点，我们每个人都被分配到相关处室，如质量处、总工办、安全处等，一起上下班并接受领导分配的工作。慢慢地，弄懂了工程现场，学到了新的知识，也善于和工程师、技术人员交流了。

另外，我们和指挥部还开展了互助的系统性学习活动，利用晚间和周末，我们为他们讲授系统工程。游总指挥买了系统科学方面的书，让干部们读，还要求结合本部门工作讲体会，开交流会。

开始的前两年，真的是艰难前行，例如，抽象的理论如何与现场的实践紧密结合，这绝不是一件容易的事，往往我们自以为说清楚了，但效果并不理想，有人不紧不慢地说一声"你们讲的和我们做的是'两张皮'"，什么是"两张皮"，就是理论脱离实际。直到后来隔了很长时间,才肯定了我们:现在"两张皮"情况好多了。再到后来,终于讲道:现在基本上没有"两张皮"了。

多年来,我都十分珍惜工程界对我们的评价的转变,这一转变虽然仅仅是换了几个字,但我们是用了大约 3 年时间,才拿到这张"奖状"的。我们于 2008 年苏通大桥竣工通车前夕才撤出,一个工程我们参与了六七年时间,有的本科生一毕业就跟着上了工地,大桥好了,他正好也拿到了博士学位。

2008 年春天,我接到从广州打来的一个陌生电话,自我介绍道:"我们是广东省交通厅的,听说你们参加了苏通大桥工程管理研究工作,能不能来介绍介绍。"

隔日,我们就去了广州。下午做了关于苏通大桥技术管理研究的介绍,本准备下午回宁,但他们挽留,提出明天上午再和另外一批项目经理讲讲。隔了一个星期左右,广东的同志又来到江苏,特意亲临现场考察苏通大桥建设情况。我以为一次完整的行业内部参观学习活动基本结束了,但是没过多久,我又接到来自广东的电话,一听就是多次和我联系的那位,但此次不同之处就是他一开口就自报家门地说:"我们是港珠澳大桥前期办公室。"这时我才知道前一段时间的来来往往,都是前期办公室所为。他又说道:"我们从广东全省抽调到港珠澳大桥前期办公室来做工程前期规划等工作。我们前一段时间通过各种方式了解了你们的工程管理研究工作,各方反映都很不错。我们港珠澳大桥很快也要上马建设了,我们也需要有单位帮助我们开展工程管理体系设计、咨询、总结等。"下面一段话至今仍然记忆犹新,令人感动。

他继续说道:"我们办公室的同志没有一个人是南京大学毕业的,和你都不认识。我们在一起常常讲,这么大的工程交给我们,我们身上是责任实在太大,我们是把脑袋瓜提在手里干活啊。大桥马上有许多项目要发包,我们的导师、师兄弟都来联系,希望从中挖一瓢。我们都和他们讲了,想做项目,其他机会不少,唯独港珠澳大桥不行,我们只能按规定找最好的单位。另外,我们已经在法律、技术等方面聘请了一些外国专家,我们不希望专家都是外国人,所以,根据前一阶段的考察,我们想聘请你为我们大桥的管理顾问。"

他一边讲，我一边听，周身涌起一股暖流，港珠澳大桥，国家超级工程，实实在在的国之重器，被这一工程信任，还有什么犹豫的。

这样，我们作为管理顾问（非全时）参加了大桥建设全过程，前后共计12年，直到竣工通车后一段时间，我们还承担着港珠澳大桥人工智能运营管理规划设计工作。

后来我主持了国家自然科学基金重大项目，而港珠澳大桥管理局朱永灵局长被聘为重大项目顾问组专家，他在一次会议上讲："一开始听你们搞理论研究的专家介绍所研究的工程管理理论问题，我总怀疑这有什么用？现在我基本上听懂了，你们做到的和将要做的是很有实践意义的。"这说明了，我们学人又一次在与工程实业界的结合中被认可和肯定了没有"两张皮"。正是有了这一向工程实践和工程界同志学习的机会，才让我有机会对重大工程管理理论有了一些感悟与体会，再努力用我们中国人的话语方式表述出来。

管理理论是管理思想的表达，而思想要明晰、简洁，不可含糊不清和拖泥带水。有段时间成天琢磨理论上的事情，白天没有结果，半夜里却常常有思想火花闪现，但清晨记忆已经模糊。后来，我干脆每天临睡前，必放一张白纸和一支笔在床头，半夜有什么想法，立即起来赶紧记下夜中思考的那几句话，哪怕字迹再潦草也无妨，它已经跑不掉了。如"工程是身躯，系统是灵魂""适应性选择是对复杂性降解的补偿"等都是这样"夜班"生产出的思想产品。

在写作《重大工程管理基础理论——源于中国重大工程管理实践的理论思考》的3年中，为了保证在尽可能短的时间内一气呵成，白天太忙，时间没有保障，只能向夜晚要时间。在那1000余天里，基本上做到每天凌晨3点左右起床写作。此时，喧嚣的城市终于安静了，窗外闪烁的街灯高低明灭；渐渐地，拂晓来临，东方露出鱼白色，街灯全灭了；再一会，头班公交出场了，城市的轮廓从混沌中显露出来，新的一天即将开始，我又从恒定的时间里硬抠出三四个小时。3年过去，除了已经被忘却的辛劳，满纸上可都是静思的记录。

初遇苏通大桥至今已经时隔20年了，想当初，面对那30万的苏通大桥课题，如果责任心差一点，在当时的情况下，也可以糊个说得过去的课题鉴定意见来。试想，如果那样，不仅对不起这样一座伟大的桥，同时，也不会有后来港珠澳大桥项目负责人的主动相约及后面12年里提供给我们的这么宝贵的资源和机会。这只是因为"运气好"吗？应该不是，主要是我们的使命感、责任心及认真的工作态度赢得了工程界的认可与信任，这是我们每个人都应有的生活与工作态度。

两个重大工程项目，是我国改革事业开放丰功伟业的标志，作为个人，能有机会用了近20年时间参与、学习和研究它们，并最终再用3年时间写成《重大工程管理基础理论——源于中国重大工程管理实践的理论思考》，想想这是多么难得与值得庆幸的人生机遇啊！

## 陆

作为序之陆，我选择了2011年12月31日写的一篇笔记。这篇笔记当初起名为"文化的力量"，为尊重历史，对这篇10年前的3 000余字一字未改。一晃10年过去了，再读这篇笔记，仍感文中思想内涵的亲切。笔记全文如下。

二〇一〇年春。杭州。

国家自然科学基金委员会管理学部在这里进行重点基金项目的中期检查，虽然各重点项目要详细汇报两年来的工作并接受严格的质询，但在浓郁的学术氛围与西子湖畔"一湖春水绿漪漪，卧水桃花红满枝"的韵律中，大家更多的是在交流余下的两年时间里如何把重点基金项目做得更好。

我们承担的重点基金项目"供应链管理：协调、优化及其计算实现"（70731002）在得到基本肯定后，专家们也希望项目今后两年在研究方法的创新方面能有更好的体现和带动性，而不希望仅仅以追求论文产量为研究成果的主要标志。

这是一个重要的指导性意见，值得我们深刻思考并成为项目今后两年研究工作的努力方向。

总的来说，在完成本重点项目过程中，我们重视计算实验这一新的方法在供应链问题研究中的探索与应用，并取得了一定成果，这主要是在学术思想与技术路线方面,我们把供应链看作由供应商、制造商、零售商、顾客等多主体组成的自适应复杂系统,而整合系统科学、数学、信息科学,通过计算机技术再现供应链系统情景的计算实验方法能有效地研究多层次和结构复杂的供应链复杂系统行为与演化规律,因此,计算实验能有效地揭示供应链宏观与微观之间、供应链各要素之间的相互作用对供应链整体性状及演化趋势的影响;能自下而上地从微观主体记忆、学习、适应、决策等行为出发,揭示供应链各主体复杂关联形成的供应链系统整体行为机制。

研究实践表明,计算实验方法应用于供应链研究不仅是可行的,而且具有自身的某些优势。例如,我们在开展重点项目研究的前两年,运用计算实验方法研究供应链中不同层次企业之间的打压行为、软件供应链中的盗版行为与对策、工程供应链管理时都能看出这种优势。

但是,也应该看到,一般来说,供应链专业技术人员在运用计算实验方法研究供应链问题时,必须构建实验模型并加以实现,这样,必然要求技术人员具备较高的软件编程能力和较强的实验操作能力,这无疑增加了运用计算实验方法研究供应链的难度,不利于计算实验方法的推广。

因此,如果能为广大研究者,特别是计算实验能力相对较弱的供应链技术人员与青年学者提供一个功能较好的供应链计算实验平台(系统环境),无疑会给他们的研究工作提供支撑和帮助。

所谓供应链计算实验平台即一个开放性的软件环境(系统),该软件至少能提供几类典型供应链问题中主体(如人、组织、资源)的基本属性和行为规则,并能够通过自由定制和添加,灵活快速构建供应链问题的情景,以满足用户多样化研究需要。研究人员通过该软件环境(系统)能够从具体的程序实现工作中解脱出来,将精力更多集中在供应链自身情景的分析上,这显然便于计算实验方法在供应链研究中的推广;同时,研究人员因具有统一的工程化思想和软件环境,能够控制模型质量,更容易验证结果,促进研究者之间的合作与交流。

显然,研发这样的平台远不是一件简单的工作,它的困难将远大于十数个供应链问题研究的计算实验设计与实现。这不仅是工作量的增加,更重要的是,十数个计算实验彼此一般是相对独立的,它们的"和"是简单意义上的"相加",而"平台"则是一个整体的系统概念,它的功能、结构是"系统"整体性的体现,因此,必须进行顶层设计并运用规范的软件工程流程才能完成,而所有这些对我们来说既缺乏经验又缺少熟练的专门人才。

进一步来说,研发上述平台的任务远远超越我们主持的基金项目的职责,但是,我们清楚地看到这项工作的重要意义:它不仅可以进一步深化我们承担的重点基金项目研究,更重要的是,如果研发成功,将为一批年轻的供应链学者提供运用计算实验方法开展研究的支撑条件与环境。这对这些学者的成长来说是大有益处的,在一定意义上,这应是学者在基金项目之外的社会责任所在。

当然,研发供应链计算实验平台对一个承担重点基金项目的团队来说,是一件充满风险的事,因需要投入较多人力、资金与时间,一旦失败,余下的两年宝贵时间将无法挽回,这将直接影响我们承担的重点基金项目的最终成果与评价,起码,在学术论文的产量上将大打折扣。

经项目团队的认真分析与思想交流,从重点基金项目的研究使命出发,最终我们选择了"搏一回"!

搏,是一种工作姿态,也是一种精神状态,它体现了我们对重点基金项目创新宗旨的理解和执行,另外,我们也知道,只要我们精心组织、抓紧抓实、优化队伍,风险是可以降低的。于是,二〇一〇年初夏,我们重新调整了研究计划,一个由十多人组成的新的研究小组开始了供应链计算实验平台的研发工作。

近两年来,我们在供应链计算实验平台的研发与港珠澳大桥工程资源供应链管理研究上,进行了努力的探索,取得了一些成果。回顾走过的路,其中最宝贵的体会就是:**科学研究需要文化的力量。**

平台研发之初,基本上是在朦胧中前行,目标处有一丝光亮,周边却没有清楚的路标,唯一的办法是依靠集体的智慧。许多天里,每一天大家都围坐在一起讨论、争论,无论是"好"点子还是"坏"主意,大家自由表述,不怕被批驳,更不怕被别人所"窃取",一种方案几经论证和筛选最终被确定,大家为之高兴,但第二天某人发现它仍有问题,则又立即被摆回到桌面上再经"敲打",绝不马虎与应付。这是一种**文化的力量**。

计算机技术，是年轻人的技术。在平台研发过程中，软件工程问题一个个被提了出来，需要方案，还需要技巧，在这方面，不是越年长越能干，许多时候教授不如讲师、讲师不如研究生，在研发的关键时刻，团队一致认为，应该拜能人为师。经了解，能人并非学者、教授，而是几位被圈子里人认同的尚未毕业的计算机系与软件学院的本科生，他们是某些方面的"高手"，不仅被我们请了来，而且被项目组冠以"技术顾问"的头衔，不论硕士生、博士生、教师，有了问题、难题多与之讨论，寻得帮助。这是一种**文化的力量**。

二〇一一年暑假，酷热的八月。大家已无周末地连续工作了好几个月，项目组决定休息一周，稍微放松一下大家的心情。在征求大家意见时却意外地遭到一致拒绝，理由很简单，平台研发正在紧张之时，有些问题还没有最终解决，出去休息心里不踏实，后来几次再提此事仍未去成，直至今日。两年来，平台研发小组的集体休息计划仍然还只是一个计划而已。这是一种**文化的力量**。

项目研究团队中的一批年轻人，认真、刻苦、忠厚、不浮躁，有些人性格内向不善言谈，但却透露出让人放心的可爱，特别是大家互相帮助、彼此团结、率真大度、彼此坦诚而不存戒心，大至学术思想小到打扫卫生，努力实践着"学道酬实，至任于群"的文化精神。这是项目组能够在四年里不断克服困难、实实在在做成一些事情、取得一些成果的最重要的原因。这是一种**文化的力量**。

时至今日，我们承担的重点基金项目"供应链管理：协调、优化及其计算实验"（70731002）已基本如期完成。该项目被管理学部评为"特优"，并在国家基金委的《中国科学基金》上以《我国学者在供应链研究方法论和实际应用方面取得创新进展》一文向国内学者做了介绍。该项目取得了丰硕的研究成果，除了发表一批学术论文外，还由上海三联书店出版了社会科学计算实验系列丛书。系列丛书共计 5 本，从三个层次研究、介绍了计算实验方法，其中《社会科学计算实验理论与应用》为学术专著，《社会科学计算实验基本教程》《社会科学计算实验案例分析》（免费附案例源程序代码光盘）为教材，《供应链管理计算实验平台研究》《基于计算实验的工程供应链研究》为应用研究著作。5 本书共计 260

万字。

在供应链计算实验平台研发方面,我们初步构建了一个平台,实现了四类供应链管理基本功能及其在此基础上的功能扩展,将为平台使用者提供一定的支撑与帮助,对一个平台而言,这只是一个起步,一次尝试,一次探路。

回顾我们过去四年的研究历程,特别是后两年我们对研究工作的调整和新的探索,由于时间、水平等因素,的确不敢说我们做得很好,也不敢说我们有很多经验,但对我们来说,除了保持住了尽心、认真的态度,创新、探索的精神外,更值得珍惜的是在管理学研究中对文化的理解和对文化力量的尊重。

其实,文化是一种价值取向,它和个人或团队的工作、生活方式紧密相连。所以,科学研究中文化力量、文化功能的显现,在某种意义上是非常强大、非常重要、非常具体和非常实在的。我认为,这一基本认识在我国管理学研究面临新的全面挑战的今天,更值得我们重视和反思。

黑格尔说过,哲学的认识方式只是一种反思。其实何止哲学,人类的一切科学与文明发展,都表现为人类自身的反思行为与过程。管理思想、管理理论、管理方法等的进步与发展,哪一样不是人们对管理活动及管理思维深刻、认真、不间断的反思?同样,在这里,需要我们对管理学研究的文化进行认真而深刻的反思。

反思,包括尊重、肯定与传承,如尊重历史,肯定自身与他人的成果,传承一切优良传统;同时,反思还包括舍弃、否定与创新,如舍弃谬误与偏见,否定自身与他人的陋习,创新进步与文明。虽然这些文化元素并不都是直接的管理学学术研究,但无数实践证明,这种团队的文化力与反思的自觉性,对管理学学术研究本身具有极强的凝聚力,值得我们推崇和敬畏。

# 弁　言

只有清晰的理论分析才能在错综复杂的事实中指明正确的道路。

——恩格斯

人们在很久以前就发现和感知到了"复杂"。

几十年前，人们用"复杂性"作为对复杂现象或者"复杂的"之本质属性的表征。

在此基础上，中国学者探索依据钱学森基于还原论不可逆的"复杂性"思维，将系统科学"复杂性"概念拓展为管理科学的"复杂性管理"范式，并以与"复杂性管理"同根同源的"复杂系统管理"作为对"复杂的管理"之本质属性的表征，即复杂系统管理理论是关于"复杂的管理"本质的理论。钱学森在复杂系统领域的巨大贡献已成为复杂系统管理学术体系的内核与底蕴，具有鲜明的中国特色。

钱老复杂系统思想引领的这一研究突破了长期以来一直占管理哲学思维主导地位的机械论世界观与还原论方法论，为管理活动与行为应对当今人类新的科技革命及社会变革复杂性挑战提供了新的思维范式，赋予了管理与当今复杂系统时代和谐共生进化的新动能。

这一研究的学术价值是，在普适性意义上将系统科学的复杂性理论思维转化为管理科学的复杂性管理实践思维；将人们关于"复杂的"怎么看落地为关于

"复杂的"怎么干。

中国学者依据钱学森复杂性与复杂系统思维,从系统科学复杂性到管理科学复杂系统管理跨出的这一步,探索了40余年,并且不同于国外复杂性词汇与复杂性科学技术路径,对具有中国特色、体现中国哲学思维概观的复杂系统管理自主知识体系进行了初步的探析。

这40余年大体上也是笔者静心、尽心、专心、持之以恒做这一学问的学术生涯,期望能够对构建我国复杂系统管理自主知识体系有一点贡献。

一个人做学问即使做到耄耋之年,要做成一个好点的、不虚浮且有较强学术生命力的学问也是不容易的,因为一个具有好的理论品格的管理学问的载体是自主的、新的知识形态,而这样的知识化过程从萌芽、生长到相对成熟并形成知识体系需要一点点思考和探索,需要有不断丰富的实践的支撑与检验,需要思想不断向知识转化,需要知识话语的自洽性与标识性,需要长久保持学术研究的韧性与想象力,需要经过长久的凝练、反思与打磨。所有这些,都难以通过追逐"来得快,去得也快"的时髦的"热点"项目或者制造几个无根无源的新名词来装扮。

好在我国管理学术实践土壤肥沃,当今管理学术界人才辈出,必然会有更多的人静心、尽心、专心致志地培育一棵好的学问幼苗并使之成长,中国管理学园地也必定能够越来越繁花锦簇,春色满园。我们应该有管理学术中国化的自信与自尊。

本书的内容主要是对笔者20余年来构建具有中国特色复杂系统管理自主知识体系的主要路径与心迹的记录。

# 前　言

本书共收集了 30 多篇文章,单篇之间的篇幅相差很大,长者 5 万余字,短者不足 200 个字,但都有某种说明性与代表性。

本书各篇成文时间跨度较大,早期文章中涉及的研究工作至今已有 20 年了。对这 20 年内 30 多篇文章做个简单统计,本书呈现出以下三个非常鲜明的基本特征,笔者也由此产生一点思考。

第一,与本书文章相关的研究最早开始于 2001 年,至今正好 20 年。在这 20 年间,有两个时间点对本书而言有着特别的意义:一是 2009 年,二是 2019 年。20 年时间被平均分为两部分,并在每部分的最后,即连续开展 10 年研究工作后,就有一批成果形成或者成熟,体现了所谓"十年磨一剑"。

事实正是如此。2002—2008 年,我们的主要精力都在投资量近 65 亿的长江口苏通大桥工程管理研究上,该工程当时在技术先进水平方面荣获四项世界第一,我们不间断地投入力量,从工程实践中提炼科学问题。2008 年,大桥竣工通车,我们与大桥工程技术人员组成的联合团队也于 2009 年前后收获了一批成果。

接着,我们以新的高度马不停蹄地转战南中国伶仃洋上的世界顶级大桥——港珠澳大桥,这一次我们没有"迟到",从与工程"前期办公室"人员通话开始,就与工程建设同步,一直到 2018 年竣工通车。通车后,我们还参与了一段时间的大桥人工智能运维管理规划工作和刚刚结束的港珠澳大桥管理理论凝练研究工作。特别有意义的是,在 2014—2018 年的 5 年里,我们又承担了国家自然科学基金重大项目"我国重大基础设施工程管理理论、方法与应用创新研究"。这两项重大研究项目分别从实践层面与理论层面出发，相互融合，涌现出巨大的创新能量。2018年大桥竣工，后10年研究工作成果的累积与升华也形成了，这就是2019年开始的新成果的收获期。

整体上看，这20年如果以10年为一个周期，在每个周期内经过10年的专注、持续的研究与积累，在周期末期会有一个成果成熟期。这可被认为是**第一个基本特征。**

第二，在这20年内，除了两个国家重大工程外，我们还从2002年起开展了管理科学计算实验研究及应用工作，并形成了一个新的学术生长点。一方面，在面对越来越复杂的管理问题的挑战时，主要用单纯的定性、定量，或者定性与定量相结合的方法往往表现出"力不从心"的状况；另一方面，随着计算机技术的快速发展，一种新的科学研究方法即计算实验方法逐渐形成，这就是计算实验情景建模技术。这一技术运用计算机软件代码模拟管理系统中异质自主主体的类似文化基因和生物基因的竞争、复制、遗传、变异、组合、管理系统中的"自组织"要素，以及要素之间形成的"自组织"结构、管理系统微观行为和宏观行为的相互作用、管理系统层次性和复杂性引起的系统涌现现象、管理系统的整体行为演化等，而这些恰恰是管理科学问题复杂性的突出表现。这说明，计算实验是在当代多学科交叉融合背景和信息数字化环境下管理科学研究方法论的重要创新。

我们及时将这一先进技术运用到重大工程管理等多领域情景建模中，不仅促进了重要的理论创新，而且在研究能力现代化上也取得了变革性的进步。

例如，在构建重大工程管理基础理论体系过程中，我们提出了工程决策情景鲁棒性的概念，同时探索运用计算实验预测工程决策极端复杂情景来辅助情景鲁棒性决策方案的选择。这种管理思维范式的创新不仅促进了工程管理研究方法论的不断进步，更推动了工程管理理论与整体学术本身的发展。

传统的管理学研究在方法论上主要偏重于还原论，强调分解、结构化，从某个时间断面分析问题，忽视了管理系统的复杂性、整体性和动态演化性，以及系统不同层次之间的相互影响和整体涌现,这就是管理复杂整体性的挑战。具体而言,复杂整体性在哪里？在情景中！这就是计算实验情景建模技术的可贵之处。另外,情景的特征主要包括复杂整体性、关联要素"无穷多"、涌现与非结构化等,如复杂性思维、异构数据融合、深度学习、数据挖掘及跨界多学科建模等。

这样,我们在复杂整体性情景建模过程中,在还原论方面,可以首先对重大工程过程与现场自治性、联邦性混杂(hybrid)系统形态的微观机理进行还原性演绎,以论证和小数据为主构成情景机理,以何人/何事/何时/何处/何因/何果/何去何从/将如何等情景语言进行情景时序性"切片"采样,获得局部与微观复杂性认知。在整体论方面,以论证为辅和大数据驱动形成情景关联逻辑,针对管理"情景"样本的稀缺性,将统计概念泛化为"情景耕耘"方法,运用计算机模拟技术使离散情景"切片"采样在一定尺度与粗粒度下形成情景"切片流",再经多层次融合形成管理过程与现场的宏观全情景涌现与情景演化(全景逼近与过程复原)。

在学理上,将复杂整体性情景建模技术的计算实验与大数据驱动紧密结合在一起,**这一思想不仅是这 20 年间对重大复杂工程系统管理研究方法论的贡献,更是对一般复杂系统管理方法论的贡献。这可被认为是第二个基本特征。**

第三,在这 20 年中,虽然不同层次、不同规模、不同方向的科学研究形成了多元化的局面,但根据我国国情、科学问题的学术价值与社会实际需求,在一段时间内,一个团队的科学研究一定要遵循"有所为有所不为"的原则,保证所为一定要有作为,作为者,争取大有作为。因此,在这 20 年里,我们牢牢把握住重大工程管理这一大背景,充分发挥我国重大工程建设丰富源泉的优势,力图在重大工程管理领域中取得全局性、突破性科学成果,即在复杂工程系统管理的研究中发出中国学者的自主性"声音"。实践证明,我们的研究在一定程度上和在若干学科方向上有所发现,有所进步。这可被认为是**第三个基本特征。**

静思这 20 年工作历程的三个基本特征,基本上能够产生下面的一点感悟。20 年,如同一个男孩,长至 20 岁,在中国古时,男子 20 岁时要举行弱冠礼,以示成年。20 岁之后,便是 30 岁的而立之年,因此,弱冠之年,虽不能立,但心已致远。做学问也是这样。**20 年中我们以复杂系统思维为引导,以我国重大工程实践为背景,经过凝练与提升,开展了重大工程管理,本质就是复杂工程系统管理的理论、方法与应用创新研究。**在此基础上,如果我们进一步把工程领域拓展至社会、经济、科技等领域,那就在更普适的高度,形成了复杂系统管理这一更具前沿性、突破性和时代性的科学认识。

本书所录部分篇名如下:

2009 年,**系统思维是工程管理的灵魂**

2009 年,大型工程的**综合集成管理**

2017 年,**综合集成当头**,创新就在其中

2018 年,**情景**:再往深一步思考"问题导向"

2019 年,管理:**从系统性到复杂性**

2020 年,运用**复杂系统管理思维**破解"卡脖子"关键技术

2021 年,**复杂系统管理**:一个具有中国特色的管理学新领域

2022 年,**从系统管理到复杂系统管理**

2022 年,**供应链韧性**:适应复杂性

2022 年,**从关于"复杂的"怎么看落地为关于"复杂的"怎么干**

统览本书目录及从上述标黑的关键词出现的先后次序与频率看,这 20 年来,基本形成了以下明晰、稳定的学术发展递进主线:**从系统性与工程管理的结合到复杂系统与重大工程管理系统的结合,提升到构建复杂工程系统管理学术体系,进一步发展到更为一般的复杂系统管理范畴。**从研究内容看,这一递进趋势不是孤立、破碎、局部和缺乏持续性的,而是在学理、基础理论、话语体系层面面上涌动和展开的,因此,可以促成完整的新的学科内涵、学术内涵与话语内涵的多层次变革,这一变革不仅孕育着复杂工程系统管理学理链的形成,而且对实现一般复杂系统管理新的认知与思维范式转移具有普适性。

　　20年,时光飞逝。真要静下心来做点源于我国实践、有一定深度和创新性的学问,并且把它写在祖国大地上,并不是一件容易的事情,更不要说做学问源于国家战略性需求,并以前沿性甚至突破性层次上的大问题、真学问发出"中国好声音",那就更要研究者们精心而为,除了常规性的能力、基础外,保持自己尽量不受干扰的静气、不跟风蹭热点的底气尤为可贵和重要。

　　这就是一个老管理学人20年静思留下的"心迹"。

**2022 年 7 月 29 日**

# 目　录

## 第一部分　管理思维范式的转移与创新

## 第二部分　工程管理理论的中国学者的声音

## 第三部分　我国管理学术历史足迹的文化记忆

## 第四部分　管理的情怀与心迹

# 第一部分 管理思维范式的转移与创新

2019 年，我国管理学界著名学术刊物《管理科学学报》面对新的变化形势与发展格局，从管理学术研究的视角认为，"中国正经历着历史上最为广泛而深刻的社会变革，这一变革已经并将更深刻地在我国各个领域全方位地引发、催化、产生一系列复杂的管理现象与管理问题，对我们管理学界的管理思想、理论和方法论创新提出新的需求与挑战"。

为此，《管理科学学报》在继续办好原来各个栏目的同时，从当年第三期开始，"设立以'新时代、新思考'为主题的园地，专门围绕新时代管理研究的新思维、新方向、新理论、新范式开展学术讨论与辩论，刊登系列专论或评论、辩论文章，大力推动和促进中国管理研究的思想活跃、战略转型和原始创新"。

正是在这样的机缘下，我从过去撰写的文字中整理、归并成 4 篇文章，按照学术研究的基本学理逻辑，分别命名为《管理：从系统性到复杂性》《管理理论：品格的时代性与时代化》《问题导向：管理理论发展的推动力》与《话语体系：讲好管理学术创新的"中国话"》。这 4 篇文章这次都完整地收录进本部分。

另外，在这 4 篇的后面，还收录了另 2 篇文章，一篇为《情景：再往深一步思考"问题导向"》，另一篇为《综合集成当头　创新就在其中》。这 2 篇文章也属当初的点滴体会与感悟，趁这次机会集结在一起以增强完整性。

接着，还有一篇属于管理思维范式创新的重要文章也被安排在了这一部分，这篇文章的题目为《复杂系统管理：一个具有中国特色的管理学新领域》。该文论述了复杂系统管理是基于复杂系统思维与范式，通过复杂系统与管理科学融合而形成的管理学的新领域，具有重要的现实意义与鲜明的中国特色；同时，复杂系统管理又是国际学术界广泛关注的重大科学议题，具有重要的学术引领性、前沿性、交叉性与厚重感。在当前普遍、深刻的变革时代，"复杂系统管理"将成为我国发展新阶段、新格局下的越来越重要的一类新的管理思维范式、实践范式与研究范式。特别是，钱学森的复杂系统学术思想、科学建树与实践贡献已成为我国复杂系统管理学术体系的内核与底蕴，而进一步深化钱学森复杂系统管理学术思想研究是我国管理学发展道路重大转折对当今管理学理论时代化与本土化优秀品格的呼唤，是在新的历史阶段和历史高度创立我国自主性管理学术的新标志。任重道远，需要我国学者淡泊习静、行稳致远，做出时代性新贡献。

这一部分还安排了一篇刊登在人民日报社主管的《国家治理》周刊（2020年12丙）上的《运用复杂系统管理思维破解"卡脖子"关键技术》。这篇文章的研究对象是重大科学技术工程创新管理，属于着力破解某个领域"卡脖子"关键技术问题。该篇是探索运用复杂系统管理思维来诠释这一实际问题，还有一篇关于供应链韧性的应用性文章，它与《复杂系统管理：一个具有中国特色的管理学新领域》有较好的呼应，同时也体现了较强的学术前沿性。

最后，这部分安排了一篇较重要的文章《从关于"复杂的"怎么看落地为关于"复杂的"怎么干》，该文是对复杂系统管理学术逻辑较完整的梳理，对于理解复杂系统管理思想与学理有较大的帮助。

# 管理:从系统性到复杂性

**摘要**:人们对管理从"简单的"向"复杂的"的认知,开始于感性直觉上的体验,并逐渐向揭示本质属性的理性思维深化。本文基于现代科学技术体系的层次框架,构建了系统科学与管理科学各自标识性概念之间的相互映射。在系统科学思维下,系统性是一切管理活动的属性,任何管理活动既是系统的实践,也是实践的系统。随着人类社会的发展,管理的实践与本质属性在整体上均呈现出从系统性到复杂性的演变趋势。复杂整体性已是各种复杂管理形态的重要起因和深刻内涵,这是我们在当今管理领域实现多学科融合,破解复杂性难题重要的实践逻辑与理论逻辑。

**关键词**:管理;系统性;复杂性;复杂管理体系

## 1 管理的本义

自古以来,人类就开始了打猎捕鱼、采集果实,从事种养业、建房、修路、搭桥等生产、造物的实践活动(**以下统称为人类的生产活动**)。不言而喻,任何生产活动都有其目的性,如一般都有制造、构建某种人造物或者改变某种事物性状的目的,这也是生产活动的功能。

要能够生产出人造物和改变事物性状,必然要有一定的生产环境和条件、生产主体及相关的资源,特别是物质性的"硬"资源,如土地、材料、设备、资金、技术等。显然,这些都是构成生产活动这一整体的组成要素,而生产出的"人造物"一般就是这些"硬"资源最终组成的"综合物"。这说明生产一定是一个从要素到人造物形成的整体性活动形态;再进一步,我们还可以看到,在生产的整体性活动中,这些组成要素彼此之间有着各种关联并在整体上表现出各种关联

"之和",这一般称为生产活动的整体结构。这样,**整体性与功能性就成为生产活动的基本品质。**

起初,人们的生产活动非常简单,规模也小,往往个人或极少数人就能承担并完成。但随着生产活动规模的不断扩大、内容的不断丰富,当个人与极少数人已不能完成某项生产活动时,就出现了一批人共同承担的情况。这时,由于生产活动内容的多样性,人们开始了在生产过程中的彼此分工和合作,其中,有人会根据生产环境与预期的生产目的(目标),不再从事直接的生产活动,而从事生产筹划、组织、分工和协作活动。

实践证明,这样做不仅能更好地保证生产目标的实现,还能使生产活动更加有序和有效。时间长了,人们逐渐感受到,生产过程中的这种专门的组织、协调工作非常有利于发挥集体的力量与智慧,克服困难,实现生产目标。于是,人们不仅越来越认识到这类工作在生产过程中的重要性,而且还主动让生产中的一个(一部分)人专门从事一类生产的组织和协调活动,这样的活动在人类生产活动中逐渐成为一种有着固定内涵和特定属性的活动类型,这就是我们今天所谓的管理的原始形态。

一般来说,我们称在人类生产活动中,为实现生产目标与使生产过程更为有序或有效而进行的筹划、组织和配置生产资源,分配、安排和协调生产中各类关系的实践为**管理活动**,在一定语境下简称为**管理**。

在上述定义基础上,可以对管理活动的内涵做进一步解读。

(1)人类的管理活动最初产生于人类的基本生产活动之中并作用于各类生产活动,管理可谓与生产"形影相随"。各种人造物都是人生产出来的,而管理则在生产中整合、调节、协调、规整人与人的行为及人与物、物与物的相互关系,因此,人类不可没有生产活动,从事生产活动不可没有管理。

(2)最初,人类的管理活动源于满足生存需要的最基本的生产活动,但随着人类社会的进步,管理活动已经以各种形态出现在人类所有的生产实践活动中,并发挥着巨大的作用。

(3)人类的每一项生产活动都是具体的、特定的,世界上没有两个完全一模一样的生产活动,这也决定了与之"形影相随"的管理活动的具体性与特定性。也就是说,世上没有两个完全一模一样的管理活动,即任何具体的管理活动都会基于具体的生产活动而因时而异、因地而异、因人而异、因事而异、因情而异。

（4）即使两个高度相似的生产活动,一般也会有不同的管理内容。这不仅是因为各个生产活动情景与细节具有独特性,更因为管理的核心是"一部分人"为主体,"另一部分人"为对象。因此,管理者的目的目标、心理行为、方式方法等会融入不同管理者的价值判断与取向,成为不同人的文化秉性与行为习惯。也就是说,管理是"以人为本"的、因人而异的活动,管理不能重物轻人,更不能只见物不见人,人在管理诸要素中永远是主导性的核心要素。

（5）管理活动有着丰富的实际内容,要完成什么任务,解决什么问题,采用什么技术、手段与方法等都要以实际需求为导向,都要有可行的操作性,既要讲效果又要讲成本。因此,面对不同管理模式与方法的选择,管理应当是"适合"与"节约"的,而不应该是"不当"和"冗余"的。

（6）最后,最重要的是,管理活动既然服务于生产活动,而任何生产活动都有特定的整体目的、整体结构并且表现为一个完整的过程,因此,任何管理也必然具有自身的整体性和过程的完整性。例如,任何管理都有一定的管理环境,特定的管理目标,明确的管理主体、管理对象、管理组织,各种管理资源,需要解决的管理问题及相应的管理方法,等等。所有这些都是作为一个整体的管理活动的组成要素,这些要素相互关联并整体作用于生产,而管理活动的各个环节又有序地形成了管理的完整性过程。最终,任何管理的整体性活动与完整性过程将综合表现为某种意义上的功能和效能,这也是管理的全部意义和价值。由此可见,**整体性与功能性也是任何管理活动两个最基本的品质。**

一个事物最基本的品质在哲学意义上就是所谓**本质属性或本质**,即一个事物专有的、基本的和稳定的性质的抽象。本质属性决定了该事物之所以是该事物而不是别的事物的根本性品质,也是体现该事物与其他事物区别的固有的规定性。

本文的主要工作就是探讨管理活动整体性与功能性背后的属性,以及该属性随着人类社会的发展而呈现出的演变趋势,这对我们在当今社会重大变革下正确认识管理实践的进步和推动管理学术的创新有着重要的学术价值与实际意义。

## 2　管理的系统性

20世纪初,在物理学、生物学等不同学科快速发展的同时,人们开始思考并探索各个领域和各种类型的整体性与功能性的共性科学问题。辩证唯物主义认为,客观世界的事物是普遍联系的,能够反映和概括客观事物普遍联系并形成一个整体和具有某种功能的最基本的概念就是**系统**。钱学森先生对系统给出了一个直白的定义:**系统是"由相互作用和相互依赖的若干组成部分结合成的具有特定功能的有机整体"**(于景元,2014)。从工程和技术的视角看,**系统属性的核心就是功能性和整体性**。

20世纪,"系统科学"诞生了,钱学森指出系统科学的出现是一场科学革命,是人类认识客观世界的飞跃。钱学森还认为,系统科学是一个不同于自然科学、社会科学等科学的独立门类。(钱学森,2001)如果自然科学、社会科学等是按照研究对象领域的纵向性来划分的,系统科学则不论它们所研究的具体领域和具体问题的特质性,仅仅把它们当作抽象的"系统"来看待和研究。这种特点决定了系统科学具有横断科学的属性,即它是一门运用系统的思想和视角来研究其他各纵向科学所涉及领域的各门类问题,并在系统意义上形成这些问题共同的本质属性和规律,建立相应的理论与技术体系(钱学森,1979)。因此,可以认为,在现代人类科学技术体系中,系统科学体系中的许多思想、概念、原理等都对各纵向学科及管理有着更高层次和更具深刻性的概括与解释。例如,管理活动的整体性与功能性这两个最基本的品质与系统的整体性与功能性属性具有一致性,为我们在学理上提供了研究管理属性的理论逻辑。

另外,前面指出,管理既是一个完整的整体又是一个完整的过程,就其整体性而言,任何一个管理活动都由管理环境、管理主体、管理对象、管理目标、管理组织、管理问题和管理方案等基本要素构成；就其过程性而言，任何一个管理过程均可分为多个相对独立又相互关联的有序阶段，这些阶段自前往后的递进最终形成了完整的管理过程。因此，管理活动实际上是一类服务于某项生产活动的人造系统。

这样，通过对照系统与管理的基本概念，可以清楚地给出如下基于系统思维的管理的核心内涵：

（1）任何管理活动都由若干部分组成，如管理环境、管理主体、管理对象、管理目标、管理组织和管理问题等；

（2）这些部分在管理中缺一不可，且不同部分相互作用、相互依赖；

（3）管理的全部意义在于它具有"使生产更为有序和有效"这一特定功能；

（4）任何管理活动"既是一个完整的整体，又是一个完整的过程"。

上述管理的"特定功能"与"整体性"恰恰是"系统"的核心属性，这再一次说明了管理属性的系统性内涵。

钱学森系统科学思想对我们科学认识管理属性具有重要指导意义。因为从认知规律来看，人们首先是从直观上感受到人类生产活动中物质性资源组成的硬系统的物理性，接着，人们在思维上将生产硬系统的物理性进行上位科学体系的抽象，运用上位科学话语体系进行表述，并提炼出管理的系统性这一本质属性。**任何管理实践既是系统的实践，又是实践的系统，"系统性"是一切管理活动的本质属性。**

### 3　复杂的管理

多年来，随着人类生产活动的范围与规模越来越大，涉及的要素越来越多，活动内部的关联越来越多元化，人们有了"简单的生产"与"复杂的生产"的直接感知，进而又有了相对应的"简单的管理"与"复杂的管理"的直观体验。需要强调的是，根据管理活动与生产活动之间的关系，"生产活动"是"管理活动"的"根"与"源"，因此，"复杂的管理"是从"复杂的生产"中衍生而来的。

需要指出的是，我们很难用精准的语言给"复杂的生产"中的"复杂的"下一个定义。另外，从人的认识运动的基本规律来看，我们对"复杂的生产"的认识必须经历两个阶段。首先，人们运用感官对"复杂的生产"活动的外部联系和表面特征进行认识，具有直接性、形象性的特点，属于"生动的直观"阶段，这是认识的第一阶段；接着，人们运用抽象思维能力对"复杂的生产"的内部联系和本质规律进行认识，具有抽象性、间接性的特点，属于"抽象的思维"阶段，这是认识的第二阶段，这一阶段需要借助概念、判断和推理等完成。

我们先就人们关于"复杂的生产"认识的第一阶段进行解读，主要是通过"生动的直观"认知方式来帮助我们"体会"生产活动是怎样变得"复杂的"，从中也能够帮助我们概括造成生产活动是"复杂的"的重要原因。

对生产环境而言，"复杂的生产"活动是高度开放的，一般涉及范围较大、生产环境动态变化性强，还可能发生演化与突变等复杂动态现象，这些都会对"复杂生产"的目标设计、功能规划、实施方式等产生深刻影响。

对生产主体而言，"复杂的生产"主体要建立和完善生产指挥系统，制定生产经营计划和技术、工艺文件；负责生产供应链设计和维护，开展技术创新，开发新产品，改进产品质量；处置生产现场突发事件等。面对复杂的生产环境与任务，生产主体普遍都会表现出知识、经验及能力的不足，进而导致生产风险加大。

对生产目标而言，凡生产活动都以形成某种类型的人造物（产品）为其最基本的目的。例如制造型生产活动，其目的可抽象为一种普遍、统一、终极性的内涵，即提供具有某种使用功能的实物形态产品；服务型生产活动的目的则是创造一类以非物质形态存在的可供消费、使用的服务等。生产目的在实际的生产活动中经过分解并与生产活动特定的、个别化的、阶段性的实践相结合，固化为生产过程的预期目标。当今社会人类价值观的进步与现代信息技术的快速发展，使"复杂的生产"的生产目的与目标出现了多层次、多维度、多尺度的拓展变革，如生产与环境和谐、绿色生产模式及价值链重构、企业家社会责任等都成为当代"复杂的生产"的目标内容，无论是在新的理念下设计和实现新的生产目标体系，还是协调彼此冲突的目标，都是相当复杂和困难的。

通过以上对生产环境、生产主体与生产目标三个要素的简要分析,我们能直觉体验到"复杂的生产"整体上的确出现了一系列新的形态与特征。自然,这些新的形态与特征会以不同的方式和机理深刻影响着所对应的管理活动,从而使服务于该"复杂的"生产的"管理"也变得"复杂"起来,形成所谓的"复杂的管理"。

我们也可以通过罗列"复杂的管理"活动的组成要素来帮助我们"意会"这一点,这实际上就是关于对"复杂的管理"的"生动的直观"认识的第一阶段。

### 3.1　管理环境

现实中,"复杂的生产"环境往往使相应的"复杂的管理"面临一系列新的挑战。

一方面,"复杂的生产"活动自身涉及的范围往往比较大,例如,一些制造企业的供应链由数以百千的企业组成,而这些企业分布在全国甚至全球范围;有的工程的本体就很广大,如中国的天然气"西气东输"工程,西起新疆塔里木气田,东至上海市,干线全程超过 4 000 km,这样广大尺度的空间环境必然会呈现出社会、人文、自然形态的多样性并对实际管理活动产生复杂影响。

另一方面,当今我国正经历着历史上最为广泛而深刻的社会变革,进行着全面的实践创新,人们的理念与行为也正在发生着空前的变化,这些对"复杂的生产"的管理模式、方式与方法创新既提供了平台条件,也提出了更加规范的行为约束要求,如生产的环境责任将越来越成为生产主体的刚性行为。

### 3.2　管理主体

"复杂的管理"主体是指由对生产决策、实施和运营有决定权、财产权、建设权、监督权、话语权的多方面干系人组成的群体,虽然我们一般称之为管理主体,但实际上它与生产主体一样并不是单个主体,而是一个主体群,随着生产变得复杂,管理主体群也日益扩大,且主体构成成分与内部关系也愈发多样化。

例如,在管理主体群中普遍会出现具有引领性和主导性、有着更大决策权与话语权的"序主体"，使生产主体群形成层次结构。在宏观层次上，部分主体如政府会构建全局性的"政府—市场"二元治理制度；在中观层次上，部分主体会自发组织形成战略性合作伙伴等；在微观层次上，部分主体还会因为主体之间存在不同的利益与价值偏好而引发行为冲突。所有这些新的复杂关系的出现都要求"复杂的管理"的主体群在总体上要有更强的领导力与协调力，要有更有效的运作模式与流程，防范主体行为的异化。

另外，面对复杂的生产环境与任务，管理主体普遍会表现出知识、经验及能力的不足，这一般要通过主体的自学习、自组织来提升自身的水平。主体自学习不仅包含主体群中个体的学习行为，还包括通过主体群重组来实现生产能力的提升，这必然要求"复杂的管理"的主体行为选择与组织模式要有自组织进化功能。

### 3.3　管理组织

"复杂的管理"不仅问题类型多而复杂，而且管理主体常感能力不足甚至欠缺，在实际中很难一次性构建一个在"复杂的管理"全过程中对所有管理问题都能够进行分析、处理的管理（系统）组织。此时，管理（系统）组织在管理过程中要表现出充分的结构"柔性"和行为"适应性"，以某种管理"平台"的模式与功能释放方式（包括变动主体构成、改变管理机制与流程）来提升它的整体驾驭能力。

### 3.4　管理目标

在"复杂的生产"目标理念下，"复杂的管理"目标的顶层设计需要有基于更多领域、更多层次、更多维度、更多尺度、更多视角的全面的思考，需要主体基于复杂思维进行目标的集成与凝练，需要主体掌握更强的目标分解、分析和综合的能力。例如，有些目标具有不同的空间和时间尺度，这就要求管理主体考虑是否把大空间、长时间尺度压缩至小空间、短时间尺度，或者相反。特别是在对整个目标群进行综合评价时，如何在不同尺度之间做好均衡和处理好目标之间的非可加性与冲突，这本身就是一个复杂的科学问题。这样，"复杂的管理"目标设计与选择就不再像传统的结构化的"多目标优化"那样简单了。

### 3.5　管理问题

在"复杂的管理"中除了一般管理活动中的各类简单性问题外,还出现了一类具有复杂性的管理问题。关于这一点,我们可以根据生产自身复杂程度与生产环境复杂程度这两个维度对"复杂的管理"问题进行简略分类(如图 1 所示)。其中,由于 A 区域内的问题(简称 A 类问题,B、C、D 同)生产和环境复杂程度都不高,所以,A 类问题为简单问题,基本上可以运用人们成熟的经验与已有的知识来解决;对于 B 类问题,由于环境复杂程度较高,管理问题将呈现明显的不确定性与动态关联性;而对于 C 类问题,由于生产复杂程度高,生产内部结构复杂,即使生产环境相对简单,也可能出现"规矩的"不确定性与不稳定性问题,而且,由于生产内部要素之间的关联性强,容易导致要素之间相互影响的隐性传导和演化。这样,对于 B、C 这两类管理问题,总体上可以通过制定管理规则并利用成熟的经验与已有的知识来解决;至于其中的一类呈现出系统性的问题,可以运用常规的系统工程等技术来解决。这说明复杂的管理问题中确有相当一部分问题(A、B、C 类问题)可以通过一般管理中的常规管理与系统管理相结合的方法来解决。

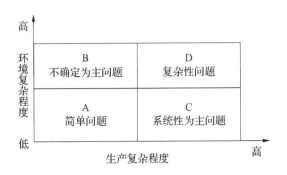

**图 1　复杂的管理中的问题分类**

但是,对于 D 类问题,即生产与环境复杂程度都高的这一类问题,如异质主体管理组织平台的设计、深度不确定决策与决策方案的"迭代式"生成方法、复杂性引起的生产风险分析与防范、生产现场多主体协调与多目标综合控制,以及生产关键技术创新等，一般不能简单地采用针对 A、B、C 三类问题的方法解决，而必须借助复杂系统思维才能有效地解决它们，我们称其为**复杂性问题**。

复杂的管理中的复杂性问题出现以下新的特点。

首先，复杂性问题的边界往往是模糊和不完全清晰的。问题内部要素之间除了有确定的输入/输出关系，还有不完全确定甚至非常不确定的关联关系；除了有显性的可确知的关联关系，还有隐性的难以确知的关联关系，而且被我们认定的一些关系或关联要素，在实际过程中还可能因其他因素影响而变异。所有这些都会导致人们对问题的认知往往是模糊、不完全清晰的。

其次，这些复杂性问题一般都很难完全用一种比较明晰的结构化方法（模型）来描述。事实上，"复杂的管理"问题往往同时包含着工程技术、社会经济与人的行为及文化价值观等要素。其中，工程技术要素基本上受自然科学与技术原理支配，一般可以用结构化方式来描述；社会经济领域要素主要受社会或经济规律支配，可以用半结构化方式来描述；而人的行为和文化价值要素往往只能用非结构化方式来描述。这样，这一类管理问题整体上就必须同时用结构化、半结构化甚至非结构化方式才能被完整地描述，这不仅大大增加了针对问题的描述难度，而且增添了不同类型表达方式之间相互集成融合的难度。

最后，这里的问题中有许多会涉及多个学科和领域，需要多个领域的专家运用多学科、多领域的知识才能解决。但是，根据人的认识规律，管理主体对这类问题的认识必然是一个由不知到知、由知之不多到知之较多、由知之片面到知之全面、由知之肤浅到知之深刻的过程。因此，"复杂的管理"的管理主体对这类问题解决方案的产生将表现为一个不断探索的"试错"过程。在这一过程中，管理方案通常不是一次"优化"形成的，而是根据对问题认识的深度和准确度，通过对备选管理方案的多次比对、修正与完善来确定的。从总体上讲，这是一个由阶段性中间方案沿着一条从比较模糊到比较清晰、从比较片面到比较全面、从品质较低到品质较高的有序路径，不断迭代、逼近，直至收敛到最终方案的过程。

　　这样，在复杂性问题解决方案的形成过程中，必然要出现和增加许多新的、复杂的环节与接口，如管理主体之间需要更多的协调与沟通，方案迭代过程中需要有更多的前后完善与比对，还要保证对不同类型信息的有效融合和对方案形成进行整体（综合成本、时效与品质等）的评估与优化（宋学锋，2003）。

　　根据上述分析可见，复杂的管理活动中的管理问题可分为三个层次，其中，下面的两个层次主要针对 A、B、C 三类问题，而最上面的层次主要针对 D 类问题，三个层次整合在一起即形成完整的**复杂的管理问题体系**（如图 2 所示）。

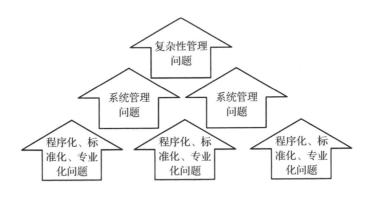

**图 2　复杂的管理问题体系**

　　可以粗略地认为，复杂的管理问题体系从整体上把复杂管理活动中的管理问题分为复杂性问题、系统性问题和简单问题三种类型。这种分类固然有问题自身物理属性与系统属性的客观原因，但与管理主体认知能力也有着很大的关系。因此，不能认为任何一个具体的复杂的管理活动只有一种问题体系分解结构。

　　在某种意义上，复杂的管理活动的问题体系是柔性的、动态可变的。例如，两个水平不一致的管理主体，高水平主体会认为复杂性问题相对较少，而低水平主体的观点则恰好相反；即使是同一个管理主体，随着生产与管理信息的不断丰富以及自身能力的不断提升，该主体也会认为顶层的复杂性问题数量在不断减少,且复杂性程度在不断降低;而一个水平很高、经验极其丰富的管理主体甚至可能会认为该管理活动中几乎不存在复杂性问题,这样,三个层次的问题体系在该主体的认知中就只有两个层次了。

以上认识启发我们,在提出"复杂的生产"活动的感性认知并进行要素诠释的基础上,通过"复杂的生产"与"复杂的管理"的逻辑关联分析可以对"复杂的管理"活动的外部联系和表面特征形成一定的感官直觉认识,并归纳出"复杂的管理"一系列新的体验性特征,这就是关于"复杂的管理"认识的"生动的直观"阶段。

依据人们的认识规律,我们可以进入对"复杂的管理"这些特征的属性、内部联系和规律进行理性认识的第二阶段,这需要我们运用抽象思维能力提出新的科学概念,这将是下一部分论述的主要内容。

## 4　管理的复杂性

我们依据管理活动的几个基本要素对"复杂的管理"特征进行了直观梳理,并总结出"复杂的管理"无论哪一个要素出现了一系列新的特征,这些特征在管理活动各要素之间的相互关联与作用下,又会在整体上涌现出管理问题的许多新的特征。例如,"复杂的管理"不仅表现出多层次问题体系结构,而且在问题体系中出现了一类复杂性问题,这类问题在问题边界、要素数量、描述方式等方面都出现了新的特征。

众所周知,在一般的管理活动中,许多针对管理问题的经典分析和解决路径就是把该问题分解成若干部分,把各部分都研究清楚了,整体也就清楚了;如果对部分的研究还不清楚,可以再继续往下进行分解研究,直到弄清楚为止,**这种方法论称为还原论**(于景元,2014,2011)。还原论方法主要是由整体往下分解,研究得越来越细,这是它的优势。但对复杂的管理问题,如下原因使还原论难以行通。

(1)这类问题与管理环境之间一般都存在非常紧密的关联关系,环境的各种变化都会对问题产生深刻的影响,特别是问题的形态与形成机理往往就是问题自身结构与环境共同作用和相互耦合的结果，因此，如果我们把问题与环境之间的关联切割开，那就无法完整地认识和分析问题了。

（2）这类问题存在于管理活动与过程之中，任何具体的管理活动与过程如同一个有人、有物、有事、有关联、有因果、有变化并依时空顺序展开的相对独立又有整体性与连贯性的故事。大凡故事都有背景、情节与发展，即都有情景。越是复杂的问题，它越和情景有着"基因"与"血脉"的关联，越需要我们在问题所处的情景中看问题、想问题和分析问题，找出解决问题的方案，这就要求我们在情景整体性中，通过对情景进行自上而下和自下而上的分析与总结来解决问题，而不能肢解情景，使情景支离破碎，或者让问题与情景分离。

（3）这类问题一般还表现出多种复杂动态性，如突变、涌现、隐没、演化等，这些变化的机理非常复杂，究其原因，许多时候都是问题要素之间存在紧密、复杂的显性或隐性关联，各类关联的机理在时间维度上会发生变化并传导至其他要素，而问题正是由这类复杂关联作用造成的。因此，我们无论在物理层面上，还是在逻辑层面上切断这些关联，问题的整体行为的规定性都会受到极大的损害。

（4）分析和解决这类问题一般都需要跨领域、跨学科、跨专业的技术、手段和方法，因此，需要管理主体构建一个知识齐备、工作机制良好的整体性"平台"。

综上所述，如果我们针对这一类构成要素众多、关联和结构复杂、与环境之间又有着各种相互作用的"复杂性问题"，在研究和解决问题的过程中运用还原论，把整体问题分解为各相互独立的部分，再一步步单独研究各个部分，这势必就把问题各部分之间的复杂关联与结构切断了，原有的涌现机理也被破坏了，这样即使把每个部分都研究清楚了，也解决不了整体性问题（盛昭瀚，2009）。这告诉我们，对待管理活动中的"复杂性问题"，如果我们仅仅采用自上而下的还原论方法，在许多情况下解决不了它的整体性问题；还说明了"复杂性问题"的这些特征反映了它存在一类与还原论有着深刻关联的新的整体性属性。这是认识"复杂性管理"属性第二阶段的关键一步。

回到系统科学体系,关于复杂性问题,钱学森先生在 20 世纪 80 年代研究复杂系统方法论时就明确指出:**凡不能用还原论方法处理的,或不宜用还原论方法处理的问题,而要用或宜用新的科学方法处理的问题,都是复杂性问题**(宋学锋,2003;钱学森等,1990)。

钱学森先生以能否运用还原论来解决整体性问题来判断问题是否是"复杂性"问题,体现了他深刻的系统思想。事实上,20 世纪 80 年代中期,国外出现了复杂性研究。很长时间,国外学者把不同学科领域中出现的大量"五花八门"的、不能或者难以用传统理论和方法来解释与分析的"复杂"现象与问题归结为"复杂性问题",并在各自的(主要是自然科学专业)领域内进行分析、概括和提炼,建立了不同专业的复杂性概念与思维,对推动科学的发展有着很大的贡献。钱学森先生在自然科学、社会科学与人文学科的更大、更广的范围内构建了现代系统科学体系,并通过方法论来区分不同系统类型的属性,充分体现了系统思想的"高屋建瓴"的作用(于景元,2017)。

这样,复杂的管理活动中的"复杂性问题"就其本质特征,实际上与钱学森先生提出的系统科学中那一类"不能用还原论方法处理的,或不宜用还原论方法处理的"复杂性问题是一致的。

因此,管理活动在系统性属性基础上,又揭示了复杂的管理活动所具有的复杂性属性,这是关于管理属性的一个新的重要论断,其主要内涵为:

(1)"复杂的管理"中的复杂性问题与系统科学体系中的复杂性问题具有学理上的一致性,这使我们对"复杂的管理"的认识从"生动的直观"阶段向"抽象的思维"阶段升华:人们直观认识的"复杂的管理"不仅具有复杂性问题的具象,而且还具有复杂性属性的抽象(这一抽象可称为管理复杂性)。依据管理复杂性思维的管理活动称为复杂性管理。

(2)为什么要运用还原论来区分问题是不是"复杂"的?钱学森先生实际上还是以系统概念中的整体性属性为其思维出发点。事实上,人们在现实系统整体形态中发现了系统的整体性可以分为以下两种情形:一类系统的整体属性就是组成系统的所有要素(子系统)属性之和;另一类系统的整体属性中则出现了系统组成要素及子系统不具有的属性,我们把这一情况称为系统在整体层面上的"涌现现象"(盛昭瀚等,2007)。显然,前者是可以用还原论来解决的,而后者则仅仅运用简单可加性的还原论是不能认识其整体性的。因此,还原论可以用来"检验"系统的整体性是不是"复杂"的(于景元,2009)。

(3) 作为一种科学概念的"复杂性"并不等同于人们在日常交流中使用的"复杂性"。后者仅仅是人们对事物的表面和外在的表述,而前者则已经是对事物属性抽象认知的凝练,是一个以科学术语为表述形式的抽象概念。20 世纪中期,人们在许多学科领域先后发现了被认为是"复杂的"现象,并力求研究它们形成的原因、程度和抽象意义等,于是出现了"复杂性"这一概念。但是,不同学科提出的"复杂性"概念往往都与特定的现象、机理和一系列的专业领域特色相联系,或者说,每个"复杂性"都深深打上了那个学科的烙印,必须用那个学科的知识和话语来描述、说明和解释(席酉民等,2003;任佩瑜等,2001)。之所以会出现这一现象,就是因为"复杂性是复杂的"(Cilliers,2002)。因此,在管理领域中谈"复杂性"也必须让它"沉浸"在管理活动的情景之中:要么与管理的其他话语组合成复合术语,要么在特定的语境中使用。由此,本文在探讨管理领域"复杂性"时采用诸如"复杂性(管理)问题"[一种不能用还原论解决的(管理)问题]、复杂性属性(复杂性问题的属性)和复杂性管理(包含复杂性管理问题的管理活动)等这样的复合型话语方式。

(4) 随着人类复杂的生产活动形态的出现,与之"形影相随"的管理活动中出现了复杂性管理问题,即人类的生产复杂性引发、催生了管理复杂性,复杂管理活动实践也是管理复杂性的系统实践。随着人类社会的发展,这类具有复杂性管理问题的管理活动在所有的管理类型中数量越来越多、比重越来越大、形态越来越丰富、内涵越来越深刻。因此,随着认识的深化,当我们可以用复杂系统的眼光来审视管理活动所依托的系统时,就形成了**管理从(简单)系统性到复杂(系统)性的演变大趋势。**

## 5　复杂性管理

### 5.1　复杂管理思维

管理属性从系统性到复杂性的演化趋势，最重要的意义是让我们无论是进行管理学术研究，还是开展管理活动实践，都要有建立管理复杂性思维的意识。

首先，管理的系统性要求我们在系统性思维下进行管理实践和学术研究，此即系统性管理。系统性管理的主要内涵是：依据系统的概念、原理和方法来认识、分析和解决生产的管理问题，在把生产视为一个完整系统的思维下，通过系统的要素分析、关联分析、功能分析和组织行为分析，从整体上规划、设计、组织生产实践。在具体技术层面，明确目标、严格分析、注重定量化和程序化，进行生产活动的规划与设计，保证生产现场正常运行，以实现生产的整体目标与优良的综合效果。概括地说，系统性管理就是坚持和保证管理活动与过程的整体性、关联性、动态性的统一。

而管理的复杂性则要求我们在复杂性思维下进行管理实践与学术研究，此即复杂性管理。复杂性管理的主要内涵是：管理主体首先对管理活动中直觉感受到的一类难以表述清楚、分析透彻、预测准确，以至难以找出原因、做出决策、拿出办法、提出方案的现象与问题进行梳理和分析；并主要从管理多主体在利益、偏好、价值观等方面的异质性，对管理主体行为的自适应性，管理主体的自组织功能，管理活动要素之间的非线性等复杂关联，管理环境的深度不确定性、突变与演化等动态性，管理活动架构的层次性、层次之间的动态关联性，管理过程中的信息不对称和不完全、不确知等方面进行归纳，对不能运用还原论来完整认识的管理问题形成认知抽象，此即管理复杂性的提炼；进一步，主体在复杂管理活动虚体"可变性"思维基础上，通过多种适应性行为来"降解"这一复杂性，并且在管理活动实体阶段将复杂性"复原"，实现复杂生产与管理实践的真实和完整。（Sheng，2017）

管理复杂性思维能够帮助我们梳理和构建新的复杂管理体系。复杂管理体系是个综合概念,它可以分为功能体系、职能体系与组织平台体系。其中,功能体系是在管理宏观层面上的管理功能架构,职能体系是管理具体活动实践模块划分与模块关联架构,组织平台体系则是实施管理活动的主体组织架构。

### 5.2 复杂管理功能体系

一般来说,复杂管理功能体系包含对复杂性问题的认识、协调与执行三个功能,即复杂管理功能体系是由三个子系统构成的(如图3所示)。

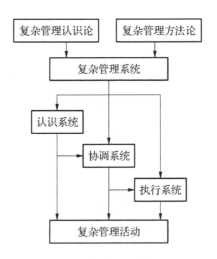

**图3 复杂管理的基本结构**

(1) **复杂管理认识系统**。它的主要功能是揭示和分析生产活动物理复杂性与系统复杂性,并由此对管理复杂性进行分析。

(2) **复杂管理协调系统**。它的主要功能是设计并通过管理组织的运行机制与流程,对管理问题的复杂性进行降解和实施适应性、多尺度等一系列独特的管理技术。

(3) **复杂管理执行系统**。它的主要功能是在管理现场的各个阶段、各个层次,根据管理目标与协调原则确定相应策略并执行生产现场的多主体协调与多目标综合控制。

### 5.3 复杂管理职能体系

复杂管理职能体系是由主要职能模块及模块关联形成的架构，主要包括决策模块、总体决策支持模块和总体执行模块三部分。

在复杂的生产活动初期，人们首先是产生某种生产的意图，这时有一批人，可能就是产生上述意图的人，也可能是受他人委托，先要在宏观上研究并决定这一生产活动究竟要不要、能不能、在什么地方、在什么时候、怎么开展等，这实际上就开始了该复杂生产活动的前期决策活动，这一批人就是复杂生产的决策人，一般称为**复杂生产决策主体体系，简称决策主体。**

决策主体的主要任务与职能是在宏观和全局上明确对生产活动的总体规划、目的目标等重要方案的分析与选择，决策主体必须拥有对决策问题做出决定的事权。

另外，复杂生产的决策是一项复杂的实践活动。决策主体必须拥有对这些决策问题做出正确、恰当决定的本领与能力，即决策主体要拥有必要的经验、知识与智慧，这一点与决策主体拥有必要的事权同等重要，否则决策主体即使有了决策权，也可能因缺失必要的决策知识与专业能力而做出错误的决策。

但是在实际中，任何个人，其个体的决策水平都是有限的，而复杂生产决策问题太多、太专业，特别是一些复杂决策问题，由于其跨专业、跨学科、跨领域的特点，不是某一个个体，也不是某一两个领域的决策群体所能完成的，需要把一批不同专业、不同学科、不同领域的专家组织起来，形成一个具有有效工作机制的专家群体，依靠他们在该机制作用下发挥出集体智慧，以帮助决策主体完成决策任务。

这样，对于决策主体来说，由一批多领域专家组成了一个**总体决策支持体系**，他们的主要任务是在决策过程中为决策主体提供必要的智力支持。总体决策支持体系有以下基本职能。

（1）该体系在跨专业、跨学科、跨领域的基础上，运用定性、定量、科学实验与计算机模拟等手段与方法，通过分析、实验、建模、仿真、评估与优化为决策主体服务,并通过反复比对、逐步迭代逼近,得出备选决策方案供决策主体参考。

(2)该体系在工作中不仅研究、分析复杂生产问题,如生产硬系统的物理结构与功能、生产技术方案、生产经济效益,以及生产活动与环境的相互影响等,也研究、分析如何整合和配置生产资源,以及如何以较低的成本在较短的时间内高质量地完成生产任务。这就需要该体系在对复杂生产硬系统进行总体规划与论证的同时,也要对体制、机制、流程、计划、办法等复杂管理软系统进行总体规划与设计,更要把这两个系统紧密关联、耦合在一起,形成对整体系统的总体规划、总体认证和整体设计。

(3)如果说,决策主体的资源主要是事权,那么,总体决策支持体系的资源主要是多领域专家群体及所产生、涌现出来的决策智慧,前者保证了决策活动的权威性,而后者则保证了决策方案的科学性(钱学森,2011)。

此外,在总体决策支持体系的支持下,决策主体最终形成了关于复杂生产的整套决策方案,接着,将要由一个**总体执行体系**(部门)将这套方案付诸实施。其中,决策主体制定的关于生产硬系统的总体结构、功能、技术等决策方案,将由总体执行体系组织生产活动主体(承包商、供应商等)形成现实生产能力和完整的造物功能;决策主体制定的关于管理软系统的总体体制、机制、战略规划、协调方法等,则将由总体执行体系(或者他们的代理人)形成现实管理能力与管理过程。如果把后者(软系统)理解为复杂生产管理体系,前者(硬系统)理解为复杂生产管理对象,它们之间的集成与耦合就组合成完整的复杂生产活动。这样,从复杂生产活动的全过程而言,决策主体体系、总体决策支持体系与总体执行体系的全部活动都包括在复杂生产管理活动范畴之内,并以这三部分管理活动为基础形成了**复杂生产整体管理活动**,为方便起见,将决策体系与总体决策支持体系的活动称为**复杂生产决策活动**。

综上分析,我们得到如下的复杂管理职能体系架构图(如图4所示)。

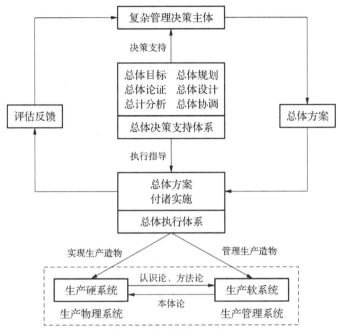

**图 4 复杂管理活动构成**

### 5.4 复杂管理组织平台体系

明确了复杂管理的整体活动，自然要有实施这些活动的主体和由主体群构成的管理组织。那么，复杂管理活动中的管理组织形态会有哪些新的特点？

在一般管理活动中，因为管理活动比较简单，人们只需要根据管理任务对管理组织进行岗位设计，确定每个岗位的职能及相应的运行机制，就完成了一个结构固化的管理组织，这样的"刚性"管理组织在管理的全部过程中一般能够具备所有必要的管理能力。

但是，面对复杂管理活动中的各类复杂性问题，这样的"刚性"管理组织难以完成所有的任务，需要管理组织设计者特别是序主体，根据复杂性问题的内容变更和优化组织主体群中的单元主体，重构管理组织结构与运行机制，这充分反映了复杂管理组织的主要功能已经不是直接为解决复杂性问题提供具体的方法和方案，而是以其柔性与自适应性能力来提供形成解决方法与方案的环境与条件,再由相应的环境与条件"涌现"出不同的功能来,这实际上是复杂管理组织平台的思想。

"平台"一词借喻计算机科学,如软件开发平台、运行平台等,它主要指**一种环境和条件**。有了"平台"便可以支撑、扩展和重构新的功能,**复杂管理组织模式需要的正是这样一个"平台"**。依据此认知原则,复杂管理的组织体系模式本质上是一种管理"平台"设计,具体地说,就是选择和优化平台主体要素,制定平台相应的机制与流程,以保证平台涌现出必要的能力。

由于管理组织平台主要负责实施各类管理职能,所以,管理组织平台体系基本上同职能体系(如图 5 所示)。

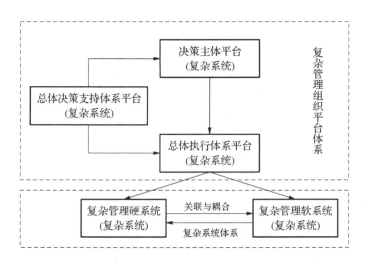

**图 5 复杂管理体系基本认知**

### 5.5 复杂管理的方法论

管理复杂性思维还能够帮助我们运用新的方法论来解决实践中的复杂性管理问题。

对于管理活动属性认知的演变透视出人们对管理这一人类实践属性认知的升华,根据认识论与方法论的辩证关系,这一升华必然导致人们在这一领域内的方法论变革,反之,基于不同的方法论又可以凝练出不同的管理模式。今天,当我们形成了管理复杂性的新认知后,不妨对基于方法论的管理模式的历史演进进行大体的梳理,这应该能够帮助我们在大时间尺度上认识这一新认知的历史方位与学术价值,具体如表1所示:

表1　基于方法论的管理模式的发展①

| 管理模式 | 管理对象 | 关键管理技术 | 管理方法论 |
| --- | --- | --- | --- |
| 经验管理 | 个体 | 归纳 | 复制 |
| 科学管理 | 亚系统 | 共性提取 | 标准化 |
| 系统管理 | 简单系统 | 系统分析 | 系统控制 |
| 复杂性管理 | 复杂系统 | 复杂性分析 | 综合集成 |

注:亚系统在科学管理中已有对管理要素相互关联的考虑。

通过以上梳理可以看出,随着人们对管理本质属性认知的不断升华,管理思想、管理模式与管理方法论也在不断发展与丰富,并以此不断提高对管理对象复杂性的分析和驾驭能力。这应当是人类管理认知发展进程的基本现象与基本规律。

## 6　结束语

我们对管理属性认识的理性深化是对管理本质的深刻揭示,也是在学理上形成正确的管理认知范式,并超越实际管理的具象建立起管理研究辩证的认识论与方法论。本文通过现代科学技术体系的层次结构框架,分别探讨了系统性与管理、复杂性与复杂管理的学理内涵,并揭示了管理活动在本质属性上所表现出的从系统性到复杂性的演变趋势。

关于管理属性的探讨在今天有着特别重要的学术意义。当今,随着人类经济、社会和科技高速发展与进步,各个领域的管理活动普遍出现了各种各样"复杂的"特征,要有效面对和驾驭这一挑战,除了在管理技术、方法层面上开展创新之外,更重要的是,还要在与管理领域有着紧密关联的更高层面、更大范围

---

① 　说明:(1)经验管理是从某个或少数案例中总结出关于管理的知识和规律,并将它们"复制"到其他管理对象和问题中的一种管理模式;(2)科学管理是通过明确的规则与标准,将管理置于科学的制度与规范之下的一种管理模式;(3)系统管理是将管理对象及管理自身均视为系统,并通过系统思维与原理来组织、控制管理活动的一种管理模式;(4)复杂性管理是将管理对象及管理自身均视为复杂系统,并主要运用处理复杂系统的综合集成方法论的一种管理模式。

中,把握对管理属性的认知。而运用现代系统科学的思维与话语体系能够帮助我们在今天纷繁多变的环境下,深刻认识各种多姿多彩的管理现象,揭示它们的内在规律,还可以帮助我们在管理学学术研究中,利用系统科学话语体系的内涵与学养来增强管理学术的活力。

（刊于《管理科学学报》2019 年第 3 期）

## 参考文献

[1] 于景元.钱学森系统科学思想和系统科学体系[J].科学决策,2014(12):2-22.

[2] 钱学森.创建系统学[M].太原:山西科技出版社,2001.

[3] 钱学森.大力发展系统工程,尽早建立系统科学的体系[N].光明日报,1979-11-10(2).

[4] 宋学锋.复杂性、复杂系统与复杂性科学[J].中国科学基金,2003(5):8-15.

[5] 于景元.集大成　得智慧——钱学森的系统科学成就与贡献[J].航天器工程,2011,20(3):1-11.

[6] 盛昭瀚.大型工程综合集成管理[M].北京:科学出版社,2009.

[7] 钱学森,于景元,戴汝为.一个科学新领域——开放的复杂巨系统及其方法论[J].自然杂志,1990(1):3-10,64.

[8] 于景元.系统科学和系统工程的发展与应用[J].科学决策,2017(12):1-18.

[9] 盛昭瀚,游庆仲.综合集成管理:方法论与范式——苏通大桥工程管理理论的探索[J].复杂系统与复杂性科学,2007(2):1-9.

[10] 于景元.系统工程的发展与应用[J].工程研究——跨学科视野中的工程,2009,1(1):25-33.

[11] 席酉民,韩巍,尚玉钒.面向复杂性:和谐管理理论的概念、原则及框架[J].管理科学学报,2003(4):1-8.

[12] 任佩瑜,张莉,宋勇.基于复杂性科学的管理熵、管理耗散结构理论及其在企业组织与决策中的作用[J].管理世界,2001(6):142-147.

[13] CILLIERS P. Complexity and postmodernism: understanding complex systems[M]. London: Routledge, 2002.

[14] SHENG Z H. Fundamental theories of mega infrastructure construction management: theoretical considerations from Chinese practices[M].New York: Springer, 2017.

[15] 钱学森.一个科学新领域——开放的复杂巨系统及其方法论[J].上海理工大学学报,2011,12(6):526-532.

[16] 于景元.钱学森的现代科学技术体系与综合集成方法论——祝贺钱学森院士九十华诞[J].交通运输系统工程与信息,2001(4):267-275.

# 管理理论:品格的时代性与时代化

**摘要:**管理理论的时代性是理论对管理的时代特征和重大问题的深度关切与回应,管理理论的时代化是管理理论能够随时代发展而与时俱进的能力属性。时代性是管理理论的生命表征,时代化则是管理理论的鲜活度;时代性与时代化的统一构成了管理理论的基本品格。管理理论的时代化和中国化是管理学在中国实践与发展的两种基本形式。时代化是普遍原理,中国化是时代化在中国的具体形态,是管理理论在中国发展的现实道路。时代化通过中国化走向中国管理实践;中国管理实践与理论的发展又促进和推动了理论的时代化,并以此融入人类先进的管理理论文明之中,这既是中国管理的基本现实,又是中国管理理论的发展道路。

**关键词:**管理理论;时代性;时代化;中国化

学术,如果粗略理解为学问,那么,理论无疑是全体学问中最核心的部分,在所有学术活动中也占据着最重要的地位。首先,从学理上讲,理论承上启下。上依据理论哲学思维,接受思维原则的规定性和引导性;下扎根实践,以问题为导向。其次,学术界最普遍、最基本的工作就是开展理论研究,理论的创新价值一般就是学术贡献的标志。在学术界,理论研究能力强、水平高的人往往被称为学者,可见理论概念的重要性。

因此,关于管理学领域中的管理理论,特别是理论基本品格的思考,一定有其重要意义。

## 1 管理理论的哲学思维

"管理理论"在管理学研究领域内是一个极其重要的概念。在一般意义上,管理理论是人们在管理实践活动与思维活动中,依据一定的理论哲学思维,以核心概念、基本原理、科学问题及方法体系为基本要素建立起来的系统化与逻辑化管理知识体系。

管理理论之所以要以理论哲学思维为依据是因为管理领域的理论研究都有其逻辑起点,需要在认识论与方法论层面,即在哲学思维层面确立对该领域问题本质属性的认知。而要做到这一点,一般不能仅在该领域之内、该领域局部范围内或者该领域具体技术和方法层面上解决,而要在与该领域有着紧密关联的更高层次、更大尺度、更多维度上进行思考,这就进入了哲学思维的层次,并明确该领域问题的本质属性与学术研究的基本范式。另外,哲学思维要求认识论与方法论的统一,因此,确立了哲学思维也将能够明确该领域理论研究的方法论与方法体系。

哲学思维的辩证性、批判性以及强调实践第一的基本原则为我们开展管理理论研究提供了一种正确的理性思维模式。具体地说,当今的管理哲学思维尤其需要强调以下四点。

第一,复杂性。当今几乎所有管理活动、管理现象与管理问题,无论如何细分为不同的领域、方向和类型,我们都可以在"复杂性"意义上凝练、抽象它们本质属性的同一性、普适性与规律性,并从复杂性这个"根"上发现管理活动与行为的基本规律(Simon,1991;于景元等,2002)。

第二,全球性。普适性的管理理论是人类共同的文明。在一般意义上,管理活动、管理经验、管理知识、管理理论与管理方法是人类管理实践与认知共同的积累和升华,体现了人类的共同关切。受人类历史发展历程的影响,在较长一段时间内,西方管理思想与学说在管理学领域占据了主导性地位,并产生了重要的作用。而当前,中国管理学界经过几十年的成长,正逐渐成为当代世界管理理论供给侧格局中的一支独立的重要力量并将不断对人类管理理论做出贡献。这一重要历史性转折要求我们必须把人类管理活动与管理认知的共同关切作为哲学思维的认知基点与逻辑起点,以全球化时代的视野,积极推动构建人类共同的管理理论文明。

第三，变革性。当前，世界正处于大发展大变革大调整时期，从而导致人类管理学学术发展道路出现了需要做出重要战略性选择的"岔路口"，并需要我们在"岔路口"的转折点上辨识与确定管理学术发展道路的战略性前进方向。完成这一历史重任最重要的是强化人们对重大理论的问题意识，提升发现问题理论价值的能力。

第四，统领性。在某种意义上，管理是人们依据"设计的知识"来实现的，这样，管理理论不仅直接为人类的管理实践提供认知引导与方法支持，更为管理主体传递一种思维的力量与行为遵循的规则。这两种情况，既有在条件具备的情况下，用好现成的知识来解决问题；更有在条件不完全具备的情况下，创造出原本不存在的知识来解决问题。要实现这两点，唯有在正确哲学思维的指引下方能做到和做好。

文明是人类思维活动的积淀。正是在哲学思维的引导下，人类在每个时代都创造出管理理论文明。但是，基于不同的管理实践领域、不同的思维方式以及对知识的不同理解和论述，人们会根据不同的视角、不同的层次对管理理论的内涵进行边界划分与特征界定，从而形成了各种各样的管理理论学说，这就是所谓的管理理论丛林。

在如此繁茂的管理理论丛林中，有些是专门针对某一类问题的专题性理论，也有仅仅是对一个具体问题提出某些理论观点，但最重要的是充分体现某一领域的基础性、全局性、深刻性的理论。它们对该领域管理实践活动具有广泛的适用性和强大的指导力量，它们自身也往往因具有严密的系统性与学理逻辑而形成理论体系，因此成为该管理领域的"基本理论"。显然，这一类理论对于管理学术研究与发展有着"举足轻重"的引领和奠基作用，本文探讨的主要就是这类理论。

## 2 管理理论的基本品格

任何管理理论形态都属于主观的存在，它来自人类的管理思维对于管理活动与现象世界原因解释的主观构造，相当于人类"制造"出的一类精神产品。凡是人造产品,不论是物质型还是非物质型都有功能与效能意义上的属性,这就是所谓产品品格的概念。品格,即品性与风格,可以理解为一种质量属性,如人有人品,此为个人立足于社会之根本。而管理理论的品格主要是理论立足所在时代并能够适应时代变化以持续发展的根基,此即管理理论的时代性与时代化。

## 2.1　管理理论的时代性

所谓时代是政治、经济、科技、文化等领域各自发展及相互影响而形成的具有一定特质与时空边界的历史阶段。时代对处于该时代的人类活动、行为、文化、思维有着强烈的制约与催化作用。

马克思、恩格斯(1960)在谈到理论体系时说过:"一切划时代的体系的真正内容都是由于产生这些体系的那个时期的需要而形成起来的。"这样,管理理论,特别是作为人类管理实践活动规律全局性、整体性提炼与论述的一类重要的基本理论,必然会反映那个时代管理实践的典型特征,必然要深切关注那个时代重大管理问题的内容与解决方案,也必然会使自身带有那个时代的烙印,这就是管理理论时代性的基本内涵。这一点,当世界正处于重大发展与变革的时代时尤其鲜明,而当前我们正处于这样的时代。

正因为任何管理理论都是那个时代的理论,所以管理理论都具有时代性,即时代性是管理理论的生命表征。但是,比较而言,有些管理理论有着对管理现实更深透的洞察力,对时代性重要管理问题有着更敏锐的捕捉与追踪能力,这类理论可谓具有优质的时代性品格。反之,管理理论由于缺乏现实洞察力而导致其面对的问题只能是历史的而非现实的,理论的实际作用也很难与现实需求对接,难以有效解决现实问题,这就是时代性品格较低的管理理论。

下面,我们重点讨论两个问题。

第一,如何使管理理论具有优质的时代性品格,这首先要从关注以下三方面入手。

(1)管理活动中的"复杂"人。人是一切管理活动的主体,是管理活动中最生动、最核心、最本质、最复杂的要素。特别是在当今时代,关于"人"或者人的

"秉性"的预设与管理理论的基本逻辑起点有着极其重要的关系。

根据管理复杂性的基本观点,在当今管理理论研究中,预设人是"复杂"人是需要和恰当的,相反,任何形式的关于人是"简单"人的预设必然只能是历史的而非现实的。"复杂"人的核心内涵为人的秉性的多样性与人的行为的适应性,并在此基础上向管理的各个维度拓展。这将会使管理理论研究中"人"原有的理念原则、价值取向、行为偏好及目标习惯都产生一系列重大转变,并因此形成新的管理理论原理和解决问题的方案。

例如,当今的"复杂"人开始重新审视过去的直至工业文明时代的物质利益最大化的管理价值观,重新思考人与自然环境的和谐与融通关系的意义,从而逐渐领悟到人不应再是通过征服自然环境而成为物质利益至上者,而应该将与环境之间的改造、征服关系转变为和谐、共生关系。

再如,以社会系统中人的行为决策为例,美国著名管理学家道格拉斯·麦格雷戈说过:"在每一个管理决策或每一项管理措施的背后,都必有某些关于人性本质及人性行为的假设。"他又说:"这种人性本质和人性行为的假设,在一定程度上决定了管理的出发点、过程和归宿。"(Douglas,1960)事实上,为了达到自身目的,决策主体会适应性地根据环境变化,不断调整自己的行为,而正是适应性造就了复杂性。(约翰·H.霍兰,2000)例如,决策主体会乐于重复使自己过去满意的行为,拒绝再次使用相反结果的行为或者根据自身的记忆和知识库尝试解决新问题等。人在这里实际上已经表现出系统广义进化过程中复杂的遗传、交换和突变模式,并且形成了一套完备的自演化机制,而要完整表述"复杂"人决策主体的决策心理和行为,需要在管理决策理论研究中提出主体的储元(主体记忆、偏好、知识)、识元(主体感觉、认知、判断)、适元(主体学习、复制、改变)、事元(主体决策后行为)以及心智(主体生理、心理、文化)等人性要素来构成"复杂人"虚体和建立决策行为科学的新的理论概念与原理。

(2)管理的信息技术环境。当今时代,以互联网、物联网、云计算、大数据、人工智能以及区块链技术等为标志的现代信息技术飞速发展并成为推动社会进步的强大力量。(Zhou,2012;Miller,2013;McAfee,2012)在短短的二三十年之内,这股力量不仅使人类的生产、工作、生活方式发生了巨大的变化,同时也深刻地改变了人类的管理观念、思维习惯、行为方式、人际关系、自我认知以及意识与情感的体验与表达。

更为深刻的是,在过去,人是管理活动中唯一的智能体。但今天,在人工智能时代,管理活动中除了人类智能体外,还开始有了一类非人类智能体——机器人。它们不像过去人发明的机器那样完全被人控制、任人摆布,其自身具有一定的并在不断提高的智能能力。这样就可能在某一管理场域中,人类智能体与非人类智能体在一定的社会规范与行为准则下成为非完全人类的智能体,这将大大深化前面关于管理的"复杂"人的内涵。例如,他(它)们可能"合伙"而成为新的管理活动中的"一体化"主体或对象,并在整体上对人类管理活动复杂性发起挑战。因为当人类与非人类智能体结合在一起,特别是当非人类智能体的智能性越来越强、智能层次越来越高、智能特征及具体表现形态越来越复杂时,我们或将在未来的管理活动中面临一种新的"人与非人"共存状态,他(它)们可能会相互结合成为新的能力更强大的复合型智能主体,或者成为管理主体的能力更强大的智能博弈对手。至少今天我们已经能够看到,以深度学习为基础建立起来的人工智能技术能够运用大数据解决小问题,而人类智能往往能够以小数据解决大问题。(杨善林等,2004,2015)这样,这类复合型智能体可以在这两方面的基础上,凭借自己的才智与灵性涌现出超水平的主导与自适应行为,做出最终的决策价值判断,这一趋势必将对今后管理活动和管理情景的复杂性产生重要而深刻的影响。

(3)世界性的新工业革命。当今,在大数据、人工智能、互联网等现代信息技术推动下,人类技术和经济发展方式又一次出现了新的重大变革,此即所谓第四次工业革命。

第四次工业革命不仅发展快、范围广,而且对人类经济结构与管理模式的影响之深远更是空前的。例如,已经开始出现了以新一代信息技术贯穿于产品研发、生产、管理与服务等制造全过程的各个环节,使制造具有深度自感知、智能优化决策与精准管控等功能的所谓"智能制造";基于互联网、大数据和人工智能技术研究供应链、服务链、客户或用客户信息等,为企业开发新产品、开拓新市场、重构新的营销模式以及价值链的所谓"智能工商管理";随着机器人识别、分析、判断能力的大幅度提高,人工智能在某些分析、博弈领域也显示出强大能力,从而不仅能胜任重复性操作的工作,而且能从事某些非重复性、需要通过自我学习来提高认知能力的工作,这就是会使社会劳动方式发生巨大变化的"智能工业工程"。

第四次工业革命必然在全球范围内引发和催化宏观层面上的经济制度、产业结构、管理体制的深刻变革与全面创新,因此,落后和不适宜的治理体系将会制约与减弱新的技术变革激发出来的新动能。

虽然当今能够体现管理理论时代性和对理论高品格形成具有重要影响的要素很多,但比较而言,以上三方面更具促进、推动和催化作用。换言之,当今能够体现时代性的管理理论都将以不同形式打上以上三个方面的印记。

第二,如何加强管理理论研究的时代性意识。

既然我们正面临着人类深刻的时代性社会变革,那必然会在世界范围内引发广泛的社会经济发展与治理模式的深刻转变,这是当今最现实的时代性所形成的管理复杂性。虽然我们在过去的几十年内,依靠 20 世纪中叶前后一大批管理思想家的管理哲学思维并充分运用各个领域的技术进步,在管理理论研究中取得了很大进步,然而总体上讲,与不断增长的解决新的时代性管理问题的现实需求相比,还需要管理学术界增强管理理论时代性意识,既不能对新的时代性问题缺乏敏感性,也不能将注入新的时代要素的现实问题削足适履地硬塞回到传统的管理理论框架中去。具体地说,我们需要提高从当今现实问题中提炼出时代性内涵的能力并掌握研究时代性复杂问题的新技术和新方法。

综上所述,在总体上,要通过加强以下认知来提高管理理论时代性意识。

(1)一个时代的管理理论首先是对那个时代的管理实践活动与管理主体行为本质属性的提炼,只有当理论充分汲取了那个时代的精神与历史方位,才能体现出相应的管理理论的生命形态。

(2)一个时代的管理理论只有把握住那个时代发展的基本规律,才能真正诠释清楚管理活动中的基本道理。无论这些道理是对客观规律性的揭示,还是从管理实践活动中"创造"出来的"行为规则",它们都能够充分体现时代性,这也是管理理论真理性的体现。

(3)一个时代的管理理论既包括那个时代重大实际问题本质的综合,又包括解决这些问题方法论与方法体系的集成,因此,必然成为推动那个时代管理文明进步的重要力量,这也是管理理论的实践指导作用的体现。

平时,人们在开展管理理论研究时,在判别和凝练理论问题时,常常会遇到所谓管理"热点问题",这一概念主要是表达在一个时段内社会或者学界对某一管理问题的关注,它往往是基于某一重要政治或社会事件而涌现出来的某个现实或理论问题。虽然也禀赋了一定的时代性内涵,但它与管理理论整体层面上的时代性不是一个概念,常呈现"来得快,去得也快"的脉冲状,特别是一个时段的时间尺度远比一个时代小得多。那些肩负对时代性管理理论问题开展深入而系统性研究重任的学者们,要保持学术静气,珍惜这类问题的重大理论价值,一般不宜用频繁更换"热点问题"研究来取得"短平快"的成果。

### 2.2 管理理论的时代化

任何一个时代都是人类历史发展长河中的一个阶段,在它之后,有着"过去的"时代,在它之前,有着"未来的"时代。所以,任何一个时代一定是承上启下、承前启后的。这意味着,任何一个时代的管理理论,一定包含着对过去时代人类管理理论的肯定和继承,也一定会包含着相对于未来时代理论的不足和局限。正如马克思、恩格斯(1995)所说:"我们只能在我们时代的条件下去认识,而且这些条件达到什么程度,我们就认识到什么程度。"这意味着管理理论的品格中还蕴含着一种自我批判、否定,不断被修正和重构的品格,这即为管理理论的另一个基本品格,即管理理论的时代化。

在一般意义上,理论的时代化是指理论能够根据时代的发展、需求的变化进行自我审视并通过自修正及自组织过程来满足因时代发展而产生的新需求。显然,时代化首先源于时代对理论需求的变化,其次是理论自身的与时俱进的能力。因此,理论的时代化集中体现了理论自身强大的生命力以及对理论生态环境与理论问题变动的适应性与创新性。管理理论只有自身具备了这种时代化的"秉性",才能在固有的思维原则与逻辑关联的"刚性"基础上,持续回应管理问题因时、因地、因情景的变化,保持理论的鲜活度。

简言之,管理理论的时代化是指理论能够运用自身的自适应和自组织能力根据时代的发展变化而不断修正、发展和完善自己,做到理论在与时代相互作用中与时俱进。

就管理理论而言,时代性是它的基本禀赋,即任何管理理论都具有时代性。但是,只有当它表现出内容与形式的与时俱进的能力时,它才有了时代化的品格。时代性是管理理论的基本生命形态,而时代化则是管理理论生命的鲜活度。

综上所述,可以对管理理论时代化的内涵进行如下三点解读。

第一,管理理论时代化的基本动因是其自身的自我反思与自我批判精神。任何管理理论,哪怕是某个领域的基础理论体系也都是在相对的广度、深度与高度上对那个时代管理活动规律的总结与凝练,无论如何都有自身相对的不周、不足与不真。因此,凡是有高度生命活力的管理理论必然具有不断修正、完善和深化自己的能力,即理论要使自身在否定之否定的过程中不断发展和升华,这是管理理论时代化的基本动因。

在现实中,管理理论的时代化路径要么由鲜活度高的理论自身通过内容(理论内涵)的时代化或者形式(话语方式)的时代化来实现;要么由人们重构新的理论来替代原来鲜活度低的理论。管理理论的这种持续不断的新陈代谢现象,不仅在整体上源源不断地为人类提供了新的管理理论以适应变化着的时代,同时,也创造了枝繁叶茂的"理论丛林"。

第二,管理理论时代化的"灵魂"是管理理论创新。时代永远是发展的、鲜活、生动的,管理实践活动本身就是培育、生长新鲜管理理论的肥沃土壤。因此,不论多么完善的管理理论,它必然无时不面对新的管理实践的挑战,而且力求以新的思维原则来准确分析和解决它们。在这一过程中,如果理论自身原有的学养不够,那就需要从新的需求与理论自身的局限碰撞中涌现出新的理论要素丰富自己、创新自己,并且通过理论自身概念、原理及科学问题之间的系统性与逻辑性来延展和提升理论的学理与学养。不难看出,管理理论的这一时代化过程实际上就是管理理论的创新过程。当然,根据上面所说,这里的创新既包括理论的自我创新,又包括对原有理论的重组或者重构,甚至是理论整体上的突破与颠覆。

第三,管理理论时代化的"中国化"原则。中国学者如何进一步理解理论的时代化?既然管理实践是管理理论的源泉,那么,管理理论的时代化不仅需要关注"时代的发展变化"的时间维度,而且要关注管理实践的空间所在。对管理这一人类实践活动来说,"空间"不仅仅指物理空间,更指在某个管理活动空间中的人、人的行为、人的价值偏好、人与人的关系,以及以此为基本要素组成的情景,如人情、社情、国情、地域情、文化情与历史情等。这样一来,管理理论的时代化不仅会充满着时代气息,还会充满着浓厚的"地域"气息。

例如,管理理论的"中国化",主要是指在融汇古今、中外管理文明的基础上,基于中国管理实践,回应我国社会经济发展与改革中的重大问题,在解决中国实际管理问题过程中自主形成的管理理论。这其中除了包括东西方普适性管理原理外,更有现实意义的是通过管理原理与中国国情、社情、人情的结合,运用科学方法,提炼科学问题,形成和发展符合我国实际并能够解决实际问题和指导实践的管理理论,同时站在全球和历史的高度对国外管理理论成果进行总结。这样的理论从最初的问题设定、问题情景与价值观的"嵌入"到最终理论的形成都经历了自洽融通的自主性创新或重构,进而形成具有中国特色的管理理论特质。这告诉我们,在我国,管理理论的时代化通过中国化成为实践形态,而中国化又通过自身实践来推动时代化。

显然,这里包含着一条重要的理论原则:必须根据时代特征、历史条件、具体国情和实际情况,在创造性地学习、运用人类共同的管理文明的过程中,探索和丰富我们中国自己的管理理论发展与实践进步的现实道路。要充分认识到管理理论的时代化总是与管理实践本国化紧密联系在一起,管理理论的时代化过程,既是管理理论的基本原理同时代特征在纵向维度上相结合的过程,又是管理理论的基本原理同本国具体国情与实际问题在横向维度上相结合的过程。

对于中国管理学界而言,管理理论时代化的鲜活劲儿寓于中国管理实践之中,脱离中国管理实践的理论时代化是凋零的、萧疏的。

特别在今天,中国正发生如火如荼的历史性社会变革,我国管理学者更要深刻地认识到,管理理论的时代化和中国化是管理学在中国实践与发展的本质一致的两种基本形式。时代化是普遍原理,中国化是时代化在中国的具体形态,是管理理论在中国发展的现实道路。时代化通过中国化走向中国管理实践,中国化又通过中国管理实践与理论发展促进和推动理论的时代化,并以此融入人类先进的整体管理理论文明之中。

## 3　立足我国管理实践,回应重要时代命题

当前,增强我们关于管理理论的基本品格,特别是理论时代化认知的实际意义在于要求我们努力立足我国管理实践,回应重要时代命题。这不仅仅是个理论问题,更是一个重要的实践问题。大量事实表明,我国越来越多的管理问题、管理规律、管理经验需要通过管理理论时代化过程来总结和提炼。这其中,我们可以按照管理理论时代化与中国化相结合的原则,注重我国管理实践和问题所蕴藏的理论内涵与对人类管理文明的潜在贡献,既按照普适性又秉持自主性地立足我国管理实践,回应重要时代命题,努力形成具有自主性、原创性和中国学术特色的管理理论与话语体系。

在这方面,我国学者在过去的若干年中,有过一次构建重大工程基础理论体系的实践,这也是我国重大工程管理理论时代化的一个成功示例。

### 3.1　理论问题概述

工程是人类造物和用物的实践。工程中一类规模巨大、环境复杂、技术先进、建设与生命期长的工程称为重大工程。其中,主要为社会经济发展提供长久性基础构筑物的工程,一般称之为重大基础设施工程(以下简称重大工程),如大型水利工程、交通运输枢纽工程、自然环境保护与改造工程等。

在工程造物活动中,有一类专门从事获取和配置工程资源,分配和安排工程造物人群任务,协调人群、任务、流程之间的关系,使工程造物与用物的实践

更为有序和有效的活动,称为工程管理活动,简称工程管理;重大工程管理活动,简称重大工程管理。(盛昭瀚等,2009)

实践表明,相较于一般工程,重大工程管理要复杂得多,会涌现出许多新的复杂现象和问题。例如,中国港珠澳大桥工程管理主体涉及粤、港、澳三方,"一国两制"体制造成的三方法律体系、行政流程、公共事务、技术标准的差异,对港珠澳大桥管理体系的构建、管理主体之间的结构关系和权力边界、管理组织平台设计等都带来了一系列难题,解决这些难题已远远超出一般工程管理理论所能提供的思想与方法。(张劲文等,2014)

### 3.2 理论时代化的诉求

从总体上分析,随着重大工程管理主体越来越多元化、管理组织的适应性要求越来越高、管理目标越来越多维和多尺度化等,特别是面对重大工程规划立项决策、投融资及建设营运模式选择、工程复杂性风险分析、工程现场综合控制与协调、工程技术创新管理、工程可持续发展与社会责任履行等一系列复杂问题时,只有通过重大理论创新才能够在学理上解决这些问题。对中国学者来说,要遵循工程管理理论时代化与中国化统一的理论创新道路,并将这一工作融入人类先进的重大工程管理理论时代化中去。

为此,我国学者遵循管理理论时代化基本原则,清晰地进行了如下完整的系统分析。

(1)根据理论时代化禀赋的理论自我批判精神,在充分肯定传统的项目管理体系重要作用基础上,明确指出传统的项目管理体系是以系统还原论与工程本体论相结合的工程思维产物。面对重大工程管理复杂性的挑战,以项目管理知识体系为代表的传统工程管理思想和方法功效日渐式微,甚至已达"紧张点"。这种理论的自我反思与批判性思维是重大工程管理理论时代化的基本动因。

(2)理论时代化推动着国际工程管理学术界的不断探索,并在近年来形成如下共识:要真正从学理上解决这个问题,必须"跳出"传统的工程思维,构建引领性的重大工程管理理论体系。2014年,国际著名工程管理学术刊物 PMJ (*Project Management Journal*)专门发表文章,呼吁全世界工程管理专家共同

"寻找"重大工程管理经典理论体系(Flyvbjerg,2014)。最近,一批多国学者通过对过去若干年在学术刊物上发表的重大工程管理研究文献进行推荐、评价,希望选出若干篇"经典"文献,并将它们拓展和升华为重大工程管理理论体系。然而,2017年7月,国际学术界对此做了总结,他们认为目前尚未能从"经典"文献中找到重大项目管理的理论,这一理论研究目前还缺乏统一的认知和理论框架体系,需要今后从跨学科视角,开展持续的讨论甚至争辩,形成高质量的研究成果,甚至颠覆已有的传统理论解释,涌现一个新的"经典理论"(李永奎等,2017)。

(3) 当今,无论在重大工程建设总量还是单体工程规模方面,我国都在全世界首屈一指。我国重大工程建设的伟大实践给重大工程管理理论时代化提供了强大动力和广阔空间。因此,中国学者要开展重大工程管理理论创新研究,必须遵循理论时代化与中国化紧密结合的原则,扎根中国重大工程管理实践,在中国重大工程管理实践基础上提炼理论再到实践中去。另外,开展源于中国实践的重大工程管理创新研究,应该有与之匹配的话语体系,以富有感染力、说服力的中国式话语来表达好我们的自主性学术主张,在世界学术体系中发出中国声音。在这方面,我国系统科学家创立的系统科学体系和思想为我们提供了理论思维与系统科学话语体系的支撑平台。

## 3.3　理论时代化的阶段性成果

多年来,伴随着我国重大工程建设与管理的实践,我国学者努力保证对中国重大工程管理实践的尊重、对中国工程管理经验的深度解读、对工程管理理论抽象的精准提炼,并依据理论时代化基本原理,在构建重大工程管理理论体系这一国际工程管理学界公认的具有原创性、全局性与前沿性的重要学术问题上,走上由中国学者所把握的理论时代化的中国化道路,取得了较系统的阶段性成果,综合起来主要成果如下。

### 3.3.1　理论体系的整体性的学术思想

关于重大工程管理理论创新,绝不是沿袭传统的项目管理体系路径,也不能仅仅描述一些重大工程管理新的现象和零散的问题,而必须讲时代性鲜明的系统性学术主张,设计最能够体现学理品质的整体性理论架构,包括具有基础性、根本性特点的理论原则、核心概念、基本原理、科学问题与相应的方法体系。

重大工程管理活动最为核心的"两极"，一个是管理主体行为的适应性，一个是管理客体的复杂性。没有主体的自适应行为，就没有重大工程管理活动；没有复杂性，就不是重大工程管理活动，"两极"形态的耦合就是工程管理活动的复杂整体性。也就是说，以管理主体的自适应行为与管理客体的复杂性为核心所形成的重大工程管理现象、情景、演化趋势以及演化路径等构成了重大工程管理抽象理论的全部实践基础。

### 3.3.2　理论体系中突出"人"的时代性

重大工程管理的主体和核心要素是"人"，重大工程是"以人为本"的工程，因此，必须在重大工程管理理论体系构建过程中，改变传统的更注重工程物理硬系统与物质性资源的倾向，充分体现管理思维"以人为本"这一时代性原则，明确而深入阐述：

——人（管理主体）在重大工程管理活动中的基本思维与行为原则；

——人在重大工程管理活动中的思维与行为的基本形态及基本原理；

——人与管理环境、管理客体与管理问题综合形成的重大工程管理活动的基本形态与基本原理；

——基于人的重大工程管理活动的基本形态与基本原理而形成的科学问题；

——为解决这些科学问题而提出的独特的方法论与相应的方法体系。

### 3.3.3　理论体系的基本内涵

在上述基础上，我国学者提出了重大工程管理理论体系中的核心概念，如重大工程-环境复合系统、管理复杂性、深度不确定性、情景、管理主体与序主体、管理平台、多尺度、适应性与功能谱等。

进一步地，把重大工程管理复杂情景下的关系原则和行为准则表述为相对独立的理论模块，如复杂性降解、适应性选择、多尺度管理、"迭代式"生成与递阶式委托代理等，从而构成了理论体系中的基本原理。

再以核心概念为基础，通过基本原理推导而形成若干基础性科学问题，例如，关于重大工程管理组织的动力学机理、深度不确定决策及基于情景鲁棒性的决策质量认知、重大工程金融、技术管理、现场综合控制与协同管理、基于复杂性的工程风险分析，以及工程可持续发展与社会责任等。

另外，在我国著名科学家钱学森提出的综合集成方法论原则的指导下，提出了以下三类专门性研究方法：全景式质性分析方法、情景耕耘方法和联邦式建模方法。

以上述成果形成了完整的"思维原则—核心概念—基本原理—科学问题—方法体系"学理链，率先在国际工程管理学术界构建了重大工程管理基础理论体系（Sheng，2018），这不仅体现了当前我国工程管理学界正以自主性的学术创新成果让世界听到中国学术声音，也标志着我国管理学界在工程管理理论时代化与中国化统一的道路上跨出了可贵一步。

## 4　结论

当今，我们正面临着人类深刻的时代性社会变革，这必然在世界范围内引发广泛而深刻的社会经济发展方式与管理模式的深刻转变，这是当今时代性形成的最现实的管理复杂性。

具体地说，当今管理理论领域普遍出现了如下品格特质：

（1）由时代性而出现了完全崭新的管理现实形态并导致需要原创性的理论创新；

（2）虽然在某种程度上仍然可以因袭传统的管理思想与理论路径，但已经不可避免地需要注入许多时代化的新要素，需要理论内涵的变革。

这是当今人类发展道路重大变革对管理学领域理论时代性与时代化优良品格的呼唤。可以预见，我国管理学界一定会坚持不懈地把管理理论的时代化与我国管理实践紧密结合在一起，直面当今时代性管理真学问与真问题，既为我国管理理论也为国际管理理论发展做出更大贡献。

（刊于《管理科学学报》2019 年第 4 期）

# 参考文献

[1]　SIMON H A. The architecture of complexity[J]. Facets of systems science, 1991：457 -476.

[2]　于景元,刘毅,马昌超.关于复杂性研究[J].系统仿真学报,2002(11)：1417 - 1424,1446.

[3]　马克思恩格斯全集(第三卷)[M].北京:人民出版社,1960.

[4]　DOUGLAS M. The human side of enterprise[M]. NewYork：Mcgraw-hill, 1960.

[5]　约翰·H.霍兰.隐秩序——适应性造就复杂性[M].上海:上海科技教育出版社,2000.

[6]　ZHOU Z H . Ensemble methods-foundations and algorithms[M]. Oxford：Taylor & Francis, 2012.

[7]　MILLER H G, MORK P. From data to decisions：a value chain for big data[J]. IT Professional, 2013, 15(1)：57 - 59.

[8]　MCAFEE A, BRYNJOLFSSON E. Big data：The management revolution [J]. Harvard business review, 2012, 90(10)：60 - 68.

[9]　杨善林,倪志伟.机器学习与智能决策支持系统[M].北京:科学出版社,2004.

[10]　杨善林,周开乐.大数据中的管理问题:基于大数据的资源观[J].管理科学学报,2015, 18(5):1 - 8.

[11]　马克思恩格斯选集(第四卷)[M].北京:人民出版社,1995.

[12]　盛昭瀚,游庆仲,陈国华,等.大型工程综合集成管理——苏通大桥工程管理理论的探索与思考[M].北京:科学出版社,2009.

[13]　张劲文,盛昭瀚.重大工程决策"政府式"委托代理关系研究——基于我国港珠澳大桥工程实践[J].科学决策,2014(12):23 - 34.

[14]　FLYVBJERG B. What you should know about megaprojects and why：an overview[J]. Project management journal, 2014, 45(2)：6 - 19.

[15]　李永奎,常诚.重大工程经典文献专刊主编社论:重大项目管理理论经典存在吗? [EB/OL].复杂工程视点,2017.

[16]　SHENG Z H. Fundamental theories of mega infrastructure construction management[M]. New York：Springer. 2017.

# 问题导向:管理理论发展的推动力

**摘要**:问题是理论研究的起点。在人类管理理论时代性贡献与实践性关系上,主要的困难不是答案,而是问题。真正有价值的实际问题既能使管理理论具有旺盛的生命力,又能使管理理论保持与时俱进的鲜活度,并且理论的学术价值与真理性最终只能用解决实际问题的实践来证明。反之,长久地脱离生动的管理问题,忘记实践本身就是伟大的思想者,或者一味生活在别人的思想栅栏和理论围城中,终究会使我们自己的学术生命力慢慢衰落。

问题导向原则要求我国管理理论研究不仅要坚持实践化,更要从本国国情出发,以解决我国现实问题和指导我国管理实践为主旨,最终推动管理学术中国化的实现。

当前,我们需要认真弄清楚这一作用的基本形态、学术逻辑与范式,弄清楚如何在问题导向原则中保持这种作用的持久张力,并使这种作用超越民族与地域的局限而融入人类管理学术整体文明之中。

**关键词**:问题导向;管理理论;学术中国化

理论研究的问题导向是指以问题需求为引导方向开展理论研究。关于这一点,马克思(1982)在《莱茵报》第 137 号刊论《集权问题》中说得非常直白:"历史本身除了通过提出新问题来解答和处理老问题之外,没有别的方法。"

世界上凡具有旺盛生命力的一切管理理论研究活动的出发点与归宿都是在回答和解决人类社会面临的重大管理问题,体现出鲜明的问题导向性。就管理理论研究而言,问题导向是指人们自觉地发现问题,敢于直面问题,科学剖析问题和正确解决问题的认识路线、研究路线与方法路线。

无论是理论研究还是实践工作，总体上都要以问题导向为原则，这一原则贯穿于管理理论研究的完整过程中，并在该过程中表现出不同的关键节点，如最初的实际问题向理论问题的转化、理论问题的抽象化、最终的理论结论的管理真理性检验等，能否把这些关键节点上的关键问题处理好，直接关系到管理理论研究的质量与水平。

本文在对管理理论研究中问题导向的内涵、意义、原则等进行论述的基础上，重点对问题导向过程中的两个关键要点进行分析，以提高管理理论研究过程中问题导向原则的精准性和功效。

## 1 问题概论

### 1.1 管理问题概述

在《管理：从系统性到复杂性》一文中曾经指出，管理（活动）之所以需要和重要，是因为它在工程、生产、制造等各类生产活动中能够根据活动的预期目标（目的），使该生产活动更为有序和有效。这暗示着，在现实的管理活动中，的确存在着管理者依据期望目标而不满意、不认可并力图改变现状以提高其有序性或有效性的情况。这一类"情况"首先是一个客观存在的事实或现实，即客观存在的"原生态"管理问题，也就是所谓实际管理问题（现象）。

管理者在管理活动中通过自己与外界的直接接触，眼睛看到、耳朵听到"原生态"管理问题的种种现象，并且将各种感知传导给大脑，经过初步的思考形成对实际问题最初的反映和印象。比如在头脑中对实际问题有了大致边界与轮廓、对问题的关键要素与性质有了初步的判断等，并且在管理者心里有了想进一步搞清楚问题属性与规律性的愿望，此即人们常说的形成了"研究问题"。

研究问题与实际问题最大的不同是，实际问题是客观的、原生态的，而研究问题已经在主体的头脑中形成了初步的主观认知，如在对实际问题各种感觉基础上形成了知觉等，但这类认知相较于实际问题的客观属性和规律性往往还不尽完整、不尽准确。

研究问题根据不同的目的可以被分为不同的种类。例如,如果我们想设计一种工具解决某个实际问题,那研究问题就成为技术问题;如果我们是想揭示问题禀赋的客观规律和属性,那就成为理论问题。不同类型的研究问题在研究过程中遵循不同的研究路径,例如,技术问题主要是通过发明工具来解决问题;理论问题则主要是通过抽象化来发现规律或者设计规则。

举一个例子,苹果从树上掉落下来摔坏了,这是个实际问题。有人想办法保护苹果,比如在地上铺一块毯子,这是技术问题;而牛顿思考为什么苹果总是落到地面,这其中有什么道理和尚不清楚的规律,由此最终发现了万有引力定律,这就是理论问题。

综上所述,管理理论研究有一个从初始的实际问题通过感官认知形成研究问题再提炼为理论问题的完整的过程。主体之所以要把管理活动中的"实际问题"抽象成"理论问题",是因为研究问题被抽象后,主体更容易通过规范的研究范式揭示实际问题具体性之上的普适性,把握住超越其独特性的规律性,从而改变主体对问题本质与规律的知之不深、知之不全、知之甚少甚至完全不知的状况,这就是研究理论问题对理论发展的贡献。

管理理论所研究的基本上都是理论问题,或者说是具有理论贡献的研究问题。不作特别说明,后文在理论研究语境中提及的问题都是指这类理论问题。

## 1.2 理论问题的价值

前文说到,在研究问题阶段,虽然人们已有了对实际问题属性的某些判断,但其中不少是主体的初步认知,表现出问题的表象性、直接性,不都是客观的、深刻的、本质的,还需要我们通过规范的方法对理论问题进行研究才能得到实际问题本身固有的、物质的、第一性的东西,使我们的认知更客观、本质,这就是理论研究的价值。

从理论价值概念出发,可以认为理论问题是这样一类问题:它们具有一定的现实形态,但对它们表现出来的现象、现象背后存在的规律用已有的管理理论难以解释得深刻、周全,甚至解释不了,需要通过研究理论问题而形成的新理论去做到、做好这一切。理论问题这种引导、催化新理论诞生的功效就是它的理论价值。

从学理上讲,具有较大社会影响的理论问题将孕育着那个时代较旺盛的理论生命力及鲜活度,自然具有较高的理论价值。一般来说,问题越重大,可解释的覆盖面就越大,学理就越深刻,理论价值也就越大。

## 2 问题导向的原则与价值

### 2.1 问题导向的原则

管理理论研究的问题导向根本上是由管理活动的目的决定的。因为人类管理活动自身是一个在管理现实中不断发现、认识和解决问题的实践过程,而管理理论研究则是在此基础上的理性认知升华,所以,管理实践活动与管理理论活动在认识世界和改造世界的基本范式上是一致的和统一的,即无论在实践应用层面、理论研究层面,还是理论与实践结合层面,管理的出发点与归宿都是以解决问题为原则。

关于问题导向与理论时代性的辩证关系,恩格斯(2009)有着精辟的阐述,他指出,"我们的理论是发展着的理论,而不是必须背得烂熟并机械地加以重复的教条",而发展着的理论是发展着的实践的"时代精神上的精华"。

习近平(2016)也明确指出:"问题是创新的起点,也是创新的原动力。"

上述的深刻论述首先使我们明确问题导向应该坚持以下基本原则。

(1)以问题为导向首先要树立"问题意识"。所谓问题意识就是学者不仅应该坚持从客观实际问题出发,洞察和发现问题并发掘问题的理论价值,还应该具备开展问题研究与解决问题的主动性能力以及科学的研究方法和技术。问题意识是学者的抽象思维、具象思维,强烈的自我反思与批判性思维,理论创新性思维和注重研究实际效应的建设性思维的综合体现。

(2)以问题为导向不仅仅是理论研究的"起点",更是一个发现、分析与解决问题的完整链。它应该完整地体现管理理论研究的动力来源、理论价值选择与优化、理论研究路径设计、理论结论真理性检验及管理实践的改进等。学者在理论研究过程中必须具备全局性和整体性观念,避免只陷入某一节点或某一阶段的局部环节,切勿因没有"瞻前顾后"而使管理理论研究的完整链条脱节。

（3）以问题为导向不应该把问题只限于逻辑存在而非现实存在,即问题的组成要素、关联与整体都应该具有明晰的物理、管理与行为内涵,而不能只是符合形态与抽象的逻辑体系,更不能仅仅依靠同义反复式的逻辑证明来构建被揭示的理论规律。这就要求我们在管理理论研究过程中,避免仅仅用逻辑推理、概念证明来论述概念,避免只从可能性推断现实性、从预设性推断合理性,这样的理论研究结果既缺乏经验证明,又往往空洞而论,没有应有的实际意义。

## 2.2 问题导向的价值

就当前管理学理论研究而言,既需要我们站在更高的理论哲学思维层面进行思考,又要在理论层面揭示问题的本质属性,还要在方法论上提出新的解决问题的方法与技术,最终还要用实践来验证所有这些理论与技术的科学意义与真理价值,而所有这一切,都是在问题导向过程中实现的。因此,我们必须整体、系统地明确问题导向的学理价值。

（1）问题导向原则保证了管理是时代性的致用学问,保证了管理理论研究直面时代问题、回应时代问题呼唤的基本品格。一般来说,理论研究的问题导向原则尽可能要求我们捕捉到理论价值高的问题,这一方面要求我们尽可能站在理论哲学思维的高度,增强看透问题本质属性的能力,或者给人以思想的力量;另一方面,在面对管理复杂性或面临资源不足、经验不够的情况时,要求我们能够解决复杂问题,并且在解决问题的过程中不断增强自适应能力。（Simon,1972）这种"获得性能力"与"自适应能力"是当今管理主体坚持问题导向时的"上乘"表现。

（2）问题导向原则保证了中国化为管理理论研究的主旨。当前现实情况是,在我国重大社会经济变革实践中产生了众多复杂的管理问题。面对这些问题,无论从现实逻辑还是理论逻辑,既不可能完全从西方管理思想与理论中找到现成的样板,也不能简单地从我国过去的管理经验中轻而易举地找到解释和解决的模板,只能根据当下中国化现实问题,提高我国管理理论与实践相互融合的自洽性,做出原创性的中国化理论创新。要持久、稳定地保持这一研究范式,必须在问题导向原则引导下,坚持我国管理理论研究主要从本国国情出发,以解决我国现实问题和指导我国管理实践为主旨。

(3)问题导向原则保证了我国管理理论研究的时代化与中国化的统一。我国管理理论研究中作为"导向"的问题固然包括我国情景与文化背景下具有独特性的具体问题,但主要还是那些源于中国管理实践并具有普适性、基础性与拓展性的理论问题。这类问题中既包含国内外管理实践中均出现但中国学者自主地以新的知识变革与理论创新来进行诠释和解决的问题,也有至今仅仅在我国管理实践中形成、国外罕见但表现出鲜明的前瞻性、普适性理论价值的问题。因此,问题导向原则要求我们不能囿于我国地域概念,而应该展现出世界大国的文化开放情怀,在充分学习、发挥和拓展国外管理思想与理论文明的同时,更注重扎根于我国管理的实践土壤,用发展的实践创新发展的理论,以发展的理论指导发展的实践。在让国际管理学术界听到中国管理学术创新声音的同时,使中国管理学术逐渐成为当代世界管理学术格局中一个相对独立的重要组成部分。

(4)问题导向原则保证了我们重点关注原创性理论问题研究。要认识到作为问题"母体"的管理实践本身就是伟大的思想者,真正有价值的理论创新研究不可能完全诞生在别人的思想栅栏和理论围城中,更不能依傍别人的理论道路,从别人论文的"狭缝"中拾遗。特别对于年轻学者,如果长久地脱离生动的管理实践,或主要用中国的事实来证明国外管理理论正确,终究会使自己的理论研究能力逐渐衰弱,研究工作价值逐渐"贬值"。

## 3 问题导向中关键要点分析

不难看出,以问题导向为主线的理论研究活动主要由一定的研究平台、研究主体行为和研究范式组成。其中,基本研究范式为:实际问题—经研究问题形成理论问题—理论问题抽象化—理论研究—结论真理性检验—实践应用与改进。

上述管理理论研究基本范式中有两个关键节点:一个节点是从实际问题经

研究问题凝练成理论问题，使用了从原生态情景中剥离出实际问题的手段；另一个节点是对理论问题抽象化，一般使用了问题数学化手段。这两个节点使用的手段成为问题导向过程的两个要点，它们对于完整的问题导向流程是基本的、必需的，但也往往可能会对问题导向原则与理论研究整体质量造成负面影响。本小节主要对这两个要点进行探讨。

### 3.1　要点之一：情景剥离

第一个要点在从实际问题经研究问题凝练成理论问题这一节点处，主要是如何降低剥离原生态实际问题情景的损失。

#### 3.1.1　情景

直观上讲，任何具体的管理活动与过程，如同一个有物、有事、有主体、有对象、有关联、有因果、有变化并且依时空顺序展开的各个环节相对独立又有整体性与连贯性的"故事"。凡故事都有背景、情节与情节的发展，即管理情景。实际问题就存在于情景之中并与情景融为一体（Kahn，1967；Curtin，1994；Fildes，1998）。这一基本事实告诉我们，任何实际问题都与管理情景有着"基因"与"血脉"的关联，永远打上情景的烙印。所以，当我们要在理论研究中研究一个问题时，必须通过抽象和凝练手段从原生态问题的特定情景中"剥离"出它的研究问题。

从理论研究逻辑上讲，这种剥离是合理且必要的，因为理论研究属于抽象思维，是在一般意义上认知实际问题的"普遍道理"，这就要求在一定程度上抛弃个别具体实际问题细节的独特性和差异性，揭示问题的共性本质与基本规律。但在这一过程中，要剥离原本附着在实际问题身上的情景要素，有可能会对实际问题属性造成"伤害"。所以，研究问题并不完全等价于原生态实际问题，会有适当的"损失"，这相当于为了揭示实际问题的共性本质与基本规律而付出的"代价"。

这样，理论问题所揭示的属性与规律就不能简单地完全代表或等价于那个（类）实际问题的属性与规律。从逻辑上讲，只有将理论问题的研究结论再"放回"到原来的情景之中，这些结论与原来情景再度融合并得到修正、完善和补充后,原来问题的固有属性与规律的现实表现才能以最可能的真实性显现出来。因为一个问题的整体属性与规律永远是问题自身与情景共同作用的结果,所以在管理理论研究过程中,如果尽量在原情景中,或者尽可能地保留一部分情景来研究问题,就能够保证"被抽象和提炼"的理论问题与"原生态"实际问题之间尽量一致,也可以尽可能减小两者之间由于情景剥离而造成的属性与规律的损伤。

特别是,当今管理问题的复杂性越来越强,问题的属性与情景的关联度越来越大,这就更需要我们尽量在情景中研究理论问题并挖掘它们的属性与规律。所以,对一个理论问题的研究应该更深一步地在这个问题所处的情景环境中看问题、想问题和分析问题。这样找出的问题属性、规律与解决方案将会与问题的真实情况更加接近,这恰恰是我们问题导向的初心。

以上学术思想将催化我们在复杂性管理思维下,提出一个更具深刻内涵的情景概念:所谓情景,是管理活动环境或管理活动-环境复合系统在整体层面上形成的宏观形态、形态的演化及形成该形态的可能路径,是人的管理活动与过程所有细节信息的整体形态。

对这一概念有几点需要强调说明(Sheng,2017)。

(1)连续性。在管理活动的任何一个时间点上,现在、过去或未来都有情景的生成与演化,并且是一个连贯的过程。

(2)涌现性。管理情景包含了丰富的物理、管理、行为、文化、心理等要素,既有反映客观自然规律的结构性成分,又有反映行为、系统等社会规律的半结构性成分,还有反映文化、价值偏向等人文规律的非结构性成分,更有三者之间的相互融合。在情景的动态变化上,既有客观规律和人的他组织表现,还有自组织涌现的结果。

(3)演化性。一般情况下,情景在管理理论研究中是一个普遍且普通的现象,并且有着自身复杂的形态。在复杂性意义下,管理学情景概念的内容出现了鲜明的从系统性到复杂性的演化。

(4)在管理学领域,有与"情景"概念类似的"情境"概念,但是侧重点略有不同。情境是人物所处的特殊环境,情景是未来将发生的事件集合,情景更注重因果;情境理论着重研究环境对于人的行为影响,而情景更侧重表述管理复杂整体性。

### 3.1.2　问题导向中的情景分析

由此可见,在把实际问题从其存在的情景中剥离成为理论问题的过程中,不应该忽视情景的复杂性以及可能对理论研究造成的影响。对此,我们拟确立以下几点。

(1)关注情景重构的嵌入性。问题导向中的问题情景在时间维度上一般都是连贯的,都有着过去、现在和未来的连续演化。因此,对管理理论研究而言,研究者除了要关注未来的情景,还应关注过去和现在的情景,即除了要关注情景的预测,还要关注情景的重构与再现。因为在人类管理活动中,一个管理方案的形成与实施本身就是在原来的情景系统中"嵌入"了一个新的"情景"。这表示我们不再仅仅承认未来情景的不确定性,过去与现在又何尝不曾是处在不确定性之中呢?进一步地,当我们把"未来"与"现在""过去"串联起来,不难发现"今天包含着过去,但今天未必包含在过去之中,明天也不完全包含在过去与今天之中"(盛昭瀚,2012)。

(2)关注情景预测的深度不确定性。复杂管理问题的未来情景的形态本质上是复杂和深度不确定的。传统的情景类预测方法过于依赖决策者的主观直觉,容易出现人因性失误。虽然管理者在一定程度上能够依据经验与知识以及可推导的因果关系来构建、预测与想象未来情景,但不能认为人可以完全凭借自身的意志来设计和指定未来情景,未来还可能会出现我们从未见过,甚至很难想象到的"意外"情景,而这些意外的、令人"大吃一惊"的情景,远远超过了人的预测能力,并会给我们造成巨大的潜在风险。

(3)关注情景演化的复合性。复杂的管理环境或管理决策中的未来情景,除了包括环境系统自身的情景,还包括管理活动-环境复合系统涌现出来的新情景,即管理活动形成的物理新系统与原来环境复合在一起组成的系统所表现出的情景,这是在复合系统整体层面上涌现出的新的而在低层次系统中没有的情景。因此,管理主体不能完全站在管理活动之外来"旁观"情景,而应该认识到:一方面,管理活动会受到环境情景的影响;另一方面,管理主体的管理活动及行为本身还会在管理活动-环境复合系统整体层面上"制造"出新的情景。如同人们坐在船上看河岸,岸上尽是"风景",而人与船从河中驶过,这连同岸上的风景一起何尝不是一道"新风景"呢?

（4）关注情景的路径依赖性。任何管理活动都具有后效性,因此,在原环境情景以及复合系统情景双重意义下,未来情景空间的构成和到达未来空间某个"情景点"的演化路径都会受到这两类变动和演化着的情景复杂性的影响,所以充满着深度不确定性。因此,管理者需要做好必要的情景风险防范,既不能只关注自以为有更大可能性出现的情景(前景),也不能依据价值偏好而只关注更期望出现的情景(愿景),更不能把自己不希望出现的情景从未来情景空间中主观地剔除掉。

综上所述,通过对问题导向的具体实施路径的情景分析,我们看到了实际问题与理论问题之间由于情景剥离而可能造成的深刻的相互影响。根据学理逻辑,我们要么把抽象后的理论问题尽量放回到原来的情景中去研究,以避免理论问题因失去情景而"变形";要么在对抽象的理论问题研究后,尽量对研究结论给予情景作用的补偿性再思考,使理论问题与原来的实际问题之间因情景剥离造成的"损伤"得到一定的"修复"。近年来,学界已经在这方面开展了相关研究,如"情景耕耘技术""情景鲁棒性决策"等。

### 3.2 要点之二:数学化

第二个关键节点是对理论问题的抽象。因为理论问题的表述要尽可能抛弃个别具体的实际问题的细节及独特性,实现这一过程的主要手段就是抽象。抽象是许多学科理论研究的通用手段,一般的抽象方法是所谓模型化。模型被定义为现实问题的一个抽象代表(表示),是人们为了方便研究问题,把一个现实问题组成要素以及要素之间的关联抽象化的结果。提出、设计、建立、论证及使用模型的过程称为模型化,模型化亦称为建模。从不同的视角出发,可以构造出不同类型的模型,如物理模型、数学模型、仿真模型等,比较而言,数学模型最抽象、灵活，成本也低，对问题构建数学模型简称问题的数学化，这也是管理理论研究过程中最普遍使用的一种方法。下文主要针对数学化这一要点进行探讨。

### 3.2.1　管理问题数学化的"来龙去脉"

问题数学化作为方法论，其基本思想是尽可能撇开问题的具体特性，只抽取出各种量、量的变化，以及各类量之间的关系。在一定的前提下，使概念或原理符号化、公式化，再利用数学语言（即数学工具）对符号系统进行逻辑推导、运算、演算和量的分析，以形成对问题的数学解释和预测，或从量的方面揭示研究对象的规律性。管理理论研究中的数学化现象有其历史逻辑、理论逻辑和现实逻辑。

（1）问题数学化的历史逻辑

在历史上，西方经济学的发展和工具路径依赖对管理理论研究方法论有着很大的影响。在科学哲学范式上，培根的归纳法和笛卡尔的演绎法不仅对现代自然科学方法贡献极大，而且深刻影响了早期西方经济学研究模式的形成。具体地说，西方经济学仿照物理、数学等自然科学强调研究的实证性，并努力把经济学变成"像自然科学一样"的科学。

经过一百多年的发展，严密的实证方法，特别是数学模型的运用逐步成为经济学研究的基本范式，同时也使经济学越来越"科学"。而管理学的学术历史则要短得多，在最初相当长的一段时间内，对于管理学研究什么问题、如何研究、用什么方法研究等，都需要在模糊和混沌中探索。这样，借鉴和模仿便成了最容易、最有效的办法。由于经济学与管理学在学术思维、研究问题内涵等基本点上比其他学科更为一致，而且经济学在漫长的发展道路上运用数学方法尤为成功，于是，管理学在理论研究中模仿经济学的数学化做法，"拜其为师"是最自然不过了。20世纪以来，西方科学哲学把经验科学视为哲学问题的理论来源，这种自然化的研究趋势深刻影响了社会科学的研究模式，所有这些就是管理研究数学化的历史逻辑（赵建军，2019）。

（2）问题数学化的理论逻辑

应该看到，过去的管理问题无论是环境、目标、主体、对象等都比较简单，整个管理问题的结构化成分多、确定性比重大。因此，采用结构化数学模型或比较"规矩"的不确定数学方法等相对简单的数学化手段便能够较准确地实现对管理问题属性的抽象描述，加之所采用的数学模型比较简单，许多时候数学模型都"可解"或者能够对数学模型开展性质分析、趋势分析、阈值分析。特别是当时管理问题的情景不是很复杂，情景剥离对理论问题的损伤也不严重，所以数学化研究结论与实际问题状况"差距"较小，从而更易使研究者看到管理问题数学化方法的成功。这样，管理理论研究的数学化的合理性及后来出现的数学化路径依赖性就很自然了。这是管理研究数学化的理论逻辑。

（3）问题数学化的现实逻辑

近代以来，西方自然科学与社会科学的发展相对更为先进和发达，从而在相当长的时期内，自然科学取得的成就使西方学术界对自然科学研究范式一直保持着恭敬和崇拜。同时，现代管理学的发展也起源于西方，西方以其发达的经济体系和管理平台，不仅创造了大量的管理理论，而且取得了牢固的学术话语权和裁量权，如制定学术行为规则，并以这些规则背后的话语权来强化自己的学术地位。例如，美国福特基金会和卡耐基基金会于 1959 年发布"管理研究和教学应着重于科学与学术化"的报告；20 世纪 80 年代，AMJ（*Academy of Management Journal*，美国《管理学会会刊》）宣布其全部版面只接受所谓严谨的实证科学研究论文。不难理解，这样的学术价值倾向在其各种学术与文化资源的支撑下，必然具有强势性和强制性，甚至在管理学学术共同体内形成这种由于"设计的文化"挟持而非客观规律引起的学术价值观与行为方向。这一现实背景进一步促使管理研究数学化成为管理学界的一种重要的价值追求。

几十年来，由于中国管理学历史传承较少、发展时间较短，在一段较长时期内，中国学者的工作主要集中在引进、介绍、传播、跟从国外管理思想和理论体系，导致不少学者也不同程度地接受了管理数学化学术价值观。另外，我国学术开放性的增强，更直接或间接地刺激了这一学术价值观的传播，甚至成为高校管理学科对人才评价的重要标准。这是管理研究数学化的现实逻辑。

### 3.2.2　问题数学化的认知

面对当前这样的现实情况,我们应该对管理理论研究问题数学化有所反思。一般来说,管理问题数学化过程就是数学模型化过程,其基本流程为:模型化构思—模型化方向表述—问题原型机理分析—模型化假说(管理假说与数学假设)—模型的构造与推导—模型的数学性质研究—性质的背景分析—算法的设计与公式化—程序开发—辅助支持系统配备—模型化结果验证与调整—完善与迭代。

因此,根据问题导向的完整流程,管理问题数学化在问题导向过程中能否发挥作用和发挥作用的大小关键在于是否较好地满足以下三点。

(1)管理实际问题要能够通过一定规则映射到数学空间中,如问题概念要明确且建模需要的数据、信息必须齐全;假设要合理并在数学空间中存在与假设对应的数量关系或逻辑关系;能够推导或证明得出有意义的数学结论。

(2)数学模型在数学空间中可研究,需要的数学理论与方法是完备的,模型具有可解、可计算、可挖掘性质(稳定性、周期性、非线性等),且结果必须由数学逻辑推导得出或者由计算机实现。

(3)所有的数学结论与计算结果的管理真理性都要映射回管理现实空间,验证其正确性、合理性。管理结论的可解释性与实际意义必须接受实践的检验。

由以上三点可知,管理问题数学化是研究主体在现实空间与数学空间之间进行多次信息和思维变换并形成新的管理思想和理论的完整过程。所以,需要建立以下两点认知,否则认知上的偏差与实际操作上的缺失必然会对问题导向造成负面影响。

(1)问题数学化仅仅是管理理论研究过程中某个节点处所采用的一种方法论,而且要运用得当。如果我们不能把实际问题的属性与特征比较完整地"映射"到数学空间中去,或者没有对所得数学结论的管理真理性进行实践验证,那么即使数学模型和计算技巧再"漂亮",也难以说明问题数学化有什么真正的管理理论研究上的意义。例如，在从现实空间转换到数学空间的过程中，如果以过度简化问题的现实性来迎合数学模型可解、可研究的局限性，从而活生生地使一个原本鲜活的实际问题"枝叶破败"，或者非得让实际问题"削足适履"，最终必然会伤害实际问题现实性"元气"。另外，到了数学化必不可少地要用实践检验数学结论管理真理性的时候，如果检验的真实性和严格性不够，最终会导致数学化只有数学意思而不再能够体验出管理的"本味"，这些数学化过程中的"掐头去尾"现象必然会影响问题数学化的实际价值。

（2）当今人类管理活动中，各类复杂性、不确定性和难以结构化的情况日趋普遍，实际问题中大量半结构化、非结构化关联、复杂情景及演化等都难以用结构化数学模型来描述。其中，最突出的例子是"人"，"人"是管理的核心，管理问题中人的心理、感知、思维、顿悟、文化、价值取向等都充分表现出了各类复杂性、不确定性和难以结构化的特点。因此，针对实际管理问题中人的心理与行为的要素及复杂形态、人作为主体的管理情景及情景演化等，至少目前我们是难以精准数学化的。这需要采用包括数学化和其他方法组成的综合"符号系统"才能较完整地抽象和提炼问题属性，硬性地使用单一的数学化方法来抽象一个复杂管理问题在学理上是欠缺的。

从更深层次上讲，管理理论研究要关注管理问题的现实性与独特性、关注管理过程细节与情景的相互依存性、关注人的社会性与适应性、关注解决问题方案的操作性与有效性，这些目标将同时涉及自然科学、社会科学、人文科学等多个领域，仅仅依靠数学化手段难以实现。这不仅是因为数学模型自身结构化具有局限性，还因为数理论证过程的封闭性以及管理科学自身"像自然科学一样的科学"的自洽意识，排斥或阻断了实践与经验对管理研究结论的科学性与真理性验证。这导致管理学学术研究在微观层面出现以抽象的数学命题替代具象的管理实际的现象，在宏观层面出现以管理数学替代管理工程与管理实践的扭曲现象，这显然都不是我们希望的。

总之，在"问题导向"上，问题数学化是一种重要的研究方法，数学化在管理理论研究中已经发挥并还将继续发挥重要作用，随着管理复杂性的不断增强，服务于管理研究的数学思想、工具和方法不是过剩，而是需要更新颖、能力更强的数学知识的帮助和支持。无论如何，我们要明确数学化仅仅是手段，而不是原则；是工具，而不能成为"工具主义"，更不能以管理数学化中的数学化比重的多少与水平的高低作为衡量管理学术水平的标准。

## 4　问题导向与研究模式

除上面两个要点外，研究模式与学术价值取向对问题导向也会产生不同的作用。

### 4.1　研究模式中的多学科协同

面对当今时代性管理理论问题，必须在整体层面上直面问题的复杂整体性，例如，在研究层次上，不能将体制性问题降格为机制性问题，再降格为技术性问题，最终落点成操作性问题，从而失去重大问题原有的全局性理论意义；再如，不能为了避开重大问题整体性的复杂难点，而把一个局部小问题的简单研究结论不加制约地放大成对全局大问题的复杂研究结论。如此等等都不是以问题为导向的正确态度，也不是应有的做大学问、真学问的态度。

简言之，能够回应时代性重大问题的理论创新就是大学问；无论问题大小，探究其真实、深层次规律就是真学问。面对这类理论研究，就要冲破学科的人为划分和隔离，开展多学科协同的整体性理论研究模式。

众所周知，随着管理学知识体系的丰富和发展，在整体性理论体系内部，出现了学科的概念。所谓学科，就是在管理知识整个大体系内部，某个相对独立且具有一定边界的知识体系。一个学科往往存在一个"志趣相投"的学术共同体，大家有一致或者相近的学术目标、研究原则、研究宗旨、研究方向，以及主要的研究工具、手段和方法等。面对同一个理论问题，不同的学科通常会根据本学科的研究视角和研究范式开展研究，并得出符合本学科逻辑和规范的结论。

然而，复杂管理问题不应该成为被学科透镜处理过的"问题谱"，就像自然光被三棱镜折射出红橙黄绿蓝靛紫 7 种颜色的光带。因此，不能仅仅用还原论，还要用还原论与整体论相结合的系统论，运用系统思维来认知、分析和解决整体问题。因此,研究复杂管理问题不宜采用单学科思维,也不能仅仅采用某一个或某几个学科的工具和方法,需要在研究过程中充分体现学科的综合性而不是排他性。这就要求我们在基于"问题导向"原则开展重大管理理论研究时,做好顶层设计,组织多学科协同的研究团队,仔细分析各学科的独特视角和优势,安排好各学科的研究切入点,并在不同学科之间处理好研究程序的衔接与认知互补,既认识到解决重大问题需要多学科融合,也要充分发挥各学科的优势。因此,要坚持问题导向,回应重大管理问题,复杂性已经不允许单学科孤立作战,多学科协同研究已成为基本模式,由多学科人员组成的团队也已成为有效的组织形态。这时,最重要的是多学科综合团队的总协调人要有复杂整体性思维和整合多学科资源的能力,而整个团队要形成协同、协调和协作的文化。

### 4.2　学术研究中的价值取向

在管理理论研究过程中,作为"导向"的问题有大有小、有难有易、有重大有一般,而重大、一流的管理理论创新,一定是以重大问题为起点的。尤其当今的中国作为世界大国,在世界管理学领域应该有与国之地位相称的学术建树与理论贡献。虽然我们并不要求所有的学者都以这一类重大问题为导向,但学界一定要有一批理论研究人员以它们为主题开展研究,并争取在理论发展上有重要突破。为此,当前亟须构建良好的理论研究环境,树立正确的理论研究价值观,让一批有能力的学者在比较稳定和宽松的环境中聚焦于管理大问题、真学问,经过一段较长时间取得影响力广、贡献度大的理论成果。

这里所说的大问题主要应该是宏大的、具有全局影响力的理论问题,取得的成果不仅是前沿性成果,还可能是突破性成果,必然是真学问。突破性理论成果是管理理论研究成果的"最高境界",所谓突破性是相对于已有的学术思想、理论体系新开辟的理论道路,例如,提出了"颠覆性"新概念、新原理,设计出基于新原理的重要科学方法等,这样的成果已经不是简单地用罗列几个创新点来表述其学术贡献的成果,而是要能够用清晰、准确的科学语言表述清楚在学术体系上突破了什么,用什么科学方法取得了突破,突破的具体科学结论是什么和突破的学术意义是什么(刘益东,2013)。事实告诉我们,要能够对这些具有整体学理性的问题有高质量和实实在在的回答，绝非两三年时间就可以做到，可能需要在寂寞的环境中坐上十年甚至更长时间的"冷板凳"。此外，由于这类突破性成果原创性强，对传统学术的批判和反思力度大，因此往往需要一个较长的时间才能够被学术共同体认可并达成共识，这一过程中充满了学者学术前途的风险，就研究成果载体形式而言，以发表论文的形式为自己"发声"真的非常不易。

以上种种，不仅是对学者研究大理论问题能力的考验，还是对学者学术品格的考验，更是对学术大环境的拷问。尤其是当前，我们的学术和人才评判主要以论文为标准，单这一点就容易令研究管理理论大问题的学者萌生退意；再加上如果职位晋升靠论文数量，连"饭碗"都不保，谁还愿意静下心来研究大问题、做真学问？因此，在学术管理和水平评定上，要看论文但不能"唯论文"，宜进行分类管理。例如，通过一定的甄别程序，为一部分具有优秀理论研究潜质并执着于重大理论创新研究的人提供一定的宽松环境，让其"安心地"开展一类重大问题研究。要明白重大理论问题研究者不仅要具备高度的理论兴趣和自觉性，还要具备一定的信念、韧性和耐性，以面对研究道路上的巨大困难和风险。因此，不宜对他们一味地"逼论文""数论文"。设想倘若当年要求李白、杜甫每年都上交一定数量的诗篇，恐怕他们也只好疲于应付，导致产生许多平平之作，不仅其个人历史地位不保，甚至连唐文化瑰宝也都会因之受损。

## 5　问题导向与管理学术中国化

从学理上讲，管理研究的问题导向原则自然会引起推动管理学术中国化这一话题，特别是当我们把这一话题放到我国现代学术体系形成的大环境、大背景中去思考，它的重要性与意义会更清楚。

在过去较长一段时期内，我国管理学术的"大头"属于"在中国的管理学术"阶段。这一阶段的基本形态是在中国社会文化环境与语境中，中国学者主要按照西方管理研究的范式、遵照西方管理思想与理论研究和国外学者提出的管理学术问题解释、说明、分析中国本土形成的管理学术问题。这是中国现代管理学术体系发展的初始阶段。

目前,这一阶段正在向"管理学术中国化"阶段提升和演化。"管理学术中国化"的基本含义是:中国管理学术界在学术研究上逐渐形成了从以"照着讲"为主到"接着讲"为主的重要转变,从以"学徒状态"为主到"自主创新"为主的重要转变。在学术研究过程中,在继续充分学习、发挥和拓展国外管理思想与理论文明的同时,更应注重扎根于我国管理的实践土壤,坚持问题导向原则,回应国家重大实践需求,并让国际管理学术界听到中国管理学术创新的声音。这充分体现了中国管理学界经过几十年的成长不断成熟并表现出强烈的主体意识、文化自信、理论自觉,同时也反映了中国管理学术正逐渐成为当代世界管理学术格局中的一个相对独立的重要组成部分。

管理学术中国化重要的不仅仅是围绕某个具体的管理学术观点和方法,或某个具体的管理概念与问题讨论具体的管理中国化创新,更是要弄清楚当前是否存在这种转变的历史必然性、转变的客观规律与基本的学术范式,要弄清如何保持这种转变的持久张力以及使这种转变超越民族与地域的局限而融入人类管理学术整体文明之中。这是中国现代管理学术体系发展进入自主性创新的新阶段。

这一阶段意味着我国管理学术发展与理论创新的步伐滞后于管理实践脚步的现状将得到改变,长期以来的"向欧美看齐"的学术研究标准的自我学术失语现象将得到纠正。这是我国管理学术发展的新的现实道路和美好前景,它已经显露出萌芽和曙光。

管理学术中国化发展的顶端是构建具有中国特色的管理学派。回顾中华民族在历史上对人类文明曾经做出的巨大贡献,以及我国当今世界大国的地位,毫无疑义地,构建中国特色管理学派既是当今我国管理学界的必然发展方向和历史责任,又是我们民族与国家在管理学术界应有的学术尊严。

学派指的是拥有共同学术研究领域、共同基本学术思想、共同研究方法体系并获得公认的历史性学术成就的科学共同体,是人类在该领域认知水平和能力的最高标志与象征。一个学派基本上要具有以下几个要素:一个有战略眼光的带头人并开辟了一个重大的学术领域,在该领域内形成了完善的基础性学术思想、理论、方法体系;研究队伍沿着上述路径不间断地拓展和深化相关研究,并不断丰富学术成果;该共同体的影响持续扩大,并形成更大学术范围内的地位、影响力和话语权。

人类管理思想史告诉我们,管理学派无不是在那个时代重大管理实践变革的基础上与理论突破性创新的催化下,经过作为代表人物的管理思想家的引领、科学共同体长期坚持不懈的探索而诞生和形成的。在我国,以钱学森先生为代表创立的系统科学思想、理论与技术体系就是国家自主创立的科学学派的光辉典范。

虽然我国管理理论研究从"在中国的管理学术"阶段到"管理学术中国化"阶段再到形成中国特色管理学派的道路是漫长而崎岖的,但是,我们应当有这样的理论自信。理论自信的基础是理论自觉,理论自觉就是坚持以问题为导向,以自主创新为动力,以学术创新为目的开展自主性学术活动;就是坚持管理学术与管理实践的紧密结合、相互促进与共同发展。

特别是以下两点,为实现我国上述管理学术阶段的升华与递进提供了重大的平台优势。

(1)管理学术中国化深厚的实践平台。当前,我国各个领域大量、丰富的变革性管理实践正催生着管理思想、理论与方法的全面而深刻的变革。虽然管理学术发展的具体路径和重要里程碑事件具有这样或那样的偶然性,或者说,虽然"浇灌同一时,萌芽或先后",但管理学术中国化重要创新的幼芽正在"破土而出"。

(2)管理学术中国化理论哲学思维平台。只有确立正确的理论思维原则,才能实现对当今复杂管理本质属性的准确把握。在这一重要问题上,中国特色的系统科学体系对我们正确认识复杂管理的本质属性具有重要指导意义。另外,理论思维原则要求认识论与方法论具有一致性,针对复杂性问题,我国学者构建的综合集成方法论与方法体系也使我们可以设计具体的复杂管理问题研究方法体系(钱学森,2011;于景元,2014;盛昭瀚等,2007)。

不难看出,在上面两个重要的基础性平台支撑下,从现在起,只要我国管理学界数代人不懈奋斗并长久保持我国管理学术发展与创新的张力,诞生中国特色管理学派不会遥无可期。

## 6　结论

当前,我们在管理理论研究中秉持问题导向原则,其根本宗旨是基于中国管理实践构建解释中国管理现象的理论,不仅以中国的理论创新指导中国的管理实践,同时也以中国学界的管理思想与理论创新为人类共同的管理文明发展和繁荣做出贡献。

所有的这一切都与管理学理论的时代性、时代化、实践性、中国化密切相关。这要求我们站在时代的高度,确立中国管理学术的历史担当意识,秉持理论自信之精神,直面中国管理实践的问题与需求,努力做管理学术的真学问、大学问。

可以预计,当今我国管理学术这一新气象以及关于管理认识论、方法论、实践论的进一步辩证统一将会越来越充满活力,并在我国管理学学术发展的进程中,通过广大管理学者的努力践行,形成可持续发展的前行态势。

(刊于《管理科学学报》2019 年第 5 期)

## 参考文献

[1] 马克思恩格斯全集(第四十卷)[M]. 北京:人民出版社,1982.

[2] 马克思恩格斯文集(第十卷)[M]. 北京:人民出版社,2009:562.

[3] 习近平.在哲学社会科学工作座谈会上的讲话[N].人民日报,2016 - 05 - 19(02).

[4] SIMON H A. Theories of bounded rationality[J]. Decision & Organization, 1972:161 - 176.

[5] KAHN H R C. The year 2000: a framework for speculation on the next thirty-three years[J]. Political Science Quarterly, 1967, 83(4): 663.

[6] CURTIN L L. Learning from the future[J]. Nursing Management, 1994, 25(1):7.

[7] FILDES R. Scenarios: the art of strategic conversation[J]. Journal of the operational research society, 1998, 49(7): 773 - 774.

［8］ SHENG Z H. Fundamental theories of mega infrastructure construction management：theoretical considerations from Chinese practices［M］.New York：Springer，2017.

［9］ 盛昭瀚.计算实验：社会科学研究的新方法［N］. 光明日报，2012 - 04 - 11(011).

［10］ 赵建军.西方社会科学哲学研究的基本图景［N］. 中国社会科学报，2019 - 01 - 31(007).

［11］ 本刊特约评论员.再问管理学——"管理学在中国"质疑［J］. 管理学报，2013，10(4)：469 - 487.

［12］ 刘益东."互联网＋代表作"是拔尖人才试金石［N］. 中国社会科学报，2018 - 10 - 30(001).

［13］ 钱学森.一个科学新领域——开放的复杂巨系统及其方法论［J］. 上海理工大学学报，2011，12(6)：526 - 532.

［14］ 于景元.钱学森系统科学思想和系统科学体系［J］. 科学决策，2014(12)：1 - 22.

［15］ 盛昭瀚，游庆仲.综合集成管理：方法论与范式——苏通大桥工程管理理论的探索［J］. 复杂系统与复杂性，2007(2)：1 - 9.

# 话语体系：讲好管理学术创新的"中国话"

**摘要**：话语是学术和理论的载体，话语体系不仅包括话语内容，而且在平台和体制层面上赋予了话语生命力与权力表征；没有自主和有影响力的话语体系，学术思想、理论观点和知识主张就难有通过话语进行叙事和表述的场所和机会，学术就像在真空中呼吸，是不可能的。

当今，我们在推进管理学术中国化的进程中，应该加速构建与我国世界性大国管理学术地位相称的话语体系，这就是讲好管理学术创新"中国话"的内涵。否则，有可能会使我们仍然在国际学术话语平台上"跟着讲"或者跌入"追赶者陷阱"。

构建我国自主性管理学术话语体系要以我国高水平管理学术研究为基础，提高我们自身的学养水平，取得国际前沿性、突破性理论成果，这是我们构建自主性话语体系的资格和底气。在构建过程中要正确选择构建技术路线和操作"抓手"，以体现时代性的原创性学术成果作为标识性话语内容，进一步优化话语平台体制，并让具有中国特色的话语体系贡献融入世界管理学术话语体系文明之中。

**关键词**：管理学术；学术创新；话语体系

近年来，一个关键词在着力推进我国管理学科建设和学术创新中频频出现，并上升到一个非常重要的地位，这个关键词就是"话语体系"。

相比较而言，长期以来学术界对学科体系与学术体系更熟悉，也更重视，而对"话语体系"这一概念相对生疏，重视度也不够，这一状况对我们加强理论自觉、推进管理学术中国化的战略任务极有影响，亟须改变。

基于我国管理学术话语体系的现状和面临的重要任务，本文在阐述学术话语基本内涵的基础上，分析了话语体系禀赋的社会属性与权力表征，分析了我国在推动管理学术中国化道路上构建自主性管理学术话语体系的必要性和紧迫性、构建原则要点及主要操作层面上的"抓手"，特别指出了在这一过程中，提高我们的理论自信、学养水平，增强想象力和"大科学"思维的重要意义。

## 1 学术话语与学术话语体系概述

### 1.1 话语与学术话语概述

在最初的人类社会活动中，人们主要通过说话进行交流。语言是说话的工具，运用语言进行交流的过程叫言语。随着社会的进步，语言这一交流工具不断发展，先是由人发声形成口头语言（口语），后来发明了文字，进而形成了书面语言。

既然言语是一种行为活动，就会产生一定的结果，这就是用口头语言说出来的"话"或用书面语言写出来的"文"。这时，无论是说出来的"话"还是写出来的"文"，不仅承载着相应语言的图像和符号，更重要的是还记录着主体的思想、观点和理论。这意味着形成了一种高于语言的由语言与思想、理论和观点共同组成的综合体，即话语。在社会活动层面上，"话语"是一类在特定群体中使用某种语言的社会交往活动，具有普遍性、社会性等特征。

综上所述，语言是人们交流的基本工具，人们运用语言进行交流并产生言语行为，言语的结果便是话语，话语的功效是人们在叙事时确定"讲什么和如何讲"，人们依靠它通过语言符号表达自己的主张和开展相互交流。因此，语言是话语的符号，话语是思想的载体。

当有了学术研究实践以后，在人们的学术交流与传播活动中，除了以各民族自然语言为基础外，更需要使用专门的、跨民族的且被某一个领域科学群体普遍认可和使用的科学语言来实现学术思想和理论的表达、传播、交流与传承并形成特定的学术话语。学术话语不仅是常态下的学术交流和传播载体，还是构建学科体系、推动学术发展的重要方式，正如恩格斯（2009）所说："一门科学提出的每一种新见解都包括这门科学的术语的革命。"所以,学术话语是学术发展与进步的重要标志。

学术话语反映了人们对学术问题的思考、认知与价值观念,是学者研究问题的学理性诠释和学术表达,具有科学的力量,而力量的大小取决于思想与理论的深刻性与普适性,思想与理论越深刻,相应的话语才有力量传之广泛、传至久远,体现出巨大而广泛的学术影响力。

### 1.2 一般话语体系概述

只要不是"自言自语",人与人之间交流的话语就是一种社会活动的结果,因此,话语必然具有社会活动中的各种社会属性。例如,话语是在社会群体中进行的,一方面,所有的话语内容都负载着话语者的思想、理论和观点;另一方面,话语主体的社会身份使话语活动具有某种社会结构特征,这表明"谁在讲"和"讲了什么"一般都会"转换"成一定的社会属性,如话语的影响力、引导力、传播力与价值力。进一步地,话语群体还会创造一定的话语制度、规则等为人们有序和稳定地开展话语活动提供基本环境与条件。所有这些都表明,人的话语活动实践在整体上形成了一个包括话语内容在内的体制性平台(环境与条件),我们称此为话语体系。

在社会治理意义上,话语与话语体系是两个不同的概念。话语主要是个体说什么、怎么说、如何说得好;而话语体系则主要通过构建平台明确话语在哪儿说、依据什么规则说、谁来制定规则等。因此,话语体系主要是指由话语主体、话语内容、话语工具、话语规则、话语制度等组成的系统,简言之,话语体系为话语内容与话语平台(环境与条件)构成的综合体。

### 1.3 学术话语体系概述

所谓学术话语体系就是帮助学术共同体开展学术话语活动与实现话语功能的话语平台。该平台为某一领域的学术话语交流与传播提供了基本的环境与条件,并以一定的机制维系着学术话语内容的稳定生长和发展,保证着学术话语功能的持久和有序。显然,凡在学术研究语境中提到的话语体系一般都是指学术话语体系,而不是一般话语体系。由于下文均处在学术研究语境中,因此，为方便表达，下文将学术话语体系简称为话语体系。

就管理学领域而言，当前正是管理学术中国化发展启动的关键时期，当我们把话语体系的功能和作用与管理学科体系、学术体系放在一起时，会立刻认识到它们三者是一个相互关联、相互促进的整体。其中，学科体系包括对社会所需要的专门性人才进行知识体系设计和人才培养，它是学术体系与话语体系的基础，直接决定了相应的学术体系的知识范围以及话语形态；学术体系是学科体系建设的核心，它主要以问题为导向，实现管理思想与理论的创新；而话语体系则是学科体系与学术体系的载体与具体表述，是管理理论哲学思维、管理思想与管理理论时代性、时代化、中国化成熟度的表现，是管理理论创造与规则设计能力的反映，更是我国管理学术在人类管理文明中地位与影响力的体现。概括地说，学科体系是基础，学术体系是内核，话语体系是表述载体。（沈玥斐，2019）

在一个学科领域，或是在一个学术研究群体中，其理论创新之所以表现出旺盛且经久不衰的生命力与鲜活度，必然有很多积极的原因，其根本原因是该领域内的学科体系、学术体系与话语体系三者之间相互促进和相互推动（沈玥斐，2019），而学术话语体系这一平台能够促进学术话语内容的不断丰富和生长，并为学术话语活动提供强有力的支持是非常重要的原因。反之，如果学界在学术活动中表现出缺乏自主性的"跟着讲"行为，很大程度上是因为学术话语力量不强，更可能是因为自主性学术话语体系缺失。所以，要拓展、提升和创新我国管理学术的发展，首先要构建和完善强健的中国管理学术话语体系，这是实现管理学术中国化的一项基础性任务。

## 2 我国管理学术话语体系的构建

### 2.1 话语体系构建的基本认知

如前所述，话语体系是一个由话语内容与话语平台构成的综合体。关于管理学术话语内容，我们在《管理理论：品格的时代性与时代化》一文中指出，时代性与时代化是管理理论的基本品格，时代化与中国化的统一又是我国管理理论发展的现实道路,这就决定了我国管理话语必然指向管理理论的时代关怀,并由此决定了管理学术中国化的话语风格,这就是所谓讲好我国管理学术研究的"中国话"。

因此,当前构建我国管理学术话语体系首先需要我们站在时代的高度,确立我国管理学术发展的历史担当,直面我国管理实践需求和问题,努力做好管理学术研究的真学问、大学问。

当前,从管理实践供给、实际问题需求、理论创新能力和先进技术运用等方面来看,我国管理学术发展已经处于实质性突破的"临界点",正如习近平总书记所说,"在解读中国实践、构建中国理论上,我们应该最有发言权"(习近平,2016)。总之,中国管理问题,首先应该看中国人说什么、怎么说、怎么用自己的话语方式说,还要能说好、说清楚、说深刻,争取说出中国经验的普适性与国际认同的"中国话"范式。如果我们仍然依傍国外学术思想与话语方式"跟着讲",或者仅仅做出一般性、重复性而很少前沿性、突破性的学术成果,我们就无法达到构建自主性话语体系的学术高度。在这个问题上,一定要夯实管理学科建设和学术建设,谨记学术话语创新不是语言技巧,而是学术思想经千锤百炼的升华,理论研究经水滴石穿的结晶,不是举手之劳,更不能一蹴而就。

另外,话语体系建设包括不断提高话语平台运作规则的正义和公正性,不断防范学术规则的行为异化。在这个问题上,要认识到虽然管理学术研究是人们对管理真理性的探求,但在现实中,话语本身特定的思想认知、话语主体的价值观与社会地位都使话语体系表现出一定的甚至强烈的主体意志和利益取向。特别是在管理学的一些领域,不少管理学术和理论是通过主体"设计的知识"来实现的,这就更渗透了话语主体的文化价值理念,并通过某种话语渠道传播和推广,最终形成广泛的管理价值形态和行为规制。由此可见,话语体系除了一般意义上的学术内涵外,还有某些社会关系的内涵。

对此,20世纪哲学家米歇尔·福柯对一般话语体系的作用就做过很透彻的分析。他指出,前现代的权力建构在暴力基础上,而现代的权力建构在知识基础上。他说:"话语是权力,人通过话语赋予自己权力。"(福柯,2001)因此,不要认为话语体系只是人们"讲了什么和如何讲"的小问题，它会涉及思想、理论与文化影响力大小和传播力度等一系列大问题。像经济管理这一类深刻反映人类价值取向、利益追求和各种复杂社会关系的领域，其话语体系更会体现出这样的社会价值属性。这样，话语体系实际上就为话语活动提供了一种制度背景与权力关系的基础，从而需要我们在制度化层面透过历史语境和权力特征来解读话语行为。这样说并不是对学术问题理解的泛化，而是让我们能够更全面、深刻地理解当今管理话语体系中客观存在的某些社会属性与价值取向，更清楚地认识到体系中存在的不尽合理的运作规则的客观性并思考如何改变这种现状，也使我们在构建话语体系的过程中增强自觉性、提高针对性、减少盲目性。

## 2.2 话语体系构建的基本现状

构建我国自主性管理学术话语体系是我国管理学术研究现实挑战与迫切需求双向"紧逼"的结果。总体上讲，我们面临的现状是比较严峻的：第一，多年来，我们主要是在学习、沿袭和模仿国外管理学术体系与话语体系的基础上开展我国管理学学术研究的；第二，我国当前改革发展的"转折点"形成的大量新的复杂问题既难以用我国传统文化和经验，也难以用国外管理学理论与话语体系解释透彻和分析准确；第三，我国管理学话语体系建设总体上缺乏历史传承，经验尚不多，在话语创新意识、能力及建设水平方面亟待提高。但是，这些问题正在逐步得到改善，有利于构建自主性话语体系的各种因素正在形成和积累。

当前，重要的是要辩证看待国外话语体系的作用与局限性，便于在国际视野下明确我们的现状。

从人类近现代历史发展的总体上说，在工业革命以来的世界历史进程中，西方管理学话语体系在其自身管理实践及经验总结基础上逐渐形成并成熟起来，国外学者在用他们的话语方式讲述发生在他们自己身边的"管理故事"时，选择了最能表述他们故事的情景，最能体现他们的传统、思想、行为、习惯及文化内涵的话语与逻辑形式。其中一些普适、深刻、简洁的部分经过广泛而长期的检验已经成为人类管理文明的共同财富,这部分已经不再有地域的局限而成为全人类管理话语的基本范式。另外,在长期向全世界大力传播、推介西方管理思维模式、组织与行为方式的过程中,也构建了功能齐全的话语平台,包括各种媒介、工具、载体、组织和相应的向西方管理文明中心论倾斜的话语规则,其中有许多机制、流程、规制等都具有普适性价值,对推动学术界的交流和传播、促进学术繁荣都具有积极作用,值得我们学习和借鉴。

应该看到,这一现实状况对我国管理学界以及我国管理学术发展的影响是深刻的。由于我国现代管理发展时期较短、历史传承较少,在过去几十年中,我们主要集中于学习、引进、传播、研究国外(主要是美国)管理学术和话语体系,并将其中的理论和方法应用到我国管理实践中,取得了丰硕的成果并有许多创新。由此可见,国外管理学术和话语体系对于促进我国管理学术发展与进步发挥了重要的作用,且今后仍将继续发挥重要的作用。同时,我们也必须看到,在我国管理实践与学术研究工作中,也经常出现不加分析地把用西方管理思想与理论来分析中国管理问题和提出解决中国管理问题的方案当作一种"学术规范与预设"意义上的话语范式,好比我们不仅向西方学习做西装的手艺,而且还按照外国人的身材特点为自己裁剪西装。久而久之,这种学术思维习惯一方面使我国在管理实践与学术研究上发展的步伐越来越快,成果累累;但另一方面,我们反倒在思维模式、思想、成果表达、话语方式等方面越来越丢失话语自主权,这是极不正常的。

应该如何辩证地看待西方管理学术话语体系?西方管理话语体系中有着相当多的普适性话语内容和话语平台运作机制,这部分是西方管理学家对过去长时期管理实践的科学总结与理论提炼,是西方也是人类管理文明的共同财富,这其中有许多内容不论是过去还是将来,不论是对西方还是对全人类都有着普适性意义。但是,如果从管理理论的时代性与时代化基本品格出发,我们也要认识到:任何管理理论的真理性都是相对的,都有时代、地域和情景的局限性,都不是"放之四海而皆准"的。特别是当今全世界都呈现出重大政治、社会和科技的变革,即使对西方国家自身,许多传统管理思想与理论的有效性也在衰减，反映到话语体系上，管理话语的历史语境、制度语境、条件语境也都发生了重大改变。因此，无论是面对当代世界范围内新的管理实践，还是当前我国展现出的人类历史上最为宏大而独特的管理变革，国外管理话语体系与中国实践的脱节及应用上的失效情况必然会日趋严重。

这是当前发生在我们面前的严峻挑战，同时也是历史给我们构建我国管理学术话语体系的一次难得的机会。这一机会来源于这样一个"临界点"，即全球整体性的管理学术话语体系的原有格局、秩序与资源正开始发生变化，其中就应该包括与中国全方位崛起同步的管理学术中国化以及相应的中国特色管理学术话语体系的构建。

这就是在国际视野下我们构建管理学术话语体系的基本现状。

### 2.3　话语体系构建的基本定位

管理学术共同体有局域性的，如一个国家、一个区域等；也有全局性的，如全世界、全人类范围的。因此，与之对应的学术话语体系也有"小体系"和"大体系"之分。但是，不论哪一种体系，都会为某一学术共同体提供支撑学术主体之间进行交流和传播的制度、体制和规则的平台。在这个基本功能意义上，全世界学术话语体系应该体现出全人类的整体普适价值，即人类管理认知文明的共有成果以及普遍的、不具广泛争议的学术公序良俗。而对一个国家来说，相应的学术话语体系本质上就是这个国家的管理叙事平台，是国家管理思想水平与理论创新能力的标志，也是对国家管理学术价值、地位与尊严的实现和维护。任何这样的话语体系自然也应该体现出必要的普适价值，否则，人类管理话语体系的普适价值就不可能确立。

我国管理学术话语体系应是以全人类管理文明为基础的，它不仅不排斥而且要努力学习和包容东西方一切管理话语体系的文明成果，因此，我们自己更不能提出狭隘的地域性话语要素和构件。学术话语表述不能自说自话，更不能自说大话，而应当体现国际化与面向未来的大国情怀，在深刻的管理思想与理论创新基础上，在全球性学术交流中让国际管理学界听得懂、听得进并乐于接受。绝不能成为既难以在国内交流更难以在国际上交流的学术话语"方言"。

我们本意是要摆脱对西方话语体系中心论的"依傍",所以,我们自己更要谨防民族主义倾向。例如,我们在自主性的话语体系构建中会充分吸收中华传统文化中的管理智慧与思想,但不能因此就在"四书五经"体系框架中构建我国管理学术话语体系。

全人类管理学术话语体系是各个国家、地区,以及各种形态话语体系的综合体,我国管理话语体系是其中一个重要的组成部分。全人类管理话语体系是"世界语",我们是其中的"中国话",另外还有各种"外国话",所有的"话"都是平等、互补、互鉴、包容并蓄和不具排他性的。目前,以西方管理文明与话语体系为中心的现状是人类历史发展至当今阶段的一个事实,有其历史逻辑和现实逻辑,但不能迷信西方学术话语体系何时何地都是权威和必须作为标准的体系形态,或者永远要以西方话语体系为中心。随着人类社会的进步,这一单一中心的局面将逐渐被更均衡、更完善、更丰富的多元话语大体系局面所替代,这是人类管理文明和话语文明走向更高阶段的必然趋势和标志。

## 3　构建我国管理学术话语体系的原则要点

构建管理话语体系的本质是设计和建立一个整体性平台,这个平台既包括主体讲什么、用什么语言讲,还要确定在哪里讲、依据什么规则和方式讲,谁拥有话语的自主权等。所有这些,都让我们体验到管理学术话语体系的构建在一定意义上也是管理学术自主权的争取和确立,这是一项复杂系统工程,需要做好顶层设计,首先要确立体系构建的基本原则,具体内容如下。

### 3.1　确立构建话语体系的主体意识

这里所谓主体意识(或称主体性)主要是要求我们扎根和面向我国自己的管理实践,主要以我国实际问题为导向,从实践中总结经验、提炼理论问题,形成理论再应用到实践中去。在这一过程中,要保证对我国管理实践本体的尊重、对我国管理经验的深度解读、对管理理论抽象的精准提炼。所有这些都不能也不可能完全承袭国外话语体系,而使我国管理研究成为国外话语体系的注脚。这里面对的是完全不同于国外的我国国情、环境、情景、问题、哲学思维与文化逻辑等,而这些对话语内容与形式的形成都有着决定性的意义。因此,只有在我国管理实践和理论的双向互动创新过程中才可能不断产生新的话语元素与逻辑,并因此保持话语的鲜活度。

另外,还要根据目前我国管理学术话语体系的现状和突出问题,有针对性地自主设计和完善话语平台机制和规则,加强话语体系对我国管理学科体系与学术体系建设的促进与推动作用。

## 3.2 坚持构建话语体系的理论自信

构建我国管理学术话语体系将面临现有话语基础薄弱、创新能力不强、成功案例不多,以及国外话语体系历史悠久、成熟度高、占据着话语"制高点"的双重挤压,但对此我们要有充分的理论自信。

学术话语体系中的管理理论话语内容是核心、是基础。我们要确信理论是从实践中产生的,管理理论根本上源于管理实践。而当前我国管理实践在复杂性、前沿性与标识性方面,在不少领域已经成为世界管理实践的"领跑者"。这样,研究中国某些领域的前沿管理问题就是在研究世界前沿管理问题,解决中国的这些管理难题就是在解决世界管理难题,因此,许多源于中国管理实践的思想与理论创新不仅是在直接为我国管理需求服务,也是中国学术界在为人类管理文明发展做原创性贡献。

特别是,在我国几十年来如此丰富的管理实践成就与经验中,必定有超越我国界域的普适性理论与规律,这不仅使我们在管理学术领域有可能创造出具有普适价值的理论贡献,同时也使用中国人创造的话语方式来阐述这样的价值和贡献成为可能。

这样,我们构建的管理学术话语体系必然是一个国际化水平和包容度都很高的体系,是一个以全人类管理文明为基础的开放体系。

## 3.3 把握构建话语体系的主要方向

根据当今管理活动和问题属性演变的总体趋势,构建我国管理学术话语体系可以首先从话语内容创新与平台运作规则两个维度的三个方向出发,确立技术路线。

### 3.3.1 从基于认识论变革出发的话语创新

我们在《管理:从系统性到复杂性》一文中指出,关于管理属性的探讨在今天有着特别重要的学术意义(盛昭瀚,2019)。当今,人类经济、社会和科技高速发展与进步,各个领域的管理活动普遍出现了各种各样"复杂的"特征,要有效面对和驾驭这一挑战,除了在管理技术、方法层面上开展创新之外,更重要的是,还要在管理技术、方法层面之上,在与管理领域有着紧密关联的更高层面、更大范围中,把握对管理属性的认知。而运用现代系统科学的思维与话语体系能够帮助我们在今天纷繁多变的环境下,深刻认识各种多姿多彩的管理现象,揭示它们的内在规律,还可以帮助我们在管理学术研究中以系统科学话语体系的内涵与学养来强壮管理学术的活力。特别是在我国,钱学森确立的现代系统科学体系本身已经构建了一整套具有中国特色的学术话语体系,其核心为对复杂整体性管理属性的话语表达(钱学森,2011)。我们应该充分利用它作为构建管理学术话语体系的宝贵学术思维原则。当然,这绝不意味是对系统科学话语的直接搬用,而是在复杂性思维下对管理内涵的重新解读和重构。

### 3.3.2 从基于方法论变革出发的话语创新

当前,互联网、大数据与人工智能等现代信息技术与管理活动深度融合,并由此引发了一系列管理方法创新。管理学术话语体系必然要充分表达和回应这一创新。在这一点上,20世纪80年代初,钱学森就在复杂管理问题上,提出了"人机结合,以人为主"的话语创新,确立了新的技术路线(于景元,2011)。而今天,随着互联网技术的快速发展,我国管理学界在基于现代信息技术的管理方法创新方面起步早、探索多。例如,笔者与天津大学张维教授就社会科学计算实验的技术路线提出了"定性定量、科学实验、虚实结合、综合集成"的新的话语表达,并且设计了管理计算实验模型结构与研究框架、计算实验研究范式、计算实验技术路线等话语方式。所有这些都为我们以新方法为抓手构建新的话语体系提供了探索性经验和实例(盛昭瀚等,2011)。

### 3.3.3 从基于规则变革出发的话语平台创新

以上两点主要是在话语内容创新维度上,着眼于提高体系内话语的基本品格。另外，体系还包括话语平台，平台又提供了话语活动的环境与条件，如需要设计平台基本规则、话语活动基本流程、主体的社会属性与平台结构等。所有这些与话语体系构建主体的目标战略、思维原则、价值取向、文化传统、现实国情、行为习惯等都有着密切的关联，也与体系目前的成熟程度与面临的主要任务有着密切联系，这些基本上不属于学术范畴而属于体系治理范畴，但这些工作做得如何，对话语体系功能的完整性与稳定性有着很大的影响。所以，我们在努力提高管理学术研究水平，充实和丰富学术话语体系这一根本任务的同时，还要从话语平台制度建设的视角，进一步根据我国当前管理话语体系的现状和国情特征，在汲取国外学术话语体系运行宝贵经验的基础上，设计包括新的平台规则在内的体系治理机制，提升我国管理学术话语体系运行的自成长和自发展能力。

## 4 构建我国管理学术话语体系的"抓手"

在明确了上面所述的原则要点、主要方向等问题后，就需要在操作层面上确定构建体系的"抓手"，所谓"抓手"就是实际操作过程中的"切入点"。例如，在提升和丰富话语内容总任务下，可以以完整的学理链为纲，创立某个管理领域的理论体系，也可以通过把提出标识性新概念、新议题、新方法等学理链的某个节点作为切入点，提出学术话语新的表述方式。在完善平台规则总任务下，可以进行多视角的机制与程序安排，具体表述如下。

### 4.1 讲好中国管理故事

所谓"中国管理故事"是发生在我国的具有浓厚中国国情、中国文化背景的管理现象与问题，是一类当前只有中国具有而在全世界"独一无二"的管理现象与问题。随着我国社会经济的全面迅速发展，这类问题数量越来越多、难度越来越大、标识性和普适性也越来越高。因此，从学理上讲，解释和解决这类问题在历史逻辑与本土化逻辑的交汇点上"逼着"我们去创新一种国外没有、我国过去也没有的新的管理理论和话语方式。这种源于当前我国独特管理实践的特点本身就体现了相应的话语方式的原创性，是构建话语体系最具中国特色和最宝贵的话语资源。

当然,在这一过程中,不仅要保持中国管理故事"本土化"的"原汁原味",还要用最能够"传神"的概念和定义来抽象故事的学理普适性。这既是讲中国故事的过程,也是构建我国新的话语构件的过程,这里的关键是要能够用中国管理新话语讲清楚和解释清楚中国管理故事产生与发展道路背后的规律性与普适性。

### 4.2 设置新的话语议题

在当今经济全球化、新工业革命、新信息技术快速发展的进程中,我国管理实践必然产生许多新的、意义重大但认知尚不充分、需要认真探讨和研究的问题,即议题。提出并探讨这类议题往往能够引发和催化出新的学术话语来,因此需要我们在构建管理话语体系过程中努力提升设置新议题的能力。

在这方面,设定新议题,特别是设定现实意义大,学术价值高,充分体现前瞻性、普适性的新议题,往往能够多层次、多视角地吸纳国内外学术界的关注并引起深入的讨论,有利于已构建或重构的话语体系在反复锤炼过程中取得共识,扩大学术影响。

议题连着故事,故事连着情景,情景连着人物,人物连着思想,思想连着行为,行为连着情感,情感连着文化。中国人用深度嵌入自主性思想与文化的新思维、新逻辑、新句式、新语汇的"新话语"讲这类源于中国实践,同时包含着管理思想、情景、文化、行为、概念、原理和理论的新议题必然最贴切、最准确也最传神,也一定能够使话语表达方式最精准、最深刻、最动人且最具感染力。

在设置原创性新议题方面,可以以三个角度为标准:① 直接源于中国情景、中国经验和中国问题的自我"学术主张",或者加入中国情景元素的中国化"学术扩容"的新议题;② 坚持实践导向并对实践具有解释性、应用性、指导性、预见性的新议题;③ 努力摆脱对国外学术的"依傍性",对构建具有主体性、原创性话语体系有突出贡献的新议题。

我国当前存在着大量的这类新议题。如"中国经济新常态"这个新议题,它包含了经济恰当的中高速增长、经济结构的不断优化、动力转为创新驱动等综合性发展新思维、新理念、新理论，是一个内涵丰富的重大管理议题。其他如"供给侧结构性改革""国有企业混改""高质量发展""精准扶贫"等都是管理学术研究中对自主性构建学术话语体系有着重要影响的好议题。

另外，在分析和解决中国管理新议题时，要充分考虑到中国是一个具有悠久历史文化的国家，不可能简单地被西方话语体系同化，但当今中国又是一个具有巨大前进、变革和创新力量的国家，这一时空新方位决定了我们构建的管理学术话语体系必然既是中国的，又是世界的。

举个例子，当前我国最具国际性和影响力的议题当算"中国治理模式"。这一议题不仅在我们国内有着全局意义、战略意义、现实意义和学术意义，而且在国际上有着广泛的影响。不久前，具有全球影响力的世界未来学家约翰·奈斯比特夫妇来华访问。约翰·奈斯比特在学术论坛上明确指出："在未来近十年里，全球将出现系统的、整体的变革……除一系列技术创新引发的大趋势外，还会出现从以西方为中心的世界到一个多中心的世界。从全球范围看，在这一过程中，中国治理模式将受到国际广泛关注。"他阐述道："中国模式是一种垂直性治理体系，首先是由上至下的治理方式，其次是基层需求往上推动。这两种系统向中间靠拢就会找到一个重合点……就是这种自上而下和自下而上的力量的平衡，这是中国稳定的关键……中国高效的治理模式培育了它的竞争优势，其管理与统治体系显然拥有长期的战略意义。"（奈斯比特等，2018）

由此可见，"中国的模式"在国际学术界确实是个具有重要战略与现实意义的议题，其科学内涵与话语价值也很深刻。议题中关于这一模式的平衡不仅涉及中国当今政府与市场关系平衡这一核心议题，而且还向包括管理学在内的所有社会科学领域延伸，催化了许多方面的学术与话语创新。

综上，我们应该看到，对我国当今一些重大管理现实议题的最初设定，对国情、社情、民情的表述，管理主体的价值取向与文化逻辑等，都突破了国外学术话语的框架支配，充分体现了基于中国管理学术新话语解决新议题的研究路线。

### 4.3　凝练标识性新概念

管理话语表达方式首先需要以专门的科学语言为基础,这一基础就是概念。概念能够推动人们在学术研究中从具象思维提升到抽象思维,成为科学共同体成员之间相互交流与传播的学术话语的"基元"。

管理学术研究对管理活动、现象、问题的理解和分析首先需要概念化和定义,提出反映本质属性的概念,为我们表述问题并在科学共同体达成共识和认可的平台上进行交流与传播提供了基本构件。因此,中国的管理学术创新需要有对自主性理论体系中概念的提炼意识与定义权,否则难以认为取得了"自我学术主张"。

越能体现管理本质属性的概念在管理理论体系中越具根本性和实质性,故这一类概念要"精选",它们是概念体系中的"精品",一般称为核心概念或标识性概念。标识性概念是指一个学科中基本的、有别于其他学科的语言符号聚合体。提炼标识性概念可能是创造完全的"新话",也可能是对已有的甚至是传统的概念赋予新的内涵,这属于对已有概念的"重构",这两种方式都是可行和有效的。但无论是哪一种方式,它必须有深刻的思想和理论内涵,并且能在学理链中释放出包容、拓展、联想与升华的功能。如果提出的概念缺乏原创性,那它只是在重复别人的思想,研究工作的意义往往只局限于再一次证明别人思想的正确。

要充分认识到学术话语中积淀着我们对世界的认知和理解,而概念,尤其是标识性概念凝练了我们的学术思想的核心,正如爱因斯坦所说,"如果没有界定范畴和一般概念,思考就像在真空中呼吸,是不可能的"(爱因斯坦,1976)。

显然提炼这样的概念又要说"新话"绝非易事。一般来说,随着人们对事物认知的不断深刻,表达的方式逐渐由"大白话"转换为学术性语言或分析性语言,虽然这一转换让许多人不再那么容易理解,但在学术界内部这是一次具有重要进步意义的转换,因为这时的概念附着了许多新的规范性、本质性、可延展性,在学术交流中它们也就成为"国际性语言"。当然,这一转换过程的实现不是主要依靠语言技巧,而是在其中注入了丰富的管理思想与理论学养。思想与理论越深刻,越能用最深刻、最精炼和最具本质性的话语来表达。

作为例子,在《问题导向:管理理论发展的推动力》一文中提到了在研究管理问题复杂整体性时,在传统的相对简单的情景概念基础上,我们重构了情景概念内涵并使之成为标识性概念。这一新的基本话语的提出,让我们重新梳理与丰富了对问题导向学理逻辑的重要认知:理论问题是由情景牵连出来的,为了使其不致失去现实性,需要尽可能把理论问题放回原生态情景中去感知理论结论的真理性。研究者在研究问题过程中不仅是"旁观者"看到问题的情景,而且还是"在场者"感到自己置身于情景之中,甚至自己还是"亲为者"直接制造了新的管理情景。进一步地,以情景为标识性新概念,我们提出关于深度不确定决策的情景鲁棒性基本原理,形成深度不确定决策这个新的科学问题,再设计出有针对性的联邦式建模方法体系用于解决国家重大现实问题(Sheng,2017)。以上每一步既体现了标识性概念的基础话语作用,又体现出它对构建新的话语体系的推动作用。

当我们认识到概念,特别是标识性概念创新或重构对于构建学术话语体系的重要意义后,我们应该认识到:在我们面对现实问题并以问题为导向开始研究问题时,不能一开始就"浅尝辄止"地预设一套概念作为话语框架;相反,当真正从问题中凝练出反映问题本质属性的概念时,自然就有了自主性学术话语,再坚持运用中国话语回答问题,就能形成自主性、系统性的话语内容。在这一过程中,如果我们没有提炼出具有属性深度的概念,或者提炼出的概念趋于同质化,或者新概念无法由感知拓展为可分析的科学概念,我们就难以在理论研究中提出基于概念的基本预设和前提,也难以构建出自主性的学术话语体系。

### 4.4　拓展新的语言使用

话语的基本工具是语言。最初,人们的口头语言是以语音为物质形态,由词汇和语法两部分组成的一种符号系统。后来,语言的表达方式被定义为人们使用语言的形式,人们在发明了文字之后,使用语言的形式主要是文字,广义的文字还包括图形、数学符号等。这样,以"语言使用"为基础的话语体系的核心要素可以进一步抽象理解为规则、逻辑、指令、程序化处理和思维方式,这一拓展性认知使我们不难理解，学术话语的范式与人们最近作为哲学普遍性思维方式的"算法"之间具有一致性或高度相近性。

以色列历史学者尤瓦尔·赫拉利在所著的《未来简史》中，把"算法"作为当代一种具有哲学普遍性的思维方式，"算法是指进行计算、解决问题、做出决定的一条有条理的步骤"（赫拉利，2017）。由此，凡是能够把一件事情放置到一个逻辑化的程序中，并用包括计算机在内的某些方法来处理，这套路径（规则、流程、步骤）就是一个"算法"。于是，除了传统的自然语言外，实验科学、理论推演、计算机仿真与数据密集型科学这四种范式都是在"算法"意义上的话语活动方式。

这一结论的本质性意义在于期望通过话语体系内涵的进一步深化与外延的进一步拓展来增强对管理问题，特别是复杂管理问题研究的描述、诠释与解决的能力。在这个意义上，除了通过管理理论思维原则创新、理论体系创新等路径来提高管理研究能力以外，还可以充分基于大数据、人工智能等先进信息技术的作用来推动。这样，对话语体系的理解也已经从传统的自然语言、科学语言、计算机一般性功能等进一步扩展到增添如广义算法、新的符号系统、数据驱动以及人工智能等。

不难理解，管理在本质属性上出现的从系统性到复杂性的整体演化趋势以及现代信息技术的广泛运用，必然会引发关于应对管理复杂性的新的话语需求，同时也会出现技术与管理、技术与伦理、技术与人的行为之间的潜在冲突和供需不均衡。另外，随着管理学与自然科学、工程技术科学相互融合而成的交叉学科、复合学科的不断涌现，在基本学理的合理性、兼容性与拓展性等一系列基础性问题上都将产生大量的新问题。而对这些新问题的研究，思维、表述、传播与交流等基本行为方式都会造成话语体系上的匮乏甚至空白。上述这些情况都说明，当代先进信息技术在为我们提供强大能力的同时，还形成了巨大的"话语空白地带"亟须我们去填补，而新技术本身就是参与填补这一空白的主角之一。可以想象，这方面一旦有所突破，将大大增强构建学术话语体系的能力。

在运用方法创新推动话语体系构建方面，钱学森提出的综合集成方法体系是一个经典范例。综合集成方法体系是钱学森长期以重大工程管理为背景，融合多学科、多领域的技术和方法提出的一种用来认识、分析和解决复杂性管理问题的整体性方法。本质上，这类问题的复杂性主要来源于主体认知能力不足、客体本身及环境的深度不确定性等，由此可见，综合集成方法论与管理复杂性问题的特点以及解决原则与路径是吻合的（于景元，2014，2017）。应该看出，综合集成方法体系是在系统论指导下对解决管理复杂性问题方法的整体设计，它既能够保证我们在系统论指导下的方法论的科学性，又能够保证我们用一套新的话语方式来描述和抽象理论问题的研究过程的科学性。

在钱学森综合集成方法论指导下，近年来，我们探索着提出以下专门的、有针对性的新的方法，主要有全景式质性分析方法、情景耕耘方法、联邦式建模等（盛昭瀚，2019），在有效解决复杂整体性问题的同时，也构建了相应的新的话语表达。

### 4.5　实现学理链大循环

问题导向与理论创新是话语创新的学术基础，我们可以从这一基础出发再到话语创新这样一个"大路径"来系统化地创新话语内涵。

在当今管理学术研究中，存在着某一管理领域的基础性、根本性重大理论问题，如某一领域的基本理论体系研究。像这样的问题，不可能通过几个零散的理论问题或者经验总结就能解决，而要在普适性意义上首先构建如下完整的学理链：理论哲学思维—核心概念体系—基本原理体系—科学问题体系—方法论与方法体系（盛昭瀚等，2019）。这里不仅要在学理链的每一步都有具体的反映问题本质属性的内容，而且在学理链的每个转折节点处都有合理的转换逻辑。这样的理论研究路径最终形成的不是某一具体和局部理论专题创新，而是一个领域的一般性基础理论体系。不难看出，这样的理论成果必然是管理学某一领域具有重要学术价值的新的"学术主张"，因此，从影响力而言，这实际上是一种最重要、最完整、最具标志性的学术话语创新路径。

当然，这样的系统性话语方式的构建需要遵循理论体系形成的基本规律和形成范式，它的构建路线为基于管理实践基础上的问题导向—理论思维的完整程序与形成学理链—理论思维成果形成范式。这既是我们关于管理理论体系创新也是关于话语体系创新的"大循环"。在这方面,《管理理论:品格的时代性与时代化》一文"立足我国管理实践,回应重要时代命题"部分讲述的我国学者构建重大工程基础理论体系的研究,就是这样一次按照理论体系完整学理链开展的话语体系构建的探索性实践。

完整学理链对于学术环境的完备以及理论元素、模块与逻辑关联等体系构件的齐全会有更高要求,完全满足它们将花费更长的时间。例如:

——理论体系中的新的学术思想与理论观点要"齐全"需要较长时间;

——理论体系中的各个理论元素和模块之间如何理顺成一个系统性整体,不仅费时,而且要试错;

——理论成熟必须有成熟的实践支撑,而实践的萌芽、生长要有一个较长时期才能达到催生和形成理论体系的成熟"阈值";

——理论体系会充分体现多学科交叉和融合,这也需要多学科提供逐渐成熟的学术环境。

因此,基于学理链"大循环"的话语体系创新是比较复杂的,需要有更好的顶层设计。

以上我们用了较多篇幅论述了与学术话语体系中话语内容相关的几个操作层面的"抓手",着重指出话语体系最根本的还是管理思想和理论自身所拥有的基本品格,以及学术话语内容的真理性与普适性,这是人类管理文明普适价值的体现,是其他任何要素都不可比拟和无法替代的。这告诉我们,必须坚持问题导向原则,在以研究中国重要管理问题为主的基础上,取得国际前沿性、突破性理论成果,这样我们才有构建自主性学术话语体系的资格和底气。

### 4.6　优化话语平台规则

我们必须承认,话语体系的权力表征,如话语评价规则的制定以及规则背后蕴含的利益取向也是话语体系中的现实存在,对我国话语体系的运作和作用发挥有着重要的实际导向作用。

所谓话语评价规则主要指在现实话语活动中由谁来制定学术话语的评价

标准及制定什么样的标准等，这些都反映了话语体系中的话语裁量权问题。本来，科学共同体内部的话语活动主要是对科学真理的追求、交流与传播行为，但由于话语体系的社会属性与权力表征使得在话语过程中不同话语主体之间出现了等级和地位的差异，也就形成了主体的利益倾向与利益排他性，所有这些往往都能够通过话语规则来体现。

具体地说，规则制定者将历史语境和其他资源通过人为的制度设计与机制安排转化为自身的话语优势，并进一步利用这些优势来推行他们自身的学术价值，固化他们的话语中心地位，成为某种话语规则的利益获得者。

在这个意义上，我们不难理解，当今国际学术评价体系的设计和评价标准的制定在许多时候的确能够保持它应有的科学性、权威性、公正性和普适价值的引导性，但又可能在实际中产生话语活动的偏见与不公正现象，更有可能会出现利益输送异化行为。

所有这些，对于我们如何高质量构建自主性话语体系都是重要的启发和借鉴。下面仅以话语平台的学术评价规则为例作一简述。

当前，以西方管理学术话语体系为中心的现实、话语体系社会属性中渗透出来的利益倾向、学术界一个时期以来依傍国外学术话语体系的实际状况，以及目前我们行政和学术管理部门的一些政策缺陷等相互纠缠混杂在一起，形成了一些有悖于我国管理学术创新发展的倾向性问题，有些问题长期存在，涉及面广，负面效果深刻，其主要原因就与话语平台规则有关。

众所周知，在学术研究活动中，话语是学者研究成果的载体，而学术论文就成为学界交流、传播和展示成果的一种基本方式。发表论文的本意是接受共同体的评价和理论、实践等多方面的检验，如果论文经得起检验并能证明自身的理论意义或实际应用价值，那自然会受到共同体甚至全人类的尊敬。在这个意义上，其实不必夸大刊物的人为附加意义，如刊物的影响因子有多高。

在这方面有一个可称为典范的例子。去年，诺贝尔物理学奖授予三位物理学家，其中有一位加拿大女性物理学家 Donna Strickland，她是自居里夫人之后第三位获此殊荣的女科学家。她的主要科学贡献是 1985 年发表在 *Optics*

*Communication* 的一篇仅 3 页的论文,那还是她博士期间和导师共同发表的一篇文章,因为该刊物并不著名,影响因子(JCR)仅为 1.0,所以发表比较快,也没有什么人引用,以致在她介绍自己学术生涯的全部 6 篇代表作中都没有这篇论文。20 年间,她连教授也没有被评上,在 59 岁正准备退休之际获得了诺贝尔物理学奖,很快该论文被引用近 5 000 次,她也被学校长聘为正教授。

这件事能够诠释的问题太多,但至少我们看到了一个不以刊物名头等其他非学术本质的附加值为科学成果价值背书的例子,这应当是话语平台秉持的科学成果评价的方向。

但在现实中,就说提供影响因子(JCR)分析的数据平台,这本来是 20 世纪中期美国人加菲尔德开发的一个营利性的数据衍生产品,后经国外学术界有针对性地引导和推销,成为当今许多国家都遵循的具有极高学术话语能量的世界性学术话语评价规则,其影响极大,甚至严重扭曲了原本正确的学术价值。本来,看一篇论文的价值,主要是看它的理论贡献与解决现实问题的作用,如今,文章影响因子之风盛行,学者以此作为自身工作意义的标签,而文章的实际价值与应接受的检验已经不再那么重要和令人关心了(游宇明,2017)。

又如,当前国外一些出版社一改过去不向著作者收取出版费的做法,明确向中国学者发出自费出版著作的邀请,而且这种规定只限中国学者。显然,这种催生学术成果的行为是与构建我国高质量学术话语体系的初心格格不入的(胡键,2016)。

出现这一状况的原因是多元而复杂的,而长期以西方话语平台规则为基础建立起来的我国人才和成果评价机制是其中一个重要的原因。当今,我国管理学术研究已经由最初的追求成果数量型转变为追求成果质量型的新模式,无论创新驱动还是成果供给机理都发生了整体性的深刻变革,亟须我们增强学术自信和提高理论勇气,我们必须改变这种建立在国外话语规则认可度之上的学术行为习惯。

在这方面,各级主管部门是可以大有作为的,例如,制定有利于提高国内学者学术自信的激励和评价机制,改变国内学术出版能力过低、供给量过小和学术评价机制简单、"跟风"等状况;依据学术刊物质量对出版物进行分类管理,打造一批具有权威性和国际影响力的优秀学术刊物作为各学科的中国学术品牌;延长学术研究学理链的长度,通过提升深度创新能力以获得战略性学术研究成果等,都是当前要做和可做的。

## 5  提高构建主体学养水平

### 5.1  保持韧性与想象力

构建我国管理学术话语体系是一项沉甸甸的历史性任务,我国管理学术话语体系的萌芽、生长、发展和完善是一条漫长、崎岖的道路,我们除了要认识到任何想快速甚至"毕其功于一役"的预设都是不切实际和违背客观规律的,还要注重学术韧性与想象力的学养提高。

(1)我们要认识到完成这一任务的艰巨性。当今以经济全球化、后工业化与现代科技迅速发展为标志的人类社会巨大转型给人类管理实践和理论带来的深刻变革,管理自身发展的历史逻辑形成的思维惯性和行为习惯构成的障碍,传统的话语体系等级观念与既得利益获得者做出的排斥行为等必然混杂形成一股阻力。我们不能无视更不能绕过这一阻力,只有坚持学术自觉和理论自信,在管理实践的基础上,通过自主性的"中国话语"体现中国管理学术话语体系的自主性和原创性,用学术创新的实际成果开创前进的道路,这是一次永续的前行,需要我们一直保持着韧性的精神。

(2)在当今世界性变革实践基础上形成的新的管理学术话语体系不是传统话语体系的惯性延伸,这就要求我们重新确立和选择新话语体系的逻辑起点,确立管理理论思维哲学原则。另外,新话语是对新的问题、新的认知、新的解决方案的回应与表达,许多都是无经验、无案例、无样本、无数据,这时我们又不能回到传统话语思维、内容和表述方式中去,因此必须充分发挥自身的想象力。这将是一个对未来的整体性想象,是对管理情景大时空尺度演化路径的想象,是对深度不确定管理问题不可预测的想象。想象力就是创新力,相较过去任何时候,想象力从来没有像现在这样重要,虽然它极具挑战性,但没有这样的能力就难有创新的话语体系构建。

### 5.2 确立综合集成思维

说到底,构建新的话语体系的能力是对构建者学养的考验,特别要求学者具有尽可能完整的知识结构和掌握全面深刻的知识体系。恰恰在这方面,我们需要花大力气改进和提升。从总体上说,构建我国管理学术话语体系既涉及管理实践与学术研究,又涉及自然科学、社会科学与人文科学在当今"大科学"时代的相互集成与融合。这就需要具有综合能力的复合型人才承担这一重要任务。

这样的人才除了要有"大科学"哲学思维外,还要有广阔的知识面并掌握跨学科研究的手段与技术。如果一个管理学研究人员在整个受教育阶段仅仅接受传统的"文科"知识教育与单一学科训练,而对"本行"之外的自然科学、技术科学,特别是对现代系统科学、信息科学基本不知或知之甚少,那他必然很难在构建我国学术话语体系这样一个复杂系统工程面前产生"大科学"思维和研究的联想,更无力运用跨学科手段来分析、解决具体问题。类似地,一个在整个受教育阶段仅仅接受传统的"理工科"知识教育与训练的管理研究人员也会存在同样的问题。

当今,面对互联网、大数据与人工智能现代信息技术的挑战,国内管理学界在人才培养、知识体系设计、理论和实践能力的均衡等方面的改革反应缓慢、行动迟疑,这直接导致不仅当前工作在教学科研第一线的中青年学术骨干,而且一大批在校学习的本科生、研究生都不同程度地出现了知识陈旧老化和不适应社会实际需要、解决实际问题"先天不足"与"乏力"等窘迫状况,特别是随着社会与科技发展的速度越来越快,这样的情况可能会更加突出。对此,就当今管理教育领域来说,整整一两代人将面临着一个宏大的知识更新的自学习运动,实现从工业社会守成时期的思维模式与知识体系到后工业社会新时代的知识转换与提升,只有这样才能以新的精神风貌和综合能力承担起构建我国学术话语体系的历史性任务。

话语体系创新其实是对学科体系、学术体系与话语体系的同步协同创新,是综合性的"大创新"，将涉及自然科学、工程技术科学、社会科学与人文科学等多个学科。从科学哲学意义上讲，历史上的这些学科曾经从哲学中分离出来又被不断分化，而现在又出现了学科间界限不断被打破、边界不断被重新划分的学科交叉与融合的所谓"大科学"趋势。因此，当今构建管理学术话语体系需要更多的"复杂性"和"大科学"思维，充分借鉴和利用多学科交叉与融合的研究思路、方法与工具，这既是当代管理学内涵不断丰富的反映，也是管理学术时代化基本品格的体现。

交叉，主要指汇集。如各种方法、各种资料、各种技术在同一个问题研究被分别使用，最终将它们的能力与作用汇集在一起。"汇"从"水"，更似水流聚集。因此更多的是在物理层次、量变层次的汇集。这实际上就是系统科学中的"集成"思想。融合，更强调相互渗透，合为一体。而"一体"后的事物，既不是融合前原来的"这个"，也不是原来的"那个"，而是产生了"非此非彼"的新内涵。所以，融合更多的是在化学层次、生命层次、质变层次上的结合。这就是系统科学中的"综合"思想。

当今构建管理话语体系，既要运用学科交叉又要运用学科融合，这在系统科学思想中，就是既要集成，又要综合，还需要在集成之上的综合，在综合之上的集成，即运用"大科学"的综合集成思想。

## 6　结论

管理学领域中的学科体系、学术体系与话语体系互相关联并构成一个整体。其中，学科是基础、学术是核心、话语是表述，没有自主性和有影响力的话语体系，学术思想、理论观点和知识主张就没有叙事和表达的场所与机会，学术就像在真空中呼吸，是不可能的。

要认识到管理学术话语体系是管理哲学思维、管理思想与管理理论时代性、时代化、价值观的现实表达，是管理话语内容创新与规则设计能力的体现，更是我国管理学术在人类管理文明中地位与影响力的体现。

构建学术话语体系除了要形成自主性的学术话语内容外，更重要的是争取学术发声的机会、平台和权利。当今,构建我国管理学术话语体系是需求和挑战倒逼的结果。一方面,作为一个世界性大国,我们有责任为人类提供更多的管理文明;另一方面,我们又因话语体系长期缺失而难以有顺畅的大声发声的机会。因此,我们应当抓住当前国际学术话语体系新格局正在形成、话语权多极化趋势日渐明显的关键当口,全力加快构建我国管理学术话语体系,这是摆在我国管理学界面前一项重要的历史任务。如果我们从现在起能够用五到十年时间初步构建成一个自主性的、功能比较齐全的管理学术话语体系,无疑会大大提高我国管理学科体系和学术体系建设的整体速度和质量。

从总体上讲,构建我国管理学术话语体系任务艰巨,但是,我们一定要认识到,管理理论的生命力和鲜活度永远依存于话语体系这一载体,学术思想与理论"失语"的根本原因就是话语体系的缺失,只有当我们构建了自主性的学术话语体系,并且把管理学科发展优势与学术创新优势转化为话语体系优势,我们才能够在国际管理学术界真正站立起来并且为人类管理文明做出贡献。

(刊于《管理科学学报》2019 年第 6 期)

## 参考文献

[1] 马克思恩格斯文集(第一卷)[M]. 北京:人民出版社,2009.
[2] 潘玥斐."三大体系"建设引领哲学社会科学迈向未来[N]. 中国社会科学报,2019-02-22.
[3] 习近平.在哲学社会科学工作座谈会上的讲话[N]. 人民日报,2016-05-19(02).
[4] 米歇尔·福柯.话语的秩序[M]. 北京:中央编译出版社,2001.
[5] 盛昭瀚.管理:从系统性到复杂性[J]. 管理科学学报,2019,22(3):2-14.
[6] 钱学森.一个科学新领域——开放的复杂巨系统及其方法论[J]. 上海理工大学学报,2011,12(6):526-532.
[7] 于景元.钱学森的现代科学技术体系与综合集成方法论——祝贺钱学森院士九十华诞[J]. 交通运输系统工程与信息,2011(04):267-275.
[8] 盛昭瀚,张维.管理科学研究中的计算实验方法[J]. 管理科学学报,2011,14(5):1-10.
[9] 约翰·奈斯比特,多丽丝·奈斯比特.掌控大趋势:如何正确认识、掌控这个变化的世界[J]. 杭州(周刊),2018(12):54-55.
[10] 爱因斯坦.爱因斯坦文集(第一卷)[M]. 北京:商务印书馆,1976.

［11］ SHENG Z H. Fundamental theories of mega infrastructure construction management：theoretical considerations from chinese practices［M］. New York：Springer，2017.

［12］ 尤瓦尔·赫拉利.未来简史［M］. 北京：中信出版社，2017.

［13］ 于景元.钱学森系统科学思想和系统科学体系［J］. 科学决策，2014(12)：2-22.

［14］ 于景元.系统科学和系统工程的发展与应用［J］. 科学决策，2017(12)：1-18.

［15］ 盛昭瀚.重大工程管理基础理论［M］. 南京：南京大学出版社，2019.

［16］ 盛昭瀚，薛小龙，安实.构建中国特色重大工程管理理论体系与话语体系［J］. 管理世界，2019，35(04)：2-16，51，195.

［17］ 游宇明.学术不是为标签而生［N］. 江苏科技报，2017-08-09.

［18］ 胡键.中国学术话语应走出"洋教条"［N］. 解放日报，2016-09-27.

# 情景:再往深一步思考"问题导向"

**摘要**:"情景"是管理活动与过程包含着的所有细节信息的整体形态,是管理科学问题的"母体"。在管理活动与过程的情景之中研究管理科学问题,可以使科学问题变得更加"真实""鲜活"与"有血有肉"。

情景的要素特征与大数据思维特征之间有着高度同一性,于是,大数据驱动方法更适宜(全)情景式管理问题在三度(维度、尺度、粒度)缩放、跨界关联、全息情景的研究。

大数据驱动解决了管理情景细节及踪迹的搜集、描述和挖掘的难题,并为情景建模提供了支撑。在一定意义上,大数据驱动就是(全)情景建模的支撑技术,也是人类使管理(全)情景"破镜重圆"的智慧。

**关键词**:情景;大数据;问题导向

前面说过,管理研究的基本原则是"以问题为导向"。这里的"问题"原本是存在于管理活动与过程中并与管理情景交织在一起成为一个"原生态"整体,后被人们从情景中抽象和提炼出来,成为学术研究中的"科学问题"。这样做很自然,也很规范。但细想起来,这样一个从实际情景中把"科学问题"抽象出来进行研究的范式自身有什么"问题"吗? 如果有,又有什么办法解决这一"问题"呢?

先从比较直观的视角说。任何具体的管理活动与过程,如同一个有人、有物、有事、有关联、有因果、有变化并依时空顺序展开的相对独立又有整体性与连贯性的故事。凡故事都有背景、情节与情节的发展,即都有整体性的故事情景。因此,开展管理研究,在一定意义上,必须关注管理活动与过程的情景,虽然相对于管理情景,管理科学问题已经被研究者所抽象和提炼,但任何科学问题都永远与管理情景有着"基因"与"血脉"的关联。换言之,同样的问题,不同的情景,本质上是不同的问题,所以要深刻研究一个管理科学问题,应该再往深走一步,尽可能在这个问题所处的情景环境中看问题、想问题和分析问题,找出问题的本质属性与解决问题的方案。

这一基本观点与管理研究"以问题为导向"并不矛盾,因为,管理问题研究主要是关于管理活动、过程与行为的研究,是从学理上研究问题的本质属性与客观规律,而本质属性与客观规律都无法与作为"母体"的情景完全剥离,因此,只有把问题"回归"到原来的情景之中,这些属性与规律才能逐渐和透彻地显现出来。因为,一个事物(或者系统)的整体行为或者功能永远是系统自身结构与情景共同作用与相互耦合的结果。所以,尽可能在情景之中研究管理科学问题,能够保证"被抽象和提炼"的问题与"原生态"问题之间在本质属性方面尽可能地一致。也就是说,紧密依托和通过情景来研究管理科学问题将会朝着问题的本质方向大大向前跨进一步。

于是,在研究思维范式上,我们应该尽可能关注以下的"大问题":

(1)管理活动与过程的情景越来越复杂;

(2)研究者要把科学问题从管理情景中抽象和提取出来,原来附着在它身上的"天生的"情景复杂性或多或少被"剥离"而"损失"了,从而使"导向"我们研究的科学问题其实已经不是原来情景中的"原生态"问题;

(3)有可能的话,我们在遵循"以问题为导向"原则时,应该注意降低这一损失。

随着当今管理问题的复杂性越来越强,问题的一些本质属性、客观规律与情景的关联性越来越密切,只有在情景中才能够更好地"捕捉"到它们。因此,在学理上有一个办法可供我们思考,那就是尽可能地把情景承载的各种信息保存在科学问题中,使原来"被风干"的科学问题再次变得"鲜活"起来,这就需要我们再往深一步思考情景与"问题导向"。

### 1  情景的基本概念

"情景"的原意是指一个故事性叙述题材中的某些事件的发生以及某一可能事件的前因后果及情节的发展。

关于"情景",还有以下一些典型论述。

（1）情景是试图对一些时间假定的发展过程、可能出现的未来以及实现这种未来途径的描述。

（2）情景是一套合理可行但结构不同且具有内部一致性和挑战性的关于未来的描述。

（3）情景是描述性叙述可选择的未来。

以上关于情景的定义虽不尽相同，但其中的共识充分概括了"情景"作为科学概念的基本内涵，这对管理学学术研究有着很大的启发和借鉴意义，但这些观点也确有可商榷之处，主要体现在以下三方面。

（1）以上"情景"概念都是关于未来的，但是，基于"情景"研究管理的"现在"与"过去"，难道不可以理解为"情景再现"和"情景重构"吗？

（2）情景提供一种可选择的未来，但是，这一点往往被理解为"一种被期望的情景"或者"可供选择的愿景"，而实际的情景并不是那样"听话"和确定。

（3）其实，未来某种情景是否出现是十分不确定的，不能期望它们尽在人们的"法眼"之内，或者仅仅由人们给出一组参数就能够构造出未来的情景。进一步地，从过去某一个情景到当前现实的情景再到未来某一个情景之间的演化路径更充满了复杂性与不确定性。

由此可见，情景概念是管理学学术研究的一个重要的基本概念，但随着管理研究问题复杂性的增强，需要与时俱进地对情景概念基本内涵进行拓展和深化，这就是管理概念的"时代化"。

### 2  前景、愿景与情景

这里先讲清楚几个概念，这对于我们是有帮助的。

首先，未来的不确定性和从今天的某个情景到达未来的某个情景点的路径

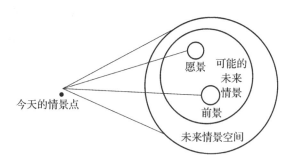

**图 1　未来情景空间、前景与愿景**

的不确定性,决定了对今天而言,未来的一切可能情景形成的空间是一个"充分大"的未来情景空间。在这个空间里,每一个点都可能是我们到达的"未来"。用数学语言描述,这有些类似于点集映射,即一个今天的情景点映射了一个未来的情景集。这样,每一个未来的"现实"都是未来情景空间中的某个情景点而已,它一定存在,但往往不能确知;而一个具体的管理活动的发展与演化实际上是无数个从"现在"到"未来"可能情景迁移路径中的某一个实现而已。

前景,是指在"今天"看来比其他未来情景更有可能实现的情景。卡尼曼提出的前景理论中的"前景"是指真实情况下人们更倾向于做出的选择或者发生概率更高的未来。在"未来情景空间"中,它属于"发生概率高"的那个点或者子集。

愿景,是指"一个积极承担一种期望的未来概念"。它是我们更希望实现的未来,相对于其他可能的未来而言,它更理想、更合适,因此更被期待。愿景研究者们往往把大量的不确定性降低,而更关注期望的未来并以积极的态度认为未来是被创造出来的,所以研究的重点是寻找达到这个未来愿景的实现途径。

## 3　情景认知的拓展

今天,当我们面对管理问题复杂性时,在上面关于情景的基本认知基础上,会有哪些新的拓展呢?

(1)虽然在许多情况下,情景是关于"未来"的现象,但对复杂管理研究而言,研究者除了会关注未来的情景,还会关注过去和现在的情景,即除了会关注情景的预测,还会关注情景的重构与再现。因为在人类管理活动中,一个管理方案的形成与实施本身就是在原来的情景环境中"嵌入"一个新的"情景"。这表示我们不再仅仅承认未来情景的不确定性,过去与现在又何尝不曾是处在不确定性之中呢? 进一步地,当我们把"未来"与"现在""过去"串联起来,不难发现"今天包含着过去,但今天未必包含在过去之中,明天也不完全包含在过去与今天之中"(盛昭瀚,2012)。

(2)复杂管理问题中的未来情景的形态本质上是复杂和深度不确定的。传统的情景类预测方法能够提升规划者的学习能力,拓展心智模式,有效地激发规划者的想象力。但是也正因为这些优点,传统的情景类预测方法过于依赖决策者的直觉,操作起来主观性较强,容易出现人因性失误。虽然管理者在一定程度上能够依据经验与知识以及可推导的因果关系来构建、预测与想象未来情景,但不能认为人可以完全凭借自身的意志来设计和指定未来情景,未来还可能会出现我们从未见过甚至很难想象到的"意外"情景,而这些意外情景,远远超过了人的预测能力,并会给我们造成很大的潜在风险。

(3)复杂管理环境的未来情景,除了包括环境系统自身的情景,还包括管理活动-环境复合系统涌现出来的新情景。这是在复合系统整体层面上出现的新的而在低层次系统中没有的情景,因此,要认识到一方面管理活动会受到环境情景的影响,另一方面管理主体的管理活动及行为本身还会在管理活动-环境复合系统整体层面上"制造"出新的情景,就像人们坐在船上看两岸,岸上尽是"风景",而船上人的活动与岸上的风景关联在一起又何尝不是一道"新风景"呢?

(4)任何管理活动都具有后效性,因此,在原环境情景及复合系统情景双重意义下,未来情景空间的构成和到达未来空间某个"情景点"的演化路径都受到这两类情景复杂性的影响,故充满着深度不确定性。因此,管理者需要做好必要的情景风险防范,既不能只关注自以为有更大可能性的情景(前景),也不能依据价值偏好而只关注更期望的情景(愿景),更不能主观地把自己不希望出现的情景从未来情景空间中剔除掉。

## 4　管理复杂性意义下的情景概念

综合以上基本分析与认知，现提出如下的管理复杂性学术研究中情景的概念。

所谓情景，是管理活动环境或管理活动-环境复合系统在整体层面上形成的宏观形态、形态的演化及形成该形态的可能路径，是包含着某一管理活动与过程所有细节信息的整体景象。

现对这一概念做以下几点说明。

（1）在管理活动的任何一个时间点上，现在、过去或未来都有情景的生成与演化，并且是一个连贯的过程，不可把"未来"孤立地与"现在""过去"割裂开来，但"未来"又不完全被"现在"和"过去"所决定。

（2）管理情景的构成包含了丰富的物理、管理、行为、文化、心理等要素。因此，既有反映客观自然规律的结构性成分，又有反映行为等社会规律的半结构性成分，还有反映文化、价值偏向等人文规律的非结构性成分，更有三者之间的相互融合；在情景的动态变化上，既有客观规律和人的主观意志表现出的他组织表现，还有系统自组织结果。简言之，管理复杂性意义下的情景既有由人设计和规定的构成成分，又有复合系统要素之间新的关联和结构的生成成分，还有系统复杂性导致的涌现成分。这就要求我们在考虑如何描述管理问题情景时，必须运用跨界、跨学科的综合集成方法。

（3）一般情况下，情景是一个普遍且普通的现象，但复杂管理问题的情景，则是一个有着复杂内涵的概念，特别是情景空间往往具有"超高维"的特征，情景形成路径难以确知，以及情景的涌现与演化等，所有这些都与复杂性、多尺度、功能谱、适应性，以及深度不确定性等复杂系统管理领域新的概念紧密相关，并且都是传统的情景理论难以解释和应对的。总之，情景概念的内涵出现了鲜明的从系统性到复杂性的拓展与演化。

## 5　管理质量的重要性能指标——情景适应性

对情景概念认知的拓展帮助我们进一步挖掘了管理活动的复杂性，例如，可以提炼出关于管理决策与方案质量的思维——情景适应性。

对于管理活动，人们经常会谈论管理水平的高低、管理方案的好坏等，对管理活动与管理方案的这类评价，其核心都是围绕着管理质量的描述，这实际上是管理学领域的一个非常重要、深刻的思想。

质量的概念始于制造业，最初是针对所制造的物质型产品而言的，如产品材料的物理性能、产品直接使用功能的耐久性与稳定性等都是人们对于产品质量最直接的感知。人们最初关于工程质量的认知，基本上也是在这一范畴内，是通过人造工程硬系统的物理属性，如工程是否坚固、是否具有耐久性等来衡量工程质量的。

随着人类对"制造"内涵的认知拓展，越来越多的以非物理属性为主要特征的产品被"制造"了出来，如人们的管理活动就"制造"出了管理方案这样的"产品"。因为管理方案的功能不再以物理属性，而是以其非物理属性，即管理方案做出的规定性对解决某个实际问题的功效与作用来体现的，这就有了这一方案是否合理、有效，是否在整个生命期内能够保持稳健，是否让人们满意及满意程度的高低等，实际上这就是管理方案质量的基本含义。

第一，管理活动的确具有质量属性。首先，管理是一类为某种实践本体（如制造、工程实践）服务的活动。其次，管理是一类有最终产品的服务活动，其最终产品是管理主体最终选择和提供的管理方案。需要指出，虽然管理质量主要看管理方案的质量，但还必须研究制造管理方案过程的质量，即必须从管理全过程来考虑、分析管理活动质量问题。

第二，对一个管理质量的评价，首先应尊重它在解决实际问题中的客观作用和效果，至于管理主体的满意程度，只能在尊重这一客观作用与效果的前提下，兼顾主体的价值意图，而绝不能以主体的主观偏好凌驾于管理质量的客观效果。

第三，要注意谨防对管理质量概念陷入认知误区。例如，以物质型产品的物理质量来替代管理（方案）质量，其实产品的物理质量主要是用来描述产品物理性能的属性，包括物理功能的延续性（如产品的寿命）、物理指标的可靠性（如产品的抗压力、承载力)等。而管理质量则主要考虑在制造、工程等本体实践全生命期内出现重大情景变化时,管理方案能否持续稳健释放功能或规定性,因此,产品(工程)物理质量与管理质量之间有着重大的差异,不能混淆。

以我国三门峡水利枢纽工程为例,三门峡水利枢纽是在世界上泥沙量最多的黄河上建设的第一座水库,"在水轮机及水工建筑物抗高含沙水流磨蚀方面"、水库调度与水库寿命保持等方面已经证明它的工程质量是值得肯定的,但是由于三门峡工程对水土保持作用的错误估计,没有设计泄流排沙的空洞,泥沙严重淤积,致渭河成为悬河,使得渭河流域形成"小水大灾"的奇特景象,时刻威胁当地百姓的生命财产安全,它在宏观上反映出来的管理决策失误是严重的。这说明在现实情况中,一个重大工程最终的质量需要用管理(决策)质量与工程实体质量来综合评价,可能会出现高决策质量但低工程质量、低决策质量且低工程质量、低决策质量但高工程质量、高决策质量且高工程质量等情况。在重大工程中,任何一种质量低下的情况都会造成重大损失,所以被追求和认可的应是"双高"质量工程。

当然,如果工程相对比较简单,关于管理决策功能的设计与规定在实践中容易实现,管理方案中的功能虚体设计转化为工程实体的路径比较确定,那么,工程管理质量与工程物理质量之间比较容易同步和一致。但对于重大工程来说,这一点是不容易做到的。因此,不能轻易地把重大工程管理质量与重大工程物理质量混为一谈。

## 6　复杂性管理的情景适应性

前面我们指出,自然、社会、经济环境以及环境大尺度演化是形成管理活动深度不确定特征的重要原因,而这一特征在复杂管理活动中对管理质量的影响最大。这主要是因为管理方案必须在其本体全生命期内保持其有效性与稳健性。而管理活动原有环境系统与管理活动-环境复合系统在这一时期内产生的多种情景涌现与演化都有可能严重影响管理方案的有效性与稳健性,从而降低管理质量乃至使管理方案失效。这一基本认知充分体现了我们对情景复杂性影响管理方案整体性的关注。

现在来分析这个问题。首先,管理主体在设计和论证管理方案时,会充分考虑到自然、社会、经济、环境的各种变化对方案的影响。这时,管理主体一般把环境作为管理活动的背景来考虑,并尽量会在管理方案中关注这些影响以实现管理活动与环境之间的协调。不难看出,由于本体实践复杂性与环境深度不确定性会导致各类复杂情景变动的出现,而管理方案的规定性与功能设计则要能体现对各类情景影响的适应性,并把这种适应性充分"嵌入"管理方案的规定性与稳健性中。

进一步地,一旦管理方案形成并实施,原来的环境系统与方案实施后的新的实体系统在总体上形成了一个新的人工系统,即管理活动-环境复合系统,这一新的复合系统有可能有助于管理方案实现预期功能,也可能因某些新的系统情景的涌现与演化而破坏管理方案作用与效果的稳健性,甚至还可能出现管理主体完全未曾期望过的新的负面作用与效果。管理活动与环境的深度不确定性越严重,出现这些情况并造成管理方案失误的风险就越大,这将导致人们认为当初的管理方案考虑不周、眼光短浅、管理质量不高,甚至出现严重的管理失误。

不难看出,这是两类不同的管理情景的变动与演化,前者主要是在管理方案尚未实施和成为实体之前,以环境作为管理背景,类似于管理活动的"外生"变量。而后者主要是在管理方案转换为实体之后,管理活动与原环境耦合成了一个新的整体性的复合系统,无论管理活动还是原来的环境都是这个新的复合系统的子系统,这时的环境则类似于该管理活动的"内生"变量。

不论哪一种情形,它们对管理方案的形成与质量的影响都是由于管理活动复杂情景形成的,而管理方案的作用与效果面对这两类情景变动与演化时能否保持稳健性,充分反映出复杂情景下管理质量属性的优劣。我们统称这一质量属性为管理决策的情景鲁棒性,进一步地,我们称前者为第一类情景鲁棒性,称后者为第二类情景鲁棒性。

例如,我国三峡水利工程当初在进行三峡船闸通行能力决策时,对未来长江货运量增长趋势（社会经济发展情景变动）估计不足，导致船闸不够用而出现过闸船只严重拥堵，暴露出决策方案中的通船预测质量不高。这就是决策的第一类情景鲁棒性问题。

另外，三峡蓄水之后，整个长江下游出现了一些新问题：长江下游水干净了，但河道冲深了，长江的水位下降了 0.5 米到 1 米，出现了江岸垮塌现象，洞庭湖、鄱阳湖水位常年下降。而三峡上游两岸岸边出现垮塌，有些地方原来是稳定的，现在不稳定了，还得进行居民的二次搬迁。这些就是决策的第二类情景鲁棒性问题。

这一实例告诉我们，无论是第一类情景鲁棒性问题，还是第二类情景鲁棒性问题，情景的变动与演化都会影响管理方案的有效性与稳健性，甚至会诱发新的情景危害。显然，一个高质量的管理方案既不能因为情景的变动与演化而使方案效果失去稳健性，更不能因管理方案形成实体后而诱发新的危害情景。

显然，对一个高度开放与不确定的环境，并且在大时间尺度的整体意义上要考虑管理方案的质量，既不能仅仅以一个时间点或一个时间段来考察，也不能仅静态或仅动态地考虑问题，而需要在管理全生命期、多尺度及情景演化与涌现背景下，考察管理方案的效果、作用以及与上述两类情景变动之间的契合程度，这一认知被我们抽象为评价和度量复杂管理（方案）质量的基本出发点，称为管理（方案）情景鲁棒性。

在一般管理理论中，经常有最优方案的概念，即基于一定的目标，管理主体通过一定方法，如建立一个结构化的数学模型，选择一个优于所有备选方案的最优方案。但是，对于复杂的管理活动，要我们准确、全面地提出管理目标并寻找到这样的最优方案往往是困难的，我们只能在尽量顾及各种复杂因素的前提下，选择那些对情景变动可能造成的损害不敏感的方案作为整体上可接受的"质量高"的方案。由此可见，这一思想与传统的最优方案有着很大不同，它总体上更体现了对管理情景变动复杂性的考虑，于是，也可以认为，情景鲁棒性在一定意义上就是复杂管理方案的"最优性"。

这样，通过情景这一概念的拓展，将其与管理质量、管理方案对管理问题提供的服务质量之间建立了密切的、具有明晰学理性的关联,从而推动了我们以"情景"概念为桥梁,再向前跨一步来思考研究复杂管理问题新的、必要的管理思想。

## 7    情景概念对方法论创新的意义

情景概念的拓展对于复杂管理问题研究的方法论创新具有积极的意义。前面说过,从复杂情景中抽象和提炼管理科学问题时,必然会损失一定的情景信息,反之,如果我们把科学问题放到当初的情景"母体"中,或者我们就直接在原来的情景中研究科学问题,那情景信息损失的情况一定要好得多。这意味着不论哪一种情况,我们都要研究情景重构、再现和预测的方法,即关于情景的建模。

从方法论角度出发,在管理学研究中,研究者需要以某种符号系统作为媒介来对管理活动和过程进行描述。1988 年,Ostrom 提出了可供社会科学家使用的三个"符号系统"。他指出,除了我们比较熟悉和用自然语言进行认证的定性方法和用数学语言描述的定量方法之外,还有第三种研究方法:计算机和程序化语言。我们可以用计算机的标准化和程序语言来描述自己的思想,并且通过计算机的辅助来讨论过去、分析现状和预测未来。这一方法论原则告诉我们,我们可以在传统的定性、定量方法的基础上,借助计算机技术实现对复杂性管理情景的重构、再现和预测。

沿着这一思路往前走,如前所说,情景是人的管理活动与过程在情景空间中的包含所有系统细节信息的综合形态。那么,这些细节就是人在管理情景中的踪迹。踪迹可以追踪、观测、描述、度量;踪迹的量化就成了人类管理活动与过程在数据空间的映射或者投影(踪迹成为数据)。因此,经过对(踪迹)数据的采集、处理、研究,可以构建、复原人类各种管理情景。

再看管理活动与过程中情景的整体形态是什么样的:它包括环境、社会、时空、组织、个人、任务、关联、因果;包括管理活动的全景式要素(何时、何地、何人、何事、何因、何故、何变、何果)等形成的复合系统的整体现象、现象的演化及演化的路径。这就使得情景的特征（复杂整体性、关联要素“无穷多”、涌现、非结构化）与大数据特征（复杂性思维、异构数据融合、深度学习、数据挖掘、跨界跨学科建模）之间有着紧密的关联，于是，大数据驱动方法论更适宜全（情）景式管理问题研究，并且适合如三度（维度、尺度、粒度）缩放、跨界关联、全息情景、场景导向等研究。

这就为我们提供了关于复杂管理情景生成的技术路线，即利用对复杂管理问题研究的观测实验、理论分析、计算模拟与大数据驱动的综合集成，根据情景可计算性原理，对情景关联要素数据序列进行独立性检验等手段，形成管理情景核心要素（简称核要素）集；接着，利用空间网络、事件时序与情景空间异构数据融合技术及情景时空状态描述、情景演化动力学机理分析等手段，实现不同时态的复杂管理情景重构、再现和预测等功能。这是一种在情景空间定义下，通过预设定义与假设，对具有相同本质和动力学机理的管理活动中的由人、环境及物理世界组成的复合系统的整体情景，以及情景涌现、演化进行情景空间“嵌入”的技术。

特别是，由于任何管理情景不仅是复杂的，还是该管理活动所独有的，整体上是“稀缺”的，因此，一般不能指望从大量已知的管理情景样本中提取其统计规律，而只能在少量宝贵的具体管理情景样本或线索基础上，以计算机系统为“实验室”，把少量宝贵的管理情景现实与线索当作“种子”进行播种、培育，让其生长，最终得到各种不同的情景“果实”，再从这些“果实”形成的动态演化过程及这些“果实”的类型、特点中分析、预测和重构关于管理情景的知识与规律。

我们称这一关于情景生成的计算机模拟方法为复杂管理学术研究中的情景耕耘方法。在大数据及其他新技术共同支持下，情景耕耘技术在许多复杂管理研究中发挥了越来越大的作用。

最后，我们对本文主要内容之间的逻辑关联进行梳理，发现可以形成一个相对完整的学理创新链：往深一步思考“以问题为导向”（管理思想创新）—基于复杂管理研究的情景（核心新概念）—情景鲁棒性（新的复杂管理基本原理）—情景鲁棒性管理（决策）质量（新的科学问题）—情景耕耘技术（方法体系创新）。

从此案例不难看出,以管理思想创新为源头,往往可以形成较为完整的学术创新链。

## 参考文献

[1]　盛昭瀚.问题导向:管理理论发展的推动力[J].管理科学学报,2019,22(5):1-11.

[2]　KAHN H, WIENER A J. The Year 2000: a framework for speculation on the next thirty-three years[M]. New York: MacMillan, 1967.

[3]　Van de Ven H A. Engaged scholarship: A guide to organizational and social research[M]. Oxford: Oxford University Press, 2007.

[4]　盛昭瀚.计算实验:社会科学研究的新方法[N].光明日报,2012-04-11(11).

[5]　盛昭瀚,薛小龙,安实.构建中国特色重大工程管理理论体系与话语体系[J].管理世界,2019,35(4):2-16,51,195.

[6]　张军.计算实验在社会科学研究中的作用[J].实验室研究与探索,2009,28(6):75-78,90.

[7]　盛昭瀚.重大工程管理基础理论[M].南京:南京学出版社,2019.

# 综合集成当头 创新就在其中

**摘要：**当今管理学学术研究需要更多的"复杂性"和"大科学"思维，需要充分借鉴和利用其他领域学科的研究思路、方法与工具，这既是当代管理学内涵不断丰富的反映，也是管理学的时代化基本品格的体现。

学科交叉与融合是当代管理学研究取得创新性成果的重要途径；面对管理复杂性的"包围"，综合集成是成功"突围"的有效战法。许多成功案例告诉我们，"在学科交叉与融合的边缘发现科学问题，在学科交叉与融合的过程中解决科学问题"已成基本规律。

**关键词：**复杂性；大科学；综合集成

管理学是研究人类管理活动与现象的科学，管理的复杂性主要源于人行为的复杂性、管理活动结构的复杂性、管理各类要素之间关联方式的复杂性，以及环境的复杂性等，这些复杂性的"总和"使管理系统、管理活动、管理现象呈现出多层次、多方面的复杂性特征，并正不断向管理学研究方法论提出新的挑战。

当前，不仅出现了学科间界限不断被打破、边界不断被重新划分的学科交叉与融合的所谓"大科学"趋势，而且现代信息技术领域的发展全面影响并渗透至人类管理活动，在带来一系列新的解决问题的工具与技术的同时，引发和催化了管理活动形态与人的管理行为的深刻变革，这对当今管理的复杂性来说，简直是"火上浇油"。因此，当今管理学学术研究需要更多的"复杂性"和"大科学"思维，充分借鉴和利用其他领域学科的研究思路、方法与工具，通过管理学与其他学科的深度交叉与融合，在整体上产生新的学科的基本思想、新的概念与基本原理,形成管理学新的领域或新的学科增长点。

由此可见,当今管理学研究既要运用学科交叉又要运用学科融合,这在系统科学思想中,就是既要集成,又要综合,还需要在集成之上的综合,在综合之上的集成,即所谓运用综合集成思想。

众所周知,系统科学中的综合集成思想是我国以钱学森为首的系统科学家们经几十年实践和理论探索提出的认识、研究和处理复杂系统问题,体现东方哲学智慧与文化特征的方法论与方法体系。而当今许许多多管理系统则是典型的复杂巨系统,因此,综合集成自然应该成为当今有重要指导意义的研究方法论原则。

在运用多学科综合集成方法论开展管理学术研究方面,我们有着多年的探索经历。例如,20多年前,我们对以单一方法为主开展复杂系统管理研究的现状进行了深入的反思,并由于研究的现实问题越来越复杂,不仅涉及工程技术,而且涉及社会、经济、环境与人文领域,干系人不仅包括政府、企业,而且涉及数量巨大的公众。因此,在定量研究方面,常因所研究的问题变量多、非结构性强以及关联复杂而无法建立数学模型或模型难以求解;至于单纯的定性分析方法,又往往缺乏深刻性且不够精细化,这在很大程度上反映出单一学科研究复杂管理问题的"窘迫性"。

从21世纪初起,我们开始以复杂系统为基本思维,综合运用博弈论、运筹学和统计分析等数学方法,人工社会、元胞自动机、多主体系统、社会心理学、文化基因等多学科交叉的计算实验方法,大数据驱动的情景耕耘方法对复杂工程管理系统中的多要素行为、宏微观层次之间的相互影响,以及系统整体状态演化规律开展了研究,研究领域涉及生态系统演化、公共管理、环境综合治理、重大工程管理等,取得了一定的成功。

回顾和总结20多年来运用多学科综合集成路径开展复杂管理问题研究的探索,我们有一些初步的感受和体会。

第一,应该从现代"大科学"的高度来认识当代管理学研究方法创新的重要性,要认识到学科交叉与融合在管理学研究中的地位和作用。从总体上说,在管理学研究中推进学科综合集成是一项技术创新系统工程。从学科领域看,它既涉及对管理科学问题学科属性的认知,又关系到多学科交叉与融合的动力学机制,还关系到现代管理学人才培养模式及知识体系设计等。从体制角度看,它涉及对发展和繁荣管理学术的战略路线的思考与具体政策的执行,还关系到学科交叉与融合文化环境的优化。

第二,要进一步深刻认识当代管理学科学问题的系统复杂性。正是这种复杂性,使得管理科学问题既有多形态又有异构性,既有同步又有异步,既有静态又有动态,既有稳势又有演化,既有物理、事理又有人理。因此,必须区分不同场合、不同阶段、不同层次、不同主体的场景下,通过多学科之间的交叉与融合更准确、更透彻、更精细地揭示管理科学问题的属性,发现其规律,解释其现象,指导其实践。

第三,运用多学科交叉与融合方法研究管理科学问题绝不仅仅是针对个别问题的研究"技巧",还是当代管理学研究的大趋势。但是,在当前的研究实践中,由于尚缺乏学科之间综合集成的良好文化与机制,或者研究主体知识能力不足,许多时候对于跨学科和学科交叉的认识还只是停留在一般概念和号召上,具体的操作力度与实际需求相比还远远不够。另外,在学术界内部,传统的运用单一学科开展研究的惯性力量还相当大,这类学科带头人还往往占有更多的学术资源和话语权,因此,要打破单一学科的思维习惯与利益格局还有一些阻力,需要有在宏观上推动学科综合集成这一大趋势的战略安排,以逐步形成促进、鼓励学科交叉与融合的大气候、大环境和大体制。

第四,要进一步调整和优化管理学人才培养的知识体系。运用多学科交叉与融合方法开展管理学研究,关键是人才。这样的人才除了要有大科学哲学理念外,还要有广阔的知识面并掌握跨学科研究的手段与技术。如果一个管理学研究人员在整个受教育阶段仅仅接受传统"文科"知识体系教育与单一研究范式训练,而对"本行"之外的其他科学理论,特别是对现代系统科学、自然科学、信息科学等基本不知或知之甚少,那他(她)必然很难在一个复杂管理学问题面前产生跨学科研究的洞察与联想,更无力运用多学科手段分析与解决问题;一个在整个受教育阶段仅仅接受传统"理工科"知识教育与范式训练的研究人员，问题也基本一样。

应该说，上述情况当前还相当普遍，不容乐观。首先，虽然现在大学在管理研究人才培养过程中已经注意到学生的跨学科的知识结构问题，但是，相较于来势凶猛的互联网、大数据与人工智能等现代信息技术的挑战，教学、课程体系在与时俱进上还表现出相当程度上的反应缓慢、行动迟疑；其次，即使设置了一些其他学科的新课程，但尚缺乏不同学科之间综合性、横向贯通性和对学生运用多学科交叉与融合方法研究管理科学问题的"实战"能力的训练，出现这一状况的一个主要原因是我们教师自身存在知识结构片面化、破碎化的情况，解决实际的问题能力普遍比较弱。

我们应该充分重视这一现状。从总体上说，当前管理学领域教师知识老化的速度将越来越快，老化现象将越来越严重，由于实际管理活动及人的管理行为整体性的深刻变革，在今后一段时间内，不少教师所掌握的知识会逐渐失去"用武之地"。如果教师，特别是中青年教师不抓紧加速自我知识更新和自我学习，他们所教出来的学生在跨学科问题上"先天不足"与"乏力"的现象仍会存在，这不仅会造成新一代管理领域研究人才知识结构与现代复杂管理实践需求的"脱节"，而且会制约我国新时代管理学学术研究的自主创新和高水平研究成果的取得。

第五，建立若干稳定的、各具特色或专门领域的学科交叉科学研究基地。运用学科交叉方法研究管理问题并不意味着任何单位、团队、个人在具体的研究工作中都必须运用学科交叉方法，这要看所研究问题的性质和需要。但从整体上讲，在我国高等院校与科研院所选择若干有基础、有能力、有经验的单位和部门，建立以学科交叉为主要特色的管理学研究基地，让研究人员专注、持续地开展相关研究是必要的，这些基地既能够成为我国跨学科开展管理学研究的创新基地，又能够起到重要的推广和示范作用。

第六，大力营造有利于跨学科研究的学术文化氛围。跨学科研究是一项创新性极强的系统工程，首先，跨学科研究的问题一般都是复杂问题，本身就具有研究的难度与前沿性；其次，跨学科又涉及多方面的系统整合，这又有一系列新的复杂问题要解决，从事跨学科研究必然有较大的风险，取得创新性成果的时间一般也较长。因此，如果我们在评价学术成果时，唯论文数量或过于短视与急功近利，容易使人浮躁，逼人追求"捷径"，而不愿意做艰苦的跨学科的创新性探索。为了避免这一情况出现，需要我们对研究人员的业绩考核、对研究成果的认定以及对探索中出现的失败都要有更科学、辩证、宽容的态度，真正让创新文化在跨学科研究中得以体现并蔚然成风。

管理学术研究中的综合集成主要是方法论和方法体系层次上的创新，要运用好这一方法论，必须在更高的哲学思维层面对管理学学术研究进行制度性的规范和科学设计。也就是说，学科交叉与融合需要在一个统一的整体性顶层设计框架下，根据综合集成思维原则，运用强包容性的话语体系体现研究路线的系统性与逻辑性。因此，做这件事需要充分发扬学术民主、集思广益、相互尊重、鼓励大家"七嘴八舌"，切不能认为既然交叉与融合，就似狂风巨浪惊涛拍岸；反之，越是交叉与融合，越要精巧构思，让不同学科学者的思想如涓涓细泉流淌，共同发出美妙的山泉交响。

第七，加强相应的国际合作与交流。长期以来，国外不少高校、科研机构和专家学者在运用学科交叉方法研究复杂管理问题方面，取得了高水平的学术成果并积累了丰富的工作经验，这对我们来说是个很好的学习机会。我们应该通过多种途径加强这方面的国际合作与交流，在学习中提高自己、增长才干，实现创新。

邓小平早在 1979 年指出，"我们已经承认自然科学比外国落后了，现在也应该承认社会科学的研究工作（就可比的方面说）比外国落后了。……必须下定决心，急起直追"。40 多年过去了，我国的管理学学术研究事业有了巨大的进步和发展，我们应该在新时代进一步繁荣发展我国哲学社会科学的方针指引下，"下定决心，急起直追"，艰苦探索，努力创新，开创我国管理学发展的新局面。

（2017 年 5 月）

下文为 2007 年 10 月完稿的一篇关于通过学科集成实现社会科学研究方法创新的文章,此次将其原文安排在本书中,从中可以看到这一时段的研究重点之一为复杂整体性建模的新方法探索。

# 学科集成与学术创新

## ——社会科学研究方法的新探索

**摘要**:在社会科学的研究中,一方面,由于社会现象的复杂性、不可分性、不可逆性和难操作性,传统的研究方法的应用受到较大限制。另一方面,计算机技术、复杂性理论和演化理论的发展为社会科学研究方法的创新带来了盎然的生机。本文在分析社会科学原有研究方法的基础上,通过整合社会科学与自然科学、人文科学,对计算实验这一新的研究方法做了较为系统的探索,给出了计算实验的定义;指出演化理论、复杂适应系统理论、计算机智能建模方法和技术、系统科学的综合集成思想是计算实验的四大支撑条件;研究了计算实验的人工社会三层模型;分析了社会科学计算实验的研究路线;以公共政策与社会凝聚、合作战略选择、社会事件扩散等为例说明计算实验在社会科学研究中的应用。从中可以看出,计算实验方法对于社会科学学术创新具有重要的理论价值与实际意义,并由此可见,学科的互动与整合对于进一步深化社会科学研究具有重要战略意义。

**关键词**:社会科学;学科互动与整合;计算实验;人工社会;研究方法

## 1　社会科学面临复杂性的挑战

社会系统具有高度的复杂性,主要表现在以下五个方面。

(1)人的行为的复杂性。社会科学的研究对象之一是有高智能行为主体的人,人是社会系统的中心,是理性与非理性、主动与被动、主观与客观的统一,是具有很强的主动性和目的性的适应性主体,人会通过学习、模仿、试错和继承、突变等手段改变自身行为以适应环境的变化。自适应主体的智能程度越高,其行为的不确定性越大,系统就越复杂。遗传算法之父和复杂性科学的先驱者之一约翰·H. 霍兰认为适应性造就复杂性(霍兰,2006)。

(2)结构的复杂性。社会系统是人的要素、物的要素和信息要素的动态集合,各种要素交错关联形成一定的层次或网状结构,并随社会系统的演化进程而不断变化。系统结构的这类特点是社会系统复杂性的最基本要素之一。

(3)要素间相互作用的复杂性。社会系统动态关联网络中要素之间相互依赖、相互结合、相互渗透、相互制约的互动行为具有交互性的内在机理,存在时间延滞、信息不完全与不对称、个体与整体的目标指向差异等基本问题。要素间的相互作用通过动态关联网络结构非线性传播,同时受制于环境等其他因素,有可能会产生聚集等宏观现象,涌现出复杂的大尺度行为。

(4)环境的约束和变化引起的复杂性。社会行为及事件的发生往往是在一定时间、空间中系统内诸种要素与环境相互作用的结果。社会系统在演化过程中存在社会选择和进化机制,社会选择包括政治选择、文化选择和市场选择。外部环境的约束和变化导致社会系统行为的不确定性和不稳定性,从而构成了社会系统复杂性的根源之一。

(5)社会问题描述和解决的复杂性。社会问题涉及人与人类系统的动态变化,问题本身处于不断的变化和发展之中,不可避免地需要一个不断深化的认识过程,也导致了社会系统的问题无法被精确、完备、整体且"一劳永逸"地解决(Ghoshray et al.,1995)。

以上五个方面使得社会现象表现出复杂性、不可分性、不可逆性和难操作性,要求社会科学的研究考虑系统要素的不同质、系统与外部环境要素之间的不可严格分离、系统要素的关联结构和动态非线性结构;要求社会科学的研究既要从微观层面揭示个体行为的决策机理与关联,又要从宏观层面上研究其结构、功能,把握其整体性,更要研究社会微观与宏观、局部与整体的系统性。

## 2　迎接挑战的途径：学科集成与整合

目前,虽然社会科学中的某些领域,特别是经济学,大量使用了定量分析方法,并取得了相当的成功,但总的来看,人们对社会系统的分析在相当程度上依旧停留在定性分析上。定性方法虽然在描述系统发生、发展的现象过程时,能对系统的外在表现与特征进行详尽的描述和说明,但对复杂现象背后的原因进行说明时,由于缺乏对复杂性内在机理的认识,主观性过强,科学性较弱,且缺少理论上的统一性和事实上的可检验性,易导致各种学术观点间的争论且缺乏证伪标准。另外,定性研究多限于静态或局限于某一个或几个时刻的状态,较难研究系统的动态变化。

定量分析方法能够抽象出各种事物量的特性,并运用数学工具进行描述和分析,这一方法能将不同事物纳入统一的模式,并通过对数和量的运算达到对事物本质及其发生、发展规律的剖析。但由于社会系统的高度复杂性与不确定性,为保证理论的逻辑性和严密性往往采用假设与简化,并将难以定量的问题排除在外。这样,社会系统中大量涉及自主主体的意识或心理活动等难以直接量化的要素就成为定量研究方法面临的难题。另外,比较深入的定量分析和建模所研究讨论的问题一般过于具体,难以提炼形成关于社会系统一般规律的认识和反映复杂社会系统多个可能的演化趋势。

社会科学研究中还使用实验方法。使用实验法来研究社会系统的问题时,研究者通常按照一定目的合理地控制或创设一定条件,人为地变革研究对象,从而验证假设、探讨复杂社会现象的因果关系。由于社会系统的复杂性和研究对象的非同质性,一般在现实系统上做这样的实验不具有可重复性。而实际实验的局限性,包括过程的不可逆、实验成本太高、实验条件不允许,以及道德、伦理、法律的制约等,致使无法进行具体和实质性的实验研究工作,更不可能针对研究对象直接进行实验。实验的结果有可能失败,这使关于社会系统实验的代价可能是巨大的。由于以人为主体的实际实验空间非常狭小,社会问题研究方面的创新始终无法像工程、科学或艺术那样具突破性。

从总体上讲,至今社会科学的研究体系在思想方法上主要偏重于还原论,强调分解、量变,从一些时间断面分析事物,在相当大的程度上忽视了复杂社会系统的整体性和动态演化,以及系统不同层次之间的差别和联系。这主要是研究方法的局限性造成的,因为要对社会系统整体性及演化等复杂问题进行研究,需要综合、集成、吸收、借鉴不同学科的理论、方法和技术,以自然科学、人文科学和社会科学的互动、交叉和融合,进行多视角、多方法、多维度地综合和全面的研究。

多学科交叉融合已成现代科学研究的大趋势。当今世界,科学前沿的重大突破、重大原创性科研成果的产生,大多是多学科交叉融合的结果。在近百年获得诺贝尔自然科学奖的 334 项成果中,近半数的项目是通过多学科交叉融合取得的。不仅有同一领域内不同学科的交叉、融合,更有不同领域之间,如自然科学、社会科学、人文科学之间的相互融合,这已成为现代科学技术发展的重要特点。当代新兴学科如计量经济学、计量地理学、管理科学、人口学、环境伦理学、非线性科学、复杂性科学等,无不是多学科交叉融合的产物。亚当·斯密的《国富论》也是经济学和伦理学融合的产物。

复杂社会系统既有自然属性,又有社会属性和人文属性。在这种情况下,需要把自然科学、社会科学和人文科学综合集成起来研究系统问题,而不是把它们分割开来仅从自然科学角度或仅从社会科学、人文科学角度去研究,然后再拼装起来。

目前,国外关于复杂社会系统的研究取得了一定成效,如研究者提出了遗传算法、演化算法,以 Agent 为基础的系统建模,用 Agent 描述的人工生命和人工社会,开发了 Swarm 软件平台等。在研究方法上确有许多创新之处,但主要偏重于理论研究,对实际应用考虑得不够。在方法论上,虽然也意识到了还原论方法的局限性,但并没有提出新的方法论。

钱学森于 20 世纪 90 年代提出的综合集成方法(钱学森等,1990;于景元,1993)是方法论上的创新,作为解决复杂巨系统和复杂性问题的方法论,它的理论基础是思维科学,方法基础是系统科学与数学科学,技术基础是以计算机为主的现代信息技术,实践基础是系统工程应用。

　　总之,社会系统是一类特殊复杂巨系统,社会科学的研究要考虑系统要素的不同;要充分考虑动态环境对系统宏观结构和微观行为的影响;要考虑系统多个层次间的相互作用与涌现现象;要考虑系统演化的多种可能性;要打通微观到宏观的通路,把微观和宏观统一起来。社会科学现有研究的方法论创新不够,不利于社会科学的学术创新。需要把自然科学、社会科学和人文科学互动与整合,探索新的方法论和方法,特别是由多种方法综合集成新的研究平台。

　　南京大学工程管理学院于 2002 年建立南京大学演化经济理论与应用计算实验室。研究团队近年来致力于学科的互动与整合,经过多年积累,初步开展了计算实验的体系、功能和框架的研究和设计,并将其应用于社会系统问题的研究,取得了一定的进展。目前已在管理学、经济学、社会学、组织行为学等领域开展了研究,并取得了初步成效。

## 3　计算实验

### 3.1　何为计算实验

　　计算实验是综合集成计算技术、复杂系统理论和演化理论等,通过计算机"生长培育"出现实社会系统的替代版本,并在此基础上进行系统复杂行为分析、探索系统演化规律的一种科学研究方法。

　　社会科学的计算实验是在适当的分类或划分下,通过可控制可复现的实验,来模拟结构上可区分的人工主体之间的相互作用及其整体涌现现象的演化过程,抽取和分析我们感兴趣的条件变化对系统整体演化的影响。社会科学的计算实验,主要在基本原理、基本规律的研究层面来研究和分析社会科学理论,把社会学、管理学和经典组织理论与复杂系统、广义进化理论、认知科学、心理学、控制论,以及数学分析、专家系统、人工智能等学科的思想方法和计算机通用技术结合起来,从微观和宏观两个层面展示研究对象的演化机理,揭示系统微观行为和宏观表现的关联性。可以把计算化的(或者称为数字化编码的)人工组织系统模型看作管理理论和思想的计算实验平台,通过实验使社会科学中的复杂问题更清晰,使隐含的结构更直观,并使研究者利用模型发现新假设、新现象、新问题和新规律。对于社会科学问题的研究和决策,原则上都可以先用计算实验平台做一系列的实验,然后再采纳成功实验集合建议的策略去指导解决实际问题。

### 3.2 计算实验的四大支撑条件

演化理论、复杂适应系统理论、计算机智能建模方法和技术,以及系统科学的综合集成思想是计算实验方法的四大支撑条件。

#### 3.2.1 计算实验借鉴演化理论的演化机制来分析社会系统的动态演化

近年来,研究者借鉴生物进化的思想和自然科学的成果来研究经济、管理现象和社会行为的演变规律,对微观个体采用有限理性假说,以多样性和复杂性代替同质简单性,重视经济、社会、管理问题中的随机因素和筛选机制,强调描述"尘埃是如何落定的"而不仅仅是尘埃落定之后的世界。这些根植于新思维方式的认识论和方法论,为计算实验方法奠定了坚实的理论基础。个体和社会群体的决策遵循着"试探—学习—适应—成长"的行为逻辑。例如,20 世纪日本的"看板"制度在某种意义上模仿了美国的库存积压方法,而后这种制度被作为经验传回美国时,又演变成"精益生产方法";美国硅谷模式的演变源自企业边干边学以及"创业投资"策略和"信息包裹"策略的内在互补性;近年来,德国的银行主导型治理不断吸收英、美等国的经验,呈现出多样化基础上的趋同。这些惯例或制度的多样化无一不是个体和群体学习、模仿与试验的结果,社会的发展、文化的传承无一不为我们阐释演化思想提供了一个个鲜活生动的实例。因此,计算实验借鉴演化理论的演化机制来分析社会、经济管理问题的演化有其学科的合理性和内在的必然性。

#### 3.2.2 计算实验借鉴复杂适应系统理论来分析 Agent 的行为及交互

1994 年,霍兰在圣塔菲研究所成立 10 周年的演讲报告中,正式提出了比较完整的复杂适应系统(Complex Adaptive System,简称 CAS)理论。CAS 理论认为具有适应能力的、主动的个体,可以根据环境的变化改变自己的行为规则,以求生存和发展。复杂适应系统理论提出后迅速引起了学术界的广泛关注,在自然科学和社会科学的多个领域得到巨大反响,推动着各学科从不同方面对复杂系统演化过程的规律进行深度探索(成思危,2002)。CAS 理论的核心思想是适应性造就复杂性,它把复杂系统中的要素看成具有自身目的的、主动的、积极的、活动的、具有适应性的主体(Adaptive Agent)。所谓具有适应性,就是指主体能够与环境及其他主体进行交互作用,在持续不断的交互过程中,主体不断地"学习"或"积累经验",并且根据学到的经验改变自身的结构和行为方式。CAS 理论认为这种主动性及与环境的反复的、相互的作用,才是系统发展和进化的根本原因。霍兰(2006)认为,系统的整体性变化主要来源于系统内主体间的"主动的适应性",是在要素间的相互适应和制约的自组织中呈现的。宏观的变化和主体的分化都可以从主体的行为规律中找到根源,也就是通常所说的"适应性造就复杂性"。Levy 认为,复杂适应系统最本质的特征在于自组织。系统通常是通过异质成分间非线性作用而自组织成等级结构,而这一结构又支配着构成系统的组分间的能量、物质和信息流,同时也受其影响。通过自组织,系统的整体属性由局部组分间的非线性相互作用产生,而系统又通过反馈作用或增加新的限制条件来影响组分间相互作用关系的进一步发展。自组织过程包括"旧约束"的破除和"新秩序"的建立。"破除"引发"重组",有序源自无序。自适应性表征了复杂系统在系统层次上的自身调控能力。自组织是复杂系统对环境产生自适应性的一个重要的调整机制(魏一鸣,2003)。复杂系统在特定的外部条件下,可以通过自组织形成特定时空结构的有序状态,在环境的影响下能够自组织、自学习、自适应,不断演化自身形态而获得生存、繁衍和发展。复杂系统中宏观结构的涌现往往孕育于其自组织机制,这在生物学和社会学中均不乏例证。在社会科学的研究对象中,人的适应能力毫无疑问是最强的。复杂适应系统理论作为一种全新的系统研究理论,可以引入社会、经济、管理研究领域中。一方面,社会科学领域可以为该理论的应用提供广阔的空间;另一方面,社会科学借助于复杂适应系统理论对社会现象演变规律的探究,将拓宽社会科学的研究领域。计算实验方法基于 CAS 理论的基本思想,利用计算机技术构造可计算的复杂适应系统模型进行计算实验,可以在很大程度上摆脱社会科学问题实验困难带来的困扰。

### 3.2.3 计算实验采用多 Agent 建模技术来构建人工社会

为了研究或应用的需要,通常会对研究的系统进行必要的简化,并用适当的形式或规则把它的主要特征描绘出来,形成所谓模型。这种抽象的过程也就是建模的过程。在这种思维方式的指导下,产生了许多建模方法和技术。在软件工程领域,近年来,人们提出了基于 Agent 的建模方法,衍生出一系列的相关概念和技术,Agent 已成为计算机领域和人工智能领域研究的重要前沿。与此同时,许多领域(如社会科学、生物科学)借鉴该概念和思想进行本领域的研究工作。多 Agent 建模技术中的智能 Agent 应具备以下全部或部分特征:① 自主性,指的是 Agent 内部的决策机制和适应性调整机制,能够控制和改变自己的行为和内部状态;② 主动性,指的是 Agent 具有对目标的能动性且能够自发地参加到群体范围的某些处理活动中;③ 反应性,指的是 Agent 根据某时刻可获取的信息,能够识别外部环境的变化并做出适当反应;④ 社会性,指的是 Agent 与其他 Agent 交互作用,形成分工、竞争、合作等关系,构成相互作用的社会群体。

基于 Agent 建模是一种由底向上的建模方法,它把 Agent 作为系统的基本抽象单位,采用相关的 Agent 技术,先建立组成系统的每个个体的 Agent 模型,然后采用合适的体系结构来组装这些个体 Agent,最终建立整个系统的系统模型。以多 Agent 建模技术为基础构建人工社会,可以研究 Agent 的组织结构,Agent 间的通信、规划、协同、协作、自组织和自学习等问题,以及系统如何演化,有哪些演化方式,如何对系统的演化进行评价等问题。因此,在社会科学的计算实验中,多主体建模技术在分析和建立人类交互模型和交互理论中可以发挥重要作用。

### 3.2.4 综合集成是计算实验的方法论基础

系统的整体性不是它各个组成部分的简单"拼盘"。还原论处理不了系统整体性问题,特别是社会、经济、管理系统的整体性问题。还原论方法把整体分解为部分,割断了部分之间的关联。这样,即使把每个部分都研究清楚了,也回答不了系统整体性的问题。20世纪70年代末,钱学森等提出将还原论方法和整体论方法辩证统一起来,形成了系统论方法。在应用系统论方法时,也要将系统进行分解,在分解后研究的基础上,再综合集成到系统整体,实现"1+1>2"的整体涌现,最终是从整体上研究和解决问题。20世纪80年代末到90年代初,钱学森又先后提出"从定性到定量综合集成方法"以及实践形式从"定性到定量综合集成研讨体系"(这两者合称为综合集成方法),并将运用这套方法的集体称为总体部。从方法和技术层次上看,这是一类人机结合、人网结合并以人为主的信息、知识和智慧的综合集成技术。从应用和运用层次上看,是以总体部为实体进行的综合集成工程(于景元,1993)。运用综合集成思想和方法研究社会科学问题,可克服机械论和还原论研究的局限。

### 3.3 计算实验的人工社会三层模型

对社会、经济、管理等问题进行计算实验需要构造可以描述实体系统基本要素的可计算模型。人工社会模型至少要抽象反映实际系统演化中的一对特定形式:由某种宏观限制(如资源有限等)而引起的竞争从而产生的选择机制,以及智能主体主动的、在目标驱动下的追求活动所形成的自组织机制(张军等,2005;吴广谋,2000)。结合多Agent建模技术中面向对象的思想,我们构建了计算实验的人工社会三层模型,它是采用计算实验研究社会、经济、管理等问题的集成框架,其结构如图1所示。计算实验的人工社会模型包括三层子系统,每一层的子系统和其要素都有各自的属性,描述各种性状。子系统要素的输入和输出及其相互作用,决定了子系统的输入和输出,整个系统的输入和输出实际上是由各个层次子系统的相互作用而"涌现"出来的。人工社会模型把子系统作为功能模块,可以通过更换模块适应不同研究需求,人工社会模型还可以用其他能够符号化的模型替代其中的某些功能模块。人工社会模型的第一层系统层次由结构子系统、工作任务子系统、人工主体子系统、系统目标子系统、人工环境子系统和资源配置子系统组成。其中,人工主体子系统由若干个人工主体构成,每一个人工主体对应研究对象系统中的人。第二层人工主体层次模型中包括人工主体的属性、人工主体可以获取的资源、人工主体的行为,以及人工主体的环境,它们共同构成了下一层次模型的输入和输出,同时也是对上一层次人工主体子系统起作用,构成整个人工社会模型的基本演化单位。用

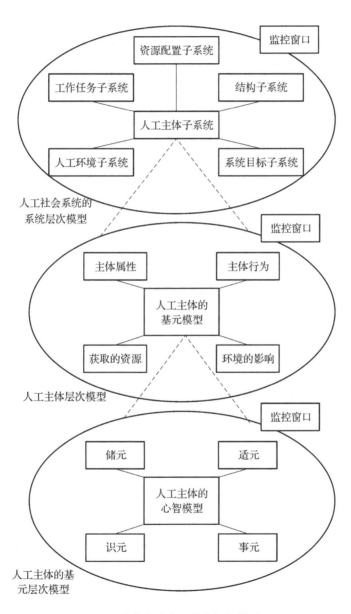

图1  计算实验人工社会框架模型

第三层人工主体的基元层次模型描述人工主体心理和行为演化的基本元素,这是社会科学中研究与人的行为相关的问题时最基本的演化层次。为了自身目标,人们通常会根据变化的环境不断调整自己的活动。在大多数情况下,除了出于惯性而采取行动外,人们还倾向于重复可以为自身带来满意效用的行为,摒弃曾经产生不良后果的行为,对一些过去没有遇到的情况根据已有的知识尝试一些新的活动,以及对突发事件进行应急处理等。基元层次不仅有与外部的关联,还包含着自我形成和演化所需的内部循环整个过程。其由以下五个部分组成。

(1)储元:可以用物理、化学或其他形式储存的与人工主体心理和行为直接相关的记忆、偏好、信息等。储元类似于人类的记忆。

(2)识元:人工主体对外部输入以及内部储元的感觉、认知、判断等识别活动。识元对应于人类对外部信息的获取以及结合自身属性所做出的处理等认知活动。

(3)适元:人工主体在目标驱动下对储元所做的复制、改变等活动。适元对应于人类的学习机制。

(4)事元:人工主体对输入所采取的动作、所做的事。事元对应于人类在记忆、认知、学习基础上决策后的实际行动。

(5)人工主体的心智模型:它描述影响人工主体决策的心理和智能因素,包括生理及本能、心理、追求、想象、情感活动等。心智模型对应于人类的决策机制。

生物学已有的研究成果表明,资源的有限引起了生存竞争,竞争形成了自然选择,自然选择引发了生物的进化,决定生物进化的基本单位是生物基因。心理学在人类文化发展方面的研究成果表明,在文化的传播、演化过程中,存在着记忆、学习、适应、遗传、突变等特征,存在着与生物演化基因相对应的文化复制因子 meme(也称文化基因),它们构成与人类心理、文化、行为和决策等相关的基本演化单位,直接影响整个社会系统的演化过程。许多学者认为,生物系统、社会系统的演化过程都应该从"基因""meme"之间互相竞争的角度来理解

（Belew，1990）。

在社会系统中，每个主体的心理和行为可以看成在一定的边界条件下，根据环境和其他成员的行为等外部输入信息并结合自身的属性、记忆等信息，经过大脑的整合处理后做出的决策，行为作为个体的输出，是决策的外部表现。以上过程还受个体认知与行为偏好因素的影响。若干个包括输入与输出的决策项构成的集合，决定了一个个体的心理和行为特征。决策项可以认为是文化基因在人脑中关于决策和行为的特定形式。决策项可以通过模仿被传递，可以在人脑中被复制、突变。决策项经过适当分类后可以被编码，对应计算机代码"code"中的 IF-THEN 规则。在构造计算实验的基元层次时，可设计出具有独立意义且不再可分的 code，在一定程度上具有复杂和变异功能，我们称之为"软件基因"，这样的 code 在一定结构下相互组合构成软件系统。人为特殊构造的计算机软件代码，模拟类似 meme 和 gene 的竞争、复制、遗传、变异、组合等基本特征，从演化过程中"基因"层次基本单位之间的相互竞争、相互作用的角度对复杂社会系统进行计算研究。

人工社会的演化可用状态集合和转换规则集合进行描述。

（1）状态集合：各层次子系统和人工主体在每一个"时刻"都有一组特征值描述该主体、层次当前的状态并记录下来。系统的演化不仅与现状有关，还与其演化历史有关。

（2）转换规则集合：转换规则集合决定了系统中各层次要素由当前状态演化到下一状态的对应关系。

采用计算实验方法构建的人工社会系统处在一个变化的人工环境中，人工主体根据各自不断调整的转换规则集合而相互作用，下一层次要素的活动合成了上一层次要素的改变，上一层次要素又对下一层次要素产生影响，从而形成了整个人工社会系统的演化。

可以从计算实验的角度对人工社会系统进行功能性表述：一个人工社会系统包含多个不同的人工主体，系统处在一个变化的环境中，在可变的有限资源条件下，通过一系列可重组的分工合作任务集合，形成多重相互关联动态的特定网络结构,趋向于一个不断修正的有限目标集合。系统之所以从一种性状演化为另一种性状,是因为所有人工主体不断学习和调整各自的行为并引起相关要素的变化。可以看出,上述功能性表述可以等价转换为一系列形式化的"条件—行为"语句。如果我们假定人工主体的能力是有限的,在有限的资源、目标集合和环境变化范围等条件下,系统的性状集合范围是有限的、可编码的,因而理论上是可计算的。如果我们进行适当的分类或划分,这样,处理后的人工社会系统在一定技术条件下就是实际可计算的(张军等,2005)。

### 3.4 计算实验方法研究问题的路线

计算实验研究方法以研究人员为核心,用人机结合构造目标对象系统自下而上的技术路线,基本框架如图 2 所示。具体来讲,包括以下四个方面。

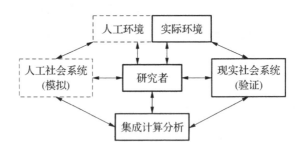

**图 2 计算实验方法的框架**

#### 3.4.1 自下而上

首先,对研究对象系统进行数理分析,除分析其机理外,还进一步结合概念模型,提炼规则,构建计算实验模型。然后,根据数理分析阶段分析的结果构建计算实验人工社会三层模型。根据人工主体的记忆、认知、行为、学习、偏好构建人工社会的基元层次;根据人工社会基元层次模型,考虑局部环境及其相互作用、可获取的资源、信息、目标(追求),构建人工社会的人工主体层次;根据人工主体层次模型,考虑系统的环境、结构、目标、资源、信息和相互作用等,构建人工社会的系统层次。

### 3.4.2 双向反馈

从微观层次心理活动出发,模拟系统要素的动力行为、要素之间的相互作用及其演化机制,呈现系统的宏观演化过程和整体涌现现象,抽取和分析微观参数变化对系统整体演化的影响。在系统动态的整体结构下分析宏观变化对微观要素的作用。在计算实验中,人工主体根据各自不断学习、适应、调整的决策、行为而相互作用并演化,下一层次的要素活动合成了上一层次要素的改变,上一层次的变化又影响下一层次的演化,从而促成了整个人工社会系统的变化。

### 3.4.3 虚实结合

将基于计算实验方法构建的人工社会模型与现实社会系统丰富的知识和管理智慧进行交互、比对,反复修正、完善,充分集成逻辑思维和形象思维成果。一方面,推进抽象社会系统的研究深度;另一方面,为实际社会系统的和谐协调管理提供丰富的咨询。

### 3.4.4 综合集成

由前面的分析可知,社会系统实际上是一个复杂系统,对其进行整体研究需要综合考虑其层次、节点、环境、策略、规则、机制等因素,综合集成是一个重要的指导思想和方法。针对实际系统的不同的层次、代理主体、典型问题、策略规则,分别采用不同方法(如复杂网络、演化博弈、系统动力学、运筹学等)构建模型,利用基于代理和人工社会的计算实验技术,采用人机结合、以人为主,定性与定量相结合,微观与宏观相结合,虚拟与现实相结合,整体论与还原论相结合的方法,将其有机集成,建立、实现人工社会,揭示复杂社会现象背后的机制、人的行为对系统演化的影响等问题。

## 3.5 计算实验在社会科学研究中的应用实例

### 3.5.1 公共政策与社会凝聚

公共政策作为一种制度安排,其目标更多的是追求社会公平、正义、民主、责任,以及公共利益均衡等。公共政策制定是以政治、经济和社会生活实践为基础的,其主题的取舍、选择,甚至包括定义都受到历史文化和社会环境的支配。公共政策关系到广大人民群众的利益,它是公众和团体在利益的博弈和互动中形成的选择结果。政府要从公共精神和公共利益出发,通过公共政策制定,逐步解决积累的公共问题,消释社会的不稳定因素,聚集绝大多数社会成员的共识,凝聚对政府的信任,形成稳定协调的制度运行机制。

社会系统是一个复杂系统,涉及多种因素的交叉作用。公共政策问题的实验研究存在很大的困难,包括过程的不可逆、实验成本太高、实验周期太长、实验条件不允许,以及受道德、伦理、法律等因素的限制,很难进行具体和实质性的实验研究工作。

公共政策问题的计算实验研究是通过可控制、可复现、可计算的模型,来模拟社会成员或团体的基本动力行为,以及他们之间的相互作用,呈现在一定公共政策条件下社会系统的整体涌现现象,分析各种公共政策对社会系统演化的影响,寻求最佳的公共政策。

通过计算实验我们可以看到如下几点。

(1)社会学领域考虑的人是具有智能、偏好、信息识别能力、行为能力的智能个体,在社会活动中不断接受来自环境、其他个体、个体间互动过程的刺激或压力,所有的智能个体都会对不同制度环境下各种信息做出反应,并能通过学习过程掌握如何选择性地采取行动。公共政策环境实际上决定了社会成员行为的成本和利益,影响了群体的行为选择,反映出演化过程中个体对政策环境的适应性,有意识地调整制度环境可以调解公众的行为。

(2)个体之间、不同文化传统或文化体系之间的价值偏好、认知偏好等主体性差异会永远存在,而且不断变化。一般不同的利益相关者在作为实践活动的主体时,由于利益因素驱动和认知偏好的存在,会关注不同的内容,得出不同的结论,从而采取不同的行为方式。计算实验中,不同类型的社会个体会聚集于不同利益的公共政策,形成各自的利益群体。

(3)在一定的公共政策环境中,随着进程演化,社会行为的混乱程度逐渐减少,社会行为的规律性逐渐增强,趋于某种平衡。社会行为的变化具有明显的周期涨落性,在初步形成某种行为特征后,会进入周期涨落变化的演化期。

公共政策影响群体的选择,决定了哪一种均衡占优势,使群体收益最大化的行为模式可能以群体规范的形式保存下来。

(4)通过多次反复实验可以看到,对应于相同的公共政策环境,由于随机因素作用,社会行为的演化虽有近似的趋势,但不完全相同,有时会有较大的差距。这反映了受随机因素的影响,社会系统在基本相同条件下仍然具有多种演化可能,也说明了复杂系统演化的不可逆性。

### 3.5.2　合作战略选择与效果分析

在日趋激烈的经济环境中,以"双赢"为目的的企业战略联盟模式已经成为现代企业适应现代竞争的最佳选择。在联盟的形成与发展过程中,由于不同企业所处的环境是不断变化的(比如竞争对手的降价、成本的上升、一些突发事件对企业造成的临时性破坏等),因而企业的合作战略本身就是一个不断变化的过程。现有研究大多采用以定性分析和数理方法为主的定量分析手段,然而这些方法无法探究合作战略形成的动态性。基于此,计算实验方法研究供应链管理中供应商和零售商之间合作战略选择的演化,探讨了不同环境(竞争对手数目、需求的变化等)下,双方建立长短期合同的收益,从零售商视角研究合作战略选择的动态性。效果分析结果表明:长期合作战略能够带来显著收益,零售商频繁更换供应商的短视行为会降低其期望收益。然而在整个合作的长期演化过程中,长期战略并不能保证在每个阶段都能取得较高的收益,但是在较长的一段时间内,却能获得更高收益。由此,当市场环境变化较小时,零售商应该保持长远的观点,维持当前的合作战略,以获得更稳定的收益,只有当市场环境变化(比如其他供应商的降价)超过一定的限值才应考虑更改合作。

本实验反映供应链管理中供应商和零售商之间动态联盟的演化,研究了不同环境(竞争对手数目、需求的变化等)下,双方建立长短期合同的收益。

图 3 展示了 4 个零售商、10 个供应商一共进行 2 000 步战略选择的演化。

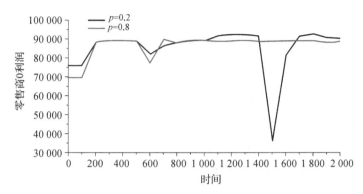

**图3　供应链中供应商和零售商战略选择演化**

### 3.5.3　社会公共事件的扩散

公共安全突发事件是摆在我们面前的严峻挑战和威胁之一。在现实中及时、准确发布有关信息,主动引导舆论,维护社会稳定,能够最大程度地减少和消除因公共安全突发事件造成的各种负面影响。

公共事件涉及的主体众多,信息的交互量巨大,过程复杂。现实中由于人是一个更为复杂的非同质的自主个体,人与人之间存在着地区差异、性格差异、文化差异,而且人与人之间的交互过程又是一个相互沟通、相互影响的过程,所以公共事件的扩散与演变是一个典型的复杂系统的演化过程。而传统的分析方法往往偏重于描述个体行为,但由于社会个体众多,所以经常要对个体的微观差异及行为做过分的简化,这样,公共事件的扩散研究难以真实、准确地反映实际问题的复杂性。

这里,计算实验方法提供了一种新的研究方法,它重点考虑公共事件在一定环境下的演化,然后考察系统演化过程中涌现出来的若干现象。这种基于局部个体相互作用与宏观整体行为互动的方法,能够更好地揭示公共事件扩散中的规律。

## 4　关于学科集成与整合的思考

学科交叉是知识体系的融合,是知识、技术、方法的整合,是不同思维、观点、理论的互动。社会科学与自然科学、人文科学的互动与融合是一个过程,也是一项艰巨复杂的工程。在互动融合过程中，有必要注意以下五点。

（1）发挥综合优势，人机结合、以人为主。钱学森认为："逻辑思维，微观法；形象思维，宏观法；创造思维，宏观与微观相结合。创造思维才是智慧的源泉，逻辑思维和形象思维都是手段。"计算机擅长逻辑思维，但在形象思维、创造思维方面，现在的计算机还不能给人们以任何帮助。在社会科学的研究中，如果把计算机的逻辑思维和研究者擅长的形象思维、创造思维结合起来，形成以人为主的思维方式，它的智慧和创造力比人要高，比机器要更高。

（2）把还原论和整体论结合。还原论方法由整体往下分解，研究得越来越细，这是它的优势，但还原论切断了部分之间的联系，由下往上回不来，处理不了复杂社会系统高层次和整体性问题。如果单讲整体论也割断了微观与宏观之间的联系，这样的整体论就成了空中楼阁，缺乏微观基础，无法剖析社会系统复杂现象的形成机理。

（3）定性与定量方法相结合。正如前文所述，定性研究方法与定量研究方法各有局限，如果把两者集成起来，就能取长补短，发挥出"$1+1>2$"的整体效应。

（4）构建开放式的集成与共享平台。社会科学与自然科学、人文科学的交叉与融合离不开科学家之间充分的沟通和交流，其中既包括各领域之间的广泛合作与交流，也包括社会科学内部各分支学科之间的广泛合作与交流，还包括政府部门、科研机构、企业甚至最终用户之间的广泛合作与交流。要适应现代社会科学发展的需要，在有效整合政府、企业、大学相关实验研究资源的基础上，组建跨领域、高水平的社科实验研究中心，营造开放、共享的实验研究环境，通过开放的交流平台，确保各学科领域的学术思想的充分碰撞与融合，确保新信息、新动态、新思想、新方法、新需求的及时传播与共享，以充分启迪科学技术人员的学术思想，激励科学技术人员的创造性思维，从而为促进社会科学的发展提供持续不断的思想源泉。

（5）文理渗透，注重培养跨学科、跨领域研究能力和创新能力的复合型人才。学理科的人一般长于逻辑推理和抽象思维，学文科的惯于直觉感受和形象思维。直觉和逻辑是科学思维和创造的两翼，人文社会科学与自然科学是人类文明进步的两轮。知识面广又懂得其他学科"语言"的社学科学研究者易于克服门户之见、学科壁垒,做到真正意义上的交流,从而促进不同学科之间的沟通。

(6) 做好学科融合与集成的组织与管理。首先,为了促进社会科学与自然科学、人文科学的交叉与融合,大学和科研机构应该给予鼓励和支持,通过构建研究创新体制,在机构设置、人才培养、项目牵引、成果转化等方面采取有效举措,加快营造有利于交叉学科的发展环境,完善交叉学科的发展链条,加速交叉学科科研成果的转化与应用。其次,根据学科发展需求和国际研究前沿,确立社会科学领域的交叉项目,有目的、有规划地将不同学科领域的科学技术工作者组织起来,促进不同学科知识、技术和方法的有效融合,从而为重大原创性科研成果的诞生提供有效支撑。最后,制定综合考虑针对交叉学科自身特点的一些评判标准进行科学评价,以确保为交叉学科的发展提供一个相对客观、公正的评价环境。

计算实验方法根据社会系统的复杂性思维,通过还原论和整体论结合、数理分析与计算实验结合、人机结合等综合集成,从利益主体微观层次的决策、记忆、学习、适应及其相互作用出发,把规则建模和数学建模统一起来,有利于揭示复杂社会现象的机制和规律。它是社会科学与自然科学、人文科学、思维和方法互动与整合的有效探索,对日后人们致达学科融合与集成之高远境界起到铺路搭桥和抛砖引玉的作用。

## 参考文献

[1] 约翰·H.霍兰.隐秩序——适应性造就复杂性[M].上海:上海科技教育出版社,2006.
[2] GHOSHRAY S, YEN K K. More efficient genetic algorithm for solving optimization problems[J]. Proceedings of the IEEE International Conference on Systems, Man and Cybernetics, 1995(5): 4515 - 4520.
[3] MATWEIN S, SZAPIRO T, HAIGH K. Genetic algorithms approach to a negotiation support system [J]. IEEE Trans on Systems, Man and Cybernetics, 1991, 21(1): 102 - 114.
[4] LI Y X, ZOU X F, KANG L S, et al. A new dynamical evolution algorithm based on statistical mechanics [J]. Computer science & technology, 2003, 18(3): 361 - 368.
[5] Swarm Development Group. A tutorial introduction to Swarm[EB /OL]. http://

www. swarm. Org/csss2tutorial/frames. html，2000 - 06.

[6]　Swarm Development Group. Heatbugs[EB/OL]. http://www.swarm. org/examples-heatbugs. html.

[7]　BLACKHURST J, CRAIGHEAD C W, ELKINS D. An empirically derived agenda of critical research issues for managing supply-chain disruptions[J]. International journal of production research，2005，43(19)：4067 - 4081.

[8]　ANWAR Sk M, JEANNERET C A, PARROTT L, et al. Conceptualization and implementation of a multi-agent model to simulate whale-watching tours in the St. Lawrence Estuary in Quebec, Canada[J]. Environmental modelling & software, 2007, 22(12)：1775 - 1787.

[9]　LANGTON C G. Studying artificial life with cellular automata, evolution, games, and learning：Models for adaptation in machines and nature[M]. Amsterdam：Elsevier Science，1987.

[10]　HELMREICH S. Silicon second nature：culturing artificial life in a digital world[M]. California：University of California Press，1998.

[11]　EPSTEIN J M, AXTELL R L. Growing Artificial Societies：Social Science from the Bottom Up[M]. New York：The Brooking Institute Press and the MIT Press，1996.

[12]　LANSING J S. Artificial societies and the social sciences[J]. Artificial life, 2002, 8(3)：279 - 292.

[13]　钱学森，于景元，戴汝为.一个科学新领域——开放复杂巨系统及其方法论[J]. 自然杂志，1990，13(1)：3 - 10.

[14]　于景元.从定性到定量综合集成方法及其应用[J]. 中国软科学，1993(5)：31 - 35.

[15]　闫八一，王龙，革明鸣.近二十年复杂系统研究回顾[J]. 系统科学学报，2007，15(3)：47 - 50,53.

[16]　王飞跃.人工社会、计算实验、平行系统——关于复杂社会经济系统计算研究的讨论[J]. 复杂系统与复杂性科学.2004,4(1)：25 - 35.

[17]　王飞跃.计算实验方法与复杂系统行为分析和决策评估[J]. 系统仿真学报，2004，16(5)：893 - 897.

[18]　成思危.与时俱进的中国人文社会科学[M]. 北京：中国人民大学出版社，2002.

[19]　魏一鸣.复杂性科学[OL]. http://www.costind. gov. cn/n435777/n435943/n435950/n436019/14506.html.2003.

[20]　张军，盛昭瀚.组织行为演化研究的计算实验方法.复杂系统与复杂性科学，2005，(4)：29 - 36.

[21]　吴广谋，盛昭瀚.系统与系统方法[M]. 南京：东南大学出版社.2000.

[22]　BELEW R. Evolution, learning, and culture：computational metaphors for adaptive algorithms[J]. Complex systems，1990(4)：11 - 49.

# 管理科学研究中的计算实验方法

**摘要:**随着实际管理问题复杂性的不断增强和社会经济系统的复杂性不断被人们所认识,管理科学研究方法论体系也在不断拓展,在不同学科交叉和融合的推动下,管理科学研究领域内的计算实验方法应运而生,它不仅提供了研究复杂管理系统自组织、动态演化及宏观与微观层次之间相互作用等问题的新的工具和手段,而且还可以和传统研究方法一起,在综合集成思想的指导下形成现代管理科学研究方法体系,即定性定量、科学实验、虚实结合、综合集成。该体系在充分发挥已有各种研究方法重要作用的基础上,能够形成更加综合、更加深刻的关于复杂管理科学问题的认识和分析能力。

**关键词:**管理科学;复杂系统;方法论创新;计算实验

在一般意义下,管理科学是以管理活动及其一般性规律为研究对象,并运用逻辑思维方法而形成的具有内涵与外延统一的管理知识体系。自 19 世纪末期以来,管理科学不仅形成了门类和领域众多、内容丰富的学科体系,而且在研究方法论与方法方面也随着人类对于管理活动之复杂性本质认识的深入而不断丰富,不仅出现了体系内学科相互融合和交叉的现象,而且同其他科学一样开始了对管理复杂性的探索。

## 1 管理科学面临复杂性的挑战

复杂性思维和对复杂性的探索,不断加深了人们对管理系统自身复杂性的理解和认识。今天,人们已在管理活动,尤其是在社会经济系统具有高度复杂性这一问题上形成共识,并且认为社会经济系统的复杂性主要源自以下四个方面。

### 1.1 系统中人的行为的复杂性

无论是作为管理主体还是作为管理客体的人,都是理性与非理性、主动与被动、主观与客观的统一体,具有高度智能性、自主性、目的性以及对外界的自适应能力。其认知与决策行为本身就是一个通过与其他主体以及环境之间的交互,并通过学习、模仿、尝试等手段进而改变自身行为以适应环境变化的适应性过程。因此,"适应性造就复杂性"(Holand,1995),这是构成管理问题复杂性的根源之一。

### 1.2 社会结构的复杂性

社会经济系统是人、物、信息等要素通过一定(可变的)规则而相互关联的动态整体,各种要素之间形成一定的层次或网络结构,并且这种结构随系统的演化进程而不断变化,一般会呈现出复杂的"涌现"现象(Holand,1998)。

### 1.3 要素间关联的复杂性

社会经济系统中要素之间相互关联方式与因果关系具有各种形式的内在机理,并呈现多种类型的复杂性,如时间延滞、信息不完全与不对称、个体与整体的目标指向差异等。所有这些关联作用在非线性和外界影响下,可能会产生聚集等大尺度宏观或全局行为。

### 1.4 环境的复杂性

社会经济系统在演化过程中由于环境的影响存在选择和进化机制,特别是外部环境的突变现象会诱发复杂管理行为的产生。

概括地说,在对管理系统复杂性的上述认识基础上,我们认为,今后的管理科学研究较之传统的研究,将呈现出以下几种趋势特征。

第一,充分考虑系统众多要素的异质性,特别是系统中人的自主性和自适应性。

第二,充分考虑环境动态性,特别是非连续变化环境与社会经济系统宏观结构和微观行为演化的相互影响。

第三,将系统微观行为和宏观整体行为综合起来,把握管理系统的全局性规律。

第四,充分考虑系统行为和功能在不同层次上的涌现现象,帮助人们从微观、中观和宏观等不同层面更全面地理解复杂管理现象。

第五,充分考虑系统演化途径的多种可能性。其中的一些可能性或许从来就没有出现过,但却是未来可能的真实状态之一。

事实已经表明,管理活动及相应的科学问题的复杂性特征日益凸显,并不断向管理科学研究方法论提出新的挑战。这不仅推动了管理科学研究方法论的不断发展,更因此推动了管理科学本身的发展。

## 2   迎接复杂性挑战的途径:方法论创新

事实上,纵观管理学发展的历程,管理研究方法论一直未停止过发展。从起初的定性分析到后来的定量分析,人们从对系统外在表现与特征的描述、解释或思辨,发展到通过统计分析、数理推理等方法探索管理活动的内在规律。方法和工具的进步推动了人们对管理认识从外在表象向内在本质的跨越。实证方法和数理分析方法由此成了管理科学研究中的重要手段。同时,对于管理活动中涉及大量的自主主体行为或心理活动,传统的方法仍感难以描述或分析能力不足。

为了更有效地反映和表达自主主体的心理活动和行为,人们又运用由人直接参与的实验方法,即构造实验环境与条件,在一定源于社会现实的假设之下,让人直接参与同被研究管理问题具有映射关系的实验,并由此探讨这类有人参与的复杂管理问题,这已经取得了不少成果。然而,由于这类实验设计和过程都较为复杂,或者出于成本、道德、伦理等原因,该方法在实际使用中也存在着较大的限制。

另外,从系统整体论看,无论上述哪一类方法,主要还是偏重于还原论,基本上还是强调对系统的特定剖面进行分解,并从某个时间断面分析问题,相对而言,比较忽视真实管理系统的复杂性、整体性和动态演化性,以及系统不同层次之间的相互影响和系统行为的整体涌现。为了提高管理科学研究能力,人们也注意到不同研究方法的结合,如定性与定量相结合,定性、定量与实验方法相结合等。但这些结合更多地表现为研究者个人的经验和才能，缺少比较范式化的途径，因此对于充分揭示管理系统整体性现象及动态演化的复杂性来说，仍然需要努力探索和创新。所以，管理活动的系统复杂性，要求我们借鉴、吸收、集成、融合不同学科的理论、工具与技术，特别是综合自然科学、社会科学与人文科学的技术和方法，在已有研究方法的基础上，形成新的关于复杂系统管理问题研究的方法论与方法。随着计算机科学的迅猛发展，基于计算机技术的"可计算"在一些自然科学领域已经成为一种新的科学研究方法，从刻画组成系统的微观个体单元之行为或者特性出发，进而通过领域知识表达它们在一定环境背景下彼此之间的关联关系及其演化行为，揭示对于系统宏观（集结性）层次涌现出来的规律性的认识。与传统的"自上向下"的建模思想相比，这种"自下向上"的建模思想给复杂管理问题研究提供了新的路径。

## 3　一种新的管理问题研究方法：计算实验

### 3.1　何为计算实验

计算实验是以综合集成方法论为指导，融合计算技术、复杂系统理论和演化理论等，通过计算机再现管理活动的基本情景、微观主体之行为特征及相互关联，并在此基础上分析揭示管理复杂性与演化规律的一种研究方法。

从系统建模角度来讲，传统的建模方式大致可归结为结构性建模与功能性建模。前者主要从要素组成、关联或结构的构造来研究和分析系统，后者则主要为再现系统输入—输出行为，而计算实验方法可以认为是一种区别于传统建模方式的情景建模方式。所谓情景建模，主要通过构造问题中主体行为及其关联的情节（情）以及问题所依托的环境背景（景），因此，计算实验的最基本要素为行为主体的"文化基因"（即主体的基本管理活动行为反应模式）、主体之间行为的基本规则。

### 3.2　计算实验的支撑条件

作为一种建模手段，计算实验需要以复杂系统、自组织理论等为基本理论，综合运用博弈论、决策科学和统计分析等数学方法，计算机技术、元胞自动机、多主体系统等信息科学技术,有限理性等行为科学理论,以及相关的管理、经济及其他社会科学领域知识。这里,演化理论、复杂适应系统理论、计算机智能建模方法和技术、系统科学的综合集成思想是计算实验方法的四大支撑条件。

(1)计算实验借鉴演化理论的演化机制来分析复杂系统的动态演化(盛昭瀚等,2002),对微观个体采用有限理性假说,以多样性、异质性、复杂性代替同质简单性,重视复杂系统管理中的随机因素和筛选机制,强调描述"尘埃是如何落定的"而不仅仅是尘埃落定之后的世界。

(2)计算实验方法借鉴复杂适应系统理论(简称 CAS 理论)来分析主体的行为与交互。计算实验方法基于 CAS 理论的基本思想,利用计算机技术构造可计算的复杂适应系统实验模型,在很大程度上摆脱了传统的管理实验困难带来的困扰。

(3)计算实验采用多主体建模技术构建与被研究问题相关联的"人工社会"。多主体建模技术中的智能主体应具备以下全部或部分特征,即自主性、主动性、反应性和社会性。所以,主体间的通讯、协作、自组织、自学习等,系统是否演化及演化方式,以及如何对系统演化进行评价等是多主体建模的基础性问题。因此,在计算实验中,多主体建模技术在分析和建立人群交互模型和交互理论中可以发挥重要作用。

(4)综合集成是计算实验的方法论基础。还原论无法处理复杂系统整体性问题。20 世纪 70 年代末,钱学森等提出将还原论和整体论辩证统一起来,形成一种创新性地将定性、定量方法结合起来的综合集成思想和方法论。(钱学森等,1990;于景元,1993,2005)从前面的讨论中可以看出,计算实验方法事实上恰恰构成了实现上述综合集成思想的一类特定的研究方法,运用这种方法开展管理问题研究,将有利于克服机械论和还原论的局限。

### 3.3 计算实验的研究思路与模型结构

用计算实验方法对管理科学领域问题进行建模时,一般其整体模型结构包括三个层次:社会系统层次、智能主体层次、智能主体基元层次(见图 1)。这是采用计算实验研究经济、社会等宏观管理问题的集成框架。

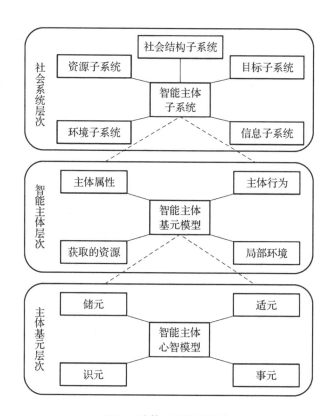

**图1 计算实验模型结构**

每一层次的子系统及其要素都有各自的属性与输入、输出关系,并通过相互作用及其演化决定了上一层次系统的输入和输出状态;整个系统的输入和输出状态实际上是由各个层次子系统之间的相互作用而"涌现"出来的,因此,这三层模型结构构成了一个自演化系统。

(1)社会系统层次属于系统的宏观层次,描述了拟研究问题或系统的宏观特征。如供应链系统、金融系统、区域社会系统、城市交通系统、技术创新扩散系统等宏观行为特征。社会系统层次也可以进一步划分为环境子系统、资源子系统、社会结构子系统等。该层次的系统结构一方面取决于所研究问题的需要,另一方面也取决于其下层主体层次的构造与设定。

(2)智能主体层次主要用来描述系统中智能主体的行为特征。智能主体可以是现实系统中的人、企业或社会组织等。智能主体层次通常包括智能主体的属性、可获取的资源、所处局部环境，以及主体行为等。因此，构建该层次需要充分考虑智能主体的属性与行为，所处局部环境及其相互作用，可获取的资源、信息等。

（3）智能主体的基元层次由描述智能主体"行为"活动的基本元素组成，是构建人工社会系统和研究系统演化问题的最基本层次。基元模型在考虑人工主体的记忆、认知、行为、学习、偏好的基础上，关注单个主体的行为在系统中的动态变化过程，能够抽象反映智能主体的自演化机制。智能主体的基元层次组成包括储元（描述智能主体的记忆、偏好、知识、信息等一切可以用物理、化学或其他形式存储的，与智能主体行为直接相关的东西）、识元（描述智能主体对外部输入及内部储元的感觉、认知、判断等意识活动）、适元（描述智能体的适应机制，包括一切在目标驱动下对储元所做的复制、改变等活动）、事元（智能体对社会系统的综合输入产生的反应行为），以及可能的主体心智模型（描述影响智能主体决策的心理和文化因素）。

### 3.4 计算实验的研究范式

计算实验需要有其基本的研究范式，这样，才能保证计算实验结构的客观性和可信度。其研究范式应包括以下五个方面。

（1）界定研究的问题。它决定着实验研究的目的和设计，影响着实验的建模方法及其技术细节。具体工作包括确定研究对象及其类型、寻找研究视角和切入层面、界定研究对象的时间和空间特性、设定实验最终目的、界定研究的自然和社会环境，以及环境模式变化等。

（2）设定研究的基本假设。根据研究的目的，有选择地构造所处的环境和行为规则等，形成模型的基本假设。它们建立在管理科学研究中被证明或证实了的常识、知识和统计规律的基础上，是计算实验研究的基础。对于管理科学的计算实验一般可以考虑环境资源假设、主体属性与行为偏好假设、主体行为交互假设等。

（3）建立可计算模型。构造计算实验模型的关键不在于图形化人机界面，也不在于抽象的程度,而在于表达方式。因此,在相关计算实验模型设计过程中,应该认真考虑系统环境的建模、主体对象的建模、主体演化规则的建模等建模关键点。

(4) 计算实验实现。计算实验的实现涉及计算机技术,包括计算实验的软件与硬件环境、实验变量与初始数据设计、实验边界条件定义、关键算法与数理模型、实验结果的可视化等环节。更重要的,计算实验应当以所研究问题的领域知识作为基础,设计出具有相应领域学术意义和内容的实验方案,否则实验结果将成为无源之水、无本之木,只是一些堆砌起来的实验数据和图形,并不能为揭示管理现象和规律提供帮助。

(5) 实验结果的评估与比较。如同其他严谨的研究方法一样,计算实验的模型也有一个"模型校正"的问题,需要建立对计算研究方案和结果的评估标准。一般需要解决评估的对象、评估的内容、评估的依据、评估的方法和评估的结果等关键问题。目前这方面的研究已经形成了计算实验研究的重要分支内容。

计算实验把"科学实验"引入复杂管理科学问题的研究中,不仅为我们提供了研究复杂管理系统自组织、动态演化及宏观与微观层次之间相互作用的新的工具和手段,而且还和传统科学研究方法(即实证方法、数理方法和实验方法)相融合,在综合集成思想指导下形成现代复杂管理科学问题研究的新的方法体系:定性定量、科学实验、虚实结合、综合集成。

这一体系在充分肯定和发挥管理科学研究中已有各种有效方法的重要作用的基础上,将它们相互集成、互补优势,形成更为全面和有效的关于管理科学问题的认识、分析能力。这既是计算实验自身意义的体现,更是在综合集成思想下整体方法体系价值的体现。

## 4 关于计算实验方法的几点说明

### 4.1 计算实验与实验管理学方法

从概念来看,计算实验与实验管理学方法都是在对现实问题的简化下,利用实验的方法来再现真实管理现象,并对实验结果进行分析。但是,从方法思路上来讲,两种方法却存在很大的区别。

(1)实验主体不同。实验管理学方法以真实的参与者(人)为实验主体。研究者根据所研究问题的目的、背景对实验参与者进行合理挑选,以使他们具备与研究课题相近的经历和行为能力。因此,实验管理学方法常常受到实验成本、周期、条件及实验过程不可逆性的限制,针对一些复杂问题的研究很难进行有效实验。

计算实验中的实验主体为计算机程序所构建的人工代理,能够充分体现代理的学习、自适应、系统非结构化、定量模型与规则模型有机结合等特点。计算实验研究将人工社会思想引入管理问题的研究中(王飞跃,2004),把社会组织系统模型化为特定网络结构下相互作用的"人工代理"所构成的演化系统,并利用计算机技术构造与实体系统相对应的"人工组织系统",对系统演化机制、与环境的交互作用、系统中各要素的动力学行为进行实验研究。

(2)实验方法和思路不同。实验管理学方法主要由真实人群参与的实验和为参与实验人员提供模拟组织环境的计算机系统所组成。整个过程分为实验准备阶段、实验实施阶段、实验结果分析阶段。

计算实验的研究方法则以自下而上的多代理建模过程为主,在人工系统模型的基础上,模拟系统基本的演化规律,实现系统微观层面与宏观层面的双向反馈。

(3)研究重心不同。实验管理学方法以人为主,以计算机为辅助工具,本质上是一种经验调查的方法,重点对管理问题特定剖面进行研究。

计算实验方法因为可以克服实验场地、实验成本等约束,以及多代理系统本身具有很高的灵活性和可变性,所以可以根据设计者的意图建立包含多样复杂性的情景模型,因此适于在复杂管理问题的系统机制与演化机制、微观行为与系统宏观行为相互影响和作用等方面进行研究。

## 4.2 计算实验与系统仿真

广义地讲,无论系统仿真,还是计算实验,都是通过模仿实际系统来研究真实系统。在此意义上讲,两者都是仿"真"技术。但仿"真"是一个相对概念,任何"仿"都没有必要也不可能完全"真"。这样,"仿真"就有程度之分、级别之分、角度与侧重点之分,也有手段和方法之分。因此,对不同的仿"真"技术很难笼统地评判优劣,但可以分析它们之间特点的异同。

系统仿真是以真实系统为"标杆","仿真"要尽量"逼真"。即它是视某一真实的现象为"真",通过构建仿真模型模仿它,如能与实际之"真"充分一致,则认为仿真效果好,否则就逐步修正仿真模型,以减少"失真"。因此,系统仿真一般是通过计算机尽可能重现"一种"现实,多次调整后会使仿真结果越来越"逼真"。

虽然计算实验从广义上讲,也是一种"仿真",但这里的"真",已不再是真实系统的"一种"状态、"一条"轨迹,不再是"尘埃"某一次落地的路径,而是在一定的基本情景和法则下的多种可能状态、轨迹和落地路径中的"一种"。因此,计算实验方法是通过计算机尽可能重现"一束"社会现实,一次实验得到的只是"一束"中的"一种",而多次实验得到的则是那"一束",它们之中包括我们见过的"几种",也包括我们从来没有见过的所谓"怪异"情形,这恰恰是系统演化复杂性的表现,是计算实验方法能力的体现。

### 4.3　计算实验与多代理建模

计算实验方法采用自下而上的研究思路,综合集成多种研究方法和工具,通过对系统中自主个体建模并观察其行为决策与交互机制来研究系统整体特性的涌现。由于需要在计算环境中对人工对象进行建模,计算实验方法必然需要依托一个能够用计算机语言表达,适应于计算环境的基本建模方法,因此,元胞自动机、基于主体的建模技术等自然成为计算实验方法的主要研究手段。在计算环境下,将学习方法、进化方法、推理方法,以及博弈论、复杂网络、运筹优化、数理统计等数理方法和工具综合集成在计算实验方法体系中,对复杂管理问题进行深入研究是必要的。

因此,可以明确地说,基于多代理的建模方法仅仅是创建一个有效计算实验模型的手段之一,而计算实验方法体系将会根据所研究问题的特性选择多种方法建立实验模型。

### 4.4 计算实验结果的可信性分析

和数学建模、物理实验一样，计算实验本身是一种研究方法。以该方法为基础得到的实验结果的可信性更多取决于实验设计、实验环境、实验规则设计、实验的评价标准等的科学性与正确性。当然，"可信"是一个带有主观性的概念，它建立在对于结果的合理性判断的基础上。因此，需要结合合理性判断标准辩证地看待计算实验结果的可信性。

如果仅仅将已经发生的这"一种"作为衡量实验结果合理性的唯一判断依据，那么计算实验结果可能被认为"不可信"。因为计算实验的一次结果可能是我们尚未见过的那"一种"。但如果认为计算实验的结果它不仅包含历史已经出现过的演化轨迹，还有历史上尚未出现的演化轨迹，特别是不同的初始条件与行为规则的初始敏感性都会导致不同的演化路径与演化结果，这正是计算实验方法超越传统实验局限性的主要贡献。因为现实社会系统自身的动态性、自主性、自组织、非线性等复杂性，决定了其演进中存在不确定性和社会选择多种可能性特征，因此，计算实验所产生的任何结果都是一种可能出现的现实（王飞跃，2004），它或许在历史上及目前尚未出现，但不能肯定其永远不会出现。因此，从这一意义上讲，计算实验结果多样性的特征与计算实验结果的可信性是不矛盾的。同时，由于计算实验以复杂系统思想为理论指导，以系统科学的基本理论、复杂系统的研究方法为基础，从方法论上来讲，它是现实系统与现实问题在一定程度上的抽象，其研究结果"可信性"自然也有一定的程度。因此，有必要对其实验结果的可信程度做进一步分析。

（1）如同数理模型一样，前提假设是模型的基础，计算实验结果可信性基础是实验模型前提假设的科学性，即计算实验的结果只有在一定的前提条件下才是正确的。提高实验结果的可信性，关键是要尽可能准确地提出前提假设。

（2）实验结果可信性的第二个条件是实验模型的正确性。只有正确的实验模型才能保证在模型的假设条件下产生正确的结果。目前，对于复杂实验模型的正确性验证主要包括两部分：模型语法上的正确性与模型功能上的正确性。模型语法上的正确性可以通过软件工程技术来保障，有较多学者对此进行了深入研究。而就目前看来,对于模型功能的有效性验证尚无非常有效的通用方法,其中,模型的高度非线性是主要影响因素。模型的非线性主要来自系统内部的随机动态性、非线性交互和微宏观层次之间的交互。不同模型的研究内容的千差万别也对设计统一的验证方法提出了极大挑战。目前的验证方法主要集中在经验验证层面,其本质就是前面提到的"虚实联动",将模型的演化结果与现实情况相对比,并对模型的假设与规则不断修正,使其趋于更合理、更可信。

(3)通过实验模型的正确性验证之后,模型的不同运行结果才具有较高的参考与启发价值,特别是涉及人类心理活动与决策行为方面的研究。模型的运行步骤与现实时间的对应问题也是计算实验的一大挑战。在某些情况下,计算实验模型无法就其运行结论的时间问题得出正确结论。由此可以看出,在实验模型有效的情况下,计算实验的结果在一定程度上可以被认为是可信的。

因此,提高计算实验结果的可信性首先应提高实验模型的正确性,科学的系统分析方法、严格的模型构建手段、符合软件工程学的模型开发方法、模型的正确性验证环节、模型的功能性验证和结果分析等,对提高实验模型的正确性起到重要作用。

## 5 关于计算实验方法研究与应用的思考

从 20 世纪 80 年代开始,伴随着人们对系统复杂性认识的不断加深,以美国圣塔菲研究所为标志的复杂性科学研究逐渐兴起,许多研究机构相继成立,如加州大学社会科学计算中心、普林斯顿大学社会科学实验室、密歇根大学复杂系统研究中心等。作为一种尝试,计算实验方法被应用在社会、经济、管理等众多领域,如电力系统、能源政策、金融市场等,并取得了显著的研究成果与经济效益。

在国内,天津大学张维教授等运用计算实验方法对常规金融方法难以分析的各种市场异象做出解释。在此基础上,借助计算实验方法的独特优势并考虑"中国情景"特征,通过建立具有中国金融市场制度及投资者特点的金融市场实验模型,来检验西方行为金融理论在我国市场经济条件下的适用性,并根据实验模型提供的信息推导适用我国市场条件的行为金融数理模型。(张维等,2010)

中国科学院自动化研究所王飞跃教授等将新一代高性能计算技术、Cyberspace 社会传感器等与计算实验方法相融合,从信息获取、建模、实验、决策等层面突破目前软科学和计算科学交叉借鉴的困境,提升计算实验的社会经济计算能力。(Wang et al.,2007;Wang,2007)该研究部分成果"平行管理系统"近期已经在茂名石化成功上线。

笔者与团队成员近十年来基于计算实验方法先后开展了供应链协调与优化、太湖流域系统演化及其管理政策分析、供应链计算实验平台设计、社会舆论传播及软件盗版管理等问题研究,取得了进展。

与此同时,华中科技大学王红卫教授提出了通过将系统动力学与多主体建模技术相结合,实现背景或内容嵌入的公共政策计算实验方法架构。湖南大学马超群教授利用计算机实验去发掘金融市场非线性特征的形成机理,从而有效进行市场风险管理。华东理工大学马铁驹教授将基于主体的建模技术与基于运筹学的优化模型整合在一起,对能源技术经济系统的演化路径与应对措施进行了研究。(Ma,2010;Ma et al.,2009)

从以上研究可以看出,计算实验方法在管理科学研究中的作用至少体现在两点:其一,计算实验结果可以启发我们对管理问题的理论思考和定量规律的揭示;其二,计算实验方法可以提升我们对复杂管理现象深层次的认识和解释。

### 5.1　计算实验理论研究展望

为了更好地运用计算实验方法研究管理科学问题,可对如下问题进行深入研究。

(1)方法论的进一步提炼。深入开展可以有效处理复杂社会系统的计算实验方法,特别是计算实验方法的实现框架和工具研究。

(2)研究社会个体不同心理、认知模式的模型化表达方式以及对群体行为"涌现"的影响。

（3）研究社会个体之间的交互机制，创建有效的计算实验模型内部交互机制，并且分析由此而产生的社会性关联。

（4）研究将社会科学各领域专业知识与计算实验技术相结合，扩展计算实验方法的应用性。

（5）研究创建计算实验模型的系统分析方法与建模手段，研究实现不同实验模型的快速编程技术，开发计算实验平台，提高计算实验模型的开发效率。

（6）深入研究计算实验方法论与其他方法体系的综合集成，通过不同方法的综合，增强解决复杂社会科学研究问题的能力。

## 5.2　计算实验应用展望

目前，计算实验方法已在多个领域有所应用，但其应用范围和深度都有所不足，可从如下几方面进行扩展。

（1）复杂供应链管理的研究。分析企业之间的合作机制，研究复杂供应链管理方案。

（2）组织管理理论研究。分析组织的设计、协调与风险控制等。

（3）环境管理。研究人类活动对自然环境的影响，制定行之有效的管理制度。

（4）社会管理研究。例如传染病传播机理与控制、公共安全问题、公共交通管理等。

（5）大型复杂工程管理。包括大型工程复杂性分析与综合管理等问题。

（6）复杂系统的涌现与扩散机制等。

（7）管理行为研究。例如社会中利他主义、互惠行为、社会阶层的流动群体行为等。

## 5.3　应大力加强计算实验等方法论创新的研究与推广工作

**建议一，对管理学研究中方法论创新给予关注和支持。**建议自然科学基金委员会在"十二五"期间不仅关注对重要复杂管理科学问题的研究和资助，也对科学研究中方法论与方法创新给予关注和支持。具体包括以下三方面：

（1）对相关研究方向和领域给予专项支持；

（2）举办方法论创新培训班，使更多的年轻学者掌握如计算实验等新的研究方法和技术；

（3）促进学部之间、学科之间的交叉，联合攻关，争取在方法论创新和应用方面有重大突破。

**建议二，开展计算实验平台共性关键技术研究。**为了使计算实验方法成为一种新的、普及性的管理学研究方法，建议开展计算实验平台的共性关键技术研究，主要包括以下四方面：

（1）计算实验基础理论与方法研究；

（2）管理问题的环境情景建模与计算实现；

（3）管理主体行为特征提取与 Agent 建模技术；

（4）设计能实现计算实验基本功能的系统架构、面向 Agent 的程序设计支撑环境、适于大规模运算的分布式或同步协同计算技术等。

**建议三，应用计算实验等方法论创新，使管理科学研究为国家做出更大贡献。**管理科学研究应该以国家重大现实需求为导向。作为一种新的方法论，应用计算实验等方法论创新来研究国家重大任务管理中的复杂问题，具有重要的理论与实践意义，值得积极探索和认真组织。同时，国家重大任务的管理实践中存在相当丰富的复杂性管理理论元素，实际工作者的经验和知识里有许多朴素的复杂系统管理思想，一旦以其为背景并进行理论升华，将对我国管理科学和复杂系统管理的发展产生重要的推动力量。

管理科学研究方法论创新及其在重大国家战略任务中的应用，对于促进管理科学本身的发展、提升解决重大实际问题的能力具有重要意义，对于培养新一代管理学家也具有积极的促进作用，应该引起关注并在实际工作中大力推广。

（刊于《管理科学学报》2011 年第 5 期，合作者为天津大学管理与经济学部张维教授）

# 参考文献

[1]　HOLAND J H. Hidden order：how adaptation builds complexity[M]. Reading，Mass：Addison-Wesley，1995.

[2]　HOLAND J H. Emergence：From chaos to order[M]. Reading，Mass：Addison-Wesley，1998.

[3]　盛昭瀚，蒋德鹏.演化经济学[M].上海：上海三联书店，2002.

[4]　BERTALANFY L V. General system theory：foundations，development，applications[M]. New York：State of New York Press，1968.

[5]　钱学森，于景元，戴汝为.一个科学新领域——开放复杂巨系统及其方法论[J].自然杂志，1990，13(1)：3-10.

[6]　于景元.从定性到定量综合集成方法及其应用[J].中国软科学，1993，(5)：31-25.

[7]　于景元，周晓纪.从综合集成思想到综合集成实践-方法、理论、技术、工程[J].管理学报，2005，(1)：4-10.

[8]　王飞跃.人工社会、计算实验、平行系统——关于复杂社会经济系统计算研究的讨论[J].复杂系统与复杂性科学，2004，1(4)：25-35.

[9]　NORMAN E. Agent-based modeling：the santa feinstitute artificial stock market model revisited[M]. Berlin：Springer-Verlag，2008.

[10]　BASU N，PRYOR R J，QUINT T. ASPEN：a micro simulation model of the economy[J]. Computational economics，1998，12(3)：223-241.

[11]　BANKES S. Modelsaslabequipment：science from computational experiments[J]. Computational and mathematical organization theory，2009，15(1)：8-10.

[12]　CARDENAS J C. Experiments in environment and development[J]. Annual review of resource economics，2009，(1)：157-182.

[13]　张维，张永杰，熊熊.计算实验金融研究[M].北京：科学出版社，2010.

[14]　张维，赵帅特，熊熊，等.基于计算实验方法的行为金融理论研究综述[J].管理评论，2010，22(3)：3-11.

[15]　WANG F Y，Kathleen M C，Daniel Z，et al. Social computing：from social informatics to social intelligence[J]. IEEE intelligent systems，2007，22(2)：79-83.

[16]　WANG F Y. Toward a paradigm shift in social computing：the ACP approach[J]. IEEE intelligent systems，2007，22(5)：65-67.

[17]　盛昭瀚，张军，杜建国，等.社会科学计算实验理论与应用[M].上海：上海三联书店，2009.

[18]　盛昭瀚，李静，陈国华，等.社会科学计算实验基本教程[M].上海：上海三联书店，2010.

[19]　盛昭瀚，张军，刘慧敏，等.社会科学计算实验案例分析[M].上海：上海三联书店，2011.

[20]　SHENG Z H，HUANG T W，DU J G，et al. Study on self-adaptive proportional

control method for a class of output models[J]. Discreteand continuous dynamical systems,2009,(11):1 - 19.

[21] LI J, SHENG Z H. LIU H M. Multi-agent simulation for the dominant players' behavior in supply chains[J]. Simulation modeling practice and theory, 2010, (18): 850 - 859.

[22] JIN S, SHENG Z H. Modelingand simulation researchon diffusion of the public voice[C]. IEEE Congress on Evolutionary Computation,2008.

[23] LI J, SHENG Z H. Simulating the S-controlled stochastic system in different supply chains by a multi - agent system[C]//Proceeding of international conference on computer science and information technology, 2008.

[24] JIANG C Z, SHENG Z H. Case-based reinforcement learning for dynamic inventory control in a multi-agent supply-chain system[J]. Expert systems with applications, 2009, (36):6520 - 6526.

[25] 张军.计算管理研究方法及其实现[D]. 南京:南京大学,2006.

[26] 李静.供应链研究计算实验平台及其应用研究[D]. 南京:南京大学,2010.

[27] MA T J. Coping with uncertainties in technological learning[J]. Management science, 2010, 56(1): 192 - 201.

[28] MA T J,GRUBLER A,NAKAMORI Y. Modeling technology adoptions for sustain able development under increasing returns,uncertainty and heterogeneous agents[J]. European journal of operational research, 2009, 195(1): 296 - 306.

# 复杂系统管理:一个具有中国特色的管理学新领域

**摘要**:"复杂系统管理"是基于复杂系统思维与范式,通过复杂系统与管理科学融合而形成的管理学新领域;在实践上,它主要是在解决重大现实复杂问题的需求导向下,对复杂社会经济重大工程系统中一类复杂整体性问题的管理活动和过程;体现了研究问题的物理复杂性、系统复杂性与管理复杂性的完整性与融通性,具有重要的现实意义与鲜明的中国特色;同时,复杂系统管理又是国际学术界广泛关注的重大科学议题,具有重要的学术引领性、前沿性、交叉性与厚重感。

钱学森的复杂系统学术思想、科学建树与实践贡献已成为我国复杂系统管理学术体系的内核与底蕴。

当今,我国"进入新发展阶段,贯彻新发展理念,构建新发展格局,需要解决的问题越来越多样,越来越复杂"。因此,可以认为,复杂系统管理将成为我国发展新阶段、新格局下的越来越重要的一类新的管理思维范式、实践范式与研究范式;进一步深化钱学森复杂系统管理学术思想研究是我国管理学发展道路重大转折对当今管理学理论时代化与本土化优秀品格的呼唤,是在新的历史阶段和历史高度创立我国自主性管理学术的新标志。任重道远,需要我国学者淡泊习静、行稳致远,做出时代性贡献。

**关键词**:复杂系统;复杂系统管理;中国特色;钱学森

2016 年 5 月 17 日,习近平总书记主持召开哲学社会科学工作座谈会并发表重要讲话,提出"着力构建中国特色哲学社会科学,在指导思想、学科体系、学术体系、话语体系等方面充分体现中国特色、中国风格、中国气派"。今天,我们在新的历史背景下,分析和思考我国管理学的发展道路,更加感受到讲话精神的深刻内涵与意义。

当前,管理理论的时代化和中国化是管理学在中国实践与发展的两种基本形式,时代化是普遍原理,中国化是时代化在中国的具体形态,是管理理论在中国发展的现实道路。时代化通过中国化走向中国管理实践;中国管理实践与理论的发展又促进和推动了理论的时代化,并以此融入人类先进的管理理论文明之中,这既是中国管理的基本现实,又是中国管理理论的发展道路。

本文通过对复杂系统管理这一管理学新领域的形成背景、科学内涵、现实意义与学术价值的分析,诠释了该领域的学理逻辑、中国特色与钱学森系统思想的内核及底蕴,进一步激励我们根据时代特征、历史条件、具体国情和实际情况,在创造性地学习、运用人类共同的管理文明的过程中,探索和丰富我们中国自己的管理理论发展与实践进步的现实道路。

## 1 管理:从系统性到复杂性

### 1.1 管理的系统属性

自古以来,在人类生产、造物等实践活动中,通常都有一类组织、协调、配置资源和协调各类关系从而使生产、造物实践有序或有效的活动,一般称这类活动为管理活动,简称为管理。

从总体上讲,任何生产、造物活动都有特定的整体目的、整体结构,并且表现为一个完整的过程,因此,任何管理也必然具有自身的整体性和过程的完整性。所有这些构成了管理活动的组成要素,管理要素相互关联并整体作用于生产,管理活动完整有序并释放出使生产、造物等实践活动有序或有效的功能。由此可见,整体性与功能性是管理活动两个最基本的属性。

20世纪初起,随着科学的发展,人们开始思考和探索关于各个领域与各种类型的整体性与功能性的共性科学问题。辩证唯物主义认为,客观世界的事物是普遍联系的，能够反映和概括客观事物普遍联系并形成一个整体和具有某种功能的最基本的概念就是系统（盛昭瀚，2019）。

钱学森先生对系统给出了一个直白的定义：系统是"由相互作用和相互依赖的若干组成部分结合成的具有特定功能的有机整体"。这表明，"系统"的基本属性即为功能性和整体性，这样，管理的属性与系统的属性是同一的。

对于系统科学的诞生，钱学森指出，系统科学的出现是一场科学革命，是人类认识客观世界的飞跃。钱学森还认为，系统科学是一个不同于自然科学、社会科学等科学的独立门类（钱学森，2001）。如果自然科学、社会科学等是按照研究对象领域的纵向性来划分的，系统科学则不论它们所研究的具体领域和具体问题的特质性，仅仅把它们当作抽象的"系统"来看待和研究。这一特点决定了系统科学的横断科学属性，即它是一门运用系统的思想和视角来研究各纵向科学所涉及领域的各门类问题，并在系统意义上形成这些问题共同的本质属性和规律，建立相应的理论与技术体系的科学（钱学森，1979）。

因此，可以认为，在现代人类科学技术体系中，系统科学体系中的许多思想、概念、原理等都对各纵向学科及管理学科有着更高层次和更深刻的概括与解释性。例如，管理的系统属性就为我们运用系统的思想和视角来研究管理提供了学理逻辑。

例如，管理既然是一个具有某种功能的完整整体与完整过程，因此，依据系统概念，任何管理都是一类人造系统。

另外，从认知规律看，人们首先是从直观上感受管理活动的现实物理性，即管理活动中各类物质性资源要素及其相关关系与结构；接着，人们在思维上将管理现实物质性进行系统意义上的抽象，并运用系统范式提炼出管理活动的系统属性。这样，依据钱学森系统科学思想，任何管理实践既是系统的实践，又是实践的系统，一切管理的基本属性就是系统的"系统性"，即系统的整体性与功能性。

利用系统性凝练管理的基本属性，有助于我们理解如何通过系统的要素分析、关联分析、功能分析和组织行为分析，从整体上规划、设计、组织管理活动，并在具体技术层面上采用明确目标、严格分析、注重定量化和程序化执行管理活动流程，以实现管理的整体目标与综合效果。概括地说，这有利于我们坚持和保证管理活动和过程的整体性、关联性、动态性的统一。

因此，系统性不仅把原本对管理混杂、破碎的认知梳理出一条有条理的逻辑路径来，而且成为人们设计、构造、实施和执行管理活动的一种范式，这一基于系统性的管理思维原则被称为系统性管理。

这一思维原则十分重要，它告诉我们，因为系统科学与管理科学之间有着基本属性的同一性，因此，它们之间就存在相互融通的学理性，并且随着系统科学、管理科学自身复杂程度的增加而可能拓展出新的学科领域，本文介绍的复杂系统管理就是这样的一个示例。

### 1.2 复杂的管理

随着人类生产、造物实践活动范围与规模越来越大，涉及的要素越来越多，活动内部的关联形态越来越多元化，人们有了"简单的生产造物"与"复杂的生产造物"的直接感知，进而就有了相应的"简单的管理"与"复杂的管理"的直观体验。

需要指出的是，我们很难用精准的语言给"复杂的管理"中"复杂的"下一个定义，因为从人的认识基本规律来看，对"复杂的管理"的认识必须经历两个阶段：先运用感官认识"复杂的管理"的外部联系和表面特征，具有直接性、形象性特点，这是认识的"生动的直观"的第一阶段；接着是人们运用抽象思维认识"复杂的管理"的内部联系和本质规律，具有抽象性、间接性的特点，这是认识的"抽象的思维"的第二阶段（盛昭瀚，2019）。

复杂的管理认识的第一阶段是直接性、形象性感知，如管理的环境开放性和动态性变强了，管理主体行为的目的、方式、价值出现了多元异质性，管理目标之间产生了冲突等，使我们直觉体验到"复杂的管理"的一系列新的复杂形态与特征。

"复杂的管理"中最基本的是出现了"复杂的问题"。当然，复杂的管理中不是所有的问题都是"复杂的"，关于这一点，我们可以依据管理复杂程度与管理环境复杂程度这两个维度对复杂的问题进行简略分类。

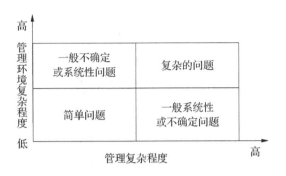

**图1　复杂的管理中的问题分类**

　　首先，只要不是管理复杂程度与管理环境复杂程度都高的情况，其相应的管理问题都属于以下三类：简单问题、一般系统性或不确定问题、一般不确定或系统性问题。对这三类管理问题，可以运用管理中的常规管理或者系统性管理方法来解决。

　　但是，对于管理复杂程度与管理环境复杂程度都高的问题，如异质主体管理组织平台设计、深度不确定管理决策与决策方案的"迭代式"生成方法、复杂性引起的风险分析与防范、管理现场多主体协调与多目标综合控制等，一般不能够仅仅采用上述相对简单的方法来解决，而需要根据新的思维原则才能有效地解决它们，我们称这类问题为复杂的管理中的复杂问题。

　　这里，我们首先是对"复杂的问题"的外部联系和表面特征进行"生动的直观"认识，总体上，这类问题常常让人们感到难以表述清楚、分析透彻、预测准确、找出原因、做出决策、拿出办法、提出方案，故而产生了这类问题是"复杂的"的直观感知。

　　再进一步究其原因，管理中的这类问题的边界往往是模糊和不清晰的，问题内部要素之间除了有确定的输入/输出关系，还有不完全确定甚至非常不确定的关联关系；问题要素之间除了有显性的可确知的关联关系，还有隐性的难以确知的关联关系，而且有一些被我们认定的关联要素或关联方式，在实际过程中还可能因受其他因素影响而变异,所有这些都会导致人们对这类问题的认知往往是模糊、不确定甚至是盲知的。

其次,这类复杂的管理问题往往同时包含着工程技术、社会经济与人的心理行为及文化价值观等要素。其中,工程技术要素一般可以用结构化方式来描述,社会经济领域要素可以用半结构化方式来描述,而人的心理行为和文化价值要素往往只能用非结构化方式来描述。因此,这一类问题整体上就必须同时用结构化、半结构化甚至非结构化方式才能完整地描述。

再次,这类问题还会涉及多个学科和领域,需要运用多学科、多领域的知识才能解决。而根据人的认识规律,管理主体对这类问题的认识必然是一个由不知到知、由知之不多到知之较多、由知之片面到知之全面、由知之肤浅到知之深刻的过程,因此,这类问题解决方案的产生将主要表现为主体的一个不断探索的"试错"过程。从总体上讲,这是一个由阶段性中间方案沿着一条从比较模糊到比较清晰、从比较片面到比较全面、从品质较低到品质较高的有序路径,不断迭代、逼近,直至收敛到最终方案的过程。

根据以上分析,复杂的管理中将产生一类复杂的管理问题,而对这类问题的分析与解决需要确立新的思维、模式、流程与方案形成路径,为此,需要我们提出新的科学概念,研究新的科学原理。

### 1.3 复杂性管理问题

在管理现实中,人们认定一个问题是复杂的问题,除了问题自身存在的各种客观复杂因素外,还往往受制于人们自身对问题的认知、分析或者解决问题的能力,因此,在传统的管理活动中,分析和解决管理问题的经典路径是把这类问题分解成若干部分,把各部分都研究清楚了,整体也就清楚了;如果对部分的研究还不清楚,可以再继续往下分解进行研究,直到把每个部分都弄清楚为止,再由最底层的各部分逐一汇总和逐层向上直至把问题整体分析清楚或者解决。

这种解决问题的方法论在系统科学中被称为还原论。还原论方法主要是将问题由整体往下分解,研究得越来越细,这在处理关联或结构比较简单的问题时有其优势,但对复杂的管理问题,还原论往往行不通,主要原因如下。

（1）复杂的问题一般与管理环境之间都有着非常紧密的关联关系，环境的各种变化会对问题产生深刻的影响，即使影响仅仅作用于问题的某个局部，但由于问题自身相互关联的紧密性，局部的作用也会产生对问题的整体性影响，因此，如果我们把问题局部孤立开，那就无法完整地认识和分析整个问题了。

（2）复杂的问题源于管理原生态的管理活动与过程之中，而任何具体的管理活动与过程都是一个有人、有物、有事、有关联、有因果、有变化并依时空顺序展开的相对独立又有连贯性与整体性的情景及情景流。越是复杂的问题，它的情景与情景流越复杂，并且越和情景与情景流有着紧密的关联，这就要求我们在情景整体性、过程性与演化性中，通过对情景自上而下和自下而上地分析与汇总以看清、看准和解决问题，并且在这一过程中不能肢解情景与情景流，使情景与情景流支离破碎，或者让问题与情景分离。这些都反映了还原论对分析和解决这类复杂的问题的实际功效的缺失。

（3）复杂的问题一般会表现出多种复杂动态性，如突变、涌现、隐没、演化等，这些变化的机理非常复杂，究其原因，许多时候都是问题要素之间存在紧密、复杂的显性或隐性关联，各类关联的机理在时间维度上会发生变化并传导至其他要素，而问题的复杂形态正是这类复杂关联作用及传导机理造成的。因此，无论在物理层面、系统层面，还是管理层面上，如果因还原论切断或者改变这些关联，问题的整体性形态就可能会受到极大的损伤或使人无法搞清楚复杂形态背后的机理。

（4）分析和解决复杂的问题一般都需要跨领域、跨学科、跨专业的技术、手段和方法，因此，需要管理主体构建一个知识齐备、工作机制良好的整体性平台，而还原论缺乏这类组织模式设计与运行的能力。

综上所述，如果我们对这一类构成要素众多、关联和结构复杂、与环境之间有着各种紧密相互作用的复杂的管理问题，在研究和解决问题过程中还仅仅运用还原论把整体问题分解、细化为各个相互独立的部分，单独研究各个部分再简单汇总叠加，这势必就把问题各部分之间的复杂关联与结构损伤、切断了，原有的整体性机理也被破坏了，这样，即使把每个部分都研究清楚了，还原论也解决不了整体性问题。

这告诉我们,对管理中的这类复杂的问题,如果我们仅仅采用自上而下的还原论方法,在许多情况下解决不了它的问题整体性,即复杂的问题在方法论意义上具有一种还原论不可逆属性,或者说,还原论不可逆属性导致了一类问题的复杂性,这是认识"复杂的管理"抽象的思维第二阶段的关键一步。

在管理学术研究领域,还原论不可逆问题是一个具有重大挑战意义的问题。因为长期以来,人们基本上都是遵循着还原论路径思考和解决问题,现在一旦面对"还原论不可逆"问题,情况就复杂了,要么不知所措,要么缺失方法。在20世纪初,人们在初创系统概念时,就已经感悟到系统整体性中蕴含着这样的复杂的特性,但一直没有能够再深入下去找到破解这一难题的"切入点"。

到了大约20世纪70年代,随着科学技术的发展,国外科学家在无生命的物理世界里发现了如"自组织""从无序自行产生有序"等"复杂的"现象,科学家把这类现象统称为复杂性,并创立了许多"复杂性词汇"来描述或者揭示各种"复杂性",如信息熵、分数维、随机复杂性、复杂适应系统、混沌边缘等,林林总总多达好几十种,这些概念在研究方法上确实有许多创新之处,如提出的遗传算法、演化算法,开发的 Swarm 软件平台,基于 Agent 的系统建模,用 Agent 描述的人工生命、人工社会等,极大地深化了对这类复杂性现象的探索。(于景元,2016)

但是,在研究思路上,这类研究基本上都是沿袭了定量化、形式化范式,用某种定义来刻画复杂性,试图从方法层次入手探索复杂性。复杂性本身是个综合性的难以精准认知的概念,仅仅从某个具体方法入手难以撬动它的厚重内涵,因此,需要通过方法论变革,从方法论入手寻求新的认知路径。

在我国,钱学森首先把这类具有还原论不可逆属性的"复杂的问题"称为"复杂性问题",因为正是"还原论不可逆"才使得这类问题表现出许多复杂性形态;其次,这类"复杂性问题"广泛存在于社会经济系统之中,这对我国社会经济建设具有重要的现实意义。

钱学森认为,现在要特别重视复杂性问题,因为我们国家的建设、社会的建设,都是复杂性问题,为解决这一问题,需要大力发展科学技术,跳出从几个世纪以前开始的一些科学研究方法的局限性。他进一步从系统方法论出发明确指出:凡不能用还原论方法处理的,或不宜用还原论方法处理而要用或宜用新的科学方法处理的问题,都是复杂性问题。

这样,复杂的管理活动中的"复杂的问题"就其本质属性与钱学森先生提出的复杂性问题相一致。这是在管理系统性基础上,进一步揭示了复杂的管理问题的复杂性属性这一新的论断,有着如下深刻的内涵。

(1)管理中的复杂的问题不仅具有"复杂的"具象,而且还具有"复杂性"的抽象,这一抽象即为管理复杂性;依据管理复杂性思维的管理活动称为复杂性管理。

(2)运用钱学森系统方法论原则来辨识管理中的复杂的问题,可以精准锁定这类问题中的复杂整体性与涌现性等特质。

(3)钱学森关于"复杂性问题"定义中的"复杂性"是对事物属性的凝练,具体到管理,是对复杂的管理中蕴含的复杂性属性的抽象,即复杂的管理引发、催生了管理复杂性。

(4)随着管理活动的发展,管理复杂性在所有的管理活动类型中数量越来越多、比重越来越大、形态越来越丰富、内涵越来越深刻,整体上呈现了管理从系统性到复杂性的演变趋势。

综上所述,本文认为,在当今管理学领域,特别是在研究当前我国复杂社会经济重大工程系统中的复杂管理现实问题时,或者论及管理复杂性、复杂性管理等基本概念时,主要是依据钱学森先生提出的广泛存在于社会经济重大工程系统之中、不能用还原论方法处理,或不宜用还原论方法处理而要用或宜用新的科学方法处理的问题,这与依据国外用"复杂性词汇"所描述或揭示的各种"复杂性"现象和问题的认知路径有着原则上的不同。

## 2　复杂系统管理概论

### 2.1　复杂系统概述

前面的论述凸显了一个科学现象,就是从 20 世纪 70 年代开始,许多自然科学领域都出现了一个新概念:复杂性。紧接着,这一概念被系统科学高度关注并在系统方法论层面上给予诠释,体现了多层次、跨学科的大科学思想对当代科学的整体性进步的积极意义。

随着复杂性研究的深入,人们认识到许多复杂性形态都存在"整体上有,局部没有"的涌现性,这与一般系统概念中的整体性特征非常相近,于是就将复杂性隐喻为某一类系统特有的系统形态,如具有层次性结构、要素存在复杂关联的系统就会出现"整体上有,局部没有"的复杂性系统形态,并将这类系统起名为"复杂系统"。"复杂系统"就是在这样的背景下,为了应对复杂性研究而被提出的一个新概念,在一定意义上,复杂系统是复杂性的隐喻。

正因为如此,国外学者更倾向于聚焦一般复杂性研究,认为"复杂系统"概念是用来诠释"复杂性"的,而"专一的复杂系统理论并不存在",甚至干脆认为,复杂系统就是复杂性的"别称"(Rotmans et al.,2009)。

20 世纪 80 年代,钱学森以"系统学讨论班"的方式,开始了创建系统学的工作。在讨论班上,钱学森根据系统结构的复杂性,提出了系统新的分类,并在自主创建的系统科学体系中,将系统分为简单系统、简单巨系统、复杂系统、复杂巨系统和特殊复杂巨系统。如生物体系统、人体系统、人脑系统、社会系统、地理系统、星系系统等都是复杂巨系统,其中社会系统是最复杂的系统,又称作特殊复杂巨系统(于景元,2016,2017)。

这里,钱学森不把复杂系统看作复杂性的隐喻,而是系统科学体系中一个实实在在的层级,这样,复杂系统就是系统体系内一类有着自身独特属性的系统类型。根据钱学森的思想,复杂系统的属性就是一类还原论不可逆,或者非可加的复杂整体性,亦简称为复杂系统的复杂性。

至于复杂系统与复杂性问题的关系,钱学森认为,复杂巨系统中就有复杂性问题。系统整体性，特别是复杂系统和复杂巨系统（包括社会系统）的整体性问题，就是复杂性问题；探讨复杂性，宜从研究各类具体的复杂系统入手来寻找解决具体复杂系统复杂性的机理问题，在不断积累的基础上，建立新的理论体系。（于景元，2011）

这样，钱学森通过复杂系统这一平台，不仅用复杂性问题，而且用复杂系统的复杂整体性来刻画复杂管理活动中一类现实的复杂的管理问题的抽象属性，从而构建了复杂系统与管理科学之间的学理融通性，这一点正是本文介绍的复杂系统管理的学术思想精髓。

## 2.2　复杂系统管理的学理逻辑

有了上述复杂系统及复杂管理活动中一类现实的复杂的管理问题的复杂整体性属性抽象，就可以明确构建复杂系统管理的科学概念。

本文所谓复杂系统管理是基于钱学森复杂系统思维与范式，即在复杂系统的认知范式、方法论及核心知识架构的基础上，通过复杂系统与管理科学融合而形成的对复杂社会经济重大工程系统中一类"复杂整体性"问题的管理实践活动；在学术上，它是关于复杂整体性问题管理知识逻辑化与系统化的科学体系。

当今，中国正经历着历史上最全面、深刻、复杂的社会变革，具有复杂系统管理实践最广阔的实践土壤，这也是开展和深化复杂系统管理研究的原动力和新动能，并为中国学者提供了开展具有中国特色的复杂系统管理"知识变革"和"话语体系"的丰富源泉。

一方面，现实深刻反映了在复杂系统管理领域，人们的实践思维与理论思维之间的辩证关系和客观规律起着越来越重要的指导作用，特别是当复杂系统管理的实践已经发展到今天这样一个新的阶段，实践发展催生学术与理论的升华已经达到一个"临界"状况，虽然该学术与理论体系形成的道路和重要的里程碑事件可能有这样或那样的偶然性，但这一总体趋势是必然的、客观的和历史性的。

另一方面，在对待像构建复杂系统管理新的学术主张这样重要的科学议题时，我们更应该从人类思维范式这样的高度来认识它。事实上，如果我们把复杂系统管理理论体系当作管理学领域的一棵新生大树，那首先要弄清楚这棵大树是长在什么样的实践土壤上的，其生长的自身基因与机理是什么，又必须具备什么样的生态环境与条件，这就需要我们跳出传统管理单一狭小的范围，在更高的学术层面与更广阔的学术空间中思考这一问题。首要的就是探讨清楚以下基本学理问题。

第一，复杂系统管理领域的基础性理论体系是复杂系统管理整个科学体系的"根"，形成该基础性理论体系的基本条件与环境是什么？像复杂系统管理这样具有重大原创性、宏大性的新的科学领域，没有深深植入现实土壤中的基础性理论体系为"根"，没有必要的思维范式与基础理论为指导，复杂系统管理要在管理学领域真正长成有序的新生大树，并具有优良的学术品格和在实践中发挥指引作用是困难的。

第二，复杂系统管理基础性理论体系的科学内涵是什么？它的标志性理论元素与结构是什么？应该如何保证它的形成过程的规范性？复杂系统管理基础性理论是个完整的体系，如何在构建这一理论体系的过程中，从不同层面、不同视角开放式地进行结构设计、功能设计和逻辑设计，并在广泛的探索中积累经验，所有这些基础性科学问题都必须保持思维方式的科学性和理论形成路径的规范性。如果这些基础性问题得不到解决，那对复杂系统管理的认知极有可能只停留在"生动的直观"的第一阶段，而未达到"抽象的思维"的第二阶段，这就难免不出现各种歧义认知并存的现象，并使对复杂系统管理的基本认知模糊和混杂不清。

这样，我们首先要确定构建复杂系统管理学术体系的"原点"，并从这一"原点"出发探索复杂系统管理学术体系的形成路径以及该学术体系的逻辑框架。显然，这些必须坚持学理逻辑的适用性与规范性，以保证我们了解和认识复杂系统管理具体的现实情景，并以正确的思维原则揭示复杂系统管理学术形成的一般规律与基本范式。

### 2.3 复杂系统管理思维原则

复杂系统管理的思维原则，就是关于复杂系统管理本质属性的认识论。因为复杂系统管理学术研究是理论思维范畴内的事，只有经过理论思维，才能实现对研究对象本质属性的把握，达到人们认识的高级阶段，即理性认识阶段。这样，就要明确回答复杂系统管理的本质属性是什么。

复杂系统管理实践、现象与问题是复杂系统管理领域学术之源，现实中复杂系统管理活动与管理问题的特征和形态各种各样，而理论主要是探索和寻找该领域基本科学问题的同一性、普遍性与规律性。因此，理论必须对那些具体的多样化的现象与问题进行抽象，只有通过抽象，复杂系统管理理论体系才能体现自身的品质、功能与价值。而要做到对问题进行抽象，就必然要在一定程度上损失问题的细节、个性以及独特之处，因此，理论研究总是在一定的理想化状态下进行的。需要注意的是，理想化一定要有根据，以复杂系统管理活动来说，它是一类组织协调构建、重构复杂人造系统的实践类型，凡一种稳定的实践类型，实际上就是一种规则或规定性，也就形成了一种区别于其他类型的认知准则。理论研究只有依据这一准则才能对具体现象与问题进行理想化的抽象，才能形成基本的理论元素与理论逻辑。

前面指出，钱学森的复杂系统思想及由此形成的复杂整体性问题本体的物理复杂性、复杂系统空间中的系统复杂性，以及在管理科学范畴内的管理复杂性三者具有融通性，从而在更高层次、更大尺度、更多维度的哲学思维层面上为我们提供了对复杂系统管理问题本质属性的认知，明晰了复杂系统管理的思维原则与学术研究范式；反之，如果仅仅依靠多源头"复杂性词汇"开展复杂系统管理的研究，不仅很难在管理学领域构造一个基于复杂系统与管理科学紧密融合的学理同一性的平台，还会因为复杂性词汇本身缺乏管理内涵的深刻性，从而导致在诠释复杂系统管理现象、挖掘潜在的管理机理时，难有彻底和可持续的功效。

明确了复杂整体性是复杂系统管理理论的思维原则，就确立了对复杂系统管理的认识论。也就是说，不论复杂系统管理理论研究问题的具体形态怎样，问题的本质属性都被规定在复杂系统属性范畴内。这样,复杂系统科学的逻辑体系与话语体系将对我们确立理论研究思路、保证研究的规范性提供了极大的支持,管理科学也因此被复杂系统科学注入了强大的学术营养。

### 2.4 复杂系统管理实践思维

上述理论思维原则告诉我们,在一般意义上,研究复杂系统管理问题应该首先和主要研究它们的复杂整体性这一内核,并从内核上揭示问题的规律。但是,我们还要注意到,任何一个具体的复杂系统管理问题,都是个别的、实在的、独特的,甚至是独一无二的,最终都要形成一个完整的、唯一的、具体的人造复杂系统"完形"。

这样,就一个具体的管理问题而言,它既需要思维原则提供一般性道理作指导,还需要通过人的直观、直觉和各种非逻辑思维获得对该管理问题独特性、实在性的认识,并且在此基础上形成把一般性道理变成独特管理实体的意图、计划和方法。即要有从"虚体管理"的蓝图到完整的"实体管理"的筹划,包括具体的计划、流程、方法和技能等,只有在操作层次上把"筹划"一一落实了,复杂系统管理活动才有最终的实际意义。复杂系统管理中将这种以"筹划"为主要任务,旨在将"虚体管理"变成"实体管理"的思维方式称为"实践思维",这是复杂系统管理活动中区别于理论思维原则之外的另一种重要的思维方式。

复杂系统管理的实践思维主要内涵是:管理主体首先是对管理活动中直觉感受到的一类"复杂的"问题进行梳理和分析,并主要从管理多主体在利益、偏好、价值观等方面的异质性,对管理主体的适应性与自组织行为,管理活动要素之间的各类复杂关联,管理环境的深度不确定性、突变与演化等动态性,管理活动架构的多层次、层次之间的涌现或者隐没,管理过程中的信息不对称和不完全、不确知等方面进行分析、归纳,形成不仅仅运用还原论来完整认识管理问题的认知路径,此即管理复杂性的认知的综合集成。

进一步,主体在复杂管理活动虚体"可变性"思维基础上,通过多种适应性行为来"降解"问题的复杂性,并在管理活动中将复杂性整合与"复原",实现问题原来复杂性的真实和完整。

以上实践思维简称复杂性思维,运用复杂性思维范式应对复杂整体性问题的管理活动称为复杂性管理,复杂系统管理就是一类复杂性管理。复杂性管理是一类新的管理思维范式与形态,是传统管理思维融合了复杂系统思维范式,应对当今管理复杂整体性而与时俱进出现的适应性和时代化产物。

由此可见,在实践中,复杂系统管理不能只考虑问题与外部环境的相互作用和影响、问题内部要素之间的关联性、结构的完整性、功能的多目标等,这些主要是问题的一般系统性的反映,更要关注和致力破解问题的复杂整体性。复杂整体性既有各种形态的复杂性,又有复杂性基础上的"非可加"整体性,还有整体性引发的复杂性以及复杂性与整体性相互之间的纠缠与耦合,如问题的深度不确定性、整体层面上的还原论不可逆性等。因此,对人们而言,复杂整体性问题中出现的目标多元甚至冲突,问题前景难以预测,需要多次"试错"才能形成解决问题的方案,目标常常做不到"最优",有时只能够得到次优或者比较满意的方案,甚至只能从底线思维出发,考虑如何不致问题出现最坏的情况等,所有这些都是问题复杂整体性带来的挑战。

## 2.5　复杂系统管理基本范式

人的认识总是从具体到抽象、从感性到理性的,因此,在复杂系统管理过程中,人们首先是从直观上感受到复杂系统中复杂整体性问题的物理复杂性,这往往是人们在复杂整体性问题物质性资源组成的硬系统层面上对系统物理形态的感性、直观认知;接着,人们将复杂整体性问题的物理复杂性在系统科学思维层次上进行抽象,并运用系统科学话语体系进行表述,提炼出如复杂整体性问题环境高度开放性,工程主体多元异质性,问题要素之间强关联、多约束,问题状态或者主体行为与功能具有演化和自组织等系统复杂性属性,复杂整体性问题的系统复杂性是其物理复杂性在复杂系统范畴内的凝练与抽象,也是复杂整体性问题物理复杂性在复杂系统空间中的"映像"。进一步地,人们再在管理科学范畴内,结合前述系统复杂性,并依据管理思维原则、基本原理、方法论等,对复杂整体性问题管理的理论逻辑与话语体系进行转换,运用复杂性思维来认知、分析和解决问题。这就构成了复杂系统管理在管理过程中基本的物理复杂性—系统复杂性—管理复杂性学理链的完整性与融通性,可以把这一路线理解为复杂系统管理的基本范式或者基本模式。这符合钱学森提倡的"宜从研究各类具体的复杂系统入手,寻找解决具体复杂系统复杂性的机理问题,在不断积累的基础上,建立新的理论体系"的思想。

### 2.6 复杂系统管理学术内涵

学术,粗略地可以理解为学问,理论无疑是学问中最核心的部分,理论研究也就在所有学术活动中占据最重要的地位,因此,理论的创新价值一般就是学术发展的标志。

根据理论的一般性定义,复杂系统管理理论就是相关管理知识系统化与逻辑化的体系。

从前面我们知道,复杂的管理问题由简单问题、系统性与不确定性问题以及复杂性问题三个层次组成,每个层次的问题都有相应的管理知识,因此,复杂系统管理的知识自然主要是指关于复杂性问题的管理知识。

总体上说,复杂系统管理知识不仅需要将多个学科的知识进行汇总,而且在许多情况下,更需要我们把多领域、多学科的知识相互渗透,形成新的知识与方法,例如,对于复杂整体性问题的决策,需要我们把科学理论、人的经验、知识、智慧与计算机技术、数据科学融合在一起,形成新的分析力与判断力。这说明,复杂系统管理的知识既包括知识单元之间的集成,又包括知识单元之间的综合,体现了复杂系统管理知识的系统化。

另外,复杂系统管理的知识元素之间要通过彼此的隶属关系、包含关系、并列关系、联结关系、反馈关系等各类逻辑关系,通过推导、判断和推理帮助我们认识复杂系统现象,分析复杂整体性管理问题,还要能够利用系统化的知识群与知识链生成、拓展出新的知识。这样,知识的逻辑化才能保证和支撑复杂系统管理知识体系成为自生成、自发展、鲜活有生命力的"演化型"知识体系。

例如,复杂整体性是复杂系统管理的本质属性,具体而言,这是通过管理本体复杂性、管理主体行为复杂性与管理环境复杂性及彼此之间的逻辑关联形成的复杂系统管理这一人造复合系统的综合复杂性,因此,需要通过对各方面复杂性知识的逻辑化来形成、描述和分析这一人造复合系统综合复杂性的整体知识，并以此为核心开展一系列复杂整体性管理问题的研究。

这样，经知识系统化与逻辑化形成的复杂系统管理理论才能够指导我们在认识复杂系统管理本质特征的基础上，通过规范的思维方式和逻辑推导研究该领域反映复杂系统管理本质属性的那一类复杂整体性问题。

综上所述，复杂系统管理理论是人们在复杂系统管理实践活动与思维活动中建立起来的由知识为基本要素的系统化与逻辑化体系。在这一体系的支撑下，人们更有条理地描述和理解复杂系统管理实践活动中的各种现象，也更深刻地揭示管理问题与活动的本质特征和一般规律，因为该体系已经被赋予了系统化与逻辑化研究对象本质属性的品质。

## 2.7　复杂系统管理方法论

20 世纪 70 年代，钱学森首先在方法论层次上创新性地将整体论与还原论统一在一起，提出了认识、分析和解决复杂系统组织管理的方法论。20 世纪 80 年代初，钱学森又在系统论的基础上明确提出了系统论方法。系统论方法的基本路线是从系统整体出发将系统进行分解，再综合集成到系统整体，最终从整体上研究和解决问题。

由此可见，系统论方法不仅吸收了还原论方法和整体论方法各自的长处，同时弥补了各自的局限性，这对研究和解决复杂系统管理中的复杂整体性问题具有重要的指导意义。钱学森把这种解决复杂整体性问题的整体论与还原论统一在一起的方法论称为综合集成。

在复杂系统管理实践中，需要建立一个由管理主体群体组成的管理组织来操作、运用系统论方法。该管理组织将把管理活动的各个部分和各个问题作为整体性系统管理活动的一个部分进行研究和解决，各个部分的目标和解决方案都要从实现整体管理系统来考虑；同时，该组织又要把复杂系统管理活动作为各个部分构成的整体来设计和看待，而每个部分的目标都要从整体管理目标实现的角度来考虑；对管理过程中的各个部分和问题之间的冲突，管理组织也都要在遵循整体性目标的原则下解决。

运用系统论方法,对复杂系统管理活动进行组成要素选择、关联与结构设计、总体功能分析、活动与环境及其他系统之间的协调等,需要运用跨领域、多学科的手段与方法,包括自然科学、社会科学与人文科学的各种工具和方法,要对各类管理问题进行定性定量分析、系统建模、仿真、实验,在一定的科学程序下得到总体解决方案,并把这样的方案作为决策的依据或参考。

## 2.8 复杂系统管理方法体系

到了 20 世纪 80 年代,钱学森的系统论思想更加清晰。他认为,在处理复杂系统管理问题时,需要从整体层面上进行研究和解决,为此需要运用多领域、多专业的知识;需要采用人机结合、以人为主的方法;需要多领域专家的合作和智慧;还需要运用定性、定量及科学实验等方法。钱学森在此基础上将其发展为综合集成思想,并提出了将还原论方法与整体论方法辩证统一起来的综合集成方法体系。(钱学森,1981,1982,1991)

综合集成方法体系是钱学森长期以复杂系统管理为背景,融合多学科、多领域的技术与方法提出的一种用来认识、分析和解决复杂系统的复杂性管理问题的整体性方法。(钱学森等,1990)本质上,这类问题的复杂性主要来源于主体认知能力不足、客体本身及环境的深度不确定性等,而运用综合集成方法体系来处理这类问题时,具有以下优势。

(1)管理主体可以通过集成各类管理资源和各种方法,来提高对复杂性管理问题的认知、分析与驾驭能力。

(2)管理主体可以在实践中形成一个对复杂性管理问题认知与分析的过程。在这一过程中,将形成一个对问题相对无序、模糊、不准确但不断完善的方案序列来逐步逼近最终解决复杂性管理问题的方案。

由此可见,综合集成方法体系与复杂系统管理复杂整体性问题的特点及解决原则和路径是匹配的,与复杂系统管理思维原则也是一致的。

在指导复杂系统管理实际活动中,综合集成方法体系形成了一个具有分析、判断和解决复杂整体性管理问题功能的管理系统,这一系统包括以下部分:① 对复杂系统管理的复杂整体性管理问题开展分析的认识系统;② 对复杂系统管理活动进行运作的协调系统；③ 对复杂系统管理进行现场综合协调的执行系统。这也是复杂系统管理体系的三大实际功能。

综上所述，综合集成方法体系是在系统论指导下对解决复杂系统管理复杂整体性问题方法体系的整体设计，并非针对某一个具体的复杂性管理问题所使用的具体方法。但是，确立了上述综合集成方法体系的理念，既能够保证我们在系统论指导下确立方法论，保证方法论的科学性，又能够保证我们选择比一般方法论更结合管理问题实际且恰当的方法，使系统论在复杂系统管理实践中发挥实在的可操作的作用。（盛昭瀚等，2019）

当前重要的是要在复杂系统管理学术研究中，大力将综合集成方法转换成实际管理现场各种管理方法并形成方法体系，切忌简单地把"综合集成"当作概念化的"标签"。

## 3  复杂系统管理的中国特色

任何管理学术形态都属于主观的存在，它来自人们的思维对于现象世界原因解释的主观构造。凡构造物都有品格，即品性与格调，品格可以理解为一种质量属性，所以，管理学术是有品格的。管理学术的品格有多个维度，其中，"时代化的本土化"是其基本品格之一。

管理学术的"时代化"是指学术在与时代相互作用中与时俱进；而管理学术的"本土化"则是指学术要关注管理实践的空间位置。这样一来，管理学术的"时代的本土化"不仅充满着时代气息，同时还充满着浓厚的"乡土"气息。

复杂系统管理主要是对我国社会经济重大工程人造复杂系统中一类复杂整体性问题的关切与回应，因此，要充分认识到复杂系统管理学术的时代化总是与管理实践中国化紧密联系在一起。特别在今天，时代化是普遍原理，中国化是时代化在中国的具体形态；时代化通过中国化走向中国管理实践，中国化又通过中国管理实践与理论发展促进和推动学术的时代化。这就是复杂系统管理中国特色属性的渊源与品格的现实意义。

### 3.1 我国传统文化的滋润

复杂系统管理最初的渊源是复杂性概念。西方科学哲学强调实证主义，以现象论观点为出发点，认为一切科学知识都是建立在观察和实验的经验事实基础上，认为通过现象能够把握感觉材料，归纳得到科学定律。因此，在20世纪七八十年代，西方科学家在物理实验基础上感知到本体的"复杂性"现象，并试图通过各种基于现象的定义得到复杂性的科学定律。

中国文化中的本体却更具理学精神，如儒家的"仁"、道家的"道"、佛家的"性"等都表达了人的思维精神与观念本体。在这里，本体已经不只是物理、物质性，而更有物理、物质性之外、之上的人的理性。正是从中华传统文化这一本体内核出发，钱学森既看到物理、物质性本体，又看到人的"内为心性"的观念本体，在物理、物质、社会的一类"复杂系统"本体的认知基础上，凝练出表达人的思维与观念的"复杂性"，作为复杂系统本质属性，这一理念突破了还原论对复杂性思想的桎梏，并以一种理性思维的方法论来辨识复杂性，从而确立了一条自主性的认识复杂系统的路线，充分体现了复杂系统管理内涵中的中华民族文化精髓。

另外，近几十年来陆续出土的战国缣帛简印证了战国时期的儒、道、法、墨等诸子各家不同流派"诸家杂糅"的相融相合的现实，认同"万物虽多，其治一也"。这是我国两千多年前经过几百年文武两条战线思想熔炉锤炼而成的治理思想"集大成者"，它是我国传统文化体系特别是治理思维逻辑体系的源流（潘岳，2020）。

钱学森继承我国传统文化中这一"集大成"文化精髓，即把一个非常复杂的事物的各个方面综合集成起来，达到对整体的认识，以集大成得智慧。所以，钱学森把关于复杂系统管理的这套综合集成方法称为"大成智慧工程"，再将大成智慧工程进一步发展，在理论上提炼成一门学问，就是"大成智慧学"。所有这些，说明了中国传统文化不仅是中国两千多年历史长久发展的重要推动力，也成为今天构建复杂系统管理思想体系的强大基因。

### 3.2 钱学森系统思想的内核

钱学森是以复杂系统复杂整体性来界定和辨识复杂系统管理中"复杂性"

的，这让我们确立了实践中的复杂的问题、系统空间中的复杂性问题，以及管理空间中复杂整体性问题之间的学理同一性。没有这一学理同一性，就没有复杂系统管理的整体化内涵，也难有研究复杂系统管理的共同平台、逻辑起点与思维原则；复杂系统管理研究极可能缺乏自主性，如陷入国外"复杂性词汇"的学术话语依傍。

另外，钱学森还自主提出了如下的关于复杂系统管理的认知范式。

第一，复杂系统管理活动由管理决策主体与组织、总体决策支持体系、总体执行体系三个部分构成，各个部分分别有不同主体并有各自的组织运行方式及基本功能，部分之间相互关联、耦合，构成了一个更为复杂的递阶分布式管理组织系统，它是以复杂系统为子系统的复杂系统。

第二，通过决策主体部分与总体决策支持体系之间的相互作用，主要开展复杂系统全局性与战略性的决策工作，最终形成一整套关于复杂整体性问题的整体决策方案。

第三，总体执行体系部分主要将复杂人造系统造物与管理的一系列方案付诸实施。其中，管理主体的主要职能是通过对人造物硬系统与管理软系统进行整体协调、统筹与资源优化配置，从而保证有序和有效地实现管理总体目标。

第四，复杂系统管理活动中的各个部分、管理系统以及管理对象之间共同形成了递阶式的复杂系统，而复杂系统管理表现出的综合功能，如自适应、自调整功能不仅体现在该系统内部和整体功能上，而且体现在对外部自然、政治、社会、经济环境变动与演化的适应性和鲁棒性上。

上述关于复杂系统管理的思想已经成为复杂系统管理学术的内核，促进了复杂系统管理从系统科学到管理科学的转换与"落地"。

### 3.3 我国航天工程的积淀

复杂系统管理在我国有着极其丰富的实践基础，并源源不断地成为复杂系统管理思想、经验与理论的源泉。最能体现我国复杂系统管理实践与学术思想紧密结合的就是几十年来的航天工程与"两弹一星"复杂系统管理实践，所取得的成就在全世界都首屈一指，既包括复杂系统管理思想与理论等方面的原创性成果,也包括在驾驭复杂系统管理实践方面的系统性贡献,充分彰显了复杂系统管理在我国的强大力量。

钱学森以他从事数十年的重大航天工程实践为基础,于 20 世纪 70 年代在方法论层次上,创新性地将整体论与还原论统一在一起,提出了认识、分析和解决复杂系统管理问题的方法论。

20 世纪 80 年代初,钱学森在系统论的基础上进一步明确提出了系统论方法,复杂系统管理在方法论上属于系统论管理。系统论管理首要的是从整体上去研究和解决问题,通过系统论的优势,既要把管理对象的复杂整体性显现出来,还要把管理对象的复杂性驾驭住,进一步地,钱学森在此基础上提出了关于我国航天工程复杂系统管理的综合集成方法体系。

### 3.4　我国丰富的重大现实需求

当今,复杂系统管理在我国已经是社会经济重大工程等各个领域普遍的重要实践形态。

习近平总书记指出:"进入新发展阶段,贯彻新发展理念,构建新发展格局,需要解决的问题会越来越多样,越来越复杂。"并进一步指出"我国全面深化改革是一项复杂的系统工程"。系统工程是组织管理的技术,所以,习近平总书记的这句话表明,我国全面深化改革实践既是实践的复杂系统,也是复杂系统管理的实践,给我国全面深化改革指明了复杂系统管理的思维原则。

习近平总书记还指出:"创新是一项复杂社会系统工程。实施好关键核心技术攻关工程,尽快解决一批'卡脖子'问题。"一般来说,破解"卡脖子"技术的研发过程与最终复杂技术人造物的实现必然涉及社会、经济、科学技术、管理和文化等多个领域,需要把自然科学、技术科学、工程科学、社会科学与人文科学相结合,政府职能与市场职能相结合,专家经验与科学理论相结合,多种学科知识相结合,并使这些结合相互渗透融为一体;需要科学分析各种要素与资源的系统性与复杂性,以及如何"涌现"和驾驭复杂技术人造物形成的新动能。因此,破解"卡脖子"关键技术问题是一类典型的复杂系统管理活动。

例如,太湖是我国第三大淡水湖、重要水源地。长期以来,良好的太湖水环境对我国长三角地区社会经济发展起了巨大的保障支撑作用，但太湖水环境问题也非常突出和敏感。目前，太湖流域水环境问题虽然得到了较大缓解与改善，但是，总体上太湖治理效果的脆弱性、反复性、不稳定、不均衡等顽症一直存在。这些严峻的现实告诉我们，因为受制于边际效应递减规律，太湖治理已经进入爬坡过坎的攻坚阶段，特别是，当前太湖水环境治理面临着"生态文明建设新时期""经济增长转型升级期""治理攻坚克难期"三期叠加带来的复杂性巨大挑战，治理要求更高、工作难度更大、治理投资的持续增加出现困难，很多体制机制类水环境治理弱点，以及治理机理性动能不足和不均衡现象逐渐凸显。事实表明，太湖水环境问题及太湖水环境治理变革需要以现有治理体系理念、认知、模式与技术存在的问题为导向，以补齐系统性治理短板、深化对治理复杂性认知、提升治理绩效与鲁棒性为目标，通过水环境治理模式与技术的变革性重构，对太湖水流域自然关系、社会关系、经济关系、技术关系进行综合性改进、完善与优化，形成新的治理动能，推动太湖流域"人与水环境生命共同体"的实现，所有这些综合在一起，就形成了我国太湖流域水环境治理变革这一重大复杂系统管理问题。

综上所述，可以清晰地看到复杂系统管理领域中中国特色体现和反映在多个方面。

## 4 复杂系统管理：管理学的一个新领域

### 4.1 复杂系统管理是管理学的新领域

管理学是人类管理实践在科学层面上形成的理论、方法与应用体系，管理学体系内部，又因为管理思想、范式、主题、内涵、方法论不同而形成一个个相对稳定、特征鲜明的门类，即领域，每个领域都具有自身标志性的、能够区别于其他领域的独特属性和特征。

在这个意义上，复杂系统管理因为已经具有自身的学理逻辑、思维原则、实践思维、基本范式、基本内涵、方法论与方法体系，而具备了一个学科领域自我成长的逻辑起点、生态环境与内生动能，因此，复杂系统管理已经形成了管理学一个新领域的基本雏形。特别是，复杂系统管理还因为以下特征表现出自身生命力的强壮性与鲜活度。

（1）复杂系统管理不是用复杂系统科学取代管理科学，也不是管理科学完全照搬和套用复杂系统科学，而是管理科学在充分汲取复杂系统学术营养的基础上，通过揭示人与复杂社会经济重大工程系统中复杂整体性问题的管理行为与规律，增强自身应对复杂整体性管理问题的能力与活力。

（2）复杂系统管理是基于复杂系统思维与范式，通过复杂系统与管理科学融合而形成新的学术理念、模式与内涵。在实践上，它主要是针对复杂社会经济重大工程系统中一类"复杂整体性"问题的管理活动和过程；体现了研究问题的物理复杂性、系统复杂性与管理复杂性的完整性与融通性。

（3）复杂系统管理主要源于我国管理实践，有着长期的实践积淀与当今重大现实需求，充分体现着中华优秀传统文化的滋润，因此具有鲜明的中国特色。

（4）一般情况下，复杂系统作为人们对客观事物属性认识凝练的话语表述，是一个相对独立和具有特定背景的语义。复杂系统管理中关于复杂系统的认知源于钱学森构建的系统科学体系，这样，钱学森就在原创性的系统科学体系与管理活动类型之间以系统方法论为纽带，把原本混杂、无序、复杂的管理认知条理化和逻辑化了，使复杂系统管理在学理上具有合理性、适用性与规范性。

（5）复杂系统管理是个高度开放的系统，具有不同的学术流派和方向，但是，钱学森的系统科学体系与方法论已成为复杂系统管理最基本的学理逻辑链的内核与底蕴。

因此，根据恩格斯关于"科学是一种特殊的社会建制"和"生产的目的与科技发展水平之间的矛盾是推动科技进步的基本动力"的重要论断，复杂系统管理已经形成了我国管理学体系中一个具有中国特色、自身学理逻辑、方法论特征和实际应用优势的新领域的基本雏形。

### 4.2　复杂系统管理新领域的发展要旨

虽然复杂系统管理在多方面已经具备了一个领域的基本雏形，但是，如何深化与完备领域的学科体系、学术体系与话语体系建设，如何把"三个体系"融合成一个相互关联、相互促进的整体，如何实现复杂系统科学与管理科学融合，保证在管理学意义下复杂系统范式的适用性，从而使复杂系统管理跨学科研究范式转移具有必要的逻辑前提，特别是，如何根据当前现实情况，在领域"三个体系"整体层面上，做好将"复杂系统管理系统工程"向"复杂系统管理"转化，并让复杂系统管理植根于管理学学术生态中，仍是需要思考的问题。因此，不能认为复杂系统管理在管理学范畴内已经是一个成熟的领域，相反，它强烈表现出作为管理学的一个新领域的变革性内涵与发展要旨，需要做大量的原创性、体系性知识创新与变革。

总体来说，复杂系统管理可在整体性框架下，开展如下系统性研究：① 复杂系统管理逻辑前提与基础理论体系；② 复杂系统管理组织管理系统工程体系；③ 复杂系统管理知识形成范式转移与路径变革；④ 复杂系统管理综合集成方法论体系；⑤ 复杂系统管理综合集成方法论下的方法体系；⑥ 复杂系统管理典型重大应用。

另外，以下一些科学问题对于当前复杂系统管理研究具有重要的学术意义：① 社会经济重大工程领域复杂系统与复杂整体性问题基本属性与特征；② 复杂系统与管理科学融合的适应性与范式；③ 复杂系统管理活动中主体的基本思维原则；④ 复杂系统管理组织治理模式变革与关键技术；⑤ 复杂系统管理复杂整体性模型化与综合符号系统；⑥ 复杂系统管理交叉学科研究范式与新机制；⑦ 社会经济重大工程领域复杂系统管理若干重大科学问题研究；⑧ 基于现代技术环境下复杂系统管理方法新的拓展与突破。

哲学的基本原理告诉我们，不仅理论的"真"源于实践的"实"，而且理论的丰富、发展及方法论与方法体系的构建，也要依靠实践。因此，复杂系统管理理论体系研究必须扎根于现实的复杂系统管理活动实践之中，才不致使理论成为无源之水、无本之木，特别是要源于我国丰富的社会经济重大工程复杂系统管理实践，由对实践认知的"生动的感觉"逐渐升华为"理性的抽象"，在理论层面上形成共性知识和原理。例如，中国特色社会主义制度和国家治理体系对于"集中力量办大事"破解大规模、全局性复杂系统管理难题具有巨大的推动力，因此，要深入开展复杂系统管理中如何完善和发展国家治理体系和治理能力现代化的理论研究等。

在实践中,复杂系统管理理论思考与学术创新始终表现为一个继承过程,是对前人思想、学说的借鉴与学习过程,更是一个宏大的知识创新系统工程,要把创新放在第一位才可能取得发展与进步。因此,我们绝不能仅仅重复钱学森近 40 年前提出的那些思想和"金句",而要充分以我国当前重大战略性新需求为导向,充分保持学术韧性和想象力,实现系统科学思维在管理科学领域"落地",并形成管理科学应对复杂整体性问题的新动能。

## 4.3　复杂系统管理发展正在路上

现实和学理分析表明,复杂系统管理不仅已具领域的基本雏形,还有着巨大的发展、完善空间,因此,特别要注意研究过程中学理的规范性和范式的适用性。

虽然,学术思维的高度开放性有利于鼓励复杂系统管理在很多方面可以从其他学术领域学习到很多东西,但作为复杂系统管理基础性的认知范式与逻辑起点,应在统一的思维原则下,鼓励多学科交叉与融合,而不是、不宜、更不能以另一个领域的学术体系为基准,把复杂系统管理学术体系"投影"到该基准上,然后用该领域的学术思想、概念与话语来"翻译"复杂系统管理学术。这样的"寄生型"做法不是也不可能成为复杂系统管理理论研究的规范化路径。另外,也不能在没有统一的思维原则的情况下,仅仅以某个或多个其他领域的现成结论和方法为基础,再将它们"拼装"起来作为复杂系统管理学术体系。

因为以上种种模式都不能深刻反映复杂系统管理自身活动与科学问题在实践层面和认知层面上的本质属性,所以,无法保证获得知识的系统化与逻辑化、完整性与深刻性;至于用一些新科学领域的概念与名词来诠释复杂系统管理问题,可能具有小范围或孤立的意义,但同样会因为缺乏哲学思维同一性与实质性内涵而导致科学研究的内卷化。凡此种种都在提醒我们,开展复杂系统管理研究必须遵循学术发展的基本规律与范式。

当前,在复杂系统管理研究中,要特别注意防范以下几种可能的倾向。

### 4.3.1　忽视基础性理论研究

复杂系统管理研究具有学术上的突破性,需要原创性基础理论的支撑,但是,基础性理论的构建是困难的。因此,研究者不能为了快速取得研究成果而忽视和避开理论研究,仅仅沿袭某一现成的技术方法体系开展研究,这样不仅会使得复杂系统管理自身难以实现真正的学术突破,而且对复杂系统管理技术方法的研究也难以取得与基础性理论学理一致的方法体系创新成果。

### 4.3.2　研究问题逻辑模糊

复杂系统与复杂系统管理都是宽泛而模糊的概念,这给复杂系统管理研究带来了实际上的困难。从基本逻辑讲,复杂系统管理主要研究对象是社会经济重大工程复杂系统中一类复杂整体性问题,因此,那些完全遵循自然规律而不具有社会性规律的复杂系统问题不宜纳入复杂系统管理问题范围之中。进一步,对复杂系统管理中的人的行为准则与现象的复杂性研究,相当大的程度上不宜采用传统意义上的"管理""管控"思维与手段,而需要采用共享、融通、共治、多中心等现代治理思维与新的研究范式转移,这里要特别注意的是,不能以事实上的简单系统还原论思维研究复杂系统管理。

### 4.3.3　数学工具化倾向

管理问题数学化在管理科学研究中发挥了并将继续发挥重要作用。同时,我们也要充分注意到,复杂系统管理中的复杂整体性以及综合集成方法体系的内涵告诉我们,数学不仅不具备对复杂性问题的全部描述与分析的功能,而且其往往由于在面对现实复杂性时不得不"大力度"地降低复杂性来"适应"数学化范式的制约,这必然会"损伤"复杂系统管理的真实世界情景与人的行为的复杂性。这样,即使数学模型再新颖,技术技巧再"漂亮",也仅仅是用一个严重"失真"的复杂的问题来替换原本实实在在的复杂整体性问题,这样脱离实际核心情景的数学化谈不上真正的科学价值。

任何理论体系,它发现的道理、揭示的规律都是相对的真理,即它们都是相对正确、相对深刻和相对全面的。因此,理论只有相对的真理性,不能指望依赖一个理论体系解决复杂系统管理的全部实际问题。特别是在复杂系统管理实践活动中,除了逻辑思维,还有非逻辑思维与其他种种思维。因此,在复杂系统管理实践活动中,没有理论是不能的,但也不能存在"理论是万能"的想法。

另外,复杂系统管理模式不应理解为是唯一的,如同管理学领域内众多其他管理思想一样,在构建和发展复杂系统管理的态度上应该是开放的、包容的,要形成"百花齐放,百家争鸣"的态势,才有利于复杂系统管理学术的发展与进步。

构建复杂系统管理理论不是一件容易的事情,将其修正、完善、拓展和提升更需要长期艰苦的探索。考虑到复杂系统管理是一个含义广泛、深远的概念,它与时空、地域、实践类型、环境、文化、制度、历史、政策等紧密关联,又受到主体观察问题的视角、思考问题的方式与水平等的影响,因此,复杂系统管理的学术发展必然是一个要经过长时期努力才能一步步完成的任务,甚至永远没有彻底完成之日。

综上所述,当前,复杂系统管理现实对管理理论的构建提出越来越强烈的需求。同时,不断丰富的复杂系统管理实践、越来越壮大的研究队伍以及不断积累的研究成果也都为构建复杂系统管理学术体系准备和提供了许多基础性条件。在这个意义上,我国复杂系统管理实践与理论的发展正在前行的路上。

## 5　深化钱学森复杂系统管理学术思想的基本思考

综上所述,钱学森的系统科学思想、理论与他作为领军人物的我国航天工程与"两弹一星"的复杂系统管理实践,让我们强烈、明晰而深刻地感受到,几十年来,钱学森对我国复杂系统管理领域的学术内核与底蕴的形成做出了重大的奠基性贡献。

与此同时,时代的发展也需要我们在钱学森复杂系统管理领域的学术内核与底蕴基础上,根据新时代对我国管理学学术品格、贡献与特色等维度上的新要求,进一步凝练钱学森学术思想的时代内涵,深化管理论域,彰显文化精神,强化在国际学术舞台上的话语影响力。

钱学森关于复杂系统管理的核心内涵自20世纪80年代开始形成,至今已有近40年了。在近40年中,复杂系统管理的基本形态、现实需求、问题内涵、相关哲学思想、理论与方法的探索都发生了重大变化与进步,也面临许多新的挑战。另外，复杂系统管理作为管理学领域的科学建制，需要进一步把钱学森的系统科学思想及其话语体系按照管理学的思维与话语体系进一步系统化与逻辑化。在这个意义上，深化对钱学森系统科学学术思想管理内涵的认识与拓展，发扬钱学森学术精髓的韧性，是我们深化钱学森复杂系统管理思想时代性使命的基本背景与学理。

深化钱学森复杂系统管理思想的基本内涵是：在当今全球进入复杂的系统性大变革形势下，以钱学森复杂系统管理的内核和底蕴为基础和逻辑起点，努力继承、创新和发展钱学森学术思想，同时融合当代世界多元知识文明与现代科学技术，加快对钱学森复杂系统科学与系统工程学术的管理学内涵、范式、话语体系的深度挖掘与体系化是我们管理学界的一项有着深刻现实和前瞻性意义的工作。这一工作需要我国管理学界的广大学者在复杂系统思维范式与逻辑前提下，进一步注入管理科学领域新的思想、新的学理、新的论域、新的格局、新的话语与新的时代元素，使钱学森复杂系统科学与系统工程学术思想更深刻、更鲜活地彰显对当今复杂系统时代的管理活动特质、形态、行为和规律的洞见与驾驭，并作为一个具有中国特色的复杂系统管理"知识变革"与"学术主张"新体系在世界学术舞台上发出"中国声音"。

深化钱学森复杂系统管理学术思想不仅包括许多高端的学术提升和创新工作，也包括许多基础性的学术探索和铺垫工作，任重道远，总体上是一条漫长而艰辛的前进道路，需要我国学者们在若干年内继续默默无闻、坚持不懈；这也是当今我国管理学发展道路重大转折对管理学理论时代化与本土化品格的呼唤，是对我国管理学界直面时代性管理真学问与大学问的检验，我们应该为此做出时代性的贡献。

## 6  结语

当今，人类已经进入复杂系统时代，不仅复杂系统管理实践对落实中央重大战略方针、加强国家治理顶层设计与整体谋划具有重要现实意义，而且复杂系统管理学术研究在当今全球管理学研究领域中具有重大引领性、前沿性和厚重感,同时是在新的历史阶段和历史高度创立我国自主性管理学术的新标志。

　　钱学森复杂系统思想、学术成就与实践贡献已经成为我国复杂系统管理的内核与底蕴;在当前新的形势下,深化钱学森复杂系统管理学术思想是我国管理学界的一项时代性使命。

　　(刊于《管理世界》2021 年第 6 期,合作者为中国航天系统科学与工程研究院于景元)

## 参考文献

[1]　钱学森.创建系统学[M].太原:山西科技出版社,2001.
[2]　钱学森.大力发展系统工程,尽早建立系统科学的体系[N].光明日报,1979 - 11 - 10.
[3]　于景元.从系统思想到系统实践的创新——钱学森系统研究的成就和贡献[J].系统工程理论与实践,2016,36(12):2993 - 3002.
[4]　ROTMANS J, LOORBACH D, Complexity and transition management[J]. Journal of industrial ecology, 2009, 13(2): 184 - 96.
[5]　于景元.系统科学和系统工程的发展与应用[J].科学决策,2017(12):1 - 18.
[6]　于景元.创建系统学——开创复杂巨系统的科学与技术[J].上海理工大学学报,2011,33(6):508,548 - 561.
[7]　钱学森.再谈系统科学的体系[J].系统工程理论与实践,1981(1):2 - 4.
[8]　钱学森.论系统工程[M].长沙:湖南科学技术出版社,1982.
[9]　钱学森.再谈开放的复杂巨系统[J].模式识别与人工智能,1991,4(1):4.
[10]　钱学森,于景元,戴汝为.一个科学新领域——开放的复杂巨系统及其方法论[J].自然杂志,1990(1):3 - 10,64.
[11]　盛昭瀚,薛小龙,安实.构建中国特色重大工程管理理论体系与话语体系[J].管理世界,2019,35(4):2 - 16,51,195.
[12]　潘岳.被误读的"百家争鸣"[N].文化纵横,2020 - 09 - 15.
[13]　盛昭瀚,游庆仲.综合集成管理:方法论与范式——苏通大桥工程管理理论的探索[J].复杂系统与复杂性科学,2007(2):1 - 9.
[14]　盛昭瀚.大型工程综合集成管理[M].北京:科学出版社,2009.
[15]　于景元.系统科学和系统工程的发展与应用[J].科学决策,2017(12):1 - 18.
[16]　钱学森,许国志,王寿云.组织管理的技术——系统工程[N].文汇报,1978 - 09 - 27.

# 运用复杂系统管理思维破解"卡脖子"关键技术

## 一

当下,面对世界大变局的严峻形势,如何破解我国科技发展、产业提升、国家安全等方面关键技术薄弱环节,党中央进行了一系列重大科学判断和战略部署。2020 年 8 月 24 日,习近平总书记在经济社会领域专家座谈会上明确提出:"我们更要大力提升自主创新能力,尽快突破关键核心技术。这是关系我国发展全局的重大问题,也是形成以国内大循环为主体的关键。"同年 12 月,中央经济工作会议提出,要针对产业薄弱环节,实施好关键核心技术攻关工程,尽快解决一批"卡脖子"问题,在产业优势领域精耕细作,搞出更多独门绝技。

近年来,中国联合重型燃气轮机技术有限公司(以下简称中国重燃)承担国家科技重大专项之一的重型燃气轮机研发任务,并取得了重要进展与创新经验,结合这一成功范例,我们更深刻感受到中央这一系列重大科学判断与战略部署的前瞻性与指引性意义,进一步增强紧抓科技创新、落实新发展理念、推动高质量发展、构建新发展格局的坚强信心和决心。

重型燃气轮机广泛应用于战斗机、舰船、民航客机以及发电领域,全球五分之一的发电量来自燃气轮机联合循环发电,故成为能源行业的核心装备,被誉为装备制造业"皇冠上的明珠",其发展水平被普遍认为是一个国家工业基础和科技水平的综合体现,直接关系到国家安全、经济发展和国家竞争力。

在过去的 20 多年时间内,我国以市场换技术的方式,通过引进消化吸收,具备了重型燃气轮机冷端部件制造和整机总装能力,但是整机设计和热端部件制造等核心技术尚没有取得突破,我国重型燃机技术相对落后国际先进水平

30 年以上，成为我国名副其实的"卡脖子"关键技术。

党中央、国务院高度重视航空发动机及燃气轮机在国家经济发展、国防安全中的战略性地位，于 2015 年决定实施"两机"专项国家科技重大专项；2016年，国家"十三五"规划将"两机"列为百项重大工程之首；同年 12 月，国务院确定国家电力投资集团公司为重型燃机工程的实施责任主体，中国重燃为具体实施主体。

中国重燃负责的重型燃气轮机研制任务（重燃专项）由基础研究、条件建设、关键技术研究与验证、技术验证及产品研制等多项目组成，形成了一个多层次、跨领域、覆盖性全、关联性强、界面接口复杂的项目体系。

重型燃气轮机设计研发涉及热力、气动、传热、冷却、燃烧、结构、强度、工艺、材料、电气、控制、测试等多个专业，技术难度高，研发周期长，资金投入大，不仅是科学技术与工程制造领域内的一场硬仗，还涉及复杂的资源整合与优化配置、技术创新管理、风险防范等一系列组织管理问题。需要将自然科学、技术科学、工程科学、社会科学与人文科学相结合，政府职能与市场职能相结合，专家经验与科学理论相结合，多种学科知识相结合，并使这些结合相互渗透融为一体，形成推动重型燃机专项重大创新工程顺利完成的新动能。

在过去几年里，中国重燃通过党建工作的坚强引领，显著提升了企业的科研创新能力、制造现场驾驭能力、综合管理能力，优化了组织模式，发挥了文化的作用及新型举国体制的优势，特别是明确提出了具有全局带动性的"科研工程化"理念，在重型燃气轮机研发专项工作中取得了显著成果，创造了多方面的经验，在某些专项工作中极大缓解了此前面临的延误、被动局面，获得国家主管部委的充分肯定，也为今后工作打下了坚实的基础。

本文在中国重燃大量、全面和鲜活的案例基础上，梳理了中国重燃提出的"科研工程化"理念的科学内涵；并在重大工程管理理论层面上总结了中国重燃面对重型燃气轮机这一重大复杂工程，以复杂系统管理思维破解重型燃气轮机"卡脖子"关键技术问题的实践与经验，他们系统性的创新工作清晰表明，中国重燃的实践与经验对我国重大专项工程的实施具有重要的普遍示范意义。

## 二

一般来说,"工程"是按照人的某种意图建构人造物实体的活动,工程活动又是一个完整的过程,它包括造物意图的规划、造物方案的设计、造物活动的组织与实施,直至人造物实体的完整形成。因此,"工程"这一概念主要是指根据一定意图而创造人造物实体的活动过程,有时,"工程"一词也被指为人造物实体本身。重型燃机研制就是一项典型的工程活动。

既然工程是一类具有独特属性的实践活动,人们必然对它要有独特的认知,要做到这一点,需要我们在与工程有着紧密关联的更高层次、更大尺度范围内进行思考,要有关于工程的哲学思维及思维的逻辑起点,这就要在认识论与方法论层面明确对工程本质属性的认知。

根据系统科学思想,工程与系统这两个概念在整体性与功能性上学理是同一的。这为我们提供了在学理上认知工程本质的理论逻辑,即任何工程都是系统,任何工程实践都是系统的实践,也是实践的系统。因此,"系统性"是一般工程的本质属性。

随着人类社会的发展与进步,人类造物工程活动规模越来越大、内涵越来越丰富,形成了一类重大工程。例如,重型燃机专项工程技术复杂、制造主体多、供应链长、资源整合与配置要求高、制造环境和路径深度不确定、各类风险易发、制造主体的认知能力往往不足或者欠缺,所有这些都表明,研制重型燃机是一项重大工程造物活动。在复杂系统思维下,重大工程就是复杂系统,任何重大工程实践都是复杂系统的实践,也是实践的复杂系统,因此,"复杂性"是一般重大工程的本质属性。

这样,我们就确立了重型燃机工程专项的思维原则,这为我们科学认识中国重燃提出的"科研工程化"理念的价值和意义提供了逻辑起点。

现实中,在重型燃机造物前期甚至在造物之前,就需要搞清楚这一人造物是否符合以及如何才能符合客观世界的基本原理和运动规律,又如何才能够获得客观世界原本没有但重型燃机造物必须具有的资源要素,如新材料、新标准、新工艺、新工具等，发现和构建这一类理论知识的科研活动就成为重型燃机这一重大工程造物成功必要的科学研究活动。显然，一个重大工程造物活动，在对其基本规律认知不完全、不准确，或者其基本原理不齐全、不完善的时候，在造物前期都要进行这类相关的科学研究，为后续工程造物活动奠定科学原理和支撑条件，而具体需要掌握哪些科学理论、掌握到什么深度，必须以该特定的重大工程造物实际需求为导向，**故称此类直接以工程实际需求为导向的科学研究活动为工程科学。**

工程科学是现代科学研究体系中的一类直接服务于工程造物的特定科学活动类型，它具有一般基础科学研究的基本属性，如基础性、探索性、不确定性等。但是，它既然直接服务于工程造物，工程主体就应对工程造物的基本原理与规律做出详尽的分析，精准梳理和确定哪些理论知识是自己知道的，哪些是自己不知道的，特别要小心是否存在自己还不知道自己不知道的，即存在工程造物过程中基本原理与规律的认知盲区，这往往是工程科学研究中的潜性风险。中国重燃专项中的基础研究就属于这类工程科学研究活动。

另外，光有工程科学研究的新理论知识对工程造物来说是不够的，还需要在这些新的科学知识指导下，掌握齐全的实现造物的具体手段、技能、工具与方法，如清晰的原材料与产成品的关系，工程造物的工艺、工法、工具、设备、设施、标准、规范、指标、计量方法等，这些统称为工程技术。与工程科学相比，工程技术更强调造物现场的应用与执行，而工程科学更强调对造物原理的揭示和发现。

掌握了造物必要的科学原理和具体的造物技术，我们自然可以把工程科学、工程技术与工程造物三种不同类型的实践活动按照"工程科学—工程技术—工程造物"有序构建成重大工程造物实践全过程，这是重型燃机专项工程基本活动的逻辑结构，也是重型燃机专项的产业链、供应链的基本形态。

由此不难看出，在上述重大工程造物完整的活动链中，工程科学（也包括一部分工程技术）活动是后续工程造物的基础性和支撑性前提条件，也往往表现为重大工程造物的"卡脖子"关键问题。无数事实证明，在一个领域内，一旦解决了这类"卡脖子"基础科学问题，就能为重大工程造物提供突破性、原创性的科学原理，工程技术也有了理论支撑，就能把重大工程造物与跨越的主动权牢牢掌握在自己的手里，实现重大工程造物的转折性飞跃；反之，不能解决这类"卡脖子"关键科技问题，重大工程发展升级就没有"金钥匙"，就只能受制于人。在这个意义上，重燃专项研制全过程中的工程科学（也包括一部分工程技术）的突破就是这把解套"卡脖子"关键问题的"金钥匙"。

中国重燃正是清楚地认识到重型燃机重大工程需要完整的"工程科学—工程技术—工程造物"有序全过程，所以，不仅在重燃工程项目体系的顶层设计中安排了专门的以专项实际需求为导向的基础研究项目，还提出了具有全局性意义的"科研工程化"理念，这实际上凸显了工程科学（也包括一部分工程技术）在整个工程活动链中的基础性与引领性作用。

## 三

工程科学与基础科学研究类似，主要表现为探索、试错等活动特征。我们常常把基础科学研究中的这类活动比喻为"摸着石头过河"。但是，需要指出，如果仅仅这样来理解工程科学活动，可能会泛化工程科学的本质属性，降低工程科学活动的精准性原则。

具体来说，探索、试错的"摸着石头过河"模式，一般是因为人们在探索未知规律的创新活动中，对前进方向与路径缺乏明确的认知与了解，因此，是为了降低风险、提高成功度而采取的一种适应性迭代行为。这种行为充分利用了主体对自身一个极小"邻域"信息或知识掌握得比较充分，而对稍大"邻域"就变得模糊和混沌的特点来决定自己在极小"邻域"内的行为，就像人为了过河只能摸着水下最近的一块石头，站稳了然后才能迈出下一步。显然，这一形象的说法是就基础科学研究活动总体行为而言的，如果我们把这一行为分解得更细致点，可以看出如下三点。

第一，对一类基础科学研究活动，"过河者"并不追求或者无法预估是不是一定能过得了河，过了河也无法确定在何处上岸，一些难度较大的基础科学问题研究大抵如此,研究主体几乎是在认知盲区中摸索前行。

第二,对于一类应用技术创新活动,"过河者"努力希望过河成功,即创造出新的应用技术,但新技术能在哪些领域得到应用并创造效益,相当于"过河者"过河前就考虑在什么地方上岸,似乎为时过早,因为这些问题更可能是"河对岸"市场或企业家解决的事情。

第三,对于一类工程科学活动,"过河者"不仅有着必须成功过河的既定目标,而且在何处上岸也要有精准设定,因为这些都以工程造物实际需求为导向、特别是被解决"卡脖子"技术问题所严格规定好的。

综上所述,不同类型的科学研究,"摸着石头过河"的方式与策略有着很大差异,其中,对解决重大工程造物,特别是解决"卡脖子"关键技术的科研活动,一般不宜笼统地按照"基础理论研究——一般技术创新—实际应用"模式开展,而主要是通过构建完整的"工程科学—工程技术—工程造物"活动链进行。

由此不难看出,就中国重燃的重型燃机轮机专项实践而言,前期的科研环节主要对应"工程科学"或者"工程科学"与"工程技术"的融合,是一类精准地为重型燃机轮机专项造物服务、旨在揭示和发现工程造物中必要的基本原理与规律的科学研究与技术创新活动,这好比是一类具有精准"登陆点"的"摸着石头过河"的探索性活动,也是中国重燃一切科研活动都以专项实际需求为导向的理念的体现。**这是中国重燃提出的"科研工程化"理念中"科研工程"这四个字的基本含义。**

# 四

重型燃机轮机专项造物活动的根本目的是成功制造符合各种设计要求的燃机轮机实体,工程科学是实现这一目的的基本前提,工程技术则是实现这一目的的主要抓手,从前提到抓手需要一次重要的属性转化,即由重型燃机轮机基本原理和客观规律转化为实现成功造物必要的技术,这样,重型燃机轮机工程现场才有实实在在的抓手与支点。一般来说,重大工程技术是指人们根据工程实践和自然科学原理总结积累起来的经验、知识而形成的工程造物必需的各种工艺、方法、技能、工具与装备。应把重大工程技术理解为一个支撑和保证实现工程完整实体的技术体系,而不仅仅是一项或几项单元技术。

从工程造物活动需求的完整性看,重大工程技术既包括形成工程物理实体的工程技术,还包括使工程造物活动有序和有效的管理技术。也就是说,既包括工程硬技术,如施工工艺、技能、方法及先进材料、装备等,又包括管理软技术,如管理体系、组织流程及管理方法等。

从层级上讲,重大工程技术体系大体上可以分为一般型技术、改进型技术与突破型技术。其中,突破型技术是由工程制造的跨越性或复杂性而导致的基本原理尚不清晰、工艺尚不健全甚至还完全不被掌握的新技术。这类技术一般不能通过对已有成熟技术做简单的整合或改进而获得,需要通过技术创新实现技术阈值的突破或跨域而获得。

显然,关系到重型燃机轮机专项成败的技术主要是上述后两类,特别是突破型技术。其中"技术阈值"包括"技术原理阈值""材料性能阈值""装备功能阈值"等。无论哪一方面,阈值突破的难度与重大工程复杂性之间的关系往往是非线性的,即技术突破难度的增大会远大于工程复杂性的增大。这就使得在重大工程实践过程中,不可避免地会遇到关键技术需求与供给严重不足的矛盾。而供给不足的主要原因一般包括工程环境与施工方案的独特性、没有成熟的技术储备、国内外没有相近的替代技术、技术垄断或技术转让价格高等,这就是所谓被"卡"了"脖子"。

破解这类"卡脖子"突破型技术,核心是在工程科学基础上的技术阈值突破或跨域,这本身就是一项重大复杂的知识创新系统工程,需要精心、有效地组织管理,即所谓重大工程技术管理。

总的来说,重大工程技术管理是依据重大工程技术活动规律,针对重大工程技术创新及技术应用所开展的确立技术要素单元、制定技术控制标准、明确技术责任、开展技术决策与选择、进行技术配置与整合等围绕重大工程技术供给与技术保障的组织管理等活动。

重大工程技术选择不只是指对某一两项单元技术的选择,而主要是依据工程造物整体需求的技术体系选择以及依据工程造物过程需求的技术序列供给与知识序列的推送。另外，技术选择绝不仅是对多项技术进行技术先进性的比对，而是把技术作为工程设计方案的要素之一，通过对设计方案整体意义上的综合评价与比对来确定技术方案。也就是说，要把技术自身的先进性、成熟度等与它对工程造物过程中的综合贡献，如技术经济性、安全性、质量保证等进行整体性的系统评价。

工程造物讲究造物过程的持续有序演化与收敛，这意味着一旦重大工程技术选择完成，即使在某些细微局部上可以进行改进与完善，但从总体上讲，技术选择是不可变更即不可逆的。由于关键技术选择必须在工程设计方案期内完成，这就决定了技术选择是一项即时、复杂但需要长期保持有效性的管理行为，因此，需要有充分体现重大工程技术选择行为特点的技术管理活动作为保证与支撑。

重大工程专项的突破型技术都具有极强的自主创新性，因此，重大工程技术管理的核心之一必然是专项技术的创新管理，这是一类以组织与实现技术创新为目的的重大工程技术创新管理活动。

重大工程技术创新管理的最主要职能是做好技术创新战略选择，即做好技术创新的顶层设计与战略规划工作，包括工程导向多方支撑战略、多层次创新战略、创新产业链战略，还包括技术创新平台构建、技术创新路线设计等，所有这些都具有深刻的技术创新管理内涵。

重大工程专项从立项决策、设计、研发、制造，直至最终完工和交付使用，这一系列过程构成了重大工程专项的全生命周期。在重大工程专项的全生命周期的不同阶段，分别会涉及技术选型、技术评估、技术方案设计、技术控制、技术审核、技术维护管理等技术管理的内容，因此，应该把专项技术管理理解为一个完整的、面向工程专项全生命周期的技术管理活动。

在重大工程活动全过程中，提出技术管理有着深刻的理论价值和实际意义，特别是如果把工程科学管理与工程技术管理相融合，如同设计施工一体化那样，将有利于工程造物的高质量与高效益。

# 五

从全方位视角观察,工程科学、工程技术及技术管理仅仅是中国重燃重型燃机轮机重大工程整个系统的一部分,要实现工程整体性目标和形成高质量产品还需要确立更加整全性的现代化治理理念,充分发挥"政府-市场"二元协同与"科技-管理"综合体系的作用,根据重大工程管理的基本规律,进行专项工程总体规划论证、顶层设计研发、资源整合与优化配置、组织模式适应性调整、科技创新管理、现场综合控制与协同、复杂性风险防范、现代信息技术应用、多维度社会责任、文化力量释放等全景式工作,并且在专项工作整体性有序向前推进和收敛过程中,有效控制各类不确定风险,保持决策情景鲁棒性。

1945年,毛泽东同志在《反对党八股》中谈科学化、大众化问题时说:"'化者',彻头彻尾彻里彻外之谓也。"根据这一精神就能够理解,中国重燃在重型燃机轮机专项实施中提出的"科研工程化"的含义不仅是一切科研活动以工程实际需求为导向,更包含着当今"大科技"时代的"大工程"思维、"大系统"理念,以高度自主性和适应性做好重型燃机轮机专项"工程科学—工程技术—工程造物"活动链的每一个环节的转化,既要有宏观层次上的工程从零到壹的演化与收敛,也要有微观层次上每一个接口与界面的有序衔接和转化,即强调在专项工作中做好工程产品化过程中的有序转化、强化、进化和优化工作,同时防范和制约一切异化、退化、僵化和虚化行为。**这就是中国重燃提出的"科研工程化"理念中"化"这个字的基本含义。**而"科研工程化"则充分体现了中国重燃在重大专项实施中的系统观念。

习近平总书记指出,系统观念是具有基础性的思想和工作方法,全面深化改革是一项复杂的系统工程,创新是一个复杂的社会系统工程,需要加强顶层设计与整体谋划,加强各项改革关联性、系统性、可行性研究。

综上所述,近年来中国重燃专项工程工作清晰地显现了一条面对重大工程复杂系统挑战的复杂系统管理的思维主线:**在担当解决国之重器"卡脖子"关键**

**技术的历史使命中,心无旁骛地坚决以工程需求为导向;责无旁贷地一切服从、服务重大专项工程的伟大事业。**这是中国重燃包括"科研工程化"理念的全部系统性创新实践给我们的现实启示。

(刊于《国家治理》周刊,2020 年 12 丙)

# 从系统管理到复杂系统管理

## ——写于《系统管理学报》创刊 30 周年之际

## 1  管理的系统性与系统性管理

《系统管理学报》早期是 1992 年 5 月创刊的《系统工程理论方法应用》，2006 年更名为《系统管理学报》，并改为双月刊，至今已经走过了 30 年历程。总结和回顾《系统管理学报》这 30 年，其中镌刻着我国老一辈著名系统工程学家王浣尘教授及此后一批优秀中青年系统工程学者的辛劳。主编陈宏民教授在纪念本刊创办 20 周年成就时所说的"艰辛的辉煌"具有高度的概括性。

无论是早期的《系统工程理论方法应用》，还是现今的《系统管理学报》，"系统"一直是该刊学术思想的内核，这有着深刻的蕴意。

"系统性"是一切管理活动、理论与问题的基本属性。这样，"系统管理"就是以"系统性"为思维原则的"系统性管理"，它的核心原则是依据系统的概念、原理和方法来认识、分析和解决生产造物的管理问题，在把生产造物视为一个完整系统的思维下，通过系统的要素分析、关联分析、功能分析和组织行为分析，从整体上规划、设计、组织生产造物实践；在具体技术层面，采用明确目标、严格分析、注重定量化和程序化进行生产造物活动的规划、设计与现场活动协调，以实现生产造物的整体目标与优良的综合效果。概括地说，系统性管理就是坚持和保证管理活动和过程的整体性、关联性、动态性统一的管理模式。

这一核心原则十分重要，它告诉我们，由于系统与管理之间基本属性的同一性，因此，系统与管理之间就存在相互融通的学理性，不仅可以在管理实践中提供一般的系统性规划、配置和组织管理活动原则，而且随着系统科学、管理科学自身的发展,还可以与时俱进地不断拓展出新的以系统为"根"的学术主张与知识变革,当前渐成热潮的复杂系统管理就是一个示例,这既是《系统管理学报》30年笃步前行,取得"艰辛的辉煌"的基本原因,也是《系统管理学报》在今后发展的道路上,能够不断涌现出持久张力的重要原因。

## 2　管理理论的哲学思维

任何管理理论形态都属于主观的存在,它来自人类管理思维对于管理活动与现象世界原因解释的主观构造。在一般意义上,管理理论是人们在管理实践活动与思维活动中,依据一定的哲学思维建立起来的系统化与逻辑化知识体系。

管理理论之所以要以哲学思维为依据,是因为任何管理领域的理论研究都要有其逻辑起点,都需要在认识论与方法论层面,即在哲学思维层面确立对该领域问题本质属性的认知。而要做到这一点,一般不能仅在该领域之内、该领域局部范围内或者该领域具体技术和方法层面内实现,还要在与该领域有着紧密关联的更高层次、更大尺度、更多维度上进行探索,并在哲学思维层次上,明确该领域问题的本质属性与学术研究的基本范式。另外,哲学思维要求认识论与方法论的统一,因此,确立了哲学思维才能明确该领域理论研究的方法论与方法体系。

这说明,哲学思维的辩证性、批判性以及强调实践第一的基本原则为我们不断开展管理理论创新研究提供了一种正确的思维范式。

## 3　复杂系统管理时代的到来

在包括社会、经济、科技与工程等人类广阔的管理实践领域,不论出现过怎样的曲折,总体上是一直向前发展和进步的。一方面,管理活动与问题越来越复杂,需要不断以新的管理哲学思维引导人们的管理实践;另一方面,管理哲学思维的进步对人类管理能力的与时俱进也产生了巨大的促进和推动作用。

具体地说,当今管理哲学思维尤其强调以下几点。

第一,复杂性。当今几乎所有管理活动、现象与问题,无论如何细分为不同的领域、方向和类型，我们都可以在"复杂性"意义上凝练、抽象它们本质属性的同一性、普适性与规律性，并从复杂性这个"根"上揭示管理活动与行为的基本规律。

第二，变革性。当前，世界正处于大发展大变革大调整时期，从而导致人类管理学学术发展道路出现了需要做出重要战略性选择的"转折点"，并要求我们在转折点上辨识与确定管理学术发展道路的新的前进方向。完成这一历史重任的最重要任务是强化我们的重大科学问题意识，提升发现问题理论价值的能力。

第三，统领性。在一定意义上，管理活动与过程是人们依据"设计的知识"来实现的，这样，管理理论不仅直接为人类的管理实践提供认知引导与方法支持，更为管理主体传递一种思维的力量与行为规则。这两种情况既有在条件具备的情况下，如何用好现成的知识来解决问题；更有在条件不完全具备的情况下，创造出原本不存在的知识来解决问题。要实现这两点，唯有在正确哲学思维的指引下方能做到和做好。

在以上三点中，第一点"复杂性"最具管理实践活动的客观现实性，是对当今最有理论价值的现实问题属性的概括，这类具有复杂性属性的问题既有着作为管理理论研究以问题为导向的基本品质，又鲜明显示了当今充满复杂性的时代特征，因此，在所有的管理科学问题中，最能够表现出问题的现实价值。这样，当前积极关注和应对这类"复杂性问题"将使我们在管理科学研究中捕捉到这类高理论价值的问题，从而能够站在理论哲学思维的高度，增强看透问题本质属性的能力，或者给人以管理哲学思想的力量。

当今，我们正面临着人类深刻的时代性社会变革，这必然在世界范围内引发广泛而深刻的社会经济发展方式与管理范式转移，这是当今时代性形成的最现实的管理复杂性特质的普适性渊源。

在如何对待当今管理复杂性特质挑战的问题上，需要我们仔细而深刻地思考以下两点。

（1）必须正视因时代性而出现的复杂性管理新的现实形态、内涵和需要确立的适应性管理新思维。

（2）虽然在某些场合中仍然可以因袭和借助传统的管理思想与理论观点，并且也能有某种成效，但这一种赋能形式远远不能满足复杂性对管理理论创新的强烈需求，我们只有实现新的思维范式转移，才能够直面当今复杂性管理的真问题与大问题。

这是当今人类发展道路重大变革对管理学领域哲学思维与理论进步高品质的呼唤。可以预见，我国管理学界一定会坚持不懈地把管理理论的时代性与我国管理实践本土化紧密结合在一起，为人类共同的管理文明发展做出更大贡献。

概言之，在当今管理实践活动与管理学术研究中，以具有"复杂性"属性的管理实践、管理活动与管理问题为导向，无论对切实解决现实中的重大实际问题，还是在新的管理哲学思维范式引导下，提出关于这类管理活动与问题新的学术主张与知识变革，形成管理学新领域理论体系都具有迫切性、重要性与现实价值。

这一重大现象被人们称为复杂系统管理时代的到来。

## 4　复杂系统管理的学理要点

由于篇幅关系，我们不能在本文中详细介绍复杂系统管理的学术内容，以下仅对复杂系统管理的学理要点进行简要梳理。

第一，"复杂系统管理"是由"复杂系统"与"管理"融合并具有实在、清晰与牢固学理性的科学概念，它的最基本构件是"复杂系统"，作为科学概念，"复杂系统"不是自然语言的"复杂的系统"，"复杂系统管理"也不能直白地理解为"复杂的系统管理"等。

第二，在近百年不同领域的科学发展历程与情境下，人们形成了不同的关于复杂系统的认知路径，这都是人类思想文明的重要组成部分。比较欧美基于复杂性词汇（复杂性科学）的复杂系统观与钱学森复杂系统观，前者更贴合自然系统复杂性，而后者更适于社会经济管理系统复杂性。

第三,钱学森复杂系统的主要思想是在复杂社会经济系统中普遍存在一类复杂性问题(复杂社会经济现象中的科学问题),不宜把这类问题的"复杂性"仅仅作为一种人为的定义来研究,而应该从本质上以系统哲学方法论来辨识和规定。具体来说,凡是不能用还原论方法或者不宜用还原论方法处理的(还原论不可逆)问题,而要用或宜用新的科学方法处理的问题,都是复杂性问题。钱学森认为,与其空谈复杂性,不如从研究各类具体的复杂系统入手,寻找解决具体复杂系统的复杂性问题,在不断积累的基础上,建立新的理论体系。钱学森讲的复杂性问题,是一类还原论不可逆的"复杂整体性"问题,这是钱学森关于复杂性思想的灵魂。同时,在钱学森构建的系统科学体系内,还原论不可逆(复杂整体性)衍生出了一类复杂系统的基本属性,即基于复杂整体性的复杂系统。

随着系统科学的发展与深化,在管理学领域,如同基于系统性形成了"系统性管理"一样,基于复杂性也形成了"复杂性管理",复杂系统管理是"复杂性管理"类中一种有着独特性、对复杂系统中一类还原论不可逆性问题的管理范式,钱学森的复杂性思维与复杂系统观已经成为这一复杂系统管理思想的内核与底蕴。

钱学森通过复杂性哲学思维延伸出复杂系统本质属性,充分体现了中华哲学的文化蕴意,并在历史逻辑、现实逻辑与理论逻辑的一体化上凸显了中国学术特色;在这一学术大背景下,当今我国各个领域的复杂系统管理思想、学术与实践创新为中国特色复杂系统管理发展提供了良好的生态环境;

从思维本质上讲,不宜仅仅把"复杂系统管理"看作复杂系统学科与管理学科在技术和方法层面上的交叉和融合,而宜把它看作当传统管理思维、理论与方法在遭遇越来越多的复杂整体性问题挑战时,出现了驾驭、应对与解决复杂性管理问题能力不足的困境,人们适应性地通过复杂系统思维范式转移,在复杂系统哲学思想指导下的一次面对复杂性管理体系的整体性重构与升华,是管理哲学对管理思维与实践范式转折的一次援助,也是中华哲学思想在管理学普适性知识变革中的一次思想力量的显示。

30 多年前,我国学术界曾跟随国外复杂性科学思想与话语路径积极探索过社会经济系统管理问题分析,取得了多方面的体验;今天,一些学者仍然在这一条路径上继续向前攀登,体现了当今我国复杂系统管理学术发展百花齐放的多元化状况,值得肯定与鼓励。同时,在 30 多年之后的今天,我们除了要继续沿着国外复杂系统观学术思想与话语体系往前走之外,是不是更应该思考如何在解决我国大量、生动的复杂系统管理现实问题中走出一条中国自主性、原创性的关于复杂系统管理的学术创新道路来。

在《中共中央关于制定国民经济和社会发展第十四个五年规划和二〇三五年远景目标的建议》中,将"坚持系统观念"作为"十四五"时期我国经济社会发展必须遵循的五项原则之一,指明了提高社会主义现代化事业组织管理水平的方向。这是党中央总揽全局做出的战略部署、提出的明确要求,意义十分重大。从现实问题的复杂性看,这里的"系统观念"相当程度上应该被理解为"复杂系统观念"。

国家自然科学基金委管理学部管理科学与工程学科提出了"十四五"18 个优先研究领域,其中,复杂系统管理列 18 个之首,凸显了复杂系统管理研究为"十四五"期间重中之重、重中之先的地位。

这些都说明了,当今社会已经进入复杂系统管理时代,复杂系统管理已经以其新的内涵成为当今全球管理学具有普遍公认的学术引领性、前沿性与厚重感的新领域。

## 5  系统管理向复杂系统管理的升华

10 年前,在《系统管理学报》20 周年之际,我有幸在《系统管理学报》2012年第 6 期上发表了《湖泊流域系统复杂性分析的计算实验方法》一文,提出了从复杂系统视角对湖泊流域社会-经济-自然复合系统进行分析,揭示湖泊流域复合系统治理必定是一个复杂巨系统工程,作为认知复杂性的新途径,应用计算实验方法分析湖泊流域系统复杂性的观点。今天,一晃 10 年过去了,我国管理学术界对复杂系统管理的思维、理论的认识以及解决我国重要现实问题的能力都有了深刻的进步,在不同领域中都形成了关于复杂系统管理的新的学术进步。

例如,在这 10 年中,我国学者基于复杂系统管理基本属性与逻辑体系,构建了复杂工程系统管理理论体系,在工程界,这一体系可以表述为"重大工程管理基础理论",更有意义的是,我国学术界与工程界专家共同花了 13 年时间,将工程领域中复杂系统管理这一理论体系全方位应用到港珠澳大桥管理实践中,并共同著成即将出版的学术专著《复杂工程系统管理理论与中国港珠澳大桥工程管理实践》,这一兼顾工程管理界语境与系统科学界语境的书名本身就体现出在祖国大地上开展复杂系统管理自主性创新所释放出的强大力量。

所有这些,既表明了在我国管理学界,当今正形成"系统管理"向"复杂系统管理"深化与升华的大方向、大趋势与大格局,也表明了在这样的大形势面前,管理学界更需要努力保证对中国复杂系统管理实践的尊重、对中国复杂系统管理经验的深度解读、对相关理论思考的精准提炼,争取实现从最初的问题设定、问题情景与价值观的表述到中国人对复杂系统管理的哲学思辨和理论范式总结,以富有普适性、自主性的中国式话语来表达好我们关于复杂系统管理的学术主张。

在创刊 30 周年之际,期盼《系统管理学报》这样以"系统管理"学术研究为初心的优秀学术刊物,进一步担当起发展我国复杂系统管理学术的历史责任,在全国系统管理研究领域中,发挥更大的学术前沿与引领作用。

祝《系统管理学报》的明天更辉煌!

（刊于《系统管理学报》2022 年第 11 期）

# 供应链韧性：适应复杂性

## ——基于复杂系统管理视角

**摘要**：构建富有韧性的供应链已从企业层面关注的问题上升到行业、地区和国家层面战略，成为应对当前社会经济发展复杂局面和提升国家安全与竞争力水平的重要举措。本文在阐述了供应链是一个社会型多中心共享共治的复杂适应性系统基础上，指出供应链韧性是供应链系统行为与功能整体适应环境复杂性变动的一种能力标志；供应链韧性的复杂整体性属性特征需要我们通过复杂系统思维范式转移形成新的研究范式与方法论；供应链韧性理论的学术价值并不主要针对常规问题，而要看它应对供应链失稳、风险、应急、功能退化等韧性危机是否有效和效能如何；供应链韧性有着具体特定的真实世界；解释、分析与揭示供应链韧性复杂现象和客观规律需要充分关注供应链的独特性与话语语境，没有两个现实的供应链韧性机理是完全一样的；供应链韧性是当今供应链研究领域中的一个大问题、难问题，具有重要的学术前沿性、现实性与挑战性，应面向和扎根在我国供应链管理的丰富实践土壤中，从基础性的学术体系、理论体系与话语体系夯实研究基础，而不宜过于被供应链韧性初始定义中的"断"与"不断"捆住手脚。

**关键词**：供应链韧性；复杂系统管理；思维范式

多年来，供应链管理始终是管理学的一个经久不衰的研究领域，除了一般的传统问题外，当前供应链研究中的科学问题逐渐呈现出以下新特点：随着人类社会经济活动范围与规模越来越大，供应链涉及的要素越来越多、内部要素关联形态越来越多元化、供应链与外部环境之间的相互影响也越来越紧密，从而出现了一类既体现供应链内部复杂内涵又体现供应链外部社会环境复杂变化的新问题。

长期以来，在供应链研究领域已经形成了一些规范的思维与行为约定，并有足以让人信任的范例，即已经形成了研究供应链的基本范式。但是，实践表明，对于上述一类供应链新问题，它们既与供应链内部复杂性有关，又受供应链外部复杂社会环境影响，还受供应链管理者复杂行为的干预，其复杂性导致了供应链原来基本的研究范式往往不再具有原先的能力或者出现了能力"短板"，需要我们在思维方式上进行新的变革并从思维范式转移的高度来应对这一新的挑战。本文研究的供应链韧性就是这样一类典型的复杂新问题。

近年来，疫情防控、政治因素、国际形势等使得供应链产业链频繁受到冲击，导致供应链中断风险陡增。中共中央政治局于 2021 年 12 月 6 日召开会议，分析研究 2022 年经济工作，其中强调"结构政策要着力畅通国民经济循环，提升制造业核心竞争力，增强供应链韧性"，从而使供应链韧性这一原本属于企业层面关注的问题上升到了行业、地区和国家层面战略，供应链韧性问题因此与国家安全与经济发展密切相关。当前，研究供应链韧性具有重要的现实性、重要性和急迫性，具有重要的理论意义和应用价值。

## 1 供应链韧性概述

人们认识事物的过程一般分为两个阶段，第一个阶段主要是通过感官获得对事物表面现象与外部联系的认识，具有直接性、形象性的特点，属于"生动的直观"感性阶段。例如，通过人的感觉，发现树枝和胶棒都有抵御外力或者把外力吸收的作用，但是，树枝的这一作用比胶棒小，更容易断，而胶棒相对不容易断。接着是人们认识的第二阶段，这一阶段主要是运用抽象思维获得对事物的内部联系和本质规律的认识，具有间接性、抽象性的特点，属于"抽象的思维"阶段，一般要用科学概念来完成。例如，树枝的韧性比较差，胶棒的韧性比较强，在这里，韧性是个科学概念，表达了一个物体（事物）在受到某种外力作用时通过自身的抵御而抗拒断裂的能力大小。

在中文中，"韧"字从韦，从刃。"韦"本指"复合皮张"，特指经过加工的熟牛皮。刃指刀刃，指用刀去割。熟牛皮不易被到割破。所以说，"韧"在一定程度上表达了物体受到外力作用时虽变形而不容易断的能力(性质)。当然，世上的物体(事物)种类千变万化，故"断"也有各种断法，不是千篇一律，如一刀两断、藕断丝连、断了骨头连着筋等。

为了进一步研究物体"断"的内在联系和本质规律，人们以"韧性"为概念作为物体受到外力产生断裂现象的抽象，以提高我们对物体断裂现象的深刻认知。例如，在材料学中，韧性可分为断裂性韧性和冲击性韧性，表示材料在断裂或变形过程中吸收能量的不同形态的能力。在系统动力学当中，韧性可理解为一个系统在受到外界干扰时表现出的持久力和复原力或者动态维持稳健状态的能力，这都说明了韧性作为科学概念的意义。

一般来说，供应链是一个以供应商、生产商、分销商、零售商和消费者等为基本要素组成的将产品或服务提供给最终用户所形成的网链结构的动力学系统，因此，供应链系统也就有"断"和"不断"现象，即具有所谓韧性品质属性。

在现实中，供应链是一个同时具有社会性、管理性、经济性和技术性的动力学系统。因此，对于供应链韧性的认知，适宜意会并将其放入具体供应链管理场景中，这样，供应链韧性除了保留着最基本的原生态"断"与"不断"内涵外，还将有着各种生动管理意义的稳健性、鲁棒性和可靠性等意蕴，只要我们发挥想象力，恰当选择话语体系和逻辑起点就能够捕捉到供应链韧性的不同样式及其蕴含的科学价值，使供应链韧性研究丰富多彩。

## 2　供应链韧性的实例

下面列举几个不同样式的供应链韧性的实例。

### 例1：割青麦作饲料事件

2022年5月，我国山东和河北部分农村出现了少数农户将已经灌浆的小麦用收割机割了以后，以每亩1 500元的价格卖给饲料厂喂牛。事情曝光以后，出于对粮食的爱惜和对粮食安全的考虑，网上谴责声一片。随着国家相关部门过问、专家发声、农民算账等，经现场调查与深入分析，大体梳理出事情的梗概：事情源于 2021 年涝灾，山东和河北等地玉米青贮受损，2022 年 5 月份左右，牛羊饲料断供，因此割了青麦做牲畜饲料应急。这是一个局部地区的少量可控行为，不是有人故意破坏粮食生产。

如果我们从供应链韧性视角来思考和分析这件事，可以得到更深刻的思考。首先，天气的不确定性使局部地区 2021 年畜牧业青贮饲料减产，并导致 2022 年春夏之交部分畜牧场饲料供应链断裂，部分企业以已经灌浆的小麦作青饲料应急。如果从传统的粮食供应链看，这有其不合理性（不比较农户的经济收入）。但是，如果从粮食业与畜牧业组成的现代大农业供应链来看，这时的供应链韧性不仅要考虑到粮食供给，还得考虑到肉奶品供给，两者的供应链都不能断裂，这实际上是涌现出一种新的"大农业"供应链或者一种农业产业集群供应链概念。显然，由于这一种供应链韧性源于一类既体现供应链内部复杂形态又体现供应链外部环境变化的新的复杂问题，因此，韧性自身也就表现出新的多样性和复杂性。而割青麦作饲料是一种通过"大农业"整体供应链内部结构调整与功能切换来防止局部供应链断裂并保证整体供应链韧性稳定的应急举措，这不仅在供应链韧性管理上有其科学性与合理性，而且启发我们可以运用供应链韧性思维来优化供应链结构。

**例 2：疫情防控下的供应链模式切换**

一段时间以来，随着疫情防控工作的复杂化与多元化，部分地区和城市在一段时间和一定区域内采用人员流动和社会经济活动的基本静止管理模式。这一模式对广大群众最密切、最直接的影响就是原来的日常生活基本物资物流与供应链出现中断，或者说，基本生活物资供应链韧性出现了突变。实践证明，这一突发状况如果不能在较短断间内由新的物流供应链渠道接替，让供应链韧性恢复正常，将严重影响居民的正常生活，更会给紧张有序的疫情防控工作造成负面影响。这就显示出在某些重大突发公共事件情况下，基于韧性安全的供应链快速切换的重要性。

以上两个实例机理清晰、物理性较强,基本内涵均为供应链断裂的防控。但供应链韧性不只是这类简单地在物理层面上理解断裂和解决断裂,韧性毕竟是一类动力学系统的本质属性,因此,供应链韧性的问题不会都如此直白,而要根据不同供应链形态拓展供应链韧性的内涵。

当前,特别需要用复杂整体性思维与自组织方式看待供应链韧性。例如,一个现实供应链出现了问题,表面上可能与韧性概念没有直接关联,但如果能够运用拓展性的韧性思维找到分析和解决问题的新的"切入点",意味着我们可以运用韧性管理来设计解决问题的方案,下面就是这样一个有启发性的实际案例。

### 例3:汽车货运空驶空载问题

2008年9月,中央电视台《焦点访谈》提出一个现实问题:我国公路上的货运汽车空驶空载现象严重,货运汽车将货物送达目的地后,基本上空载返回,消耗了能源并增加了物流成本。如果能够就近顺便捎货返回,车主可增加收入,货主则可降低物流成本,整体上还有利于绿色低碳交通行为。这是一个物流供应链管理问题,设计和构建一个新的供应链模式是减少汽车空驶空载现象的主要方案。

调研发现,国外也有类似的问题并有成功的解决案例。例如,针对这一问题专门设计一个物流信息服务平台,空载车主和需运货的货主双方都可到该信息服务平台提供信息和提出需求,平台则根据双方信息及数据库信息,为车货主双方进行最优撮合配对,提供一对一精准服务。显然,只要配对成功,无论车主、货主还是信息服务平台都能够各自获益。在此启发之下,江苏某高校教师进行了细致的市场调查。令人意外的是,无论是车主还是货主对此信息服务平台方案的热情并不高,甚至表示出不认同,不是大家对这样一个平台的基本逻辑有不同意见,而是车主、货主不相信对方所提供的信息的真实性与可靠性,担心自身利益受损,车货主双方互不信任,都认为自己存在信用风险,信息服务平台虽然能够提供信息服务,但不能保证所有信息都是真实的,车货主之间的信用危机也就无法破解。

因此，解决该问题的关键不是信息服务，而是如何构建一个保证信用与解决信用危机的模式，有了一个这样的高可信性模式，信息服务平台就有了关于信用安全的韧性，平台也就能够通过稳定的信用韧性品质为车货主双方的契约行为赋予守信这一灵魂。如果进一步，该平台还开展车主双方网上交易活动并承担相应的经济责任与法律责任，那车货主自然更放心到该平台上签约，接受平台的一揽子服务。

由上分析，一个解决车辆空载空驶、实现车货主双方共赢的供应链模式设计遇到了信用危机，却在表面现象的背后找到了基于信用韧性的解决问题的路径。根据这一基本学理，设计这一平台方案的技术路线如下。

（1）平台除了提供信息服务，在功能上通过信息、交易一体化以同时承担社会责任、经济责任、法律责任与伦理责任，多维度实现自身信用韧性品质最大化。

（2）平台不能仅仅是一个软件系统，更应该是社会上一个规范的实体型企业，以便让广大车货主信任。

（3）这一实体型企业的主体自身要有高等级社会美誉度，特别是有优良的社会信用。

（4）平台还要有先进、成熟的信用制造技术，其核心功能为制造信用、固化韧性。

由此可见，该服务平台不是直接供应运货车辆，也不是一般的货物中转的物流园区，它的核心功能就是基于智能化技术制造信用和提供无车承运智慧物流方案，所生产的信用则成为一种无车承运智慧物流供应链的"强链""固链"剂。

从2008年提出这一问题到2015年成立相应企业平台，该平台既做信息服务，又做网上交易，在不长的时间内就吸引了数十万车货主，为众多客户创造了经济效益，同时也以其制造的高质量商业信用不断固化和提升信息服务平台功能的韧性，公司营业收入逐年增加，成为国家大物流集团中唯一一个智慧物流板块。

以上三个不同领域的例子表明,在一定意义上,可以将供应链韧性凝练和抽象为供应链系统功能稳健性与整体行为适应环境复杂性变化的一种能力标志,是供应链系统应对环境复杂变动维持自身生存或某种稳健状态的整体性品质。当前,由于供应链本身结构越来越复杂以及供应链主体社会行为的深度参与,供应链日趋表现为一个社会型复杂系统,具有社会性复杂整体性特征,而供应链韧性正是供应链社会性复杂整体性的重要表征之一。

为什么当前要重视关于供应链韧性的研究呢?

(1)供应链韧性在供应链研究中是一个具有整体性、全局性与内在深刻性的概念,在很多场合下,对供应链韧性的研究往往能够挖掘和揭示出供应链表面不易被发现的本质内涵与深层次规律。

(2)供应链研究出现了越来越复杂的新的科学问题,而这些问题许多都直接或间接与韧性内涵有着关联性。

(3)供应链现实形态越来越表现为一个由多种异质性主体组成的与社会环境有着紧密关联性的社会型复杂系统。而供应链韧性正是基于供应链内部复杂形态以及与外部复杂环境紧密关联的综合表征,具有供应链复杂系统整体品质意义。

## 3  供应链韧性研究的复杂系统思维范式转移

供应链韧性是其母体供应链复杂系统的基本属性,因此,社会型复杂系统自然成为供应链韧性的本真性载体,也是我们研究供应链韧性的思维逻辑起点,这就是供应链韧性研究的复杂系统思维范式转移。

复杂系统的复杂性除了若干基本规范性之外,多体现于不同的独特性场景中。因此,研究供应链韧性需要沉浸到具体的供应链复杂系统场景中,将一般的"以问题为导向"的研究范式转化为"以情景为导向"的复杂系统研究范式,尽可能在供应链情景中看韧性、想韧性和分析韧性,找出韧性问题的本质属性与解决方案。(盛昭瀚,2019)

多年来,我们较多地在供应链内部、供应链微观层次上研究主体之间的各种关系以及由此形成的各种问题（Wu et al.，2019）。但是，如前所述，当今的供应链是一个高度开放的社会型复杂系统，并且随着供应链系统与社会环境之间的复杂关联不断加深，供应链韧性管理问题越来越蕴含着深刻的社会复杂性，这为研究供应链韧性提供了一条基本的技术路径。

与供应链韧性概念有着紧密关联的有供应链风险、供应链稳健性、供应链安全等概念，因此，供应链韧性问题的表征多体现于供应链风险的防范、基于底线思维的供应链安全等。显然，这些问题在当前的供应链管理实践中，有着特别重要的现实意义。这样，供应链韧性研究的价值不是看它如何应对平凡常规情况下出现的问题，而主要是看它在极端情景或者突发情况下处理韧性危机的能力。

事实上，学术界早已关注到这一动向。2020年12月1日，TPP管理咨询在网上发表了一篇名为《2021年五大供应链挑战》的文章，作者预测性地提出增强供应链的弹性、增强供应链的灵活性、增强供应链端到端的可见性、改善干扰或变更的供应链管理和从数据中获取价值等是今后供应链研究的五大挑战。不难看出，这五大挑战之共同内涵实际上就是供应链韧性的风险与管理。而从2021年至今，我国供应链出现的现实情况的确印证了这些挑战，有些甚至是非常严重的。但就学术界而言，在近两年时间里并没有对这些挑战给予足够的重视，或者很少将相关的理论研究真正运用到真实而急需的现实中。

关于供应链韧性理论研究的这一严重滞后和脱离实际的情况，有可能随着供应链社会性复杂程度的增强而越发严重，这是需要我们十分重视的。事实上，当今供应链要素不再仅仅关系到原材料、配送和库存等，而已经事关股价稳定、经济安全和战略性物资供给。供应链韧性的内涵也不再仅仅涉及供应链产业链内部企业级主体，实际已经关乎地区、国家、国家集团甚至全球范围；在供应链韧性形态上也出现了一系列如短链化、本土化、分散化、绿色化、稳健、强健等新的韧性概念，甚至在国家和国家集团之间出现了打击和削弱对方供应链韧性，强化和固化自身供应链韧性的"韧性武器"。

所有这些，都将把对供应链韧性的研究提高到一个关乎国家战略与竞争力的新高度,并迫切需要改变供应链韧性(安全、风险、应急)研究理论脱离实际的状况。对供应链韧性的研究,不仅要发表理论性论文,更要为国家供应链韧性重大现实问题提供实实在在、可行有效的解决方案。

## 4 供应链韧性的基本学理

供应链韧性研究不仅要在宏观上对社会型供应链属性有新的认识判断,而且要对供应链韧性提出新的学理逻辑。供应链韧性是供应链抵抗环境变动引发断裂的品质抽象,直接的理解如物理性断裂、功能性失能等;拓展性理解如供应链某种品质的稳健性、鲁棒性和可靠性等。这样,供应链韧性之本质就是供应链整体适应性与社会环境复杂性之间保持契合或均衡的能力。这一理论观点揭示了在复杂整体性意义下研究供应链韧性的产生、形成、演化与管控等科学问题的**基本学理**。

既然供应链韧性蕴含着复杂供应链系统的复杂整体性,那韧性自然既包含着相对独立的整体性,又包含着相对独立的复杂性,更包含着复杂性与整体性相互耦合与纠缠形成的复杂整体性。这样,就可以从供应链整体适应性与供应链社会环境复杂性两级之间来诠释供应链韧性的基本学理:在复杂系统管理理论中,面对各类不确定性,特别是环境的深度不确定性,复杂系统通过他组织与自组织产生多种适应性行为来应对复杂性,并使系统整体结构与功能尽量保持稳健,这就是系统的韧性。(盛昭瀚等,2021)行为的适应性强,应对环境变动复杂性的能力强,韧性也强;相反,适应性弱,应对复杂性的能力弱,韧性也弱。

但是,适应性造就的复杂性不是低端杂乱性而是高端有序性(盛昭瀚,2019)。一个系统整体上的适应性除了以他组织形式赋予的刚性适应力外,更重要的是系统自身以自组织形式形成的应对环境变动的柔性适应力。由此可见,供应链能否具有韧性,韧性是高是低,关键是供应链是否具有适应环境复杂性的自我调节能力及能力的强弱,而这个能力主要是由供应链系统内部从微观到宏观多层次之间的复杂自组织机理形成的,所以,难以指望在供应链整体韧性与供应链系统中的几个要素之间建立某种直接的因果性数学方程,就能把韧性形成与演化复杂机理搞得一清二楚。同样,我们也难以通过优化几个参数或者变动几个变量,就能完全按照某个因果规律调节供应链韧性。

另外,在现实中,无论供应链还是供应链韧性,都表现出自身的独特性,正是这样的独特性造就了韧性的复杂性,因此,要仔细研究供应链韧性就要深入研究相应的供应链的独特性。而独特性主要存在于具体的现实场景细节中,所以,研究供应链韧性比较适合采用一种所谓真实世界的研究方法。所有这些都表达了一个重要的观点:虽然供应链韧性概念的基本内涵是一致的,却有着千万个不同的现实韧性样式;虽然韧性的本质是一致的,但是韧性的独特性细节和机理却是彼此不同的。因此,探索供应链韧性的客观规律不宜仅仅用一个公式或者一种数学方法来覆盖各式各样场景中的韧性问题。

## 5　供应链韧性的复杂整体性分析

既然韧性是供应链系统整体性品质的一种标志,那么,好的品质往往在许多场景中都能够发挥积极作用,或者启发我们以韧性品质的内涵来改善管理对象的状态,深化对管理对象的认识或者优化管理系统的功能。也就是说,对某个领域的复杂管理问题,如果能够将该问题隐喻为一个供应链韧性问题,再从供应链韧性的复杂系统观出发并与该领域专门理论紧密结合,那就可为解决该问题提供一条新的基于供应链韧性思维的技术路线。当然,要能够这样做,需要我们把待研究的管理问题重新用供应链场景来想象和用供应链话语来描述,并且其中恰当地蕴含着韧性内涵。这将是对管理研究想象力的考验,同时也会给研究管理难题带来独辟蹊径的可能。

一般来说,社会型供应链系统与社会环境之间有着非常紧密的关联关系,环境的各种变化对供应链系统产生着深刻的影响,供应链系统整体性状一般会表现出形态多样、机理非常复杂的动态性,如突变、涌现、演化等,供应链韧性正是在这类复杂、动态关联作用及传导机理的综合作用下形成的,因此,供应链韧性问题往往表现在不同复杂场景的不同层面、不同维度、不同尺度上(王海燕等,2018),如果仅局部性思考如何解决韧性问题,往往无法从整体上解释和揭示供应链韧性的深刻内涵与规律。

下面通过两个例子来阐述供应链韧性思维给我们的启示。

### 例1：水环境污染治理

湖泊水流域环境治理是当前社会经济发展中的复杂问题。表象上，湖泊污染物在水体中，其实它是全流域社会经济系统的一类污染物产品经过特定的供应链与物流网络输送到湖泊水体中的结果，有着复杂的自然、生态、社会、经济与人文内涵。因此，湖泊水环境治理除了要考虑到传统的水量、水质、生物、化学、气象等机理外，还要与污染物制造商、供应商、物流网络、水资源质量、水交易、价值转换与最终的水体治理能力等紧密关联在一起。概言之，湖泊水环境的"病"既是"水体病"，更是"社会病"，除了需要配置治理必要的公权、事权、法权、科技力量外，还需要有符合市场机制与供应链管理规律的水资源要素市场化配置模式，如水环境治理成本与补偿核算机制、水环境数据资源确权、有效流动与交易机制等。这是一种基于湖泊水流域环境治理的韧性思维与治理变革，能够从环境本质的高度切入治理关键点，改善治理"短板"，从本质上提高水环境治理效果的韧性与鲁棒性，改变"治理反复，反复治理"的情况。

### 例2：中小企业发展瓶颈

中小企业是我国社会经济发展的重要力量，同时也存在着如创新能力弱、贷款融资难等问题。长期以来，各方都很重视如何帮助中小企业破解这类难题，但往往限于单体化和就事论事地解决问题，解决问题的成效不明显、不稳定。事实上，在当今我国产业与经济的整体发展中，中小企业是我国产业链供应链的重要组成部分，发挥了不可或缺甚至举足轻重的作用。

因此，一种解决中小企业发展困境的新的思路是加强包括大中小企业共同组成的供应链产业链整体韧性，科学筹划不同规模企业在供应链产业链中的不同作用，以提高供应链韧性为整体性目标，充分发挥骨干企业在"补链固链强链"中的引领作用，引导中小企业走"专精特新"发展道路。通过完善大中小企业的梯度协同，推动大企业与专精特新中小企业配套合作，加快培育一批优质中小企业，激发供应链产业链整体活力，做大骨干企业、赋能中小企业，以提升供应链整体韧性、保证供应链产业链安全为全局目标这一新的战略性举措。特别是，在先进制造业和战略性新兴产业领域，以"专精特新、强基固链"为复杂整体性管理思想，以提升供应链产业链韧性为抓手，赋予我国中小企业发展新的动能。

虽然以上两个例子尚需深入的分析和艰苦的探索，但在一定意义上告诉我们，供应链韧性已不仅仅是指早期"供应链受到干扰后能够恢复到原始状态或者更加理想状态的能力"（Christopher et al.，2004）的狭义概念。供应链韧性不仅是个供应链品质概念，它有着深刻的内涵和极大的潜在管理价值，需要深度挖掘、长久挖掘。

## 6 结语

综上所述，我们看到供应链韧性不仅是供应链管理的一个新概念和新理念，更重要的是，供应链韧性的内涵具有重要的学术潜在价值，可以在管理学领域构建一种新的管理范式，即供应链韧性管理。进一步来说，供应链作为社会型复杂系统，供应链韧性管理中必然蕴含着对供应链广泛和深刻的社会复杂性的管理，所以，在许多场合下，使用"供应链韧性治理"这个词可能比用"供应链韧性管理"更有宏观意义的包容性。

"供应链韧性治理"除了包括供应链中以微观和链内为主的狭义韧性管理外，还涉及在宏观和链内外整体层面如何保障供应链的整体稳健性和鲁棒性，这是当前供应链领域一类新的重要研究议题。在这些议题中，重点有供应链韧性的本质属性与典型表征，韧性形成、进化及自我调节，供应链整体安全，供应链韧性"正常衰退"现象复杂性分析，通过复杂性补偿和多模态分析的供应链韧性修复与切换路径，以及独特的供应链韧性研究新技术等等，而不宜仅仅局限于在供应链内部微观层面或者生产现场针对物质型资源的"断"与"不断"，研究原材料缺货、道路阻隔、库存不足、如何补货等显性机械性断链问题。

最后,以下几个观点可作为本文的主要学术总结。

第一,供应链是一个社会型多中心复杂适应性系统。

第二,供应链韧性表征了供应链结构或功能对复杂性的适应性,是供应链适应社会环境变动复杂性的能力,复杂整体性是它的属性。

第三,传统思维范式对供应链韧性的研究出现了能力不足的趋势,需要通过复杂系统思维范式转移形成新的认识论、研究范式与方法论。

第四,供应链韧性理论的学术价值并不主要针对常规问题,而要看它应对供应链失稳、风险、应急、功能退化等韧性危机是否有效和效能如何。

第五,描述、分析、解释和揭示供应链韧性复杂现象和客观规律的方法体系包括一定的数学模型,但只用演绎数学方法难以计算清楚韧性的复杂性,需要多方法综合集成体系。

第六,供应链韧性有着具体特定的真实世界,分析、解释和揭示供应链韧性复杂现象和客观规律需要充分关注供应链的独特性与话语语境,没有两个现实的供应链韧性机理是完全一样的。

第七,当今供应链韧性研究是供应链研究领域中的一个大问题、难问题,具有重要的学术前沿性、现实性与挑战性,不宜过于被供应链韧性初始定义中的"断"与"不断"捆住手脚。

以复杂系统管理理论思维来研究供应链韧性,既可以深度揭示供应链韧性的本质属性和客观规律,也有助于丰富和完善具有中国特色的复杂系统管理理论和方法。

(刊于《中国管理科学》2022 年第 11 期)

(作者:南京大学盛昭瀚,东南大学王海燕,上海海事大学胡志华)

## 参考文献

[1] 盛昭瀚.问题导向:管理理论发展的推动力[J]. 管理科学学报,2019,22(5):1 - 11.

[2] WU J J, WANG H Y, SHANG J. Multi-sourcing and information sharing under

competition and supply uncertainty[J]. European journal of operational research, 2019，278(2)：658－671.

[3] 盛昭瀚，于景元.复杂系统管理：一个具有中国特色的管理学新领域[J]. 管理世界，2021(6):36－52.

[4] 盛昭瀚.管理：从系统性到复杂性[J]. 管理科学学报,2019,22(3) 2－14.

[5] 王海燕,隽志如,XU H.需求分布规律变化情况下的报童订货策略[J]. 中国管理科学，2018,26(4):22－29.

[6] CHRISTOPHER M，PECK H. Building the resilient supply chain[J]. International journal of logistics management，2004，15(2)：1－13.

预期在 2024 年,笔者将在美国 Springer 出版社出版 *Complex System Management——The Paradigm of Thinking Based on Reductionist Irreversibility* 一书,同时,将在南京大学出版社出版该书的中文版——《复杂系统管理——基于中华哲学概观》,本节为该书(中英文版)的序。这篇文章对迅速、准确理解什么是复杂系统管理及它的来龙去脉有较大的作用。

# 从关于"复杂的"怎么看落地为关于"复杂的"怎么干

此为《复杂系统管理——基于中华哲学概观》一书之序。序的内容主要是对本书学术思想脉络做一个简洁的梳理,这一脉络也是作者对本书主题的思考逻辑。这样,无论在阅读本书正文之前,还是在阅读完全书之后,浏览本序都有利于读者"全景式"地理解全书的内容,相当于我们面对面地交流与讨论了本书想说什么、说清楚了什么、没有说清楚什么,以及还有哪些没有说的。

一

人们在很久以前就发现和感知到了"复杂"。

什么是复杂?复即多,杂为乱。明胡应麟《诗薮·古体上》:"骚与赋句语无甚相远,体裁则大不同。骚复杂无伦,赋整蔚有序。"

人类早就在各类管理实践中发现和感受到各式各样"复杂的"管理现象与问题。例如,人们常用"说不清、道不明、预测不准确、决策常失误、不易表述清楚、难以分析透彻"这类"大白话"来表述对"复杂的"管理现象与问题的生动直观的感知。

随着人类社会的不断发展,管理活动与问题普遍性地越来越从简单趋于复杂,人们不仅要在管理实践中实实在在地应对"复杂"和总结应对"复杂"的经验,而且开始在理论层面上研究关于复杂的管理理论。

本书主要研究复杂的管理理论。在一般意义上,既然研究对象是"复杂的管理",那干脆写本《复杂的管理》岂不更直白,更开门见山?如果这样理解,那写作的基本路径大体上是搜集一些比较典型的复杂的管理问题,根据人们是怎样看它们、分析它们和解决它们的,把相关的方法、技术梳理清楚,总结一些经验、体会,再说几条教训作为反思,也就基本成型。

但是,这样做存在一个问题,那就是什么是"复杂的问题管理"?因为就一般常识,"复杂的"是人们对一个事物的直观感知,即指人们通过直接接触某个事物而获得的对该事物直接、生动的感觉以及对该事物的认识反映。这样,"复杂的"这样的直观感知就会因人而异,同一个事物,A感觉是"复杂的",B可能认为并"不复杂";即使同一个人,他对一个事物是不是"复杂的"感知也会变化,就像对一道初中水平的数学题,某人为小学生时认为是"很复杂的",初中时,会认为"不怎么复杂",到了高中,则认为是"不复杂的"。

这样,如果以《复杂的管理》写本关于"复杂的问题管理"理论方面的书,那选择哪些问题作为研究对象就会让人犯难,因为不同的读者水平不同、直观感知不同,自然会对书中的问题究竟是不是"复杂的问题",尤其是书中的理论究竟能不能算得上复杂的问题的"理论"产生异议。如果一本学术性理论书籍出现这样的学理上的异议显然是不恰当的,造成这一不恰当的原因就在于"复杂的"属于感性认知,而理论则是理性认知,我们不能仅仅在感性认知层面上完成理性认知层面上的理论研究。

任何管理理论形态都属于主观的存在,它来自人类管理思维对于管理活动与现象世界原因解释的理性构造。在一般意义上,管理理论是人们在管理实践活动与思维活动中,依据一定的哲学思维建立起来的系统化与逻辑化的知识体系。因此,如果我们要写一本关于"复杂的问题管理"的理论性著作,大体上要遵循以下基本原则。

(1)要以社会、经济、科技与工程等人类广阔的管理实践领域中涌现出来的大量、具体、实实在在的复杂的管理活动与问题为基础。

(2)从这些活动与问题中,凝练和抽象出普适性与规律性的本质属性,并以这一本质属性为理论研究的内核。

（3）管理理论要确立明晰的哲学思维原则，以此明确和树立理论的逻辑起点并将理论系统化和逻辑化。

（4）哲学思维要求认识论与方法论统一，完整的理论应该包括相应的方法论与方法体系。

以上基本观点表明，如果写一本关于"复杂的问题管理"的理论著作，就不宜直接研究"复杂的"管理问题和用《复杂的管理》作为书名，因为"复杂的"是用大白话对一类管理问题的直观感知的表述，我们需要对这一表述进行进一步的凝练与提升。事实证明这件事情并不简单，因为作为"复杂的管理问题"理论研究，问题的本质属性是理论研究的核心，涉及理论的渊源性与根本性，并且关乎理论的系统性、逻辑性、拓展性与自洽性。

简言之，关于"复杂的问题管理"的理论，其内核不是研究"复杂的"现象，而是研究"复杂的"本质。

# 二

这样，至少让我们明白了，在当今人类管理活动实践中，存在着一类难以用"复杂的"这样的大白话来表述的管理问题，这类问题给人们带来的"生动的直观"感知常常是难以表述清楚、分析透彻、预测准确、找出原因、做出决策、拿不出好办法、提不出好方案的，故而感受到这类在现实世界中实实在在存在的问题是"复杂的"。不难理解，**"复杂的"在这里是个形容词**。

"复杂的管理问题"可以成为研究"复杂的管理"理论的现实起点，但不能成为该理论的逻辑起点，因为理论要研究"复杂的管理问题"的本质属性，这就需要对关于"复杂的"这一表面与外在的直观进行本质内涵的凝练和抽象。而抽象出什么样的本质内涵，如何理解这样的本质内涵以及用什么样的科学术语作为抽象的概念来表述它，都需要我们通过深刻的思考将"复杂的"从具象思维提升到抽象思维。

为了叙述上的方便，我们姑且**先用"复杂性"这个词作为"复杂的"本质内涵的一个语言符号**，而它的真实的科学内涵与学术意义我们将在本书的后面诠释清楚,这里我们仅把它当作一个语言符号。

这里,具有总结性的一段话很重要。对于"复杂的管理"的理论,"复杂的"感知不能成为构建和研究理论的逻辑起点,而"复杂的"本质内涵(或者属性、本质性)才是该理论的逻辑起点,虽然我们目前还不知道"复杂的"本质内涵究竟是什么,但为了阐述和交流的方便,这里我们先使用"复杂性"作为这一本质内涵的语言符号。由于在知识表达中,表征指代某种东西的符号或信号,即某一事物缺席时,由它代表该事物。这样,"复杂性"就是"复杂的"本质内涵的表征。不难理解,"复杂性"在这里是个名词。

## 三

管理学理论发展的必然往往是由一些蕴含着某种必然性要素的偶然性造成的。就一个具体的事件而言,一个事件发展的道路可能比较平坦,而另一个事件则比较曲折。"复杂的管理"理论的形成过程作为一个事件就是比较曲折的。这主要是因为理论的形成必须先要完成将"复杂的"凝练为"复杂性",并且赋予"复杂性"理论拓展性与自洽性品质以作为构建理论的核心要素。

但是,必须看到,在人类的科学发展进程中,在管理学关注"复杂的"现象与理论之前,在物理、化学、生物、数学甚至气象学等领域,科学家们更早地关注和探讨了不同领域的"复杂的"现象,并且有了许多理论成果和科学进展。这样,管理学作为"后来者"在思考"复杂的"理论时,必然要按照"先来后到"的规矩,尊重人类科学发展史上在这之前的围绕"复杂的"理论研究所发生的历史事实、形成的科学结论与共识。

出于上述考虑,我们先简要介绍人类关于"复杂的"科学研究史中的一些重要事实,这对我们理解本书内容逻辑有着重要的意义。

从 20 世纪初起,多国科学家们在物理、化学等领域的实验研究中,陆续发现了一些有悖于传统科学常识的新的复杂现象,例如,没有生命的物质分子在一定条件下,像听到指挥者的号令那样,形成规整的排列秩序。特别是在物理、化学、气象等自然科学学科中先后都发现了各种形态的这类现象,科学家们感到这是何等的复杂和不可思议,又一时不知就里,只好把**这类复杂现象统称为复杂性**(请注意,这里的"复杂性"与前面所述的作为"复杂的"本质内涵语言符号的"复杂性"不是一回事),同时,根据各自学科的专业知识创造出某个新概念(名词)来尽可能形象地表征各自的复杂性(复杂现象)。几十年过去了,这样的"复杂性词汇"有几十个,如同百花齐放,但仍然整合不出一个关于"复杂性"的统一的概念,所以如此,只能说明,基于复杂现象的"复杂性"是复杂的,实在难以挖掘出它们共同的本质内涵来,只好先把**所有围绕着复杂性词汇的科学研究统称为"复杂性科学"**。

科学家们并未停止对复杂性的探索,但改变了思路:他们不再对复杂性词汇进行多学科的横向扩充,而是纵向思考这么多复杂性现象究竟来自何处。科学家在哲学思辨层面上设想存在一类能够产生复杂性的"母体",它是产生各类复杂性(复杂现象)的来源,并将其称为**复杂系统**。

需要强调的是,这里的复杂系统并不是一个现实的系统实体,而是一个基于复杂性来源的思辨性概念。美国《科学》杂志 1999 年 4 月出版了一个关于复杂系统的专辑,编者明确指出:采用复杂系统这一名称来研究复杂性,主要是不想再使用复杂性这个让人产生歧义或纠缠不清的词,希望在复杂性一词之外,增加一个复杂系统,使研究具体领域复杂现象时,用某种隐含着复杂性但又不统一的复杂性的词;而在研究多个具体领域更具抽象性的复杂现象时,则用"复杂系统"。不难看出,当时虽然提出了一个复杂系统概念,但还得用复杂性理解复杂系统,或者说,一旦涉及某个具体的复杂现象,还得要对复杂系统具体化,赋予复杂系统某种特征与属性,即给复杂系统"戴上"一顶顶独特性的帽子,如随机系统、自组织系统、非线性系统等,使它们能够由此增加对某种复杂性形态的可说明性。

不难看出,这里的复杂性概念基本上都源于物理、化学等自然科学领域科学实验中发现的复杂现象,而复杂系统概念也要从复杂性来理解。这表明,这里的复杂性与复杂系统内涵对于物质型本体的感知有着极大的依赖,即基于现象论、强调实证主义以及被实验证明的事实的哲学思维对这一种复杂性与复杂系统观念有着极大的影响。

总体上说，在过去几十年里，在自然科学多个领域基础上逐渐发展起来的复杂性科学与复杂系统理论对推动人类现代科学的发展发挥了极大的作用，特别是在自然科学领域取得了许多重大的科学成果的同时，科学界也尝试将其运用到人类社会经济系统中，以深化人类对社会经济复杂现象的认识，增强分析能力。

科学探索的道路从来都不是唯一的，在欧美科学家们对复杂性与复杂系统研究取得重要成果的同时，中国系统科学家钱学森以其丰富的系统工程实践逻辑、中华哲学思维逻辑与自主性的系统科学理论开辟了另外一条认识复杂性与复杂系统的新路径。

钱学森主张不要把复杂性与复杂系统作为一种思辨性定义，而要从人类认识事物规律的感知层面出发，捕捉"复杂的"本质内涵和让复杂性更紧密地与人们的实践活动联系在一起。

他从"复杂"之对立面为"简单"、"整体"之对立面是"局部"这些人类最基本的初始认知出发，认为系统的本质是整体，整体和局部相比，"整体"相对复杂，"局部"相对简单，因此，系统的整体一定比系统任何局部都复杂。如果一个系统的要素、关联、结构是复杂的，那么，作为整体的系统必然是复杂的；反之，一个系统整体是复杂的，它的局部可能是简单的，即使也是复杂的，但复杂程度一定会有所降低，这是系统—局部—要素复杂程度自上而下逐渐递减的基本规律。

虽然这一"整体复杂大于局部复杂"的逻辑很简单、很直观，但有着十分重要的理论意义：如果一个系统在整体感知上是复杂的，我们试着把这个系统分解成若干局部，各个局部相对来说自然会简单（不复杂）些，研究起来也就方便许多；如果这时对局部的研究还不清楚，可以再继续往下分解进行研究，直到把每个局部都弄清楚为止，这时，如果能够从最底层开始将对各局部的认知与解决方案逐一汇总和逐层向上"拼装"，成为对系统整体的认知与解决方案，那自然可以认为，原来被认为复杂的系统并不是"真正的"复杂，因为它的"复杂"可以通过自上而下的分解与自下而上的集成被消弭掉。

这就启发了我们：可以在整体感知上认为，有些所谓复杂的系统，其实可以用一种被称为还原论的方法论来降解和消除，从而认为这类复杂的系统其实本质上并不是复杂的；反之，如果一个系统在还原论意义下"不可分"或"不宜分"，则表明这个系统自身确实存在着一种本质上的（深刻的、真正的、挥之不去的）复杂内涵，正是这一内涵从根本上或者本质上把它与上述那类所谓复杂的系统区分开来。

这样，钱学森通过一个新的思维窗口为我们提供了一块凝练和抽象"复杂的"本质内涵的试金石：只要一类系统自身具有"还原论不可逆"属性，这类系统就与那些貌似复杂但最终可用还原论转化为简单的另一类系统有着本质的区别，因为它们具有客观存在且无法转化成"简单"的本质上的复杂。

基于此，**如果一个系统具有"还原论不可逆"属性，或者系统中具有"还原论不可逆"现象或问题，那我们称这一系统为复杂系统**。这样，复杂系统中原本的整体性与"还原论不可逆性"这类复杂性共同融合而成了复杂整体性，这时的系统整体性不是一种简单可分解并且简单可叠加的整体性，因此，**复杂整体性就成为复杂系统的一种本质属性，简称为复杂性**。而对应的，另外一类简单的、可叠加的整体性则被归纳为"简单整体性"，它是这类系统的本质属性。

回到**复杂性**这个语言符号。前面曾经指出，虽然我们还不清楚"复杂的"本质内涵是什么，但我们先规定了"复杂性"作为这一本质内涵的语言符号。现在，我们应该清楚了，**"复杂性"即"复杂整体性"或者"还原论不可逆性"，它就是"复杂的"本质属性**。

**由上可见，钱学森在复杂性与复杂系统等哲学思维问题上，通过将现代科学的最新实证成果与中华哲学中本体之上的人的理性精神相结合，构成了现代科学文明与传统中华文化文明融为一体的关于复杂性与复杂系统理性思维的新的"窗口"。**

# 四

我们对科学界几十年来关于复杂性与复杂系统所形成的两条不同的认知

路径进行了如上的介绍与诠释,但我们今天是在管理学范畴内思考"复杂的问题",探求"复杂的"本质内涵即"复杂性",以及由"复杂的""复杂性"而衍生出来的"复杂系统",那我们必然要确定选择哪一种复杂系统观最恰当。这里所谓最恰当,主要是指哪一种复杂系统的思维与观点最能够契合管理学领域现实问题的本真性、管理研究的规范性,以及最有利于推动和促进管理学学术发展。当然,随着科学的发展,如果我们在上述两种复杂系统观之外还发现了新的更恰当的复杂系统观,那我们将与时俱进地拓展我们的认知。因此,我们对复杂系统的思维与观点的选择是建立在当前人们关于复杂性与复杂系统研究成果的基础上,同时尽可能保证管理学理论时代性生命力与时代化鲜活度的基本品格。

总体来说,复杂性与复杂系统所形成的两条不同的认知路径,前一条主要是基于自然科学实验与实证路径形成的复杂性,复杂性词汇与复杂系统观更贴近相应自然学科中的自然原理,因此,在揭示自然科学领域复杂现象与复杂系统形态研究中,这一条路径更适用于揭示相关领域内的复杂现象的客观规律。事实上,近几十年来,这一条路径的确取得了一系列突破性科学研究成果,极大地推动了近半个世纪来自然科学多个领域的科学发展,并且将持续表现出强大的科学力量。同时,这一复杂性与复杂系统观点也被运用到研究社会经济领域复杂的管理现象与问题中,多视角地诠释与隐喻了许多复杂管理现象与问题,得到不少新颖的结果,丰富了我们对社会经济复杂系统的认知、联想与启发。但是,现实中的社会经济管理系统比物理、化学等自然系统要复杂许多,复杂性词汇往往难以包容现实中的社会经济管理系统的复杂现象与内涵,也难以做到以社会经济管理系统的现实问题为导向,精准揭示问题背后的深层次社会经济及人的心理行为规律。特别是,我们不仅难以依据复杂性词汇描述社会经济管理现实中的各种各样的复杂而独特的场景,使复杂性词汇与现实发展管理情景紧密结合,而且由于复杂性词汇会"捆绑"现实管理情景与行为的"手脚",使得原本生动的复杂性管理问题变得缺乏生气。

而后一条基于还原论不可逆性路径的复杂性与复杂系统观点主要源于在

哲学思维层面上确立的对现实问题本质属性的认知,这不仅避免了复杂性词汇的限制性带来的思维破碎化倾向和由此造成的理论思维的歧义性,而且避免了复杂系统概念再一次陷入被特征化和被肢解的困境之中。特别是,"还原论不可逆性"或者"复杂整体性"属于哲学思维层面上的认知,这就使该复杂系统观为不同领域复杂的管理现实形态在理论研究中预留了极大的可拓展空间,这正是我们最需要的,因为我们需要在该路径留给我们的极大的自由空间里,充分填充进现实管理活动丰富的思想、社会、人文性内涵与现实场景,没有这些内涵与场景,管理将是"死气沉沉"和"缺少温度"的。正是在这一重要点上,后一条路径具备了人们所期望的管理哲学思维和推动管理理论发展的基本品质,也使我们能够进一步理解钱学森的这一复杂性与复杂系统观对管理学应对各式各样复杂的管理问题挑战的哲学和理论意义。

需要指出,上述比较仅仅是就哪一种复杂系统观更契合管理实践活动特征与管理学研究范式而言的,不是在思维对立面上比对两种复杂系统路径自身的科学意义,更不是以其中某一个来否定另一个;相反,既然两者都有着探索复杂性与复杂系统内涵的初衷,从学理上讲,就应该在分辨清楚不同语境的前提下,使两者之长各尽其用、相互补充。

为什么我们要用如此长的篇幅,细致而不厌其烦地论述科学界对复杂性和复杂系统的不同理解与认知,以及不同的复杂系统观的特征与适用范围呢? 这主要是因为,既然几十年来,科学界客观上存在着差异性较大的关于复杂性与复杂系统的思维和认知路径,而本书探讨的"复杂系统管理"是个管理学新概念,新概念中又明明白白地使用了"复杂系统"这个概念。所以,我们首先应该尊重前人关于复杂性与复杂系统认知的事实,并且要承认,前人任何一种复杂系统观的形成都有着自己的学术思维逻辑,特别是,这两种复杂性与复杂系统的认知和形成路径起初都与管理学没有任何直接的关联性。在这样的背景下,"复杂系统管理"这一概念又明确由"复杂系统"与"管理"融合而成,那究竟能够融合成什么样的科学内涵,甚至是否具有相互融合的合法性与合理性都是需要厘清的问题。所以,首先要说清楚"复杂系统管理"中的"复杂系统"与前人的两类复杂系统有没有关系,如果有,是和哪一种类型的复杂系统有关系。

当然,这样严谨地认识一个概念并非都有必要。例如,一个大学生将"复杂系统管理"理解为"复杂的系统管理",甚至把"复杂系统管理"与"复杂管理系统"混为一谈,我们可以不对其苛求;但是,如果在学术界关于"复杂系统管理"的理论研究中,或者在学术的"复杂系统管理"理论专著中也犯这样的错误,那就极不应该了。这就是前面仔细解释和分析当今科学界对复杂系统认知路径的来龙去脉和各自的内涵,以及什么样的"复杂系统"概念更适合与"管理"融合的原因。

## 五

世界上凡有旺盛生命力的管理理论研究的出发点与归宿都是回答和解决人类社会面临的重大管理问题,体现出鲜明的时代导向性。当今,人类各个领域普遍提出了复杂性实践问题。这样,当今管理理论研究必然普遍会以复杂性问题为导向,发现问题、应对问题、科学剖析问题和提出正确解决问题的认识路线、研究路线与方法路线。如果这仅仅是某个方向、某个专题、某个局部、某个层次的事情,那我们可以通过已有成熟理论或者借鉴其他学科理论,在方法层面通过整合经验与技巧来完成。但是,当今管理领域内的复杂性问题涉及面广、实践深厚、内容丰富、学理深刻,需要在全局性的学科体系、学术体系与话语体系范畴内构建新的完整的知识体系。

当我们把"复杂系统管理"中的"复杂系统"搞清楚以后,似乎"复杂系统管理"就完全清楚了,事情并非如此。前面我们仅仅是对"复杂系统管理"基本语义给予了解释,也就是说,我们只是把"复杂系统管理"视为"复杂系统＋管理",再对"复杂系统"进行界定;而"复杂系统管理"并不能就简单理解为"复杂系统＋管理",否则,"复杂系统管理"怎么可能是一个完整的融为一体的科学概念呢? 这说明,我们还需要对"复杂系统管理"给出本质内涵上的认知。这如同足球比赛中在球门口的临门一脚,我们还需要"一球射中"。

让我们再回顾一下上述两类复杂系统观的形成脉络:第一类为"各类复杂现象—复杂性—复杂性词汇—复杂性科学—复杂系统";第二类为"复杂的问

题—复杂的本质的复杂性—复杂性问题—复杂系统"。由此可见,这里作为形容词"复杂的"本质内涵的名词"复杂性"比"复杂系统"更早出现并引导了"复杂系统"概念的形成。所以,如果我们是在探讨这样一件事情:在管理实践活动中出现了"生动直观的"复杂的问题,复杂的问题的本质内涵称为复杂性,在理性思维层面上研究复杂的问题,那就要研究这类问题的本质内涵,即问题的复杂性与复杂性问题,依据钱学森提出的复杂系统概念,社会经济系统中的复杂性问题就是存在于一类复杂系统中的还原论不可逆性问题。那么,由此可见,在管理实践活动中,比复杂系统概念更本质、更深刻的应该是复杂性(复杂整体性、还原论不可逆性)问题。因此,**如果我们开拓出管理学研究复杂整体性问题的新领域,那最自然、最有本质性和逻辑性的应该被称为"复杂性管理"或者"复杂整体性管理"等**。但是,在过去的几十年内,复杂系统概念因为比复杂性更让人有本体感、实体感和载体感,加之"复杂系统"又是产生"复杂性"母体的概念,因此,出现了**把针对一类复杂性(复杂整体性、还原论不可逆性)问题的管理活动称为复杂系统管理的现象**。但是,从学理逻辑上讲,将其称为**复杂性管理**将会更深刻、更准确。

为什么会将本质上的复杂性管理称为复杂系统管理呢? 一定程度上,这一现象的出现有其既定的科学内在性,又有其约定俗成的外在性。具体来说,复杂性作为一种内涵属性,相对更抽象,而复杂系统作为复杂现象的母体,相对较具体,管理作为一种实践活动,需要有针对性的对象,作为客体,对象最好具体化、实体化,在这一点上,作为一种管理对象,复杂系统要比复杂性更让人感到实在、充实,同时也更便于交流和传播,所以,复杂系统作为管理对象比复杂性更容易被人们所接受。另外,当一个新的科学概念并非源于某一个严格的学术起点,同时又存在不止一种能被大家意会的可能性,一种可意会的表述,就可能是一个新概念形成的学术路径。在当今学术界,"复杂系统管理"比"复杂性管理"被使用得更普遍并"相沿成习",其原因大体如此。

但是,话说回来,凡事在实不在名。我们在使用"复杂系统管理"时要清楚地知道它的"复杂性管理"的本质内涵,千万不要因此产生认知上的歧义,把"复杂系统管理"理解为"管理复杂系统""复杂管理系统",等等。

# 六

从一般简单的管理、复杂的管理到复杂性管理（复杂系统管理），意味着管理对象的属性特征、主体对管理对象的认知、研究问题的方式及研究方法等都一步步发生着重要变化，因此，研究复杂系统管理，需要我们确立复杂系统思维范式转移。具体来说，当我们确立了复杂性、复杂整体性与复杂性管理等新的概念之后，必须在哲学思维高度上，整体性地开展如何实现对这一新的管理领域的认知变革的研究，这在科学哲学范畴内称为**思维范式转移**。

思维范式转移是科学范式转移在思维层面、思维阶段的体现，复杂系统思维范式转移的根本目的是运用复杂系统思维原则、知识框架与话语体系，揭示、分析复杂系统管理活动中关于复杂整体性问题管理的基本特征、基本规律、基本原理，提供相应的方法体系，提升解决复杂整体性问题的能力。例如，在管理学领域，因为复杂整体性属性的出现，越来越多的问题无法通过笛卡尔提出的传统的还原论范式完全解决，因此，应对还原论不可逆性问题必须创造新的方法，这样，变革笛卡尔还原论思维范式就成为复杂系统思维范式转移的起点之一。

关于复杂性问题的复杂系统思维范式转移有着一系列要点，都是基于对复杂整体性问题怎么看和怎么办的认知原则与基本行为准则。确立了复杂系统思维范式转移的基本要点，可以进一步根据具体的复杂系统情景的独特性场景或者语境补充新的细节，这不仅是我们分析现实管理活动中的复杂整体性和驾驭这类复杂整体性的核心能力之一，而且能够使我们通过这一能力将传统管理学术理念进一步整体升华为"复杂性管理"新认知。

在复杂系统思维范式转移之下，"复杂性"作为一个核心概念具有特别旺盛的生命力，在复杂性问题的管理实践或者管理思维的特定语境中，让"复杂性"与其他话语组合在一起，能够进一步细致表达出关于复杂整体性管理各种活动和行为的丰富内涵。例如，管理主体首先对管理活动中一类难以表述清楚、分析透彻、预测准确,以致不易找出原因、做出决策、拿出办法、提出方案的实际问题有了"**复杂的问题**"的直觉感受;在此基础上,以还原论不可逆性作为对这类问题的本质属性的提炼,从而在理性认知层面将"**复杂的问题**"抽象为"**复杂性问题**";复杂性问题的新内涵需要主体在整个管理过程中采用的复杂系统思维范式即为**复杂性思维**;这样,相应的管理活动中由于存在复杂性问题而蕴含着各种形态的复杂性(复杂整体性)即为**管理复杂性**;对应的基于复杂性思维的管理模式即为**复杂性管理**,它是集复杂性问题、复杂性思维、管理复杂性于一体的整体性概念。

**本书介绍的复杂系统管理就是一类有着具体独特规定性的复杂性管理。**

由以上可以看出,随着人们对管理活动与问题本质属性认知的不断升华,管理思维、管理模式与管理方法论也在不断发展与丰富,并以此不断提升对管理对象复杂性的分析和驾驭能力,这是人类管理认知发展进程的基本现象与规律。

# 七

我们已经在学理上指出了复杂系统管理是一类有着具体独特规定性的复杂性管理模式,但是,任何科学概念都要有学理自洽性与逻辑融通性。在管理学领域,由"复杂系统"与"管理"两个词融合而成"复杂系统管理",切不可望文生义地理解为"复杂的系统的管理",也不是"管理复杂的系统",更不是"复杂的管理系统",等等。它不是简单地在复杂系统中增添了一些管理的内容或者在管理中运用了一些复杂系统思想,而是在管理范畴中发生了本质性变化,并产生了对复杂系统和管理而言非此非彼的新的质。

根据前面对复杂系统观的分析,本书"复杂系统管理"是一种以钱学森还原论不可逆性复杂系统思想为底蕴并充分汲取其他复杂系统学术思想形成的一种复杂性管理范式;在思维哲学上,钱学森复杂系统思维范式构成了复杂系统管理的内核;在实践上,它主要是对复杂的社会经济工程管理系统中一类"复杂整体性"问题的管理活动和过程;在学术上,它是复杂性管理类中一种基于方法论驱动的学术研究范式。

复杂系统原本是系统科学领域的概念,它出现在"复杂系统管理"这个新的整体性概念之中,主要意义是以其自身具有的哲学思维特质,在认识论与方法论层面为管理复杂整体性问题提供思维原则与逻辑起点。在这个意义上,我们不妨把复杂系统作为一种哲学观、一种探索复杂性管理范式的导航仪,于是,当人们面对各类复杂性问题的挑战并感到自身认知、分析、驾驭能力不足时,亟须一种新的更高层次的思维哲学给予精准有力的指导与支撑。此时,复杂系统提供了一种强大的思想力量并赋能于人们的管理理念、技术与方法创新,形成了具有新的驾驭能力的复杂系统管理范式。

所以,从思维哲学上讲,与其说复杂系统管理是复杂系统与管理这两类学科的交叉,不如将其理解为当传统管理思维面对复杂整体性问题而遇到严重挑战时,在复杂系统哲学指导下,管理范式的一次整体性重构与升华,是管理哲学对管理范式转移的一次援助,也是管理哲学力量的一次显示,这是"复杂系统+管理=复杂系统管理"深刻的哲学逻辑与本真品质。

# 八

管理学是人类管理实践在科学层面上形成的理论、方法与应用体系。在这个意义上,复杂系统管理已经具有自身基本的学理逻辑、基本范式与基本内涵,即具备了一个学科领域自我成长的逻辑起点与内生动能,因此,复杂系统管理已经初步形成了管理学一个新的领域的基本雏形。

虽然如此,如何深化与完备化该领域的学科体系、学术体系与话语体系建设,如何把"三个体系"融合成一个相互关联、相互促进的整体,如何实现复杂系统科学与管理科学融合,保证在管理学意义下复杂系统范式的适用性,从而使复杂系统管理跨学科研究方法论具有必要的逻辑前提,特别是,如何根据当前现实情况,让复杂系统管理植根于管理学学术生态中,仍是需要思考的问题。因此,不能认为复杂系统管理已经是管理学范畴的一个成熟领域,相反,它强烈表现出作为管理学一个新的领域的变革性内涵与发展要旨,需要做大量自主性、原创性知识体系的创新与变革工作。

　　不言而喻，在上述这么多的学术体系建设任务中，最重要和最具全局性的是要遵循理论形成的基本规律和范式，构建复杂系统管理理论。复杂系统管理理论是人们在复杂系统管理实践活动与思维活动中建立起来的以知识为基本要素的系统化与逻辑化体系。由于该体系已经被赋予了系统化与逻辑化研究对象本质属性的品质，在这一知识体系的支撑下，人们能够有条理地描述和分析复杂系统管理实践活动中的各种现象，深刻揭示管理问题与行为的本质特征和一般规律。

　　作为管理学的一个新领域，复杂系统管理理论的形成过程必然要遵循"思维原则—核心概念—基本原理—科学议题—方法体系"这一完整的理论学理链。其中，思维原则在前面已经通过复杂系统思维范式转移而确定，需要逐步完整化的是"核心概念—基本原理—科学议题—方法体系"环节的整体性设计与落实。

　　在核心概念部分，本书所列的核心概念都是对复杂系统管理活动重要环节与要素的复杂整体性属性的提炼与抽象，即使有些概念的科学术语，如多尺度、情景等在其他学科中也有使用，但在这里都进行了概念内涵的拓展与重构，不仅嵌入了复杂系统管理活动复杂整体性属性，而且注入了复杂系统管理行为准则。

　　进一步来说，复杂系统管理理论是对包括管理环境、主体、客体、目标、行为等基本要素的管理活动和问题的本质与规律的完整理性认知。也就是说，作为理论的核心概念不能"孤立化"或者"破碎化"，不仅要能够对复杂系统管理活动与问题有较好的整体覆盖，而且彼此之间还要有较紧密的逻辑关联，即在理论中，核心概念除了在内涵上要充分保证源于复杂系统管理活动实践，还要充分体现概念之间的逻辑关联；否则，人们无法以概念为基础，并通过概念与概念的组合，形成理论中的基本原理与科学议题。

　　在基本原理部分，复杂系统管理原理必须围绕着管理主体与复杂整体性这两个最根本、最普遍的构成要素，充分揭示复杂系统管理活动中主体行为与对象的基本规律。能否做到这一点，是衡量复杂系统管理理论中基本原理的学术质量的主要标准。本书提出的基本原理均源于复杂系统管理实践，并紧密围绕着主体与复杂整体性这两个根本性的管理要素，充分揭示复杂系统管理活动与主体行为之间的逻辑关系、因果关系、相关关系，以及主体行为基本准则。

在管理学术研究中，一般都要以科学问题为导向，那为什么本书不列举复杂系统管理若干典型的科学问题，而是列举基础性议题呢？这主要是因为一个议题可能是一类具有相同或近似属性和特征的问题。提出科学议题，不是一定要得到对一个议题具体的求解答案，更多的时候，是希望引起学术界对这一类问题的关注和研究兴趣。这一点对于复杂系统管理这样一个通过复杂系统思维范式转移而初步形成的新领域来说，更体现了人们对待正在起步路上的复杂系统管理研究的那种"摸着石头过河"的探索模式，当我们没有足够的本领做到每一步都能精准地踩在"某个"石头上时，探索"某类"石头都是可以"踩"的也是很重要和必要的。

提出科学议题往往需要站在比具体的科学问题更高的思维层面上，如本书提出的复杂系统管理知识形态的话语体系建设、本质管理或者鲁棒性管理等都是具有一定思维原则与方法论意义的议题。不论怎么说，在刚刚构建复杂系统管理理论之时，提出的任何科学议题都具有强烈的探索色彩，随着理论的逐渐完善，科学议题也会越来越成熟和丰富。

## 九

复杂系统管理中的一类复杂整体性问题，即还原论不可逆性问题将导致相应的管理技术发生重要变革，因此，需要在复杂系统管理方法论与方法体系方面适应性地应对。考虑到问题的复杂整体性，复杂系统管理活动中使用的方法与技术必然跨领域、跨学科，呈现出极其丰富的多样性与融通性，因此，我们不能也没有必要一一罗列众多对复杂系统管理来说具有使用价值的具体方法与技术。但是，可以想见，在众多的方法与技术中，一定有充分体现应对复杂整体性的新的重要方法和技术。

例如，在复杂系统管理方法和技术体系中，需要有能对复杂整体性进行抽象表示与描述的方法与技术,这就是所谓对复杂整体性的建模技术。由于复杂整体性是一种抽象属性,在复杂系统管理中,最能够充分表征这一属性的现实载体就是管理问题或者管理活动情景。这样,对复杂整体性的建模就转换为对情景的建模。

复杂系统管理中情景建模的重要性不仅仅表现为上述基本学理逻辑,在整个复杂系统管理理论中,我们在不同的层次和议题中多次"看到"过情景的身影。例如,"情景"是复杂系统管理复杂整体性的现实载体,也是理论中的一个核心概念;在基本原理中,就有情景导向与独特性情景语境化两个以情景为基础的原理;在基础性科学议题中,又有本质管理与基于情景的鲁棒性管理和关于情景独特性知识的获取路径等,让我们一次又一次体会到了情景与情景建模技术的重要性。因此,复杂系统情景建模技术作为复杂系统管理标志性技术是非常恰当的。

具体来说,复杂系统情景建模的内涵是对一个被完整、清晰界定的情景运用何时、何地、何人、何事、何因、何果、将如何等情景性语言和建模符号进行整体性描述,并成为该情景要素、结构及动力学的一个抽象表示。

情景模型化的学术内涵可以进一步简约表述为建模主体通过聚焦复杂系统管理活动中某一时空范围内的情景及演化进行抽象表示与描述,这相当于建模主体在不同的关键时空点上,获得情景复杂整体性的定格"切片"采样,再进一步运用基于情景演化的基本动力学原理获得由情景"切片"组成的有序整体性"切片流",以此整体逼近某一特定的全景式情景。

那么,究竟设计什么样的技术路径和操作流程能够将情景模型化呢?这就要从人们对情景最初的感知说起。复杂系统情景是人的复杂性管理活动与过程在现实世界空间中的所有细节的整体性形态,这些细节的信息(数据)就是复杂性管理活动与过程、情景形态与演化过程的痕迹和踪迹。情景痕迹和踪迹在当今信息技术条件下可以被追踪、观测、描述、度量并进一步量化成复杂性管理活动与过程在数据空间中的映射或者投影(踪迹成为数据)。情景的这一信息(数据)特征可以概括为复杂整体性、信息"无穷多"、异质性及蕴含着某些价值等。这与大数据特征(巨量性、实时性、多样性、深度性)之间有着紧密的学理同一性。于是,可以认为,大数据驱动方法论适宜运用于情景模型化研究,特别适合如三度(维度、尺度、粒度)缩放、跨界关联、全息情景、场景导向等情景模型化研究。

这就为我们提供了情景模型化的大数据观,即通过对情景复杂整体性的感知、认知、联想、假设、猜测等,多渠道采集数据并将其大数据化;根据情景可计算性原理,通过对情景关联要素数据序列进行独立性检验等手段,形成某些动力学机理下的情景核要素集;接着,以大数据为基础,运用空间网络、事件时序与情景空间异构数据融合技术及情景时空状态描述、情景演化动力学机理分析等手段,利用机器的无限运算及其他统计分析能力,完成数据模型化分析与价值发现;最终在情景空间中,实现不同时态的复杂系统情景的历史重现、现实再现或者未来发现,以反思过去、仿真当下与预测将来。

这就找到了一条可操作的现实技术路径,即通过大数据驱动实现情景建模,以下是本书设计的大数据驱动情景建模技术的基本思想与技术要点。

大数据驱动情景建模的学理逻辑首先源于大数据与情景属性的同一性,即大数据与情景两者具有共同的本质特征和逻辑起点,这一点明晰了以情景建模为目标通过一定的范式实现大数据情景价值的学理逻辑。

在还原论意义下,情景可分解为离散化情景要素(信息)集,这样,源于现实情景要素的信息及数据集在一定意义上就是情景"支离破碎"信息集的表征,内涵越丰富、情景信息越完整的数据集越能够整全地表征情景。虽然情景数据集与情景之间不是一一对应的,但是,经过处理数据集而获得的大数据集中蕴含着丰富的整全性情景价值是毋庸置疑的。

在此学术思想下,大数据驱动情景建模的基本思想是指以大数据为基本资源,依据广义算法思维,计算机在数字空间中"计算"出可交互和具有沉浸感的现实情景的虚拟数字镜像,这一镜像或是一个新的情景图像,或能使某个情景"破镜重圆",或是以知识为情景"立柱"、大数据为情景"画龙"、小数据为情景"点睛"的"画龙点睛"。而在这些转换过程中,大数据实现了它的情景价值的"外部化"。

需要指出的是,由于"大数据驱动"转换模式不是唯一的,因此,建模最终的形态与质量也不完全一样,这些都与建模主体的建模目的、视角、模型设计及建模方法等有着密切的关系。

进一步,若要真正驱动大数据,实现其情景价值外部化,要有具体的技术路线、关键技术与流程设计。这相当于要提出一种把大数据情景价值由潜在向"外部化"转换的"转换器",即要让"驱动"具体化为一种机理性范式。

这从今天的科学哲学眼光来看,和"大数据"捆绑在一起的"驱动"很大程度上是以现代计算机技术为基础,通过设计一整套"算法",即一种价值转换方法,并借助有条理的步骤、流程与具体操作程序来实现。

以上为本书主要学术思想与理论内容。本书在复杂系统内涵界定与选择的基础上,论述了复杂系统管理的本质属性;通过复杂系统思维范式转移,对当今现实世界中一类广泛的新的管理活动类型,在复杂整体性属性意义上进行了凝练与抽象,从学理上形成了管理学一类复杂系统管理领域。

虽然这一管理活动内涵存在于不同的领域,表现出不同的形态,具有不同的科学议题,但是由于它们的研究对象有着共同的本质属性,这就有了共同的学术逻辑起点,就有了共同的思维原则和基本同一的学术范式,这是一个具有十分重要学术意义的论断。因为**如同几十年前那样,人们因为一时间无法应对复杂的"复杂性",只能创造出丰富的"复杂性词汇"来应对复杂性,这一次,我们试图运用复杂整体性的复杂系统思维原则下的"复杂性管理"来"同一化"复杂性问题的认识论与方法论**。说白了,是期盼以此为不同领域、不同专业的管理工程师与学者提供一种理论思维原则与知识体系框架,提升认识和驾驭复杂性问题管理的能力。

特别是在当今"大科学""大管理"时代,常常出现主体管理资源不足、经验不足和能力不足的情况,从学理上讲,复杂系统管理的学术思想与哲学思维能够在更高层面上增强人们获得解决复杂性管理问题资源的能力与本领适应性,而这种"获得性能力"与"适应性本领"已经成为当今应对和驾驭各个领域普遍存在的复杂的管理问题挑战最稀缺和最宝贵的品质与学养。

# 第二部分 工程管理理论的中国学者的声音

这一部分的主题为"重大工程管理",共计 10 篇,时间跨度大约 20 年。

2002 年起,我们有机会参与了江苏省最东边跨长江的苏通大桥大型工程管理咨询与研究工作,这也是我们第一次实实在在和工程师们一起"零距离"地工作、研究,先当学生,向实践学习、向工程师们学习,再一点点做理论研究,直至 2008 年大桥竣工顺利通车,东海之滨又增添了一座跨越浩瀚长江的通途。大桥竣工后的 2009 年,我们和大桥建设指挥部的专家们共同撰写出版了《苏通大桥工程:系统分析与管理体系》《大型工程综合集成管理:苏通大桥工程管理理论的探索与思考》等重大桥梁工程管理专著,第一次以复杂系统认识论与综合集成方法论审视我国大型基础设施工程管理。应该说,这些著作集中体现了 20 年前,中国学者已经以我国重大工程实践为背景,开始了重大工程领域内的复杂系统管理理论与方法论创新研究。

此后 10 多年,随着我国重大工程建设的发展以及复杂工程系统管理理论与方法研究的不断深入,特别是从 2008 年起,我们承担港珠澳大桥管理咨询工作直至大桥竣工通车,又于 2014 年起主持了国家自然科学基金委员会"我国重大基础设施工程管理理论、方法与应用创新研究"这一重大基金项目。这些实践使我们不仅能够分别从实践维度与理论维度思考与解决具体问题,更能从这两个维度的融合上深入思考普适性的重大工程管理基础理论。

这一阶段的理论思考主要反映在的《文汇报》所刊登的文章、2017 年 10 月在 Springer 出版社的 International Series in Operations Research & Management Science（ISOR 259）出版的 *Fundamental Theories of Mega Infrastructure Construction Management——Theoretical considerations from Chinese*

*Practice* 一书的序言，以及在《管理世界》上发表的 5 篇关于重大工程管理研究的文章中。其中，《工程管理：中国学者从"照着讲"到"接着讲"》一文除包含着一定的工程管理学术内涵外，更重要的是包含了关于开展重大工程管理理论研究的思维原则、学理逻辑以及对中国学者学术担当的诠释与理解等内容。至于其他几篇文章，主题都比较大，如关于重大工程管理基础理论体系的构建、我国重大工程决策治理体系与能力现代化以及重大工程决策"中国之治"的现代化道路，即我国重大工程决策治理 70 年历史的回顾等，就其内容而言，部分已经超越狭义的工程管理范畴，涉及政治、社会、历史等，因此，这部分的文章从相对宏观和战略的高度认识工程管理体系的结构与全貌，较多地表现出重大工程管理的全局性、战略性内涵。

本部分的最后，收录了 2 篇基于复杂系统管理思维的重大工程管理专题研究的文章，从而将本书第一、第二两部分的学术思想融为一体。

下文为 2009 年出版的《苏通大桥工程系统分析与管理体系》一书的前言。

# 系统思维是工程管理的灵魂

一

这本约 40 万字的《苏通大桥工程系统分析与管理体系》是关于苏通大桥工程管理研究的重要成果之一。从 2003 年起至今，以本书形式和内容出现的研究成果八易其稿，连书名都改了几次，自我感觉工作态度是认真和严谨的。

当然，要做好、做深苏通大桥工程管理研究，仅有认真、严谨的态度是远远不够的，更重要的是要确立科学的研究理念，设计好正确的研究路线。我们的基本原则是：

第一，踏踏实实地深入工程实际。工程管理研究不同于一般基础理论研究，工程管理规律的总结与管理理论的凝练如果脱离了工程实际，说服力、解释力、控制力、执行力都无法得到保证。特别是我国工程实际，更有其政治、经济、社会与文化背景，因此，苏通大桥的工程管理研究丝毫不能脱离国情特点和工程实际。

第二，要有科学的研究理念。工程管理研究如同一切科学研究一样，是对客观世界及规律的正确认识。要用科学的眼光分析问题和思考问题。具体地说，首先要能科学地看待工程和认识工程，正确回答什么是工程，什么是工程本质等一系列具有根本意义的问题。这些问题一般都涉及工程哲学与工程整体思维。如果在这类问题上把握不准或认识不清，要想做好工程管理的深入研究是不可能的。

第三，工程管理研究要尽量做到"顶天立地"。既要以科学的工程管理理论为引领、统摄工程管理的全过程与全领域，又要注重对工程管理体系的设计、工程管理技术的优化以及现场执行力的有效发挥，不能仅仅研究工程管理的"原则"，更要提供工程现场的"管理抓手"，争取对工程管理理论和工程建设现场都有所贡献。

第四，力求研究有所创新。研究我国大型工程的管理问题，本身就孕育着创新因子，但也不能保证研究就一定能取得创新成果。因为我们可以按照国外工程管理理论体系，如项目管理的知识模块来一一对照工程实际，并以此进行解读，印证相关的知识点，这样做也能表现出某种研究气氛，但是，这样的研究其创新含量一般是不高的，对解决我国工程管理特质问题的贡献一般也有限。所以，正如郭重庆院士所说，我们要在研究中体现"从引进、吸收国外工程管理（主要是项目管理）理论与技术的'照着讲'阶段走向直面我国工程管理实践的实证研究的'接着讲'阶段"。当然，"接着讲"丝毫不排除"照着讲"。其实，先要学习、吸收，才能提高、发展，即先要做到"照"，才能做好"接"。人类文明的发展道路从来都是相互学习和相互推进的。

## 二

要在实际研究过程中真正体现上述几条原则，需要认真、踏实的组织工作和技术路线安排。

首先，在苏通大桥工程指挥部的安排下，南京大学工程管理学院一批教师和研究生进驻工程现场，在指挥部相关处室上班，并有专人指导，做到研究人员紧贴工程第一线，逐步了解工程、熟悉工程。

其次，以科学的理论（包括国内外科学理论）为指导，认识工程、分析工程，力求抓住工程管理的本质，形成科学的研究理念。要做到这一点，必须以工程实际为依据，不凭空杜撰，不任意夸大或缩小事实，真正通过实践、认识、再实践、再认识，由浅入深、由表及里、由此及彼，逐渐把握准工程管理的核心问题和解决办法。

研究之初，我们对苏通大桥工程是一个大系统有了比较清晰的认识，并对工程建设涌现出来的复杂性也有直接的感受,因此明确提出了苏通大桥工程管理不仅要确立系统工程技术与项目管理方法相结合的基本管理方法论,而且要进一步采用"集成"与"融合"的方法论来处理工程中的复杂管理问题。

　　经过 2 年多的实践,我们于 2006 年夏将相关研究材料五易其稿汇集成文,大约 30 万字,冠名曰"和系流苏,融会贯通"(编号为第五稿)。为了能准确地了解我们当时的认识水平与理解水平,完整地看出关于苏通大桥工程管理研究的演化过程,下面将当时为该文所作之序全文录于此处:

### 序

　　苏通大桥的工程管理实在是太复杂、太深邃了,想把这么复杂、深邃的事情说得简单、浅显些,最好的办法就是运用比喻。

　　如果把大桥工程管理的一项项具体工作比作一根丝、一条缕,那么整个苏通大桥的工程管理真可谓千丝万缕。试想,这么复杂的管理工作在宏观上如果没有清晰的思路,工作之间没有紧密的衔接和有效的协调,不要说做到管理现场"丝"毫不差、管理环节"丝丝"入扣,恐怕整个管理工作都可能成为一团乱麻(丝)。管理成了乱麻(丝),还谈什么工程质量、工程安全、工程目标。

　　那么,依靠什么能把千头万绪的大桥工程管理梳理出一个头绪来呢?对此,大桥人有自己的看法。他们说,苏通大桥"一桥多方"有那么多的干系人,他们之间既有博弈,又相互包容,真是"异"中求"和"。工程是靠人一项项完成的,所以工程管理中最重要、最根本的,是处理好人与人之间的关系,激发所有工程建设者的积极性和创造性。一句话,苏通大桥是靠大家干出来的,不是靠管出来的,这是多么深刻的工程人本思想啊!

　　打个比方,工程管理好比用粗细、长短不同的琴弦,弹奏出悦耳动听的音乐;用深浅、明暗各异的颜色,描绘出绚丽多彩的画图。试问谁能有这样大的能耐呢?唯有"和"的哲理。

　　"和"是一种秩序。和则兴、不和则乱。无论是"天人合一"强调人与自然的和谐,还是"外儒内法"强调人治与法治的相容,无不表达出"天和风雨顺、地和五谷丰、人和百业胜、家和万事兴"的和的可贵。今天,我们不妨还可以加上一句:心和工程优。

需要指出的是,哲理所说的"和"并不是牺牲干系人合作中的多样性。早在公元前 800 年左右的西周末年,当时郑国的史伯就提出了"和实生物,同则不继"的思想。也就是说,"和"才能生育万物,而强制一律则难以为继。到了公元前 500 年左右,春秋末期齐国的思想家晏婴更明确指出,事无论大小,都是靠不同的部分、不同的想法"相成""相济"而形成"和"的局面,才能生存发展;而强求一致(同)则会一事无成。与晏婴同时代的孔子,更把"和""同"思想提炼为"君子和而不同"的道德箴言。

苏通大桥建设管理中,正是以这种"和"的理念有效地构建了大桥管理体系。从微观上说,"和"是处理干系人之间关系的原则;从中观上说,它是管理为政之道;从宏观上说,它又是稳定、发展工程建设大局的指导。总结苏通大桥从立项到竣工的全过程,无处不体现出这种"和"文化的光辉,正是这种"异"中求"和",构成了苏通文化的"精气神",成为苏通工程管理的精髓。有了"和",苏通工程管理工作的千丝万缕才可能在管理者手中变得如此顺畅、有序。

系(xì),作为名词,可视为系统的简称,它是设计苏通大桥工程管理体系的指导思想。事实上,苏通大桥本身就是一个复杂大系统,而对苏通大桥工程的管理,本质上就是对系统的管理。正如约翰·卡斯特和罗森茨韦克在《系统理论和管理》中提到的,系统管理既是一种哲学思想也是一种实际现实,把系统理论和管理理论结合起来能够产生更有效的管理。苏通大桥正是依据系统科学的原理,运用系统工程技术实现了对大桥工程的科学、有效的管理。因此,可以认为,系统的思维是大桥工程管理的灵魂。

系(jì),作为动词,其意为栓、绑、维系等,也就是说,系是把东西捆好、提起来。把顺畅、有序、千丝万缕的苏通管理工作捆好、提起来是何物呢?是流苏。什么是流苏?一种下垂的由五彩丝线做成的穗状饰物,常装饰在马车、旌旗等处。汉无名氏焦仲卿诗（后人托名为《孔雀东南飞》）中就有"踯躅青骢马，流苏金缕鞍"。显然，一团乱丝做不成美丽的流苏，而顺畅的千丝万缕成了流苏，不仅丝丝有序，而且五彩缤纷、焕彩留辉，这正是苏通大桥工程管理的追求和目标。

融，融合，事物相互结合渗透，合为一体。这里"合为一体"是精髓，它强调了事物之间结合后，既不是原来的"这个"，也不是原来的"那个"，而是发生了质变，产生了"非此即彼"的新事物。例如生命科学中的细胞融合（cell fusion），又称细胞杂交（cell hybridization），就是指两个或两个以上的细胞相互渗透，结合成一个新细胞的现象。体外动物细胞的融合，多用一些诱导物质来制定一种新品系的杂交细胞（hybrid cell），而这种杂交细胞一般具有很强的生命力，增殖旺盛，这就是融合的意义所在。

同样，大型复杂工程管理问题成堆，从逻辑关系看，其中既包含结构性问题，也包含无结构问题。工程涉及经济、社会、工程技术及人文各个领域。即使在一个领域内也不能指望只以一个理念、从一种角度、用一种方法、使用一种工具就能解决全部管理问题。这就需要我们在解决大型工程建设管理问题时，把自然科学、社会科学与人文科学相结合，行政职能与市场职能相结合，经验与科学理论相结合，继承与发展相结合，宏观与微观相结合，定性与定量相结合，并且使这种结合相互渗透，合为一体，即形成融合，这实际上就是系统科学理论中的"综合"思想。

另外，在工程管理中还需要把各种方法、各种资料、各种信息、各种技术进行汇合。

汇合与融合侧重点不一样。"汇"从"水"，更似水流聚集。因此更多的是事物在"量变"层次上聚集的概念。广西著名的邕江，由左江、右江等三江聚集而成，自西向东流经首府南宁。所以邕字头上三江水，"邕"在壮语中的意思就是汇合。这就是系统科学中的"集成"。

由此可见，大型工程的建设管理，既运用融合，又运用聚集，故在方法论上既要综合，又要集成，还需要在综合之上的集成，在集成之上的综合，即所谓的综合集成。综合集成当头，创新也就在其中了。

因此，我们不妨可以想象，在过去的5年多时间里，苏通大桥的建设管理者们用"和"的理念、系统的思维将千丝万缕的工程管理工作梳理得丝丝入扣，并"系"成清理飘逸的流苏。同时，大桥工程也在系统工程技术与现代项目管理体系的"融"合"汇"整之中，形成了工程管理中的"综合集成"方法论，从而能透彻地领悟和理解大桥管理的全部内容和意义，又在实践上使现场管理的各个环节相互衔接、彼此呼应，层次分明，"贯"而"通"之。此乃苏通大桥管理理论与实践核心的真实记录与总结。故本书谓曰：

　　　　和系流苏　　融会贯通

仅以此为记。

　　　　　　　　　　　　　　　　　　　公元二〇〇六年初夏

不难看出，该序反映了我们当时对苏通大桥工程管理的几个主要观点，它们是：

（1）苏通大桥工程管理是一个内容丰富、关系复杂的体系；

（2）苏通大桥工程管理应以和谐、协调相成、相济为指导思想；

（3）系统思维是大桥工程管理的灵魂；

（4）大型工程的建设管理，既运用融合，又运用聚集，故在方法论上既要综合，又要集成，还需要在综合之上的集成，在集成之上的综合，即所谓的综合集成。

事隔3年，再看这些文字，可以认为，其基本思想和观点仍是正确的，是符合苏通大桥工程管理实际的，但这些观点作为整个研究过程中的"中间产品"，又是不够深入的，特别是对照本文开头所述的四条研究原则，即可看出存在以下一些问题和不足：

（1）对工程管理科学问题凝练不够，科学理论升华也不充分；

（2）尚未能从工程管理研究中提出一些有效的工程现场复杂管理方法与手段，即工程管理执行力还不强；

（3）一些在研究、探索中形成的理论创新元素还多停留在概念描述上，缺乏深度；

（4）对工程系统复杂性管理体系挖掘得还不深刻。

三

要解决这些问题，必须进一步加大研究力度，深化研究工作。要从工程哲学（思维）等工程认识论和实践的可操作性角度出发，深入开展系统分析，优化工程基础（保障）、工程管理、工程控制在内的工程管理体系的设计，在整个体系中充分体现工程系统的复杂性，保证工程管理的现场执行力。即紧紧围绕苏通大桥工程实际，深化工程哲学认识论，细化、拓展并提升工程管理体系。既不要出现"理论"与"实践"两张皮，也不要形成"工程"与"管理"两股道。

这也是为什么《苏通大桥工程管理实践与基本经验》与《苏通大桥工程系统分析与管理体系》两本书既有脉络的一致性又有侧重点的不同。不仅如此，关于苏通大桥的系统分析与管理体系设计还进一步引申为对大型复杂工程管理理论的探索与思考，从而使本书更体现出"承上启下"的作用和意义。

另外，研究中的任何创新，都不能主观臆断或捕风捉影，尤其是工程管理研究的创新，更讲究致用性，要求与国情、文化和行为特征一致。为此，我们对于第五稿中提出的"大型工程的建设管理，既运用融合，又运用聚集，故在方法论上既要综合，又要集成"的思想进行了深化，逐一在苏通大桥工程管理体系中的组织、制度、文化建设、决策、设计、信息、采购、科技、风险管理以及进度、质量、安全控制等工程管理子系统中进行综合集成方法的深度挖掘，并梳理其共性技术和方法，力求找到基于综合集成方法论的现场管理"抓手"，同时形成基于综合集成方法论的管理体系。这也是 2006 年以后我们研究工作的主要内容。

对照本书之前各稿，可以认为，无论从文字到内容基本已"面貌全非"，前后之间绝不只是文字上的少量变动，而是从研究理念、主线、案例到表述方式都有极大的变动，有时后一稿将前一稿数万字或 10 余万文字全部推翻，其出发点只有一个，就是研究质量也要和工程质量一样，必须尽一切努力，做到质量第一。

现在这本书绝不是对苏通大桥工程现场具体管理做法做一般性的记录,而是努力把苏通大桥工程实践所提供的鲜活素材系统化,并梳理其理论脉络和具有规律性的基本经验,基本做到了没有完全按照国外书本知识"照着讲",并进行了一次关于中国工程实践实证研究的"接着讲"的可贵尝试。同时,也正是在这本书的基础上,我们在后面将工程实践中涌现出来的工程管理创新元素进行凝练,并形成有一定创新意义的综合集成管理体系和范式,这些集中反映在另一本书《大型工程综合集成管理——苏通大桥工程管理理论的探索与思考》中。在这个意义上,本书既"承前",又"启后",同时也让我们体会到,只要认真地深入工程实践,认真深入理论与实践的结合,就能在工程管理研究和创新道路上有所收获、有所前进。

2009 年 3 月

下文为 2009 年出版的《大型工程综合集成管理——苏通大桥工程管理理论的探索与思考》的前言。

# 大型工程的综合集成管理

今天,苏通大桥如东海之滨的彩虹,成为万里长江的一个新地标。在《大型工程综合集成管理——苏通大桥工程管理理论的探索与思考》即将付梓之际,再一次回忆几年来"探索与思考"的过程,梳理整个团队的研究心路,不啻是一段弥足珍贵的经历。

## 立 题

2003 年夏,苏通大桥工程管理研究课题正式立项,此与 2003 年 6 月 27 日大桥水上试桩几乎同步,这表明大桥建设指挥部从来都把工程管理研究放在心上,只要工程施工一进入轨道,就立即腾出手来抓管理研究。这样的安排在江苏交通工程建设行业尚属首次,这一方面是因为苏通大桥确实有太多的管理问题需要认真研究,另一方面更反映了指挥部对工程管理理论研究的重视。客观上,这使我们有充裕的时间深入实践、体验实践,好好把工程管理"咀嚼"一番;同时也对研究工作提出了更高要求,要求我们在深入研究中争取有所发现、有所创新。

课题伊始,我们查阅了大量类似的研究资料,其中不少对我们很有启发,也有一些比较概念化或缺乏深度,基本上是对已经竣工工程的管理过程的回顾和管理做法的总结,而大量新鲜、生动的工程管理实际问题,以及直面解决这些问题的智慧、技术和方法已经"时过境迁",无论事后如何"回放",都难免遗漏、遗忘并失去"立体感";另外,一些研究人员虽有丰富的书本知识,但因没有机会直接参加工程建设或因缺少工程经历,从而在开展这样的研究时难免浅尝辄止,或基本上是依据国外项目管理理论来讲述我国工程管理的故事。

这些普遍存在的问题给了我们很大的警示,让我们进一步懂得"绝知此事须躬行",要真正做好苏通大桥工程管理的研究工作,必须开展理论研究与工程建设的"同步"互动,让研究扎根于工程实践并从中获得营养。相反,不深入工程实践,不深入体验工程管理人员的思想与行为,研究结果只能是"隔靴抓痒",使理论与实践成为"两张皮"。

另外,不能认为研究只是研究人员的事。实际上,工程一线的建设与管理人员普遍具有丰富的工程实践经验与理论潜质,在研究过程中他们能够产生许多深刻的理论见解,因此,我们必须互相学习,形成紧密的联合研究团队,发挥出较强的研究力量。

我国大型工程的实际管理问题与解决过程必然形成中国特有的管理故事,必然有中国国情和中国文化的印记,也必然体现了东方管理智慧和中华文化,因此,研究我国工程管理问题,既要照着国外工程管理理论讲,更要依据中国国情和文化讲。

## 起　步

实践证明,以上考虑是正确的。自课题启动伊始,苏通大桥工程建设指挥部和南京大学工程管理学院就形成了良好的工作制度和恰当的研究机制,这体现在以下五个方面。

(1) 成立联合课题组。课题组由苏通大桥建设指挥部和南京大学工程管理学院共同组成,由双方主要负责人负责,指挥部几位副总指挥、各主要处室负责人以及学院的几位教授、副教授均为课题主要成员。

(2) 保证项目研究时间。工程管理学院先后有教授、副教授、博士后、博士、硕士研究生共计 20 余人承担了此项研究任务,其中有 10 余人几年来一直专心于此课题的研究。

(3) 深入工程现场学习。工程管理学院不少师生对大型工程建设现场管理缺乏深入了解和深切感受,必须补上这一课。为此,工程管理学院课题组成员按计划到工程指挥部"上班",指挥部在现场为他们准备了宿舍,添置了被褥,安排好办公室,特别是根据每个人承担的任务,确定好相关处室的专家为"师傅"。师生通过在现场的学习和跟班,补上了一堂重要的工程实践课。

(4)强化理论进修。针对指挥部课题组成员经验丰富但相对缺乏管理理论的现状,指挥部领导采取了两条措施:一是由工程管理学院的教授为他们举办系统工程与系统科学的讲座;二是开列书单,要求指挥部中层以上干部认真读书,并在例行的指挥部会议上轮流讲述心得和体会,提高他们的理论基础与修养。

(5)相互交流制度化。几年来,每逢假日,指挥部同志都会从南通工程现场回南京休息。这时候,指挥部负责人经常带队到南京大学工程管理学院,或在会议室,或在学术沙龙,多则10余人,少则三五人,清茶一杯,彼此就工程理念、工程哲学、工程系统及工程管理等问题进行广泛的讨论,相互交流,相互启发,收获颇丰。

回顾这些工作制度和机制,笔者深深感受到它们的重要性,没有这些,就很难形成一支能够充分发挥双方资源优势并协同工作的研究队伍;就很难形成对复杂工程管理问题深刻和科学的理解与共识;更难保证有持续的理论研究热情和精益求精的工作态度。

## 初　捷

课题伊始,我们运用系统方法论和系统工程技术,对不同阶段大桥工程施工现场的管理任务与问题,矩阵式地进行了系统性的分析和设计,尽量做到全景式的记录和诠释;清晰地分析了大型工程建设过程中,将系统工程方法与项目管理技术相结合,对于提高工程管理水平和效果的重要意义。也就是说,系统工程方法与项目管理技术的有机结合,势必能有效解决大型工程建设管理中的大量问题,这些问题包括工程建设相对简单和工程环境相对简单的管理问题、工程建设相对复杂而工程环境相对简单的管理问题(系统性与不确定管理问题），以及工程建设相对简单但工程环境相对复杂的管理问题（不确定与系统管理问题）。这三类问题占了工程管理问题的很大比重。

前后五易其稿，我们于 2006 年春形成了对苏通大桥建设管理的理论与实践的研究报告，大约 34 万字。

在这份报告中，我们鲜明地提出了大型工程建设管理需要哲学思维，而工程哲学思维的精髓就是工程系统论，明确指出"工程是身躯，系统是灵魂"的观念，并在此基础上，梳理出苏通大桥建设管理的认识论和方法论。具体如下。

（1）系统思维，提升项目管理水平。苏通大桥的建设管理体系要充分吸纳世界先进的项目管理成果，并且引入系统工程思想，通过将现代项目管理和系统工程相结合来实施苏通大桥建设管理，使其更加系统化、规范化，苏通大桥工程建设管理体系应该是项目管理与系统工程的融合。

（2）三维主导，完善管理体系结构。从时间、组织和业务三个维度对工程管理体系进行整体框架构建，并以业务维度作为整个管理体系的主导，将其划分成基础层、管理层和控制层三大层次，这就是苏通大桥 3 层、13 个模块的管理体系的由来。

（3）全面协调，强化管理执行能力。工程管理在现场必须要有强大的执行力，包括对管理目标的严密认证，对管理方法持续的改进与创新，以及对管理责任制的细致落实。

由此不难看出，大约在 2006 年初，整个研究工作已经清晰地建立了以系统思想为引领，充分发挥项目管理现场执行能力的思想主线，并将这一主线渗透至工程管理各个领域。这不仅是大型工程管理的认识论与方法论，更是苏通大桥工程建设实践的真实写照。

在这份报告中，已经形成了一些有重要意义的工程管理理论创新元素。例如，报告在分析了我国工程市场尚不完善、尚缺乏足以胜任大型工程建设的企业的复杂情况下，指出在一个地区、一段时间内，以工程建设指挥部和项目有限责任公司来共同整合政府调控、监管职能并发挥市场优化配置资源作用是一种有效的工程管理组织模式,是时代与国情的选择。

报告明确指出,苏通大桥质量管理体系是一个典型的复杂系统,具有系统实体复杂性、系统结构复杂性、系统整体涌现性、工序环节交互作用复杂性和系统自学习机制等复杂系统特征。

报告从工程建设管理问题的分类、特征出发,明确提出苏通大桥工程是一个复杂的人造系统,它不仅具有结构的复杂性、功能的复杂性,还具有建设管理的复杂性,需要运用一种具有针对工程复杂系统特征的方法论来组织和管理,并明确指出了综合集成方法论对大型工程管理的重要意义。

如果就一个课题的研究成果来看,当时的 30 余万字的报告可算得上一份用心之作,其中有些内容比较科学地反映了我国国情和工程复杂性管理的客观规律,如报告中强调的"工程管理的组织模式必须充分发挥政府管理和市场机制的共同作用"便是一例。时任国务院总理温家宝于 2009 年 2 月 2 日在英国剑桥大学发表演讲时指出,国际金融危机充分说明,不受管理的市场经济是注定行不通的。他说,真正的市场化改革,绝不会把市场机制与国家宏观调控对立起来,既要发挥市场这只看不见的手的作用,又要发挥政府和社会监管这只看得见的手的作用。两手都要硬,两手同时发挥作用,才能实现按照市场规律配置资源,也才能使资源配置合理、协调、公平、可持续。可以认为,温总理的这段重要讲话不仅是对宏观经济管理也是对当前经济转型复杂环境下,我国大型工程建设组织模式设计和选择原则提出的指导性意见。应该说,苏通大桥工程 6 年多前设计的组织模式是符合这一原则的。

## 自　省

随着工程的不断向前推进,理论思考与探索也在不断深入,在充分肯定自己已取得的成果前提下,我们用更高的标准衡量自己的工作,不断寻找自己的不足,并归纳成以下三点。

（1）虽然已经较好地描述了苏通大桥工程的环境、技术等自然性为主的"个性",但对工程管理的社会性、国情性揭示不够,而这恰恰是我国工程管理异质性及管理行为特殊性的根源,必须进一步揭示和阐述这些复杂性。

（2）虽然已经较好地以系统思维引领苏通大桥工程管理,但"系统"不是一个平面概念,不能仅仅以系统最基本的定义来诠释工程,而应该以"立体"的系统概念,如以简单系统与复杂系统在工程中的不同体现来进一步深化对工程的分析,并由此引导出工程管理中的复杂性思维。

（3）虽然较好地对苏通大桥工程管理工作做了系统总结,但不能仅囿于此。事实上,仅在江苏境内,除 1968 年建成的南京长江大桥外,改革开放以来,江阴长江大桥、润扬大桥、南京长江二桥、南京长江三桥又相继建成,建设中的苏通大桥既以这些工程成果和经验为基础,又是江苏交通行业对世界桥梁记录的新的冲击。特别是,苏通大桥指挥部领导都是江苏省具有丰富工程建设经验和管理经验的优秀专家,他们曾经负责了多座大桥的建设,因此,他们直接参与苏通大桥工程管理理论的研究,使该研究既直接源于苏通大桥工程实践,又包含了江苏省多座已建大型桥梁的建设管理实践,还包含了江苏改革开放以来整个交通战线的工程管理实践。因此,研究思路应该进一步拓宽,研究的开放度应该更大。

心路、思路决定研究之路。从 2006 年下半年开始,课题研究工作又进入了一个新的阶段。近 3 年来,一方面,我们进一步深化苏通大桥工程建设管理的实践研究,最后八易其稿,形成《苏通大桥工程管理实践与基本经验》一书;另一方面,我们紧紧围绕工程复杂性管理这一主题,进行了认真的探索和思考,研究进一步向"深"和"实"方向发展。所谓"深",就是进一步深入工程系统复杂性层次,并由此思考工程管理在这一层次上的许多新问题;所谓"实",就是对复杂性管理要争取从理念、原则、方法论高度向管理方法、技术、工具渗透,尽量到达作业层面。

主要开展的工作大体如下。

首先,我们进一步聚焦大型工程建设中的一类工程复杂程度高,同时环境复杂程度也高的复杂工程管理问题。这里的工程复杂性高是指工程施工方案难度大,关键技术尚未或不易掌握,工程技术规律尚未完全搞清或者工程施工方案涉及较多技术领域等。

这里的环境复杂程度高不仅是指工程自然环境如气象、水文、地质等环境复杂,从管理角度看,更表现在工程建设的社会环境、文化环境及传统行业对工程管理工作的影响。这些影响从各个角度增加了工程管理问题的复杂性,自然也增加了工程管理的难度,以致用一般的项目管理技术和系统工程方法难以有效解决这类问题。一般来说,这些影响可能是宏观社会经济和文化环境造成的,也可能是社会发展阶段局限性造成的,还可能是人们的文化传统与思维惯性造成的。

这一类复杂工程管理问题,从管理学基本原理看,具有以下特点。

(1)问题的环境动态较强并对管理过程产生深刻影响。

(2)管理问题的目标是多元、多层次,甚至是冲突的。

(3)管理问题往往无先例可循,管理者一般也缺乏对问题的清晰认识,或缺乏解决问题必需的资源或尚不具备解决问题的能力。

(4)一般来说,就人们的认识规律和能力看,为了解决这些问题,往往需要将问题拆分为若干相对简单的子问题,但原来的问题又不是这些子问题简单的拼装和还原。例如,子问题可能是结构性较强的,但原问题的结构则是模糊不清的;子问题可能是有确定控制变量的,但原问题则可能没有明确的控制变量;子问题环境可能是比较确定的,而原问题环境则是不确定的等。

(5)正因为如此,原来复杂问题的解决方案也就不能仅仅是各子问题解决方案的简单叠加,即子问题解决方案到原问题解决方案需要再创造,需要经历一个由程序化向非程序化的"非此非彼"又"似此似彼"的过程。

概言之,这是一类在工程建设中出现的让管理者感到结构不清、机理不清、关系不清、动态性强、环境影响大而导致认识不易、资源不足、驾驭困难,不能用传统的经验和现成的方法来解决,而必须通过整合必要的资源、构建新的平台、形成新的能力才能解决的问题,诸如大型工程立项规划与工程设计、工程组织模式、重大施工方案、标段划分和招投标、技术创新平台建设、现场综合控制、工程应急管理及工程文化建设等都属于这一类问题。它们是工程管理中一类非常态、非常规、非常理、非常情、非常轨的管理问题,是一般意义上的项目管理技术和系统工程方法不能解决或收效甚微的一类问题,必须运用新的复杂性管理方法论加以思考和解决,这一类问题一般出现在工程管理的宏观层次和战略层次,在管理问题的总量中它们的数量可能并不特别多,但相对复杂,对工程建设影响也大。

其次,通过理论与实践互动,形成解决复杂性问题的技术和方法。根据复杂性管理思维与综合集成方法论的精髓,对这一类管理问题,运用我国系统科学家提出的综合集成思想是正确、有效的,但如果仅仅提出这一点,我们还只是在认识论、方法论层面上提出解决这类问题的指导性意见,这是远远不够的,应该在包括苏通大桥工程实践在内的江苏省多个大型交通工程实践基础上,通过理论与实践的互动,形成基于综合集成方法论的认识、分析、管理和控制复杂工程建设问题的体系与技术。

## 升 华

综上所述,面对如此复杂的工程,要真正让综合集成成为大型工程管理的指导思想并发挥其实实在在的作用,最重要的是要让这一思想渗透到具体的工程管理实践中去,让理论的精髓与工程实践活动紧密结合,切忌简单地把综合集成的一些名词与概念当作标签;综合集成方法论本身是开放的、不断丰富和发展的,它必然随着各个领域复杂管理实践的丰富而丰富,也随着研究的发展而发展。相对来说,现在更需要我们做的是,在将综合集成思想应用到实际问题中时,设计、创造相应的能够操作的方法、技术,形成较为完整的功能体系和模式。从管理学角度来看,这是一种基于具体方法论的管理方法,即综合集成管理。

向前推进这一工作的重要标志是要在以下几个方面进行探索:

(1)以综合集成思想构建工程管理体系;

(2)阐明综合集成管理的概念;

（3）探讨综合集成管理的基本原理与职能；

（4）归纳综合集成管理的关键技术；

（5）运用综合集成管理的范式研究大型工程中几类复杂共性管理问题。

从 2006 年下半年起，我们系统地开始了关于大型工程综合集成管理的理论探索与思考，前后也四易其稿，终成本书。应该说，以大型工程为实际背景，提炼出综合集成管理的要领及内涵，是一件挑战性极大的课题研究，但我们坚信，将钱学森等我国系统科学家提出的综合集成思想深入应用到工程中去，既指导实践，又丰富综合集成理论，方向肯定是对的。同时在探索过程中要牢牢做到以下五点。

（1）探索源于工程实践，要从实践中提炼综合集成管理理论元素并进行总结和概括。

（2）对综合集成管理理论元素要进一步从管理范式层面上加以系统化，如要通过管理基本概念、原理、职能以及关键技术等，形成较完整的管理体系。

（3）科学定位综合集成管理的作用，处理好它和系统工程、项目管理等管理模式之间的关系。

（4）注重这一体系的实际操作性。

（5）将这一体系有效地应用于重大工程管理问题的解决，相比较而言，这些问题包括工程组织模式问题、复杂工程决策问题、技术创新管理问题、工程现场综合控制问题、观察文化建设问题等。一般而言，这些问题都属于工程管理中的复杂性问题，同时又具有普遍性和重要性。

以上五点的初步研究成果，即为本书的主要内容。

## 体　会

过去几年的研究工作带给我们的基本体会有以下四点。

（1）哲学的基本原理告诉我们，不仅理论的"真"来源于实践的"实"，而且理论的丰富、发展，方法论的具体化与执行力，也要依靠实践，特别是管理领域的理论研究,更要面向我国的实践,才不至成为无源之水,无本之木。

(2)理论要运用于实践,实践要丰富发展理论,两者都不是被动的、简单的、单向的,应用本身也包含着思考、完善、修正与创新,甚至是重大创新,所以说,理论与实践相结合,理论创新与实践运用相结合,自身就体现了综合集成。一句话,综合集成当头,创新就在其中了。

(3)理论的探索与思考,或者理论的创新必然是一个继承过程,一般都是在前人成果基础上的延续。如关于大型工程综合集成管理体系的核心思想就源于钱学森、于景元等我国系统科学家提出的综合集成思想。另外,顾基发等提出的"物理—事理—人理"的概念以及王浣尘提出的旋进式进化的思想对我们构建大型工程综合集成管理体系及其关键技术都有很大启发和直接帮助。值此机会,我们对他们和其他有关学者表示衷心的感谢。

另外,在过去几年中,于景元、李京文、王众托、郭重庆等对我们的研究工作给予了重要的指导和帮助,在此,也对各位先生表示衷心的感谢。

(4)理论创新是一个知识系统工程,要注意形成有效的创新平台与良好的创新机制。理论创新又是一个长期积累和不断完善的过程,任何一次探索与一个团队的贡献,一般只是整个创新过程中的一小部分、一个阶段、一点积累,甚至可能是给他人借鉴的一次失败。故当事人不应以"微创"而不为,他人则不应以其"有瑕"而不齿。实践是无限的,创新过程是永续的,宏大的创新固然可喜,但在能力不够时,哪怕做些小的创新思考与探索,也是应该坚持的。这也是我们过去几年中关于大型工程综合集成管理研究的基本态度。

## 说　明

从理论创新一般规律来审视这本关于苏通大桥的工程管理理论思考与探索的书,有两点应该说明清楚。

(1)书中的基本理论元素实实在在源于苏通大桥的工程与工程管理的实践,并且是通过前后5年左右的时间逐步凝练形成的。

(2)既然是关于苏通大桥工程管理理论的思考与探索,除了一些源于工程实践又在实践中得到很好应用的部分,本书还包含了一些源于实践但尚未充分或尚未来得及在苏通大桥工程实践中得以应用而略嫌"单薄"的内容,甚至还包含了一些源于理论脉络又超越实践,探索色彩较浓的内容。这种"成熟度"不同的"思考与探索"反映了我们应有的实事求是的科学态度,即既不凭空杜撰一些虚幻的"实际"材料来"佐证"理论,也不能轻易在理论探索中"注水"。

## 前　行

现在,关于苏通大桥工程管理理论的思考与探索基本告一段落,但这一方面的研究仍会继续下去,除了可以沿着理论逻辑的脉络继续深化外,非常庆幸的是,我们有机会承担了港珠澳大桥工程管理的咨询与研究工作。港珠澳大桥工程是一个连接香港、珠海、澳门三地,包括路、桥、隧、岛在内的世界级大型跨海陆路通道,总投资预算巨大,可谓 60 年来我国交通运输部系统最大规模的投资项目。工程地处南海水域,通航以及海事安全标准高,气象条件恶劣,还要做好海洋生物生态保护工作。从人文社会环境看,工程涉及"一国两制",法律体制、技术标准体系都不一致,工程的市场化与国际化程度比我国以往任何一个工程都高,工程各方人员的文化与思维方式差异性也很大,因此,工程系统复杂性与工程管理复杂性将表现得更为突出,对工程管理体系与管理技术也将提出更高的要求。换一个积极的角度看,这也为我们进一步开展大型工程综合集成管理研究提供了肥沃的土壤。

实践永无止境,思考与探索也永无止境。当我们依依不舍告别巍峨的苏通大桥之际,新的研究使命又在召唤我们,我们将以更加饱满的创新热情、更加踏实的工作态度,继续前行在工程管理思考和探索的道路上。

这是世纪之交东海之滨的一座桥——苏通大桥给予我们的信心和启示。

2009 年 5 月

# 讲好重大工程管理学术创新的中国话

【编者按】数据表明，无论在重大工程建设总量，还是单体工程规模方面我国都在全世界首屈一指。与此同时，重大工程建设的伟大实践，给理论创造、学术繁荣提供了强大动力和广阔空间。中国学者以"工程是身躯，系统是灵魂"为原则，开展重大工程决策治理体系与治理能力现代化、"政府-市场二元作用"下的重大工程组织模式、互联网＋重大工程、重大工程社会责任、工程红利及"一带一路"与重大工程等研究，构建了体现中国特色、中国风格、中国气派的重大工程管理理论话语体系。

马克思在谈到理论研究时提出，重要的困难不是答案，而是问题。习近平总书记在哲学社会科学座谈会上也指出，"问题是创新的起点，也是创新的原动力"。重大工程管理研究创新源于重大工程建设与管理实践，在一定意义上，实践自身就是重大工程管理理论伟大的思想者。实践中的一个个管理现象与问题自然演绎成一个个生动活泼的管理故事。研究问题在某种意义上相当于在"讲故事"。

第一，从"照着讲"到"接着讲"。在过去较长一段时期内，中国工程管理学者主要以国外项目管理知识体系为核心，开展引进、介绍、传播、发展与实际应用工作，取得了丰硕成果，这对提高我国工程管理水平具有重要意义，这是我国工程管理所谓"照着讲"阶段。但是，系统开展重大工程管理学术研究是一次深刻的理论创新和知识变革，因此，这一变革不能仍然沿袭传统的项目管理体系路线，也不能仅仅讲一些重大工程管理新的现象和零散的经验，而必须在揭示重大工程管理本质内涵的思维原则指导下，提出系统性鲜明和条理性清晰的理论体系的"自我学术主张",这一阶段就是所谓中国学者关于重大工程管理理论研究的"接着讲"阶段。

第二,讲好中国故事。当今中国既然有着世界上最丰富的重大工程管理实践,就自然有着世界上最丰富的管理故事。仅以我国公路桥梁工程为例,到2013年底,我国公路桥梁总数就达到73.53万座,总长度为3 978延米。在几十年的时间内,我国长大桥梁建设完成了从学习、追赶国外先进水平到领跑世界的华丽转身。我国长大桥梁跨河、跨江、跨荒漠深谷到跨近海大洋;在世界前10位跨海大桥、前10位跨径斜拉桥和前10位大跨径悬索桥中,我国分别以5座、5座和6座的数量占据半壁江山。在长大桥梁建设管理实践中,除要战胜各种恶劣的自然环境、攻克技术难关外,还有港珠澳大桥工程面临着的"一国两制"这样复杂社会环境的情况,这其中有着多少生动深刻的故事啊!我国重大工程管理的故事情景如此复杂、内涵如此丰富,自然极具包容性和代表性,是能够培育出重大工程管理理论长青之树的一片沃土。

这意味着,中国学者要开展好重大工程管理学术研究,首要的是讲好中国重大工程管理的故事,要充满自信地认识到在重大工程管理研究领域,中国故事的具体性中蕴含着普适性,特殊性中蕴含着规律性,因此,在很大程度上,讲中国重大工程管理故事就是在讲世界故事,讲好中国故事就能讲好世界故事。例如,"一带一路"倡议赋予了重大基础设施工程新的国际化内涵,亚投行的成立构建了重大工程投融资制度体系。讲好这些源于中国的重大工程管理故事,能够催化出诸如工程红利、重大工程国际化以及重大工程金融等重大工程管理理论的思考与学术创新。

第三,努力说"中国话"。中国学者通过"讲中国故事",实现重大工程管理理论变革,这在理论体系和知识体系的外在表达形式上,必然需要有恰当、有效的语境、范式、载体和符号,即要有自主性的学术话语体系。

习近平总书记对构建社会科学研究中的话语体系十分重视,他强调"只有以我国实际为研究起点,提出具有自主性、原创性的理论观点,构建具有自身特质的学科体系、学术体系、话语体系,我国哲学社会科学才能够形成自己的特色和优势"。

理论是弓,话语是箭。理论要如弓,有深厚的功力,而话语要似箭,能够把理论的功力转化为精准的表达力,锐利的穿透力,强大的传播力、吸引力和影响力。因此,开展源于中国实践的重大工程管理创新研究,自然应该有与之匹配的话语体系,这就是所谓学术创新努力讲"中国话"的内涵。

重大工程管理理论创新研究不是用中国的实践和数据来验证国外的理论,而是在中国重大工程管理实践基础上提炼理论再到实践中去,这一过程要能够保证对中国实践的尊重、对中国经验的深度解读、对理论抽象的精准提炼。这样,从最初的问题设定、问题情景与价值观表述到中国人对问题的哲学思辨和文化逻辑以及对重大工程管理经验的中国式思维与总结方式,等等,自然应该突破在国外学术话语框架支配下讲中国故事的困惑与扭曲,而运用中国学术话语体系进行解析、表述,形成中国标识性概念体系和研究路线。这绝不是学术研究中封闭式的"自说自话"与"自言自语",而是在讲好中国故事的基础上,以富有感染力、说服力的中国式话语来表达好我们的自主性学术主张,这有利于在世界学术体系中发出中国声音。

(刊于《文汇报》2017 年 7 月 9 日智库版)

2017 年 10 月,本人的学术著作 *Fundamental Theories of Mega Infrastructure Construction Management——Theoretical considerations from Chinese Practice* 在 Springer 出版社出版,这是我们承担的国家自然科学基金重大项目"我国重大基础设施工程管理理论、方法与应用创新"的成果之一,下文是该书的序言。

# 工程管理:中国学者从"照着讲"到"接着讲"

这本书从正式动笔到完稿成书,用了 3 年多时间,而思考本书中的问题并形成一个较为完整和条理化的理论体系,大约用了 35 年时间。

写作一本关于重大基础设施工程管理基础理论的书,花费这么长的时间,其主要原因是:

——书中有不少新的学术思想和理论观点,需要一点点地思考和积累。

——书中许多内容虽然各自是独立的,但彼此又是相互关联的;而理论体系从核心概念、基本原理、科学问题到方法论必须表现出系统性和逻辑性并形成一个完整的整体,这需要较长时间才能逐渐成型。

——书中的理论内涵需要以工程管理实践活动为导向和支撑,而实践的萌芽与成长要有一个较长的过程才能达到催生和形成理论体系的自身"阈值"。

——书中内容充分体现了多学科的交叉和融合,这也需要多学科提供逐渐成熟的学术环境。

所以说,这本书的写作出版,不仅记录了笔者漫长的学术研究道路,更反映了中国工程管理学者与工程界对重大基础设施工程管理基础理论探索的历程。

多年前,中国著名管理学家郭重庆院士针对一般管理学在中国的发展道路特征指出,管理学在中国,应该逐渐从依据国外学术思想的"照着讲"阶段走向面向中国管理实践，并进行普适性管理理论创新研究的"接着讲"阶段。其实，这是中国管理学者一直努力的目标，也是中国工程管理学者的历史责任。

30多年前，由于中国工程管理历史传承较少、发展时间较短，在这一时期的前、中期，中国学者的工作主要集中在引进、介绍、传播、研究以项目管理为核心的国外工程管理知识体系与方法，并努力将其中的知识与方法应用于中国工程管理实践，取得了丰硕的成果。国外项目管理知识体系对于我国工程建设与管理的发展与进步起了十分重要的作用，贡献是巨大的，今后仍将继续发挥重要的作用。从总体上看，这一阶段中国工程管理领域的工作基本上属于依据国外项目管理知识体系的"照着讲"阶段。

这30多年同时是世界特别是中国工程建设快速发展的时期，也是工程管理研究领域取得极大进步的时期。随着我国工程建设的规模不断扩大，造物型的工程建设已成为国家社会经济发展的重要组成部分。一方面，大量的工程管理实际问题不仅需要我们直接运用国外项目管理知识与方法去解决，更需要我们根据中国工程管理实际情况思考和创造新的工程管理思想与理论；另一方面，不断丰富的中国工程管理实践与大量的实际管理经验也为我们的理论思考与创新提供了肥沃的土壤。

简言之，当前中国工程管理的发展已到了一个重要的转折点。这一转折点的重要任务就是要从单纯的引进、吸收国外工程管理（主要是项目管理）知识与方法的"照着讲"阶段开始走向以我国工程管理实际问题为导向，依据我国工程管理实际情景，深刻总结自身管理经验，进一步提炼理论元素与形成新的工程管理理论的阶段，并争取为人类工程管理理论的共同发展与学术进步做出贡献。以此为标志的这一新的阶段即为中国工程管理的"接着讲"阶段。

中国工程管理的"接着讲"，固然会讲中国情景与文化背景下的独特的工程管理问题，但主要还是要讲源于中国工程实践，并具有普适性、根本性与拓展性的工程管理理论问题。例如，工程管理中有一些新问题，在国内外工程管理实践中都出现了，"接着讲"应对它们进行新的、尽可能深刻的规律揭示和理论解释；也有一些新的具有普适性价值的工程管理问题，国外工程实践表现得并不明显,但中国工程实践表现得比较充分,"接着讲"则要对它们进行具有中国学理特色的学术创新与理论探索。由此可见,"接着讲"主要不是讲囿于中国国情与文化特征的工程管理经验,也不是主要讲工程管理实践活动中的一般技能知识和操作手段,而主要是讲工程管理的思想与理论创新。

总之,从"照着讲"到"接着讲",一字之差,意义迥异。即"照着讲"主要是讲国外的工程管理知识、方法与理论,而"接着讲"则更注重研究中国工程管理实践和由中国工程管理实践提炼出来的工程管理普适性科学理论。

当前,工程管理从"照着讲"到"接着讲"在中国有着坚实的实践基础与理论准备。

首先,30 多年来,中国已成为世界首屈一指的工程建设大国,这不仅保持了庞大的工程建设规模,还涌现了许多举世瞩目、世界一流的重大单体工程,中国已经建成和正在建设的重大工程数量与规模都占世界第一。这无疑给我们开展重大工程管理理论研究提供了丰富、深刻、直接的源泉,也是我国工程管理学界"接着讲"最宝贵的实践资源。

这里需要特别强调的是,从工程功能的多样性看,造物型的"重大工程"大体可以分为重大科学技术工程、重大军事国防工程和重大基础设施工程。其中,民生类的重大基础设施工程不仅面广量大,而且完整地体现出重大工程的基本属性与经济学、管理学及其他科学体系相互交叉的基本特征。因此,从工程管理理论体系意义上看,对重大基础设施工程开展工程管理理论研究具有特别重要和普适的意义。

正因为如此,本书作为主要研究对象的"重大工程",专指这一类重大基础设施工程,如大型水利工程、重大环境工程、长大桥梁与隧道等重大交通枢纽工程等。

其次,重大工程管理理论涉及自然科学、工程科学、技术科学、社会科学及人文科学多个领域,交叉性、综合性很强。"接着讲"不仅需要在方法论上综合运用这些科学,更需要哲学智慧和文化学养的指导。而中国哲学的综合思维以及集大成、得智慧的文化思想十分有助于中国工程管理学者在"接着讲"中确立重大工程管理理论的思维原则与思想路线。

再次，这么多年来，中国工程管理学者已在"照着讲"的同时，不断进行着重大工程管理理论"接着讲"的探索，积累了不少经验，形成了一些新的理论元素，为我们进一步开展重大工程管理理论"接着讲"做了必要的准备。

以上各点告诉我们，在工程管理"接着讲"阶段，中国学者更应该并且能够发挥各种工程管理实践资源优势，重点讲好重大基础设施工程管理理论体系的创新。

由此可见，中国学者对工程管理从"照着讲"到"接着讲"，既要以丰富的重大工程管理实践为基础，又要有科学的哲学思维做指导，并使这两方面紧密地融合在一起。

具体地说，"接着讲"是在丰富的中国重大工程管理实践和强烈的管理理论创新需求共同形成的学术发展道路转折点上，依托强调辩证统筹智慧的中国传统文化，提出关于重大工程管理理论的学术"自律性"和"自我主张"。它主要表现为努力从对项目管理知识体系"照着讲"的状态中走出来，并走上由中国学者新的理论路线所把握的"接着讲"的探索过程。这意味着，关于工程管理的有理论意义和创新价值的"接着讲"绝不是仍然沿袭传统的项目管理体系路径，也不能仅仅讲一些重大工程管理新的现象和零散的现场问题，而必须讲系统性鲜明和条理性清晰的重大工程管理理论体系的"自我学术主张"，包括重大工程管理理论的思维原则、核心概念、基本原理、科学问题、方法论和方法体系，并且在此基础上形成完整的学术"话语体系"。

众所周知，重大工程管理理论中的基础理论是指研究重大工程管理活动一般规律或主要规律，并为实际管理活动提供具有指导意义的共同理论的基础学说，它是重大工程管理理论中具有基础性、根本性、普遍性特点的理论原则、原理、科学问题与相应的方法论。它主要明确而深入阐述：

——人（管理主体）在重大工程管理活动中的基本思维与行为原则；

——人在重大工程管理活动中的思维与行为的基本形态及基本原理；

——人与管理环境、管理客体与管理问题综合形成的重大工程管理活动的基本形态与基本原理；

——基于人的重大工程管理活动的基本形态与基本原理而形成的科学问题；

——为解决这些科学问题而提出的独特的方法论与相应的方法体系。

这样，按照上述理解，中国学者在工程管理"接着讲"阶段就应该重点讲述如何构建重大工程管理理论中的基础理论体系，以及这一体系的基本科学内涵与主要结构。

这正是本书写作的宗旨和原则。确立这一原则既体现了中国工程管理学者"接着讲"的真正意义和价值，也体现了中国重大工程管理理论创新对重大工程管理实践指导的真正意义和价值。

当然，中国工程管理学者从"照着讲"到"接着讲"，绝不意味着是对国外项目管理体系的替代，更不是对项目管理体系的否定，而是在继续充分学习、发挥、拓展国外项目管理体系重要作用的同时，对重大工程管理理论进行的一次系统思考，是中国工程管理学术自身成长的一次典型实践。它既体现了中国哲学与文化风格，又通过对项目管理体系的拓展和内涵的与时俱进，体现了黑格尔所谓的东西方"文化结合"艰苦锻炼产生的现实和正当的活力。因此，本书的写作集中体现了中国工程管理学者在工程管理"接着讲"阶段的一种理论思考与安排。

要做到和做好这一点，必须坚持以下原则：

——坚持扎根于重大工程管理实践。工程管理是致用的科学，如果关于重大工程管理规律的总结与管理理论的凝练脱离了工程管理实践，其说服力、解释力、分析力、预测力及控制力等都无法得到保证。

——坚持理论研究的创新性。"接着讲"本身就是一种学术创新行为，而理论体系研究更不能仅仅对已有的知识与经验进行一般性解读和注释，如果这样，理论研究将缺乏其应有的学术生命力与价值。

——坚持"接着讲"与"照着讲"的统一性。工程管理的"接着讲"不排除"照着讲"。事实上，任何研究与创新，总是先要学习和吸收，才能提高和发展。即往往先要"照着讲"，才有能力"接着讲"。人类任何科学文明从来都是在学习与继承中形成和发展的。

综上所述，中国学者关于工程管理的"接着讲"主要应该讲如何在中国重大工程管理实践基础上，开展重大工程管理理论研究和创新。而这必然首先要确立科学的理论思维原则与理论体系形成范式，把理论研究对象即重大工程与重大工程管理的本质属性界定清楚。正如爱因斯坦所说，"如果没有界定范畴和一般概念，思考就像在真空中呼吸，是不可能的"。在这方面，本书旗帜鲜明地把中国传统哲学、当代综合集成系统论与国际复杂系统科学融合在一起，形成新的关于重大工程管理活动的复杂整体性认知，从而确立了重大工程管理理论的思想路线。

另外，重大工程管理问题层次性强、种类繁多，因此，任何刚刚开始的"接着讲"不可能把重大工程管理的所有问题都讲完整、讲清楚。因此，为了突出重点，那些比较简单、相对成熟、复杂性较低的问题可以不讲或少讲，而主要讲那些充分体现复杂性本质特征的管理问题，研究它们新的规律，并以此作为理论思考的范畴和焦点。

具体地说，本书依据"工程是身躯，系统是灵魂"的基本学理观念，指出重大工程管理理论主要研究的是一类在重大工程管理活动中出现的并让管理主体感到结构不清、机理不明、动态性强、环境影响大，进而导致认识不易、资源不足、驾驭困难，不宜用一般的管理理论、传统的管理经验和现成的管理方法来解决的具有系统复杂性的管理问题。这是一类必须通过确立新的思维、构建新的理论、整合更多资源、构建新的平台、形成新的能力才能解决的问题。例如重大工程前期规划、立项认证、工程设计、工程组织模式、重大施工方案、工程投融资、技术管理、现场综合控制、工程风险防范等都属于这一类问题。它们在重大工程管理中都具有复杂整体性特征，是一类运用一般项目管理技术和一般系统工程方法不能解决或收效甚微的问题，必须运用新的方法论和方法体系才能有效解决。这一类问题虽然一般多集中在重大工程管理的宏观层次和战略层次，在管理问题的总量中它们的数量也可能并不是特别多，但其复杂性对重大工程决策、建设和运营等管理活动具有全局性和长远性影响，需要我们特别认真对待。这实际上告诉我们，这一类问题应该是重大工程管理基础理论体系中最基本、最重要的科学问题。

"接着讲"要通过理论与实践互动形成解决这一类复杂性问题的技术和方法。要根据复杂整体性思维在方法论层面上提出解决这类问题的指导性原则，并形成相应的方法论与方法体系。

哲学的基本原理告诉我们，不仅理论的"真"来源于实践的"实"，重大工程管理理论体系扎根于工程管理活动实践之中，才不致使理论成为无源之水、无本之木。

理论要运用于实践，实践要以理论为指导，两者都不是被动的、简单的、单向的。所以说，理论与实践的结合，理论创新与实践创新的结合，从来都是相互促进、相互推动的。事实上，实践是理论之源，但并不能要求仅靠理论就能够完全解决重大工程管理的一切实践问题。在一定意义上，实践自身就是重大工程管理理论伟大的思想者。

在实践中，重大工程管理理论思考与创新首先表现为一个继承过程，是对前人思想、学说的借鉴与学习过程，然后才可能取得发展与进步，这一过程是持续、永不停顿的。因此，不应以贡献"微小"而不为，他人也不应以其贡献"有瑕"而不屑。工程管理实践是无限的、理论创新是永续的，取得重要的理论研究与创新成果固然可喜，但时间短暂或能力不够时，哪怕一些小的理论思考与探索工作也是值得鼓励和应该坚持的。这也是笔者多年来不断思考重大工程管理基础理论的基本态度。

既然本书是关于重大工程管理理论的思考与探索，因此本书中除了包含一些源于工程实践又在实践中得到很好应用的内容，如重大工程组织、决策等，还包含了一些源于实践但尚未充分或尚未来得及在重大工程实践中得以广泛应用因而略嫌"单薄"的内容，如重大工程技术管理、现场综合控制、风险管理中的"正常事故"等，甚至还包含了一些源于理论逻辑而刚刚开始探索的内容，如重大工程金融、情景耕耘技术、联邦建模等。这种"成熟度"不同或理解尚不一致的理论思考恰恰是我们的重大工程管理理论创新道路与过程的真实写照。

以上这些反映了中国学者在重大工程理论创新过程中的严谨而实事求是的科学态度：既不凭一些虚幻的材料来杜撰理论，也不轻易在理论探索中"注水"。书中有些内容因实践提供的支撑尚不足，所以理论思考仅仅是萌芽，我们也基本保持了这一"原生态"状况，等待今后有了更丰富的实践和更深刻的思考再加以完善。这可能就是读者阅读本书时会感到理论思考"深浅不一"或"意犹未尽"的原因。所以，我们绝不认为本书是一本关于重大工程管理基础理论研究的完善著作，它只是本书作者对重大工程管理理论思考与探索的一个阶段之所得。

事实上，任何科学的概念和原理都是在逐步萌芽、生长、演化中才发展、完善起来的，这是一条漫长的由一系列实际现象和事实启发、积累、修正和逐步完善的道路。任何想快速甚至"毕其功于一役"的打算对一个领域的基本理论的形成都是不切实际和违背科学规律的，任何理论探索者或评论家都需要有这一实事求是的精神和宽容的态度。

虽然这本书存在这样或者那样的不足，但它的写作和出版毕竟体现了中国工程管理学者在近几十年来对源于中国重大工程管理实践的理论思考，也是中国工程管理学者对工程管理从"照着讲"走向"接着讲"的一个阶段性成果之一。

最后，还想指出一点，虽然本书是关于重大基础设施工程管理的基础理论的探索，但就其管理学内涵而言，本书对管理活动整体层面的认识论与方法论的思考、对管理活动系统性与复杂性本质的揭示、对管理理论形成的思维原则与形成路径的论述、对管理理论体系的科学内涵与结构的设计，以及对管理理论体系中的核心概念、基本原理、科学问题与方法体系的凝练与递进安排等，其基本学术思想已超越了重大基础设施工程管理领域，因而对一般重大工程管理与一般管理学领域的基础理论的形成也具有可参考、可借鉴之处。因此，不妨认为，这是重大基础设施工程管理理论研究对一般重大工程管理及一般管理学基础理论发展所做出的贡献。

《国务院学位委员会、教育部关于对工程专业学位类别进行调整的通知》(学位〔2018〕7号)规定:原工程硕士专业学位类别下的项目管理、工业工程、物流工程3个领域调整到工程管理专业学位类别(代码1256)。从2020年起,按调整后的专业学位类别进行招生、培养和学位授予,即构建了新的MEM。这样,原工程硕士专业学位类别下的项目管理、工业工程、物流工程今后将一起改称并与原工程管理共称工程管理。这样,工程管理不仅成为我国现阶段规模大、人数多的一个工程硕士专业学位类别,而且因为内部学科跨度大,师生对学位内部结构的合理性及学理的同一性与逻辑性产生了疑惑。

正是在这样的背景下,下文以MEM内部的工程管理、项目管理、工业工程、物流工程领域构造人造物系统为基点,论述了MEM学理内涵的同一性。

# 工程:MEM学理内涵的同一性

## 一

"工程"一词一般情况下是指根据一定意图而构造人造物实体的活动与过程。

随着人类工程实践活动的丰富和认知上的抽象化,"工程"的语义大体沿着下面两条路径不断向前拓展:

第一,最初,人类的工程造物活动主要从建造房舍、修路筑坝开始,这也决定了工程必须基于明确的造物目的性和有始有终的造物完整性。根据这一基本特征,只要在某一领域,根据某一明确的目的,应用有关的知识和技术手段构建某个实物型人造物或者将某个（或某些）现有的（自然或人造的）实体改造、重构成具有新的预期使用价值的人造物的活动与过程皆可视为"工程"。例如，浇铸出一个铜鼎、开凿一条水渠、发明一件新式武器或者建立一家工厂等。

随着人类社会的发展和科学技术的进步，特别是 20 世纪中叶以来，人类在各个领域内的工程造物活动逐渐呈现出环境复杂，规模宏大，技术先进，投资巨大，工程建设与生命期长，对人类社会、经济、环境、科技发展具有重要持续性影响等特征，如重大基础设施工程、大型科学技术工程、重大国防和社会治理工程等。这类工程为人类创造或改善生存环境，提供了新的发展支撑条件，并在人们头脑中形成了这类工程"影响重要"和"规模巨大"的直观感知，即形成重大工程概念的雏形。这类工程无论规模还是数量都在不断增长，给全人类既带来福祉又带来挑战。

第二，人们把某一类人造物工程活动所依据的科学技术体系与经验知识等进行梳理，形成了该工程领域基本的知识体系，也称为"××工程"，如"土木工程""机械工程""化学工程"等，并在科学体系与教育体系的结合中将"工程"解读为大学教育中的"学科"概念，也就有了今天大学里的"电子工程学院""计算机工程学院"以及工程硕士教育体系等。

人们把实物型人造物的工程内涵延伸到社会、科技、文化及逻辑领域，不再把"工程"限定为实物型人造物，这样便出现了更为广义的系统工程、软件工程、中国京剧音像集萃工程、教育领域中的"希望工程""211 工程""985 工程"等。

根据上述"工程"话语内涵的发展，"工程"可谓是人类最基本、最广泛、最重要的实践活动之一。别的不说，全国原工程硕士专业学位类别多达 33 个，除计算机技术、石油和天然气和项目管理外，全部以"××工程"为名，其实，计算机技术、石油与天然气就是计算机工程、石油与天然气工程，而"项目管理"与"工程管理"同宗。这一状况告诉我们，对于当今大学中不同学科领域的各工程专业而言，其不同的科学技术知识体系的背后，无不是对"工程"实践活动内涵与工程本质属性的共同认知。

总体上讲，"工程"一般情况下主要是指根据一定意图而构造人造非自然物的完整活动与过程。有时,人们也将工程活动的最终(实体与非实体)结果本身视为"工程"。因此,整体性与功能性是工程活动的两个基本特征,这样,联系系统概念的基本内核不难理解,工程的本质属性就是系统性。

本书一个重要的理论观点是:从工程到重大工程,其本质属性表现为从系统性到(系统)复杂性,而正是这一属性的演化趋势,与工程管理基础理论相比,重大工程管理基础理论的基本框架、内涵与话语体系都必然会出现巨大的变化,形成一个新的更高层次的理论体系。这充分说明,明晰而科学的理论思维对基础理论体系的构建具有重要的引导性和规定性。

## 二

在人类工程活动规模不断扩大的过程中,出现了由一批人共同承担一项工程的情况,并且在共同参与的工程造物活动中,其中一个(或一部分)人根据造物的环境与拟实现的目标,专门从事一类筹划、获取和配置造物必需的资源,分配和安排造物人群各部分人的任务,协调人群与人群、人群与任务、任务和任务之间关系,使造物活动更为有序和有效,我们称这一类活动为工程管理活动,简称工程管理。

人类的工程管理活动产生于人类的工程造物活动之中并作用于工程造物活动,它与工程直接造物活动"形影相随",因此,人类不可没有工程造物,工程造物不可没有工程管理。

这样,如同工程一样,工程管理既是一个完整的整体又是一个完整的过程,整体性与功能性也是工程管理活动两个本质品质;在一定意义上,工程管理也是一类服务工程造物活动的人造系统。

最初,人类直接利用自然界实体的自然属性来满足自己的需求,当自然界实体不再有现成的人们需要的某些属性时,人们就会努力创造出这些属性来。由于现实中的属性必须依附特定的实体而不能独立存在,因而创造新的属性必须通过创造出新的实体的实践活动来实现,这就是人的工程造物活动。工程造物活动超越简单利用和模仿先在性自然属性,而首先需要弄清楚人、物、环境及其现实属性和期望属性之间的关系，并且依据这些关系把工程造物过程组织好、控制好、实现好，这就是工程造物与管理活动。

人们在工程造物与管理活动中要观察许多现象和处理许多问题，先形成对造物顺序与过程的认识，再经过大脑的思考和抽象思维得到进一步的理解。这样，就慢慢超越某些个别具体的工程造物活动，形成对"一般的"工程造物活动有着普遍解释和指导意义的工程管理的"道理"。在这些"道理"中，那些能够正确揭示一般工程管理要素之间普遍联系与规律、能够以清晰的逻辑表达方式说清和便于交流，并且受到管理实践检验及可以"举一反三"的"原理性"道理具有更重要的意义与价值。

我们把这一类在工程管理活动实践中，以"弄清对象本来面目"为基本目的，在归纳、概括基础上发现工程管理一般原理性"道理"的思维模式称为工程管理中的"理论思维"。理论思维主要是一类明确"是什么"和"为什么"的思维，是在学理上说明和解释工程管理活动现象、揭示其中客观规律或者范式并用其指导实践的思维。理论思维的成果是形成关于工程管理要素属性及属性之间联系的逻辑系统和话语体系，简言之，理论思维的成果主要是形成理论。

另外，在具体的工程造物与管理中，还需要通过人的直观、直觉和各种非逻辑思维获得对该工程独特性、实在性的认识，并且在此基础上形成把一般性道理变成工程实体独特的意图、计划、手段、方法和技巧。即要有从思维性"虚体工程"的蓝图到现实性"实体工程"的具体筹划，包括具体的计划、流程、方法和技能等，并且只有在操作层面上把"筹划"一一都落实了，工程造物活动才有最终的现实意义。工程管理中的这种"筹划"和把筹划落实为实际操作、旨在将思维性"虚体工程"变成现实性"实体工程"的思维模式称为"工程思维"。工程思维是一种让人们在工程管理的具体活动中明确"做什么"和"怎么做"，以便让人可以实际操作与实施的思维模式，工程思维的成果主要是形成完整的工程实体。

综上所述，理论思维与工程思维是工程管理活动实践中两类最重要、最基本的思维模式，理论思维是工程管理活动范畴中一类产生工程管理理论和建立工程管理理论体系的思维,理论思维的基本目标与成果就是形成工程管理理论。

三

从经验、知识与理论的递进和升华关系看,在工程管理实践中,人们通过体验或观察所获得的这些管理活动心得与体会就是人们的工程管理经验,工程管理实践产生的经验,特别是"被固化的经验"将成为人们关于工程管理的知识,它是人们系统认识工程管理活动一般规律的成果。把相对独立、零散的个别知识按照一定规则进行整合,就会形成有一定关联的知识系统,称其为"知识体系"。我们熟知的"项目管理"就是典型的关于工程管理现场活动的"知识体系"。

一般意义上,经验是管理知识的"初级"形式,而深刻揭示和系统反映了工程管理活动普遍规律并体现了逻辑性与系统性的工程管理知识是工程管理知识的"高级"形式,称其为工程管理理论。理论本身不仅以知识为基本要素,而且是知识的系统化和逻辑化,所以"理论"在整体上具有"天然的"体系性,即某一领域整体意义上的理论必然呈现为体系形态。例如,工程管理领域整体意义上的理论就应是一个完整的理论体系,只不过我们通常用"工程管理理论"这一比较简单的话语方式来表述。

总体上说,一般的知识体系中的"知识块"是基本独立或者彼此之间是弱关联的,但是,工程管理理论中"知识"之间的关联性则相对要强得多。首先,它们在形成过程中都具有"构建非自然物人造系统"属性的同一性,并且在同一性的基础上体现出理论的体系性,从而保证了对工程管理活动及各类问题较为完整的覆盖面,而正是上述同一性为我们提供了工程管理理论的思维原则。

进一步地,理论内部知识之间的紧密关联表现出极强的"黏合性"与"拓展性"作用,这一作用对于生长出新的理论元素和涌现出新的科学问题是必不可少的,因为只有在高度系统化与紧密耦合的体系中才能实现体系由相对低级向相对高级不断进化的过程。因此,理论必然是系统化的知识体系,而不能是零散、孤立的知识块的松散集合，更不可能是所谓的"破碎"的。

另外，工程管理理论为了有效揭示工程管理活动的本质属性与内在规律，必须以反映这些特有属性的话语为基础进行抽象与思考。话语既有自身的语义、语境，更有词语与词语之间的联结以及词语与对象的联结，这就必须遵循人们的语言习惯与语言逻辑。工程管理理论是对人类一类共同的工程管理活动实践本质属性与基本规律的认知，因此，它自身一定要有着超越一般自然语言逻辑关系的"更高级"和更稳定的科学语话体系及其相应的逻辑体系。

不仅如此，理论为了在学理上深刻说明和解释工程管理活动现象，揭示其中的客观规律并指导实践，还需要通过推理、判断等逻辑思维方式产生新的认知和知识，这就要求理论具有自身特定的逻辑和规则，这样才能保证理论在拓展过程中呈现出规范、有条理和前后一贯等基本品质。具体地说，工程管理理论必须在明确的工程管理本质属性思维原则的引导下，设计出自身的核心概念、基本原理以及普适性的科学问题等。所有这一切，必须在科学话语体系的逻辑框架中进行，所以，理论必然是以知识为基础要素的逻辑化体系。

由此可见，工程管理经验、知识与理论有着同源的一致性，但在从工程管理经验到工程管理理论的形成、提升过程中，其科学内涵及品质必然表现为不断系统化和逻辑化的递进性与成熟度。

# 四

理论，简单讲就是道理，也是人们在论述道理。工程管理理论就是人们在论述工程管理的道理，因此，根据不同的论述对象，就有不同的理论类型。这里，我们先对几个与理论范畴有关的概念给予简单诠释。

（1）理论元素。理论的基本单元，如理论中用以描述、分类与命名的构成要素，概念、术语等就属于此类。

（2）专题理论。专门研究某个特定对象和问题的理论，如工业工程中的生产作业计划与控制、项目管理中的集成管理、TOC（theory of constraints）生产物流管理以及一般工程组织原理、现代工程标准化管理等都属于专题性理论。

（3）理论基础。多指支撑某一学科（专业）核心思想、理论、方法的根基性与前序性理论，例如，工业工程与管理学科的理论基础有数学、统计学、心理行为学、管理学与系统科学等；数学、管理学、经济学、系统科学等是物流工程的理论基础。

（4）基础理论。从某个领域的理论功能看，一类在各类理论类型中更具渊源性、基础性、支撑性作用的理论，它们往往成为该领域理论发展与升华的整体性的逻辑起点。

正因为基础理论具有这样的基础性意义与严密的学理逻辑，其对该领域的实践活动更具引领性指导作用，进而推动知识变革与创新。它的原发性学术品质决定了它能够在整个领域范畴内从根本上揭示该领域实践的本质属性以及现象、问题的内在规律。因此，可以认为，基础理论可算是一个领域的"元理论"和"根理论"。当然，基础理论因为具有这种"根本性"，它必然是一个完整的理论体系，只不过我们通常用"基础理论"这一比较简单的话语方式来表述，而不时时都表述为"基础理论体系"。在本书中，我们有时也将"工程管理基础理论"简称为"工程管理理论"，将"重大工程管理基础理论"简称为"重大工程管理理论"，只要联系上下文语境，就不会发生歧义。

综上所述，工程管理基础理论是人们在工程管理系统性属性思维原则下，经凝练、升华而形成的系统化与逻辑化知识体系，它不仅能够深刻揭示工程管理活动的本质特征与一般规律，还对工程管理理论的发展具有逻辑起点的意义，这些都是工程管理基础理论的"优良"品质。

# 五

以上我们从工程活动的基本语义、本质属性、认知拓展逐步引出工程管理活动的科学内涵与管理活动中的两类思维，指出其中的理论思维的结果主要是形成工程管理理论，它是工程管理知识的系统化与逻辑化，而工程管理理论中一类处于渊源性与起源性地位，更具根本性、基础性、拓展性和影响力的理论即为工程管理基础理论。

另外,下面的科学问题自然会非常现实地摆在我们的面前,等待我们思考与回答:当今,工程管理基础理论的现状与发展趋势情况如何? 梳理近年来国内外学界的实际情况大体如下:

首先,多年来,人们在思考工程管理理论时,常常会运用其他学科如经济学、管理学、社会学等的思想、理论和原理,长此以往,必然会深深打上其他学科的烙印而难以体现工程管理自身的本质属性,也必然会缺乏工程管理基础理论自身的学理逻辑起点。事实上,只要我们认为工程管理是人类有着自身本质属性的实践形态,就不能完全以另外某一个领域的理论体系为样式,并完全按照这一样式来"剪裁"具有独特本质属性和根本性、渊源性的工程管理基础理论。

其次,因为对不同的工程管理问题常借用不同领域的理论加以解释和解决,而用多个领域理论体系的混合体来构建工程管理领域基础理论的做法,将使工程管理基础理论思维失去对象本体属性的同一性,理论也会显得混杂,这也是当今学术界所说的"工程管理理论是破碎的"根本原因之一。

特别重要的是,根据工程造物活动中的两种思维及其各自主要功能,并结合人们认知过程的不同阶段及其基本演化路径,确立了一种理论形成的思维原则与认知逻辑。根据这一原则与逻辑,人们对数十年来在全世界无数工程管理现场发挥了重要作用的《项目管理知识体系指南》提出的知识体系的理论品质进行评价,感受到《项目管理知识体系指南》基本上是在系统还原论与工程现场本体论的结合点上,在人们的经验与智慧的帮助下,梳理出的工程现场管理的标准化操作蓝图,让人们知道工程管理现场必须"做什么"和应该"怎么做"。但是,就理论内涵与范式而言,尚不能认为《项目管理知识体系指南》已经按照"系统化与逻辑化"的路径和标准,从知识体系转换成理论体系。

当然,对《项目管理知识体系指南》的理论品质属性的这一评价,丝毫不影响《项目管理知识体系指南》的现场实践功能属性是强大的,并能在广泛的工程管理实践中表现出极其重要的指导作用。由此可见,这些结论都有各自特定的条件与前提,有着各自"真理性"的语境,不能模糊甚至不分这些条件与环境,否则会造成不同结论之间的歧义。

最后，如果项目管理知识体系在学理上不能成为工程管理理论体系，那就更不能成为工程管理基础理论体系和本书下篇论述的重大工程管理基础理论体系，因为无论"基础理论"的学理性还是"重大工程"的复杂性，都对工程管理理论思维内涵的深刻性、逻辑的严谨性、系统的关联性有着更高的要求，这对主要属于工程思维层面的项目管理知识体系来说，范式和功能都不具有理论体系的基本品质。

综上可知，当我们明确工程管理基础理论不能用其他学科的理论样式来"复制"，项目管理知识体系又不具备工程管理基础理论的理论品质时，就需要我们以明晰的理论思维原则为"原点"来铺就构建工程管理基础理论的完整道路，在这个意义上，工程管理基础理论正在形成的路上。

# 六

到目前为止，上述论述都是我们在一般普适性意义上，对各个不同领域广义构造非自然人造物的工程与工程管理而言的，所以，该论述对所谓重大工程、重大工程管理、工程管理基础理论，以及重大工程管理基础理论都是适用和有效的，如有不同之处，主要体现在整个学理逻辑的相应节点处，两者之间会有不同的内涵，如工程与工程管理的本质属性是系统性，而重大工程与重大工程管理的本质属性为复杂性；重大工程管理基础理论体系中的思维原则、核心概念、基本原理与科学问题、方法论与方法体系要比一般工程与一般工程管理丰富得多、深刻得多。

另外，比较工程管理基础理论、重大工程管理基础理论研究已经成为国际工程管理学界一个公认的具有原创性、全局性与前沿性的重要学术问题。

这主要是因为国际工程管理实践界越来越感受到各类重大工程管理难题与风险的严峻挑战，并努力试图在实践中对传统的《项目管理知识体系指南》不断进行扩充和完善，以提高对重大工程复杂管理问题的驾驭、协调与控制能力。但在实际中，《项目管理知识体系指南》并没有真正缓解重大工程管理理论与实际需求供需缺口，从而使项目管理体系被国际工程管理学术界认为出现了"紧张点"。

近年来，全世界工程管理学术界一大批学者都自觉投入"寻找"重大工程管理理论体系的研究中来，并努力捕捉构建重大工程管理理论体系的重大机遇，许多国家都争取在重大工程管理理论创新的道路上有所突破，它深刻反映了在重大工程管理领域，人类的理论思维对工程实践的引领和指导作用越来越大，人们更加迫切地希望看到该领域理论体系的创新萌芽早日来临。

应该说，当人类重大工程管理实践不断涌现出大量新的复杂管理现象与难题，而传统的项目管理知识体系的作用又表现出"力不从心"之时，构建新的重大工程管理理论体系就成为全世界工程管理学界的共同责任，更成为我国工程管理学者在这一"转折点"时期的重要历史任务，这会使中国学者在这一重大学术创新问题上有着深厚的实践基础与科学思维优势。

《工程管理基础理论》中关于重大工程管理基础理论体系的研究就是我国工程管理学界履行这一重要历史任务与学术使命的一次探索。

# 七

工程管理，特别是重大工程管理理论研究及实践操作充分体现了跨领域、跨学科、多方法融合的特点。多年来，在广泛借鉴和大量移植其他领域、学科理论与方法论的基础上，这一特点越来越强烈。因此，很难也没有必要规定或者罗列工程管理研究中使用过的其他领域的理论与技术的清单。

但是，工程管理，特别是重大工程管理毕竟是人类一类具有独特属性的实践和科学技术，在当今大工程、大科学及变革性先进技术迅速发展的时代，进一步明晰与工程管理，特别是重大工程管理属性认识论相一致，主要针对或者聚焦这一领域独特属性与问题提出新的方法，既体现了对工程管理基础理论体系学理链的健全和完善，又为工程管理实践提供和强化了必要的新的工具和方法。

在这方面，近年来，国内外学者也做了大量的原创性、突破性探索工作，尽管这一探索是长期、艰巨的，但它对发展与提高工程管理基础理论、驾驭工程管理复杂性问题的意义是重大的。

我国著名工程管理科学家钱学森提出在分析、解决重大工程管理问题时，需要确立从整体层面上研究和解决问题的思维，需要运用多领域、多专业的知识，并在此基础上发展出了综合集成（Meta-Synthesis）系统论思想，提出了将还原论方法与整体论方法辩证统一起来的综合集成方法体系。实践证明，综合集成方法体系与重大工程管理复杂性问题的特点以及解决原则与路径是匹配的，与重大工程管理理论基本原理也是一致的。

综合集成方法体系是在系统论指导下对解决重大工程管理复杂性问题方法体系的整体设计，并非针对某一个工程的某一个复杂性管理问题所使用的具体方法的选择。当然，在综合集成方法体系指导下，还需要我们把综合集成方法体系与重大工程管理属性进一步融合，提炼出解决重大工程管理问题最核心的、最关键、最有效的专门性方法，并使这些方法充分适用于解决重大工程管理问题。

沿着这一方法论与总体技术路线，本书选择两个专门性新方法作为案例。

**专门性方法 1：全景式质性分析方法**

该方法十分关注工程管理问题的情景、情景与问题的相互关联和影响，对问题的相关情景尽可能全面、完整地进行重构、复原、再现、生成和预测，这就是所谓的"全景式"模式。

在以管理问题复杂性或复杂整体性为核心，采用抽象概括与逻辑推导为主导的基础上，进一步增强方法中的分析能力，以提高应对重大工程管理问题的过程性、情景性、复杂性。

在基于"全景式"与"系统分析"融合的质性研究方法中，"全景"体现了重大工程管理活动的整体性，而系统分析更多体现了重大工程管理活动的复杂性。因此，这一方法通过"全景"体现研究问题的"大局"、通过系统分析体现问题的"细节"，从而在总体上充分体现了关于重大工程管理复杂整体性的适应性原则。

全景式质性分析方法是在重大工程管理复杂整体性意义上，对管理问题与环境复合系统全局意义进行的分析，它属于以管理复杂性分析与整体性分析为核心内容的复杂系统分析。

**专门性方法 2：情景耕耘**

情景在重大工程管理理论中有着重要的作用，情景是一类系统复杂整体性行为，它是演化、涌现和自组织的；另外，一个实在的情景一般同时包括结构化、半结构化和非结构化的组成成分。

情景耕耘方法的核心思想是以重大工程管理活动中的情景为核心，对情景进行"情景空间"定义下的计算机重构与预测。它是以"一个"或"一些"情景概念与线索为基础，通过预定义与假设，对"一类"具有相同本质和动力学机理的重大工程管理现象进行"情景空间嵌入"，即把该现象的基础性核心机理"嵌入"某一类情景空间中，以丰富我们对重大工程管理情景的认知。

从操作过程看，情景耕耘方法在某种意义上可以把过去和现在的工程情景现象"搬到"计算机系统中，在现实工程情景的计算机"替身"上进行可控、可重复的播种，并通过生长结果告诉我们重大工程已经发生过和正在发生的情景的"昨天"与"今天"，还可以在计算机上构建非现实、虚拟的工程情景的"明天"，为我们展现重大工程-环境复合系统的未来情景图像。

在情景耕耘方法基础上，结合大数据技术等以多种模型类型（定性、定量、规则、计算机仿真、实验、程序……）为基础的联邦建模技术，是通过设计与建立重大工程管理复杂整体性的多层次、多维度、多尺度模型体系，为重大工程管理理论研究中一类"复杂整体性"情景模型提供相应的技术。

在还原论方面，该技术对重大工程管理自治性、联邦性混杂（hybrid）系统形态的微观机理进行还原性演绎，以论证和小数据为主构成情景机理，以序列化的情景语言进行情景时序性"切片"，获得局部与微观复杂性认知；在整体论方面，以论证为辅和大数据驱动形成情景关联逻辑，针对管理"情景"样本的稀缺性，运用"情景耕耘"方法与计算机模拟技术使离散情景"切片"在一定尺度与粗粒度下形成情景"切片流"，再经多层次融合形成工程管理过程与现场的宏观全情景涌现与情景演化（全景逼近与过程复原）。

## 八

以上是《工程管理基础理论》的核心学术思想与主要内容。

当前，中国学者关于工程管理基础理论体系原创性、自主性的探索和话语体系的构建，就是一次从依据国外工程管理学术思想"照着讲"走向面向中国实践并进行普适性管理理论创新"接着讲"的探索实践。我国学者的探索工作主要表现在确立了基于系统复杂性的重大工程管理理论思维原则，提出了理论体系的核心概念、基本原理与科学问题，并且构建了体现复杂整体性的专门性方法体系，形成了关于工程管理基础理论体系的"思维原则—核心概念—基本原理—科学问题—方法论与方法体系"完整学理链，从而在当今工程管理基础理论这一重大原创性学术问题上，向国际工程管理学术界提出了我国学界的学术思考和话语体系。

任何一个学科领域的理论体系都是从萌芽时期逐步生长发展起来的，都是一条漫长的、由一系列实际现象和事实启发、积累、修正和逐步完善的道路。本书关于工程管理基础理论的研究仅仅是中国工程管理学者对工程管理从"照着讲"走向"接着讲"道路上的一个阶段性成果之一，其中可以改进、深化、完善的地方一定很多。因此，工程管理基础理论作为一个体系，摆在我们面前的发展道路将是漫长的，有待国内外学者与工程师们不断探索和创新。

## 九

以上关于工程管理基础理论的探索，就其管理学内涵而言，它对涉及"工程"的各个领域的管理活动整体层面的认识论与方法论的思考、对各领域管理活动系统性与复杂性本质的揭示、对管理理论形成的思维原则与形成路径的论述、对管理理论体系的科学内涵与结构的设计，以及对管理理论体系中的核心概念、基本原理、科学问题与方法体系的凝练与安排等，其学术思想与学理逻辑已超越了狭义与传统的土木工程管理，而对工程硕士各专业都具有共通性与普适性意义。

近年来，中国学者积极参与了关于工程管理基础理论，特别是重大工程管理基础理论这一具有重大学术价值的理论问题的自主性和原创性研究,并取得了多方面、自主性、阶段性的成果。在当今科教结合意义上,宜把这些研究成果作为学术进展、前沿动态等介绍给研究生。

对一个专业而言,"工程管理基础理论"之类的课程,对研究生培养来说无疑具有更加重要的作用。但是,多年来,国内外尚未有工程管理专业专用的基础理论教材,这就导致教师因处于"无米之炊"的境地而无法传授工程管理的"基础理论",也必然引起师生对这一现象的困惑。

在现实中,教师们采取了不断"逼近"的方式,例如开设了"工程管理导论""工程管理引论"等课程。应该看到,这是教师们在努力探究工程管理基础理论并不断有所进步、有所前进。但是,从目前版本内容看,这类课程基本上是项目管理加系统工程,或者在其中增加一些新的信息技术。

可以认为,这些都是现代《项目管理知识体系指南》的中国式版本。但是,要看到,《项目管理知识体系指南》在这里表现出的理论"成色"主要是针对工程现场某一"技能"所做的原理性解释与说明,更多体现了对"知识"的解释成分,它的理论内涵与范式还远不完整。因此,尚不能认为这样的"工程管理导论""工程管理引论"已通过系统化与逻辑化路径从知识体系转换成理论体系。

另外,从"工程管理导论""工程管理引论"名称来看,这本来就无意定位为工程管理基础理论。因为"导"和"引"意思相近,一般用在两个地方:第一,用于一本论著的开头,作为全书之写作背景、中心思想、主要内容等的介绍;第二,用于对一个学科的基本介绍,让对象对该学科的历史、内涵、核心技术、应用领域、学习方式、就业等有概括性了解,而非该学科基础理论。

实践告诉我们,工程管理基础理论不仅对工程管理实践的指导性意义越来越大,同时对工程管理高端人才培养也越来越重要。近年来,国内外工程管理学术界迫不及待地组织安排对构建工程管理基础理论的探索,更直接说明了这一点。正是在这样整体性背景下,我国学者前后用了30多年时间,以我国工程管理实践为基础、以我国特色的系统科学思想作为引导,将探索形成的工程管理基础理论相关著作作为培养工程管理专业人才的基本教材,是我国工程管理理论科学研究与研究生教育紧密融合的一项重要创新成果。

《国务院学位委员会、教育部关于对工程专业学位类别进行调整的通知》（学位〔2018〕7 号）规定：原工程硕士专业学位类别下的项目管理、工业工程、物流工程三个领域调整到工程管理专业学位类别（代码 1256）。从 2020 年起，按调整后的专业学位类别进行招生、培养和学位授予，即构建了新的 MEM。

这样，原工程硕士专业学位类别下的项目管理、工业工程、物流工程与原工程管理将合并统称为工程管理。这一安排不只是教育行政主管部门改革的思考，还有专业名称学理上的逻辑问题，即项目管理、工业工程、物流工程与工程管理是否具有"工程管理"学理意义上的同一性，如果具有同一性，这次调整不仅不会影响研究生培养工作学科内涵的客观规律，而且还有助于 MEM 内部各领域之间相互推动融合，增进学科活力。因此，这一问题要从工程管理基础理论层面上进行诠释。

为此，本书从工程与系统的整体性与功能性这两个基本属性的同一性出发，为我们提供认知工程本质的理论逻辑。MEM 中的工业工程与管理、物流工程与管理、项目管理的所有实践活动本质上均为构建各类非自然人造系统，所以，它们在系统思维下表现出构造非自然人造系统活动本质属性的同一性。

这是一个具有十分重要学术意义的论断，因为人类不同形态的实践活动只要具有同一的本质属性，它们就有共同的逻辑起点与认知平台，就有共同的思维原则，最终就能体现同一属性的学术范式。

在这个平台上，MEM 专业有着整体意义上共同的的认知、分析问题的技术路线。

第一，工程管理基础理论为 MEM 内部工业工程与管理、物流工程与管理以及项目管理领域所有构造非自然人造系统活动提供系统化和逻辑化的基础性知识体系与设计可行的技术路径。

第二，工程管理基础理论中的科学问题的内涵与规定是 MEM 各类科学问题一般共性的凝练，并具有渗透到 MEM 具体领域指导解决实际问题的作用。

上述两点对于 MEM 专业的学科建设、科学研究与人才培养具有如下重要的指导意义。

首先，基于对工程活动本质属性的认知与工程管理内涵的分析，揭示了 MEM 整体上的学理同一性及在同一性下共同的技术路线，提炼出 MEM 专业各领域研究对象本体的共同特征和主体行为的基本准则，从而使我们能够以统一的思维原则与理论范式在整体上指导 MEM 专业的学科建设、科学研究与人才培养工作。

其次，当今在 MEM 专业（甚至其他工程硕士各专业）的人才培养过程中，除传授各分领域和知识与技能外，加强工程管理基础理论的教学有助于培养研究生的科学哲学思维与"大工程"时代理论、技术与运用的创新能力，让他们今后不仅在解决具体工程技术与管理问题，更在解决战略性、全局性、综合性、统筹性、突破性、应急性等高层次、多维度与大尺度复杂工程技术或工程管理问题时，能够具备创新、综合与驾驭的能力，实现从根本上、整体上和可持续性意义上提高人才综合素养与培养质量的目的。

在这里，德国哲学家康德在《实用人类学》中所说的"当局部知识应当由哲学来规范和引导时，总体知识在这里总是走在局部知识的前面；没有哲学，一切获得的知识只能当作零碎的摸索，而不能认为是科学"的论述对我们有许多启发。

再次，在同一学理平台基础上，MEM 在更高层面上已经形成如下整体性学科建设与人才培养链：基础理论—（分领域）理论、工具与技术—（分领域）标准与评价。这将有助于 MEM 专业建设既体现中国特色又指导中国工程管理实践；既体现对当今 MEM 各领域时代性科学问题的深度关切与回应，又积极推动 MEM 专业自主性学科体系、学术体系与人才培养体系的形成，更能够促进一般研究生，特别如 MEM 工程博士等高端人才科学思维、知识与能力的全面提升。

# 十一

众所周知,工程管理是致用的学科,工程管理实践既要运用理论思维,又要运用工程思维。这就要求我们用辩证的观念看待理论思维和基础理论。

在工程管理活动中区分人的理论思维与工程思维有着重要意义。具体地讲,理论思维是在"一般意义上"认识工程管理的"普遍道理",这就要在一定程度上抛弃个别具体的工程管理活动的细节及其独特性和差异性,而提取活动现象背后的共性与本质,并将其抽象化而得到具有普遍意义的基本规律和话语体系。

理论思维主要提供了由逻辑思维而获得的道理,但在实际的工程管理活动中,除了逻辑思维的道理还包括非逻辑思维的道理及其他领域的道理。因此,不能指望仅仅依靠单一的理论思维来实现对工程管理实际活动的完备认识。

特别是,理论思维主要获得的是工程管理"一般性"道理,但对某个具体工程而言,除了遵循一般性道理外,还要尊重具体工程自身的"独特性"道理,这些道理往往并不包括在"一般性"道理之中。

这些观点对我们辩证认识工程管理理论也有着重要的指导意义。例如,根据工程思维,工程可以分为工程与重大工程;根据工程属性,理论上又可分为工程与复杂工程。但无论哪种分类,在工程管理实践中都不是绝对的,即在工程管理实践中,一般工程与重大工程两者之间很难画出一条鸿沟,使工程管理与重大工程管理就此"泾渭分明",非此即彼。

也就是说,在实践中,一般工程管理中也经常出现重大工程管理的某些特征和属性,而重大工程管理中的较低层次问题与相应的管理手段也常常会呈现出一般工程管理的形态。这说明,在工程管理实践活动中,一般工程管理与重大工程管理之间的界限并不是那么"清晰"与"刚性",而是有着不同程度的"你中有我,我中有你"的柔性与模糊性。

同样,从理论研究的逻辑上讲,理论研究属于抽象思维,是在一般意义上认知实际现象与问题的"普遍道理",这就要求在一定程度上抛弃个别实际现象与问题的具体性，并做出一定的凝练和抽象，甚至包括一些"绝对化"的预设，这样才有利于揭示实际问题的共性本质与基本规律。正是在这样的学理逻辑下，在理论研究时应该而且必须将工程管理与重大工程管理分辨为具有不同本质属性的两类科学问题。这也是为什么本书中篇是关于工程管理基础理论的内容，下篇是关于重大工程管理基础理论的内容。

但是，我们又不能在实践中如此僵硬地思考与绝对化行事。因此，本书在充分统筹工程思维与理论思维、现实逻辑与学理逻辑的关系后，采取了如下总体性的工程管理学术研究方针：工程管理活动是多层次、多类型的活动，其中大量的问题在简单性-复杂性维度上，可以依据"简单的管理问题"—"复杂的管理问题"—"复杂性管理问题"—"管理复杂性"—"复杂性管理"这样的路径递进来梳理从工程管理现实到工程管理抽象的演变，既不将现实与抽象两种思维混为一谈，又不把两者绝对割裂。这正是为什么在本书前面出现了"有些复杂的""复杂的系统性""复杂的决策"等夹带"大白话"的自然语言，而下篇又出现如"复杂性""复杂系统性""复杂性决策""严重复杂性"等科学话语，这似乎有些"咬文嚼字"，但它恰恰准确反映了从管理系统性到管理复杂性再到复杂性管理这一客观演变规律，这一规律充分揭示了人的思维活动从直觉感知逐渐升华到抽象理性的实际过程，也体现了本书作为工程管理基础理论著作必须坚持的学理逻辑、理论抽象的刚性与实践操作的柔性之间的均衡。否则，会导致我们在理论研究中出现工程思维与理论思维的互相僭越，或者因缺失一个领域基础理论的学理高度导致工程管理理论与现场技能的混杂。

在工程管理基础理论类论著中，这样的安排能够更好地坚持理论思维与工程思维、理论与实践的统一，而不会降低理论的学术性与条理性。

近年来，笔者充分利用我国工程建设与工程管理丰富实践的优势，充分利用钱学森先生创立的系统科学体系作为工程管理思维原则的优势，开展了我国自主性工程管理基础理论的研究，历时 30 余年，取得了一些阶段性成果。同时，近年来一直思考如何将这一成果转化为教材，用最新的工程管理理论与知识体系提高我国 MEM 及工程硕士各专业学位研究生的培养质量。这就是写作《工程管理基础理论》一书的初心。

最后,聚焦到项目管理、工业工程与物流工程三个工程专业合并为工程管理这一专业硕士教育改革上来。从具象上看,这三个专业各自独立、学科内涵自成一体,合并后似乎呈现破碎化状态;但从深层次的本质属性看,这三个专业虽然在各自专业领域内有着不同的基本内涵与知识体系,但它们都具有工程造物与工程管理本质属性的同一性。因此,对这三个专业而言,工程管理基础理论体系形成的平台不仅能够促进它们在纵向上的认识论、方法论与实践论的一体化,而且能够推动它们在横向上的相互集成与融合。

对这三个专业而言,工程管理基础理论是在根本性、起源性、基础性层面上揭示工程管理活动基本规律和提供创造管理规则的思想原则,在这一点上,项目管理、工业工程与物流工程自身的一般理论元素、单个理论问题、理论专题以及理论问题群,都可以在工程管理基础理论的基础上,结合各自专业的实践活动与知识拓展升华和开展创新研究。

作为基础性理论,虽然《工程管理基础理论》不直接提供某个具体专业问题的具体解决方案,但是,不同专业的教师、研究生和工程技术人员都可以在各自的专业背景下,结合实际问题与理论问题阅读和使用本书以提升自身学养,而且,将基础理论与专业特点结合得越紧密,获得的提升会越明显、越持久。更重要的是,工程管理基础理论是对工程管理活动一般规律或者主要规律进行总结,并为实际管理活动和解决实际问题提供理论指导的基础学说。因此,基础理论可以为不同专业提供深刻的理论思维原则与知识体系以驾驭复杂工程管理问题,特别是当今"大科学""大工程"时代,在资源不足、经验不足的情况下,工程管理基础理论能够帮助人们系统性获得解决复杂管理问题资源的能力以及在解决问题过程中不断增强的自适应本领。而这种"获得性能力"与"自适应本领"正是当今各个工程领域的专业人员在应对和驾驭各类复杂工程管理问题挑战时最稀缺和最宝贵的。

2019 年 8 月

# 构建中国特色重大工程管理理论体系与话语体系

**摘要：**重大工程管理基础理论研究已经成为当今国际工程管理界公认的一个原创性、前沿性学术问题。近年来，中国学者积极参与了这一具有重大学术价值的理论问题的自主性和原创性研究，体现了中国工程管理学界在学术研究道路上从"跟着讲"到"接着讲"的重要转变。我国学者提炼出的核心概念、基本原理、基础性科学问题以及新的方法体系构成了理论体系完整的学理链，率先在国际工程管理界提出了关于重大工程管理基础理论体系与话语体系的学术创新。

**关键词：**重大工程管理；基础理论；话语体系；中国特色

## 1 重大工程管理与管理理论

### 1.1 重大工程管理

工程是人类造物和用物的实践，其中一类规模巨大，环境复杂，技术先进，建设与生命期长，对国家或区域政治、经济、社会、国防安全等具有重大作用的工程称为重大工程。重大工程类中，除了以导弹、卫星、载人航天及重离子加速器等重大国防工程与重大科学技术工程外，还有一类主要为社会、民生、环境提供长久性基础构筑物的重大基础设施工程（以下简称重大工程），如三峡水利工程、南水北调工程、全国高速公路网工程等（盛昭瀚，2017）。

当今，重大工程建设已成为世界各国发展的强大推动力与国之竞争的利器，工程建设规模与水平也成为一个国家核心竞争力的重要标志。目前，全球范围内重大工程建设方兴未艾，据麦肯锡公司估计，到 2030 年，全球预计将需要 57 万亿美元的基础设施投资，而且主要是用来建设重大工程，经济学家称此为人类"史上最大的投资增长期"(Mckinsey&Company,2016)。

中国是当代世界上最大的发展中国家,无论是重大工程建设的总数,还是重大单体工程的规模都在全世界首屈一指,青藏铁路工程、港珠澳大桥工程等都可谓是当代世界级的"超级重大工程"。

在人类的工程实践过程中,有一类专门从事获取和配置工程资源,协调人群、任务、流程之间的关系,使工程造物与用物实践更为有序和有效的活动,称为工程管理活动,简称工程管理。重大工程的管理活动则简称重大工程管理。

实践表明,相较于一般工程,重大工程管理要复杂得多。例如,重大工程一般地域范围大、空间覆盖面广,复杂的自然环境对工程方案设计、技术实施与质量保证等提出许多严峻挑战;社会经济的高度不确定性会严重影响工程决策的稳定性及引发工程资金链断裂;而重大工程决策与建设主体群规模大、类型多,常会发生价值与利益冲突,导致重大工程管理问题不仅类型多而复杂,而且管理主体能力又往往不足甚至欠缺,等等(盛昭瀚等,2008)。

现实中的这些情况在重大工程深度不确定性决策、投融资及建设营运新模式选择、工程复杂性风险分析、工程现场综合控制与协调、工程技术创新管理、工程可持续发展与社会责任履行等方面往往直接引发决策失误、投资超支、时间超期等各类风险。

近年来,国际工程界越来越感受到这一严峻挑战,并努力试图在实践中不断对传统的《项目管理知识体系指南》进行扩充和完善,以提高对重大工程各种复杂管理问题的协调与控制能力,但在实际中,《项目管理知识体系指南》并没有真正缓解重大工程管理实际需求形成的"紧张点"。

而学术界越来越费解的是:一方面,世界各地重大工程建设在工程技术进步的推动和工程师们的智慧与经验作用下取得巨大成绩;另一方面,究竟是什么样的重大工程管理理论在指导着人们的管理实践却含糊不清,甚至究竟是否存在着这样的重大工程管理理论体系在学术界都没有定论,当前,迫切需要对这一重大学术问题"有个说法"。

什么是工程管理理论?人们在工程管理活动实践中,主要有两种思维方式。一种是以"筹划"为主要任务,旨在将"虚体工程"变成"实体工程"的思维方式,称为"工程思维"。这是一类让我们在工程管理的具体操作中明确"做什么"和"怎么做",以便让人操作与实施的思维方式。另一种是以"弄清对象本来面目"为基本目的、弄清工程管理一般性道理的思维方式,称为工程管理中的"理论思维"。理论思维主要是一类明确"是什么"和"为什么",产生工程管理理论和建立工程管理理论体系的思维。

简言之,工程思维的成果是形成工程实体,而理论思维的成果是形成理论。

## 1.2　重大工程管理理论

近年来,全世界工程管理学术界一大批学者都行动起来,自觉投入"寻找"重大工程管理理论体系的研究中来,并努力捕捉构建重大工程管理理论体系的重大机遇,许多国家都争取在重大工程管理理论创新的道路上有所突破。

具体地说,除了各国工程管理专家各自从不同角度开展的相关探索性研究外,近年来已经形成了多国专家开展协同研究的新模式。例如,早在 2003 年,英国工程与物理科学研究委员会(Engineering and Physical Sciences Research Council)就资助了一个"重新思考项目管理"(Rethinking Project Management)的研究项目。该项目将之前的项目管理称为传统的第一代项目管理(Traditional Project Management-1st Order：PM-1),而将考虑项目复杂性、全球化、技术创新管理的项目管理理论称为第二代项目管理(Project Management-2nd Order：PM-2)。认为 PM-2 已经从传统的生命周期模式的项目管理开始向复杂性项目管理理论方向发展,包括项目管理复杂性的新理论、新模型的构建(Atkinson et al.,2006)。

而英国牛津大学 Bent Flyvbjerg 教授于 2014 年 4 月在 PMJ(*Project Management Journal*)上发表了专门文章,呼吁全世界工程管理专家共同"寻找"重大工程管理经典理论体系,这里"经典"的理论体系,即为规范的、符合理论形成路径以及可作为新的范式参考点的理论体系,并希望能够尽快构建重大工程管理基础理论体系(Flyvbjerg,2014)。

所有这些都说明,人们越来越感悟到由于事实上的理论体系的缺失,我们无法真正解决诸如重大工程管理中普遍出现的现实难题而迈向学理上的"自由王国"，重大工程管理基础理论研究已经成为国际工程管理学界公认的一个具有原创性、全局性与前沿性的重要学术问题。

近5年来，100余名国际学者通过对过去若干年来在国际著名学术刊物上发表的重大工程管理研究文献进行推荐和评价，希望选出若干篇"经典"文献，并由此为"起点"培育和催化出重大工程管理理论体系。但是，经一段时间研究后，2017年7月，Flyvbjerg教授和IJPM前首席主编Rodney Turner做了总结，他们认为目前尚未能从"经典"文献中找到重大工程项目管理理论，这一理论研究目前还处于碎片化阶段，缺乏统一的认知和理论框架体系，未来10到15年是一个相当重要的阶段，需要引起足够的重视，需要今后从一个跨学科视角，开展持续的讨论甚至争辩，形成高质量的研究成果，甚至颠覆已有的传统理论解释，涌现一个新的"经典理论"（Flyvbjerg et al.，2017）。

在全世界范围内，在一个相对集中的时期集聚这么多优质学术资源开展寻找重大工程管理理论体系的研究，它深刻反映了在重大工程管理领域，人类的理论思维对工程实践的引领和指导作用越来越大，特别是重大工程管理实践已经发展到当今这样一个新的高级复杂阶段，实践对理论的迫切需求以及理论面对管理复杂性暴露出来的"窘迫"状态更加接近该领域理论体系创新萌芽的一个"临界点"。虽然该理论体系形成的道路和重要的里程碑事件可能有这样或那样的偶然性，但重大工程管理理论体系的幼芽正在"破土而出"的总体趋势是必然的和历史性的。

我们中国学者同样也正站在这一"临界点"处，但这一次中国工程管理学界不能仅仅充当"观望者"作壁上观，等着国外学者在这一重大理论研究上有了"新理论""新话语"再跟随其后"照着讲"；相反，要摆脱过去对国外学术界的"依傍性"与"学徒状态"，把握好这一重大学术发展机遇期，努力提出中国学者在构建重大工程管理理论体系上的"自我学术主张"与"知识变革"，努力形成具有自主性、原创性和中国特色同时又具有普适意义的重大工程管理学术话语体系。

当今人类发展道路出现了时代性的"转折点"，而重大工程管理理论作为人类一类重要实践活动的时代性理论表达,作为人类时代性整体管理理论体系的重要组成部分,也必然会出现一个自身发展的"转折点",重大工程管理理论体系的构建就是这一"转折点"的重要标志。

特别是,当人类重大工程管理实践不断涌现出大量新的复杂管理现象与难题,而以传统的国外项目管理的"红利"又日渐式微之时,构建新的重大工程管理理论体系就成为全世界工程管理学界的共同责任,更成为我国工程管理学者在这一"转折点"时期的重要历史任务。

## 2 理论创新的两个支撑平台

当今,我们要认识到,中国学者在这一重大学术创新问题上有着深厚的实践逻辑基础与科学思维原则优势。

### 2.1 实践源泉支撑平台

虽说重大工程管理理论研究主要是人们在重大工程管理活动中理论思维层面上的事情。但研究重大工程管理的人必须牢牢立足于重大工程管理实践的土地上,因为人们的一切理论思维成果都是源于对实践的思考与抽象。在这一点上,我国有着深厚的实际背景与实践源泉。特别是,我国重大工程建设实践中涌现出来的大量世界一流"高、新、尖"管理问题,其先进性、前沿性、突破性往往属于世界"首创"或世界"顶级",解决这类问题的水平往往就是世界级水平。所有这些都为我国学者开展重大工程管理理论研究提供了关键性的实践源泉支撑平台。

### 2.2 思维原则支撑平台

只有确立正确的思维原则,才能实现对重大工程管理本质属性的把握。在这一重要问题上,我国系统科学家,特别是钱学森先生创立的系统科学体系和思想对我们科学认识重大工程管理的本质属性具有重要指导意义。

从辩证唯物主义观点看,客观世界的事物是普遍联系的(于景元,2014,2016,2017),能够反映和概括客观事物普遍联系这个本质特征最基本的概念就是系统。钱学森先生对系统给出了一个直白的定义:系统是"由相互作用和相互依赖的若干组成部分结合成的具有特定功能的有机整体"(于景元,2011)。

20世纪,出现了关于复杂系统与复杂性的研究。关于复杂性问题,钱学森明确指出:"凡现在不能用还原论方法处理的,或不宜用还原论方法处理的问题,而要用或宜用新的科学方法处理的问题,都是复杂性问题。"(于景元,2014,2017)

从系统角度来看,任何一项社会实践都是一个具体的实践系统,任何一种社会活动都会形成一个系统,社会实践既是系统的实践,也是系统的工程(于景元,2016)。

根据系统科学基本思想,任何重大工程其本质都是一类人造复杂系统,因此,必然在重大工程管理活动中产生一类依据复杂性思维才能解决的复杂性管理问题。这样,重大工程管理既是复杂系统的实践,又是实践的复杂系统,从理论逻辑上讲,由工程管理到重大工程管理,在本质属性上出现了从系统性到复杂性的重大演变趋势。

明确了复杂性是重大工程管理理论的思维原则,即确立了关于重大工程管理的认识论。也就是说,不论重大工程管理问题的具体形态怎样,问题的本质属性都被规定在系统复杂性范畴内。这样,系统科学的逻辑体系与话语体系将对我们确立研究思路、保证研究的规范性提供了极大的支撑。

另外,思维原则要求认识论与方法论具有一致性。关于复杂性问题,我国学者已经初步确立了相应的综合集成方法论与方法体系,这也使我们可以运用这一方法论原则,并进一步设计具体的技术路线。所有这些都为我们开展重大工程管理理论研究提供了关键性的思维原则支撑平台。

综上所述,两个关键性支撑平台既提供了丰富的实践源泉支撑,又提供了正确的思维原则支撑,从而有力地推动了我国学术界关于重大工程管理理论的创新性思考和话语体系构建。

## 3 理论话语体系

鉴于上述分析,当前重大工程管理理论研究的核心任务是将在重大工程管理实践活动与思维活动中形成的知识构成系统化与逻辑化体系,在这一过程中,重大工程管理知识的内涵、系统化与逻辑化均被赋予了重大工程管理本质属性的"品质",主要表现为以下三点:

第一,由于重大工程管理主要解决的是一类复杂性问题,因此,重大工程管理知识主要是指关于复杂性管理问题的知识;

第二,因为重大工程管理的复杂性,相应的知识既要运用知识单元之间的集成,又要运用知识单元之间的综合,这就是重大工程管理理论中知识的系统化;

第三,知识元素之间通过推导、判断和推理要能够生成、拓展出新的知识,使理论成为"活的"、可以自生长和自发展的知识体系,这就是知识的逻辑化。

需要指出,这一过程中,还将涉及理论体系构建中的一个重要问题,即话语体系的构建。话语体系是思想、理论与知识体系的外在表达形式,是通过一定的字词、句式、符号与信息载体来表达思想、理论、知识的方式。

理论研究中最能够深刻体现学理品质的话语体系创新是对理论体系的整体性结构提出"自我学术主张",也就是说,要设计好完整的理论架构与体系内部之间的逻辑关联,并提出完整的理论内容。我国学者开展源于中国实践的重大工程管理理论研究首先要保证对我国实践的尊重,有利于我国经验的深度解读和理论抽象的精准提炼,绝不能用国外现成的话语体系来"裁剪"和"图解"我国实践。

对一个新的理论体系而言,要做到这一点,必须根据"思维原则—核心概念—基本原理—科学问题—方法论及方法体系"学理链、提出每个部分的具体内容及彼此的逻辑关联,这是最重要、最本质、最能够体现理论品质的"话语体系"创新,也将在整体上构成重大工程管理理论体系的基本架构(盛昭瀚,2018)。

## 4 重大工程管理基础理论基本架构

### 4.1 核心概念

众所周知,理论是人的理论思维的结果,因此,理论思维除了以自然语言为基础外，还需要有专门的科学语言把理论要反映的某一领域的本质属性准确、深刻地凝练出来。理论体系中的这一科学语言的基础就是概念。每个概念都是人们对客观事物本质属性认识的凝练，是对事物本质与内在关系抽象与凝练的语言表述。因此，概念能够推动人们从具象思维提升到抽象思维，成为科学共同体成员之间相互传送与交流的工具。

重大工程管理理论正是以核心概念为基础，通过表达清晰、语义准确的话语来发挥其功能的。在这个意义上，可以认为理论是以核心概念为起始点向各个维度的延展，因此，提出核心概念体系是构建重大工程管理理论体系的"第一步"。

重大工程管理理论的基本概念是人们在对重大工程管理实践活动主要现象与行为反复认知的基础上，对其本质属性的抽象，是管理活动某一特征形成逻辑的反映。概念的主要表现方式为科学术语，它既包含了人们对工程管理本质属性的认知，又反映了本质属性的形成逻辑。

越能体现重大工程管理本质属性的概念在理论体系中越具有根本性和实质性，称为核心概念。重大工程管理理论体系中的概念之间要有一定的逻辑关系，从而可以依据这些关系对概念进行分类。当然，概念的分类方式不是唯一的。但这样的分类有利于在概念中嵌入管理要素的性质与意义，有利于通过概念的组合表述重大工程管理问题并使问题结构清楚、因果有序。

重大工程管理理论的核心概念体系总体上可以分为两类：一类为基础性概念，主要是一类对管理实际活动与理论思维具有相对基础性和全局性的概念；另一类为专题性概念，主要是一类体现某一管理职能或者主体行为特征的概念，一般来说，它们与工程管理实践之间有着更紧密的相互"渗透"性。

根据以上基本思考，我们共提出了以下四个基础性概念（Sheng，2018）。

（1）重大工程-环境复合系统。重大工程实体一旦形成，相当于在原来的环境系统内增加了重大工程实体这个新的系统。这样，原来的环境系统与新建的重大工程系统在总体上又形成了一个新的更复杂的人造系统，称此系统为"重大工程-环境复合系统"。

（2）复杂性。对重大工程管理对象本质属性以及管理活动内在关系特征的抽象与凝练。虽然它似乎是系统科学话语体系的表述，但是，要对它进行重大工程管理内涵上的重构与解读。

（3）深度不确定。一类源于重大工程管理实践活动的、传统和常规处理不确定的思想与方法不再适用的更为"严重"的不确定性。

（4）情景。重大工程环境或重大工程-环境复合系统在整体层面上形成的宏观现象、现象的演化以及形成该现象的可能路径。

另外，还有以下五个专题性概念（Sheng，2018）。

（1）主体与序主体。重大工程管理过程各个阶段担负某一管理任务（职能）的人群称为主体群体；主体群体内的一个更具引领、主导作用和话语权的子主体（群）称为管理主体群中的"序主体"。

（2）管理平台。具有形成解决复杂性管理问题的环境和条件这一"平台"功能的重大工程管理组织模式。

（3）多尺度。对重大工程管理活动中的某一管理特征或要素在同一个维度上表现出的次序性与层次性现象的抽象。

（4）适应性。管理主体应对重大工程管理活动中环境深度不确定和管理问题复杂性的"柔性"行为准则的抽象。

（5）功能谱。重大工程整体性功能依据维度中的不同尺度而呈现出精细结构或多样性的抽象。

以下为核心概念的系统化与逻辑化分析。

如前所述，重大工程管理理论的核心概念，首先是对管理实践活动各个主要环节及重要组成要素本质属性的凝练与抽象，是人们对管理活动认知的基本单元。

能够看出，核心概念体系满足以下两个基本特点。

第一，九个概念都源于重大工程管理的实际活动与现象。因此，它们都有着重大工程管理的系统复杂性属性的"根"，即所有的核心概念都是对重大工程管理活动重要环节与要素的复杂性属性的提炼与抽象，都嵌入了重大工程管理活动复杂性的本质属性，并且注入了重大工程管理活动形态的基本规定性。

第二，重大工程管理理论要遵循管理活动整体的客观逻辑与主体的思维逻辑，因此，理论体系的核心概念不能"孤立化"与"破碎化"。它们既要有较好的整体覆盖面，彼此之间还要有紧密的逻辑关联。事实上，这些概念不仅较好地覆盖了重大工程管理活动的核心要素，如管理环境、主体、客体、组织、目标等，而且在一定的逻辑关联下，清楚地表述了在重大工程管理活动中各自的职能与作用。

因此，上述核心概念具有良好的系统化与逻辑化"品质"。

## 4.2　基本原理

在理论体系中，以概念为基础或通过概念与概念的组合，对重大工程管理实践活动现象的逻辑关系、因果关系、关联关系等进行解释并提炼出其中的基本规则和前提，形成一种论断性的表述，就是理论体系中所谓的原理。重大工程管理活动中的一般现象与问题，大都可以经过此类原理进行推导、解释和预测。一个原理就是一个相对独立的知识单元，它主要是针对重大工程管理某一特定任务所采取的行为原则、操作准则和对现象的基本认知。原理通常以肯定判断的语式来表述。

比较而言，原理中有些原理更具基础性、起源性和初始性，它们所表述的论断不仅概括了某一类事实的基本规律，而且对多类现象与问题，甚至全局性理论思维都具有指导性，它们除了能直接推演出理论结论，还能衍生成其他原理，这样的原理称为理论体系中的基本原理。

基本原理通常表述为一定条件下的论断和定律，它集中体现了理论体系的逻辑推导功能。基本原理的逻辑推导功能是理论的"元功能"，即它可以推衍出更多的具体的判断型理论单元，这些理论单元又能够在更高层次上形成理论中的科学问题。

重大工程管理理论是在自然科学、工程技术、社会科学以及人文科学的交集上设计与展开的。因此，它同时具有自然性、社会性与人文性。正因为如此，重大工程管理理论中的原理不可能如自然科学原理那样符号化、形式化和公理化,在更多情况下它将表述为在一种情境之下的关系原则和行为准则。

重大工程管理理论中的基本原理主要是对管理主体行为基本准则与管理活动运作规则的论断与定律,是人们对重大工程管理活动实践经验的固化与基于基本概念进行逻辑推理形成的知识表述。当然,原理的形成、特别是原理体系的形成,是一个不断发展与深化的过程,需要长期探索和不断完善。

以下为提出的五个基本原理(Sheng,2018)。

(1)复杂性降解原理。在工程概念与认知的抽象阶段,人们主要依据理论思维把工程硬系统的属性进行抽象并将属性之间的关联系统化,形成复杂工程属性的逻辑体系,我们称此体系为工程虚体。

工程虚体是人们依据理论思维建立的工程要素属性与关联的逻辑体系,因此,即使同一个实体工程形态,也可能由于主体思维方式不同而形成不同的虚体工程形态。这就使我们可以利用虚体工程形成过程的这种"可变性",在不改变工程固有复杂性的前提下,设计某种技术路线在工程要素抽象的属性与关联层面上来"降低"和"分解"该工程的固有复杂性。但是,它能够帮助我们更清晰、简便地认识和分析原本难以理解和认识的工程固有复杂性。

但是,到了工程实体建设的具象阶段,管理主体还是要完整地通过实体思维"复原"工程固有的物理复杂性,以保证重大工程实体造物实践的真实与完整,这就是所谓复杂性降解基本原理。

(2)适应性选择。重大工程管理主体在管理活动中最主要的行为形态是选择性行为,而所有的选择性行为都是在深度不确定环境和问题复杂现实情景中进行的,因此,主体必然要从复杂性降解的"工程虚体思维"回归到对复杂性的"工程实体思维"中来,这就要求主体行为遵守随工程现实情况变化而变化的基本准则,即所谓"适应性选择"。它是主体在管理活动操作层面的基本行为准则。

适应性既是主体选择行为的目标,也是主体在操作层面上对复杂性降解的"补偿",还是主体选择过程中自身行为能力的标志。

这样,适应性选择就成为重大工程管理活动中主体最重要的实际行为方式,自然也成为重大工程管理活动的基本原理之一。如果把它与复杂性降解原理联系在一起,不难看出,这两个原理都是以主体行为为核心,共同形成了重大工程管理活动新的综合行为准则。其中,"降解"在思维层面上通过工程实体的"虚体化"帮助主体认识和分析工程管理复杂性,而基于适应性原则的"选择"又在操作层面帮助主体从"虚体化"思维回归到"实体化"实践。这样,主体既利用了降解思维提供的认知启发,又在操作层面避免了"虚体化"可能导致的认知偏差。这在一定意义上是系统科学通过还原论与整体论结合,综合形成系统论,或者说,是重大工程管理主体在管理活动中基于复杂整体论的行为方式。

(3)多尺度管理原理。所谓多尺度管理是指在重大工程管理活动中,主体充分注意并区别管理要素在同一维度但不同尺度上的属性引起的特征差异性,并针对这些差异性设计和构建相应的管理原则、目标、流程与方法,使管理活动能够更加精细地体现这一类差异性。

多尺度管理主要由以下两个阶段组成:第一阶段为基于还原论思维对维度进行尺度划分,并通过提取不同尺度特征,分析与管理要素的关联以及对管理问题的影响;第二阶段为基于整体论思维对多尺度分析进行维度层次上的整合,形成在维度整体意义上对管理问题的认知。在"多尺度划分"阶段,一般采用系统分析技术;而在"维度整合"阶段,一般采用各类统筹或综合评价技术。

(4)迭代式生成原理。现实中,管理主体在解决重大工程复杂性管理问题方案选择过程中,是通过一个不断比对与修正的迭代过程向某一解决方案逼近,我们称此为重大工程管理方案的"迭代式"生成原理,并常以"比对、迭代、逼近"概括其具体操作程序与过程。

"迭代式"生成原理是把问题的整体复杂性分解到方案生成过程中的多个阶段,不仅使主体在每个阶段遇到的复杂性只是整体复杂性的一部分,而且采用了多次适应性迭代形成的方案序列逼近问题最终方案,这种实际操作行为既体现了主体的复杂性降解准则,又体现了适应性选择准则。

迭代式生成原理通常包括管理过程中主体个体行为—主体群体行为—主体群共识形成的三个层次的行为迭代、管理过程中所分阶段确立技术路线的迭代以及不同技术之间相互转换的迭代等。

（5）递阶式委托代理原理。一般情况下，随着重大工程所有权与决策权、管理权、建设权、经营权逐渐分离，产生了工程主体之间的一种递阶式委托代理关系。而公众—政府—政府部门—工程管理者—建设单位在整体上也就形成了重大工程管理组织的递阶式委托代理关系链，简称为重大工程"递阶式"委托代理关系，或者重大工程"政府式"递阶委托代理关系。

由于重大工程管理主体群中各委托主体与代理主体的异质性，因此，要通过一定的机理才能实现稳定的、均衡各方利益的"委托与被委托"和"代理与被代理"关系。在重大工程实际管理活动中，这一机理主要表现为"行政—市场"协同的组织契约关系。这种契约关系保证了重大工程管理组织的稳定结构和整体能力，这种整体性的契约关系体系及其稳定运行动力学就是重大工程委托代理原理。

重大工程管理中的委托代理原理体现了管理主体群内部复杂动力学关系及管理组织模式机制的形成动因。另外，重大工程委托代理关系整个是在市场环境下进行的，故上述委托代理关系应更准确地表述为市场条件下重大工程的政府式委托代理原理。

现在我们对前述五个基本原理做一个逻辑关系分析：

如果我们对重大工程管理活动中的现象与问题进行抽象分析，并提取其中最根本、最普遍的两个要素，应该是主体与复杂性。没有主体，就没有重大工程管理活动；没有复杂性，就不是重大工程管理活动。

所以，重大工程管理理论中的原理必须围绕着主体与复杂性这两个最根本、最普遍的要素，充分揭示重大工程管理活动中主体行为与对象特征的基本规律。能否做到这一点是衡量重大工程管理理论中基本原理学术质量的主要标准。

例如，"复杂性降解"原理提出了主体可以充分利用对工程虚体复杂性认知的"可变性"，适当、合理地"降低"或者"分解"复杂性，以缓解主体在认知复杂性过程中的困难与能力不足，这是主体在重大工程管理活动中最基本的行为准则与主导性目标。

主体行为的适应性既造就了复杂性,同时也成为"对付"复杂性的一种手段。因此,主体可以通过把适应性原则"嵌入"各类管理活动中,形成一类在管理操作层次上以"适应性选择"为主要形态的行为准则,并以此作为对复杂性降解的"补偿",它比"复杂性降解"更具操作性和可实施性。

另外,根据"复杂性降解"原理,主体可以对管理活动普遍存在的多尺度现象进行必要的尺度划分,分析不同尺度特征对管理问题的影响,提高管理活动的精准度。

进一步地,我们还可以对其他基本原理进行类似的关联性分析,并由此发现,以上五个基本原理均源于重大工程管理实践且紧密围绕着主体与复杂性这两个最基本的管理要素,它们一方面充分揭示了重大工程管理现象中的逻辑关系、因果关系的基本规律以及主体的行为准则与普适性操作原则,另一方面,彼此之间还有着紧密的逻辑关联。

### 4.3 科学问题

理论体系中的科学问题是一类用概念描述并由基本原理推导衍生出来的具有学术品质和理论价值的研究问题。不能认为科学问题就是重大工程管理活动中的具体的实际问题,因为研究和解决具体的实际问题主要是工程思维领域中的事,而科学问题则是大量的同一类型的具体管理问题基本规律与本质属性的凝练与抽象,研究科学问题主要是理论思维领域中的事。

重大工程管理理论中的科学问题一般表述方式为在一定的情景下的某个特定管理任务的抽象或需解决的普适性问题。科学问题要用尽量精练的语言来表述,但又要求其实际内涵能有充分大的拓展空间和内涵延展的可能性,即由科学问题的内核能够衍生或演化出一系列新的科学问题。

下面,我们以前面提出的核心概念与基本原理为基础,运用核心概念来描述并通过明确的基本原理来推导具有学术品质和理论价值的重大工程管理理论体系中的几个科学问题,提出科学问题后,重大工程管理理论体系才是规范和完整的。

初步提出的六个科学问题如下(Sheng,2018)。

### 4.3.1　重大工程管理组织模式及动力学分析

所谓重大工程管理组织是由管理主体群构成的对管理对象实施管理功能的"平台型"系统。而管理组织模式则是管理组织中主体构成、管理事权配置、管理流程、组织结构、管理支持、组织整体行为的形成机制等。(盛昭瀚,2009)

一般来说,关于重大工程管理组织与组织模式研究的基本理论问题主要包括:重大工程管理组织的形成机理与特征;重大工程管理组织的基本功能与结构;重大工程管理组织动力学分析;重大工程管理组织中微观主体行为是如何通过中观的组织与自组织机制涌现出组织宏观功能的。

由管理组织微观层次上主体力系的复杂形态,到中观层次主体之间力系的相互作用与演化,直至宏观层次组织整体复杂功能的涌现,这是我们认识与分析重大工程管理组织科学问题的主要学理。

### 4.3.2　重大工程深度不确定决策

深度不确定性对重大工程决策形成了深刻和根本性的影响,而主体决策行为的"多尺度""迭代式"等特征,也都可以基于"深度不确定"这一特质得到延伸或拓展。因此,"深度不确定"最能体现重大工程决策活动的本质特征,因此,重大工程管理决策是一类"深度不确定决策"(Salet et al.,2013;Perminova et al.,2008)。

提出一个重大工程决策方案,相当于构建了一个人造系统,因此,方案的价值主要表现于某一方案是否合理、有效,在工程整个生命期内是否能够保持稳健,这实际上就是重大工程决策质量的基本含义。也就是说,重大工程决策活动的质量属性主要体现为重大工程决策方案功效的有效性与稳健性。

另外,重大工程长生命周期内环境可能的深度不确定情景变动最能够"拷问"决策方案的有效性与稳健性,我们称此价值度量为重大工程决策情景鲁棒性。

如果把情景鲁棒性作为重大工程深度不确定决策质量最基本的质量属性,在这个意义上,可以认为,重大工程深度不确定决策即是情景鲁棒性决策。

重大工程深度不确定决策典型问题有重大工程决策情景分类、核情景与极端情景构成、决策情景鲁棒性的度量与分析等。

### 4.3.3　重大工程金融

重大工程金融是重大工程建设不断发展和全球公共产品融资格局出现重大变革而在金融领域内出现的一个新的系统形态,是指在一个开放的环境中构建专门的稳定的治理体系,以服务为满足重大工程建设需求而开展的与重大工程建设资金的筹措、调度、安排和管理相关的金融活动与过程。

重大工程金融进一步对重大工程投融资的科学内涵进行了升华,具有特定的时代背景、内涵、边界、特点和职能等系统要素,形成了一个完整的体系,这一体系不仅包含了重大工程操作层面的投融资活动,而且具有自身的构成要素、关联结构、组织模式、特定功能、运营方式以及业态形式,如重大项目的金融评价、重大工程投融资决策与模式选择、重大工程金融的财务预算控制、重大工程金融的国际一体化等。

以下是对重大工程金融这一科学问题的基本认知:

第一,在整个重大工程整个周期之内都起着决定性作用的资金筹集、资金安排、资金调度、资金风险管理等一系列金融活动构成了重大工程金融的基本内涵,作为一种融资安排理论,它具有自身的基本特点;

第二,重大工程金融的基本职能综合体现了新的实践价值和理论意义;重大工程金融体系的治理问题是其组织管理的重要内容。

### 4.3.4　重大工程技术管理

重大工程技术是指人们根据工程建设实践和自然科学原理总结积累起来的经验、知识而形成的工程造物必需的各种工艺、方法、技能、工具与装备。应把重大工程技术理解为是一个支撑和保证工程完整实体造物的技术体系,而不仅仅是一项或几项单元技术。

从工程造物活动需求的完整性看,重大工程技术既包括形成工程物理实体所需的工程技术,还包括使工程造物活动有序和有效的管理技术。也就是说,既包括工程硬技术,如施工工艺、技能、方法及材料、装备等,又包括管理软技术,如管理体系、组织流程及管理方法等。

一般意义上,解决重大工程技术需求与技术供给不足之间的冲突包含着重要的、必不可少的技术管理活动。例如,在创新和发明重大工程突破性技术过程中,如何组织和构造技术创新平台、设计恰当的技术创新路线;在常规性工程技术活动中,如何进行技术选择、制定技术标准、构建技术组织体系,等等。由此概括起来说,所谓重大工程技术管理是依据重大工程技术活动规律,针对重大工程技术创新及技术应用所开展的技术决策与选择、技术配置与整合、技术资源计划与协调以及围绕重大工程技术供给与技术保障的组织管理等活动。

而对于必须通过技术创新才能提供重大工程技术的情况,问题要复杂得多。因为这时需要工程管理主体构建技术创新平台,设计平台机制与流程并做好技术创新资源的配置与整合工作(盛昭瀚等,2009),这实质上是一种通过设计一个复杂管理系统而使其涌现出技术创新功能的行为。

### 4.3.5　重大工程现场综合控制与协同管理

重大工程现场一般是指工程物理实体的位置所在地,也是人们物化工程实体的最终场所。

重大工程管理理论中的现场科学问题主要是一类重大工程现场的复杂整体性问题,这类问题从根本上说,都源于重大工程现场的复杂性。因此,我们首先要深入分析工程现场复杂性,并在此基础上开展由复杂性导致的重大工程现场最典型问题,如现场质量管理、现场技术与供应链协同管理、现场综合减灾等。

(1)现场复杂性分析

现场空间范围大、多尺度复杂性;现场装配式施工方式与分布式供应链模式复杂性;现场环境异质性与非均匀性特点及主体非完全确知复杂性;现场主体简单思维模式惯性与现场创新活动的风险的复杂性,等等。

(2)现场质量综合控制

重大工程的物理质量最终是在工程现场形成的。根据重大工程长生命周期的特点,在整体层面上,重大工程质量的基本标志应是其整体功能的耐久性,这是比个别质量活动或者要素更高层次的整体质量行为的涌现,具有复杂的形成机理。另外,根据现场普遍的大规模装配化制造的特点,在微观层面上,工程质量主要体现为材料与部件的质量稳定性,即每批材料或每个部件实际质量指标均能保持在质量标准规定的允许范围内而不出现异常值。

由此可见,对于重大工程现场质量管理,要特别关注重大工程宏观质量耐久性与微观质量稳定性之间的复杂关联及涌现机理。如工程现场质量形成过程中的波动与变异研究,包括质量波动的传播路径与规律、质量变异形成的诱因与阈值、质量变异危害性分析与防范措施等。

(3)现场技术与供应链的协同管理

重大工程现场管理最基本的活动是在保证质量稳定性的原则下,做好技术与供应链的协同管理(Mlecnik,2013)。基于质量稳定性的技术管理主要是指基于保证工程质量的关键技术的选择和创新。要做好这一点,主体必须对工程"现场技术—管理"这一综合概念有深刻的认识,并在此基础上构建有效的综合体系,做好体系内多主体的协同管理。

目前,重大工程现场普遍采用了部件的工厂自动化、智能化制造技术。实践证明,自动化与智能化制造技术不仅有力地保证了工程现场材料与部件质量的高标准、稳定性与工程进度要求,并且有力地推动了重大工程现场物资供应链的模式创新。这样,对重大工程现场供应链管理需要确立更深刻和全面的协同管理理念与新的驾驭复杂性的能力。

(4)现场综合减灾

从总体上讲,重大工程现场管理应对灾害的指导原则是"防灾减灾",除了防止与预防,重点是"综合减灾",即防灾减灾综合化与减灾管理的综合化。重大工程管理现场灾害不同于工程物理现场或管理活动中在系统要素或子系统层次上的局部故障与事故。另外,现场综合减灾就是把小概率灾害风险视为必然会出现的灾害现实并研究如何应对它们。

### 4.3.6 重大工程复杂性风险分析与控制

在重大工程造物过程中,各种可能的潜在危险与灾害都可能成为重大工程的风险,特别是,由于重大工程自身复杂性形成的一些独特的风险类型,需要从重大工程复杂性属性出发来拓展对重大工程风险的认知,揭示其新的独特规律,探索相应的控制方法。

具体地说,要从重大工程复杂情景出发,"精准地"针对具体的风险现象进行分析研究,例如:

(1)重大工程决策风险。所谓重大工程决策风险是指重大工程决策活动过程及其产生的决策方案在重大工程整个生命周期内由工程环境情景复杂性造成的潜在性危害。另外,重大工程决策过程中也会产生风险,这一类风险主要是指在决策过程中由决策主体行为所导致的潜在危害的可能性,如主体的信息垄断行为及其他行为异化产生的风险。

(2)重大工程超支风险。重大工程复杂性会在工程造物过程中涌现出一类难以预测和确知的增加造物成本的现象,我们把这一类由重大工程复杂性导致的成本超支称为复杂性超支(Flyvbjerg,2011),而把复杂性超支现象的不确定性和可能产生的危害称为重大工程复杂性超支风险。

根据重大工程复杂性的不同形态,复杂性超支风险也呈现出不同的物理形态与管理内涵,主要包括工程环境复杂性、深度不确定性、演化与涌现机理、不同主体利益博弈、工程创新等导致的复杂性超支风险,需要我们根据各自的情景形态与演化趋势逐一进行分析和制定管控方案。

(3)重大工程现场风险。在一定意义上,重大工程各类风险现象几乎都集中发生在工程现场,这是一类由现场复杂性或其他前期管理活动中形成并累积到现场的风险潜势而导致的风险;它们充分体现了风险的秉性,即发生灾害的深度不确定性。

以理论体系中的核心概念为基础,通过基本原理推导而形成的上述六个科学问题,揭示了重大工程管理理论中一类基本的复杂性科学问题的深刻内涵,提升和拓展了传统的项目管理问题体系,提炼出由重大工程管理本质属性形成的学术价值与实际指导意义,不仅深化了人们关于重大工程管理复杂整体性的认识,而且增强了人们对重大工程管理实践的驾驭能力。

当然,一个学科领域的理论体系究竟应当包括哪些基本的科学问题,既依赖该领域实践的丰富程度,还依赖理论体系本身的成熟程度,上面列举的科学问题仅仅表达了我国学者对重大工程管理理论架构的初步思考。工程管理领域的学者们在构建和完善重大工程管理理论体系中的科学问题方面,有着极大的空间来发挥自己的才能和智慧。

## 5　方法论与方法体系

研究和解决重大工程管理理论问题应有恰当的和有针对性的方法,这首先要在整体上根据问题的复杂性属性确立相适应的研究方法原则,即所谓方法论。

### 5.1　系统论方法论

还原论在很大程度上满足了一般工程管理活动解决问题的需要,但随着重大工程管理活动复杂性的提高,还原论的不足之处日益明显,这时,关于研究整体的方法论就逐渐受到了人们的重视。在我国,钱学森创新性地将整体论与还原论统一在一起,提出了认识、分析和解决重大工程组织管理的系统论。该方法论的基本原则是,对待重大工程管理问题,先从还原论出发将问题分解,在分解研究的基础上,再综合到问题整体上,最终解决问题。这对研究和解决重大工程管理中的复杂整体性问题具有重要的指导意义。

### 5.2　重大工程管理的综合集成方法体系

到了 20 世纪 80 年代,钱学森提出在分析、解决重大工程管理问题时,需要确立从整体层面上研究和解决问题的思维,需要运用多领域、多专业的知识等等,在此基础上发展成为综合集成(Meta-Synthesis)思想,并提出了将还原论方法与整体论方法辩证统一起来的综合集成方法体系(于景元,2014,2017)。综合集成方法体系与重大工程管理复杂性问题的特点以及解决原则与路径是匹配的,与重大工程管理理论基本原理也是一致的(盛昭瀚等,2018)。

应该看到,综合集成方法体系是在系统论指导下对解决重大工程管理复杂性问题方法体系的整体设计,并非针对某一个工程的某一个复杂性管理问题所使用具体方法的选择。当然,在综合集成方法体系指导下,还需要我们把综合集成方法体系与重大工程管理本质属性进一步融合,提炼出解决重大工程管理问题最核心的、最关键、最有效的专门性方法,并使这些方法充分适用于解决重大工程管理问题。

### 5.3　重大工程管理理论研究的专门性方法

我们提出了以下三类专门性方法。

专门性方法 1:全景式质性分析方法

质性,或称质,基本意思是本性、本质性,是指一个事物区别于其他事物的内在规定性。从总体上讲,如果从整体上研究重大工程管理,就要以管理问题的复杂性或复杂整体性为核心,采用抽象概括与逻辑推导为主导的方法(Flyvbjerg et al.,2002)。

对任何重大工程管理问题的质性研究必然要十分关注工程管理问题的情景、情景与问题的相互关联与影响,要对问题的相关情景尽可能全面、完整地进行重构、复原、再现、生成和预测,这就是所谓"全景式"模式。

这样,我们拟在原来的社会科学质性研究方法基础上,强化工程管理情景的作用和意义,并进一步增强新的研究方法中的分析能力,由此形成一种新的所谓"全景式质性分析方法",以提高应对重大工程管理问题的过程性、情景性、复杂性。

系统分析是全景式质性分析方法的一个核心组成部分,这里的系统分析不能仅仅理解为对管理活动中某个局部问题或一个问题的某一个层次、阶段的子问题的分析,而是在重大工程管理复杂整体性意义上,对管理问题与环境复合系统全局意义上的分析,它属于以管理复杂性分析与整体性分析为核心内容的复杂系统分析。

综上所说,所谓全景式质性分析是通过对研究问题所在的情景进行整体性认知,并运用还原论与整体论相结合的系统分析而获得相关研究结论的一类研究方法。

在基于"全景式"与"系统分析"融合的质性研究方法中,"全景"体现了重大工程管理活动的整体性,而系统分析更多体现了重大工程管理活动的复杂性。

因此,这一方法通过"全景"体现研究问题的"大局"、通过系统分析体现问题的"细节",从而在总体上充分体现了关于重大工程管理复杂整体性的适应性原则。

专门性方法 2:情景耕耘

情景在重大工程管理理论中有着重要的作用,情景是一类系统复杂整体性行为,它是演化的、涌现和自组织的;另外,一个实在的情景一般同时包括结构化、半结构化和非结构化的组成成分。

特别是,任何重大工程管理情景不仅是复杂的,还是该重大工程所独有的,而且在整体上也是"稀缺"的。因此,我们只能在少量宝贵的工程管理情景样本或线索基础上,以计算机系统为"土壤",把少量工程现实情景概念与线索当作"种子"进行播种、培育,让其生长,最终得到各种不同的情景"果实",再从这些"果实"形成的动态演化过程以及这些"果实"的类型、特点中分析和预测关于重大工程管理情景的知识与规律。我们称这一关于情景生成的计算机模拟方法为重大工程管理理论研究中的情景耕耘方法,对于重大工程管理理论研究来说,这是一类新的研究方法。

情景耕耘方法的核心思想是以重大工程管理活动中的情景为核心,对情景进行"情景空间"定义下的计算机重构与预测。它是以"一个"或"一些"情景概念与线索为基础,通过预定义与假设,对"一类"具有相同本质和动力学机理的重大工程管理现象进行"情景空间嵌入",即把该现象"嵌入"某一类情景空间中,以丰富我们对重大工程管理情景的认知。

从操作过程看,情景耕耘方法在某种意义上可以把过去和现在的工程情景现象"搬到"计算机系统中,在现实工程情景的计算机"替身"上进行可控、可重复的播种,并通过生长结果告诉我们重大工程已经发生过和正在发生的情景的"昨天"与"今天",还可以在计算机上构建非现实、虚拟的工程情景的"明天",为我们展现重大工程-环境复合系统的未来情景图像。

情景耕耘方法主要是运用计算机可计算的结构化技术路线培育和生长情景。这不可能不损失和舍弃掉情景本来存在的半结构和非结构化成分。但是,情景耕耘中运用了多种方法把情景中的一些半结构化和非结构化成分尽可能地抽象和符号化,还通过充分发挥研究者的形象思维与创新思维,以弥补结构化可能造成的情景损失。研究实践证明,情景耕耘方法的确是目前重构、发现和预测重大工程管理情景的一类有效方法。

专门性方法3:联邦式建模

重大工程管理活动表现出一类"复杂整体性",而对于重大工程管理理论研究,重要的就是对这一类"复杂整体性"的抽象描述与分析,这就是所谓问题模型化。

模型,其被定义为现实的一个代表(表示)。具体地说,是人们为了便于研究问题,而把一个现实问题组成要素以及要素之间的关联抽象化的结果。提出、设计、建立、论证及使用这一模型的过程称为模型化,模型化亦称为建模。

重大工程管理问题的复杂整体性建模(或模型化)的难点在于如何充分、完整地抽象和表现重大工程管理问题各类复杂性属性、属性关联、人的行为复杂性以及工程情景及情景演化路径,使构建的模型所具有的整体涌现性表现出更好的模型解释能力。

这样,重大工程管理模型化的结果必然是一个由多类型、多层次、多尺度、多视角、多方法、多建模实施主体,多领域知识、多建模支撑工具及环境构成的"模型联结网"。就其中某一个具体模型而言,它是重大工程管理活动某一部分或某一问题的抽象,具有相对的独立功能。也就是说,模型"自治能力"是其生命力的一种体现。此外,如果运用它,还可以对某个局部管理问题进行描述、分析或设计,也可以对某个问题解决方案进行设计,或是对某个管理环境情景进行预测等等。也就是说,模型"复用性能力"是其生命力的另一种体现。但这样的模型只是对重大工程管理活动整体的某一部分的表述,它还要与模型体系中的其他模型互相"联结"。"联结"是在各模型基础上通过一系列规则与契约形成的。只有形成"模型联结网",才可从整体上作为重大工程管理复杂整体性的完整表示。也就是说,模型"联结能力"也是其生命力的一种体现。

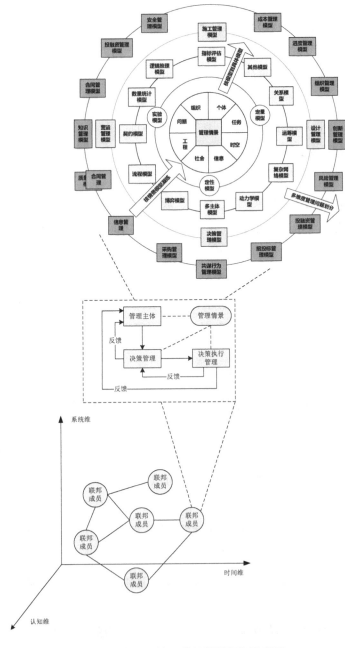

**图 1　重大工程管理联邦模型框架示意图**

这种模型体系中的个别模型具有相对独立性,各模型之间又存在多种关联规则与契约关系的特征,与国家治理理论中的"联邦"形式非常相似,所以,我们把重大工程管理这类建模过程称为重大工程管理联邦式建模,而把相应构建的模型体系称为重大工程管理联邦模型(体系)(见图1)。

联邦式建模是以多种模型类型(定性、定量、规则、计算机仿真、实验、程序……)为基础,提出、设计与建立重大工程管理复杂整体性的多层次、多维度、多尺度模型体系的过程(Sheng,2018)。

## 6 主要结论

多年前,中国著名管理学家郭重庆院士针对一般管理学在中国的发展道路特征指出:管理学在中国,应该逐渐从依据国外学术思想的"照着讲"阶段走向面向中国管理实践,并进行普适性管理理论创新研究的"接着讲"阶段。这是中国管理学者一直努力的目标,也是中国工程管理学者的历史责任。

从"照着讲"到"接着讲",一字之差,意义迥异。"照着讲"主要是讲国外的工程管理知识、方法与理论,而"接着讲"则更注重研究中国工程管理实践和由中国工程管理实践提炼出来的工程管理普适性科学理论。

当前,工程管理从"照着讲"到"接着讲"在中国有着坚实的实践基础与理论准备。近几十年来,中国已成为世界首屈一指的工程建设大国,这是我国工程管理学界"接着讲"最宝贵的实践资源;而中国哲学的综合思维有助于中国工程管理学者在"接着讲"的过程中确立重大工程管理理论的思维原则;再则,这么多年来,中国工程管理学者已在"照着讲"的同时,不断进行着重大工程管理理论"接着讲"的探索,所有这些都为我们开展重大工程管理理论"接着讲"做了必要的准备。

中国学者关于重大工程管理基础理论体系原创性、自主性的探索和话语体系的构建就是一次这样的从"照着讲"到"接着讲"的实践。我国学者的主要成果表现在确立了基于系统复杂性的重大工程管理理论思维原则,提出了理论体系的核心概念、基本原理与科学问题,并且构建了体现整体复杂性的专门性方法体系,从而形成了关于重大工程管理基础理论体系的"思维原则-核心概念-

基本原理-科学问题-方法论与方法体系"完整学理链,在当今重大工程管理基础理论这一重大原创性学术问题上,率先在国际工程管理学术界提出了我国学界的学术思考和话语体系。

通过本次"接着讲"实践,我们形成了如下基本认知与经验:

——坚持主要扎根于我国重大工程管理实践。工程管理是致用的科学,如果关于重大工程管理规律的总结与管理理论的凝练脱离了工程管理实践,其说服力、解释力、分析力、预测力及控制力等都无法得到保证,而当前我国重大工程管理实践尤其丰富和深刻。

——坚持理论研究的创新性。"接着讲"本身就是一种学术创新行为,是一项复杂的知识创新系统工程。因此,理论体系研究不能仅仅对已有的知识与经验进行一般性解读和注释,如果那样,理论体系研究将缺乏其应有的学术生命力与价值。

——坚持"接着讲"与"照着讲"的统一性。工程管理的"接着讲"不排除"照着讲"。事实上,任何研究与创新,总是先要学习和吸收,才能提高和发展。即往往先要"照着讲",才有能力"接着讲"。人类任何科学文明从来都是在学习与继承中形成和发展的。

既然是关于重大工程管理理论体系的原创性思考与探索,因此结论中除了包含一些源于工程实践又在实践中得到很好应用的内容,如重大工程组织、决策等,还包含了一些源于实践但尚未充分或尚未来得及在工程实践中得以广泛应用,因而略嫌"单薄"的内容,如重大工程技术管理、现场综合控制等,甚至还包含了一些源于理论逻辑而刚刚开始探索的内容,如重大工程金融、情景耕耘技术、联邦建模等。这种"成熟度"不同或理解尚不一致的理论思考恰恰是我们的重大工程管理理论创新道路与过程的真实写照。以上这些都反映了中国学者在重大工程理论创新过程中的严谨而实事求是的科学态度:既不凭一些虚幻的材料来杜撰理论,也不轻易在理论探索中"注水"。有些内容因实践提供的支撑尚不足,所以理论思考仅仅是萌芽,我们也基本保持了这一"原生态"状况,等待今后有了更丰富的实践和更深刻的思考再加以完善。

构建的重大工程管理基础理论体系完整学理链如图2所示。

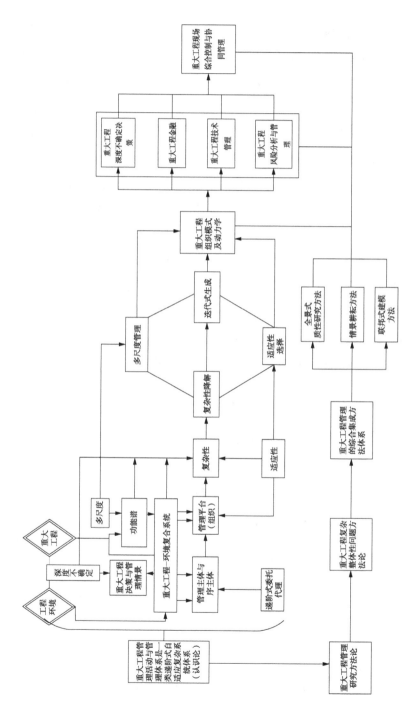

图 2　重大工程管理基础理论体系学理链

任何一个学科领域的理论体系都是逐步萌芽、生长、发展起来的，都是一条漫长的由一系列实际现象和事实启发、积累、修正和逐步完善的道路。因此，这一次实践仅仅是中国工程管理学者对工程管理从"照着讲"走向"接着讲"的漫长道路上的一个阶段性成果之一。任何想快速甚至"毕其功于一役"的打算对一个领域的基本理论的形成都是不切实际和违背科学规律的。任何理论探索者或评论家都需要有这一实事求是的精神和宽容的态度。

最后，还想指出一点，虽然以上是关于重大基础设施工程管理的基础理论的探索，但就其管理学内涵而言，它对管理活动整体层面的认识论与方法论的思考、对管理活动系统性与复杂性本质的揭示、对管理理论形成的思维原则与形成路径的论述、对管理理论体系的科学内涵与结构的设计，以及对管理理论体系中的核心概念、基本原理、科学问题与方法体系的凝练与递进安排等，其基本学术思想已超越了重大基础设施工程管理领域而对一般管理学领域的基础理论的研究也具有可参考、可借鉴之处。因此，不妨认为，这是重大基础设施工程管理基础理论研究对一般管理学基础理论体系发展所做出的贡献。

（刊于《管理世界》2019 年第 4 期）

（作者：南京大学盛昭瀚，哈尔滨工业大学薛小龙、安实）

## 参考文献

[1]　盛昭瀚.讲好重大工程管理的中国故事[J].建筑,2017(14):10.
[2]　盛昭瀚,游庆仲,李迁.大型复杂工程管理的方法论和方法:综合集成管理——以苏通大桥为例[J].科技进步与对策,2008(10):193-197.
[3]　ATKINSON R, LYNN C, STEPHEN W. Fundamental uncertainties in projects and the scope of project management[J]. International journal of project management, 2006, 24(8): 687-698.
[4]　FLYVBJERG B. What you should know about megaprojects and why: an overview[J]. Project management journal, 2014, 45(2): 6-19.
[5]　FLYVBJERG B, TURNER J R. Do classics exist in megaproject management? (Introduction)[J]. International journal of project management, 2017.

[6] 于景元.创建系统学——开创复杂巨系统的科学与技术[J].上海理工大学学报,2011,33(6):548-561,508.

[7] 于景元.钱学森系统科学思想和系统科学体系[J].科学决策,2014(12):2-22.

[8] 于景元.从系统思想到系统实践的创新——钱学森系统研究的成就和贡献[J].系统工程理论与实践,2016,36(12):2993-3002.

[9] SHENG Z H. Fundamental theories of mega infrastructure construction management [M]. New York: Springer, 2018.

[10] 盛昭瀚.大型复杂工程综合集成管理模式初探——苏通大桥工程管理的理论思考[J].建筑经济,2009(5):20-22.

[11] SALET W, BERTOLINI L, GIEZEN M. Complexity and uncertainty: Problem or asset in decision making of mega infrastructure projects? [J]. International journal of urban and regional research, 2013, 37(6): 1984-2000.

[12] PERMINOVA O, GUSTAFSSON M, WIKSTRÖM K. Defning uncertainty in projects—a new perspective[J]. International journal of project management, 2008, 26(1): 73-79.

[13] MLECNIK E. Opportunities for supplier-led systemic innovation in highly energy-effcient housing[J]. Journal of cleaner production, 2013, 56(10): 103-111.

[14] WEINAN E. Principles of multiscale modeling[M]. Cambridge: Cambridge University Press, 2011.

# 我国重大工程决策治理体系与能力现代化

**摘要**：重大工程决策治理是引导、规范和保障重大工程决策事务基于合法合理、科学民主、程序规范、协同制衡的制度与行为规则体系，重点为决策主体的决策治权、治能及执行力的科学配置与制衡。我国重大工程决策治理体系作为国家治理体系的一个组成部分，伴随着我国现代化强国建设过程不断完善、发展和升华；当今，重大工程决策治理体系与能力的现代化和中国化是同我国重大工程决策治理本质一致的两种基本形式，现代化是普遍原理，中国化是现代化的中国具体形态，是重大工程决策治理在中国发展的现实道路。决策治理现代化通过中国化走向中国重大工程决策治理实践，决策治理中国化又通过在中国的治理实践促进和推动重大工程决策治理的现代化。

**关键词**：重大工程决策；治理；现代化；文化记忆

## 1 引言

重大工程管理基础理论表明，由工程管理到重大工程管理，本质属性上形成了从系统性到复杂性的基本演化趋势。在系统科学范畴，从系统性到复杂性不是系统性"量"的增加，而是系统性"质"的提升，这一变化将导致工程管理与重大工程管理的各个领域在管理思维、原则、方法论的层次和内容中都出现一系列重大变化。

例如，重大工程的决策活动除了包括一般工程决策活动的基本内涵外，由于重大工程决策主体需在一个相对较短的时间内做出一个在相当长时间内（重大工程全生命期）都要能够保证其功能始终稳健的决策方案，而在这个相当长的时间内,工程环境因为深度不确定性可能会形成各种可能的复杂情景及情景的演化。这样,重大工程决策方案就要具备关于情景的鲁棒性品质。没有这一品质,决策方案的功能有可能在工程生命期内严重受损甚至失效,这将直接影响到重大工程决策主体本来的意图与工程自身价值的体现。因此,"深度不确定"最能体现重大工程决策活动与问题的本质特征,这样,由深度不确定性引起的决策方案关于情景的鲁棒性就成为评价与衡量重大工程决策质量的一个新的、独特的、带有根本性的测度,自然,这要求重大工程决策主体具有更综合和更强大的"事能"(完成决策事务的能力)。

更进一步,由于重大工程决策问题复杂性的显著增加,在决策过程中,需要构建完善的决策体系作为组织平台,需要赋予决策主体必要的决策"事权"(完成决策事务的权力),事权既不能缺失,又不能冗余,并且为了使决策主体不出现行为异化与自由裁量权失控,还必须对主体的赋权进行恰当的制衡。

另外,为保证决策主体之间的协同关系、专家对决策事务的技术支持以及整个决策事务在必要的法治轨道上进行等,都需要构建完整的制度体系作为主体开展重大工程决策活动和规范行为的依据。显然,这些都已经远远超越了通常操作层面上的"决策管理"概念,而是一个比"决策管理"更高层面、更丰富、更深刻和更具厚重感的新的所谓重大工程决策治理概念。实践表明,决策治理已经成为完善、规范、保障有效进行重大工程决策的活动与行为架构;没有这样一个架构,我们无法保证在重大工程决策过程中能够设计和构建起一个充分体现科学性与民主化的决策平台,并始终使决策主体保持自身的规范行为,清晰识别各种决策复杂性,将决策"事权"与"事能"协同升华为对重大工程决策复杂性的驾驭力。

因此,重大工程决策治理体系与能力是当今重大工程决策领域内一个重大的科学问题,它不仅充分体现了重大工程决策理论的时代化品格,而且在它的基础上,将拓展和延伸出一系列新的科学问题,促进重大工程管理决策理论内涵的丰富。

## 2 重大工程决策的基本学理

工程是人类造物和用物的实践,其中一类环境复杂、规模宏大、技术先进、生命期长,主要为社会、民生、环境提供长久性基础构筑物的工程称为重大基础设施工程,简称**重大工程**(Sheng,2018),如三峡水利工程、南水北调工程、港珠澳大桥工程等。在重大工程建设与管理过程中,关于工程论证、规划、立项、投融资方式与技术方案选择等的活动称为**重大工程决策**(活动),开展并完成决策活动的人(群)为重大工程决策主体。

根据公共经济学原理,重大工程除一部分具有完全公共品属性外,还有一部分兼具公共品和私有品属性,故决定了重大工程一般情况下的公共品性质或准公共品性质(Samuelson,1954)。既然重大工程能以其公共品或准公共品属性满足社会公共需求,因此重大工程一般都以公共财政投资为主。因此,从产权上讲,社会公众拥有重大工程的全部或者大部所有权。但是,出于各种原因,社会公众不可能都直接参与重大工程决策事务,而是作为初始委托人通过政治、法律与民主等形式授权给某一级政府代其实施重大工程决策事务,这就产生了重大工程所有权与决策权的分离。

社会公众之所以将重大工程决策事务委托给政府来行使,主要是因为政府具有社会公众赋予的公权力(又称为行政力)。公权力是指公共组织,如国家(政府)、非营利社团、国际组织等以维护公共利益为目的,在公共管理、公共服务和提供公共品(如国防安全、公共设施工程)的过程中,根据公共意志赋予公共组织部分成员或者负责人进行决策、指挥、组织、管理的权力,是社会成员在一定范围内的授权(Patanakul et al.,2016)。因为公权力主要指公共管理权力,而国家拥有最重要的公共管理权力,因此,社会成员自然首先授权给国家机关或者国家机关依法委托的团体或个人。由此可见,公权力的本质是由社会公众授予的以维护公共利益、实施公共事务为目的的公共团体与责任人职务上的权力,一般表现为基于社会公众意志而由国家机关行使的强制权力,并使这种强制权力制度化和法律化。

由于重大工程是承载着社会与广大公众利益、集中代表社会公众需求的（准）公共品，这样，在重大工程决策过程中，接受公众委托的国家（政府）必须站在社会公众的立场，为重大工程决策行使必要的公共事务管理权，成为社会公众利益的代表。

社会公众依据法律委托政府实施重大工程决策事务，社会公众与政府间的委托代理关系是重大工程决策中最具代表性的政府式委托代理关系。为实施重大工程决策事务，政府作为第一层次代理人还会依次委托政府职能部门、项目公司、各类社会专门机构，形成完整的"社会公众—政府—政府职能部门—项目公司—各类社会专门机构"递阶委托代理链（张劲文等，2014）。由于上述委托代理关系整个是在市场环境下进行的，故应更全面地表述为**市场环境下政府式递阶委托代理关系**。

由此可见，国家（政府）基于其政治地位、合法性、权威性和强大的社会资源整合能力在重大工程决策过程中成为主导决策事务的核心主体，从而对重大工程是否立项、如何出资、何时建设、怎样建设等重要决策问题拥有决定权与话语权。

重大工程决策的市场环境下政府式递阶委托代理（关系）原理即为**重大工程决策的基本学理**。

## 3 重大工程决策的"中国之治"

### 3.1 重大工程决策治理概述

在现实中，重大工程决策的市场环境下政府式递阶委托代理原理表现出各种类型的复杂形态，不了解这些复杂形态和形成的问题，将无法保证这一原理在重大工程决策中能够发挥积极、稳定和可持续的效能。

在这方面，特别需要在制度、法规层次上对以下三个问题给予高度关注。

（1）从宏观上讲，社会公众与政府之间委托代理关系中，一般都呈现"弱委托、强代理"现象。政府对决策事务一般都拥有强力的决定权、裁量权、话语权与信息主导权，而公众监督代理人的成本高、程序复杂，执行困难，从而有可能导致政府（在实际中往往是代表政府的某个部门）在决策过程中将"社会公权"异化为"部门私权"（后小仙，2008），即以部门利益和价值偏好影响决策活动与结果，造成对委托人利益的损害。

（2）从微观上讲，现实中作为政府代表的决策主体实际上是掌握一定公权力的社会人。社会人首先是个体人，如果在实际决策过程中代表政府的决策主体失责、失德，或由于委托制度不健全，缺乏监督，将可能导致决策主体在决策过程中因谋求"私利"而损害社会公众整体利益。因此，作为政府代表的个人的行为品质将直接关系到最终的决策品质，这是需要我们高度防范的。

（3）现代重大工程决策问题的复杂性不仅需要决策主体具有必要的决策公权（事权），以确保决策的合法性与权威性，还要求决策主体具有相应的实施决策事务、做出好的决策方案的能力（事能）。在现实中，除了决策主体通过积累经验与自学习来提高自身决策能力外，通常需要构建专门的工程决策支持体系（如聘请专家为决策顾问、组成技术专家委员会等）来辅助决策事务的开展。所以，重大工程决策体系一般由决策主体体系与决策支持体系两部分综合而成。

综上所述，在明确重大工程决策基本学理的基础上，要妥善解决政府式递阶委托代理关系在决策过程中涌现出的各种新问题和新挑战，不能仅依赖决策主体个人的道德、知识和经验，而必须通过系统性、全局性的制度设计和稳定的执行机制以规范决策主体行为和安排科学的决策流程来保障。

详细地说，在重大工程决策活动与过程中，决策主体必须站在社会公众的立场上，充分体现以民为本、程序规范、专家支持、公众参与、信息透明、责任明确、监管问责等"事权"与"事能"核心内涵和基本构件，并要有相应的制度与法规体系来保证这些内涵和构件的实现与持续。显然，这已经远远超过了通常的"管理"概念，是一个比"管理"概念更高层面、更丰富、更深刻和更具厚重感的新概念，即所谓**重大工程决策治理**。

简言之，**重大工程决策治理是引导、规范和保障重大工程决策事务基于合法合理、科学民主、程序规范、协同制衡的制度与行为规则体系，重点为决策活动主体的决策治权、治能及执行力的科学配置与制衡。**

### 3.2 重大工程决策治理体系

每个国家都有自己的国家治理体系,重大工程决策治理是国家治理体系中的一个组成部分,其自身也是一个完整的体系。

由上知,重大工程决策是一项公共事务,政府以公权力(治权)成为决策的核心主体,但由于重大工程决策事务涉及政府、社会、市场、公众等众多干系人,因此,政府必须在决策过程中处理和协调好与社会、市场与公众的各种关系,激发各方热情,化解各类矛盾,分担共有责任,同时还要在上位法的制约下,规范各主体及主体之间行为,这就要制定重大工程决策活动必须遵循的国家相关法律法规和设计专门的制度、规则与程序(李迁等,2019)。这样,重大工程决策治理活动必然有着明确的治理主体、治理理念、治理目标、治理法规、治理制度、治理资源、治理方式与治理方法等(马英华,2018),即由治道(方针)、治权(权力)、治制(制度)、治能(能力)、治具(措施)、治术(方法)等要素组成,所有这些要素综合在一起形成一个以稳定、有序和有效开展重大工程决策事务为基本功能的完整的治理体系。

具体而言,重大工程决策治理体系一般能够分解为治理环境、治理主体、治理组织、治理理念与目标、治理法规与制度、治理方式与方法等子体系,并在这些子体系之间形成稳定的层次与结构和在整体层面上实现引导、规范和保障重大工程决策事务的预期功能,"做到科学决策、民主决策、依法决策,避免发生重大失误甚至颠覆性错误"(冯春安,2019)。

当今,关于重大工程决策治理体系的基本科学问题有(Sheng,2018):

(1)基于政府式委托代理关系的重大工程决策治理学理逻辑分析;

(2)重大工程决策治理组织动力学:决策治理主体的类型、行为空间、主体之间行为关联及基本情景;

(3)重大工程决策治理机理:治理组织的事权与事能;治理支撑组织、执行组织、监管组织等相应的治理模式;

(4)重大工程决策治理机制:政府决策职能内涵和权力边界、决策流程与信息转换、决策治理机制的自适应性。

### 3.3　重大工程决策治理现代化

所谓"现代",是一种对历史时间尺度分割的概念,哈贝马斯指出:"人的现代观随着信念的不同而发生了变化。此信念由科学促成,它相信知识无限进步、社会和改良无限发展。"(王晓升,2006)

"现代化"原本是指农业社会向工业社会转变表现出的总体性特征(陈钦庄等,2000)。今天,人们更把"现代化"理解为人类社会发展的一种进程,是人类历史发展进程某个时刻涌现出的思想、政治、经济、科技、社会、文化综合性的属性变革以及推动人类文明发展与社会进步的成果。

新中国成立之初,我们党就开始深入研究中国现代化建设的道路和基本规律,逐步形成了"四个现代化"的奋斗目标;改革开放后,我们全面开展社会主义现代化建设,提出我国现代化"三步走"的发展战略;党的十八大以来,党中央明确提出"全面建成社会主义现代化强国"。事实证明,不断推进现代化建设已经成为我国一条成功的强国之路,而现代化水平也已经成为衡量我国社会主义强国建设成效的主要测度。

近年来,我们对现代化的内涵及如何精准、可持续推进现代化事业的认识等都有了重大升华,其中,最具全局影响力的就是关于统筹推进社会主义现代化建设的"五位一体"总体布局和"四个全面"战略,特别是,在原来的工业、农业、科技、国防"四个现代化"基础上,十九届四中全会又明确提出了"推进国家治理体系与治理能力现代化"的重大战略任务,极大地丰富了我国国家现代化的思想内涵,从经济基础与上层建筑的高度统一上进一步夯实了我国现代化前进道路的基石。

在过去的 70 年中,我国重大工程决策治理作为国家治理体系的一个组成部分,伴随着我国建设现代化强国的过程不断完善、发展和升华,更在当今我国改革开放、民族振兴伟大历程中与时俱进地深刻关切和回应我国新时代重大工程决策一系列新形势、新情况和新问题,并且在理论与实践的深度融合上实现我国重大工程决策治理体系自身的现代化,推动新的历史时期我国重大工程决策治理现代化水平的与时俱进。

历史逻辑与现实逻辑告诉我们,我国国家治理体系现代化的基本思想与现实路径决定了我国重大工程决策治理现代化的基本内涵。首先,新中国 70 年发展历程,既是我国社会主义现代化的历程,也是我国国家治理体系不断完善和迈向现代化的历程。国家治理体系在不同的历史时段内都有着不同的环境、情境、问题和特征,并对国家经济、社会等各领域治理起着引导性、制约性、规定性作用。因此,我国重大工程决策治理现代化的本质属性、时代特征与具体内涵,必然与国家治理现代化同向、同步前行。

因此,我们不仅要从理论上厘清国家治理现代化与重大工程决策治理现代化之间的主从关系、全局与局部关系、整体与部分关系之间的基本学理,还要在实践层面上梳理清楚我国重大工程决策治理现代化的一些关键科学问题,例如:

(1) 新中国成立 70 年来我国重大工程决策治理现代化道路的演进脉络、关键节点与基本经验。

(2) 根据宏观发展形势,研究如何充分发挥重大工程决策治理过程中政府主导下的政府—社会—市场—公众多元协同作用,加快推进我国重大工程决策治理的变革与创新。

(3) 探索如何在决策治理中推动重大工程投资效率边际递增功能,培育和健全新的产业链,实现新时代高质量意义下重大工程发展新动能。

(4) 如何坚持我国重大工程决策治理现代化理念,加快形成适应智能经济和智能社会新的重大工程建设和管理体系,为实现民族伟大复兴提供坚强支撑。

### 3.4 重大工程决策治理中国化

关于我国国家的现代化道路,邓小平同志明确提出,我国的"四个现代化"要符合中国实际与国情,强调"我们要搞的现代化,是中国式的现代化"。习近平总书记也指出,"一个国家选择什么样的治理体系,是由这个国家的历史传承、文化传统、经济社会发展水平决定的,是由这个国家的人民决定的"。这些重要的治国理政思想对于确立我国重大工程决策治理理念与构建治理体系都具有重要的指导意义，即重大工程决策治理不仅要体现现代化，而且还要体现中国化。

当前，经济分权与政府集权是我国大国治理的基本方略，同时，几千年来的政治文化传统、现代治理制度缺陷以及区域之间社会经济发展水平梯度化等现实情况相互叠加与缠绕形成了我国独特的治理国情与治理环境，这其中，既有我们设计和实施重大工程决策治理的特有优势，也会形成许多重大工程决策治理特殊难题，对此，绝不能简单运用西方一般治理思维和治理理论来解释和解决。简言之，**重大工程决策治理只能依据我国国家治理思想与原则，符合中国实际与国情，体现我国历史传承、文化传统，并且主要源于我国重大工程决策实践，以具有中国特色的治理理念、原则、制度、法律、规章、程序、手段、工具等为基础性构件，形成自主性的中国化治理体系。**

**中国化重大工程决策治理，即重大工程决策的"中国之治"**具有哪些核心内涵与特征呢？

（1）在重大工程建设问题上，充分显示出我国"全国一盘棋"的治理优势。政府作为重大工程决策主体能够充分发挥社会主义集中力量办大事的体制优越性，能够把重大工程建设摆在社会经济发展大局的宏观调控中，整体谋划并注重决策治理中的统筹安排和战略引领，充分整合优势资源推进重大工程建设。

（2）重大工程决策是一件十分复杂的实践活动，政府自身一般并不具备完备且充分的决策"事能"，于是，在重大工程决策过程中，一般都有不同学科、不同专业、不同领域专家组成的决策支持体系。如果说，决策治理为决策主体提供了决策事权，那么，决策支持体系则为决策主体提供了必要的知识与智慧支持。简言之，在我国重大工程决策治理体系中，既有自上而下纵向的治权体系，又有网络状横向治能支持体系，两者保证了我国重大工程决策事权与事能的协同。

（3）任何现实的"现代化"都是人类历史长河中的一个阶段性景象，任何现实的"中国化"必然禀赋某个时段特定的国情、社情与人情，因此，任何现实的重大工程决策治理体系必然是现代化与中国化的融合,必然充满着"某个阶段"的"中国故事"。时代在发展,实践在变化,特别是新中国成立70年来,我们国家经历了从长期的计划经济及社会集中管理体制到改革开放、市场经济体制的深刻转变;当今,我国在新的现代化道路上,正经历着我国历史上最为广泛而深刻的社会变革,也正在进行着人类历史上最为全局而独特的实践创新。这一复杂、深刻的大变革包含我国国家治理体系的现代化进程,必然会给我国重大工程决策治理体系带来全方位的深刻影响,也会使重大工程"中国之治"根据时代发展不断修正和完善自身的自适应和自组织能力。

(4)重大工程决策的"中国之治"不仅体现出依据"时代发展变化"维度的"与时俱进"特征,而且还表现出"空间情景变化"维度的"因地制宜"特征。直观上讲,现实中任何具体的重大工程决策治理活动与过程必然是一个有物、有事、有主体、有对象、有关联、有因果、有变化、各个环节相对独立又有整体性的连贯的"故事"。凡是故事都有背景、情节与情节的发展,此即**决策治理情景**。特别是,我们中国地域辽阔、空间范围广,东西部或南北方之间社会经济发展差异性非常明显。因此,绝不能把中国"浓缩"成一个"点"来讲重大工程决策治理的"中国化",而要具体分辨某个重大工程所在的空间地域,关注该地域范围内的人情、社情、国情、文化情与历史情,这样一来,我国重大工程决策治理不仅会充满着时代气息,同时还会充满着浓厚的地域特征。

这表明,空间地域要素不同,社会经济发展阶段与水平不同,重大工程决策治理目标、治理资源整合模式、治理手段、治理方案很可能会有很大的差异性,即从原理上讲,没有不分空间地域、一成不变的"放之四海而皆准"的重大工程决策治理模式。

关于重大工程决策治理中国化的基本科学问题有以下四个。

(1)主要(但不仅仅)源于我国国家治理实践和中国哲学思辨,构建充分反映当今世界与我国社会大变革背景的重大工程决策治理理论体系的基本架构和要素关联逻辑。

(2)政府强大的主导作用在相当长的时期内是我国重大工程决策治理组

织形态与组织模式的核心力量,如何在我国重大工程决策治理组织中充分突出和发挥政府主导作用,同时在具体的治理过程中做好、做实对政府治权的制衡。

(3)从决策治理高度,如何切实解决好当前我国发展现实中"不平衡不充分"与不同地区社会经济发展水平梯度化问题,根据不同区域、不同领域、不同方式间存在的突出矛盾,在整体性的重大工程决策治理框架下,以供给侧结构性改革为主线,完善必要的区域性决策治理体系。

(4)依据现代社会治理理论,深入研究重大工程决策治理过程中如何通过制度体系防范政府人员的"政绩驱动""合谋"与"寻租"等行为,以及利用信息不对称性做出"逆向选择"等道德风险(刘慧敏等,2019)。

综上,重大工程决策治理的现代化与中国化是紧密联系在一起的,并且相互融合形成了新的综合作用。我国重大工程决策治理的现代化进程,既是重大工程决策治理基本原理同时代特征在纵向维度上相结合的过程,又是决策治理基本原理同我国具体国情区域复杂性在横向维度上相结合的过程;重大工程决策治理现代化的鲜活度寓于中国工程决策治理实践之中,脱离中国实践的工程决策治理现代化是凋零、萧疏、缺乏持久生命力的。

当今,我国正发生如火如荼的历史性社会变革,我们要深刻认识到,重大工程决策治理体系与能力的现代化和中国化是我国重大工程决策治理本质一致的两种基本形式,现代化是普遍原理,中国化是现代化的中国具体形态,是重大工程决策治理在中国发展的现实道路。决策治理现代化通过中国化走向中国重大工程决策治理实践,决策治理中国化又通过在中国的治理实践促进和推动重大工程决策治理的现代化,并以此融入人类重大工程决策治理先进的文明之中。

### 3.5 重大工程决策治理的制度之钥

在社会学意义上,制度主要是指国家、政府等按照一定的目的和程序创造的政治、经济、社会、文化等领域的法律法规及规则契约等,以构成对人们行为的激励和约束;多层次、多领域的制度体系形成了一个国家、政府在某个阶段的实际社会结构。这样,制度也就成为国家治理的依据,一切领域活动的治理都依据相关制度展开,制度的性质决定着治理的方式。

上述制度和治理两者内涵的统一性表明,重大工程决策"中国之治"其本质就是我国国家治理制度体系在重大工程决策领域的集中体现。特别是,当今推进重大工程决策治理体系现代化与中国化更要通过构建和完善相关决策治理制度、强化制度执行力和把制度优势更好地转化为治理效能来体现。

按照重大工程决策治理体系在国家治理体系中的子系统方位,重大工程决策"中国之治"的制度体系是以国家根本制度为中心、基本制度为基础、工程领域专业性制度为操作的完备制度体系。

既然制度对于重大工程决策治理水平起着根本性、基础性作用,那么,只有具备了完备、规范、有效的制度体系,才有可能实现重大工程决策的系统治理、依法治理、民主治理、科学治理、源头治理和综合治理,把制度优势转化为治理效能。因此,完备、规范、有效的制度体系就是重大工程决策治理的"金钥匙"。

我国重大工程决策治理制度优势与治理效能转化的基本科学问题有以下四个。

(1)当前我国重大工程决策治理制度体系供给中的优势与经验总结,以及如何通过制度化解决突出的治理短板和弱项问题,如决策治理过程中主体公权力制衡与自我裁量权过大的倾向、专家实际作用及公众切实参与难有明确的制度保证等;如何通过顶层设计来确定治理制度体系建设的重点与路径。

(2)决策治理的基本思想在于广泛的社会参与性,重大工程决策治理制度体系中如何把政党的领导地位、政府的主导职能、市场的调节机制、专家的支持作用与公众的积极参与融合为制度体系并转化为高水平综合决策治理效能。

(3)随着科技、经济、社会等领域的发展,现代社会的复杂性程度日益提高,同时,治国理政的难度也日益加大,迫切需要强化底线思维,加强重大工程决策安全评估与风险管控,提升重大工程保障国家战略和人民群众生命财产安全以及应对自然灾害的能力等。因此,要开展相应的重大工程决策治理制度体系设计与效能评估,提高决策治理制度应对各类重大风险与突发事件的能力。

（4）我国传统文化与当前工程界行为习惯对决策治理制度执行力的影响，以及提升制度执行力的文化建设。

### 3.6　重大工程决策治理能力现代化

所谓重大工程决策治理能力是指治理主体处理重大工程决策治理各项事务的能力。就当今而言，决策治理能力现代化主要是指在决策治理过程中运用科学、民主、法治、系统、规范思维，依靠制度、机制、政策、技术等综合手段，实现符合时代精神的法治、众治、善治并转化为高品质治理效能的才能与水平。

治理是制度的实践，也是执行制度的过程。（王鹏，2020）坚持和完善我国重大工程决策治理制度与推进我国重大工程决策治理能力现代化是一个统一的整体，所以，重大工程决策治理能力现代化最集中地体现于相关的治理制度设计、制度执行以及能够把制度优势转化为治理绩效的才干。在这方面，总体上有以下三方面的整体性工作。

（1）如何充分发挥决策治理制度体系中的国家根本制度与基本制度的保证作用，并使这一作用成为决策治理制度体系中的指导思想与基本方针。

（2）如何紧密依据重大工程决策"中国之治"现代化与中国化的属性特征和当前我国基本国情，做好决策治理具体制度体系的设计、执行和综合绩效评估；没有高质量的决策治理具体制度，就没有落实决策治理事务的抓手，也就缺乏解决决策公权力制衡、风险管控、专家支持、公众参与、合法性审查等一整套关键治理构件的制度逻辑。

首先，在制度设计阶段，要改变由政府作为制度制定单一主体的传统做法，要从治理现代化理念出发，由政府、市场、专家、公众经过协商并把最终形成的共识以制度、规章或契约的形式固化下来，成为决策治理各方主体共同的行为准则。

其次，重大工程决策治理具体制度设计的全部意义在于执行，从制度供给侧看，好的制度不仅具有刚性和约束性，还具有一定的柔性和包容性，从而使它在决策主体和决策环境产生一定变动情况下保持功能的韧性；从决策各方主体看，由于具体制度源于设计阶段各方共识，从而保证了在制度意识基础上的执行自觉性。

最后，一般情况下，工程决策治理具体制度体系比根本制度与基本制度表现出更大的动态性，因此，需要我们根据工程决策治理的需求导向、问题导向与目标导向的动态性，对现有具体治理制度进行变更、补充与完善，以弱化制度滞后和出现逻辑冲突的可能性，提高具体制度的实时性、实效性和可执行性，持续实现制度体系向治理绩效的有效转化。

一般来说，决策治理主体的任务不只是设计制度，更是执行制度，因此，治理能力的强弱与现代化水平的高低主要就在于制度执行水平的高低。在这方面，除了要求执行主体始终保持制度底线意识，更要求决策治理主体约束和规范自己的裁量权行为。事实告诉我们，在重大工程决策治理过程中，决策治理主体将面对大量的不确定、不确知、无先例和无标准的复杂情况与问题，需要决策治理主体必要时在具体制度的边缘甚至突破现有制度边界给出治理方案。这其中，有些判断、标准和结论是需要决策治理主体自主辨识和决断的。在重大工程决策治理过程中，决策治理主体慎用、善用自我裁量权不仅反映了决策治理制度体系的活力与韧性，更表现出决策治理主体的自适应水平，问题是，这样的行为必须在法治化、制度化、规范化、程序化原则下进行。

（3）在制度层面下，重大工程决策治理能力现代化主要表现在具体的治理过程中决策主体的行为品质，例如，准确把握重大工程决策战略机遇期能力，促进决策治理制度执行和高效化的协同能力，提高决策治理资源整合和配置能力，提高主体降解决策治理复杂性能力，以及运用现代信息技术开展复杂决策问题系统分析能力等。

重大工程决策治理能力现代化的基本科学问题有以下四个。

（1）以人类社会与思想发展基本规律为主线，深刻揭示当前人类社会大变革主要特征及其对重大工程决策治理能力结构与形态的深刻影响。

（2）具有中国特色的重大工程决策治理体系与能力现代化一体化基本理论与关键技术研究。

（3）当前我国重大工程决策治理能力现代化的现实状况及突出"短板"与

"痛点",如何设立解决这类问题的逻辑起点与现实路径。

（4）我国重大工程决策治理能力现代化与世界大变革共生演变的基本规律与相互影响。

## 4 重大工程决策"中国之治"的文化记忆

综上所述,我国重大工程决策治理体系作为国家治理体系的一个组成部分,伴随着我国建设现代化强国的过程不断完善、发展和升华,特别是改革开放40多年以来,我国正发生如火如荼的历史性社会变革,国家现代化发展的大国情、大趋势、大变革的动态性无时不在引导、催生、驱动、制约着我国重大工程决策治理体系与能力形态的大方向和关键发展转折点,因此,动态性是重大工程决策中国之治的鲜明的基本属性。这对确立我国重大工程决策治理体系的认知方法论具有重要的启迪,即除了对个别具体工程治理进行定点案例剖析外,更适宜以动态演化的视角对我国历史上某个时段,甚至新中国成立70年重大工程决策治理的恢宏历程进行"全景式"回顾、总结与反思。

显然,这种"全景式"认知方式既是在我们眼前重现先辈们当年在重大工程决策中国之治现代化道路上艰苦跋涉的顽强精神与风貌,也是我们对重大工程决策中国之治现代化道路历史上那些时刻、事件、情景、人物、工程的再度回忆、总结和反思,并赋予其新的哲学思辨、文化感悟与理论逻辑,这更能揭示我国国家治理现代化道路与我国重大工程决策治理体系现代化道路二者之间紧密的历史逻辑,更能透过许多看似孤立、破碎的表象而发现起背后的理论逻辑,特别是,能够让我们深切感悟到重大工程决策治理学术与理论的成长与完善绝不仅仅是用纯粹的论文和数学模型来堆砌的,更为重要的是丰富的重大工程决策治理实践的土壤以及无数实践者在实践中形成的宝贵经验和知识萌芽。在具体认知过程中,我们要突破研究者个体的立场、价值偏好的局限性,而用一种更高层次、更广视野、更具连贯性和更体现出文明长河内涵的所谓文化记忆的方法论与范式来构建关于我国重大工程决策治理的认知路径。

记忆,基本的意思是记得、不忘、对过去事物有印象等。在一般场合中,记忆（memory）的主体是个人，记忆是指个人对所获取信息的保存和读取的过程，是人脑对经验过的事物的识记、保持、再现或再认，是个人进行想象、思考等高级心理活动的基础（巴伦等，2004；杨治良，2011）。

随着人类社会的发展与历史的演进，对于记忆的认知逐渐从个体拓展到集体，例如，一个国家、一个民族，也有了超越个别成员记忆的所谓"集体性"记忆活动。首先，集体性记忆活动不是从个体记忆的神经学或者脑生理学原理出发，也不是对所有社会成员个体记忆活动的简单叠加，而是一类更具时代性、整体性、全局性，更宏大、更深刻的记忆活动，是一类更有社会意义和历史价值的"集体性记忆"。

20世纪90年代起，在文化学和历史人类学框架下，欧洲学者开始建立起一种和文化、历史等范畴紧密相连的"文化记忆"概念（冯亚琳等，2012）。这一概念以一个国家、一个民族对文字、图片和仪式等符号系统的历史事件为集体性记忆对象，论证现状存在的合理性以达到巩固集体主体同一性的目的。这类记忆因对集体的主体同一性起着非常重要的作用，因而其存储和传播都会受到严格的控制，传承、遵循着特定而严格的形式，这不仅意味着对文化记忆的控制权，同时还意味着责任和义务。

显然，文化记忆不再像纯粹的个体记忆那样，只是一个人能懂的话语，而是具有某种自身稳健性和可持续性的基本范式。

例如，文化记忆更强调对历史事件（包括思想、文化与实践）属性的认同感、归属感、独特感的集体性认知；更强调这样的认知对当今集体的存在与发展的巨大的精神支撑与力量指引；更强调当今对这类历史事件价值的维护与挖掘；特别强调在文化层面上哪些历史事件是我们不能遗忘和需要重构并发扬光大的。在上述集体性的文化活动中，当今所有记忆主体就成为"文化记忆"的集体性的记忆共同体，换言之，上述整体性的文化层面的记忆活动就成为一种"集体性记忆"。

另外，任何历史事件，特别是历史上某个时段、围绕某个事件某些人表现出的思想、认知与行为动机要能成为人们共同感知并被集体所接受的文化情景，才能够成为"集体性记忆"的内容,因此,"文化记忆"必然需要有被记忆共同体接受的特别的话语体系,否则,"文化记忆"是缺乏生命力和鲜活度的。

显然,文化记忆在一个国家、一个民族乃至整个全人类的思想进步、文化传承和文明发展进程中都有着极其重要的价值和意义。

首先,文化记忆通过记忆共同体将个体的记忆"生命"由离散变为同一、由短暂变成永续,从而让一个国家、一个民族甚至整个人类社会的进步成为不断递进和提升的文明长河。

其次,文化记忆有利于唤醒人们对于过往时代的强烈认知与向往,从而帮助人们被历史上那个闪烁着思想与文明光辉的时代所激励,进而为了心中的理想而继续勇往直前。

再次,文化记忆具有信仰的力量,集体的认同就是经过反思后的社会归属性,与之相应地,文化的认同是经过反思后逐步形成的,是对某种文化的信仰。正如德罗伊森所言,每个集体在他们的历史中,"同时找到了对自我的解释和意识——这是所有成员的共同财富,这财富越巨大,集体的概念就越稳固和深入人心"(德罗伊森,2006)。

最后,文化记忆能够帮助我们在所有社会成员集体性的历史回溯与传承中,以文化记忆的同一性与独特性为支撑点,重构和创新未来的发展道路。

显然,如果我们准备通过对新中国成立 70 年来重大工程决策治理实践的回顾与反思来研究重大工程决策"中国之治"的现代化道路,那这种回顾与反思就是我国重大工程管理实践界与学术界的一种集体性文化记忆,而不能仅是个别亲历者或学者的个体记忆,因为这是我们对新中国 70 年来重大工程决策中国之治现代化道路动态性、演化性历史事件和情景思想文明光辉与基本规律的集体性认知,是对那个特定时期我国社会生活、文化理念、精神世界精髓的凝练和抽象,它将帮助当今中国人以文化记忆的同一性与独特性为支撑,在新的历史方位与起点上开拓重大工程决策中国之治的未来发展道路。关于这一部分我们将另外撰文论述。

## 5 新时代重大工程决策的"中国之治"

重大工程决策治理活动是一类具有特殊属性和规律性的实践形态。作为一个完整的科学体系,重大工程决策治理体系有着自身深刻、丰富的科学内涵。

首先,它同时蕴含着重大工程决策活动的本体特征与治理的基本属性,因此,重大工程的公共品属性、工程决策的复杂性和社会性、治理中政府式委托代理关系、治理的制度保证等都融为一个整体并形成一个完整的体系,该体系的关键组成构件非常丰富,包括以民为本、合法合理、制度完备、程序正当、过程公开、利益均衡、共识共生、责任明确、综合评价,并在整体上建立相应的流程和运行机制;在治理过程中要充分保证主体协同、民主协商、专家支持、公民参与、监督防范,所有这些构成了重大工程决策治理体系的功能表征与强大的生命力。

其次,随着时代的发展、环境的变化与工程决策问题的不同,该体系又能够以自身的自适应和自组织能力不断修正、发展和完善自己,做到体系功能不断与时俱进,所有这些又充分体现了重大工程决策治理体系自身生命力的鲜活度。

重大工程决策"中国之治"作为重大工程决策治理体系现代化与中国化融为一体的现实形态,既要对重大工程决策治理当前时代性重大问题给予深度关切与回应,又必须紧密结合中国国情、中国历史以及中国大国治理特色,其基本原则是在汲取全人类工程决策治理思想与文明的基础上,尊重中国工程决策治理实践,深度体现中国治理经验,精准提炼治理理论元素,改革治理现实中存在的各类"痛点"与"瓶颈",并在现代化的道路上永不丢失中国治理独特的基因和根基。

基于以上基本认知,不难认识到,重大工程决策治理体系的现代化与中国化构成了"中国之治"的基本品格,其中,现代化是普遍原则,中国化是现代化在中国的具体形态,是重大工程决策治理体系在中国发展的现实道路;现代化通过中国化走向中国重大工程决策治理实践,中国重大工程决策治理实践与决策治理体系的发展又促进和推动了治理现代化,并以此融入人类先进的重大工程决策治理文明之中,这既是当代我国重大工程决策治理的基本现实,又是我国重大工程决策治理体系现代化的发展道路。

以上是在回顾和总结我国重大工程 70 年决策治理基础上凝练出的新时代重大工程决策中国之治的思想精髓。

党的十八届四中全会指出,要"依法全面履行政府职能"和"推进机构、职能、权限、程序、责任法定化,推行政府权力清单制度";"健全依法决策机制,把公众参与、专家论证、风险评估、合法性审查、集体讨论决定确定为重大行政决策法定程序";"建立行政机关内部重大决策合法性审查机制";"建立重大决策终身责任追究制度及责任倒查机制"。鉴于政府是重大工程决策治理主体,上述关于"依法全面履行政府职能"和对"重大行政决策法定程序"的规定最直接、明确地指明了推进当前我国重大工程决策治理体系与治理能力现代化道路的方向与新动能。

紧接着,党的十九届四中全会提出,要"坚持和完善中国特色社会主义行政体制,构建职责明确、依法行政的政府治理体系"和"以推进国家机构职能优化协同高效为着力点,优化行政决策、行政执行、行政组织、行政监督体制",以及"完善党委领导、政府负责、民主协商、社会协同、公众参与、法治保障、科技支撑的社会治理体系"。所有这些,都极大地丰富了我国国家治理现代化的总体思想内涵,从经济基础与上层建筑的高度统一上进一步夯实了我国重大工程决策治理现代化前进道路的基石。

结合我国当前重大工程决策治理的现实特别是短板情况,在推进重大工程决策中国之治现代化进程中,特别要关注和着力解决以下几方面问题。

(1)中国重大工程决策治理总体上是基于市场经济环境下的政府式委托代理原理的活动形态,因此,重大工程决策治理中,政府是决策治理主导性主体,同时,"政府-市场"发挥着基础性的二元协同作用,重大工程决策治理的重点为决策治理主体的治理事权、事能的科学配置、制衡与执行力保障。要实行政府权责清单管理,厘清政府和市场、政府和社会、政府与公众之间的关系,推进法治思维和法治方式的深化改革以及治理中的政府职能、权限、责任及程序法定化,以良法保障善治。同时,要充分发挥市场在重大工程决策治理中的资源优化配置作用,真正体现现代治理理念与精神。

(2)要大力加强重大工程决策治理制度建设。在重大工程决策治理体系的各种要素中,制度具有全局性、基础性、根本性作用,因为只有依靠制度才能最有效地保证决策过程的科学性、民主性、规范性,降低主体行为的随意性、盲目性,防范个人行为异化。当前,若要大力纠正我国重大工程决策治理制度体系不完善、不齐全等情况,首先要深刻把握重大工程决策治理的制度体系建设的整体逻辑,要认识到国家制度是根本,党政主导型治理是内核,法治法规是保障;要进一步在制度体系建设中注重夯实具体制度、补齐制度"短板",减少具体制度之间的逻辑冲突,改变长期以来以临时性"红头文件"或者领导人讲话代替规范制度的情况;要提升对治理制度的敬畏感,特别是要加强制度的可执行性,完善对制度绩效的评估,从总体上改善和提高对重大工程决策治理制度体系的供给。

(3)要努力提高重大工程决策治理的适应性内核。决策治理的功能释放在于有效引领、指导和直接服务决策事务,是对现实决策问题的深度关切与回应,这需要扎根实际、切实解决实际问题和适应环境变化的基本品质。当前,重大工程决策治理环境变化快,新情况、新问题层出不穷,重大工程的自然、社会、文化背景差异性大。因此,治理主体除了要有依据时空、问题、背景不同而确立不同的分类别治理思想外,还要充分体现决策治理与问题俱进、因时空而异的适应性品质;要及时淘汰、修正不适应现实环境、认知发展、需求变化的治理理念、制度和规则,不能让治理失去实际执行价值、滞后于变化甚至让人无所适从。

(4)当前,我国重大工程决策治理体系现代化的突出表现是进一步从人治型治理为主向法治型治理为主转变。现实中出现的治理不顺、水平不高等突出问题,许多时候正是由治理中的人治、人情对法治、法规的冲击或者对机制、程序的干扰造成的,因此,只有在健全、完善的法治框架下才能保证决策治理过程的规范、标准和抗干扰的韧性。

(5)治理能力是国家治理制度完备程度和执行绩效的集中体现。重大工程决策治理能力现代化是重大工程决策"中国之治"中"治权"之外的"治能"现代化的反映。现代化的治理能力除了通常情况下的治理制度设计能力、治理体系构建、治理流程安排等操作能力外，在当前国内外大变局形势下，把握重大工程决策战略机遇期，降解决策治理复杂性，增强决策治理过程中的系统治理、依法治理、综合治理和源头治理的能力，运用现代新科学技术手段提高决策治理中的系统分析与预测能力（如港珠澳大桥构建决策"软法"治理模式），在资源不足甚至缺失的情况下，独辟蹊径创造决策资源的能力等，都是新时代应对决策治理复杂性的新能力。

（6）重大工程决策治理中国化在工作重点上要源于国家发展战略需求和重大工程高质量建设主战场，以供给侧结构性改革为主线，研究如何落实加快转变重大工程发展方式，增强重大工程服务国家重大战略实施的支撑保障能力；研究如何根据不同区域、不同领域、不同方式之间存在的"不平衡不充分"的突出矛盾，加快推动重大工程决策短板；研究如何拓展重大工程建设新内涵等当前我国重大工程决策治理新的战略性问题。

重大工程决策治理是基于重大工程决策复杂性而衍生出来的一个新的基本概念，同时也是一个具有学术品质和理论价值的科学问题。它起始于重大工程决策的市场环境下政府式递阶委托代理关系这一基本学理，并通过重大工程决策组织动力学原理设计和执行作为决策治理依据和决定治理方式的制度体系。

我国国家治理体系现代化的基本思想与现实路径决定了我国重大工程决策治理现代化的基本内涵，因此，我国重大工程决策治理现代化的本质属性、时代特征与具体内涵必然与国家治理现代化同向、同步前行。我国重大工程决策治理体系与能力现代化水平是我国重大工程决策活动现代化水平与决策方案品质的重要标志。

（刊于《管理世界》2020 年第 6 期）

（作者：南京大学盛昭瀚、程书萍、李迁、徐峰、李敬泉，南京审计大学陈永泰）

# 参考文献

［1］ SHENG Z H. Fundamental theories of mega infrastructure construction management [M]. New York：Springer，2018.

［2］ SAMUELSON P A. The pure theory of public expenditure[J]. Review of economics and statistics，1954，36(4)：387-389.

［3］ PATANAKUL P，KWAK Y H，ZWIKAEl O，et al. What impacts the performance of large-scale government projects? [J]. International journal of project management，2016，34(3)：452-466.

［4］ 张劲文,盛昭瀚.重大工程决策"政府式"委托代理关系研究——基于我国港珠澳大桥工程实践[J].科学决策,2014(12):23-34.

［5］ 后小仙.基于公共受托责任的政府投资项目契约性质分析[J].中国行政管理,2008(12):105-108.

［6］ 李迁,朱永灵,刘慧敏,等.港珠澳大桥决策治理体系:原理与实务[J].管理世界,2019,35(4):52-60,159.

［7］ 冯春安.中国共产党领导是中国特色社会主义最本质的特征[N].经济日报,2019-07-30.

［8］ 马英华.全面深化改革专题研究[M].哈尔滨:黑龙江人民出版社,2018.

［9］ 王晓升.哈贝马斯的现代性社会理论[M].北京:社会科学文献出版社,2006.

［10］ 陈钦庄,詹天祥,计翔翔.世界文明史简编[M].杭州:浙江大学出版社,2000.

［11］ 包心鉴.现代化之路的中国智慧[N].人民日报,2019-09-28.

［12］ 刘慧敏,盛昭瀚,邱大灿,等.重大工程决策治理理论与实务[M].北京:科学出版社,2019.

［13］ 王鹏.着力提高制度执行力[J].求知,2020(1):22-24.

［13］ R.A.巴伦,D.伯恩.社会心理学[M].黄敏儿,等,译.上海:华东师范大学出版社,2004.

［14］ 杨治良.漫谈人类记忆的研究[J].心理科学,2011,34(1):249-250.

［15］ 冯亚琳,阿斯特莉特·埃尔.文化记忆理论读本[M].余传玲,译.北京:北京大学出版社,2012.

［16］ 德罗伊森.历史知识理论[M].胡昌智,译,北京:北京大学出版社,2006.

［17］ 中共中央关于坚持和完善中国特色社会主义制度 推进国家治理体系和治理能力现代化若干重大问题的决定[N].人民日报,2019-11-05.

［18］ 中共中央关于全面深化改革若干重大问题的决定[N].人民日报,2013-11-15.

［19］ 中共中央关于全面推进依法治国若干重大问题的决定[N].人民日报,2014-10-29.

# 改革开放 40 年重大桥梁工程决策的"中国之治"

我国重大工程决策治理(中国之治)现代化道路是一个既具有高度现实依赖性又具有深刻理论内涵的科学问题,研究这一问题不能简单运用现成的西方治理学术思想和理论"剪刀"来剪裁如此博大深厚的中国故事,唯一的办法是在中国实践的大地上开展大量的工程案例调查,尽可能掌握详细的工程决策治理情景细节、行为细节、操作细节等第一手资料,同时以国家治理理论为指导,以中国现实国情为背景,在理论与实践充分融合的基础上形成自主性的研究结论。

## 1 改革开放 40 年我国长大公路桥梁工程

自 20 世纪 80 年代以来,我国进入了改革开放和建设社会主义现代化国家的新时期,从兴办深圳等经济特区、沿海沿边沿江沿线和内陆中心城市对外开放为标志,极大地解放和发展了中国社会生产力,开辟了中国特色社会主义新道路。与此同步,我国基础设施建设成就显著,公路成网、高坝矗立、西气东输、南水北调,重大工程建设不仅仅成为建设社会主义现代化强国和实现中华民族伟大复兴中国梦的内在要求,而且是我国经济社会现代化发展的重要标志和强力支撑。

40 年来,我国改革开放事业是一个既注重整体层面顶层设计与分阶段向前递进,又注重区域综合环境差异性与发展速度梯度化的持续过程,因此,对近40 年来我国重大工程决策"中国之治"现代化道路发展历程的回顾与总结必然要充分考虑到这些特征,并通过以下三点突出我国国情和现实。

(1) 我国改革开放以来交通领域重大工程建设取得的伟大成就,交通工程领域的"中国桥、中国隧"已经成为展示中国形象的新品牌。

(2) "中国桥、中国隧"在我国重大工程决策"中国之治"现代化道路发展历程中具有较强的典型性、标志性与持续性。

（3）我国改革开放期间，不仅重大工程建设取得了突飞猛进的发展，而且包括工程决策治理在内的现代工程管理体系也出现了重大变革。因此，回顾这一时期重大工程决策中国之治不宜采用以单体工程为案例按照同一个样式的重复性介绍，而最好选择某一典型同类型工程群，按照决策治理核心内涵与时间顺序揭示这一工程群的决策治理是如何整体性地与改革开放大趋势、大逻辑、大变革与时俱进和同步向前的，这最能够深刻体现这一时段的时代特征和展现我国重大工程决策治理现代化的深刻内涵。

因此，我们在这里不再对一个个单体桥梁工程开展重复框架下研究，而是选择改革开放以来我国典型长大公路桥梁（简称长大桥梁）工程群，按照同一主题将它们以时间轴为序、贯穿成线。这样，在一帧帧单体工程决策治理画面的基础上，更能够为我们提供连贯、有方向感的连续画卷，使我们对这一重要时期我国重大工程决策治理现代化道路的认识有更加清晰的系统性和整体感。

为保证这一研究成果丰富和严谨，自 2013 年起，我们组织了多个调研组分赴全国 14 个省市，对我国东、中、西部不同时期的 30 多座跨江、跨河、跨海、跨峡谷长大桥梁工程决策治理情况进行了现场调研，召开了座谈会、专家访谈和查阅文件档案，整理了约 66.8 万字的基础性资料，形成了中间成果《我国 21 座典型长大桥梁建设决策管理案例（资料）》（22 万字）。这些工作为我们系统回顾和梳理我国改革开放 40 年来长大公路桥梁工程群决策治理现代化历程提供了重要的实践与事实依据。

### 1.1　长大桥梁布局决策治理：为国家发展大战略服务

改革开放以来，中国经济的快速发展呼唤着便捷快速的交通运输大通道支撑，桥梁则是大通道路网跨越江河湖海、峡谷沟壑的"咽喉"。改革开放后，我国长大桥梁建设经历了三个建设高潮，分别是在我国珠江三角洲、长江通航流域、长江三角洲与西部地区开展的滚动建桥的"三大战役"（如图 1），有效推动了当时的经济社会的协调发展，成为推进我国现代化强国道路的重要组成部分。

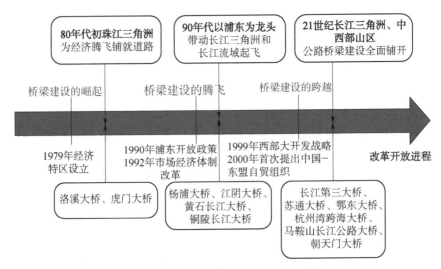

**图 1  我国改革开放后长大桥梁建设发展**

### 1.1.1  珠江三角洲:长大桥梁建设的崛起

1979 年 7 月 15 日,中共中央、国务院决定在深圳、珠海、汕头和厦门试办特区。20 世纪 80 年代初,改革开放前沿的珠江三角洲开始了公路桥梁建设,为经济腾飞铺就了"跑道",打响了桥梁建设的"第一战役"。1981 年,广东省首创了贷款修桥、收费还贷的投融资模式,打破了交通发展严重滞后的困局,缓解了桥梁建设资金短缺的瓶颈。自此,珠江三角洲架桥铺路如火如荼,在这期间,规划和建设了被业内称为有"中国桥梁发展史上里程碑作用"的洛溪大桥、中国第一座大跨径钢悬索桥——虎门大桥、世界第一座大跨径混凝土悬索桥——汕头海湾大桥、当时亚太地区第一座大跨径独塔双索面斜拉桥——广东南海九江桥。特别是虎门大桥,使深圳与珠海以及深圳至粤西的行车距离缩短 120 km,有力推动了深圳特区的发展。

### 1.1.2  长江流域:长大桥梁建设的腾飞

到了 20 世纪 90 年代,面对"改革开放,搞活经济""浦东开发,辐射全国"、长江三角洲"率先实现现代化"的新形势,在 1990 年交通运输部提出的"五纵七横"国道主干线规划的基础上,"以浦东开发开放为龙头,带动长江三角洲和长江流域经济起飞"的战略决策,拉开了长江流域建设跨江大桥建设的"第二战役"(凤懋润,2013)。1991 年 12 月,南浦大桥建成通车,结束了浦东只能依靠轮渡往来浦西的历史。紧接着,国家实施了"全力以赴,通力合作,精心组织,万无一失"的跨江桥梁建设"大会战"。首战选择了长江中游的跨江大桥(凤懋润,2013)。1995 年,建成湖北黄石长江公路大桥(时居同类桥梁亚洲第一、世界第二)、安徽铜陵大桥(时居同类桥梁亚洲第一、世界第三)。随后,1997 年的四川万县长江大桥(现称万州长江大桥,时居世界第一)、1999 年的江阴大桥(时居中国第一、世界第四)也建成通车,其中江阴长江公路大桥是 20 世纪我国桥梁工程建设史上新的里程碑。正是 20 世纪最后十年迈出的"这一步",推动了长江上、中、下游江段公路桥梁建设的全面展开(凤懋润,2013)。

这一时期除了在长江中下游展开公路桥梁建设外,在黄河区域、东南沿海也兴建了公路桥梁,为我国桥梁建设整体格局的形成奠定了基础。

### 1.1.3　长江三角洲与西部地区——桥梁建设的跨越

2005 年 1 月,国务院批准了交通运输部的《国家高速公路网规划》,该公路网主要连接大中城市,包括国家和区域性经济中心、交通枢纽、重要对外口岸;承担区域间、省际及大中城市间的快速客货运输,并为应对突发性事件提供快速交通保障(陈邦贤、罗婷,2005)。根据国家这一重大交通工程决策安排和区域经济一体化、西部大开发等战略的实施,改革开放活跃的长江三角洲与发展潜力巨大的西部崇山峻岭同时打响了路桥建设的"第三战役"。西部地区建设了贵州的坝陵河大桥、云南的腾冲龙江特大桥等,重庆建设了世界第一大跨径拱桥朝天门大桥。这一时期不仅建设了千米级超大跨径跨江桥梁,更建成了跨越海湾、海峡的长大桥梁。如东海大桥、杭州湾大桥、舟山连岛工程的金塘大桥和西堠门大桥,一座座桥型各异、跨度大、难度高的现代化桥梁应运而生,使我国开始引领世界桥梁建设的发展,并由桥梁大国向桥梁强国大步迈进。

以上生动、鲜活的长大桥梁建设历程(如图 2)向我们清楚地表述了在我国改革开放开始的前 20 多年里,长大桥梁战略决策是国家社会经济发展大战略的重要组成部分之一,每一座大桥都铭刻着我国社会经济发展与改革开放历程以及桥梁所在地社会经济发展的里程碑印记,同时,从总体上看,在长大桥梁立项决策过程中,又鲜明地凸显了我国改革开放以来不断完善的统筹兼顾、协调和谐的科学发展指导思想。

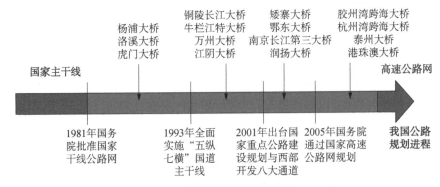

**图 2　长大桥梁发展进程图**

## 1.2　长大桥梁投融资决策治理:与改革开放进程同步

重大工程投融资是指以实施重大工程造物活动所进行的资金投放和融通活动,活动方式的选择即为投融资模式决策,投融资模式的设计与选择是重大工程决策治理的一项重要内容(Sheng,2018)。总体上说,改革开放以来,我国经济体制经历了由计划经济向市场经济的转型并不断深化,长大桥梁工程公共品属性和商品属性的二元综合属性不断凸现(Sheng,2018);相应的,我国重大交通工程投资体制的探索性改革极大地促进了长大桥梁投融资模式决策治理的深刻变革,即逐渐从计划经济下政府财政拨款的单一模式演变为现今的政府主导、市场运作的多元化模式,体现了在 40 年改革开放时期,我国长大桥梁投融资决策治理总体趋势与我国金融体制改革方向是相互适应和总体一致的。

1.2.1　我国长大桥梁投融资模式的时序性演化

(1)计划经济下以政府全额出资为主的桥梁融资模式

20 世纪 80 年代之前,我国长大桥梁融资体制是计划经济传统体制,其基本特征是以政府(包括中央政府和地方政府)直接投资为主,资金来源主要为中央政府的预算内资金。随着国民经济快速发展,对基础设施的要求不断提高,

1976 年建成通车的上海松浦大桥、1977 年建成通车的五河淮河公路大桥,建桥资金全部来自政府财政资金。但是,随着国民经济快速发展,对基础设施的要求不断提高,虽然国家通过设立新的税种和提高税率等办法来充实国家工程建设的"钱袋子",但终因长大桥梁工程所需资金量巨大,无法解决越来越紧张的工程建设资金的缺口。

(2)以公路桥梁经济性为导向的投融资模式改革探索

1982 年 9 月,中国共产党第十二次全国代表大会确立了建设有中国特色的社会主义的新命题。1984 年 10 月 20 日,十二届三中全会讨论并通过了《关于经济体制改革的决定》,阐明改革的基本任务是建立具有中国特色、充满生机和活力的社会主义经济体制(张俭,2008)。

在当时的形势下,一方面,交通成为国民经济发展的"根本环节"和"战略重点",另一方面,建设资金不足成为交通工程建设的最大障碍,亟须通过体制改革寻找解决问题的新办法(张俭,2008)。1984 年 12 月,国务院做出允许贷款或集资修建高等级公路、大型桥梁、隧道并收取车辆通行费等决定。1986 年 12 月,福建厦门国际信托公司发行厦门高集海峡大桥建设债券,开辟了公路建设筹集资金的又一个新渠道(张俭,2008),这些措施使公工程建设资金有了稳定的来源。1987 年 10 月,《中华人民共和国公路管理条例》将集资、贷款修路、收费还贷的政策以法规形式确定下来,保证了收费公路、桥梁的合法性。1988 年《贷款修建高等级公路和大型公路桥梁、隧道收取车辆通行费规定》明确了路桥收费制度(张俭,2008)。

总结来说,这一阶段虽然政府仍然占据投资主导地位,但公路长大桥梁等基础设施建设投融资渠道逐渐被放开,不仅可以通过向银行等金融机构贷款来解决建设资金难问题,同时,也可以收取车辆通行费使公共基础设施兼具了经营性特征,为 20 世纪 90 年代我国长大桥梁投融资模式多元化发展奠定了基础。

(3)多元化发展的桥梁投融资模式

1992 年初,邓小平的南方谈话从根本上解除了把计划经济和市场经济看作属于社会基本制度范畴的思想束缚。1992 年 10 月,举世瞩目的中共十四大明确了我国经济体制改革的目标是建立社会主义市场经济体制。这是我国经济体制改革目标的重大突破,中国改革开放的步伐由此进一步加快,同时为我国长大桥梁投资体制的深化改革指明了方向,即建立与社会主义市场经济体制相适应的投融资体制。上海 1993 年建成的杨浦大桥采用了国外资本市场融资方式,杨浦大桥总投资为人民币 13.3 亿元,其中亚洲开发银行贷款 8 500 万美元和联合融资 7 900 万美元。1996 年建成通车的黄石大桥是与"七五"计划相对应的第二批 5 400 亿日元贷款的受益者,黄石大桥建设中,中国方面获日本国海外经济协力基金(OECF)37 亿日元贷款,协议规定贷款期限为 30 年,其宽限期为 10 年,还本期为 20 年,宽限期内只付息不还本,利率仅为 2.36%。

"十五"计划开始时,国家明确提出了"投资主体自主决策,银行独立审贷,政府宏观调控,完善中介服务"的投融资改革方向,其主要特征为:第一,将投资项目分为公益性、基础性和竞争性三类并根据不同类型采取不同投融资模式;第二,停止"拨改贷"办法,实行项目资本金制度。

间接融资方面,除了商业银行贷款外,我国城市基础设施建设还积极利用国家开发银行政策性贷款和国外金融机构及政府贷款来推动城市基础设施建设事业的发展。数据显示,国家开发银行 2013 年新增公路行业贷款 1 475 亿元人民币,截至 2013 年年底,公路行业贷款余额为人民币 12 382 亿元,为国家高速公路、省市路网和中西部地区公路建设提供资金保障。由此,我国长大桥梁投融资体制进入一个新的阶段。

### 1.2.2　我国长大桥梁投融资模式的区域化适应性

我国 40 年改革开放历程不仅表现出时序性的不同阶段及相应的关键时间节点,而且因为我国地域辽阔,中东西部及南北方经济发展水平与经济实力差异性较大,不同区域对于长大桥梁投融资模式必要的经济环境与支撑能力不尽相同,因此,即使总体上全国各区域处于同一个改革的时间节点上,但有关制度与政策"落地"执行的方式、程度、侧重点与支撑能力等等都因各地现实情况不同而表现出差异化与梯度性,这一国情认知极大地帮助我们确立长大桥梁投融资模式改革中的区域适应性思维。

（1）东部地区

我国东部地区经济发达、政府财政收入充裕，在投融资方面，东部地区往往以政府为主导并通过自身财政收支或者专门的工程投融资平台筹集一部分资金，剩余部分采用银行贷款等债务性融资，最终完成长大桥梁的投融资，前期产生的贷款一般由桥梁建成后的路桥收费偿还，基本可实现收支平衡，走出了一条稳健的发展道路。同时，东部省市近年来也出现了更具市场化的投融资模式创新尝试，国家也积极鼓励各省市在法制框架内大力创新实现跨越发展。福建省是典型的在政府主导下不断开拓融资模式创新的省份。自 1996 年福建省在国内首次尝试使用 BOT 模式建设完成刺桐大桥后，福建省又陆续拓展了 BT 模式、PPP 模式等进行长大桥梁建设，多样化的融资模式改革离不开省市共同出资的支持。通常，福建省出资占政府出资的 51%，各地市出资占政府出资的 49%。

（2）中部地区

我国中部地区受地理位置及市场经济发展水平的限制，社会资本能力相对不足，总体上长大桥梁投资多由政府出资，投融资方式较为单一。但是，中部地区各省市也在积极探索多元化投融资模式，例如 2010 年筹建的湖北省鄂东大桥时积极尝试 BOT 模式，成为湖北省多元化投融资渠道的开端，在此模式下，亦形成了较为清晰的投融资流程，为湖北省之后的长大桥梁建设提供了宝贵的经验。湖南省目前已建成的长大桥梁基本上均为政府出资项目，但也在尝试使用 BOT 模式，体现了我国中部地区积极探索多元化投融资模式的趋势。其他省份的投融资模式比较固定：以政府出资为主，辅以银行贷款，依托国有的投融资平台进行专业化投融资操作为主，较少涉及社会资本。例如，地处中国东南腹地的湖南省，由于省政府项目建设资金相对不足，省内大部分项目建设资金一般情况下源于四部分：国家投资、湖南省自筹、国家开发银行贷款和亚洲开发银行贷款。目前湖南省内高速公路的融资都是由总公司负责，从项目的投资主体上来看，政府投资大概占三分之二，BOT 的项目大概占三分之一，但因没有大型社会资本，推行 BOT 模式的难度很大。总体而言，中部地区经济正在崛起,未来也急需公路桥梁等基础设施的配套服务,在长大桥梁投融资上的创新发展,必将给未来桥梁建设带来更多的活力。

（3）西部地区

我国西部地区疆域辽阔,人口稀少,是我国经济欠发达地区。另外,这一地区地处国境,是国家安全的第一线,因此,该地区公路、桥梁除了一般交通等经济社会功能外,还禀赋重要的国防安全职能。因此,西部地区长大桥梁投融资会更多地考虑到国家安全、国防建设与西部大开发等政治、国防意义,政府出资为主,甚至不同程度的中央财政补助政策也是必要的。例如,云南省桥梁投融资模式呈现出较明显的政府主导特色,而贵州的公路桥梁建设正突破资金压力,进行着各类投融资模式创新探索。例如,云南省高速公路建设投融资主要依靠国家补助资金(国高网的约为 18%)和省级配套补助资金。贵州省接受国家交通运输部提供补助金比例也较其他省份高(达到 50%),补助金之外的资金缺口由省内自筹和银行贷款弥补。这种模式主要是以贵州省高速公路集团等国有企业作为投资平台进行具体运作。然而,由于贵州省公路交通流量不足导致很多政府还贷项目不能回收资本并偿还银行负债。在这种形势下,2008 年至今,贵州省积极探索以"BOT 模式为主,多种模式并存"的公路桥梁建设发展理念,以期通过积极引入社会资本打破融资压力对贵州省公路桥梁发展的束缚。

### 1.3　长大桥梁决策治理:替国家治理体系"添砖"

改革开放 40 年是我国国家治理体系与治理能力现代化进程中的一个承前启后、浴火重生的关键时期。在这 40 年中,我们破除体制机制弊端、推进体制机制创新,坚持以人民为中心,坚持依法治国,通过提升治理的系统性、整体性、协同性、科学性与民主性,为各个领域治理进步提供了强大制度保障。

在这方面,40 年来我国长大桥梁决策治理实践从不同角度和方位为我国国家治理体系与治理能力现代化建设升华理念、提供经验和凝练理论要素发挥了积极作用。

例如,长大桥梁的促进政治稳定、国家安全、经济发展及社会进步等战略意义及公共品属性使之决策治理体系呈现为鲜明的政府式委托代理模式,这一模式的法律原则为社会公众授权与政府公权力转化为重大工程决策治权与事权,因此,这一过程必须在明确和清晰的相关法律法规制约下进行。可以认为,法治是长大桥梁决策治理的根本前提与基本方式,它为决策治理提供了根本性、全局性、长期性的制度保障。

例如,虽然在 20 世纪 80 年代以后,各级政府积极鼓励各地探索贷款修路、收费还贷的新的投融资模式,人们提出了"贷款修路、收费还贷"的解决办法(向朝晖,2009)。但是,不能认为这仅仅是个搞活市场的经济手段,这是因为高速公路、长大桥梁等资产是依托于土地形成的,土地的所有权属于国家,因此,高速公路、桥梁等资产所有权属于国家,是国有资产。但是,高速公路、桥梁的准公共品特征决定了政府可以通过特许权经营的方式,将其在一定时期的经营权转让和有效盘活高速公路、桥梁资产存量,搞好资产管理。

这样,长大桥梁的"贷款修路,收费还贷"模式必然涉及一系列公权和私权的法律问题,必须在健全的法制框架下才能合法实施,方式上也不能仅仅以政府部门"一纸公文"甚至一次行业会议精神行事,而要有相应的国家法律法规为保障。1984 年 12 月国务院第 54 次常务会议确定了"借款修路、收费还贷"政策,1988 年 1 月 5 日交通运输部、财政部、国家物价局联合发布《贷款修建高等级公路和大型公路桥梁、隧道收取车辆通行费规定》作为我国第一个规范公路收费还贷行为的法规性文件。长大桥梁收费从此有了法规依据并在全国范围内快速推广(如图 3)。

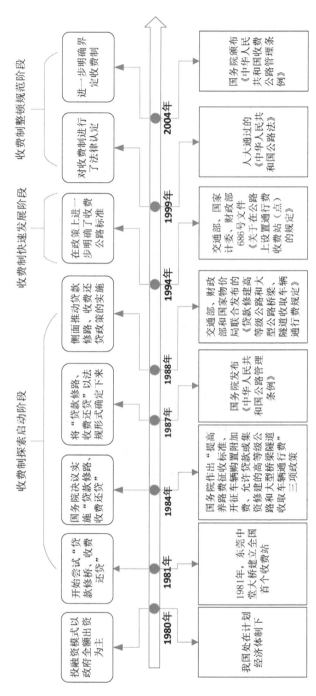

图 3 长大桥梁"贷款修路，收费还贷"进程

由上图清晰地看出,我国长大桥梁投融资决策治理过程中"借款修路、收费还贷"重要举措与国家相关法律法规的相依性,这充分体现了我国长大桥梁决策治理的法治理念与合法性原则在改革开放的实践中得到极大加强,这相对过去单纯以行政权力或者个人权威行使决策治理有着巨大的进步。

又如,长大桥梁决策治理实践充分体现了专家咨询与智库的支撑作用,支撑作用也向工程决策全过程两端延伸,完整覆盖长大桥梁前期工程立项规划决策、重要技术方案论证和工程决策绩效后评估。特别是,在这一时期,为避免专家支撑作用出现不稳定和不落实现象,我国各长大桥梁决策治理过程中普遍设立了工程技术顾问,成立了专家(技术)委员会,制定了相应的行事制度和程序,从而使决策支持这一先进、有效的决策治理模式制度化、标准化和程序化,保证了专家(技术)委员会在工程决策过程中有独立、自主的话语权。

### 1.4 长大桥梁桥决策"中国之治"的总结

前文指出,中国重大工程决策治理充分显示我国"全国一盘棋"的治理优势,政府作为重大工程决策治理主体在充分发挥社会主义集中力量办大事的优越性基础上,把重大工程建设摆在社会经济发展大局的宏观调控中来整体谋划,注重战略统筹引领,集中优势资源整体推进各领域工程建设。正是在这一基本原则指引下,我国重大交通工程(长大桥梁)决策安排作为改革开放时期国家决策治理体系的一个组成部分必然服从、服务于我国建设现代化强国的战略布局,并且与时俱进地为国家的经济腾飞与改革开放事业发挥重要的支撑作用(见图4)。

改革开放 40 年来,我国长大桥梁投融资体系首先是从计划经济体制开始,基本形成了具有我国特色的"国家投资、地方筹资、社会融资、利用外资"和"贷款修路、收费还贷、滚动发展"的长大桥梁投融资体制;"政府引导、社会参与、市场运作、产业发展"的新格局与"主体多元化、渠道多元化、方式多元化"的三个"多元化"催生了财政出资、民众集资、企业融资、中外合资、BOT 模式、BT 模式、市政经营权转让等多种投融资模式(梅璐等,2019),民间资本与国际资本活跃,桥梁工程建设市场化程度不断加深和成熟。

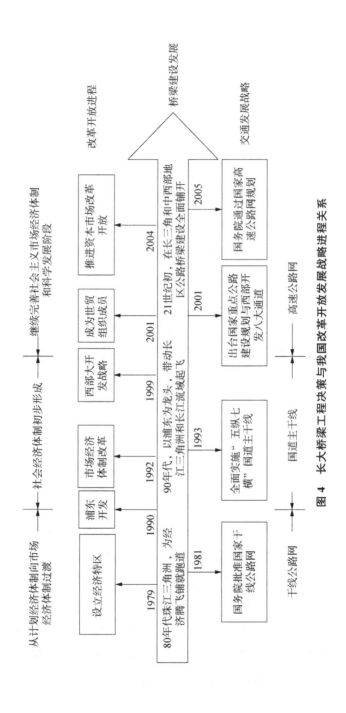

**图 4 长大桥梁工程决策与我国改革开放发展战略进程关系**

投资主体多元化导致政府职能定位发生了重大变化,随着投资权限和决策权限的不断下放,市场逐步取代财政,成为社会资源配置主体,因此重大工程投资主体多元化是一种必然的趋势。与此同时,随着我国经济进入持续增长期,对基础设施的需求猛增,仅依靠财政投资和税收无法满足。随着重大工程投融资决策治理体系改革的不断深化、政府管制的放松和价格改革的深入,外资和内资的参与进一步拓宽了重大工程融资渠道。同时,我国长大桥梁投融资模式基于区域差异性而表现出的适应性也使决策治理体系中国化更加鲜活,这是我国长大桥梁投融资决策治理能力现代化和中国化融合的一条生动的现实道路。

我国长大桥梁决策治理体系与治理能力现代化自改革开放以来取得了举世瞩目的长足进步,而这一时期又是我国政治经济社会全面改革的大变动时期。总体上,国家治理是在"摸着石头过河"中前进,试错中有着各种风险,即使方向正确执行过程也往往缺乏经验,因此,长大桥梁决策"中国之治"的前进道路不可能始终平坦,许多挑战性新问题不断解决又不断出现,需要我们不断探索、不断创新、不断前行。

**2　港珠澳大桥工程**

港珠澳大桥是当代我国在"一国两制"框架下、粤港澳三地首次合作共建的超大型跨海通道工程,全长约 55 公里,主体工程实行桥、岛、隧组合,长 29.6 公里,以伶仃航道和铜鼓西航道段约 6.7 公里为隧道,东、西两端各设置一个海中人工岛;其余路段分别设有青州桥、"海豚塔"江海桥以及九洲桥三座通航斜拉桥,大桥地处珠江口伶仃洋水域,设计使用寿命 120 年,总投资约 1 200 亿元人民币。大桥于 2003 年 8 月启动前期决策论证工作,2009 年 12 月开工建设,筹备和建设前后历时 15 年,于 2018 年 10 月开通营运,是横跨香港、广东珠海和澳门,并连接珠江两岸的重要海陆通道。

港珠澳大桥的重大建设特点可以概括为八个字:一国两制、超级工程。所谓"超级工程"主要指大桥工程规模宏大、规模壮阔、环境险恶、技术先进、决策问题复杂等,以工程前期决策为例,各大事项可以分解为几十个界面清晰、主题明确的决策子专题。除了包含与常规工程相同的决策问题外,如投融资方案的确定、立项决策规划、工程管理组织模式选取、重大施工技术方案决策、桥位及着落点选取等一系列决策事项,在大桥的决策、建设过程中又出现了如中华白海豚保护方案确定、口岸模式选取等特殊决策问题。因此,必然需要设计和构建相应的决策治理体系、流程和方法等才能够驾驭和解决所有决策问题。另外,所谓"一国两制"这一全世界特有的政治体制和制度在更高层面上给港珠澳大桥决策治理体系带来了深刻影响,如何应对这一影响既无成熟理论又无现成经验。

笔者自 2008 年起一直以港珠澳大桥工程管理顾问团队的身份参与了包括港珠澳大桥决策等管理服务工作,至今已有 10 余年。在这期间,我们不断学习,也在实践中思考了许多问题,我们和港珠澳大桥等工程界的专家们一起完成了《中国港珠澳大桥工程决策理论与实务》《重大工程管理基础理论与中国港珠澳大桥的实践》等专著以及一批学术论文,对港珠澳大桥决策治理进行了系统性分析与理论思考。这里,本文以一个新的决策治理视角与观点聚焦于"一国两制"体制下港珠澳大桥决策"软法"治理模式的创新。

### 2.1 港珠澳大桥决策治理的"一国两制"背景

"一国两制"具有鲜明的中国特色,在全世界都是独一无二的。在这样的政治制度背景下建设港珠澳大桥,意义重大、影响深远。当然,"一国两制"在港珠澳大桥决策的一些特定场合下有其一定的优势,如能够更充分整合三地治权与资源的合力,能够根据三地不同相关法律法规,确立大桥施工建设技术标准原则与先进的生态环保治理理念等,这些都有利于港珠澳大桥的决策治理工作。

另外,"一国两制"制度也会给港珠澳大桥决策治理带来困难和挑战,主要是三地执行的法律制度不同,总体上,香港为英美法系、澳门是欧洲大陆法系、我们是内地大陆法系,因此,三地三法之间有着实实在在的"硬"差别。这样,三地法律法规对待同一个问题时,往往彼此观点、规定和处理条款差异性可能很大甚至出现矛盾与冲突,这就形成了"一国两制"环境下,港珠澳大桥工程决策治理面临着既无先例,又无经验,甚至在世界范围内也是独一无二的新挑战。

如上所述,"一国两制"内涵中的"一国""两制"与"三法",前者渐次高于后者,前者统摄后者、后者受制于前者,前者是全局,后者是局部。就一般逻辑分析,往往在局部领域内解决问题比在全局领域内解决问题难度小、成本低、成功率高。特别是,港珠澳大桥工程决策问题多为工程方案、技术标准、质量认证、生态保护等工程技术类型问题,不涉及国家主权和社会制度属性。因此,"一国两制"大背景下的港珠澳大桥的决策治理,主要是在现实中如何协调"三法"造成的"硬"冲突与跨界协调的法律途径缺位等。如果能够通过柔性的法律拓展方式,在局部范围内确定某种"共同"法律原则来解决港珠澳大桥工程决策问题,无疑就找到了一条解决"一国两制三法"环境下港珠澳大桥决策治理的新路径,并且保证港珠澳大桥决策治理的法治化与制度化。

进一步的现场调研表明,内地、香港、澳门三地的法律体系各有特点,澳门法律强制性规定不多,从澳门法律和以往澳门建设大型交通基础设施的经验来看,部分冲突可以由政府间直接协调安排解决;香港法律规定细致严密,但根据以往经验来看,诸多特殊性问题彼此之间还是存在解决途径,因此大桥决策、建设、运营在港澳之间一般不存在法律障碍,只需考虑法律框架内需要解决的问题即可。内地的法律法规(包含法律、行政法规、部门规章、地方性法规及地方政府规章等层级)从总体和宏观层面看,内容全面、清晰明确、规范性强,但从中观和微观层面看,立法一般以原则为纲,涉及具体问题时,往往需要依靠较低层级的规章、规定、意见、办法、领导讲话等予以补充,甚至必须突破相关法律规范才可行。

特别是,港珠澳大桥是在"一国两制"环境下粤港澳三方合作建设重大工程的先例,新问题、新挑战层出不穷,如果频繁由国家司法机关为港珠澳大桥决策治理单独立法,势必立法过程缓慢、中间节点多、耗时长,大大影响工程决策的进程。因此,为在"一国两制"背景下依法实施港珠澳大桥决策治理,既要切实解决"三地三法"下的"硬"冲突和跨界协调法律途径的缺位,又要充分根据我国行政立法程序等现实情况,以创新精神寻找合法、简便、可行、有效的解决路径,这就是所谓"软法"概念与软法治理原理。

### 2.2　软法治理概述

面对工程决策治理中的"三法"冲突,港珠澳大桥三方不断探索,设计并在实践中设计了一种新的"软法"治理模式。

#### 2.2.1　软法概述

"软法"这一概念最早出现于国际法中,是相对"硬法"而言的,1994 年法国学者 Francis Snyder 提出认可度较高的软法定义:"软法是原则上没有法律约束力但有实际效力的行为规则。"(Snyder et al., 1994)也有学者提出"软法"是指不具有任何约束力或约束力比传统的法律即所谓硬法要弱的准法律文件(罗豪才等,2006)。Linda Senden 给出了较长的定义:"以文件形式确定的、不具有法律约束力,但是可能具有某些间接法律影响的行为规则,这些规则以产生实际的效果为目标或者可能产生实际的效果"(Senden et al., 2005)。

由上可见,相比于传统意义上具有强制约束力、通过司法机关执行的硬法,软法通常不是典型意义上的"法律",这主要是因为:

(1)制定主体:传统的硬法必须由国家立法机关制定,而软法并非由国家立法机关,而是由与制定内容相关的政府、组织、单位等经设计、达成协议、签署文件等方式使之生效。

(2)保障效力:硬法通过国家司法机关的强制力保障实施,而软法则是由制定各方遵守信用、承诺并自愿履行软法条款;如果违反软法条款将受到其他各方谴责、舆论批判和纪律制裁。

(3)争议解决方式:通常硬法冲突的解决方式是进行诉讼、法院裁决,但软法通常采用协商、仲裁、民间调解等方式解决。

从国家层面说,软法通常表现为法律多元意义身上的社会规范,同时也表现为公法中行政主体发布的非法律性的指导原则、规则、行政政策等等(罗豪才等,2006)。在社会治理领域,其常见的形式为包括多方主体签订的协议书或设立的章程、规范、管理办法以及发布宣言、号召、纲要等。

既然港珠澳大桥是粤港澳三方合作共建的工程,因此,在重大工程决策治理过程中三方运用软法思维和工具,通过组织间契约力而非国家强制力来处理彼此之间的冲突和协调途径缺失,充分体现了三方的平等、公平、尊重、互利、共赢的合作精神与法治意识。

### 2.2.2　软法治理概述

通过软法形式和相应工具处理事务的模式称为软法治理。软法治理的思想一开始出现于公共治理领域。在全球化和区域一体化背景下,公共治理领域出现了很多新问题,如果通过制定硬法来解决问题一般流程复杂、时间长、效率低,而以平等、尊重、民主、去中心化、共生共荣为核心思想的软法治理成了公共治理的新模式。这实际上是一种在各方自愿的基础上,通过合作、谈判、协商等形成的一种柔性治理体系。目前在解决包括贸易、运输、社会治安等我国区域公共治理领域有着广泛的运用,而将其运用于"一国两制"下港珠澳大桥决策治理则具有首创性。特别是,如何打通"一国两制三法"在港珠澳大桥决策治理中形成的"堵点"既无先例可循,又无成熟理论可依,加之工程时间紧迫,存在三法"硬"冲突等情况,软法治理这条新路子尤其具有重要的现实意义。实践证明,软法治理模式切实有效地解决了港珠澳大桥决策治理中的一系列跨属地、整体性、具有"三法"潜在冲突的决策问题,为推动我国重大工程决策治理体系与能力现代化创造了新鲜经验。

## 2.3　港珠澳大桥决策软法治理体系

作为一种决策治理模式,港珠澳大桥决策软法治理体系无疑极具创新性,当然,在治理理念原则确定之后,更重要的是要设计该体系核心构件、构件关联方式与整体性功能。这是港珠澳大桥决策软法治理体系能够在实践中"落地"并能发挥其功能的基本保证。

从学理上讲,港珠澳大桥决策软法治理模式的核心属性是通过软法方式和相应工具制度化规定大桥决策治理事务的运作流程和主体行为原则,即构建一种在港珠澳大桥决策治理实践中能够稳定发挥作用新的法治样式。

既然港珠澳大桥决策软法治理模式是"一国两制"大环境下的治理样式,所以在样式顶层设计中,首先要坚持"一国两制"法律地位至上,严格遵从、维护"一国两制"的尊严和权威。

在"一国"层面上,软法并非由国家立法机关制定,但港珠澳大桥工程许多重大决策问题都超越了地方政府治权,需由中央政府决策,非完全属地和整体性决策问题也因为可能涉及国家层面的多部门、跨领域,需要中央政府以其最高权威进行引导、指导和协调。所以,"一国"大背景与中央政府在港珠澳大桥工程决策软法治理过程中的主导与统领作用永远是核心和第一位的。为此,在港珠澳大桥工程决策软法治理模式中,专门设立了中央层面的协调监管机构——中央专责小组(Zhu et al.,2018)。中央专责小组在决策软法治理过程中代表中央政府行使"一国"之权利、履行"一国"之主导与监管职责,保证了中央政府直接参与港珠澳大桥的决策治理过程并在实际操作中发挥巨大的主导作用。

在"两制"层面上,香港和澳门是我国"一国两制"背景下的两个特别行政区,"两制"背景下,香港和澳门享有的高度自治权包括行政管理权、立法权、独立的司法权和终审权等。中央专责小组基于国家整体代表性和全国大局观不仅不会对香港、澳门"两制"意义下的自治权等产生不当干预,而且会根据软法治理思想,在更高层面上把握大局和平衡各方利益。

例如,口岸不仅是一个国家主权的象征,也是一国对外开放的门户和国际往来的窗口,因此港珠澳大桥口岸布设决策极为重要。最初提出了"一地三检"方案,这一方案规定香港、珠海、澳门三方设立联合口岸,以进行通关查验,但各自管区相对独立。这种口岸布设模式存在"是否可以将建立在珠海境内的'一地三检'口岸的部分区域授予香港、澳门以行政管理权及司法管辖权"等问题,有可能导致粤港澳三方中某一方的利益受到较大损害,不符合软法治理各方平等、相互尊重的理念。最终,港珠澳大桥口岸布设模式这一重大决策问题交由中央政府,经中央政府有关部门研究并和粤港澳三方共同协商,最终选定"三地三检"方案,即香港、澳门、珠海独立地在各自的管辖范围内建设通关查验口岸,互不关联、干扰,这一方案充分体现和维护了"两制"下的港、澳两地利益。

在现实层面上,港珠澳大桥决策软法治理模式依据"软法"治理原理,构建了恰当配置和制衡多主体治理权力的体系,"以中央政府为第一层次、三地政府为第二层次"的跨界多层次决策治理协同机制,并且根据不同决策治理阶段中不同的决策问题,相应地设计了柔性决策组织结构以适应软法治理的需求,取得了合理合法、成本低、效率高的积极效果,详见图 5。

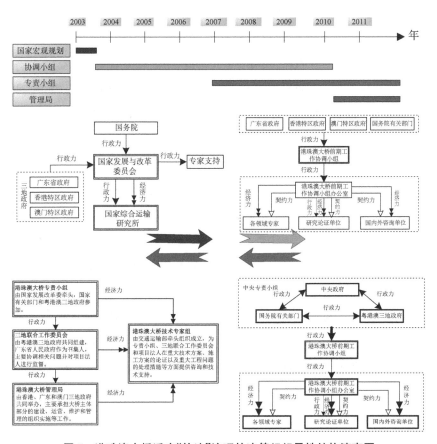

**图 5　港珠澳大桥适应"软法"治理的决策组织柔性结构演变图**

## 2.4　港珠澳大桥决策软法治理中的政府公权力体系

根据重大工程决策治理的政府式委托代理原理,港珠澳大桥决策软法治理体系首先要确定在决策治理中如何配置和制衡政府公权力。这里的焦点是要明确谁有权、有什么样的权、在什么时候和在什么情况下用权以及如何制衡权力等。

### 2.4.1 《三地协议》：决策软法治理的"基本法"

在"一国两制"环境下，软法治理模式成了港珠澳大桥三方共同行使权力的法律基础，从操作的可行性讲，这需要全局性和整体性的解决方案。为此，2010 年 2 月 26 日，粤港澳三地政府签署了经中央批准的《港珠澳大桥建设、运营、维护和管理三地政府协议》(简称《三地协议》)，《三地协议》的签署内容涵盖了粤港澳三方政府职权、法律依据、建设目标、协调原则、投资模式、资金筹措、争端解决机制、协调组织机构等多方面决策治理的内容，明确了三地政府参与港珠澳大桥决策治理及跨界协调解决等重大事项的基本原则、各方权责义务等。

《三地协议》表现为协议形式的共识性文件，但实质上就是港珠澳大桥工程决策治理及冲突解决办法的一个软法纲领性文件，是由粤港澳三方政府达成一致、共同签署的港珠澳大桥跨界合作与决策治理的"基本法"，它构成了对港珠澳大桥软法治理的法律保障。《三地协议》的意义在于明确了"一国两制三法"下港珠澳大桥主体三法"硬"冲突的协调基本原则及解决办法，并为三地跨界合作决策组织架构的设计提供了法治依据。

由于区别传统的硬法规制，《三地协议》的法律性质及法律地位比较敏感，根据君信律师事务所及国务院企业研究所的分析，《三地协议》在传统硬法体系中的法律地位有待进一步研究，因此不具备强制执行的效力，但它毋庸置疑是港珠澳大桥范围内软法治理的保障和基石。《三地协议》的签订，意味着粤港澳三方政府达成了共识并做出了相关承诺，因此《三地协议》在实际执行上并非依靠硬法强制力，而是依靠协议契约力和契约精神的作用，即三地政府对《三地协议》的承诺和自觉遵守，这正是软法治理精神的体现。因此，《三地协议》所表现出的契约力体现了现代社会对重大工程决策主体行为重要的制约力量。

具体而言，《三地协议》将港珠澳大桥工程划分为四个相对独立的部分，即主体工程和香港、珠海、澳门各自的口岸及连接线工程。《三地协议》中指出："港珠澳大桥建设内容包括大桥主体工程和三地口岸、连接线工程，其中大桥主

体工程东自粤港分界线起,西至珠海/澳门口岸人工岛止。"并明确规定:"大桥
主体工程由三地政府共同建设,三地口岸连接线工程由三地政府各自组织建
设。"《三地协议》还明确提出了"适用属地法律原则",并将其作为三地政府在决
策治理模式下应遵循的基本原则之一。

所谓"适用属地法律原则",指"针对项目主体和包括香港、珠海、澳门在内
的各区部分,其建设、运营、维护和管理的属地法律原则,按照属地法律处理各
项事务","适用属地法律原则"清楚地界定了粤、港、澳三地政府在港珠澳大桥
决策过程中的权利与职责,也明确了哪些时候和什么情况下可以各自相对独立
按照属地法律进行决策治理,并且不会出现多地法律之间相互纠缠和发生冲突
的情况。

现实中,一般可以把港珠澳大桥决策治理遇到的问题分为两类:第一类不
会导致"硬"冲突;第二类可能导致"硬"冲突。再根据不同类型决策问题的特
征,按照"软法"原则分别提出解决办法,一般都可以化解决策治理中的三法
"硬"冲突。

显然,第一类问题很容易解决,三地间按照"适用属地法律原则"对各自管
辖范围负责,在各自属地内行使管辖权力,因此不存在"硬"冲突。具体来说,
"适用属地法律原则"规定了主体工程和珠海、澳门、香港各自管区的建设运营
模式和职责分配,其中,主体工程采用"共同投资、共同建设"的模式,并依据我
国内地的法律体系来进行决策、组织、建设与管理,建设技术标准采用"就高不
就低"的原则。而对于三方各自的管区范围,以香港管区为例,港珠澳大桥以口
岸填海区为分界线(此处指管理界限),香港大屿山至香港口岸区区段为香港管
区。在香港管区内,香港特区政府负责香港口岸及连接线的规划、建设、运营各
种事项,这些问题的决策治理均须符合香港地区的法律法规。例如,香港口岸
与连接线建设,均按照香港方的技术规范为标准,并且香港承担全部建设责任;
进入运营期后也按照香港的运营交通安全管理措施进行管理;若车辆行驶在这
一段管区内发生交通事故,也按港方的事故处置方式进行。与此同时,珠海口
岸及连接线构成的珠海管区与澳门口岸及连接线构成的澳门管区则分别执行

内地及澳门法律法规对工程进行决策、建设和运营管理。

　　至于第二类那些可能导致"硬"冲突的决策问题,如前期规划论证决策的政府授权及司法管辖权问题、依据何种法律体系认定是否"跨境授权"以及"上下分别授权"等,公共事务决策中的出入境管理,海关、边防、治安、检查检疫等,对于此类问题的解决,按照"软法"原则,一般在粤港澳三方自愿、平等的基础上,组织共同协商以达成一致,将一部分协商一致的成果写入《三地协议》;对于三方始终存在争议的决策问题,将上报给代表中央政府行使权利的中央专责小组,进行沟通、协商、决策。仍以前期决策阶段对口岸问题的决策为例,产生了管辖权移交、跨境授权、需要全国人大专门立法等硬法冲突问题。如果采取"一地三检"模式,香港、澳门口岸将设立在广东省境内,香港有权在此区域内行驶行政管理权、司法管辖权,而这超出了三地法律规定的范围,必须通过一些法律程序,将大桥主体段及海域全部授权给香港管辖,否则不符合法治基本逻辑规则;同时,三法法系冲突下,只有上报最高立法机关全国人大,才能授权给香港,这一做法具有极高的制度成本。粤港澳三地间就此问题展开了多次协商,均未达成共识,因此中央专责小组于 2007 年 1 月 9 日召开会议,将此事的决策层级上升至中央层面进行协商解决。

　　综上,对于第一类不会导致硬法冲突的决策问题,根据"软法"原则,采用"适用属地法律原则"处理相关事项;对于第二类引发硬法冲突的重大决策问题,则以"软法"治理原则为基础,进行中央主导下的多方协商来解决。

　　2.4.2　《管理局章程》:决策软法治理的基本规章

　　《三地协议》使港珠澳大桥决策软法治理有了"基本法",但《三地协议》基本上是纲领性和原则性的规定,不能作为实际操作的规章和标准。为此,2010 年5 月 24 日,港珠澳大桥三地联合工作委员会召开了第一次工作会议并通过了《港珠澳大桥管理局章程》(以下简称《章程》),同年 6 月,粤港澳三地政府正式签署了《章程》。港珠澳大桥管理局作为大桥工程跨界决策、建设与管理的主管部门,《章程》不仅要充分体现《三地协议》理念与原则,而且要有一整套细化的工作流程与规章,它实际上是执行层面上的另一个软法文件。

《章程》充分考虑了如何解决"三法"中"硬"冲突、协调法律途径缺位等问题，统筹兼顾了粤港澳三方利益、境内外行政法规和行为习惯等，明确规定了作为项目法人的大桥管理局的机构设置、决策程序、人事管理、资金管理、财务制度等，《章程》的权威性、强制力、约束力都远远高于一般工程管理部门的组织规章，而且有软法效能来实现三方权力制衡。例如，《章程》规定，除局长外，管理局设三位副局长，三地各占一席，虽然粤方投资额最大，但不同于股份公司按股份多少分配投票权，凡重要决策问题须三地一致同意、达成共识，一方提出异议则需重新协商，或上报三地委解决，不执行少数服从多数原则，以充分尊重港、澳权益并相互制衡。《章程》的制定使得港珠澳大桥的软法治理具有最简洁与通畅的组织架构与执行方式，能够运用便捷的治理路径来解决决策问题并提高治理效率。

### 2.4.3 "无诉讼"：解决决策治理争端的新机制

"三法"给港珠澳大桥决策治理带来的另一个障碍是跨界协调法律途径缺位，这是一个什么样的问题呢？众所周知，现代重大工程决策主体多元化是个普遍现象，总体上多主体之间相互合作协同，遇到分歧采取不同的解决途径与方式，如协商、仲裁、上级裁定直至由法律途径解决冲突，但是，在"一国两制三法"环境下，假如三地在工程决策过程中产生分歧、矛盾直至严重冲突。这时若协商、仲裁、上级裁定均不能解决问题而需走法律途径时，会遇到现实的法律障碍，此即为跨界协调法律途径缺位。具体形成情况如下：

首先，如果三地中任何一方因为某个冲突要诉讼另一方（或两方）时，根据基本的"适用属地法律原则"，无论向哪个地区的法院提起诉讼，由于三地分属不同的硬法体系，都不可能得到当事双方（或三方）共同认可并接受裁决。如果参照国际工程做法，以英法海峡隧道为例，英国和法国为两个独立的主权国家，若英法两国就英法海峡隧道的决策论证、建设施工乃至运营通行产生冲突时，可以根据《英法海峡隧道条约》和《海峡隧道法》解决，同时英国和法国在国际上具有独立、对等的法律地位，冲突可以交予国际法庭处理。但是，香港、澳门同属中国，不能采用和一般国际跨境工程同样的国际化解决冲突方式。这说明,在"一国两制三法"的背景下,如果一般协商、仲裁、上级裁定等解决争端方法失效后,粤港澳三方无论哪一方提起诉讼,都存在向哪个地区的法院提起诉讼的问题,而我国目前也没有针对"一国两制三法"下专门的诉讼法律规定。因此,港珠澳大桥决策治理中就出现了跨界诉讼法律途径缺位的新"堵点"。

因此,必须在法律框架内解决这一"堵点",解决的思路也是避开"三法"的"硬"冲突,采取"软法"治理模式,这就是粤、港、澳三方政府签署的软法文件《三地协议》中明确提出的"无诉讼"原则,即在港珠澳大桥决策治理等过程中,三方之间遵循无诉讼争端解决机制。

具体地说,《三地协议》在基本原则中提出的"友好协商原则"里明确指出"无诉讼"的概念,随后,在第七章"其他事项"、第二十条"争议解决"中又特别强调了这一争端解决机制:港珠澳大桥项目实施过程中产生的任何分歧或争议应通过三地委协商解决,若三地委无法达成一致意见,由各方代表分别上报各方上级政府,三地政府就分歧或争议进行友好协商;若三地政府之间一时也无法达成一致意见,任一地政府均可将争议提交港珠澳大桥中央专责小组决定;而三地政府之间、项目法人与任何一方政府之间不得在任何区域启动任何诉讼程序。

上述就是应对"三法"造成的跨界诉讼法律途径缺位而设计的具有独特性与创新性的无诉讼争端解决机制的内容,这一机制不仅最大限度地体现了粤港澳三方在决策治理中的友好协商原则,同时也铺设了在最大可能情况下根据仲裁协议进行裁决以及最终由中央进行裁决的可操作解决冲突的路径。实际上,无诉讼争端解决机制以软法形式构建了在"一国两制"大环境下"以友好协商方式和中央政府裁决方式为主,三种方式共同作用"的解决决策治理争端的新机制(见图6),这不仅是港珠澳大桥决策软法治理模式中的重要组成部分,而且对解决今后其他可能的"一国两制"背景下的工程决策治理问题都有重要的借鉴价值和启发意义。

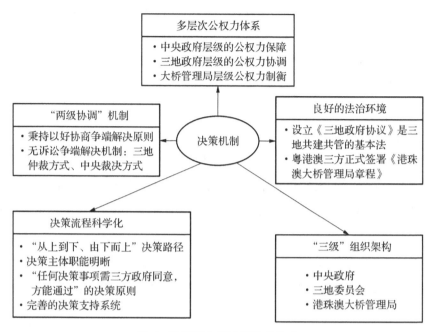

**图 6    港珠澳大桥决策治理体系**

### 2.5    港珠澳大桥决策软法治理模式的总结

港珠澳大桥于 2003 年 8 月启动前期工作,2009 年 12 月开工建设,2010 年 2 月粤港澳三地政府签署了经中央批准的具有软法性质的纲领性文件《三地协议》,《三地协议》是港珠澳大桥跨界合作的决策治理的"基本法",为三地跨界合作决策治理行事规则与组织架构的设立提供了软法根据。

从上述时间表可以看出,港珠澳大桥决策软法治理思想与模式基本上贯穿于港珠澳大桥决策治理全过程,并且统摄了全部的重大工程决策治理问题的解决。港珠澳大桥工程决策治理理念理论与实践有着丰富的创新性内容,但是,最能够体现其中自主性创新特点的应该是大桥工程决策软法治理思想。

"一国两制三法"下港珠澳大桥决策软法治理思想与模式是我国重大工程决策治理体系与治理能力现代化在新的历史时期的突出反映,它独创性的以软法法治理念解决了"一国两制三法"特殊环境对重大工程决策治理的挑战,在规范性方面,以软法文件——《三地协议》《章程》等确立了"适用属地法律原则"与解决"三法"冲突的方式,建立了无诉讼争端解决机制等,既为粤港澳三方协同合作提供了共同的准法律平台,也设计了跨界协调无障碍途径,有效降解了"一国两制三法"下港珠澳大桥跨界合作与决策治理复杂性。

港珠澳大桥决策软法治理模式的创新和实践给我们一个极其深刻的启示:由于各种原因,重大工程决策问题、决策过程、决策方案的形成都越来越表现出明显的复杂性,为了降解和驾驭这类复杂性并顺利完成决策任务,决策治理主体需要具有更高、更全面、更稳定的综合能力,这些能力包括系统分析能力、构建高质量决策体系能力、掌握并运用先进现代决策技术能力、提高决策效率和降低决策成本能力等等。

其中,一类重要和基本的能力是决策主体获取与整合决策资源能力。众所周知,任何决策活动都需要决策资源,决策资源的种类林林总总,例如,决策主体水平、决策必需的基本数据与信息、设计和构成决策方案的手段、分析和评估决策方案的方法等都是决策资源,越是复杂的决策问题,所需资源种类越多。在一些情况下,某些特殊类型的决策资源是非常重要、不可或缺的,如"一国两制"环境下三方主体合作决策的共同法律基础,这在一般工程决策中可能不是什么问题,而它恰恰是港珠澳大桥决策的一种稀缺资源,因为"一国两制三法"会给港珠澳大桥决策带来"硬"冲突,同时协调冲突路径上的法律缺位会成为港珠澳大桥决策治理的独特"堵点"。这时,港珠澳大桥决策主体是否能够独辟蹊径获取或创造这类稀缺资源的能力就成为能否打通港珠澳大桥决策治理"堵点"的关键。

本案例告诉我们,港珠澳大桥决策软法治理模式通过构造"软法"体系创造必要的决策治理稀缺资源来化解"三法"冲突和协调法律途径缺位,获得了三方合作决策的共同软法基础这一宝贵资源,并以新的软法治理资源来支撑决策治理活动。这不仅生动体现了港珠澳大桥工程决策治理能力现代化的水平,还揭示了一个重要原则:在重大工程决策治理过程中,决策治理主体的"上乘"能力不仅仅是能够用充足的、现成的决策资源解决工程复杂决策问题的能力,更重要的是在资源不足甚至缺失的情况下,具有通过独辟蹊径创造决策资源的能力。

## 3 总结

改革开放以来,我国社会主义建设现代化事业进入了一个新的历史时期,首先是,我国国家治理体系现代化开启了新的征程,这对我国重大工程决策治理现代化提供了根本性的方向指引和强大推动力。

(1)在充分总结和反思新中国前 30 年经验和教训的基础上,从党的十一届三中全会到党的十八大前,我们积极推进经济体制及其他体制改革,不断完善国家治理体系,国家治理体系的活力和效率不断提升。党的十八大以来,国家治理体系和治理能力现代化水平不断提高。直接对重大工程决策治理有着特别重要指导意义的有十八届三中全会明确提出的党委领导、政府负责、民主协商、社会协同、公众参与、法治保障、科技支撑,共建共治共享的社会治理制度(何毅亭,2019),四中全会提出的把公众参与、专家论证、风险评估、合法性审查、集体讨论决定确定为重大行政决策法定程序,十九届四中全会又进一步明确提出的"推进国家治理体系与治理能力现代化"的重大战略任务(张文显,2016)。

(2)改革开放以来,我国经济社会发展发生了翻天覆地的变化,取得了巨大的历史性成就。我国重大工程如火如荼的建设进程成为我国经济快速发展的强大推动力与国家竞争力的利器(盛昭瀚等,2019),因此,关于重大工程决策治理不仅关注单体工程决策治理过程中的科学性与民主化品质,更是把重大工程建设整体性地摆在我国社会经济发展大局、放在我国实现现代化宏伟战略目标下来谋划,这从我国 40 年来长大桥梁建设的四个"战役"和国家改革开放总体进程的同步性中看得很清楚,因此,国家现代化建设赋予了这一时期重大工程中国之治更深刻的战略意义。另外,党的十八大以来,统筹推进"五位一体"总体布局、协调推进"四个全面"整体布局,进一步提升了重大工程决策中国之治积极践行"创新、协调、绿色、开放、共享"发展理念,深化了现代工程管理模式等丰富内涵(何毅亭,2019)。

(3) 40 年来,为我国重大工程决策治理服务的专家技术支持体系进一步制度化和完善。在重大工程决策治理过程中,越来越重视专家们的意见,普遍成立了为决策服务的专家技术委员会。有些工程前后要召开数十场不同主题的专家论证会、咨询会,时间往往持续整个工程建设期。例如,在苏通大桥工程决策实践中,江苏省人民政府和交通运输部联合聘请了以两院院士和国外知名桥梁专家为主的苏通大桥技术顾问并组建了技术专家组。根据苏通大桥工程决策需要和工作制度,技术顾问和技术专家组对工程重大决策方案,关键技术难题,质量控制标准及新技术、新工艺、新材料的选择等都开展了专门的技术咨询,发挥了很好的决策支持作用。

这样,政府主导、专家智力支持的重大工程决策治理体系基本范式在改革开放以来我国重大工程决策治理过程中逐渐成熟、完善和制度化,并且随着专家法治原则、科学精神与公民意识的进一步增强,政府主导、专家论证、公众参与这些重大工程决策治理体系的基本构件越来越齐全,同时为推动我国国家治理体系与治理能力现代化做出了宝贵贡献。

在这一时期,我国的重大工程决策治理能力有了明显的提高,例如,在工程决策分析中进一步加强了基于重大工程的深度不确定、高风险、管理与工程技术高度综合化的系统分析能力,工程超长寿命期内大尺度风险与灾害的发现、预测和相应的"防灾减灾"能力,充分考虑工程与社会、经济、生态、人文相互影响和融合的工程"全景式"功能设计和社会责任分析能力,以及构建创造决策治理资源平台来解决决策治理资源缺失的能力等。近年来,我国用一系列世界级超大规模单体工程建设成果向全世界宣告,在这些最先进的决策治理能力方面,我国水平首屈一指。

## 参考文献

[1] 凤懋润.中国的跨江海桥梁建设工程:成就、创新及管理实践[J].工程研究—跨学科视野中的工程,2013,5(1):35 - 52.
[2] 陈邦贤,罗婷."7918"绘就中国高速公路网[J].中国公路,2005(2):3.

［3］　SHENG Z H. Fundamental theories of mega infrastructure construction management［M］. New York：Springer，2018.

［4］　张俭.路漫东方——建设中国公路网的三十年［J］.中国公路，2008(21).

［5］　向朝晖.对我国"贷款修路,收费还贷"公路投融资模式的探讨［J］.经济师，2009(3)：52－53.

［6］　梅璐,王显志.投融资模式应该怎么选？［J］.中国公路,2019(12)：60－63.

［7］　SNYDER F. Soft law and institutional practice in the European community［J］. Natural gas & oil, 1994, 79(5)：2400－2410.

［8］　罗豪才,毕洪海.通过软法的治理［J］.法学家,2006(1)：11.

［9］　SENDEN L A J. Soft law and its implications for institutional balance in the EC［J］. Utrecht law review, 2005, 1(2)：79－99.

［10］　ZHU Y, SHI Q, QIAN L I, et al. Decision-making governance for the Hong kong-Zhuhai-Macao Bridge in China［J］. Frontiers of engineering management，2018，5(1)：30－39.

［11］　何毅亭.中国特色社会主义制度和国家治理体系形成的历程和成就［J］.秘书工作,2019(11)：10－14.

［12］　张文显.习近平法治思想研究(下)——习近平全面依法治国的核心观点［J］.法制与社会发展,2016,22(4)：5－47.

［13］　盛昭瀚,薛小龙,安实.构建中国特色重大工程管理理论体系与话语体系［J］.管理世界,2019,35(4)：2－16,51,195.

# 基于复杂系统管理的重大工程核心决策范式研究

## ——以我国典型长大桥梁工程决策为例

**摘要**：重大工程决策活动中有一类关系到工程建设全局性、战略性、整体性意义的核心决策问题，这类决策问题一旦出现失误将对国家安全和社会经济发展造成严重影响，必须认真对待和解决好。本文运用系统科学思维分析了"复杂整体性"是这类决策问题的基本属性以及情景鲁棒性是基本属性的内核；根据复杂系统管理主要研究"复杂社会经济重大工程系统中一类'复杂整体性问题'"的基本学理，指出重大工程核心决策问题属于复杂系统管理的对象范畴，其逻辑前提是要实现重大工程核心决策的复杂系统思维范式转移；在指出相应思维范式转移路径和相关的实践范式要点后，作为典型案例，介绍了我国不同时期两项创造多项世界第一的长大桥梁工程基于复杂系统管理的核心决策实践。

**关键词**：复杂系统；复杂系统管理；重大工程决策；长大桥梁

## 1 重大工程核心决策问题概述

决策，是重大工程管理中一类重要的实践活动。特别是其中一类关系到重大工程建设全局性的核心决策问题更具战略性、整体性意义。例如，工程规划论证、工程整体方案、投融资模式等都是这类决策问题，因为它们在宏观层面上要明确且准确地回答工程要不要建、能不能建、如何建、风险有多大、有没有和能不能破解"卡脖子"技术等重大问题。这类决策问题一旦出现失误将对国家安全和社会经济发展造成严重后果，因此，必须分析好、解决好这类核心决策问题。

一般来说,以下三类实际问题都属于重大工程核心决策问题。

(1)工程建设中的"基础决定性"决策问题。这一类问题一般对重大工程实体的功能、质量及运营具有全局性影响,如工程选址、工程整体方案设计等。这一类问题的基本特点为:其一,问题影响到工程建设几乎所有的要素和工程全过程;其二,问题多集中于工程建设初期,此时,解决问题所需信息相对不完全、资源相对不充分、主体能力相对不充足等情况最为突出;其三,决策结果对工程后续施工与运营,甚至工程全生命期状况都有重要影响。

(2)工程建设中的"需求创新性"决策问题。这一类问题常常面临着难以完全预知的自然环境与技术难题,对工程建设具有举足轻重的作用,需要通过重要创新才能解决,如重大工程关键技术选择与主要施工技术方案设计等。这一类问题的基本特点为:其一,决策主体初期普遍缺乏需要的完整知识与能力储备;其二,决策主体往往需要通过构建创新平台才能实现创新目标,而这本身又会引发一系列新的问题;其三,存在出现"卡脖子"问题和难以破解的重大风险。

(3)工程建设中的"发展战略性"决策问题。这一类问题中涉及的工程功能和建设目的与国家安全、区域社会经济发展等宏观战略有着直接紧密的关系,如重大环境改造工程的立项、跨境重大工程建设等。这一类问题的基本特点为:其一,决策目标具有多层次、多维度与多尺度特征;其二,决策问题与多类非工程技术要素之间有着紧密关联;其三,决策主体的工程价值观、社会责任等意识与站位对决策有着很大影响。

当然,重大工程全部决策问题中另外还有一些相对简单的问题,对这类问题,主体一般可以运用成熟的经验和知识、通过一般系统思维与集成性方法来解决,但总体上讲,这些问题的重要性及解决问题的难度等与前面所说的重大工程核心决策问题相比,不在一个层次上。因此,本文仅对上述重大工程核心决策问题进行讨论。

## 2 重大工程核心决策问题的基本属性

重大工程核心决策问题不仅意味着该类问题处于整个工程决策活动的核

心位置,还意味着解决这类问题具有较大的难度。而"难度"一词除了蕴含问题自身固有的某种品质外,还与主体的认识与能力不充分有着很大关系,因此具有很大程度的主观成分。但是,作为对重大工程核心决策问题的科学研究,应当尽量排除附加在研究对象身上的各种感性、主观和表面的因素,而聚焦于研究对象自身固有的、本质的品质,这样才能揭示出关于重大工程核心决策问题的客观规律。这就要求我们深度凝练和抽象重大工程核心决策问题的基本属性,并在其基本属性范畴内开展科学研究。

"属",隶属、归属、属于;"性",性质、性能。"属性"意为一个事物专有、基本和稳定的品质的抽象(盛昭瀚,2019a),它决定了该事物能够区别于别的事物和作为自身独特性、固有性的质的表征。那么,重大工程核心决策问题的基本属性是什么呢?

### 2.1 复杂性

首先,无论哪一种类型的重大工程核心决策问题,就决策活动而言,最核心的都是要提出相关的决策方案,而任何一个决策方案都是一个具有相应功能的人造系统(Sheng,2018)。因此,主体提出决策方案的过程,实际上是通过理论思维与工程思维的结合,在既尊重一般规律又体现主体独特意图的基础上(Sheng,2018),对该人造系统进行设计与筹划的过程。一般情况下,主体设计与筹划的价值观都是"善"的,而且期望将来的工程实体能够实现和释放出这些预期的"善"的功能。但因为重大工程自身以及重大工程-环境复合系统可能出现的各种变化,这些"善"的功能并非都能保证如期实现,甚至还可能出现主体并未设计与筹划也并不期望出现的"恶"的功能(Sheng,2018)。这反映了重大工程核心决策问题预期功能的实现要比一般工程复杂得多。

其次,作为系统形态的重大工程核心决策问题构成要素数量多、要素之间关联错综复杂、问题呈现出层次性,特别是在整体层次上会出现机理尚不清楚的复杂现象的涌现。

再次,作为人造系统的任何工程决策方案的赋能是主体在虚体工程层面上通过理论思维设定的,是先于实体的;但决策方案的功能价值与作用不能脱离系统实体而存在,最终必须通过工程实体来实现。这表明,重大工程核心决策方案从设计、形成到实现的过程是结合理论思维与工程思维,并整体上实现从理论思维到工程思维转化的过程。而这一过程本身既体现路径依赖性,又充满了不确定与动态演化的特点(Sheng,2018),这就使重大工程核心决策活动过程可能出现各类复杂现象。

最后,这类决策问题的环境往往高度开放和高度动态化;决策过程及方案功能释放与环境的开放性、动态性关联紧密且影响敏感;决策主体的多元化、异质性会导致决策目标、价值偏好出现矛盾或冲突,即使决策主体没有出现行为异化,也可能因为认识不足、能力缺失或者传统方法失灵而无法驾驭这类问题的复杂状况。

由上可见,重大工程核心决策问题充满了各种形态的系统复杂性。

## 2.2　整体性

在一般的决策活动中,经典的分析和解决路径就是把该决策问题分解成若干部分,把各部分都研究清楚了,整体也就清楚了;如果对部分的研究还不清楚,可以再继续往下分解进行研究,直到弄清楚为止(于景元,2011,2014),这种方法论称为还原论。还原论方法主要是由整体往下分解,研究得越来越细,这是它的优势(戴汝为,2010;盛昭瀚,2019a)。但对重大工程核心决策问题,仅仅使用还原论往往是行不通的。

(1)这类决策问题与重大工程环境之间一般都有着非常紧密的耦合关系,环境的各种变化都会对问题产生深刻的影响,特别是,问题的形态与形成往往就是环境作用的结果。因此,如果我们把问题与环境之间的关联切割开,那就无法完整地认识和分析问题了(盛昭瀚,2019a)。

(2)这类决策问题存在于工程建设与管理活动之中,任何具体的建设与管理活动如同一个有人、有物、有事、有关联、有因果、有变化并依时空顺序展开的相对独立又有整体性与连贯性的故事(盛昭瀚,2019b)。大凡故事都有背景、情节与情节的发展,即都有情景(盛昭瀚,2019b)。越是复杂的核心决策问题,它越和情景有着"基因"与"血脉"的关联,越需要我们在问题所处的整体情景中看问题、想问题和分析问题,找出解决问题的方案。这就要求我们在情景整体性中,通过对情景自上而下和自下而上地分析和综合才能解决问题,而不能肢解情景,使情景支离破碎或者让问题与情景分离(盛昭瀚,2019a)。

(3)这类核心决策问题一般都会表现出多种动态性,如突变、涌现、湮没、演化等,这些动态性的变化机理非常复杂。究其原因,许多时候并不是明晰的因果关系在起作用,而是问题要素之间存在紧密、复杂的显性或隐性关联,各类关联在时间维度上又会发生变化并以各种方式传导至其他要素,而问题正是这类复杂关联作用造成的(盛昭瀚,2019a)。因此,在物理层面及逻辑层面上不能轻易切断这些关联,否则问题的整体品质的来龙去脉就无法言喻了。

(4)分析和解决这类决策问题一般都需要跨领域、跨学科、跨专业的技术、手段和方法,因此,需要决策主体构建一个知识齐备、工作机制良好的整体性认知平台(盛昭瀚,2019a),即研究重大工程核心决策问题需要整体性的环境与条件。

以上这些都告诉我们,如果我们在研究和解决重大工程核心决策问题过程中仅仅运用还原论把一个完整的问题分解为多个相互独立的部分,再一步步单独研究各个部分,这势必就把问题的各部分之间、问题与环境之间的复杂关联与结构肢解了,问题中固有的不可分割的那部分品质也被破坏了(盛昭瀚,2009)。这样,即使把核心决策问题的每个部分都研究清楚了,也不能依靠简单叠加路径来认识、分析和解决决策问题的"整体"。这说明重大工程核心决策问题存在一类不能用还原论方法处理的品质特征,称事物的这一特征为事物的整体性。

需要指出,事物的"整体性"有两种基本类型:一种整体性可以通过各部分简单叠加而获得,称此为"可加整体性",这是一类简单的整体性;另一种整体性不能通过各部分简单叠加而获得,称此为"非可加整体性"或者"复杂整体性"。重大工程核心决策问题就是一类具有"复杂整体性"的决策问题。

综上所述,重大工程核心决策问题既充满了各种形态的复杂性,又具有不能用还原论方法处理的整体性,而且问题的复杂性既有要素、关联与结构直接形成的复杂性,又有整体性传导、衍生和引发出来的复杂性,还有复杂性与整体性相互纠缠与耦合形成的在更高层次上涌现出来的复杂整体性。对此,我们既不能纯粹通过还原论方法肢解整体性,也不能采用某种手段来"挤压"复杂性,因为复杂性是"不可压缩的",这就是说,无论是整体性还是复杂性,都是重大工程核心决策问题固有、本质的属性。

概言之,重大工程核心决策问题的基本属性为"复杂整体性"。按此逻辑,重大工程核心决策问题即为一类"复杂整体性问题"。

## 3　重大工程核心决策的复杂系统思维范式转移

一个科学领域如果有一个规范的研究思维与行为约定,并有足以让人信任的范例来佐证这一思维与约定的有效性,我们称该领域形成了一种科学研究的范式。一个科学领域如果出现了一些新的情况,例如,对象属性发生了重大变化、研究者对对象的看法有了重大转变等,导致原有稳定的范式不再具有提供解决问题的能力或者能力变弱;这时,如果一个新的适应性范式出现了,就称出现了范式转移。

回到系统科学体系,钱学森先生在 20 世纪 80 年代研究复杂系统方法论时就明确指出:凡不能用还原论方法处理的,或不宜用还原论方法处理的问题,而要用或宜用新的科学方法处理的问题,都是复杂性问题(钱学森等,1990)。从哲学思维上讲,钱学森先生这里提到的复杂性问题,既包括复杂性,又包括整体性,就是复杂整体性问题。钱学森的这段话还蕴含着如下重要的思想:原来在科学领域内的还原论方法论对于复杂整体性问题将会出现效能减弱甚至失效,需要我们思考构建新的方法论。换言之,对于复杂整体性问题的研究需要思考实现新的范式转移。

《复杂系统管理:一个具有中国特色的管理学新领域》一文中指出:"复杂系统管理是基于钱学森复杂系统思维与范式,即在复杂系统的认知范式、方法论及核心知识架构的基础上,通过复杂系统与管理科学融合而形成的对复杂社会经济重大工程系统中一类'复杂整体性'问题的管理实践活动;在学术上,它是关于复杂整体性问题管理知识逻辑化与系统化的科学体系。"(盛昭瀚、于景元,2021)因此,具有复杂整体性基本属性的重大工程核心决策问题就属于复杂系统管理领域的对象范畴;进一步地,学理逻辑就是要对重大工程核心决策问题的思维范式、实践范式与研究范式实现从传统决策思维向复杂系统或者复杂系统管理思维范式的转移。

不能把这一转移仅仅看作决策方法的某种改进或某一新技术的使用,这是一项关于重大工程核心决策的认识论与方法论变革,变革的核心是在凝练重大工程核心决策问题基本属性内核的基础上,实现相关的范式转移。

对这一问题,我们做以下分析。重大工程核心决策活动有着多样性的复杂整体性内容与形态,因此可以从不同视角来凝练其属性内核。例如,不同尺度会对核心决策问题提出不同目标,故可认为这类决策是一类多尺度决策;决策方案的形成往往遵循迭代式路径,又可认为这类决策是一类迭代式决策,等等。但是,最具本质属性的是重大工程生命周期长、环境变化复杂、决策活动的核心目的是形成一个高质量决策方案。具体地说,该方案所赋功能在工程长寿命期内的释放不仅要保持持续性,而且要有关于工程环境情景深度不确定性的稳健性。这样,方案功效关于情景深度不确定性的鲁棒性就成为重大工程核心决策的本质品质,也成为相应决策活动的品质标准,具有重大工程核心决策属性的内核表征。

将重大工程核心决策的属性内核凝练为情景鲁棒性,不仅意味着我们覆盖了该类决策问题的各类复杂性,而且因为鲁棒性是工程全生命期内决策方案品质的整体性标志,体现了我们对解决核心决策问题整体性的思考,这就使我们找到一个实现重大工程核心决策问题关于复杂系统思维范式转移的起始点,并在此"元转移"基础上,进一步拓展或延伸其他范式转移路径,例如:

(1)深度不确定性不仅构建了重大工程核心决策问题属性的新内涵,也因此导致决策活动将出现许多新的复杂现象,如多样性的数据不精确、信息不完全与情景不确知等决策活动新形态,需要构建新的决策模式;

（2）重大工程核心决策问题更难用一类结构化、静态化的手段来描述，因此，决策组织需要更强大的柔性与适应性才能够对付各类深度不确定性；

（3）情景鲁棒性作为重大工程核心决策品质的标志，以决策方案最优性评价思想与方法需要变革；

（4）在决策过程中，决策主体要不断深化对不确定性的认知，甚至需要从"认知盲区"中解脱，因此，决策方案只能遵循"迭代式"路径才能生成；

（5）许多传统的决策方法与工具不再适用，因此，需要提出相应的解决重大工程核心决策问题的新方法、新工具，如全景式质性系统分析方法、情景耕耘技术等。

上述只是重大工程核心决策问题研究的部分思维范式转移路径，复杂系统管理的一个重要的基本思想就是"语境"的重要性，其基本意思是不能指望有许多现成的基本定律与规则成为解决一个个复杂系统管理实际问题的"万应灵药"。非常重要的是，对一个具体的复杂系统管理问题，要通过深入分析，深度挖掘其形成复杂整体性的独特环境与特有的动力学机理并在实践中将这些独特"语境"与基本范式紧密结合起来。

因此，在关于复杂系统思维范式转移基础上，要将具体的重大工程核心决策问题的独特性特征与复杂系统管理基本范式相结合。

## 4　基于复杂系统管理的重大工程核心决策范式要点

在学术上，基于复杂系统管理的重大工程核心决策是一个关于重大工程核心决策复杂整体性问题的逻辑化与系统化管理知识体系。这是一个"正在路上"和蓬勃发展的新领域，该体系具有重要意义的哲学思维、核心概念、基本原理、科学问题都正在萌芽和生长之中，而我国重大工程实践的强国地位正源源不断地为该领域提供丰富的思想、经验与理论源泉。

本文仅根据后面案例具体内容列举以下几个相关范式要点。

### 要点 1：基本范式

首先，"基于复杂系统管理"是指上文的"在复杂系统思维范式转移基础上",而"重大工程决策范式"则是指按照一定的行为约定和流程规范来实施重大工程核心决策活动的实践模式。要强调的是,这里的模式不是个别决策者的自我设定,而是依据复杂系统思维范式转移路径,通过结合理论思维与工程思维,在既尊重一般决策规律又体现主体独特意图(Sheng,2018),在厘清和驾驭核心决策问题复杂整体性属性的基础上对决策方案进行设计与筹划。具体可以分为以下三个阶段。

(1)一般来说,在重大工程核心决策过程中,人们首先是在直观上感知到决策问题作为人造系统的物质型要素、要素之间关联与结构等物理形态以及物理层面的各类复杂性,特别是对物理层面上决策问题现实情景的生动的直观感知,它们是决策问题进一步被抽象的原生态母体。这是重大工程核心决策的物理复杂性阶段。

(2)因为复杂系统管理依据的是复杂系统认知范式,所以对重大工程核心决策问题的分析不能完全和一直停留在直观感知层面上,而要逐步抽象至复杂系统层面,并运用复杂系统思维与话语体系表述、提炼核心决策问题的关联逻辑与属性特征,这就是决策问题的物理复杂性向系统复杂性的转换,也是对决策情景核心要素与结构的提取。不难看出,这一转换主要是为了让决策分析能够在理性思维层面上进行,以利于揭示决策问题的客观规律和筹划决策方案的设计思想,为进一步形成决策方案提供准备。需要指出,这一阶段实际上还包含着一个重要的决策思维的复杂系统范式转移的过程。

(3)根据被凝练出来的决策问题系统复杂性,依据管理学概念、原理,将决策问题的系统复杂性形态与机理认知再一次转换成管理学相应的概念、原理、逻辑与话语体系,形成既蕴含着复杂系统思维内涵又充分体现复杂整体性决策本质属性的管理科学问题。在这一阶段,特别重要的是在多符号系统体系支持下,形成可分析或者可计算的决策问题与方案设计的核情景,并加入决策问题的独特性语境要素,重构和预测决策问题及方案的情景与演化,在虚拟的决策情景中推演、分析决策方案的功效和鲁棒性等品质效能;通过理论、实证、模拟等手段和"迭代式"路径,逐步得到决策问题的最终解决方案,这就是核心决策过程的系统复杂性向管理复杂性的转换阶段。

以上三个阶段的转换形成了基于复杂系统管理的重大工程核心决策的基本范式(如图 1 所示)。

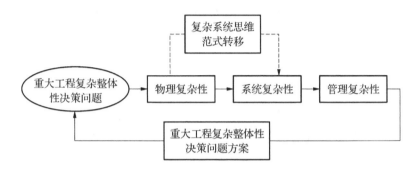

**图 1　基于复杂系统管理的重大工程决策基本范式**

**要点 2:降解与综合**

重大工程核心决策问题的整体性不能理解为就是一个"铁板一块"的决策问题。大多数情况下,宜理解为是一个可以进行适当分解、彼此有着错综复杂关联的决策问题群,这里的问题群内部具有层次性、时序性、顺序性、逻辑性等,还包括子问题之间的冲突性、协同性、涌现性与隐没性等,所有这些构成了总体核心决策问题的复杂整体性。

针对这一状况,我们可以依据工程虚体可变性原理(Sheng,2018),通过假设与理想化的降解行为,在一定尺度和粗粒度上把决策问题群降解为若干个相对独立和相互关联的子问题群,对各子问题群进行分析和解决,以此类推,逐层往下,在完成各层次任务后,分别针对不同情况进行子问题群的逐层往上集成与综合(盛昭瀚等,2019a)。需要注意的是,这里的集成与综合不是"可加性"整体论,而是复杂系统管理的综合集成方法论。

如港珠澳大桥工程可行性论证阶段共被分解成 29 个子决策专题,最终形成 46 份报告。子问题涉及面广:有港珠澳大桥工程对区域社会经济发展及远景交通的影响;有工程在国家路网中的近、中、远期作用分析;有大桥建设工程量规模、技术标准、桥位走向及各桥位桥型方案论证；有工程施工期及运营期对自然环境影响评价；有不同投融资模式及相应的工程项目经济效益分析；还有对项目跨界建设、施工、管理中需协调解决的各类问题等等。虽然这29个决策专题各自有着一定的问题边界，但有些问题，如"一国两制三法"（盛昭瀚等，2020）对工程建设法治环境的影响与对策、大桥桥位桥型决策与白海豚保护决策之间的冲突等都具有高度的复杂整体性，不可能仅仅采用还原论方法来解决。

**要点3：组织的适应性与柔性**

重大工程核心决策活动由决策主体群组成的决策组织实施。既然重大工程核心决策问题具有复杂整体性，而决策环境又具有深度不确定性，那么，决策组织需要充分利用组织与自组织作用涌现出驾驭问题复杂整体性的能力（程书萍等，2009），并且通过制定决策组织内部的运作规则与流程来保证上述驾驭能力的持续性与执行力。这样，可以将重大工程决策组织理解成一个平台，其主要职能不是直接为重大工程核心决策问题提供具体的方法和方案，而是提供形成决策方案的环境与条件。

关于重大工程决策组织是一类"平台"的认知，体现了重大工程决策组织的"自组织"与"自适应"特征：一方面，重大工程决策组织以构建与提高组织整体行为能力为导向来选择和优化主体，包括主体的层次、事权、专业、关系、能力、知识的完备性与彼此的和谐性等，这主要反映了重大工程决策组织的"他组织"行为；另一方面，重大工程决策组织还要十分注重对工程决策组织的机制、流程的设计与事权配置等，以有利于组织内部通过相互关联与相互作用，涌现出不仅高于单独个体，而且高于个体之间简单叠加形成的驾驭复杂整体性的能力。这主要反映了重大工程决策组织的"自组织"与"自适应"行为。而重大工程决策组织的整体行为能力的涌现，特别是对决策问题复杂整体性驾驭能力的涌现，是决策组织"他组织"与"自组织"综合作用的结果。其中，"自适应"与"自组织"机理发挥了特别重要的作用。

这样，重大工程决策组织的自组织与自适应功能，需要在主体微观层次与组织宏观层次之间具有一种新的行为与能力生成、转换和涌现模式,这一模式使决策组织整体行为能力既与微观个体行为有关,能用个体行为做出一定解释,又不完全能由个体行为简单叠加决定和不能完全用个体行为解释;其中增长、拓展、衍生出来的那部分能力就是决策组织整体行为的涌现(盛昭瀚等,2007)。对重大工程决策组织进行设计和优化,特别重要的就是这一能够涌现或增强新的驾驭决策问题复杂整体性能力的自组织机制。

例如,我国苏通大桥是国家沿海高速公路跨越长江的重要通道,也是江苏省规划的"四纵四横四联"公路主骨架"纵一"线的跨江枢纽工程,位于江苏东部,连接南通市和苏州市,距长江入海口 108 公里,是长江上第 165 座大桥,虽时间上不是最后一座,但空间上却是江尾主航道上最末一座(游庆仲等,2009)。2001 年,国家计划委员会正式批准工程项目建议书,2008 年竣工通车,工程创造了当时的最大跨径、最大基础、最高桥塔和最长拉索四项世界之最。在解决深水超大群桩基础方案的过程中,苏通大桥指挥部组织江苏省交通规划设计院、中交公路规划设计院等建设设计研究院组成设计联合体;在主塔基础冲刷防护问题的决策上,指挥部则集成了南京水利研究院、江苏省交通规划设计院、COWI 国际咨询公司、中港二航局、路桥集团二公局等单位,它们在不同决策问题上与不同决策阶段构建了不同的决策平台。

从上可以看出,针对不同的复杂整体性决策问题,苏通大桥决策组织不是固定不变的,而是根据决策问题性质与难点的不同,由核心决策主体整合不同团队。一般来说,复杂性越高的决策问题,决策组织的适应性与柔性会越强。

**要点 4:方案的迭代及收敛**

重大工程核心决策主体的全部行为都是为了设计和提出解决复杂整体性决策问题的方案。在现实的决策活动中,可以在复杂性降解原理下,把决策问题总体复杂性分解到方案生成过程的多个相对独立的不同阶段,从而使决策主体在每个阶段仅仅面对整体复杂性的一部分,这样易于得到某个局部阶段的、复杂性相对较低问题的决策方案,再把各个阶段这样的方案组成方案序列,并注意不同阶段之间的复杂性的界面与接口,尽量保证复杂性的"总体性",并用这一序列的迭代来形成整个阶段和整体问题的方案。

主体在决策实践中的这一"迭代式"生成方案的方式既充分体现了复杂系统管理的复杂性降解准则，又充分体现了适应性选择准则，是主体在实际决策活动中的一类普遍、有效的行为方式。迭代式生成在操作层面上表现为一种由"主体个体自学习迭代—主体群平台迭代—主体群共识形成迭代"组成的三个不同层次、相互反馈的综合迭代模式。在具体操作中，主体通过不断对某一阶段性的方案进行纵向或横向比对、调整和修正，甚至推翻原方案再重新设计新方案这样一个不断试错的过程，最终以逐次迭代方案序列逼近最终方案。

苏通大桥超大深水群桩基础施工平台的搭设决策方案的制定就是一个典型的对方案进行多次反复、逼近主体群决策的实例。其方案形成过程如图 2 所示。

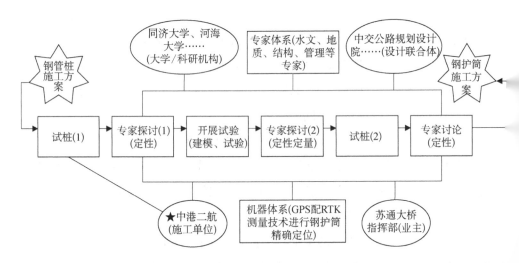

**图2 苏通大桥工程施工方案形成过程**

## 5　典型案例

### 案例 1:苏通大桥工程整体方案决策

苏通大桥工程整体方案决策主要是指关于大桥的桥渡设计、桥址选择、桥式方案设计、桥梁结构设计、桥梁桥跨、孔径、桥面高程、基础埋置深度、导流建筑物设计等。具体来说,苏通大桥是采用桥梁、隧道还是桥隧结合,如果是桥隧结合,需要明确结合的方式;如果采用桥梁方式,是选择悬索桥,还是斜拉桥方案,进一步还要明确跨径、塔型、索塔基础、钢箱梁方案等并在此基础上形成一个最终的整体性方案。

苏通大桥任何一个整体性工程方案不仅直接涉及桥梁工程技术或者隧道工程技术,而且还广泛涉及其他科学技术领域,如土木、机械、水力、电子、信息学科;在工程决策大环境上,大桥建设正值我国从计划经济体制向社会主义市场经济体制过渡以及改革开放关键时期,政府行政公权力与市场配置力并存但又不完善(王茜等,2009);就自然环境而言,大桥临近长江口,除气象条件差、水文复杂、基岩埋藏深等恶劣环境外,还因为桥位河段江面宽、主槽深,桥区通航船舶密度高、吨位大,任何决策方案都会与长江口航运功能产生一定冲突,要很仔细地分析和处理好这一风险。

苏通大桥是整个长江最东边的一座跨径最大的大桥,预期工程全生命为100 年;技术复杂性高、参与主体多、建设主体原有经验受到许多新的问题的挑战;工程建设涉及技术、设备和人员的高难度的整合;组织、经济与文化多个领域的协调,既有工程规律,又有管理规律和人文规律(盛昭瀚等,2009)。因此,大桥工程核心决策体现了多层次、多领域、多尺度的复杂整体性。

在上述工程决策复杂整体性分析的基础上,先在最基础层面对大桥工程整体方案决策问题进行降解与综合,这主要是以下工作。

从总体方案的顶层设计起始端出发,按照决策问题逻辑关联的有序性,对决策问题内涵进行分解,在对子问题进行决策的基础上,将之逐层集成综合为一个整体。大桥工程的整体方案可分解为工程桥隧方案综合比选以及大桥桥位、桥型、跨径、塔型、索塔的基础设计与优化方案等,这两个阶段的时序性是清晰的,因为第二阶段的决策问题要在第一阶段前序性问题有了结果后才能产生。

需要说明的是,在复杂系统管理范式中,对同一类或者同一层次的决策子问题,需要在方案分析时进行同等深度的比对。"同等深度"是指对不同方案要进行内涵相同与综合价值可比的分析,不能受主体任何先验和主观偏好的影响。另外,在处理价值综合性比对时,不是将各自价值简单"叠加"或者"加权叠加",而往往要根据不同问题的背景、功能及不同价值之间的复杂关系采取价值"涌现"思维,如采用"一票优先"的底线思维原则。例如,在对苏通大桥桥梁与隧道整体方案进行综合比对时,虽然相关价值体系包含了许多其他内容,但最终在工程安全性这一价值上,桥梁方案因具有明显的价值重要性意义而被采纳。

在最终决策方案的形成路径上,苏通大桥工程整体方案充分体现出明显的"不断比对、逐步逼近、最终确定"的过程特征(如图 3 所示):

(1)首先考虑是采用桥梁方案、隧道方案还是桥隧结合方案;

(2)在确定桥梁方案后,是采用悬索桥方案还是斜拉桥方案;

(3)在确定双塔双索钢箱梁斜拉桥方案后,是采用五跨连续钢箱梁方案还是七跨连续钢箱梁方案以及桥轴线设计方案,等等。

具体来说,先是在可行的隧道和桥梁两种方案中,通过综合比较选择了桥梁方案;在确定选择桥梁方案后,考虑到通航要求桥梁跨度必须大于 1 081 m,可供选择的桥梁方案主要是大跨径悬索桥和斜拉桥,包括主跨 1 510 m 的悬索桥方案、主跨 2 010 m 的悬索桥方案以及主跨 1 088 m 的斜拉桥方案。在确定主跨 1 088 m 的斜拉桥方案后,可选用 2 026 m 的五跨连续钢箱梁方案和 2 088 m 的七跨连续钢箱梁方案。在确定七跨连续钢箱梁方案后,需要确定桥轴线,通过最初方案到优化方案再到最终方案的轴线向下游移动 320 m,方向转动 30°。

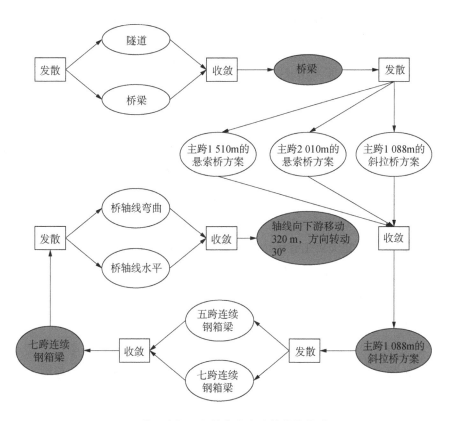

**图3　苏通大桥工程整体方案决策的收敛过程**

可以看出,大桥整体方案比选是逐层推进式方案比选的过程,即剔除明显较差的方案后,对保留的方案进行同等深度研究、比对(包括详细设计和计算分析),步步推进形成最终方案。其中,桥型方案以及主梁、索塔、斜拉索结构方案等都是采用该方法,通过提出方案、同等深度研究并逐层推进确定。

此外,苏通大桥工程建立了有利于解决整体方案这一复杂整体性决策问题的自适应决策组织,该组织在静态上表现为省、部领导协调和专家学者参与,指挥部为平台,在动态上表现为指挥部根据四个阶段决策任务的不同,将相关决策主体进行动态调整和柔性组合,以提升自身解决复杂整体性决策问题的综合能力。例如,工程复杂整体性使得单个设计单位很难满足工程设计方案所需的同等深度研究的要求,这时序主体(业主)通过整合不同专业领域高水平的设计单位组成联合体,共同承担工程设计任务(盛昭瀚等,2009)。在具体过程中,各设计单位紧密配合,共享相关信息,并由专业领导小组负责领导和协调工作,这时所有承担设计任务的单位之间的关联十分紧密,业主也深度介入(盛昭瀚等,2009)。

总体来说,作为一类复杂整体性决策问题,决策问题的降解与综合、决策组织的适应性与柔性以及决策方案的比对、逼近与收敛等复杂系统管理范式在苏通大桥整体方案决策中得到普遍而有效的运用,大大提升了决策的质量,保证了决策的科学性,对苏通大桥能够克服众多的建设难题起了至关重要的作用。

**案例2:港珠澳大桥工程桥位与中华白海豚保护复杂整体性决策**

港珠澳大桥是由隧、岛、桥、路组成的跨海交通集群工程,它是我国交通事业实现由追赶向赶超转变、由粗放向集约转变、由桥梁大国向桥梁强国转变的战略性工程之一。

港珠澳大桥桥位选择主要是确定大桥着陆点的位置及在珠海口外伶仃洋海域中连接珠海、香港和澳门三地的走线方案,属于港珠澳大桥工程核心决策问题之一。大桥桥位决策问题具有整体性是因为该决策由若干不可完全分解的子问题综合而成,复杂性则主要是由决策主体之间的利益冲突、自然环境和生态环境的复杂多变以及决策问题相互缠绕造成的。例如,港珠澳大桥的走线将对粤港澳三地的城市规划、交通网络布局等产生直接影响,因此三地政府均立足于各自立场对着陆点及线位走向提出种种意见,其中不可避免地存在着彼此利益之间,以及局部利益与整体利益之间的冲突(李迁等,2019);另外,对港珠澳大桥桥位方案的确定必须在掌握港珠澳大桥所处气象、水文、河势、地震、生态环境等基本资料的基础上才能降低决策风险(李迁等,2019),但实际上,人们在这方面的认识往往是有限和不充分的;还有,大桥桥位决策问题中的子问题相互关联、相互嵌套,如确定着陆点时,需要考虑桥位走线的自然条件、技术能力的可行性,而着陆点的决策结果又是桥位走线问题的某种前提与基础,导致桥位走线与着陆点决策相互制约;特别是,港珠澳大桥桥位所处位置可能穿越珠江口中华白海豚国家自然保护区,因此制定桥位方案时需妥善处理好大桥与中华白海豚保护问题。

众所周知,繁衍生息于广东珠江口的中华白海豚属于国家一级保护动物,保护中华白海豚是港珠澳大桥桥位决策的一个刚性制约,也是港珠澳大桥建设的重大社会责任。中华白海豚保护决策的具体内容主要包括是否允许大桥穿越保护区、是否以及如何减少对白海豚保护的影响等,这意味着大桥线位走向若要穿越保护区会面临着相当大的障碍,如大桥工程的建设和运营不能对中华白海豚的生活环境、生存空间及个体造成直接或间接的负面影响或伤害。

要解决这一问题有两种可供选择的思路:其一,调整保护区范围/功能区划,即中华白海豚保护完全服从大桥建设;其二,调整大桥线位走向,以绕过保护区,即工程建设完全服从中华白海豚保护。根据推荐的工程线位比选方案,如果选择调整大桥线位走向,则碛石湾北线方案和南线方案均将不能满足要求,大大限制了工程方案选择空间,且上述方案均是中交公路规划设计院经过多方面综合评价得出的有比选价值的方案,若对此方案进行大幅度调整,将带来工程造价激增、工程技术难度加大等问题(梁茹等,2015),不利于工程总体目标的实现。因此,从大桥线位走向来看,大桥线位势必然会穿越白海豚保护区。这样,大桥走线决策将转化为如何解决大桥线位穿越白海豚保护区的正面冲突以及一系列后续问题的解决。因为白海豚保护问题和大桥桥位方案问题分属生态环境保护与国家重大工程建设两个不同领域,各自都具有一定的刚性但又必须作为一个整体性问题协同考虑,这是港珠澳大桥工程复杂整体性决策问题的典型代表。

基于对该决策问题的上述分析,首先从整体性层面对大桥工程桥位与白海豚保护采取以下统筹策略。① 降解性策略。充分利用还原论,将桥位决策问题分解为更细的子问题并对各子问题进行决策,如将桥位决策进行“先着陆点后桥位,着陆点与桥位相辅相成”的同步异步相结合的决策方法。② 综合性策略。由于大桥工程建设必须考虑对珠江口中华白海豚的影响,经过仔细分析,采取以下柔性策略:在桥位决策前期先在空间上将白海豚保护问题做一定的

"屏蔽",即暂不考虑对白海豚的影响;而在桥位决策后期,如果桥位走线穿越白海豚保护区已成定局,则让白海豚保护问题在空间上"回归",再聚焦如何应对白海豚保护问题,实现两项决策问题的整体性。

在具体策略中,采取了桥位走线在工程可行性上的"底线思维",即让桥位走线尽可能减小对白海豚的影响,同时以其他资源来补偿白海豚生活空间资源的损失,如对白海豚保护事业进行经济上的生态补偿,以保证工程建设与白海豚保护的空间冲突向利益统筹与均衡转移。

上述决策策略的完整过程如图 4 所示,大致划分为以下三个阶段。① 将大桥桥位决策中的白海豚保护在"工程虚体"层面上暂时"屏蔽",以扩大桥型桥位的决策可行性,这样做体现了大桥桥型桥位决策复杂整体性中的桥位这一"核情景"。该阶段决策主体初步确立了粤港澳三地着陆点以及三大类六个桥位走廊方案。② 在"工程实体"层面上,将白海豚保护"回归"大桥桥型桥位决策问题,此时第一阶段得到的桥位方案作为白海豚保护"回归"的输入要素,形成大桥桥型桥位决策的复杂整体性全貌,并对回归后的决策问题"全景"进行决策。该阶段主要是为了避免大桥建设在白海豚保护区与生态环境相关法律发生冲突,使中华白海豚保护区的面积不因大桥建设占用而减少。具体的过程是,从最初的保护区不断调整到推倒重来构建临时调整保护区内功能区。③ 鉴于大桥桥位不得不穿越白海豚保护区,将调整后的大桥桥位方案作为整个桥型桥位决策的"底线",并尽可能地对白海豚保护采取必要的生态补救措施,使大桥对白海豚的影响降低到最低,有利于白海豚未来的生存与繁衍。由此可见,整个工程桥位与白海豚保护复杂整体性决策方案的生成是复杂系统管理范式下逐渐迭代、逼近的动态过程。

从全过程看,港珠澳大桥工程桥位与中华白海豚保护两者融为一体,是不可以采用简单还原论方法解决的复杂整体性决策问题。首先,在直观感知阶段,要体验到工程桥位走线的技术复杂、自然环境严峻、工程造价高、生态保护要求严、白海豚保护难等物理复杂性,在此基础上将各类物理复杂性逐步提炼、抽象至复杂系统层面,形成多主体利益多元化、工程价值与环境价值异质性、工程目标体系多尺度多维度冲突及决策全情景的深度不确定性等系统复杂性;

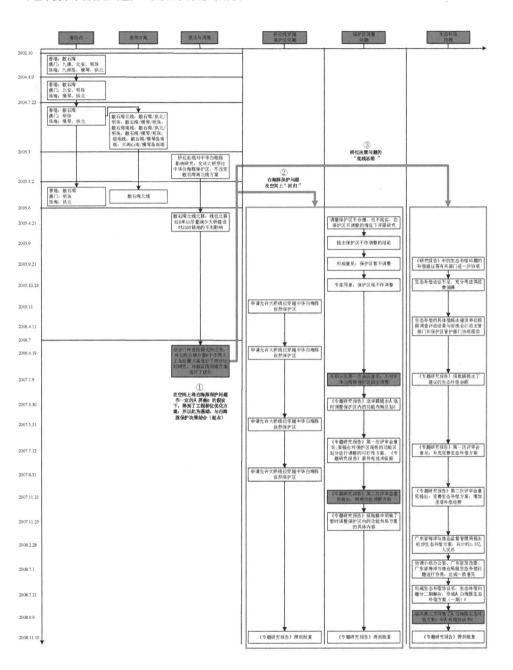

**图 4　港珠澳大桥桥位与中华白海豚保护复杂整体性决策的降解与综合**

接着,在决策过程中综合这些系统复杂性,对决策问题的优先级、资源制约条件进行分析,针对现实中的"时空重合"两个决策问题,通过空间"屏蔽"再"回归"而使其成为时间有序的"时空伴随"决策序列,再以经济资源换取空间资源的原则使不同子决策问题整体化,并最终得到现实中的复杂整体性问题的决策方案。这就是所谓物理复杂性—系统复杂性—管理复杂性三阶段连贯、融通的复杂系统管理范式。

另外,在决策组织形态上,不同决策问题其核心决策主体不同,同一决策问题的核心决策主体也会随之变化,决策问题复杂性越高,其决策主体层级越高、职权越大。具体来说,在上述第一阶段,着陆点决策主体为大桥三地协调小组、三地政府和中交公路规划设计院;在确定了香港侧着陆点为大屿山礁石湾及珠海和澳门侧收敛的两组着陆点组合之后,对两组着陆点组合和桥位走线方案进行进一步的比选、考究、论证时,决策主体除了上述之外还有国家发改委和中央政府各有关部委、机构(包括交通运输部、水利部、港澳办、环保局、原总装备部、农业农村部等)(梁茹等,2015)。在上述第二阶段,允许桥位线路穿越白海豚自然保护区的主要决策者是农业农村部渔业局,调整保护区和生态补偿主要的决策者是三地政府。这一方面是由于相关部门的职责与权限不同,另一方面是由于不同问题对三方的利益影响程度不同。桥位线路穿越白海豚保护区主要影响中国大陆珠江口海洋生态环境和珍稀动物的生存,这些问题由农业农村部渔业局负责,因而它是该问题的政府主管部门。调整保护区和生态补偿关系到三方拿出多少资金、各承担生态补偿的哪些项目和任务,这涉及三方利益,因而这两个决策问题的主要决策者为三地政府。在上述第三阶段,对生态补偿方案和保护区功能区调整的研究,开始是由南海水产研究所主要负责,当确定了临时调整保护区内部的功能区划后,调整保护区内功能区的方案由广东省海洋与渔业局负责,并且进行相关材料补充。决策组织组成之所以出现上述变更,主要是由于随着该决策问题具体内容重点的不断变化,决策主体需要具有相应的和充分的决策事权与专业能力,这充分体现了复杂系统管理范式下决策组织的柔性与适应性原则。

# 6 结语

无论重大工程建设总数还是单体工程规模,我国在全世界都首屈一指,实践成就世界一流。同时,重大工程管理中的决策失误等问题也带来了严峻挑战! 对此,国际工程管理学术界越来越认识到:重大工程决策实践需求与决策理论、方法创新之间的冲突已经达到"紧张点"。我国重大工程决策的实践与经验为我们的重大工程决策理论方法创新提供了丰富的源泉。

在这方面,具有中国特色的复杂系统管理将成为我国重大工程决策管理领域一类新的思维范式、实践范式与研究范式。本文的理论探讨与典型案例表明,复杂系统管理学理逻辑与学术内涵将极大地帮助我们根据自己的哲学思辨和文化感悟创造基于复杂系统管理的重大工程决策自主性学术主张与知识变革。

(刊于《管理世界》2022 年第 3 期)

(作者:南京大学盛昭瀚,上海大学梁茹)

## 参考文献

[1] 程书萍,王茜,李迁.关于综合集成管理职能的探索[J].科学决策,2009(1):1-5,17.

[2] 戴汝为.科学是一个整体及科学方法论[J].科技导报,2010,28(21):3.

[3] 李迁,朱永灵,刘慧敏,等.港珠澳大桥决策治理体系:原理与实务[J].管理世界,2019,35(4):52-60,159.

[4] 梁茹,陈永泰,徐峰,等.社会系统多元情景可计算模式研究[J].管理科学学报,2017,20(1):53-63.

[5] 梁茹,盛昭瀚,李迁.重大基础设施工程决策方案的功能设计[J].建筑经济,2015,36(4):5-10.

[6] 钱学森,于景元,戴汝为.一个科学新领域——开放的复杂巨系统及其方法论[J].自然杂志,1990(1):3-10,64.

[7] 盛昭瀚,刘慧敏,燕雪,等.重大工程决策"中国之治"的现代化道路——我国重大工程决策治理 70 年[J].管理世界,2020,36(10):170-203.

[8] 盛昭瀚,薛小龙,安实.构建中国特色重大工程管理理论体系与话语体系[J].管理世界,2019,35(4):2-16,51,195.

［9］ 盛昭瀚,游庆仲,陈国华,等.大型工程综合集成管理——苏通大桥工程管理理论的探索与思考［M］.北京:科学出版社,2009.

［10］ 盛昭瀚,游庆仲.综合集成管理:方法论与范式——苏通大桥工程管理理论的探索［J］.复杂系统与复杂性科学,2007(2):1-9.

［11］ 盛昭瀚,于景元.复杂系统管理:一个具有中国特色的管理学新领域［J］.管理世界,2021,37(6):36-50,2.

［12］ 盛昭瀚.管理:从系统性到复杂性［J］.管理科学学报,2019,22(3):2-14.

［13］ 盛昭瀚.问题导向:管理理论发展的推动力［J］.管理科学学报,2019,22(5):1-11.

［14］ 王茜,程书萍.大型工程的系统复杂性研究［J］.科学决策,2009(1):11-17.

［15］ 游庆仲,何平,吴寿昌,等.苏通大桥工程管理实践与基本经验［M］.北京:科学出版社,2009.

［16］ 于景元.集大成 得智慧——钱学森的系统科学成就与贡献［J］.航天器工程,2011,20(3):1-11.

［17］ 于景元.钱学森系统科学思想和系统科学体系［J］.科学决策,2014(12):2-22.

［18］ SHENG Z H.Fundamental theories of mega infrastructure construction management［M］. New York:Springer,2018.

几十年来,我国生态文明建设的思维演进体现了整体性的生态文明建设战略不断与时俱进与升华,与此同时,对我国重大区域性复杂环境治理的指导性越来越精准。下文梳理和总结了我国太湖流域水环境治理的实践、系统思维、成效是如何与国家生态文明战略同频共振的,并探讨在太湖水环境治理新的挑战面前,如何通过复杂系统思维范式转移,实现治理变革,实现新时代太湖高水平治理。

# 与国家生态文明战略同频共振

## ——太湖环境治理工程系统思维演进与复杂系统范式转移

　　**摘要:**太湖流域是我国长三角地区一个重要的自然环境-社会经济复合型巨系统,太湖水环境治理是一项社会型复杂环境系统工程,是落实我国生态文明战略的重大举措。本文全景式梳理了自20世纪90年代起我国生态文明战略的系统思维的演进,展现了太湖流域环境治理工程与我国社会主义建设及改革开放、民族振兴一路同行,与我国生态文明战略同频共振的生动画卷;从历史经验的总结和反思中提炼出我国生态文明战略及环境治理系统思维演进的脉络,即从"物理型""单体型"治理向着"社会型""经济型""法治型""生态型""综合型"及"共生一体型"复杂整体性治理的拓展和升华。

　　分析结论表明,太湖环境治理历程充分体现了我国生态文明战略系统思维的巨大引领性作用,反映了我国生态文明战略指引下太湖环境治理的时代性进步以及几十年来我国太湖环境治理所形成的一条充分体现我国国情的湖泊流域水环境治理的成功道路。

　　本文还以全面建设社会主义现代化国家内在要求为导向,提出和分析了基于复杂系统思维范式转移的太湖治理变革组织模式、市场化机制、数智赋能等重点议题。

**关键词**：太湖环境治理；生态文明建设；复杂系统管理；思维范式转移

长期以来，太湖流域水环境对我国长三角地区社会经济发展起了巨大的保障与支撑作用，同时，从 20 世纪 80 年代开始，随着太湖流域的城市化进程及社会经济发展不断提速，太湖水环境问题逐渐突出。据 1995 年初步统计，太湖全流域骨干河道污染长度占 78.6％，三分之二的湖泊处于中度富营养以上程度，水污染引发的流域水质型缺水矛盾日益尖锐，流域社会、经济发展以及百姓生活均受到重大影响。在此严峻形势下，党和国家高度重视并开展了大规模的太湖水环境治理工程（简称太湖治理）。

自 1996 年国家正式启动太湖治理工程起，太湖治理已经整整走过了 27年，纵观太湖治理历程，太湖治理取得了重大成就，创造了广阔的太湖流域社会经济与生态文明协同共进不断增强的中国伟绩。与此同时，我们也深刻感受到，太湖治理正进入爬坡过坎的攻坚阶段，触及的矛盾问题层次逐渐加深。特别是，当前太湖治理面临着"生态文明建设新时期""经济增长转型升级期""治理攻坚克难期"三期叠加带来的巨大挑战，治理要求更高、工作难度更大，很多体制机制类治理弱点、治理赋能不足和不均衡现象逐渐凸显与严峻（盛昭瀚等，2021）。因此，需要我们认真总结当前太湖治理中的突出问题，通过深刻反思，提出新时代太湖治理变革的新思维，为高水平治理太湖提供新的动能。

太湖水环境是一个高度开放、大时空、多层次、多尺度与深度不确定的复杂巨系统，包括自然、生态、经济、社会、法制与人文等子系统以及各子系统间的复杂耦合关联。太湖治理是一项复杂系统工程，需要解决的问题类型多样、异质性强并具有复杂整体性，需要多措并举、统筹兼顾。与一般小地域、相对简单的环境治理相比，对太湖流域治理工程的属性认知及相应的治理体系设计更需要确立复杂系统思维范式转移，形成一个不断深化的复杂整体性治理的递进过程。

太湖治理工程是落实我国生态文明战略的重大部署。国家太湖治理工程启动至今,太湖治理历程不仅体现了我国生态文明战略系统思维的不断与时俱进,也体现了太湖流域治理实践始终与国家生态文明战略同频共振,还体现了长期以来在党的领导下,各级政府与人民群众以太湖治理实践为导向,不断探索并逐渐形成一条充分体现我国国情的湖泊流域治理的成功道路。

基于以上基本认知,本文首先对 20 世纪 90 年代至今的国家生态文明战略系统思维的演进进行梳理,分析了我国生态文明战略系统思维内涵的不断深化与持续提升,总结了在国家生态文明战略引领下太湖治理的重要举措与成果;全景式地展现了自 1995 年国家太湖流域治理工程战略实施以来与我国社会主义建设现代化一路同行的生动画卷;不仅从历史经验的总结和反思中提炼出太湖治理工程的基本经验与理论思考,还让我们站在当今中国式现代化新高度,提出基于复杂系统思维范式的新时代太湖治理变革要点。

## 1　我国国家生态文明战略的系统思维演进

### 1.1　生态文明战略与建设概述

文明——人类改造世界的物质和精神成果的总和,既是人类文化发展的成果,也是人类社会进步的象征。生态文明,是人类社会发展到一个新阶段出现的一类新的文明形态,其基本内涵为人类在自身发展中必须与自然环境和谐,推进和实现自然系统内部、人与自然、人与人和谐共生、全面发展、持续繁荣的认知、理念、文化与行为准则。

由于文明源于人类物质生产与精神生活,所以,生态文明作为人类一种思维形态的形成与发展,必然要以人类实践为源泉及根本推动力,这就是生态文明的实践性。而生态文明的实践性又表现于人类不断推进的生态文明建设,所谓生态文明建设是以生态文明为目标的实践活动。

任何人类实践都具有时代特征,因此,生态文明建设的实践性就表现其内涵的时代性。具体地说,生态文明建设的时代性,包括对时代性生态问题的关切与回应,对生态问题深刻的洞察力、敏锐的捕捉与追踪能力,以及对生态文明问题变化的主动适应能力。另外,由于生态文明建设的丰富内涵涉及人类实践的不同层次、维度与尺度,因此,生态文明建设将表现出深刻的综合性或整体性。这一特征在现实中表征为生态文明战略目标是一个完整的体系,解决生态文明问题需要不同领域的技术与手段的综合集成,等等。

生态文明建设需要以生态文明战略为引领,所谓生态文明战略是对生态文明建设全局与持久性目标的设计与谋划。从国家整体发展目标出发,生态文明战略是在国家整体意义上对人与自然和谐共生与可持续发展的谋划;在我国,生态文明战略已成为中国式现代化建设与中华民族伟大复兴与永续发展的根本大计。

对于生态文明战略的认知,有以下两个基本点。

(1)生态文明战略不仅需要确立明确的战略目标,更重要的是要切实做好战略目标的可行、执行与落地,使战略目标变为现实。

(2)生态文明战略源于人类文明思维对实践活动的认知与解释,由于实践永远是变化和发展的,因此,生态文明战略需要表现出对实践变动的主动适应性与创造性,即在实践中不断与时俱进。

### 1.2 我国生态文明战略的系统思维演进

首先,国家生态文明战略是国家社会经济发展整体性战略的一个组成部分并被这一整体性战略所主导。一方面,随着国家社会文化的发展与进步,整体性生态文明将不断提升,生态文明自觉性将不断提高,生态文明战略将不断涌现出新的思维;另一方面,随着国家社会经济的不断发展,对自然生态环境资源的占用及双方的冲突也往往日趋严重,致使国家要对生态文明战略做出与时俱进的适应性调整,以弥合生态环境与社会经济发展之间的紧张关系,加强彼此的协调性,这一相互推动和促进的博弈共生关系就成为国家生态文明战略思维演变的**动力学机理**。

其次,对自然生态环境的作用、利用与保护的战略性思考需要将自然环境与人类社会融为一体,不能孤立化、单一化与破碎化。因此,国家生态文明战略应该是对自然环境与人类社会复合系统整体有序协同发展的全局认知、整体分析与统筹规划；这意味着，国家生态文明战略的适应性及与时俱进的实质是一类持续的**系统整体性思维演进**。

以上两点要求我们既要从国家发展战略的高度上来理解我国生态文明战略的总体演进，又要从自然环境社会经济复合系统整体性上认识我国生态文明战略的系统思维演进。

以下是本文对 20 世纪 90 年代我国提出生态文明战略以来的系统思维演进主线的梳理。

改革开放初期，我国社会经济得到快速发展，当时，由于人们的环境保护意识薄弱和科学技术与生产力水平相对落后，客观上形成了普遍性的大量消耗自然资源和破坏自然环境的现象。到了 20 世纪 90 年代中期，这一状况逐渐严重，甚至局部地区的自然环境对社会经济发展的支撑作用难以为继，自然环境与社会经济复合系统稳定平衡状态存在失调的巨大风险。

在这一严峻形势下，国家充分意识到这样的基于自然环境掠夺性的社会发展与经济增长方式将对自然环境造成不可逆的伤害，不仅会直接对我国经济发展造成日趋严重的负面影响，而且还将会对子孙后代的生存与发展造成威胁。因此，1995 年，党的十四届五中全会提出了将可持续发展战略正式写入"九五"规划中，成为国家发展的根本性战略，这也是我国改革开放以后首次明确提出的生态文明战略。该战略核心思想是，要从生态环境对人类生存和发展产生直接或间接影响的各种天然形成的物质和能量供给上，思考经济发展与生态环境保护的协调一致性；追求的基本目标是人类的需求得到满足，同时要充分保护资源和生态环境，不能殃及子孙后代的生存与发展；强调只有在资源和环境的承载力范围内发展，才能保证发展的可持续性，满足人类的长远利益和需求。

从总体上讲，可持续发展战略的系统思维主要表现于：① 对我国社会经济粗放式发展方式对自然环境资源的过度攫取和大量污染物输入并已经超越自然生态系统可承受的阈值的问题高度关注；② 对自然生态系统的自适应、自修复功能以及资源再生能力遭受破坏，造成自然生态系统的资源再生不可持续，进而威胁到国家社会经济系统发展状况的高度重视。从总体上说，可持续发展战略思维是一种对生态环境系统整体支撑能力、总体环境容量以及自然环境系统承载阈值的底线思维。

在现实中,生态文明不仅需要能够科学评估自然环境系统的整体能力、总体容量和承载阈值等的底线思维,还需要通过对自然环境系统内部的关联与结构进行分析、调控与重构来提升和改善自然环境系统的整体能力、容量与承载力等功能与品质。因此,在生态文明战略上,除了可持续发展战略外,基于调控和优化自然系统内部关联与结构的系统思维就成为一种新的更加精致和更有现实意义的国家生态文明战略。

这就要在可持续发展思维的基础上,进一步科学认识和正确运用自然规律,实现自然生态系统和社会经济系统的相互促进、良性循环与相互制约。在社会发展与自然共生演进的道路上,抓住资源节约和环境保护,建设资源节约型社会、环境友好型社会;在服从生态环境系统客观规律的同时,对经济社会发展方式给予适度调节,以经济增长方式转变的新的系统思维为引导,力争实现生产方式绿色化,建设环境保护长效机制。

上述思维理念充分体现在 2003 年党的十六届三中全会提出的"坚持以人为本,树立全面、协调、可持续的发展观",即科学发展观中。这对我国生态文明战略系统思维演进具有重要的指导意义。

从系统思维演进角度看,科学发展观释放出的生态文明战略新思维是在社会经济发展中要充分考虑自然生态系统的客观运行规律、自然资源和环境状态、存量、承载力等因素和约束,更加科学地建立经济社会系统与自然环境系统的良性互动关系,维护生态平衡和保持生态良好功能,这样才能保证长期发展的可持续性以及生态文明战略中人与自然和谐发展过程中众多要素之间的整体协调性。

由上可见,当生态文明战略思维深入生态环境系统的内在关联性之后,就多方面发现和揭示了我国生态环境与社会经济复合系统的多层次、多维度、多尺度和多形态的内在复杂关联,并由此提升了对该复合系统复杂整体性的认知。这里的复杂整体性既包括生态环境系统内在的相对独立的复杂性,又包括社会经济系统内在的相对独立的复杂性,还包括在这两类复杂性基础上涌现出的新的复杂性与新的整体性,以及由各类复杂性与整体性耦合形成的更深层次的复杂整体性。

这一新的认知极大丰富和拓展了我国生态文明战略系统思维的深度与广度。例如,生态文明战略不仅包括自然生态-社会经济复合系统各个要素之间的一般关联性、静态关联性与常规性动态关联性,而且在各类关联性的综合作用下,还会在复合系统整体、宏观层面及大时空尺度上涌现出系统均衡性、演化性和稳健性等多种系统整体性复杂形态,这就要深入研究如何加强社会、经济、环境之间的良性循环与互动关系,通过具体的生态文明建设举措,不断深化节约资源、保护环境的措施,形成绿色、和谐的思维方式和实践方式;要在生态文明建设过程中,提倡发展新型工业化道路,实现经济效益、生态效益和社会效益协调最大化。生态文明战略既精准把控了工业文明转向生态文明的发展规律,成为一种新的文明形态,又是构建和谐社会,实现人、自然与社会统一的重要基础,充分体现了我国国家生态文明战略系统性与复杂性内涵的拓展。

近年来,我国生态文明战略中的生态环境-社会经济复合系统越来越显现为一个由各个子系统融为一体并且趋于和谐共生的有生命的活系统。因此,国家生态文明战略适应性地提出要牢固树立并贯彻落实创新、协调、绿色、开放、共享的"五位一体"总体布局与新发展理念。针对这一新的发展理念,2013年,党的十八届三中全会提出深化生态文明体制改革,提出具有重大现实意义的"用制度保护生态环境"的思维理念,即通过建立系统、完整的生态文明制度体系,从国家制度根基上夯实生态文明建设的体制机制,增强内生动力,保证形成经济富裕、政治民主、文化繁荣、社会公平和生态良好的发展格局(刘志强等,2022),实现自然生态和社会经济的良性循环发展。

在我国生态文明发展的新时期,党和国家提出"人与自然生命共同体"理念,以及"两山论""绿色发展"等战略,提出要站在人与自然和谐共生的高度来谋划经济社会发展,建设人与自然和谐共生的现代化。上述生态文明思想和理念都进一步丰富了我国生态文明战略系统理念和发展路径,推动我国生态文明建设迈上新台阶(习近平,2022)。"生命共同体"这一思维表明要确立全要素整合的"人与自然"复杂巨系统观,即不仅强调了人与自然环境的和谐共生,更提升了自然要素"人格化"和"主体化"秉性,要"像对待生命一样对待生态环境",体现出生态环境-社会经济复合系统是个有生命的活系统,自然环境各要素不仅是治理对象,更是治理主体成员,是重要的利益相关者;对于环境治理问题,强调不能局限于一般系统思维,而需要从更深刻、更全面的复杂系统思维出发,按照自然环境系统和社会经济系统各自与相互耦合的内在规律,统筹考虑山、水、林、田、湖、草、沙自然生态各要素,统筹政府、企业、民众等多主体共同治理。

"两山论"深刻地体现了生态价值、经济价值和社会价值的统一,为"人与自然"一体性融合后的系统整体性价值的提升提供了全情景系统的价值度量、转化、流转的实现基础。在此基础上,自然环境系统与人类社会经济系统才能真正实现"一体化"复合性融合。

党的二十大报告以中国式现代化的本质要求为指引,进一步提出了我国生态文明战略的新的系统思维。报告指出,大自然是人类赖以生存发展的基本条件,尊重自然、顺应自然、保护自然是全面建设社会主义现代化国家的内在要求。这里的"内在要求"清晰地要求我们牢固树立起"人与自然一体化"的理念。

报告还指出要坚持山水林田湖草沙一体化保护和系统治理。统筹产业结构调整、污染治理、生态保护,应对气候变化,协同推进降碳、减污、扩绿、增长,推进生态优先、节约集约、绿色低碳发展;除了加快发展方式绿色转型外,要深入推进环境污染防治,提升生态系统多样性、稳定性、持续性;积极稳妥推进碳达峰、碳中和。(习近平,2022)

综上所述,自20世纪90年代至今,从提出并贯穿至今的生态环境可持续发展观,经过科学发展、五位一体,再到如今的"生命共同体""两山论"和"人和自然和谐共生",党和国家不断丰富和发展环境治理理念,形成了具有中国特色的持续创新、不断升华的生态文明战略。

在这一过程中,我国生态文明战略系统思维的总体演进过程呈现出从一般系统性的总量与底线思维,拓展到自然-社会复合巨系统内多层次、多维度、多

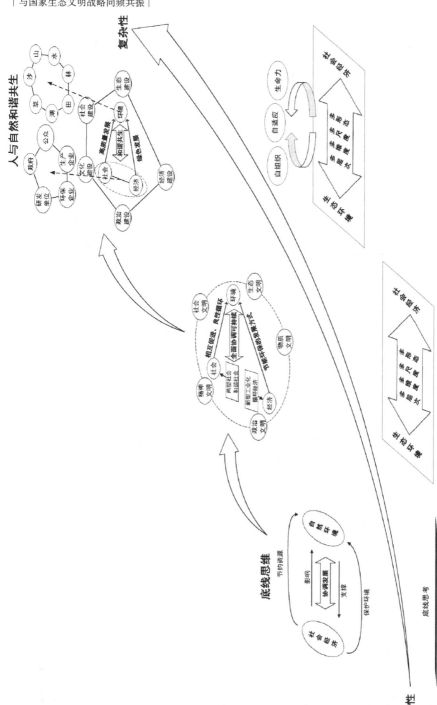

图 1　我国生态文明战略的系统思维演进

尺度关联,再深化为复杂系统复杂整体性以及社会型自然环境复杂巨系统的自组织、自适应、韧性等各类复杂性内涵,我国生态文明战略不断与时俱进,系统思维脉络也越来越清晰和完整。在此总体性系统思维演进指引下,我国生态文明建设也从起初的"物理型""单体型"治理向着"社会型""经济型""法治型""生态型"及"共生一体型"绿色、和谐、可持续复杂整体性治理拓展和升华。

上述总体演进趋势深刻表明了,数十年来,我国国家生态文明战略系统思维演进与中国特色社会主义现代化建设进程同步向前,并且深深铭刻着我国国情与现代化道路的烙印,体现了党和国家对国家生态文明战略中蕴含的科学性、系统性与复杂整体性内涵的不断追求与升华,并通过生态文明战略中的时代性、时代化一般原理与中国化、本土化独特现实融为一体,成为指导我国生态文明建设伟大工程的行为准则。

## 2　国家生态文明战略引领下的太湖治理历程

太湖流域水环境是一个高度开放的复杂巨系统,而太湖治理工程是指对太湖水环境开展有目标、有组织、有规划的环境治理建设活动,以增强太湖流域社会经济-生态环境系统的复杂整体性及整体有序性,缓解水环境问题对流域的负面影响,阻断水环境问题态势继续向负面方向演化。本部分将阐述在国家生态文明战略引领下,如何演进与提升太湖治理方针、举措,并对其治理成效、经验与不足进行反思和总结。

### 2.1　太湖治理方针的演进

在国家生态文明战略的指引下,数十年来,太湖治理总体方针不断与时俱进。起初,太湖治理主要聚焦于水环境系统与社会经济系统之间资源和污染物质传递的显性关联,以"治理老污染,控制新污染"为行动方针,通过行政惩罚等方式减少水环境系统与社会经济系统之间的污染传递量。然而,经过几年的治理,太湖水质始终没有得到显著改善,人们意识到太湖治理不能只是单纯治污。因此,从"治污为本"理念发展到"生态保护与环境保护并重,加强生态修复"这一更为科学化、系统化的方针,坚持防治污染与水环境保护并重,更加重视水环境修复和追求可持续性治理，努力探索使经济社会发展与水资源条件相适应的新路径。

2007年的太湖蓝藻暴发事件不仅对流域生产、群众生活产生严重的负面影响，而且也是太湖水环境问题对我们的一次"警告"，太湖治理成了流域发展和人民生活得以保障的迫切现实需求。为了真正实现人与自然和谐共处，使太湖治理迈上新台阶，提出了新的"保护中发展，发展中保护"的治理原则，不仅重视科学手段的作用，更重视科学的分类治理思维，提倡因地制宜地开展治理工作，着力于提升各区域的综合治理效果。随着生态文明建设的战略地位一步步提高，太湖治理逐步深化至制度层面，太湖流域积极响应国家"用制度保护生态环境"的号召，不断强化制度和细化制度的执行力，努力完善太湖治理生态文明制度体系。

"人与自然生命共同体"理念进一步升华了人类活动与自然系统的耦合关联，在整体上，太湖治理在实践中形成了以政府为主导，企业、社会组织和公众积极参与的整体性协同治理体系，进一步加强了治理的整体性和全过程，并在管理体制和责任机制上注重进一步补齐精准与完善的短板；此外，太湖治理开始尝试全民共建、共享的新路径，不断推进多元共治、协同治理与生态绿色一体化。

综上，能够清晰地看出伴随着国家生态文明战略思维的升华，太湖流域治理方针不断与时俱进。起初，由于环境污染态势的严重性和治理的紧迫性，在环境治理理念上，主要以资源节约和污染治理为重要抓手，并依赖生态系统自修复、自调节功能，遏制生态系统资源再生能力退化趋势。之后，在国家环境治理新理念引领下，不断完善了对太湖治理方针的优化，经历了从强调"治污"到强调"治理与保护并重"最后到如今的"全民共治、统筹协调"；从抓凸显、离散的污染问题逐步深入科学、全面、统筹治理；相应的治理政策也呈现多元化趋势，逐渐融入行政、经济、社会、文化等多维政策并逐步体系化、整全化。

## 2.2 太湖治理的主要举措

一直以来，各级政府都十分重视太湖流域治理，在国家生态文明战略和政策引领下,经过几十年的不懈努力,太湖流域治理各项举措不断完善和得力。本节将从太湖治理的工程建设、制度法规建设、市场机制试行、组织结构优化、信息技术应用等五个方面对举措进行具体阐述。

### 2.2.1 太湖治理的各项工程落地

在国家治理方针指导下,太湖治理的工程建设从末端治理向源头治理转变。其中,太湖污水处理工程是国家长期以来不断持续化的建设重点,同时,随着对污染源的认知逐渐清晰,治理焦点实现了区域性转移,从城市走向农村,由控制工业点源污染转向工业点源、农业及生活垃圾面源污染并控,并始终坚持源头防控,努力推进环太湖产业转型升级,构建全过程治理工程体系。此外,比较有代表性的是1998年"零点行动"采取截污控源策略,对2 087家污染企业进行污染整改、关停大行动;依托大型水利工程实行"引江济太"工程,通过加快水体流动,缓解水体压力以促进流域生态系统功能恢复;实施重大技术研发工程,国家"863"计划"十五"重大科技专项"太湖水污染控制与水体修复技术及工程示范"课题研究等,都体现出国家在太湖治理的各类工程领域持续不断的投入和深化。

### 2.2.2 太湖治理的制度法规建设

随着太湖治理的不断深入,太湖治理从注重工程建设向治理工程"硬系统"与治理制度等"软系统"相结合方式转移,不断强化制度体系对太湖治理的引导与规范作用。2011年,我国第一部流域管理综合性行政法规《太湖流域管理条例》施行,在解决体制机制问题、流域管理与区域管理相结合、水资源保护与水污染防治衔接等方面都有所创新和突破,为太湖治理提供了有力的法制保障。而近些年,基于生命共同体理念,太湖区域协同治水模式成为治理工程建设焦点;2020年,《长三角生态绿色一体化发展示范区重点跨界水体联保专项方案》的制定,进一步开启了太湖流域联保共治的新格局。

除此之外,太湖治理在经济制度、治理组织与责任制度、信息化工作制度等重要的法规建设上同样有长足发展并不断创新完善,以构建更加全面综合的制度体系为太湖治理提供基础的制度保障。

### 2.2.3 太湖治理的市场机制试行

太湖治理的市场机制应用历程充分体现出太湖治理新机制探索对全局性治理工作的带动作用。在持续的探索实践中，太湖治理中的市场机制逐步由点及面、从单一向多元化，运行机制不断完善，覆盖范围不断扩大。

2001 年，在以控制污染物排放总量为主线的政策指引下，太湖流域先试行而后全面推行了排污许可证制度，并在此基础上尝试引入市场机制，进行排污权有偿分配和交易试点工作。试点工作的顺利开展初步证明了市场机制在太湖治理中的重要作用，因此，2007 年蓝藻大爆发事件过后，为了建立长效治污机制，真正实现让"排污者付费，治污者赚钱"的治理原则，太湖流域正式启动排污权有偿使用和交易制度试点工作，并逐步建成排污权动态数字交易平台。由此，2010 年排污权交易市场正式登台，市场机制得到进一步加强。

此外，建立和完善生态补偿机制也是太湖治理市场机制的重要组成部分。2008 年，江苏在太湖流域率先推出的环境资源区域补偿办法，在流域的上下游之间形成"谁污染、谁付费补偿"新机制，以改善河流交界处存在的"扯皮"问题。其后几年，江苏在跨界水体生态补偿方面不断尝试与创新，最终在 2014 年，在全国率先建立了"双向补偿"制度，将单向补偿变为双向，进一步完善了治理经济政策与手段。

### 2.2.4 太湖治理的组织结构优化

过去数十年，太湖流域创新性建立并逐步健全了责任明确的河湖保护机制，且在此基础上不断加强对跨省流域治理的整体性认知，强化系统性治理，在促进协同治理方面进行了一系列探索，主要是从治理的顶层设计与组织架构层次上优化与完善现行治理组织。

2007 年，面对太湖流域"九龙治水、多头管理"难题，探索建立了"河长制"，通过深化治理机制的改革创新，提升和强化了法律法规和各项规章制度的执行力，加快了重点流域环境质量的改善，有效破解了河流治污的一些困局（新华网，2009）。随后，再次首创"断面长"制。断面是水流域在某一个时空节点下水环境全景性形态的表征，"断面长"制的建立不仅在落实治理责任上进一步强化了对水体流动性特征的认知,同时对水体水质形成与演化特征给予了整体性的管控。

在协同治水模式的探索方面,2008 年,太湖流域水环境综合治理省部际联席会议制度的建立为协调苏浙沪两省一市的治理工作提供了组织制度保障。2010 年的环太湖五市联席会议制度,推动了环太湖城市政府在治理太湖方面的合作与协同。2015 年,环太湖城市水利工作联席会议制度正式制定,为环太湖城市搭建了沟通交流平台,开创流域协同治水新模式(《中国水利报》,2017)。2020 年建立的突发水污染联防联控协作机制则为应对突发情况提供了保障。

### 2.2.5 太湖治理的信息技术应用

多年来,太湖治理对于信息技术的应用程度不断深化和完善,不仅应用场景更为丰富,治理技术水平也得到了全面的提高。2012 年,太湖流域水源地智能监测系统正式投用,在东太湖蓝藻和水草实时在线监测、水质参数实时监控及预警方面有了显著进步。2017 年,太湖管理局建立了信息化工作双周例会制度,制定"智慧太湖"顶层设计和信息化资源整合共享实施方案,启动"智慧流域"试点建设。为实现"智慧太湖"和流域水利现代化的治理目标,太湖治理在科技创新的投入和应用上力度不断加大,特别是在水质监测、水质动态评价、智能调度等方面积极应用云平台、4G 网络、移动端互动等互联网技术,构建起水量水质信息采集系统、工程信息监测系统、通信传输网络、水资源监控与保护预警中心等重要信息监测平台,有效提升了太湖流域水环境监测和决策水平。

### 2.2.6 太湖治理主要举措的演进

综上可以看出,太湖治理积极推进实践创新,不断赋予中国特色水环境治理战略以鲜明的实践特色,一些举措不仅对太湖治理起到了重要的实际作用,也对全国湖泊流域治理政策的完善和深化起到了先行示范与"探路石"的作用。总体上,结合国家生态文明战略可以看出,每个阶段的国家层面生态文明战略理念和太湖流域层面治理方针都为太湖治理相应阶段实践举措指明了前进航向。

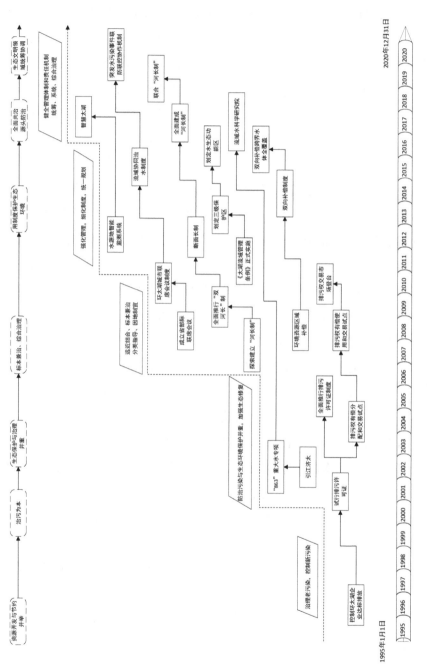

**图 2 太湖治理举措演进图**

具体地说,自从国家整体上开展太湖治理工程以来,初期,太湖流域响应国家可持续发展战略的号召,对标防治工业污染的流域治理政策,治理重点以控制环太湖企业排放为主;随后,在治污为本的政策引领下,国家大力提倡清洁生产、发展环保产业,太湖流域亦开始进行产业结构调整;科学发展观强调把握人与自然间关系的平衡,流域治理政策从治污为本转向生态保护与治理并重,并提出污染治理市场化改革的政策,因此,太湖流域在防治污染的同时,开始在生态环境保护方面进行一系列实践,并引入市场机制。中期,依据流域治理标本兼治、综合治理的原则,太湖流域落实流域生态补偿机制,经济手段与行政手段相结合,建立治污长效机制,加强环境、社会和经济之间的良性互动;"五位一体"明确了生态文明的战略性地位,国家要求实施最严格水资源管理制度,太湖流域积极响应,强化管理力度,细化管理制度;近些年,"生命共同体"理念坚持系统治理、统筹协调,以此为指导,太湖流域建立信息共享平台,对协同治理机制不断进行深化,深入践行六个坚持的实践原则(如图 2 所示)。

### 2.3　太湖治理的主要经验

在党和国家生态文明战略引领下,经过太湖流域各级党委、政府、社会和人民群众的共同努力,太湖流域基本实现了经济社会发展与水环境改善双赢局面,在多方面都取得显著成果。其中较为突出的有:

第一,对太湖的系统性治理认识不断深化,从最初的简单、单一治污感知与经验性治理到认识到太湖治理的生态领域、多要素的关联性、总体性、系统整体性、复杂整体性,治理思维不断深化;

第二,太湖流域生态建设工程规模不断扩大,实现了多地生态共同保护,形成高效的引排水利工程网络体系;

第三,太湖流域的供水安全得到保障、治污能力显著增强,形成了多元互补互备的供水水源布局;

第四,太湖治理法规涵盖范围扩大,从治理源头扭转了环保等少数部门单打独斗的局面。

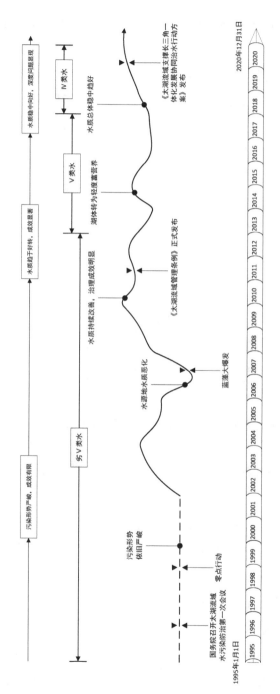

**图 3　太湖治理成效**

　　此外,太湖最直接的治理成效体现在水网水环境质量显著提升上,截至2020年,湖体考核指标较20年前有了大幅度改善,由图3、图4可以看出,太湖总体水质由劣Ⅴ类提升到Ⅳ类水,其相关河流的劣Ⅴ类数量显著下降,22条主要入太湖河道中有17条更是达到或优于Ⅲ类,湖中主要指标的平均浓度皆有所下降,综合营养状态指数由中度富营养化状态改善为轻度,并且连续14年实现了"确保饮用水安全、确保太湖水体不发生大面积水质黑臭"两个确保治理目标,保证了多年未发生湖泛问题。

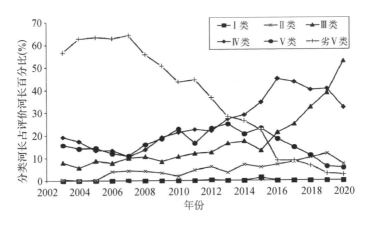

**图4　2003—2020年太湖流域河流水质状况**（数据来源:《中国环境统计年鉴》）

　　在以上实践成果的基础上,太湖治理形成了多方面宝贵经验,主要可总结为以下四个方面。

　　**第一,扎根太湖治理实践,持续递进提高。**面对太湖流域治理的复杂性和艰巨性,太湖治理多年来扎根实践,将突出问题作为主要导向,贯彻落实国家、地方的规划方案、攻坚克难、精准施策,确保治理工作不断取得实实在在的新进展、新成效,并且根据实践的反馈总结经验,不断更新治理思路、治理目标、治理措施,提高太湖流域环境治理能力和内生动力。

　　**第二,推动太湖治理整体化,提升组织协同。**太湖流域地域广宽、河网密布纵横交错,作为一类"公地",其治理工程与流域社会经济紧密关联,并构成社会经济水流域复合系统。随着治理的深入,太湖流域及治理工程的整体化和协同化管理的必要性、重要性日益突出。治理从单纯治污向治污、治水、治岸、治人一体化迈进,沿湖各城市不断尝试打破行政界线,两省一市一体化协同治水的共识越来越强烈,基本形成了三地治水整体协同化的良好局面。而组织协同的有效实行与有序参与离不开法治建设的有力约束,在法治建设方面,太湖治理多年来坚持改革创新,将实践证明行之有效的各项措施规范化、制度化,把制度改革与完善作为引领太湖治理的战略基点,通过制度创新保障太湖治理成果。

**第三,拓展太湖治理手段,探索市场机制。**在实践中,太湖流域的治理手段不断拓展,在工程手段方面,太湖流域全面控源减污,将生态理念融入各类治理工程建设,在工业、农业及城市等领域针对性地多管齐下综合治理。最重要的是,太湖治理不能只依靠政府行政作用,市场手段必不可少。因此,太湖流域自2004 年起持续尝试市场手段,重视运用治理体系中的市场机制,不断探索、创新排污权交易和生态补偿机制,探索各种融资方式,吸引社会资金投入,逐步激发市场活力,推动形成健康有序的市场机制,使太湖治理迈上新台阶。

**第四,吸收先进技术应用,重视数智建设。**随着时代的发展进步,太湖治理不断吸收应用先进技术手段,在污水处理、蓝藻打捞处理利用、水质监测等多方面都取得了长足进步,不仅降低了治理成本,更让治理更加高效、更加智慧。随着新一轮科技革命和产业革命的深化,数智技术的发展非常迅速,太湖治理不断探索谋划符合实际的数智赋能手段,推进多方面的数智化转型升级,加快了太湖治理信息流通速度,增强了流域水环境治理能力,为太湖高水平治理提供新的强大支持和保障。

### 2.4　太湖治理主要反思

综上,可以看到,太湖经过多年治理取得巨大成绩,也积累了很多经验,同时,我们也要看到太湖治理还有很多深层次问题亟须解决。虽然太湖流域水质正在稳中趋好,但是也应该看到水质改善的“边际效益”在递减,太湖治理已进入爬坡过坎的攻坚阶段,总磷等个别指标降幅空间有限,成为制约太湖流域水质改善的最大短板;许多体制机制类治理弱点及治理机理性动能不足和不均衡现象逐渐凸显与严重,相关学者也提出警示,太湖的"藻型生境"仍未根本改变,可以说太湖水环境综合治理仍需持久发力并赋予新的动能。

太湖水环境在多年治理之后仍然存在上述严峻的现实问题,说明了太湖水环境是一个具有高度开放环境、多尺度、多层次、多机理的复杂巨系统,而治理系统性动能不足,需要我们在认真总结当前太湖治理思维与体制的基础上,进行深刻反思并进一步确立太湖治理本质属性的认知变革。针对当前太湖治理中存在的突出问题,需要从以下四方面进行深刻反思与认知变革。

(1)湖泊水环境问题表象是"湖泊病",实质是"社会病",人是水环境"社会病"的始作俑者,又是"社会病"的治疗者。但是,人们常常用简单性思维或者一般系统性思维来看待、分析和处理太湖水环境及治理中的复杂性,或者仅仅用还原论方法来处理治理中还原论不可逆性的问题,这就出现了对治理问题本真性认知的缺失或错位。

(2)治理主体在太湖治理复杂整体性面前,往往存在认知水平与实践能力不足的困境,故而经常在存在认知盲区的情况下凭据自己的直观感知与有限经验做出决策,其结果容易出现以局部经验与知识来对待复杂性现实,违背了水环境治理客观存在的复杂规律。

(3)太湖治理中的净水、污染水和治理水都涉及水产权、产权的配置与转让,所以水治理是一类特定的经济交易与市场行为。因此,水治理机制中应该包含一定的市场机制设计来充分体现水资源的"经济性",如水资产归属、定价、治理成本与补偿核算机制、水环境资产化、确权与交易等。但目前的治理还主要依靠行政权力与法规,市场机制与价值规律的功效相对缺失。

(4)太湖治理能力现代化必须依靠现代信息技术,通过广泛的现代技术的综合运用,实现对水环境问题的深度分析和治理方案效能的提高。然而,值得注意的是,在当前的太湖治理中,现代数字化信息技术的切实应用还不够普遍、深入和系统化,未能充分发挥数字化、智能化技术对太湖治理的高水平赋能作用。因此,今后太湖治理需要加快提升智改数转的速度,通过数智赋能推动太湖治理体系与能力的现代化进程。

非常重要和令人振奋的是,党的二十大报告强调,必须牢固树立和践行"绿水青山就是金山银山"的理念,站在人与自然和谐共生的高度谋划发展;持续打好蓝天、碧水、净土保卫战,加强污染物协同控制,统筹水资源、水环境、水生态治理,推动重要江河湖库生态保护治理等生态文明战略重要举措。这也是在新时代新形势下对太湖治理工程下达的战斗号令,这将指引我们把太湖治理提升到一个更高的思维高度与科学层次,在整体上实现太湖水环境治理的复杂系统思维范式转移。

## 3 太湖治理复杂系统思维范式转移

### 3.1 范式转移概述

一个有一定历史与积淀的科学范畴或领域,除了具有同一类关联度较高的论域与科学问题外,还有该领域学者普遍认同的基本思想、基本学理、基本方法与话语体系,并有大量成功范例佐证其正确性与有效性,从而保证了该范畴或领域的连绵不断的学术生命力。对此,我们就认为该范畴或领域已经形成了一种科学研究的范式。

"范式"作为科学概念的基本原则可以在本体论、认识论和方法论三个层次表现出来,分别回答了事物存在的真实性问题、知者与被知者之间的关系问题以及研究方法体系问题。这些理论和原则对特定的科学家共同体起了规范作用,协调他们对领域问题的看法及他们的行为方式。

一个科学领域如果出现了一些新的情况,例如,对象属性发生了重大变化、对对象的看法有了重大转变等等,将会导致原有稳定的范式不再具有提供解决问题的能力或者能力开始变弱,与此同时,如果有一个新的适应性范式出现了,这就是所谓范式转移。因此,所谓"范式转移"是指一个学科领域里出现了新的挑战或者学术成果,打破了原有的共识或者法则,从而使人们对该学科的很多基本思维、理论与方法做出重大调整。(盛昭瀚,2022)

### 3.2 太湖治理思维范式转移及其要点

太湖治理思维范式主要是指人们关于太湖、太湖治理本体、问题与行为的认识论与方法论,即通过对太湖水环境的直观感知在理性思维层面上形成了怎样的看法,如太湖水环境的本质属性究竟是什么? 如何解决太湖水环境问题才能做到治理认识与实际的统一,治理才能够有效和可持续? 特别是,根据当前太湖环境现状需要我们在思维原则上做出什么样的重要变革? 这些就是所谓太湖治理思维范式转移。

具体地说,从当今人们对太湖治理的深入分析出发,人们在对太湖水环境及治理活动的本体论、认识论上出现了新的"质",正是这类新的"质"引发了人们对太湖治理理性思维内涵上的升华与提升,也就引发了对太湖治理思维范式的转移。

这一思维范式转移的内核是确立了关于太湖水环境及治理都是复杂系统的认知,特别是水生态自然复杂系统与人的社会经济复杂系统相互耦合形成的复杂体系(复杂系统的系统)。这样,太湖与太湖治理的本质属性就是复杂整体性,并由此凝练出以下关于太湖治理的复杂系统思维范式转移的基本要点。

(1) 太湖治理整体上形成了一般系统→复杂系统→社会生态型复杂系统的思维演进路径。具体地说,应该认识到太湖水环境是由人、自然、社会共同组成的社会、生态共生复杂巨系统,该巨系统的本质属性为社会性生态复杂性,因此需要我们用社会生态性复杂性思维认识太湖水环境。

(2)"人与自然是生命共同体"是思维范式转移的内核。"治理"一词包含着主体与对象,因此,切不能将太湖治理简单理解成人类可以对水环境随心所欲地压制与剥夺,而要深度认识到:第一,太湖水环境自身是一个生命共同体;第二,太湖流域的人类社会也是一个生命共同体;第三,社会与水环境组成的整体又是一个更大的生命共同体,因此,整体上形成了一个多层次、嵌套型复杂体系;第四,每个共同体内部及共同体之间相互依存、互惠共生、协同进化;第五,人类只有善待环境、合理利用和保护环境,才能得到环境的相应回报,反之,无序开发、肆意攫取,必然伤及人类社会的可持续发展的支撑条件,最终将导致整个共同体瓦解或衰败。

(3) 表象上,水环境污染物在湖泊水体中,其实它是全流域社会经济系统的一类"负面产出物"经过特定的供应链与物流网络输送到湖泊水体中的结果，有着复杂的自然、生态、社会、经济与人文原因。因此，治理除了要考虑到传统的水文、水质、生物、化学、气象等机理外，还要明确污染物制造商和供应商、物流空间网络、水资源交易和价值转换等与最终的水体治理有着密切的逻辑关联。水环境问题既是"湖泊病"，更是"社会病"，除了需要配置行政权力和法治权威外，还需要有符合市场机制与供应链管理规律的要素市场化配置模式，如治理成本与补偿核算机制、水环境数据资源确权、有效流动与交易等。这需要在治理体系中构建一个开放、共享、公平、互信的流通平台，否则，水环境无法形成价值互联网，大数据、区块链等现代技术也无法社会化。因此，基于水污染物供应链网络的湖泊水体质量隐喻将深化我们对湖泊流域治理属性的理解，即要从湖泊水环境的"生态型"治理转化为"社会型""经济型""法治型""生态型"综合治理，需要在治理中注入市场、共生、互信、赋值、交易及联盟等治理思维及治理机制。

（4）太湖治理的复杂整体性是范式转移中的一个核心理念，因为它是在新的思维范式下对研究对象怎么看和看到什么的回答。现实中，太湖治理变革主要是针对太湖流域社会-自然共生复杂巨系统中存在的治理深层次顽疾而言的。显然，这类顽疾如果能够采用还原论方法进行分解而逐一解决各个子问题，那顽疾也就不"顽"了，因此，这类治理顽疾必然既是复杂又是还原论不可逆的一类问题，我们称这类问题为**复杂整体性问题**。复杂整体性问题采用一般系统论思维即使有效，也往往只能是部分有效或者效能不强，因此，要用基于复杂系统思维范式转移才能够通过认识论与方法论融通视角把控和破解顽疾的这一特殊属性。例如，治理顽疾形态涉及固、液、气形态的异质性，顽疾关联要素同时涉及自然性、社会性、经济性与人文性，顽疾的形成涉及难以认知的潜性关联和大尺度演化规律并且最终是所有这些方面的综合。这就决定了对待顽疾不能通过有限次分解解决，而只能对包含着顽疾所有要素与各类动力学机理的复杂整体性情景采取综合集成方法才能获得治理方案。

（5）湖泊治理不仅是"治湖"，更是"治人"；不仅要看物理型"排污管"，更要看社会共生型污染物和社会经济型"污染物供应链";水治理变革本质上是人的行为、价值、偏好、利益观与社会发展模式的综合性变革与重。因此,治理变革策略既有物理层次的湖泊水体保护与改善工程,更有社会层次的治理主体自身行为模式、治理主体理念的变革和新的湖泊水环境共生系统的重组,故不能仅仅以行政性、工程性、技术性思维来改善湖泊水体生化指标为手段,更应以"湖泊病"背后深层次水环境生态性、社会性、经济性共生的全景式情景为本体,构建新的关于水环境情景治理变革认识论和相匹配的方法论。

不难看出,依据复杂系统科学,上述太湖治理思维范式转移的基本要点是将太湖治理的认识论、方法论与实践论整体性地纳入复杂系统思维轨道,即整体性实现基于复杂系统的思维范式转移。这对于通过太湖治理变革,提高治理效果、增强治理持续性具有重要意义。

明确了复杂整体性是太湖治理的思维原则,就确立了这一研究范畴的本质认知;另外,思维原则要求认识论与方法论具有一致性。关于太湖复杂性治理问题,经过数十年探索,学者们已经初步确立了相应的方法论原则与方法体系,这也使我们有充足的依据应用相应的方法论原则,并进一步对治理活动设计技术路线。

以上我们通过对太湖治理现状的总结与对当前治理思维局限性的反思,促进了太湖治理复杂系统思维范式的转移,而思维范式转移的目的是构建新的更为有效的治理模式,这就为下面"基于复杂系统管理的太湖治理变革"这一重要议题提供了逻辑起点。

## 4 基于复杂系统管理的太湖治理变革概论

### 4.1 太湖治理变革概述

太湖治理变革是指以解决现有治理体系理念、认知、模式与技术存在的问题,特别是以破解水环境顽疾问题需求为导向,通过治理思维范式转移,补齐复杂性治理短板,增强驾驭水环境复杂整体性能力,提升治理市场化水平,形成治理新动能,推动太湖流域"人与水环境生命共同体"的实现。(盛昭瀚等,2021)

相较太湖治理复杂系统思维范式转移,太湖治理变革更多的是在实践层面上对治理变革活动的"筹划"与"执行",旨在将治理思维转移变成真实的治理现实。所以,太湖治理变革是思维范式转移后的治理活动"做什么"和"怎么做",简称**太湖治理变革**。

前面论及太湖治理思维范式转移"落地"为太湖治理复杂系统思维范式转移,明确了以复杂整体性这个"根"为太湖治理的认识论。那么,由认识论与实践论辩证统一的关系,太湖治理变革必然是基于复杂系统思维范式的复杂性治理实践,于是从学理上,太湖治理变革就是太湖治理领域内的复杂系统管理,或者是复杂系统管理在太湖治理中的实践与应用。

如何理解"基于复杂系统管理的太湖治理变革"是本文的重点,其基本学理是:太湖流域治理变革既是一项人造复杂系统的造物活动,又是一项复杂系统工程,应该遵循复杂系统管理的基本思想、原理,做到理论思维变革与实践思维变革的统一。

(1)太湖流域治理变革是在湖泊流域水环境属性及各类治理主体行为与中国系统科学思想和综合集成方法论的融汇点上形成的关于太湖治理的基本认知,揭示了太湖水环境社会型生态复杂系统复杂整体性的属性内涵。

(2)治理变革的核心目的是对现有治理体系增加治理新动能,这首先要在分析太湖水环境问题与水环境社会性生态复杂性的基础上,研究对治理变革的功能需求,重点是如何通过治理体系变革性重构和优化,涌现出新的治理动能。例如,对治理复杂性驾驭的覆盖面、能力、鲁棒性与韧性等,治理变革都要有针对性拓展与提升。

(3)治理变革自身是构建一个新的人造物复杂系统,自然有其系统要素、关联与结构,最重要的是如何使该系统涌现出体现治理变革思维的新动能。

基于复杂系统管理的太湖治理变革是一个完整的科学体系,包括学术体系、学科体系与话语体系,限于篇幅,本文只能从理论与实践相结合的视角,选择基于复杂系统管理的太湖治理变革的几个基本问题予以介绍。

另外,为简便,下文有时把"基于复杂系统管理的太湖治理变革"简单表述为"**太湖治理变革**",希望这一表述不会使读者产生歧义。

### 4.2　太湖治理变革基本议题

#### 4.2.1　太湖治理变革基本范式

太湖治理变革基本范式为在太湖治理过程中将复杂整体性治理问题的现实**物理复杂性**在系统科学思维层次上进行抽象,并运用系统科学话语体系进行表述,提炼出相关的复杂系统话语体系语言(盛昭瀚等,2021),即所谓**系统复杂性**语言。系统复杂性是太湖治理问题物理复杂性在复杂系统范畴内的凝练与抽象,也是现实物理问题在复杂系统空间中的"映像",它帮助主体从对问题的直观感性上升至抽象理性。进一步地,依据治理思维原则、基本原理与方法论,在管理科学范畴内,对拟解决问题的**管理复杂性**逻辑与原理进行转换,并分析、设计和最终提出解决问题的管理方案。这就构成了太湖治理变革过程中的"物理复杂性—系统复杂性—管理复杂性—形成治理方案"的基本范式。这符合钱学森先生提倡的"宜从研究各类具体的复杂系统入手,寻找解决具体复杂系统复杂性的机理问题,在不断积累的基础上,建立新的理论体系"的思想。(钱学森等,1990;钱学森,1991)

例如,人类产生的污染物通过太湖流域错综交织的地表径流进入太湖流域水体后,在各类物理、化学与生物反应作用下,随着太湖的流场及风场进行扩散和自净,同时藻类等水生生物和底泥也与污染物发生各种相互作用,进而在多时空尺度中不断积聚、纠缠,形成多形态的物理复杂性。在系统层面上,太湖流域是以江、河、湖为纽带的连通区域,具有相对模糊的边界范围,其组成要素众多、结构复杂,各类分系统与子系统的关联相互嵌套形成整体上的层次性和物理上的不可分割关联性;太湖流域作为完整的系统又具有整体性的系统动力机制和不同时空尺度的目标。此外,各种自然要素与社会经济要素之间、流域各行政区域之间、沿岸之间、出湖河流和入湖河流之间相互影响、相互制约,形成了各种形态的系统内源性机理,进一步将太湖流域水环境的系统复杂性凸显出来;最后,在水环境治理阶段,既要应对水环境本身的不确定性,还要应对人、组织与区域行为在太湖流域内的复杂性,从而造就了在太湖流域水环境治理实践中普遍存在的如管理目标模糊性、管理决策复杂性、主体适应性以及系统发展趋势不确定性等,只有分析、梳理清楚这些管理复杂性,太湖治理变革的方案才可能按照一定的流程迭代生成。

### 4.2.2　太湖治理变革问题的复杂整体性破解

太湖治理变革问题和解决问题的过程充满了各类复杂整体性,在理论层面上,复杂整体性意味着"不可分",但在实践层面上,"不可分"又是相对的。因此,我们可以以"不可分相对性"为原理来思考如何应对太湖治理变革中的复杂整体性,其思维要点有两个:其一,"不可分"是一种理论思维,是对复杂整体性思维原则的表述;其二,作为治理活动,太湖治理变革还需要实践思维层面上的"可操作性",因此,需要将"不可分"转化为管理层面上的"不可分相对性"操作方法。

这样,在太湖治理变革实践层面上,复杂整体性可以相对分为各个层面、维度、阶段、尺度上的"相对的"复杂整体性,如分为相对独立的复杂性、相对独立的整体性或基于整体性的复杂性、基于复杂性的整体性等,如果我们能够做到这些,那必然会降低复杂整体性对我们的挑战;进一步地,如果我们还能够保证上述分解过程在一定的"补偿"机制下,做到最终并没有损伤原来问题的本质属性,那表明我们寻找到了一条可操作的破解复杂整体性的现实路径。

因此,在太湖治理变革现场和主体行为层面上,对复杂整体性中的相对独立的复杂性那一部分进行适度降低与分解,此为复杂整体性破解中的复杂性降解;对于相对独立的整体性部分进行适度"分割",此为复杂整体性破解中的整体性剖分;而对那些复杂性与整体性紧密"耦合"在一起的复杂整体性部分,则进行综合性处理。

例如,太湖治理变革综合目标就明显表现出复杂性与整体性紧密耦合形态,这时,我们可以对目标集分时段或者分空间运用复杂性降解与整体性剖分有序替换迭代,以逼近对复杂整体性的破解。具体地说,在太湖饮用水安全治理前期,主体可依据治理工程虚体"可变性"原理(Sheng,2018),分别分析与分解太湖流域饮用水自然节律性规律(时间层次性)、地域异值性规律(空间层次性)和社会经济发展性规律(发展演化性)等复杂性特征,再在"质、量、时、空"安全属性的整体上,探寻饮用水资源的质、量整体特征,总结太湖流域饮用水安全的类型、特征、成因及其危害;通过大数据驱动的饮用水安全情景建模技术,实现太湖流域饮用水安全大数据化、太湖流域饮用水安全核情景凝练和大数据驱动的太湖流域饮用水安全情景耕耘,为可能发生的饮用水安全应急问题进行情景整全化,构建多尺度太湖流域饮用水安全的类型、程度、等级的安全判别体系,为饮用水安全应急管理与决策提供支撑。

### 4.2.3 太湖治理变革组织平台与能力现代化

从人的实践活动本质看,太湖治理变革过程是构造具有水环境治理新功能并有一定稳定结构的人造物系统,为此,需要有完善的组织模式来完成所有相关的治理职能。一般来说,该组织模式由以下三个分系统综合而成:认知系统,该系统主要旨在认识太湖治理变革的复杂整体性,评价复杂整体性程度及所产生的问题,不断完善水环境问题"物理复杂性—系统复杂性—管理复杂性—形成治理方案"的基本范式;协调系统,该系统主要用于对太湖治理变革的组织设计与协同、治理目标的凝练与综合等,也包括治理流程和各个治理子系统之间的接口与协调等;执行系统,该系统主要开展对太湖治理变革的具体操作,侧重于具体治理方案的控制与执行。

以上三个子系统构成了太湖治理变革组织平台,特别是,前两个子系统并不是直接或者主要为太湖治理变革问题提供具体的方法和方案,而是提供形成方法与方案的环境与条件,因此,与传统治理功能相比,其重要功能是形成驾驭治理复杂性的现代化能力。例如,通过完整且精准地分析太湖治理变革问题的复杂整体性特征并借助现代信息技术,形成对太湖流域水环境治理中各类因果、关联信息的挖掘与分析;通过太湖流域水环境治理数据要素的市场化配置,实现数据资产的有序流动并形成价值流与价值增值网络,进而在复杂整体性视角下,重构太湖流域水环境治理生态型复杂系统的生产关系与资产配置;并在此基础上,构建一个以环境信用为载体的提供治理责任的信用通行证服务环境;同时,为有为政府与有效市场二元协同驱动的多元主体参与的多中心、共享、共治的治理体系现代化与治理能力现代化提供核心基础设施。

## 5  当前太湖治理变革的重点问题

在实践中,太湖水环境治理变革既是一项复杂系统工程,又是一项重大系统重构工程。因此,治理变革不仅要有规划蓝图、顶层设计架构图,还要有具体的、操作性强的施工图。这其中,首先要对治理变革行为进行科学、明确的规定,具体地说,首先要做到以下"三个遵循":

(1) 遵循国家关于太湖治理的重大战略思想与重要部署;

(2) 遵循太湖流域水环境客观动态演化规律,加强人对自然生态环境的敬畏;

(3) 遵循太湖流域社会经济发展客观规律。

在治理变革实践中,以上"三个遵循"主要表现为下面三点:

(1) 太湖治理变革组织协同机制为太湖治理变革提供科学决策保障;

(2) 市场化机制为太湖治理变革提供市场配置变革资源的有效新动能;

(3) 数智赋能为太湖治理变革提供科技支撑,三者相辅相成,共同推进治理变革可持续发展。

下面我们就从组织平台协同机制、市场化机制和数智赋能三个方面阐述太湖治理变革的重点问题。

### 5.1  太湖治理变革的组织平台

太湖治理变革体现了新时代国家生态文明建设的重大战略,是国家对太湖流域社会经济生态环境一体化可持续发展的战略性举措,具有鲜明的国家意志、国家战略、国家安全以及人民群众利益的根本属性。在治理变革实践中,这一根本属性的现实形态为国家主导并委托多个多级地方政府协同处理治理事务和提供具体的治理公共产品与公共服务;所有治理变革主体将共同构建太湖治理变革组织平台,并在一定的机制下有效实施和有序完成所有治理变革任务。

由于这一组织平台包含多元、异质主体,彼此之间的关系又复杂。因此,既需要在治理变革全过程中运用整体性思维,明确整体目标,汇集整体合力驾驭治理变革复杂整体性,又要统筹权衡不同治理主体间的权力关系、资源关系、能力关系与利益关系。故在实践层面上,该组织平台要形成如下有效的变革运作机制。

(1)建立体现国家治理意志、拥有治理变革决策权威的组织,这一组织平台不是工作协调性机构,而是太湖治理变革的公权力机构。例如,可设立太湖流域治理局(或太湖治理专责领导小组、太湖治理委员会),其主要职责为代表国家行使太湖治理变革重大决策、裁决和协调治理变革中的重大争端等,与现有的作为一般协调、咨询机构的太湖流域管理机构相比,太湖流域治理局由于具有太湖治理变革问题上的最高公权力、决策权与裁量权,从而能够保证重大治理决策行为的权威性,提升治理决策效率。

(2)完善太湖治理变革组织平台的协同机制。组织平台的运作机制用以保证组织平台稳定和可持续释放出驾驭复杂整体性、统筹协调多主体行为关系的内部管理与运行方式等。从治理变革组织平台构成与任务复杂性看,该机制的核心功能是有效和可持续释放出多主体协同行为,使多主体之间在治理变革中从工作协作、利益协调走向整体协同,并且鼓励通过"第三方组织"建立起社会与政府协同的伙伴关系,形成多元共治的协同网络。

(3)培育太湖治理变革法治环境。治理变革法制(法律与制度)是太湖治理变革组织机制运行的重要依据,不仅如此,太湖治理变革还需要治理的公正性、稳定性、普遍性、公平性、平等性,以及对各类权力的制约和权力行为异化的防范,这就要大力培育太湖治理变革的法治环境。

综上所述,太湖治理变革组织平台及其良好的机制将有助于太湖治理变革新的协同格局的形成,是实现多主体多元共治的组织保证,有利于高效推动太湖生态文明建设战略的实现。

## 5.2　太湖治理变革的市场化治理机制

根据复杂系统思维范式转移,太湖是一类兼具生态性、社会性和经济性属性的社会型生态复杂巨系统。其中,太湖的"经济性"决定了其深层次的治理变革问题需要运用市场价值规律来解决。从市场角度来看,在治理变革过程中,落实太湖治理要素的产权并进行流转能够有效释放太湖治理要素的"经济性"价值。此外,太湖治理要素产权的流转需要规范的市场作为基础,所以太湖治理变革必须构建治理要素市场。类似于其他市场,治理要素市场的高效流通离不开市场机制的良好运行,因此,太湖治理变革的关键之一是构建太湖治理变革的市场化机制。

所谓太湖治理变革的市场化治理机制是一种以市场为基础,充分利用价格和竞争机制,促使主体在追求自身经济性最优行为决策的同时,最大化挖掘太湖治理要素的环境质量提升价值的运行方式。而构建太湖治理变革的市场化治理机制,需要补充机制协调的工具和手段,充分发挥市场的配置作用,促进市场化治理的长效发展。例如,可以考虑以下太湖治理变革的市场化治理机制要点。

(1)建设市场化的生态补偿机制。这一机制区别于政府间公共财政的转移支付,是一种以生态补偿为基础,依据特定的补偿标准,充分利用价格和竞争机制,调整太湖生态环境保护和治理相关各方之间利益关系的制度性安排。在该机制的运行过程中,市场规律与价值规律发挥了主导作用,因此,市场化生态补偿机制中必不可缺的是市场化补偿方式的实施,如以支持绿色发展的环境税、绿色证券、生态银行和价格政策来协调政府和企业之间的激励关系,以排污权许可制度来协调企业之间的利益关系;生态产品价值实现机制则用于协调政府间的补偿关系,将生态产品所具有的生态价值、经济价值和社会价值,通过市场经营开发等手段体现出来,形成生态环境保护受益者和使用者付费、破坏者赔偿的利益导向。伴随着传统资金补偿方式的退出,市场化的生态补偿机制将为太湖治理变革的市场化治理机制构筑治理要素高效流通的平台。

一个成功的类似案例是,2012年,我国首个跨省流域横向生态补偿机制拉开帷幕。首轮试点为期3年,每年设置补偿基金5亿元,其中,中央财政出资3亿元,安徽、浙江两省各出资1亿元,新安江年度水质达到考核标准,浙江拨付安徽1亿元,否则相反。考核开启后,安徽省黄山市淘汰污染企业,整体搬迁工业企业,打造循环经济园区,拆除养鱼网箱,治理水面垃圾等,下大力气整顿生态。如今,新安江9年3轮试点结束,连续9年达到补偿考核要求,每年向千岛湖输送60多亿立方米洁净水。

(2)推进太湖数字资产的市场化配置。作为社会型生态复杂巨系统,太湖治理变革要素除传统的众多物理性要素外,还存在一种称为"数字资产"的新形态治理要素。所谓太湖数字资产指的是一类以数字形式存在的太湖治理要素,由国家、企业、个人等主体拥有或控制并且可以通过合理的市场机制运行提升太湖治理效能。在太湖治理的情境下,数字资产的形成路径既包括资产数字化,即太湖治理相关的传统资产,如太湖排污权、用水权等转变为资产数字要素;又包括数字资产化,即将具有潜在太湖治理效能的海量、多元化数据信息转换为数据资产要素。对于上述两种要素,供需关系的识别和数字资产的协同是构建市场化配置机制的重点内容。具体来说,太湖复杂系统的数字资产需求被大规模收集,通过数字资产要素的供给主体对需求进行分析,然后预测需求方向、对象、内容和数量,从而在需求识别的基础上,做出相应的供给决策。在确定供求关系后,市场可以利用价格机制进行信息传递、有效选择和有针对性的激励。由此可见,数字资产具有促进太湖治理变革要素高效配置的潜力。

总之,太湖治理变革的市场化生态补偿机制和太湖数字资产的市场化配置是构建太湖治理变革市场化治理机制的重要和基本环节。高效的生态补偿机制和良好的数字资产配置为太湖治理变革的市场化机制的长效运转提供了新的动力,有力地服务于太湖治理变革的实践活动,形成生态、社会、经济多元协同治理新格局。

### 5.3　太湖治理变革的数智赋能

当前,以大数据、云计算、区块链、人工智能、物联网等为代表的新型数字化、智能化技术的发展为太湖治理变革提供了新契机、新手段、新动能。所谓太湖治理的数智赋能,是指针对太湖治理变革的需求,采用数字化、智能化技术补齐治理变革短板,增强驾驭治理变革复杂整体性能力,提升治理变革组织化与市场化水平,形成治理新动能。依据太湖治理变革基本议题,当前,为实现太湖治理能力现代化,可凝练出如下数智赋能的具体实施场景与路径。

(1)组织结构的适应性重构。为加强太湖治理变革中各治理要素的整合、监管效能与政策执行协同性的提升,需推动构建跨层级、跨部门、跨区域的组织结构来加强治理主体间的沟通与合作,以实现上下齐治、多元共治、协调联治新格局。数智化技术可为治理组织结构中的纵向与横向连接赋能,实现更为高效的组织结构。首先,在具有纵向层级关系的部门间,需要优化治理政策在层层下达和层层上报过程中存在的信息失真、政策执行错位、时效性低等问题。对此,可依托大数据、信息系统等技术构建纵向一体化数字平台,平台上信息的实时、透明、共享,赋能整个信息下达、执行、反馈、跟踪督办流程的跨层级操作,有效规避信息失真,提高组织的响应速度。其次,一体化数字平台同样利于横向组织间的数据整合、知识共享,打破不同组织间"数据孤岛"现象。采用区块链构建跨区域、跨部门的分布式太湖治理变革体系,打破物理空间布局和既定流程对于信息共享的限制,实现不同区域和部门之间的治理共享、共生和整体联动。此外,区块链还可赋予各治理主体特定的治理地位与权力,缓解治理主体权利的极度不对等,提高自主合作动力,实现跨组织、多主体的协同共治。

(2)数字资产的转化与流通。数字资产作为太湖治理变革中一类重要的要素形态,其高效流通和价值转化极大地利于提升太湖治理效能。由于数字资产的市场化配置依赖于明晰的产权制度,所以数字资产化和资产数字化两种转化过程都需解决数字资产的确权问题。针对传统的数字资产转换中心机构存在登记成本高和多系统协同障碍等问题,区块链技术可为数字资产形态转换提供更为可靠与高效的确权方式。一方面,排污权、用水权等一类权益类资产要素在现实世界已具有产权归属,通过区块链资产上链实现资产数字化来保障数字空间中明确的产权归属,从而实现资产流通的数据和主体间的强交互性。另一方面,环境监测数据、企业污染数据等一类数据类要素的资产化涉及更为复杂的数据全生命周期的动态性产权归属问题,可依靠区块链技术来确定数据所有者、生产者、使用者和管理者的多重交叉数据产权归属。此外,市场机制下的数字资产交易与流通还需依托一个相匹配的、高度互信的、多中心化的数字化交易平台,区块链技术的智能合约和共识机制,可为数字资产流通提供智能化自动履约机制及群体共识激励,降低交易成本,在数字空间实现治理要素价值的精准记录、互联互通与自由交易。

(3)参与主体的行为监管。对太湖水环境主体相关行为的有效监管是应急处置和补偿追责的关键手段,但信息公开不充分、问责不到位、执法周期长等原因导致了一系列监管低效难题。太湖治理中主要需对直接作用于水环境的生产行为和间接作用的市场行为进行监管,环境数据监测是生产行为监管的主要途径,物联网、遥感、信息系统与大数据协同构成的环境数据监测应用技术,可实行对水环境各监测断面水质与企业排污行为的实时监测。通过对多元异构大数据的整合分析形成监管闭环,一定程度上实现以数据监管代替现场检查,数据作为后续环境决策、行政和执法的有力支撑,整个过程高效、自发、精准。针对市场行为的监管主要体现在生态补偿落实、数字资产交易等方面,其中,生态补偿需要先核算生态系统所提供的产品与服务的价值总量、生态破坏造成的价值损失和治理成本等,核算过程涉及多主体、多要素,需要整合多方数据信息。环境数据监测应用技术对多方数据信息进行监测、存储、分析,可进一步用于污染追踪溯源,赋能生态补偿的核算与精准落实。另外,采取区块链技术将具体问责制度纳入共识与智能合约,自动执行问责处罚,可实现无缝隙责任划分、追究、管理与监督。

(4)治理情景的预测与决策。构建精准有效、科学化的情景模型对水环境多尺度动态演化进行模拟,可加强对水环境演化规律的认知,进一步做好对重大极端水情景的风险预警与有效防范。针对太湖治理这类复杂整体性问题,治理情景集中体现了水环境的演化、多尺度、涌现和自组织属性,但治理主体从中可直接获取的因果性、机理性信息较少,从而难以掌握依据水环境内在机理来对未来情景进行准确描述的能力。治理主体对治理情景的了解大都表现为各种既独立又相关的信息。互联网、物联网等技术为水环境治理所采集的大数据,本质上是水环境中各种复杂性管理活动与过程情景在数据空间中的映射或者投影,大多为该类情景信息。大数据不仅能在整体上对治理情景多层面、多维度与多尺度中的细节表现得更全面，而且对需通过隐性、深层次、多次关联才能体现出的复杂性，大数据"先天"地隐含着治理情景的复杂整体性特征。治理主体通过对水环境治理大数据进行深度挖掘与分析，将大数据驱动与其他结构化模型、仿真、云计算等技术协同，对水环境突发污染的识别与预警、应急处置方案、水资源调度等治理情景的演化过程进行模拟，可加强治理主体对极端情景的预知及未来风险的统筹管理。

## 6  结语

本文全景式地展现了我国太湖流域治理工程与我国社会主义建设、改革开放、民族振兴一路同行，与我国生态文明战略同频共振的生动画卷；揭示了我国太湖治理的时代性进步与系统思维的升华，从历史经验的总结和反思中提炼出太湖治理系统思维演进的脉络，即从"物理型""单体型"治理向着"社会型""经济型""法治型""生态型"及"共生—体型"绿色、和谐、可持续复杂整体性治理拓展与升华；从简单的"治污"到注重水生态修复的"治水"，到强化责任制度、监管制度、补偿制度等的"治人"，再到国家层面完善法律法规，用"法律手段来保证太湖流域治理进程"的"治社会"。太湖治理将国家生态文明战略同流域治理实践紧密结合起来，在精耕细作中善作善成，形成了一套具有鲜明时代特征与中国特色的水环境治理体系。

当前，站在历史发展新方位，太湖治理更需要强化复杂系统观，从复杂系统管理的视角看待太湖治理。本文科学凝练了太湖治理的复杂系统思维范式转移要点并进一步引出太湖治理变革要点。在复杂系统思维引领下，太湖治理变革需要统筹、综合汇集各方力量，形成全面协同的多元共治组织体系；需要深化市场机制，基于太湖治理数字资产形成治理要素自由流通、优化配置的交易平台，实现生态价值、经济价值融通共生；需要强化太湖治理数智赋能，赋予新时代太湖治理变革新的强大动能。

太湖流域水环境治理不仅对我国长三角地区社会经济高质量、可持续发展具有重要的支撑和保障作用，而且对落实国家生态文明战略具有重要的示范性作用,也是我们重大的历史性责任与时代性使命。我们一定要在党的二十大精神指引下,在太湖流域水环境治理的道路上,为太湖高水平环境治理与流域社会经济高质量发展一体化更加努力地工作。

(刊于《管理世界》2023 年第 2 期)

(作者:南京大学盛昭瀚、陶莎、曾恩钰、俞俊英、庞欣怡、常河、赵楠)

## 参考文献

[1] 习近平.努力建设人与自然和谐共生的现代化[J].求是,2022(11).

[2] 中华人民共和国中央人民政府.习近平:高举中国特色社会主义伟大旗帜 为全面建设社会主义现代化国家而团结奋斗——在中国共产党第二十次全国代表大会上的报告[EB/OL].(2022 - 10 - 16).http://www.gov.cn/xinwen/2022 - 10/25/content_5721685.htm.

[3] 钱学森,于景元,戴汝为.一个科学新领域——开放的复杂巨系统及其方法论[J].自然杂志,1990(1):3 - 10,64.

[4] 钱学森.再谈开放的复杂巨系统[J].模式识别与人工智能,1991,4(1):4.

[5] 刘志强,常钦,金正波,等.继续统筹推进"五位一体"总体布局协调推进"四个全面"战略布局[N].人民日报,2022 - 10 - 16(06).

[6] 盛昭瀚,于景元.复杂系统管理:一个具有中国特色的管理学新领域[J].管理世界,2021,37(6):36 - 50,2.

[7] 新华网."河长制":从太湖走向全国[EB/OL].(2009 - 09 - 17).https://www.h2o-china.com/news/88965.html.

[8] 中国水利报.让河湖安澜让太湖更美[EB/OL].(2017 - 01 - 19).http://cds.chinawater.com.cn.

[9] SHENG Z H.Fundamental theories of mega infrastructure construction management[M].New York:Springer,2018.

# 第三部分　我国管理学术历史足迹的文化记忆

根据"科学是一种特殊的社会建制"和"生产的目的与科技发展水平之间的矛盾是推动科技进步的基本动力"的重要论断，一方面，管理学在我国发展的现实道路深深铭刻着我国独特的国情与文化烙印；另一方面，当今，世界和我国正经历着历史上最为广泛而深刻的社会变革，这对管理的思想、理论和方法创新都提出新的需求。这一现实意味着我国管理学发展的一个历史性转折点正在到来，标志着我国管理学发展的一个"新时代"的开始。

　　围绕着这一主题，本部分收录了2篇文章。第一篇是笔者与合作者所写的对我国管理科学与工程学科70年的回顾、反思与展望，较系统地总结了70年来，我国管理科学与工程学科发展的现实道路是如何深深铭刻着我国独特的国情与文化烙印，同时又以其自身科学内核的强大生命力开掘出一条曲折崎岖、顽强前行的道路。第二篇是关于我国早期治理思想理解的习作，应该说，这是一个重要而广博的研究领域，但学界在这方面研究的深度远远不够，我本人对此的认知也很肤浅。本部分对此进行了一点探索，更希望年轻学者中有人能够对此有所关注，这毕竟事关我国管理思想发展史及文化发展史，对将我国管理思想注入中华优秀思想洪流之中，意义极大。

　　所有这些，整体上构成了对我国管理学术历史的某些重要节点的记忆、描述与诠释。

新中国成立70周年之际，一个偶然的机会接受了撰写我国管理科学与工程学科发展70年回顾的工作。起初，对如何动笔感到茫然，不仅资料缺乏，更因为缺少思路和观点，相关研究也不多，断断续续，难以下手。关键是，我们看点历史作品好像并不难，但要在研究的基础上写历史，哪怕就是现代的历史，仅仅是一个很短的时段和一个很窄的领域，也不是那么容易的。因为，历史是门科学，有它自身的范式，不是随随便便讲故事就成的。

好在恩格斯说过，"科学是一种特殊的社会建制"，"生产的目的与科技发展水平之间的矛盾是推动科技进步的基本动力"。这启发我们在更宏大的背景与视角下认识、理解作为一个学科的存在、萌芽、生长形态及背后的规律，只有如此，才能避免孤立、破碎和无序地看待资料，梳理不清基本的事件序脉络。在这类研究中，"文化记忆"与"宏大叙事"是我感受最为深切的两个指导性观点。最终，和其他合作者一起，用了2年多时间，十易其稿，成此文。

# 笃步前行　创新不止

## ——我国管理科学与工程学科70年回顾、反思与展望

**摘要：**管理科学与工程是一门运用系统科学思维引领管理活动及指导管理行为，注重运用数学语言与科学范式对管理问题进行分析、预测、决策、优化和调控，并主要通过设计和构建"工程""类工程"等人造系统作为解决管理问题方案的学科。

在我国管理学领域各个学科中，管理科学与工程是发展最早、基础最厚实的学科之一。今天，在我国管理学发展取得巨大成就之际，对新中国成立以来我国管理科学与工程学科发展历程进行回顾与总结，让我们深切地感受到：70年来，我国管理科学与工程学科发展的现实道路深深铭刻着

我国独特的国情与文化烙印，同时以其自身科学内核的强大生命力开掘出一条曲折崎岖、顽强前行的道路。

面向未来，我们应该继续发扬笃步前行、创新不止的精神，开创我国管理科学与工程学科发展的新局面。

**关键词**：管理科学与工程；发展历程；70 年回顾

## 1 引言

管理学是人类管理活动领域科学层面上形成的理论、方法与应用体系，其中，管理科学与工程是一门侧重于综合运用系统科学、数学、经济学、行为科学、工程方法及信息技术为人类探索管理问题提供基础理论、方法体系与工程样式解决方案的学科。管理科学与工程学科在其漫长的发展过程中，逐渐凸显出鲜明的系统思维原则及运用严密的实证方法等科学范式，故该学科在管理学领域中最"像自然科学一样"思考，同时也最多地表现出多学科交叉融通的特点，这些特点使得该学科在过去近百年发展中取得了巨大成功。

在我国管理学领域各个学科中，管理科学与工程是发展最早、基础最厚实的学科。新中国成立 70 年来，该学科经过曲折、崎岖的发展，取得了长足的进步，若干成果具有重要原创性与国际影响力，并使其在当今"大科学"时代回应巨大的社会、科技变革的挑战中具有独特的优势与能力。如果能够认真回顾我国管理科学与工程学科过去 70 年的发展历程，总结其宝贵经验，一定会推动我国管理学界更好地规划未来，做好该学科在新时代高质量发展的各项工作。

这一历史回顾的工作可按照 70 年来该科学重要理论的创造、方法的形成以及杰出人物贡献等进行归纳与逐一陈述，此称为"一阶"科学史，其基本上是一类专业化、学术化的科学史研究。它的目的一般是通过对人们前一阶段学科发展与成果的综述，来确定新的拟开展的学科研究方向，也可以是通过对前一阶段知识创造基本规律的总结，提高自身科学研究路线的设计能力及研究成功率。

然而，历史告诉我们，过去的 70 年是我国政治、经济、社会、科技、教育等发生天翻地覆变化的历史时期。在宏观上，我国政治社会经济大环境、大趋势对我国管理科学与工程的发展走向、发展速度与质量等有着巨大的推动力与影响力;在微观上,解决各类实际管理问题的现实需要与管理科学与工程学科发展两者之间又如此紧密结合与相互促进,就不能局限于对70年来我国管理科学与工程学术范畴内的具体发生的一些事情进行一般性陈述,而要以"全景式"的视角,深刻剖析时代、国家、社会、体制对我国管理科学与工程学科发展的重大影响,并进行总结和反思,此称为"二阶"科学史。

"一阶"科学史与"二阶"科学史的主要区别在于:陈述过去实际发生的科学史实时,陈述者是否有其自身的观念,即是否有自身的"科学观"与"历史观",不同的"科学观"和"历史观"决定了科学史陈述的不同范围、不同内容和不同方式,最终会得到对科学发展基本规律的不同认知和总结。

总的来说,我国管理科学与工程学科发展的现实路径铭刻着70年来中国独特的国情与文化烙印,我国大量的现实需求与管理科学和工程学科相互促进与推动,是笔者基本的"二阶"科学史观。

在一个篇幅不长的文章中要容纳这样一个复杂的大主题,史料难免疏漏,观点难免偏颇。但是,这样的研究目的与路径安排更能体现我们对一个特定历史阶段我国管理科学与工程学科发展的整体性的文化记忆,这对进一步增强我国管理学界今后把管理科学与工程学科融入我国新时代管理学发展事业中的自觉性与自信心有着更现实的意义。

## 2　解语义

### 2.1　管理科学与管理工程

人类对"科学"有其久远的认知演化过程,例如,今天作为"科学"的数学、天文学和医学在古希腊时代都被统归在自然哲学之中,后来经过中世纪科学与早期现代科学革命,现代科学的许多基本特征与范式开始成形,如使用精密仪器与数学方法,通过观测和实验的经验证据对自然现象进行描述、预测和解释,"科学"才逐渐成为一个独立、多门类且不断拓展的庞大体系。其中,管理学可看作人类管理活动领域科学层面的知识、方法与应用体系,因此,管理学也被称为(广义)**管理科学**。

在科学发展史上,培根的归纳法和笛卡尔的演绎法不仅对现代自然科学的发展有着极大的贡献,而且随着经济生产规模的扩大和社会化程度的提高,也深刻影响了西方经济学研究模式的形成。具体地说,西方经济学仿照数学、物理等自然科学注重研究的实证性与数量分析,并因为高度认可自然科学发展的成就,许多经济学家都想把经济学做成像自然科学那样的科学。经过一百多年的发展,严密的实证方法特别是数学模型的运用,逐步成为近现代经济学研究的基本范式,同时也使经济学越来越"科学"了。

由于管理学研究领域与研究问题的内涵与经济学具有"近亲性",一部分学者在学术研究中更愿意效仿经济学更多运用数学、越来越"科学"的模式。于是,人们就把这样的更多运用数学方法的管理学知识领域称为(**狭义**)**管理科学**,以区分先前的(广义)管理科学。本文以下所谓"管理科学"都指这类(狭义)管理科学。

在历史上,20世纪三四十年代形成和发展起来的**运筹学**对管理科学知识体系的逐渐成形与成熟影响特别深刻。这主要是因为运筹学聚焦研究人类在广义的资源配置活动与过程中,如何设定目标、确定约束条件,通过构建结构化的数学模型和提出有效的算法来揭示相关的管理活动基本规律及优化主体行为。这不仅与"管理"的本义相一致,而且也极大丰富了管理科学的方法论。于是,在20世纪中期以后,人们还普遍认为"管理科学就是运筹学的应用",甚至认为管理科学就是运筹学。

另外,20世纪初起,人们开始思考和探索关于各个领域与各种类型的整体性与功能性的共性科学问题。从辩证唯物主义观点看,客观世界的事物都是普遍联系的,能够反映和概括客观事物普遍联系并形成一个整体和具有某种功能的最基本的概念是**系统**。这里,人们概括并凝练了客观世界与人类活动在整体意义上的一种基本属性,也就是说,系统是一个反映和概括客观事物普遍联系与整体性的最基本的概念。系统的概念很快被引入管理科学领域,即运用系统概念及系统思维来引领管理活动及管理行为,并形成了关于组织管理的技术——**系统工程**,这也导致人们往往把系统工程与管理科学理解为有着亲缘性的两个学科。

此外,在解决实际管理问题方式上,管理科学注重遵循科学(发现)—技术(发明)—工程(造物)的接续路径,以设计实体型"工程"或"类工程"人造物系统作为解决实际管理问题的方案,**这一"工程"或"类工程"管理方案样式被人们称为"管理工程"**。这样,把头尾两端连贯起来就形成了从"管理科学"起始,到"管理工程"结束的一种完整的知识体系类型,**这就是今天的"管理科学与工程"学科的主要学术内涵**。

综上所述,**管理科学与工程是一类揭示人类管理活动规律与构建人类管理行为准则的知识体系与科学门类(学科),它以系统科学思维为引导、以运筹学方法和计算机信息技术为主要支撑。与管理学其他学科相比,管理科学与工程更注重利用数学语言提取管理问题中的数量关联、空间结构与动态变化**(徐伟宣等,2008),**通过计算机语言等多种符号系统进行逻辑推导、演算和分析,对管理问题进行预测、决策、优化和调控,并主要通过设计和构建"工程""类工程"人造系统作为解决管理问题的方案样式**。

### 2.2　运筹学、系统工程和管理科学与工程

由此看出,在整个管理学领域内,管理科学与工程学科最强烈表现出以数学、系统科学、信息科学、计算机技术等现代自然科学理论与工程技术方法为支撑,以实体型"工程""类工程"人造系统作为解决实际问题管理方案的特征,**它更侧重于管理学基础性、本源性与工程实践性的管理学知识体系研究,更注重为管理学研究领域提供基础思维、基本理论和普适性方法体系**。

迄今为止,"管理科学与工程"已经成为管理学领域中一个具有自身学理逻辑、方法论特征和实际应用优势的学科,它对管理学其他分支及管理学的整体发展乃至社会经济各领域的管理进步产生了重要影响。

上面关于管理科学与工程学科内涵的解读指出了"运筹学""系统工程"等与"管理科学与工程"在科学属性上具有同根、同源的特质。这对本研究而言有着特别的意义,因本研究是对我国 70 年管理科学与工程学科的回顾与总结,而

70 年来我国教育、科研主管部门对学科分类与代码进行过多次调整和变更，这些调整与变更正是人们与科研管理机构对科学与学科属性认识的不断深化所致。其中，运筹学、系统工程和管理科学与工程在学科目录中出现的时间先后不一，互属关系也有所更改。因此，应该从三者之间的学理同一性出发统筹且完整地而不是机械与片面地套用今天的学科名目以此来"按图索骥"。具体地说，新中国 70 年，特别是早中期的"运筹学""系统工程"被许多人看作我国管理科学与工程学科的"别称"，也体现着本学科发展历程中在特定时段的不同形态与载体。

在研究路线设计上，我们也可以依据时间顺序，通过对管理科学与工程学科罗列一些主要成果、总结几点经验这样的做法来回顾我国该学科 70 年的发展历程。事实告诉我们，过去 70 年，我国社会经济整体上经历了深刻的变革并取得了巨大的发展，在这一历史背景下，我国管理科学与工程学科在我国国情、文化及哲学思辨的独特环境中，以其自身内核的强大生命力开掘出一条曲折崎岖、顽强前行的道路。这一历史过程强烈折射出我国社会主义现代化事业，特别是改革开放的社会大变革对促进我国管理科学与工程学科发展的根本性引导与推动作用，这在世界各国管理科学与工程发展史上是绝无仅有的。

因此，如果将我国管理科学与工程学科 70 年发展历程按照现实逻辑与历史逻辑提炼出里程碑式的时间"拐点"，不仅能够让我们感受到在不同"拐点"，我国管理科学与工程学科发展内涵、形态的特异性，而且能够体验到在每个不同的时段内，该学科生命的孕育、生长或凋萎是如何与我国基本国情及社会变革紧密关联在一起的。而在总体上，当我们把不同"拐点"连接起来，它们又成为一个完整的具有梯度性、递进性，内涵不断深刻、水平不断提高的我国管理科学与工程学科笃步前行、创新不止的发展历程。

这样，在我国 70 年的经济社会科技发展与进步大趋势中，回顾管理科学与工程学科的发展情况，总结发展中的成功经验，既能够保留 70 年中各个时期的主要情景，又能够凝练学科发展的基本规律，最终，还将生动地向我们诠释恩格斯关于**"科学是一种特殊的社会建制"**和**"生产的目的与科技发展水平之间的矛盾是推动科技进步的基本动力"**的重要论断。

## 3　受制约

这一时期大约从 20 世纪 50 年代起到 20 世纪 70 年代中后期。

### 3.1　计划体制下的管理科学与工程学科总体状况

中华人民共和国成立之初,国家亟须恢复国民经济,并且保证把有限的资源集中到保家卫国与重点领域建设上来,以奠定新中国国民经济基本的物质基础。这就需要实施一种以高度行政集权进行计划管理经济的体制,即计划经济。

计划经济,又称指令型经济,是对生产、资源分配以及公众消费事先设计指令性计划,生产什么、怎样生产和为谁生产都由政府指令并配置资源,消费遵循计划,市场服从指令。这一经济体制从新中国成立初期起的萌生阶段、初步形成阶段到 20 世纪 50 年代中期,已成为中国法定的经济体制,并延续至 20 世纪70 年代末。

这一经济体制把企业置于政府行政部门附属物的地位,企业既不能自主经营,又不能自负盈亏。企业的生产数量、生产品种、产品价格以及企业的生产要素供给、生产活动组织与产品销售都处于政府主管机构的控制之下。当然,历史地看,这一体制"有它的历史由来,起过重要的积极作用"。但是,在计划经济管理机制下,仅掌握管理科学知识的人自然是不可能行使管理职责的,这导致管理科学思维与方法论的社会价值难以有效发挥。

同时,新中国成立后的一段时间,国家在经济模式、企业管理方式等方面全面学习苏联经验、照搬苏联做法,在实践中进一步强化了计划经济管理体制,极大地束缚了我国在管理思想理论方面的科学借鉴与探索。

1958 年,持续了 3 年的"大跃进"运动开始了。"大跃进"导致国民经济比例大幅度失调,使经济发展遇到极大困难。从 1961 年初开始到 1965 年底,全党深入总结和反思工作中的得失,对国民经济进行了全面调整,提出了"调整、巩固、充实、提高"的方针,为推动国民经济调整方针的贯彻执行,中央发布试行《国营工业企业工作条例(草案)》(工业七十条),对国营企业的性质、根本任务、管理原则和领导制度作了原则规定。

　　工业七十条实际上是对建国十余年来我国企业管理经验的系统总结,并结合当时企业面临的管理问题,出台一系列方针政策。这对重建正常的生产秩序以及推动生产力发展起到了关键作用,同时也推动了我国企业管理的法治建设(王双梅,2011)。但是,这一标志我国企业管理进步的重要一步仍然是在计划经济体制下,由最高级别的国家权力推动和完成的,并没有因此改变我国管理科学与工程学科低迷和停滞的状况。

　　"文化大革命"时期,我国政治、社会、经济长期处于无序环境下,不但经济发展与企业管理的正常秩序得不到保障,而且教育、科学、文化也遭到了破坏。在这种情况下,管理科学与工程学科很难获得健康发展的良好生态环境,这一态势基本上一直持续到 20 世纪 70 年代中后期"文化大革命"结束。

　　在这样的背景下,我国大学也不可能设立专门培养管理科学与工程学科人才的专业。1952 年全国高校院系调整中,已将全国原有的带有管理学科属性的院校、系科与管理专业,或归并或撤销了。

　　以上是新中国成立后前 30 年我国管理科学与工程学科所处的社会宏观环境境遇及该学科长期受到制约、总体上无法健康发展的现实状况,从中让我们深刻体会和理解到恩格斯关于"科学是一种特殊的社会建制"的论断。

### 3.2　管理科学与工程学科生命中的一块"绿洲"

　　但是,必须提及,这一时期我国管理科学与工程发展中的一个奇特景象,即在当时特殊的国情下,恰恰是管理科学与工程学科自身的科学属性为自己保留了一块维持赢弱生命的"绿洲"。

　　如前所述,管理科学与工程总体上是由"管理科学"与"管理工程"复合而成。前者的基本内涵为以数学及其他自然科学为基础,后者则是"管理科学"的工程化与实践化,再把两者链接为依据综合集成思维、设计、构建与优化人造系统的活动与过程。因此,数学化分析,特别是对管理问题进行统筹规划获得最优解的运筹学方法,以及综合考虑组织管理的系统工程技术就成为我国管理科学与工程在特殊时期孕育的学科生命的种子。换言之,运筹学及系统工程是那个历史时段我国管理科学与工程学科成长与发展的主要象征与标志。

### 3.2.1　运筹学的萌动与发力

众所周知,20 世纪 50 年代以后,在第二次世界大战中得到重要应用的运筹学取得了巨大进展,主要表现在:第一,运筹学的分支更加齐全并逐渐形成了一个基本上完整和稳定的知识体系;第二,在除军事以外的其他经济社会领域运筹学都得到了广泛的成功应用;第三,在地域上,这一态势由美国逐渐拓展至世界其他各国。

几乎就在同时,运筹学被一批中国学者从国外引入国内,其中的代表人物就是钱学森先生。20 世纪 40 年代,钱学森就关注到运筹学的发展与实际应用。1955 年,他在回国途中就与同行的数学家许国志商量如何把运筹学引进国内,并在中国科学院组建了我国第一个运筹学小组;与此同时,国内华罗庚、钱三强、于光远等也建议学习和推广苏联的技术经济分析等管理科学方法。

1956 年,我国制定了第一个科学发展十二年长期规划。在这批老科学家的推动下,运筹学是规划中的一个独立项目,这在当时的环境下是具有前瞻性的,对日后的管理科学与工程学科发展是非常有远见的一步。

从组织保证和人才培养上看,20 世纪 50 年代后期,在著名科学家钱学森、许国志等的推动下,中国科学院力学所、数学所先后成立了国内第一批运筹学研究部门,并于 1960 年合并为一个整体性研究单位。中国学者在这一时期在"中国邮路问题"、数学规划收敛性、组合优化、排队论等运筹学基础研究方向上都取得了较大的发展成果(中国运筹学会,2012)。

特别要认真总结的是,20 世纪 50 年代虽然时间不长,我国在运筹学领域无论在理论研究方面还是解决实际问题方面都取得了一批高水平成果,其中,以下几点宝贵经验至今都值得管理科学与工程学界认真学习和继承。

第一,切实以解决实际问题推动理论研究。新中国成立初,铁路交通运输资源十分紧张,运输方案的制定越来越复杂,运输部门为了比较两个方案,往往需要通宵达旦地计算。在大量实践的基础上,形成了一些经验性的"图上作业法"。华罗庚率万哲先等专门去运输部门研究如何应用和推广线性规划,万哲先对"图上作业法"给出了理论证明,并进行了推广应用。另外,数学家越民义对国外提出的"表上作业法"也给了理论证明(骆茹敏,2010)。

第二,理论研究推动实践进步。1958年,华罗庚提议在制定国民经济计划时应用投入产出法,并对该方法的重要意义开展了深入的理论研究,解决了与这一方法相关的非负元素矩阵理论,提升了投入产出法在经济管理上的应用价值(陈锡康,1983);刘源张将管理科学中的现代质量管理理论用于钢铁、机械制造、纺织等部门;1959年,我国运筹学家将排队论用于纺织业,优化纺锤的数量,又在邮电部门应用排队论计算电话业务,并促进了相关的运筹学理论研究。

第三,在理论与实践互动的基础上,大力开展运筹学的普及工作。20世纪50年代末60年代初,以华罗庚为代表的一批数学家在我国最早开展运筹学在国民经济中的应用研究,并开始了在我国推广"双法"(统筹法和优选法)的普及推广工作,为"从我国的实际出发搞出一套适合我国国情的、行之有效的管理科学"做了大量开创性工作。1964年,华罗庚从当时的"关键路线法(CPM)"和"计划评审技术(PERT)"的原理和方法出发,提出了"统筹法"。以1965年2月在原北京电子管厂搞统筹法应用试点为开端,开始统筹法普及工作,并于1969年作为国庆20周年的献礼提交了《优选法平话》。

"双法"推广实际上是我国历史上进行的一次颇具规模的普及管理科学思想、方法与推广应用的群众运动,是我国管理科学发展史上具有里程碑意义的事件。20世纪70年代初,华罗庚反复强调"在管理上搞统筹,在工艺上搞优选"。作为我国管理科学研究与实践推广的先驱者,他所推广的"双法"为我国管理科学的进步做出了重大贡献。20世纪70年代,华罗庚在总结他10多年来推广管理科学方法的实践与经验时,将其凝练为"大统筹、广优选、联运输、精统计、抓质量、理数据、建系统、策发展、利工具、巧计算、重实践、明真理"36个字,其中既包含了管理科学的许多基本内涵,也初步构建了当今管理科学与工程学术体系的基本架构,具有很强的预测性(徐伟宣,2006)。

### 3.2.2 系统工程的航天"点火"

另外,作为管理科学与工程学科融合基本形态的系统工程技术,也有着与运筹学几乎一致的由国外引入国内的发展轨迹与方式。

　　钱学森先生在美国工作的加州理工大学喷气推进中心是美国航天系统工程的发源地,他实际上是美国航天系统工程的创立者之一。1955年他回国以后,作为我国航天事业主要技术负责人就将系统科学思维与系统工程技术成功应用到我国"两弹一星"航天工程事业中。

　　例如,钱学森把20世纪中叶人们依据系统原理进行分析、规划、组织、管理系统的技术,即系统工程成功运用到我国航天工程中。他指出,"研制导弹武器系统面临的基本问题是:怎样把比较笼统的初始研制要求逐步地变为成千上万个研制任务参加者的具体工作,以及怎样把这些工作最终综合为一个技术上合理、经济上合算、研制周期短、能协调运转的实际系统,并使这个系统成为它所从属的更大系统的有效组成部分"(钱学森等,2011)。这样,就创造了我国独特的"航天系统工程",并初步形成了一套航天系统工程组织管理技术。钱学森的工程组织管理技术不仅推动了我国在"两弹一星"技术发展中取得了伟大的成就,而且对我国以系统工程为形态的管理科学与工程的发展具有重要的奠基性意义,这也是我国学术界把管理科学与工程和管理系统工程看得非常密切的原因。

　　正因为如此,如今,当我们以方法论特征为据回望新中国成立后的前30年,可以认为,运筹学与系统工程技术是那段时期我国管理科学与工程生存的一种独特形态与重要标志,这一特征比其他许多国家都更为清晰和鲜明,特别是在学术组织、研究团队、人才体系与重要成果方面,基本上可以认为运筹学与系统工程就是那一时段我国管理科学与工程的现实载体。

　　如前所述,在新中国前30年这一历史阶段,在我国高度计划经济体制下,难以产生普遍运用管理科学与工程的现实需求,也在客观上制约了该学科的生长和发展,这一时段我国管理科学与工程除在个别特殊环境和情况下外,总体上处于停滞状况,人才队伍的规模也很小。

　　与此同时,我国在20世纪五六十年代,一批世界著名的控制论学家、数学家在他们各自的理论研究与工程技术领域,结合我国国情与独特需求,开展了一系列运筹学与系统工程领域的普及、推广、研究与应用工作,培养了一批专业人才。从运筹学、系统工程和管理科学与工程学科之间学理的同一性看,可以认为,这不仅是我国管理科学与工程学科以运筹学与系统工程为载体的一种独特的价值的体现,也为我国管理科学与工程学科保存了日后迅速发展的学科基础,积蓄了起飞必要的潜能,甚至对我国管理科学与工程学科整体发展路线形成了某种规定性和示范性。特别是,那一时段我国老一辈数学家、工程学家和管理学家在困境中表现出来的科学精神、家国情怀与历史担当都成为我国管理科学与工程在70年的发展历程中留给后人的极其宝贵的精神财富。

## 4　谋生存

这一时期大约从20世纪70年代中后期到20世纪80年代末。

20世纪70年代中后期,我国历史翻开了改革开放崭新的一页,各行各业开始了翻天覆地的巨大变化。对管理科学与工程学科而言,最重要、最根本和最关键的意义是管理科学与工程学科生存与发展的基本生态环境显现了。

20世纪以来,科学取得长足发展,科学作用日益凸显。这使得现代科学不但是一个知识体系,而且成为一种知识生产的社会实践活动。这使恩格斯的"科学是一种特殊的社会建制"论断成为人们的基本社会共识。这一认知进步本质上是对科学的社会价值的肯定和尊重。但是,如本文前述那样,多年来,在我国,人们对自然科学与工程科学社会价值是充分肯定和尊重的,但对管理科学的社会价值及其重要性却缺乏应有的认知,从而在客观上制约了管理科学与工程学科的正常发展。

令人欣慰的是,改革开放以来,管理科学与工程学科生存与发展的基本生态环境有了根本性的转变。邓小平同志在改革开放初期的1980年,在回答意大利记者奥莉娅娜·法拉奇的提问时就明确指出:"我们学习先进的技术、先进的科学、先进的管理来为社会主义服务,而这些东西本身是没有阶级性的。"(中共中央文献研究室,1998)。1985年9月23日,邓小平同志在中国共产党全国代表会议上谈到"七五"计划时指出,我国的经济发展,总要力争隔几年上一个台阶;要扎扎实实,讲求效益,稳步协调地发展,一定要首先抓好管理和质量,讲求经济效益和总的社会效益,这样的速度才过得硬(邓小平,1993)。多少年来,在我国最庄严、最权威的党的全国代表会议上，由邓小平同志代表党和国家昭宣管理科学对我国国家经济建设与社会进步的巨大作用当属首次。

中国大地上呈现万物复苏、一派生机盎然的景象的同时，管理科学与工程学科的春天到来了。

1977 年，我国大学恢复了正常的招生，由于在 1952 年我国大学院系调整时，有幸在工科院校保留下来了"生产组织与计划"与"工业企业管理"两门课程，有的院校甚至保留下了工业工程、工程经济专业。"生产组织与计划"一般设在机械系，是各个工程专业的必修课。这样，在 20 世纪 80 年代初期，首先依托一些理工科院校中的应用数学、自动化、机械工程等与管理科学与工程有着内在科学逻辑关系的学科为基础，筹建、试办了一批管理科学与管理工程专业，有的院校则在原来的工业经济等专业中增加了相应的管科类课程。

那是一个人们求知若渴的年代。笔者至今对 40 年前那段日子仍然记忆犹新：社会上通过举办各类管理学习班、培训班掀起了学习、普及、宣传管理科学与工程知识的热潮，培训对象多为高校教师、工厂企业的管理与技术干部，培训内容主要是管理科学领域内的各种定量管理办法。笔者中有人曾参加过中科院数学所的学者在南京主讲的"运筹学"的学习班，学习班借某单位一间教室，学员们来自全国各地，穿中山装、军大衣的都是同学，挤得水泄不通，大家不问来历、背景，只为求知。上课的专家没有一点架子，拿着粉笔，在整黑板上又写又画，弄得中山装上满是粉笔灰。正是这种浓郁的渴求知识的氛围，在改革开放初始的那个年代里，把管理科学与工程知识的种子播撒到一代人的心中，培养了一支接续断层并继往开来的管理科学与工程学科人才队伍，这批人后来陆续成为 20 世纪最后 20 年我国各行各业管理科学与工程学科的教学、科研与实践的带头人和骨干。

这是我国管理科学与工程学科新生命开端的一个重要转折时期。作为"一种社会建制"的管理科学与工程学科，需要名正言顺地在国家的科学技术体系中占有自己的法定位置，这好比一个人要有国家承认的"户籍"。在这一点上，后人必须了解和记住当时发生在学术界与学术管理机构高层的一些历史性事件。早在 20 世纪 80 年代初,中国科学院高层就开始调研,考虑管理科学在国家今后发展中的作用,1981 年 3 月 6 日,中共中央十号文件明确指出,中国科学院"要加强管理科学的研究,促进科研管理及国民经济管理现代化"。此后,在中科院领导李昌的组织下召开了一系列会议,以自然科学与社会科学交叉的名义为管理科学成立一个类似学部的机构。在当时社会普遍认知不足的情况下,管理科学还远远未有足够的地位,不能叫"学部",可称"学组",由于名称难定,就叫"第六学组",以区别原来的数理学部等五个学部,后由李昌提议称为管理学组。所以如此"举棋不定",根源还在于当时人们头脑中还普遍存在一个"大问号":管理是科学吗?

1981 年 5 月 11 日,中科院第四次学部委员大会召开,在会上,不少与会者不同意设立管理学部或者管理学组,理由还是"管理是科学吗?"在这关键时刻,钱三强、钱学森、华罗庚、周培源、苏步青等 24 位学部委员签署了书面意见,表示愿意兼任或专任管理科学组的委员,并由钱三强先生主动担任管理科学组组长。在大会闭幕式上,李昌宣布"这次大会决定在中国科学院设立一个管理科学学组,这是有重大意义的"。

科学发展的道路总是曲折的。那么多年的国情与体制等现实,以及在人们头脑中形成的深刻烙印甚至偏见,很难在短时间内完全改变人们对管理科学重要作用与科学属性的认识。虽然中科院管理科学学组成立了,但关于如何认识管理科学的内涵与作用在科学界仍然存在许多分歧,加之管理科学学组是中科院所设机构,因此,当时管理研究的对象主要是科研管理。1981—1984 年,学组共计召开了四次科研管理学术研讨会,主题基本上局限于中科院领导体制、多学科渗透的组织和管理等,尚难于仅依靠科研管理对全国管理科学与工程学科整体性发展产生强大的推动力。由于分歧经常大于共识,1984 年 6 月,中科院管理科学学组基本上终止了工作。

但是,管理科学与工程学科的生命力是顽强的。1981 年,国务院批准成立中国科学院自然科学基金委员会,并于次年面向全国开始受理与资助工作,这是国家自然科学基金委员会的前身与试点。鉴于中国科学院力学所、数学所等有一批从事运筹学、统筹法、优选法研究的机构,中科院有一批高水平的数学家、工程科学家在从事管理科学领域的研究,为了便于他们的申请,专门开了一个口子,其中专门设立了管理科学组负责受理管理科学的资助工作。1982—1986年间,该科学基金共资助了管理科学23项研究课题,共计39.80万元,平均每个课题资助经费为1.73万元,虽然其资助强度根本无法与今天国家自然科学基金会管理学部一个普通的面上课题的经费相提并论,但却标志着对管理科学与工程学科是我国一种"科学建制"的认可。这样,中国科学院自然科学基金对管理科学的资助不仅是从"科学建制"上将运筹学与系统工程作为管理科学与工程学科的种子保留了下来,而且给予了正名,从"科学建制"上肯定了管理科学与工程,其意义是相当深远的。

1986年,中国国家自然科学基金委员会成立。管理科学与工程学科35年的发展历程充分说明,国家自然科学基金会的成立提供了支撑我国管理科学与工程发展的平台与强大推动力。众所周知,长期以来,自然科学界一直对管理是不是科学存疑。这个问题的"潜台词"是否定管理科学的自然科学属性,而当时的社会科学体系也难以"接纳"包含不少自然科学属性的管理科学。换句话说,在当时人们的科学认知框架下,虽然管理科学与工程学科在社会上的影响逐渐显山露水,但学界对管理科学是不是科学,仍然难以形成科学共识。但是,在国家自然科学基金委员会成立之初,包括国家科学基金委主任唐敖庆、副主任师昌绪等资深的著名自然科学家和工程科学家领导,就以其睿智的战略眼光和宽广胸怀,延续了中国科学院自然科学基金管理科学组对管理科学的资助,并给予了管理科学更多、更深厚强有力的关怀和支持。他们根据当时社会上、科学界对管理科学的属性与作用还难以形成共识,并时常出现争论的情况,对管理科学属性采取不争论的策略,而是将管理科学组先设置在基金委政策局内,成立一个独立的受理与资助项目的管理科学组,并将原来狭义的以运筹学等为主体的资助范围给予了较大的拓展,初步具备了广义管理科学的学科范围,开始对更广泛的管理问题开展研究。这在当时无疑是为管理科学与工程学科的成长创建了一块科学意义上的"特区",既为日后管理科学与工程学科的发展预留了空间,同时为10年后自然科学基金委管理科学部的成立奠定了基础和条件。国家自然科学基金委员会支持管理科学研究是一项关系到我国管理科学稳定、持续发展的具有远见卓识的重要战略决策。

上述一系列变化充分反映了在改革开放第一个 10 年间,我国管理科学与工程学科良好的生态环境逐步形成,该学科生机盎然、茁壮成长的春天终于到来了。

截至 1987 年,全国已有 185 所高校成立了管理学院、管理系和相关专业,仅 95 所工科院校就有 166 个管理类专业,其中,有一部分以及后来转为管理科学与工程的一批系统工程专业点构成了今天我国高校管理科学与工程学科人才培养的重要基地(蔺亚琼,2011)。

有了人才,有了队伍,就有了不断丰富管理科学与工程学科发展内涵的基础条件。在这 10 年间,陆续创立了《科学学与科学技术管理》《科学管理研究》《管理现代化》《数理统计与管理》《基建管理优化》《运筹与管理》《优选与管理科学》等与管理科学与工程专业紧密关联的学术刊物,并出版了一大批著作、教材;成立了中国管理现代化研究会、中国优选法统筹法与经济数学研究会、中国管理科学研究会(1991 年改名为中国管理科学学会),以及被认为是管理科学与工程学会"孪生兄弟"的中国系统工程学会。同时,各类学术会议也频繁召开,那时的学术交流场所比较简朴,条件也比较差,但是,无论大会报告还是分组交流都认真而热烈,学术批评与争鸣也十分踊跃。许多著名老科学家谦虚平和,对年轻人诲人不倦,同行之间学术氛围十分浓郁。

总之,在这 10 年间,管理科学与工程学科在我国被"正名",初步具备了良好的学术生态环境,加上多年来从自然科学与工程科学继承的坚实的科学基础,学科自身进入了越来越规范的良性成长阶段。

## 5 照着讲

这一时期大约从 20 世纪 90 年代初到 21 世纪初。

本文把这一时期归为我国管理科学与工程学科的"照着讲"阶段,是从管理科学与工程发展总体形态与特征而言的,这一划分应该理解为是对我国管理科学与工程发展整体演变趋势的大时间尺度认知,下面的"接着讲"也是如此。

20 世纪 90 年代初,我国社会主义建设现代化事业进入了一个新的历史时期,特别是 1992 年初,邓小平同志的南方谈话从根本上解除了把计划经济与市场经济看作属于社会基本制度范畴的思想束缚。1992 年 10 月,举世瞩目的中共十四大明确了我国经济体制改革的目标是建立社会主义市场经济体制。这是我国经济体制改革目标的重大突破,中国改革开放的步伐由此进一步加快,现代管理在总体上的重要作用得到进一步体现(盛昭瀚等,2020)。

首先,我国党和国家领导人对管理科学更加重视,在多次的政府工作报告中,都提出"要发展管理科学";党的第十五次代表大会指出,"需要扩大开放,吸收和借鉴世界各国包括资本主义发达国家的先进技术和管理经验";第九届人大四次会议的政府工作报告提出,要通过"自然科学与社会科学的交叉融合,推动管理科学的发展"。国家经济社会方方面面的发展,也使人们日益感受到并逐步认可管理科学与工程的实际重要性。

在这样逐渐向好的形势下,1996 年 7 月,国家自然科学基金委员会在成立 10 年之际,宣布将原管理科学组升格为管理科学部,时任国务院总理朱镕基同志在管理科学部成立大会上做了《管理科学兴国之道》的专题报告;1998 年,国务院学位委员会与教育部将管理学正式列入国家学位设置名录中;2000 年 9 月,中国工程院工程管理学部成立。这一连串事关管理科学与工程发展的大事标志着在新的历史时期,我国管理科学与工程学科的成长与发展将进入一个更快速、稳健的新阶段,同时也显现出这一时段管理科学与工程学科发展路径的现实逻辑。

前文说过,我国管理科学与工程学科在新中国成立后的一段较长时间内处于停滞不前甚至萎缩的状态,因此,我国近现代管理科学与工程学科历史传承少,现代管理学思想与理论体系发育、发展时间较短并缺乏良好的学术生态环境的支撑。因此,一旦改革开放之后有了堂堂正正的"名分"和良好的学术生态环境,社会对管科理论与方法的巨大需求同我国管理科学与工程学术界自身的理论与方法供给不足之间的矛盾就暴露了出来。

于是,一种可行且有效的解决矛盾的方式出现了,即我国的管理科学与工程学科在"谋生存"之后的起始发展期,其发展的基本形态主要是沿袭国外管理科学与工程学术体系与研究范式,表现为一种对国外管理科学与工程理论照本宣科状态,也可谓"照着讲"。

"照着讲"有着当时的现实逻辑。

(1)"照着讲"是一种解决当时我国管理实践需求猛增、管理科学与工程理论和方法供给不足矛盾的快捷办法。

(2)"照着讲"的重要方式是通过引进、介绍、传播、研究国外管科思想、理论、知识与方法,并努力将其应用于我国各个领域的管理实践,同时在这一过程中有所发现、有所发明、有所创造、有所创新,这在当时,具有较强的可行性和操作性。

(3)在改革开放大形势下,日益频繁的中外学术交流为管理科学与工程"照着讲"创造了条件和平台。这一时期,国家自然科学基金会对管理科学与工程科学研究的各类(科学研究与人才培养)资助力度不断加大,我国高校该学科高级人才培养的规模不断扩大。"照着讲"的方式使我国管理科学与工程学科水平有了明显的提高,虽然该学科整体学术水平不能也不应该主要以学术论文数量来评判,但是,由于"照着讲"这一时段是国内该学科发展的一个初级阶段,当时研究成果的主要形式还表现为发表学术论文,虽然这一指标有其局限性,但在一定意义上也能够作为我国管理科学与工程学科发展"照着讲"阶段总体发展情况的一个参考面。

下面的一组表格(见表1—表5)既尽量保持了数据统计口径的完整性与标准化,也能够直观和清楚地说明这一阶段的实际状况。

我国管理科学与工程学科发展进程中的这一"照着讲"阶段,是我国管理学界在特定的历史时段汲取人类共同管理文明与营养必不可少的发展阶段,也是我国管理科学与工程学科成长壮大不可逾越的阶段。正是这一"照着讲"的自我学习运动,才使得我国管理科学与工程学科得以迅速成长和成熟,使一大批管理科学与工程学者的理论学养与创新能力有了显著的提高,成为当今我国该学科领域杰出的学科带头人。特别是,在这一时段中,除了普遍的"照着讲"方式外,我国一些自主性的、突破"照着讲"方式、具有我国特色的管理科学与工程研究方向与成果,都出现了可喜的萌芽,或进入了蓄势待发的态势。

表 1　1986—1999 年国家自然科学基金委员会管理科学部对管理科学与工程学科部分项目资助情况（金额单位：万元）

| | | 1986 | 1987 | 1988 | 1989 | 1990 | 1991 | 1992 | 1993 | 1994 | 1995 | 1996 | 1997 | 1998 | 1999 |
|---|---|---|---|---|---|---|---|---|---|---|---|---|---|---|---|
| 面上项目 | 项目数 | 26 | 49 | 30 | 26 | 33 | 40 | 32 | 37 | 33 | 25 | 35 | 33 | 26 | 58 |
| | 金额 | 48.8 | 75.5 | 58.9 | 64 | 74.3 | 105 | 106 | 153 | 167 | 144 | 234 | 257 | 224 | 520 |
| 青年科学基金项目 | 项目数 | | 4 | 3 | 5 | 5 | 8 | 4 | 8 | 7 | 11 | 7 | 11 | 10 | 4 |
| | 金额 | | 9.7 | 8.5 | 9.9 | 13 | 17.5 | 12.3 | 34.5 | 37.9 | 68.3 | 48.5 | 81.3 | 89.1 | 34.7 |
| 地区科学基金项目 | 项目数 | | | | 1 | 1 | 0 | 0 | 0 | 1 | 1 | 0 | 2 | 2 | 1 |
| | 金额 | | | | 1 | 2.5 | 0 | 0 | 0 | 4 | 6.5 | 0 | 16 | 18.5 | 6 |

表 2　1986—1999 年国家自然科学基金委员会管理科学部对管理科学与工程学科人才项目资助金额（金额单位：万元）

| | | 1986 | 1987 | 1988 | 1989 | 1990 | 1991 | 1992 | 1993 | 1994 | 1995 | 1996 | 1997 | 1998 | 1999 |
|---|---|---|---|---|---|---|---|---|---|---|---|---|---|---|---|
| 创新研究群体项目 | 项目数 | | | | | | | | | | | | | | 2 |
| 国家杰出青年科学基金 | 项目数 | | | | | | | | | | 1 | | 1 | 1 | 2 |
| | 金额 | | | | | | | | | | 50 | | 50 | 50 | 110 |
| 优秀青年科学基金项目 | 项目数 | | | | | | | | | | | | | | |
| | 金额 | | | | | | | | | | | | | | |

表 3　1986—1999 年国家自然科学基金委员会管理科学部对管理科学与工程学科特别项目资助金额（金额单位：万元）

| | | 1986 | 1987 | 1988 | 1989 | 1990 | 1991 | 1992 | 1993 | 1994 | 1995 | 1996 | 1997 | 1998 | 1999 |
|---|---|---|---|---|---|---|---|---|---|---|---|---|---|---|---|
| 基础科学研究中心 | 项目数 | | | | | | | | | | | | | | |
| | 金额 | | | | | | | | | | | | | | |
| 重大项目 | 项目数 | | | | | | | | | | | | 3 | | 2 |
| | 金额 | | | | | | | | | | | | 128 | | 643 |
| 重点项目 | 项目数 | | | | | | | | 1 | 2 | | 1 | | | 2 |
| | 金额 | | | | | | | | 30 | 64 | | 45 | | | 95 |
| 重点项目群 | 项目数 | | | | | | | | | | | | | | |
| | 金额 | | | | | | | | | | | | | | |

**表 4　1989—1999 年 SCI 管理科学与工程学科发表学术论文总数统计表**

|  | 1989 | 1990 | 1991 | 1992 | 1993 | 1994 | 1995 | 1996 | 1997 | 1998 | 1999 |
|---|---|---|---|---|---|---|---|---|---|---|---|
| 论文总数 | 34 | 34 | 38 | 40 | 37 | 54 | 59 | 58 | 96 | 143 | 253 |

数据来源：Web of Science SCI-EXPANDED 数据库，使用 Web of Science Category 中 Business、Information Science & Library Science、Management、Operations Research & Management Science 四个领域表示管理科学与工程学科范畴。

**表 5　1989—1999 年国内核心刊物管理科学与工程学科发表学术论文总数统计表**

|  | 1989 | 1990 | 1991 | 1992 | 1993 | 1994 | 1995 | 1996 | 1997 | 1998 | 1999 |
|---|---|---|---|---|---|---|---|---|---|---|---|
| 论文总数 | 7 912 | 7 875 | 8 207 | 8 539 | 8 670 | 9 623 | 9 749 | 10 183 | 10 349 | 10 832 | 11 569 |

数据来源：中国知网，管理科学与工程学科国内核心刊物列表采用 FMS 管理科学高质量中文期刊推荐列表(2020)。

同时也要看到，"照着讲"方式容易造成国内学者的科学研究缺乏国内实际问题导向，容易形成从国外论文不足中拾遗补阙、用国内的管理现象与数据来"证明"国外理论正确的模式等缺陷，长此以往，会影响国内学者自主性创新精神的培养与发扬。如同每一个人都要经过幼童年阶段，才能成长变得自立、自强一样，一个学者不能一直沿袭"照着讲"方式而成为学术上的"啃老族"，一个民族更不能如此。其后的事实证明，在总体发展趋势上，我国管理科学与工程学界逐渐表现出这样的学术自信与理论自信，从而迈入了"接着讲"阶段。

## 6　接着讲

这一时期大约从 21 世纪初至今。

### 6.1　管理科学与工程学科由"照着讲"迈入"接着讲"

经过大约 10 年的"照着讲"阶段，从 21 世纪初开始，我国管理科学与工程学科发展的整体趋势、主要特征及重要标志等逐渐步入了一个新的阶段，这一阶段可概括为管理科学与工程学科从"照着讲"到"接着讲"。

这不是一件偶然性事件，而有其必然的现实逻辑与历史逻辑。

首先，就 21 世纪现实状况而言，我国管理科学与工程学科的学术发展在整体与全局上已经面临着一个重要的转折点，这一转折点的出现首先是源于全球化及新的信息技术的重大发展。正如习近平总书记所说："当代中国正经历着我国历史上最为广泛而深刻的社会变革,也正在进行着人类历史上最为宏大而独特的实践创新"(习近平,2019)。这是我国社会、经济与文化的一场宏大变革,已经并将持续在各个领域内全方位地引发、催化、涌现出一系列新的重要的管理现象与管理问题。而单纯地依据传统的管理思想,运用已有的管理学理论和方法,在很多时候与场合中已经不能准确、有效地解释这类新的现象和解决新的问题。也就是说,主要源于20世纪中叶的西方管理学思想和理论在应对当前与今后世界,特别是我国众多的新的管理实践与问题时,已经越来越显得"力不从心"。

这样,展现在我们面前的广泛的管理现象及新的管理问题越来越迫切地召唤适应新的变革需求的管理新思想、新理论与新方法,这是我国管理科学与工程发展态势出现重要转折点的现实逻辑。

近年来,我国管理科学界表现出了强烈的学术自觉性和自主性。在系统总结和深刻反思过去几十年我国管科学术发展道路及经验的基础上,我国管理科学界越来越察觉到我国管理实践对管理科学学术创新的巨大需求、强大推动力与蕴藏的丰富创新资源,从而更明确了**今后我国管理科学与工程学科要从主要引进、吸收国外管理思想、知识与方法的"照着讲"阶段逐步走向"接着讲"阶段。"接着讲"就是以我国重要管理实际问题为导向,依据我国管理实际情景,深刻总结自身管理经验,进一步提炼理论元素,争取通过自身提出的学术主张与话语体系为人类管理思想与管理理论的进步与发展做出自身的贡献。这一大态势标志着我国管理科学与工程学科正逐步摆脱从跟踪模仿转向自主性创新为主的新阶段。**这是我国管理科学与工程学科发展道路出现重要转折点的历史逻辑。

上述现实逻辑与历史逻辑意味着我国管理科学与工程学科发展的一个"新时代"的开始,意味着人类管理科学与工程知识供给体系结构将发生重大变化,这将是21世纪世界范围内管理学发展与进步的一件大事。

我国管理科学与工程学科从"照着讲"到"接着讲",一字之差,意义迥异。"照着讲"主要是沿袭和模仿国外管理科学与工程学科体系、学术体系和话语体系,而"接着讲"是在重视学习、吸收国外先进的科学技术文明的基础上,更注重以我国管理问题为导向开展自主性、原创性与突破性的学术创新。

一个国家在某个科学领域由"跟着讲"向"接着讲"转折的重要标志在于：

（1）在该科学领域既有反映一般科学规律，又有充分体现本国国情特色、符合科学发展规律的指导性科学规划作为该学科发展趋势的指引目标和行动纲领；

（2）对该学科的发展有稳定的资源资助和组织保障管理平台；

（3）在该领域不断涌现出深度关切与回应本国重大现实问题，又具有学术原创性、前沿性"顶天立地"的学术成果。

在此需要指出，我国管理科学与工程学科的"接着讲"主要不是或者不仅仅是指某个学者个体或者某个团队的微观学术行为，而是在众多学者个人与团队共同奋斗基础上所体现出的关于科学目标、创新能力、组织方式、行为规范等大规模与整体性的转折与演进。

应该说，从 21 世纪初至今，在我国管理科学与工程学科的发展进程中，以上"接着讲"的属性与发展趋势特征的表现不断清晰、增强和稳定。

## 6.2　不断与时俱进的学科规划

根据科学是一种特殊的社会建制的论说，我国管理科学与工程的学科发展除了包括学者个体自由研究行为外，更是国家全局性科学技术发展战略的组成部分。因此，需要在国家层次上，提出不同时段管理科学与工程学科发展的总体目标、发展战略；在对发展环境、现状、机遇进行论证的基础上，提出学科发展的优先领域、应加强的研究方向和重点项目以及相应的政策建议和保障措施。

管理科学与工程"接着讲"阶段若从 21 世纪初算起至今，适逢 20 年整，与我国 2000 年开始的第十个五年计划及 2020 年结束的第十三个五年计划完全重叠，故在这 20 年内，我国制定了四个五年发展规划（"十五"至"十三五"）。相应的，国家自然科学基金委管理科学部也制定了我国管理科学与工程学科四个五年发展规划。对这些规划的指导思想与发展战略等重要问题的分析，能够给我们许多深刻的思考。

为了便于比较，我们先对 20 世纪末制定的管理科学"九五"规划进行分析。应该说，管理科学与工程学科"九五"规划还不是严格意义上的五年规划，而仅仅是管理科学与工程学科"九五"期间的优先资助领域。在发展战略目标上，"九五"规划提出了消化吸收先进的国外管理理论，大幅度提高我国管理实践及研究水平;学科发展战略是适应社会主义市场经济体制,努力吸收并尽快应用世界先进的管理理论、方法和实际经验,发扬中国管理思想的优良传统,创立具有中国特色的管理理论、方法和管理文化。不难看出,其中还明显表现出"照着讲"的思维。

**管理科学与工程学科发展"十五"规划是"接着讲"阶段制定的第一个规划,**提出的发展战略主旨是要在若干科学前沿方向取得突破,要研究解决经济建设、社会发展和改革开放中国家亟需解决且有可能解决的一些重大管理和决策科学问题,在优先资助领域方面,强调了能够发挥我国优势、特色与潜力,有可能接近或赶上世界前沿的领域,对学科发展能够起到带动作用等,充分反映出发展战略中的我国"优势""特色"和**我国实践提出的"中国化"思想。**

管理科学与工程学科发展"十一五"规划进一步明确了发展战略的指导思想是发挥前瞻引领作用,突出中国实践特色,推动实现自主创新。**在总体形势分析上,指出中国管理科学正面临着一个转折,即从跟踪模仿阶段进入自主创新阶段,应当积极促进这个阶段转换的实现,**通过倡导规范的基础性研究,推动中国原创性管理科学成果走向世界。并且,第一次提出在未来10—20年中逐步建立管理科学中国学派的学科基础。虽然这些治理目标任重而道远,但能够提出这些目标充分反映了我国管理科学在基本走出"照着讲"阶段后的学术自信与理论自信。

管理科学与工程学科发展"十二五"规划根据21世纪前10年的现实情况,提出通过对我国社会经济持续发展若干重大难题进行深度研究,力争取得重大理论创新与应用突破;在理论现代化与中国化的结合上,要将我国经济管理实践和中国传统管理理论相结合,使之上升为具有普适性意义的管理科学理论,并选择有较好研究基础的科学问题,带动整体研究水平跨入世界先进行列(黄海军等,2012)。

管理科学与工程学科发展"十三五"规划于2020年年底收官,该规划在我国管理科学与工程学科的发展战略、目标设计等方面保持了前几个规划的连贯性,局部地方更加具体、精准和深刻,如为了实现学科"理论升华"的战略目标,要坚决走"从实践中来,到实践中去"的研究路径,通过加大对来自实践的原创性项目的支持,为国家社会经济发展做出历史性贡献。"十三五"规划的一个显著特点是针对当今变革性新技术快速发展、学科之间相互渗透与融合的"大科学"时代的趋势和特点,对管理科学与工程学科跨学科属性、特点与方法论做了分析和设计(黄海军等,2016)。

综上所述,在近20年我国管理科学与工程学科"接着讲"阶段,国家自然科学基金委员会管理科学部连续制定发布了四个与时俱进的管理科学与工程学科发展战略规划报告,战略目标越来越强化和清晰,战略思想越来越精准和聚焦,即以我国管理实际问题为导向,努力通过自主性研究道路深度关切和回应国家重大管理现实问题,并以优秀的管理科学与工程学术成果走向世界、融入人类管理文明。

在我国管理科学与工程学科发展的现实中,上述战略规划已经成为广大管理科学与工程学者的指引性目标,一定意义上也成为共同的行动纲领。

国家自然科学基金委员会管理科学部组织编制的《管理科学与工程学科"十四五"规划》即将正式出版。

### 6.3　支撑管理科学与工程学科稳定发展的资源保障

虽说管理学是致用性的学科,但管理科学与工程学科这样的基础性、本源性,更注重为管理学研究领域提供基础思维、基本理论和方法体系的学科,迄今还难以直接从企业、个人那里得到持久、稳定和丰裕的经费支持。所以,国家自然科学基金委员会自1986年成立起,就义不容辞地承担起对全国管理科学与工程科学研究的资助,直至今日。

国家自然科学基金委员会管理科学部除对一般科学研究外,还对我国管理科学与工程学科优秀人才(如国家杰出青年科学基金项目、优秀青年科学基金项目)和创新团队进行了持续不断的资助与培养,资助强度越来越大,保证了我国管理科学与工程学科人才梯队建设的高质量与稳定性。这对现阶段任何其他部门、单位与社会组织而言,不论是因其社会分工不同,还是因对管理科学的认识不同,尚难以做到的。

总的来说,在我国管理学科"接着讲"阶段,无论宏观学术环境、项目资助强度、对中青年学者的激励力度等都越来越有利于广大管理科学与工程学者把自身的聪明才智转化为开展管理科学与工程研究的热情并取得优秀研究成果。

在这方面,下面的一组表格十分直观和清楚地说明了这一点(见表6—表9)。

表 6　2000—2020 年国家自然科学基金委员会管理科学部对管理科学与工程学科部分项目资助情况（金额单位：万元）

| | | 2000 | 2001 | 2002 | 2003 | 2004 | 2005 | 2006 | 2007 | 2008 | 2009 | 2010 | 2011 | 2012 | 2013 | 2014 | 2015 | 2016 | 2017 | 2018 | 2019 | 2020 |
|---|---|---|---|---|---|---|---|---|---|---|---|---|---|---|---|---|---|---|---|---|---|---|
| 面上项目 | 数量 | 49 | 61 | 75 | 71 | 87 | 82 | 103 | 112 | 128 | 146 | 173 | 209 | 227 | 200 | 182 | 198 | 193 | 224 | 235 | 228 | 221 |
| | 金额 | 585 | 768 | 1 022 | 1 038 | 1 212 | 1 356 | 1 898 | 2 232 | 3 038 | 3 659 | 4 615 | 8 778 | 12 253 | 11 200 | 10 920 | 9 522 | 9 264 | 10 752 | 11 280 | 11 064 | 10 620 |
| 青年科学基金项目 | 数量 | 5 | 8 | 12 | 15 | 20 | 36 | 34 | 39 | 68 | 80 | 112 | 160 | 180 | 182 | 195 | 197 | 192 | 223 | 233 | 230 | 225 |
| | 金额 | 67.2 | 106 | 152 | 202 | 265 | 593 | 567 | 589 | 1 163 | 1 379 | 1 978 | 3 200 | 3 603 | 3 745 | 4 100 | 3 444 | 3 272 | 4 018 | 4 308.24 | 4 316 | 5 392 |
| 地区科学基金项目 | 数量 | 2 | 1 | 1 | 2 | 1 | 1 | 2 | 4 | 4 | 7 | 13 | 21 | 26 | 23 | 27 | 27 | 30 | 32 | 34 | 31 | 31 |
| | 金额 | 26 | 13 | 15 | 29 | 13 | 17 | 34 | 70 | 97 | 155 | 288 | 754 | 934 | 793.5 | 936 | 814 | 888 | 899 | 955.3 | 873 | 868 |

表 7　2000—2020 年国家自然科学基金委员会管理科学部对管理科学与工程学科人才项目资助情况（金额单位：万元）

| | | 2000 | 2001 | 2002 | 2003 | 2004 | 2005 | 2006 | 2007 | 2008 | 2009 | 2010 | 2011 | 2012 | 2013 | 2014 | 2015 | 2016 | 2017 | 2018 | 2019 | 2020 |
|---|---|---|---|---|---|---|---|---|---|---|---|---|---|---|---|---|---|---|---|---|---|---|
| 创新研究群体项目 | 数量 | | 1 | | 1 | | 1 | 2 | 1 | 2 | 2 | 1 | 1 | 2 | | 2 | 2 | 1 | 1 | 2 | 1 | 2 |
| | 金额 | | 505 | | 240 | | 290 | 665 | 350 | 735 | 805 | 420 | 420 | 840 | | 1 680 | 1 102.5 | 735 | 735 | 1 470 | 670 | 1 340 |
| 杰出青年科学基金 | 数量 | 2 | 1 | 2 | 1 | 4 | 3 | 3 | 2 | 5 | 4 | 1 | 4 | 3 | 3 | 2 | 3 | 1 | 2 | 4 | 2 | 4 |
| | 金额 | 110 | 55 | 140 | 84 | 392 | 336 | 420 | 280 | 700 | 560 | 140 | 672 | 588 | 672 | 560 | 735 | 245 | 490 | 980 | 560 | 1120 |
| 优秀青年科学基金 | 数量 | | | | | | | | | | | | | 8 | 5 | 4 | 4 | 7 | 7 | 5 | 8 | 5 |
| | 金额 | | | | | | | | | | | | | 800 | 500 | 400 | 520 | 910 | 910 | 650 | 980 | 600 |

表8　2000—2020年国家自然科学基金委员会管理科学部对管理科学与工程学科特别项目资助情况（金额单位：万元）

| | | 2000 | 2001 | 2002 | 2003 | 2004 | 2005 | 2006 | 2007 | 2008 | 2009 | 2010 | 2011 | 2012 | 2013 | 2014 | 2015 | 2016 | 2017 | 2018 | 2019 | 2020 |
|---|---|---|---|---|---|---|---|---|---|---|---|---|---|---|---|---|---|---|---|---|---|---|
| 基础科学研究中心* | 数量 | | | | | | | | | | | | | | | | | | | | | |
| | 金额 | | | | | | | | | | | | | | | | | | | | | |
| 重大项目 | 数量 | | | | | | | | | | | 5 | | | 12 | | | 6 | 5 | 5 | | 6 |
| | 金额 | | | | | | | | | | | 1 000 | | | 3 000 | | | 1 362.6 | 1 451 | 1 404.6 | | 1 306.7 |
| 重点项目 | 数量 | 2 | 2 | 1 | 1 | 3 | 4 | 4 | 4 | 5 | 4 | 7 | 9 | 8 | 8 | 8 | 8 | 8 | 10 | 8 | 9 | 9 |
| | 金额 | 120 | 215 | 90 | 90 | 390 | 400 | 330 | 430 | 520 | 470 | 1 060 | 1 976 | 1 963 | 1 766.6 | 2 080 | 1 969 | 1 840 | 2 400 | 1 880.5 | 2 124 | 1 880 |
| 重点项目群* | 数量 | | | | | | | | | | | | | | | | 5 | | | | 5 | |
| | 金额 | | | | | | | | | | | | | | | | 1 491 | | | | 1 180 | |

注：* 2019年资助的重点项目群以专项项目形式支持，但是按照重点项目群方式管理。

表9　我国2000—2019年逐年管理科学与工程学科发表学术论文总数统计表

| 年份 | 2000 | 2001 | 2002 | 2003 | 2004 | 2005 | 2006 | 2007 | 2008 | 2009 | 2010 | 2011 | 2012 | 2013 | 2014 | 2015 | 2016 | 2017 | 2018 | 2019 |
|---|---|---|---|---|---|---|---|---|---|---|---|---|---|---|---|---|---|---|---|---|
| SCI论文总数* | 290 | 313 | 305 | 349 | 368 | 489 | 554 | 810 | 993 | 1 301 | 1 297 | 1 644 | 1 865 | 1 760 | 2 142 | 2 217 | 2 394 | 2 673 | 2 847 | 3 810 |
| 国内核心刊物论文总数** | 12 191 | 12 731 | 13 484 | 13 742 | 14 300 | 15 185 | 14 935 | 15 351 | 17 262 | 16 639 | 16 805 | 16 282 | 15 541 | 15 207 | 15 312 | 15 092 | 14 471 | 14 330 | 13 640 | 12 985 |

* 数据来源：Web of Science SCI-EXPANDED 数据库，使用 Web of Science Category 中 Business, Information Science & Library Science, Management, Operations Research & Management Science 四个领域表示管理科学与工程学科范畴。

** 数据来源：中国知网，管科学科国内核心刊物列表采用 FMS 管理科学高质量中文期刊推荐列表（2020）。

与"照着讲"阶段相比,在"接着讲"这一阶段,我国管理科学与工程学科不仅在论文发表的数量上持续保持了高速增长的势态,而且在论文质量及学术中国化与影响力方面也有了长足的进步,这从下面几张图(见图1—图4)中可以得到充分的反映。

本研究依据《FMS管理科学高质量期刊推荐列表》中推荐的管理科学高质量期刊目录,检索中国学者在这1135种国际期刊上的发文数据,进行具体分析。该列表将期刊分成A、B、C、D四个等级,其中A级期刊133种、B级期刊319种、C级期刊444种、D级期刊239种。

图1　2009—2019年主要作者论文数量和所有论文数量

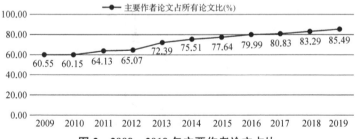

图2　2009—2019年主要作者论文占比

如图1和图2所示,2019年,中国学者在1135种FMS管理科学高质量国际期刊上发表论文数量已经达到14512篇,是2009年2753篇的5.27倍,年均增长18.08%。其中,中国学者为主要作者(第一作者或者通讯作者)的论文占比呈现出逐年增长的趋势，从 2009 年的 60.55％增长到 2019 年的 85.49％。

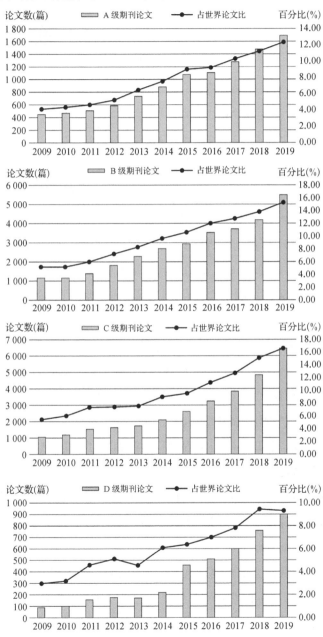

**图 3　2009—2019 年中国学者在各级期刊上发表论文统计**

图 4　2009—2019 年"中国议题"论文统计

2009—2019 年，中国学者在 FMS 133 种 A 级期刊发表论文共计 10 287 篇，占全球所有 A 级期刊论文比为 7.92%；在 FMS 319 种 B 级期刊发表论文共计 30 386 篇，占全球所有 B 级期刊论文比为 10.08%；在 FMS 444 种 C 级期刊发表论文共计 30 220 篇，占全球所有 C 级期刊论文比为 10.6%；在 FMS 239 种 D 级期刊发表论文共计 4 122 篇，占全球所有 D 级期刊论文比为 6.86%。

1 135 种期刊中关于"中国议题"的管理科学研究论文总数为 29 900 篇，且增长迅速，从 2009 年的 1 331 篇增长到 2019 年的 5 174 篇。完全由国外学者发表的"中国议题"论文 10 551 篇，占到论文总数的 35.5%，其中美国、英国和澳大利亚学者关注"中国议题"最多。

在近 20 年我国管理科学与工程学科"接着讲"的阶段中，各个研究领域与方向都取得了丰富的研究成果，有些成果偏重于理论研究，有些成果偏重于方法创新，也有些成果体现了较完整的以我国重要实际问题为导向，并提炼和抽象科学问题，通过深入的规范研究不仅取得了自主性的理论成果，也较好地解决了实际难题，因此被学界称为"顶天立地"的研究范式，充分体现了"接着讲"中的"关切与回应我国当前重要现实需求"的内涵。令人可喜的是，近年来，这方面的研究成果无论在数量上还是在质量上都出现了向更高层次发展的趋势，这类成果不仅在国际学术界获得了高度评价，而且对解决我国重大现实问题发挥了重要的作用。

我国管理科学与工程学科从"照着讲"到"接着讲"是一个历史性转折,是该学科发展基于大时间尺度的整体性趋势演变。从学科发展环境来看,世界经济科技快速发展,特别是我国社会经济深刻改革给管理科学与工程学科提出了一系列重大挑战;从学科内在能量看,经过 20 多年管理科学与工程学界向国外的学习、引进和创新,已经在各个方面聚积了充分的自主性创新的新动能。管理科学与工程学科"接着讲"不是瞬间出现的,更不是短期内完成的,它是在原来"照着讲"路径上逐步降低对国外学术的依傍性,增强发展创新的自主性,并且使这一转变成为一个不断鲜活和强化的历史性进程。同时我们也要看到,我国管理科学与工程学科原来的基础毕竟比较薄弱,学科发展的生态环境与文化还需要进一步完善与提升。所以,"接着讲"的任务,特别是形成具有我国学术特色的管理科学与工程学术体系、学科体系与话语体系还任重道远。

## 7　展未来

### 7.1　对管理科学与工程学科近期发展趋势的展望

最近,习近平总书记在中南海主持召开经济社会领域专家座谈会并发表重要讲话,虽然他的讲话是针对我国当前整体性形势与任务而言的,但其中一部分对当前管理科学与工程学科发展面临的形势及今后一系列新的战略性任务有着特别重要的指导意义。

根据中央提出的一系列战略性任务,可以鲜明地看出以下几点。

第一,有些科学问题源于我国经济管理实践,并能够凝练为管理科学与工程学科中的新思想、新理论,具有强烈、鲜明的首创性,需要管理科学与工程学科产出源头性、自主性的学术主张、理论观点、方法变革,或将知识转化为解决现实问题的实质性贡献,形成具有中国特色的管理科学与工程学术话语体系。

第二,有些科学问题虽然已经运用管理科学与工程方法进行研究并取得一定进展,但是,由于问题的复杂性或者环境的不确定性,仍然存在传统和现有方法"功效不足"的难点、堵点和痛点，需要管理科学与工程学科确立新的研究思想、方向、视角，通过手段与工具的创新与变革，提出新的具有普适意义的方法体系，以清晰的独辟蹊径的技术路线取得引领性或前沿性成果，形成学科发展的新动能。

第三，有些科学问题源于国家重大战略需求和深化改革发展的主战场，具有鲜明的需求导向、问题导向和目标导向特征。需要管理科学与工程学科坚持通过理论与实践的紧密结合，为国家重大战略性问题的解决提供既有坚实的学理支撑，又符合中国实际、具有中国特色的中国方案。

第四，还有些科学问题需要管理科学与工程学科在传统学科内涵的基础上，遵循"在学科交叉融合的边缘发现复杂科学问题，在学科交叉融合的过程中解决复杂科学问题"的基本规律，通过多学科交叉融合，创立原创性的方法论与方法体系，提高和改进现有解决问题的实际能力，实现重要科学突破，形成新的学科方向、科学议题与学科生长点。

总之，当前新时代的这些管理科学问题对于当今管理科学与工程学科的发展，不仅具有重大现实意义，还具有前沿性学术创新价值，对我国管理科学与工程学科今后一段时期的发展与重点研究方向的确立具有极强的指导意义。

现实管理问题是理论创新的驱动力。这么多时代性现实问题摆在我们面前，其中许多问题都是管理科学与工程学科的大学问、真学问，解决这些问题需要管理科学新的学理支撑，从而为管理科学与工程学科的发展提供强劲的推动力。能否解决这些问题不仅关系到管理科学与工程学科能否为国家当前战略需求做出更大贡献，还关系到管理科学与工程学科自身理论、方法与应用创新是否深深植根于祖国大地，更是对我们管理科学与工程学术水平和能力的真正考验。

回顾 70 年来，我国管理科学与工程学科曾经经历过逆境、复生、成长和发展的曲折道路，当前的总体学术生态环境非常好，国家对管理科学与工程学科的发展越来越重视和支持，当前新的形势与现实问题既带来了一系列新挑战，又带来了一系列新机遇，我们应当铭记老一辈系统科学家和管理学家报效祖国的家国情怀,在新的时代担负起自己的历史责任。

### 7.2 管理科学与工程学科近期发展中的几个问题

无论从我国管理科学与工程学科当前发展现状还是今后发展面临的巨大挑战看,我国管科学界都需要认识到,在取得巨大进步和发展的同时,我国管理科学在理论、方法研究的原创性、突破性与前沿性,以及学术国际影响力与话语权方面,与国际先进水平相比仍然有较大的差距。为缓解这些问题,以下几点特别值得我们关注。

(1)要发挥管理科学与工程学科优势,为管理学的整体发展做更多的基础性工作。前文指出,管理科学与工程学科更注重为管理学研究领域提供基础思维、基本理论和方法体系。现实情况表明,多年来,我国学界充分体会到这一点,而对关切与回应当代重大基础性管理问题,特别是对具有国家重大战略意义的科学问题开展基础性、原创性研究尚需增强。

在这方面,管理科学与工程学科既有责任又有优势。说到责任,管理学的基础思维、基本理论和方法体系,对整个管理学各个领域的发展具有全局意义和引领作用,管理科学与工程学科应在这一方面多做贡献、力争做大贡献;说到优势,基础思维、基本理论和方法体系的研究更需要系统思维原则,需要宽广的理论基础和跨学科研究路径,而所有这些正是该学科的基本特征。当前,我们要进一步秉持理论自信、自立精神,把握好我国管理科学与工程学科的历史担当,努力克服浮躁情绪,以多年始终如一的态度致力于重大基础性管理科学原创性学术问题研究,为管理科学与工程学科发展做出有重要国际影响的成果。

(2)要辩证地认识数学工具在管理科学与工程学科中的作用。数学是管理科学与工程学科研究的重要工具,近百年来,管理问题数学化在管理科学与工程学科发展中发挥了并将继续发挥重要作。但是,要明确数学化仅仅是管理科学与工程学科研究的工具,不能成为"工具主义",更不能以管理科学与工程学科研究中数学化比重的多少与水平的高低作为衡量管理科学与工程学术水平的标准。特别是,如果我们在数学化过程中,不能把实际问题的属性与特征比较完整地"映射"到数学空间中去，或者没有对所得数学结论的管理真理性进行实践验证，那么即使数学模型再复杂、计算技巧再"漂亮"，也难以说明问题数学化有什么真正的管理上的深刻意义。在这一点上，要努力克服数理论证过程的封闭性，加强对数学化研究结论科学性与实践性的验证（盛昭瀚，2019）。

（3）要以管理实践问题为导向，开展理论研究并取得优秀的理论成果。当今，管理问题中人的心理、感知、思维、文化、价值取向等都充分表现出各类复杂性、不确定性和难以结构化的特点。因此，实际管理问题中人的心理与行为要素及复杂形态、人作为主体的管理情景及情景演化等，至少目前有许多是我们难以精准数学化的，这需要采用包括数学化和其他方法组成的综合符号体系才能较完整地抽象和提炼，硬性地使用单一的数学化方法来覆盖复杂管理问题所有属性在学理上是欠缺的。在这一点上，我们要以 20 世纪我国华罗庚、许国志、刘源张等一大批杰出的数学家为榜样，在运用数学理论解决我国重要实际管理问题的过程中，以管理实践问题为导向，开展理论研究并取得优秀的理论成果。

（4）要关注管理实际，凝练科学问题，研究科学问题，解决实际问题。相较而言，基于管理科学与工程学科研究工具的特点，该领域学者采用抽象思维或者以计算机为工具，关起门来做研究的现象比较普遍，较少像企业管理、社会管理领域那样深入社会实践和管理活动现场，这一倾向往往会造成管科学术研究路径脱离实际或者研究结果与实践脱节。因此，管理科学与工程学者更要关注当今世界正经历的百年未有之大变局，关注国内发展环境与问题经历着的深刻变化的现实，在理论研究中深入调研，察实情、出实招，充分反映实际情况，使理论创新有根有据、合情合理（习近平，2020）。

### 7.3 对优秀中青年学术骨干的殷切期望

笔者中有年逾古稀的老管理学人，也有长期在国家自然科学基金委员会管理科学部从事领导和管理工作的同志，无论是谁，在自己的工作岗位上，都有长期从事管理科学与工程学术研究或者该学科学术发展组织管理工作的体验。因此，笔者或多或少感受过改革开放之前那段特殊时期我国管理科学与工程学科的生存形态,更亲身经历了改革开放之后我国管理科学与工程学科如何一步步发展壮大的历程,把它们连贯起来,就是 70 年来我国管理科学与工程学科鲜活的发展历史。它既是一条曲折崎岖、顽强前行的道路,又彰显了我国管理科学与工程学科几代人笃步前行、创新不止的精神。

对我国管理科学与工程学科 70 年发展史的回顾是我国管理学界对自己国家、民族管理科学与工程学科社会建制、科学实践的那段与现在有绝对距离的历史事件的"集体性"记忆活动,即所谓"文化记忆"。

"文化记忆"强调对历史事件(包括思想、文化与实践)属性的认同感、归属感、独特感的集体性认知,强调这样的认知对当今集体的存在与发展的巨大的精神支撑与指引力量,强调当今对这类历史事件价值的维护和挖掘,强调在文化层面上哪些历史事件是我们不能遗忘和需要重构并发扬光大的。

2013 年 11 月 26 日,习近平总书记在参观考察孔府和孔子研究院时指出:"一个国家、一个民族的强盛,总是以文化兴盛为支撑的,中华民族伟大复兴需要以中华文化发展繁荣为条件。""文化记忆"有利于唤醒人们对于过去强大时代的强烈认知与向往,人们会被历史上那个闪烁着思想与文明光辉的时代所激励,进而为了心中的理想而继续勇往直前。

作为老一代学人与长期从事管理科学与工程学科规划、组织的管理者,心中不由得升起无限感慨:

——我们的老一辈科学家们在比较困难的情境下是如何坚守管理科学与工程学科生命中的那一块"绿洲",并为我国管理科学与工程学科后来的迅速"复工"与起飞积蓄了潜能;

——我国老一辈科学家与科技部门领导为了管理科学与工程学科在我国有堂堂正正的"名分"和良好的生态环境是如何呕心沥血、坚持不懈的;

——20 世纪 80 年代,管理科学 5 年仅资助 23 项研究课题,共计 39.80 万元,平均每个课题资助经费仅仅为 1.73 万元,而课题负责人都是科技界的著名科学家;

——我国管理科学与工程学科中老年两代人用了大约 30 年时间基本上实

现了学科从"照着讲"到"接着讲"的历史性转折；

——当今，国家越来越重视管理科学与工程领域的发展，相应的发展生态环境越来越好、支持力度越来越强，可以认为，70年来，管理科学与工程学科在我国的发展环境、条件、基础从来没有像现在这样优越、丰富和厚实。

在管理科学与工程学科发展如此美好的新时代，除了要求中国学者不断学习，掌握更多、更新、更有效的解决复杂管理问题的技术和方法外，更要弘扬老一辈管理学家的科学精神、家国情怀，发扬其兢兢业业、谦虚平和、诲人不倦与礼贤下士的文化精神与品格风貌。这是每一个中国管理科学与工程学者的历史责任与学术担当，尤其是一批优秀的中青年学术骨干义不容辞的责任。

在过去的二三十年中，我国管理科学与工程学界涌现出一大批优秀的中青年学者，他们以自己敏锐的学术思想、刻苦的工作态度、卓越的学术成果成为各个领域的学术领军人物，受到学界的充分肯定并给予各类学术荣誉。他们的肩上承担着我们国家管理科学与工程发展的历史重任，他们中的许多人也无愧于这样的担当，不论过去默默无闻，还是今天成为知名人士，都能做到不忘初心，不仅在学术研究道路上继续前行，而且在行政管理及学科团队建设上为集体贡献了许多力量。

但是，由于各种纷繁的社会影响，其中的少数学者也滋长了个人学术行为中的"工具理性"成分，即将个人学术活动在较大程度上视为实现个人名利的工具。

其实，我国著名的管理大师如钱学森、华罗庚等，都是兢兢业业、淡泊名利、数十年潜心于某个重要科学问题研究或者长期深入管理实践，才获得了管理真理性的真谛，为国家也为人类贡献出光辉的管理思想。从他们身上，我们能够感悟到在研究人类管理"真学问""大学问"、解决实践"大问题"的过程中，需要的是不忘初心的科学情怀，这是一种与"工具理性"根本不同的"价值理性"。应该看到，这种表现出可贵科学精神的价值理性在当前有所衰落，这使得一些本来可以为国家、为人类管理文明做出更大贡献的中青年优秀学者无形中伤了做"真学问""大学问"、解决"大问题"的"元气"，对国家、学术、个人都是损失。

另外，管理科学与工程学术具有多层次内涵，其中，对学科发展贡献最大、最具学术创新价值和最具学术持久影响力的一般都是变革性管理思想与基础性理论的创造。但是，这部分研究工作难度最大，除了需要学者的能力和水平，更需要学者长期专注于一个基础性科学问题，并且深入探索，寻根问底，使研究趋于深刻，达至问题的核心。**正如马克思所说，让理论到达"彻底"的效果。**这必须能够"坐冷板凳""十年磨一剑"，容不得一点浮躁心态。对于这类作为国家、学科、领域标志性科学的问题研究及突破性成果的取得，应该说，当今优秀的中青年学者最具有能力和水平，也最具有丰富的科学研究经验和条件。但是，个别学者随着名气的变大，不太坐得住了，自己直接动脑、动手少了，或者长期满足于论文"数数"，更不想花时间去啃管理科学与工程基础性学术"硬骨头"，自己本来那种宝贵的真正发自内心对科学研究的热爱甚至痴迷逐渐消失了；也有少数学者不断追逐和频繁更换新的"热点"研究领域，但往往在一个新的学术领域内仅仅是"浅尝辄止"，长此以往，导致我国管理学术园地中虽然鲜花一丛丛、灌木一片片，但却鲜见高耸的参天大树，而只有这样的参天大树才能成为我们中国管理科学与工程学术界对世界管理文明做出的最具标志性的贡献。

综上所述，当今我国一代管理学人，特别是一代优秀的中青年骨干正担负着推动我国管理科学与工程学科历史性转折与学术升华的历史责任，在这一关系到大国管理学术尊严的问题上，老一辈管理学家为我们中青年一代树立了很好的榜样，即如何面对各式各样的社会环境与人生境遇，写好自己的学术人生。概言之，学术研究除了知识和能力，更需要学者自身的科学精神、思想境界与文化力量。

以上不仅是我们，更是国家及整个管理学术界对优秀中青年学术骨干的殷切期望。

对我国管理科学与工程学科70年发展历程的回顾、反思与总结，让我们深切地感受到：70年来，作为一种社会建制，我国管理科学与工程学科发展的现实道路深深铭刻着我国独特的国情与文化烙印。当今,世界和我国正经历的历史上最为广泛而深刻的社会变革对管理科学与工程的思想、理论和方法创新都提出新的需求与挑战。这一现实意味着我国管理科学与工程学科发展一个历史性转折点的到来,标志着我国管理科学与工程学科发展的一个"新时代"的开始。我们应该在进一步繁荣发展我国哲学社会科学的方针指引下,下定决心,急起直追,艰苦探索,努力创新,继续发扬笃步前行、创新不止的精神,开创我国管理科学与工程学科发展的新局面。

中国科学院大学经济与管理学院李建平教授、中国科学院科技战略咨询研究院吴登生副研究员对本文的写作内容、数据统计等给予了不少帮助,在此深表感谢。

(刊于《管理世界》2021 年第 2 期)

(作者:南京大学盛昭瀚,国家自然科学基金委员会管理科学部霍红、陈晓田、刘作仪,中国科学院科技战略咨询研究院徐伟宣)

## 参考文献

[1]  中国优选法统筹法与经济数学研究会.管理科学与工程学科发展报告:2007—2008[M].北京:中国科学技术出版社,2008.

[2]  王双梅.邓小平与 20 世纪 60 年代的国民经济调整[J].党的文献,2011(5):38 - 44.

[3]  中国运筹学会.中国运筹学发展研究报告[J].运筹学学报,2012,16(3):1 - 48.

[4]  骆茹敏.奋进的中国管理科学[M].北京:科学出版社,2010.

[5]  陈锡康.投入产出方法与国民经济综合平衡[J].数学的实践与认识,1983(2):33 - 41.

[6]  徐伟宣.华罗庚与优选法统筹法[J].高等数学研究,2006(6):63 - 64.

[7]  钱学森,许国志,王寿云.组织管理的技术——系统工程[J].上海理工大学学报报,2011,33(6):520 - 525.

[8]  中共中央文献研究室.邓小平思想年谱[M].北京:中央文献出版社,1998.

[9]  邓小平.邓小平文选:(第 3 卷)[M].北京:人民出版社,1993.

[10]  蔺亚琼.管理学门类的诞生:知识划界与学科体系[J].北京大学教育评论,2011,9(2):66 - 79,190.

[11]  盛昭瀚,刘慧敏,燕雪等.重大工程决策"中国之治"的现代化道路——我国重大工程决策治理 70 年[J].管理世界,2020,36(10):170 - 203.

［12］习近平新时代中国特色社会主义思想是党和国家必须长期坚持的指导思想［N］.人民日报,2019－07－22(006).

［13］黄海军,姚忠,张人千,等.管理科学与工程学科——"十二五"发展战略与优先资助领域研究［M］.北京:科学出版社,2012.

［14］黄海军,刘作仪,姚忠,等.管理科学与工程学科——"十三五"发展战略与优先资助领域研究报告［M］.北京:科学出版社,2016.

［15］金佳绪.习近平为我国"新发展阶段"定向［J］.理论导报,2020(8):29－31.

［16］习近平.在经济社会领域专家座谈会上的讲话［N］.人民日报,2020－08－25.

［17］盛昭瀚.问题导向:管理理论发展的推动力［J］.管理科学学报,2019,22(5):1－11.

近年来,在探索管理复杂性思维范式转移与创新的同时,笔者也对我国管理思想史进行一些思考,例如,为什么国外出版的管理思想史对我国历史上的管理思想总是寥寥数语甚至"不屑一顾"? 一种基本解释可能是外国人难以理解中国历史及中国历史上的管理思想。而翻看一些相关资料,感到我国学者在研究我国历史上的管理思想时,多为介绍历史上我国名人思想中的可以被解释为管理学范畴的思想。这就容易出现以下几点偏差:第一,一个历史时期,名人太多,选哪几位名人的思想来代表那个时期的管理思想难以形成共识;第二,许多名人的管理思想难以与哲学思想分辨开来,因此,容易将管理思想史写成哲学思想史;第三,作为一定历史时期的管理思想,一定与那个特定时期的政治社会经济大形势、大问题有着紧密关联性,不宜脱离这些背景,主要围绕个人活动总结个人思想的形成和演变。总之,我国历史上的管理思想,一定有其鲜明而厚实的历史背景与历史逻辑。

笔者完全够不上历史领域的专家,甚至连这方面的研究基础与基本训练也欠缺,但依据史学研究中的"文化记忆"与"宏大叙事"的基本观点对中国历史上管理思想尝试着做点探索,一直是笔者多年来挥之不去的念想。特别是,我国管理学术界正在热议学术研究的文化自信,更需要我们在管理学范畴内,对中华优秀传统文化与精神追求的历史性作用进行归纳和反思。由此,挤出时间断断续续读了几年历史书,选择了先秦这一时段作为"早期中国"的代表,因为越早越能体现出"中国"管理思想的"原汁原味",于是写了下面的《先秦时期全景式社会治理思想及实践探析》一文。

想到两位伟人的话。马克思说:"凡是民族作为民族所做的事情,都是他们为人类社会而做的事情。"毛泽东说:"我们是马克思主义的历史主义者,我们不应当割断历史。从孔夫子到孙中山,我们应当给以总结,承继这一份珍贵的遗产。"

因此,在我国当下研究管理复杂性、大数据、人工智能管理现代化的热潮中,诸如中国管理思想史之类的管理学的"基础理论"研究,其实是应该有其"一席之地"的,并且希望有人甘于坐"冷板凳",静下心来"磨一剑"。

# 先秦时期全景式社会治理思想及实践探析

**摘要**：先秦时期是观察"早期中国"全景式社会治理思想最具代表性和标志性的一个时段。这一时段初步形成了中华大地上的新的生产关系，各种变法推动奴隶社会向封建社会过渡，这是当时主流社会的全景式画卷。同时，在这一时段，不仅涌现出一大批杰出的政治家、军事家、工程家、思想家、哲学家，并以其深刻的治理思想与实践推动着当时社会的发展与进步，而且以其治理思想与实践所表现出的强大生命力对数千年中华民族历史发展及思想文化传承起着巨大的推动与"压舱石"作用。

本文通过对先秦时期全景式社会治理思想及实践的探析，沿着较为完整、有序的历史发展主线，挖掘和提炼那个时期整体性社会治理思想与实践的内涵与特征，在全局上了解当时的历史是怎样向前发展的，整体性的治理思想与实践又是如何深度介入与推动历史向前发展的。同时，感受先秦时期全景式社会治理思想及实践作为中华优秀传统文化精髓与中华民族甚至全人类治理思想瑰宝的实践逻辑、历史逻辑和理论逻辑，通过对先秦时期中国治理思想的哲学思辨、文化感悟和客观记叙来揭示中华先人们曾经创造出的灿烂辉煌的治理思想与实践的精神皈依，以鼓舞人们进一步树立当今应有的管理学学术自立、自信与自尊。

**关键词**：先秦时期；全景式；社会；治理思想

## 1 概论

### 1.1 问题的提出

治理，是管理学领域中一个有着独特内涵与属性的范畴。从广义上讲，治理是管理的一部分，即管理可以包括治理的意思。说到治理，有两个重要的基本点：一是通常指国家治理，即政府如何运用权力来管理国家和人民；二是以维持政治秩序为目标，以公共事务为对象的综合性的政治行为。

我国是一个有着五千年悠久历史的国家。从遥远的古代起，我们的祖先就在中华大地上劳动、繁衍，共同为中华文明和建立统一的多民族国家而贡献自己的才智。"中华优秀传统文化是中华民族的文化根脉，其蕴含的思想观念、人文精神、道德规范，不仅仅是我们中国人思想和精神的内核，对解决人类问题也有重要价值。要把优秀传统文化的精神标识提炼出来、展示出来，把优秀传统文化中具有当代价值、世界意义的文化精髓提炼出来、展示出来。"

先秦时期中国全景式社会治理思想及实践就是这样一个表现出强大生命力，对数千年中华民族历史发展及思想文化传承起着巨大推动作用的思想瑰宝。

在中国，古代先人们就感悟到"治理"的初始本义。"治"字从水、从台。水、台叠加，将水像胚胎一样进行修整、疏通，是为治，历史上最著名的有"大禹治水"。"理"，本义为将山上挖来的璞石根据其条理、纹理、道理之义，加工成美玉，使之成器。后来也把"理"解释为"治玉治民为理"。这样，"治理"一词就逐渐引申、拓展为对民众、社会与国家的管理、管辖、整治之意，如"商君治秦，法令至行"（《战国策·秦一》）、"材技官能，莫不治理"（《荀子·君道》）。

总体上讲，无论作为古老传说还是作为史实，中国先人们在维护土地疆界与聚落安全的部族战争中，在国家和城邑形成的大规模动员和组织中，在以农业为主导的生产、水利工程造物等实践中，都从不同层面和不同角度催生了开展国家与公共事务"治理"的活动雏形；而到先秦（即春秋战国）时期，中原及长江周边的诸侯各国割据争战直至秦王朝建立起我国历史上第一个中央集权制的大一统王朝。在这期间，事关国家与公共事务治理的各家各派思想的成长与争鸣空前活跃，并固化为承载当时先人们精神诉求与社会理想的思想内核。

历史表明，在我国封建王朝不断更迭的数千年间，中华文化最深层次的思维本质与独特价值一直表现出强大而连贯的继承性，成为我国历朝历代处理国家或者公共事务的主流思想。

本文对这一有着鲜明中国特色、丰富实践土壤、重大思想成就的管理学治理论域进行历史探析,以当今中国人对早期中国治理思想的哲学思辨、文化感悟和客观记叙来揭示中华先人们曾经创造出的灿烂辉煌的治理思想与实践的精神皈依,并以此来鼓舞人们树立应有的学术自立、自信与自尊。

具体来说,本文论述了先秦时期的治理思想为什么最集中、最鲜明地代表了早期中国治理思想,这一思想的内涵与特征是什么,以及在我国几千年历史发展、文化积淀中,这一思想的基础性"压舱石"作用与对中华民族共同坚守的"国家认同"的意义。

### 1.2 两个前序性问题

研究早期中国治理思想并且认为先秦时期治理思想是早期中国地域上中国人的整体性思想,这就要首先明确什么是"治理思想"? 什么是"早期中国"? 这就是本文的两个基本性前序问题,需要尽可能对这两个问题给予科学的界定,而不能模糊地望文生义。

第一,国家和公共事务管理已经成为"治理"被普遍接受的定义。在此基础上,本文认为,所谓治理思想是指思想创造与形成的主体(包括个体、群体与集群)在丰富的治理实践中,在感悟和吸收别人治理经验、知识的基础上,通过自身的思维哲理,以知识、灵感、逻辑、悟性为基本要素创造而形成的更高层次的治理理性思维体系,这一体系对内具有逻辑自洽性,对外具有与其他思想体系的学理融通性;科学的治理思想体系能够对治理实践、治理理论与方法论提供引领力、指导力与诠释力。

第二,"早期中国"包括了"早期"和"中国"两个关键词,涉及中国国家起源与文明的演进。中国几千年来的发展经历了巨大的变动,研究"早期中国"的事情必然要对"早期中国"的时空内涵做出清晰的界定。单独看"早期"这一时点有一定的模糊性,但"中国"则是一个具有明晰政治实体的概念。因此,关于"早期中国"治理思想的研究,首先要有确定的"中国"作为政治国家形成的历史内涵,而"早期"则宜"尽量早",因为思想"越早"越能够体现中华优秀传统文化源于"中国"与"中华民族"的自主性、独创性与本土性。

近年来,关于"早期中国",史学家们一般设定以夏代作为中原早期政治国家的开端。中原政治国家的形成,大大缩短了史前部落向"早期中国"发展的进程,而夏之前有所谓"三皇五帝"的传说,代表了当时对农业民族组成的原始部族的认同。到了春秋时期,夷夏民族关系空前紧张,华夏民族有了由诸夏逐渐形成统一民族的趋势,而各诸侯国也在兼并战争中聚合为一个个更大的政治实体,故《史记》以黄帝为华夏第一帝,并将"五方"之民和秦、楚、越甚至匈奴等祖先一同纳入华夏同祖共源的"早期中国"的历史世系之中;与之同步,也开始了由"三皇五帝"为起始的中国五千年文明史。就时序看,春秋战国至秦王朝统一中原形成空前大一统国家的先秦时期应该是"早期中国"最为轰烈、激荡和具生命力与鲜活度的历史时段。(李禹阶,2019)

因此,我们在探讨早期中国中华优秀传统文化中的治理思想时,选择和确定先秦时期为"中国早期"的具体历史时段具有以下重要原因。

(1)先秦时期这一时段,中原各诸侯国不断在相互争霸与灭国兼并战争中聚合成一个个更大的政治实体,直至秦王朝结束了先秦以来长达数百年的割据、混战局面,建立起我国历史上第一个实行中央集权制的大一统王朝。所以,这一历史时段最能体现"中国"作为一个完整实在的政治实体的形成和生长的"早期"阶段。

(2)先秦时期,社会思想界异常活跃,主要表现在:第一,小农经济的迅速发展为当时的思想学术文化繁荣提供了物质基础;第二,社会大变革促进了私学的兴盛,有利于各种思想的交流传播与人才培养;第三,各诸侯国纷争的局面形成了思想自由的社会环境;第四,代表社会上关于社会变革与治理的不同思想、不同观点、不同方案、不同主张形成了百家争鸣的局面。在我国几千年的历史发展中,难得出现如此生动、如此富有自由意识和创造精神、如此活跃的思想变革和进步。这其中包括了治国、理政、军事、生产、工程等领域的治理思想与实践。

(3)就普适性与实际影响力而言,这一历史时段中的诸多治理思想已经超越了"早期中国"的时空规定和社会背景,并由其自身的思想价值成为中华优秀传统文化中的治理思想文明甚至世界治理思想文明的重要组成部分,它们不仅对之后几千年中国的社会发展和文明进步起到了重要作用,而且为中国未来的发展与中华民族伟大复兴提供了一种巨大的精神力量。

因此,本文探讨先秦时期的治理思想,实际上是立足于早期中国的治理思想,并总体上把先秦时期作为"早期中国"的典型时段,无论从中国治理思想的历史悠久性,还是从这一时段起,治理思想体现出的未曾断裂的光辉价值,都体现了中华优秀传统文化的根脉。

## 2 先秦时期中国治理思想研究的基本路线

### 2.1 先秦时期治理思想与实践探析的技术路线

鉴于先秦是本文界定的"早期中国"时期,而这一时期又是中国历史上一个社会大动荡、大变革、大发展与各种思想百花齐放、百家争鸣的时代,因此,在这样一个漫长、复杂与演化的时代,梳理和探讨整体性的治理思想,不宜仅仅限于个别人、个别事、个别思想的微观层面,而要在更高、更广层面上,通过将个别人、个别事、个别思想作为历史现象与进程的微观与局部,并在整体和全过程上把握个体思想与宏大历史事件和进程的相互关联,充分关注历史发展的大逻辑、大趋势。这样,才使我们不仅能够理解个体人物思想的产生、发展的逻辑及对历史进步推动作用的合理性,而且能够在完整、有序的历史规律主线上,挖掘和提炼那个时期整体性治理思想的内核与属性,使我们尽可能在整体与全局上理解当时的历史是怎样向前发展的,当时的整体性治理思想又是如何深度介入与推动历史向前发展的。

本文采用的技术路线是以先秦作为"早期中国"时期的划分,以在当时代表社会各阶层利益的关于社会变革与治理的不同观点、不同方案、不同主张形成的各类思想百花齐放、百家争鸣的基础上,通过不同思想之间的互补、融合,形成推动当时社会进步的综合性思想力量;再以若干重大、连贯、有序的历史事件链作为这一时期历史前进的全景式表征,概括和揭示其中重大历史事件与具有重大影响的治理思想之间的相互催生、推动与融合的基本趋势,梳理和凝练这一时期治理思想内涵形成、发展的基本规律。

当前,世界范围内出现了历史性大变局,中华民族伟大复兴进程进入一个新时代。本文研究我国先秦重大社会变革时期的治理思想所采用的这一基本路线,对于增强我们努力学习、传承、发扬中华民族优秀传统文化的理论自信、文化自信具有重要的反思、借鉴、启发等现实意义。

### 2.2　先秦时期治理思想与实践的"文化记忆"

既然先秦时期治理思想与实践在很大程度上可以理解为是早期中国先人们创立并固化的治理思想,那它就必然镌刻着那个时空环境下的整体性中国特色,例如,治理思想既不是某一个诸侯国思想家个体的思想,也不仅仅是对多个思想家思想的简单罗列或者无序堆积,而应该是当时中国疆域内各种治理思想的"集大成"。

这就是说,先秦治理思想是源于那个特定历史时期中国政治、社会、经济、军事、文化治理整体性、全局性与过程性的全景式画卷的综合集成。这样,我们对先秦治理思想的认识,就不能仅仅是对当时某一位或者一派思想家或者某一件历史事件背后思想的孤立回忆,而应该是一种国家意义上的更具历史性、整体性,更宏大、更深刻的集体记忆活动,这一类更有社会意义和历史价值的"集体性记忆"称为"文化记忆"。

文化记忆更强调对历史事件(包括思想、文化与实践)属性的认同感、归属感、独特感的集体性认知;另外,任何历史事件,特别是历史上的思想只有与人们可感知的具体情景紧密关联并被集体所接受才能够成为"集体性记忆"的内容。因此,关于先秦治理思想与实践的探析应该是我们的一种集体性的文化记忆行为,因为这是对先秦中国先民、时代俊杰乃至整个中华民族在那个特定历史时期的社会生活、价值理念、精神世界的本质属性的凝练与抽象,也代表着对同一国家文化理念的认同,所以,"文化记忆"就是国家认同意义上的"国家记忆"。特别是当今,我们正处于中华民族伟大复兴的事业中,文化记忆有利于唤醒人们对于过去强大时代的强烈认知与向往,人们会被历史上那个闪烁着思想与文明光辉的时代所激励,进而为了心中的理想继续勇往直前。

这就决定了我们对先秦治理思想的记忆应该在宏大的历史背景下,关注最终的"集大成"与综合性的社会治理思想内涵及在推动当时社会大变革、大进步实践中迸发出的强大物质力量。

因此,本文不采用分类摘编先秦时期政治家、思想家、教育家、军事家、工程家个人治理语录的方式,也不采用"菜单式"地介绍这些人物列传的方式,而是通过讲述当时的宏大治理事件实践及其蕴含着的治理思想,并尝试着将这些治理思想与现代治理话语体系中的思想与原理进行融通,以这样"古今结合的"方式来实现我们与数千年前先秦时期中国先人们治理思想的链接。

以上就是本文设计的研究先秦治理思想与实践的基本路线。

## 3 先秦时期宏观统筹治理思想与实践

### 3.1 先秦时期治理思想的基本内涵

历史事实告诉我们,先秦时期普遍产生和发展的社会活动与现象世界主要整体性"标识"都指向"崇尚务实,以军权、神权相结合的政权组织形式,适应了农业定居聚落固定化与精细型生产方式的特点……并形成一体性与多样性相结合的典范文明"(李禹阶,2019)。

任何治理思想都属于主观存在,它来自人类的治理思维对治理活动与现象世界原因解释的主观构造。因此,当时的治理思想普遍存在于规模不断扩大、组织程度不断提高的社会变革、治国理政、战争兼并、农业定居、聚落固定化、水利工程建设的社会化实践中,并作为当时社会的物质文明共同发展的集成形态从萌芽、生长、演化到不断成熟。

这样,这一时期的主流治理思想必然主要是当时治国、理政、军事、经济、工程等治理现实的反映与凝练,有其确定的历史条件与物质基础,其中,宏观层面上的国家治理思想的表征最具标志性。这也是为什么这一时期的治理思想家往往首先是成功的军事家、政治家、哲学家、教育家、工程家或者社会活动家,正是他们的这些社会角色使其自身有了参与、经历各个领域重要的治理实践活动的机会,使他们的治理思想清流有了实践源泉。

由于当时没有近现代才出现和逐渐完善起来的治理学术话语体系,因此,记录和传播当时的治理思想的方式主要是人们针对最现实的问题,用最直接、最朴实的自然语言和文字符号表述他们对当时各种社会治理活动的关切与回应,这也成为几千年前先秦时期代表性的治理思想文明标识。其中,有些治理思想不仅在那个时代和那个地域具有重大的历史推动作用,还超越了时代和地域,成为具有人类历史长久性的治理思想文明。

这样,对于先秦治理思想的理解,特别要认识到它的诸多独特性与情景背景内涵,即它是中国历史发展长河中具有渊源性又具有动态演化性的那个远古时期的思想形态。因此,先秦治理思想主要是对当时治理活动与现象世界进行关切与回应的理性思维精髓,切不能以西方治理学术框架与话语体系的种种定义来"剪裁"或者"裁判"我国先秦时期治理思想。

概言之,根据治理活动与治理思想的本质属性,再与先秦那独特的全景式社会画卷紧密融合,先秦治理思想在宏观层面上主要表现为如何对当时的国家和社会进行治理的思想,这是一类在战略、全局、宏观层面上关涉当时社会大变革的治理思想;而在微观层面上,则主要表现为如何将宏观治理思想转换为制定政治、战争、农商、工程博弈运筹的策略思想。

### 3.2 "天人合一"的统筹治理哲理

先秦时期治理思想最根本的是治理哲理,因为所有的有生命力的治理思想、观点与实践都需要治理哲理作为指导和统领,从主流上看,"天人合一"是当时最具代表性的治理哲理。

早在原始社会中,华夏大地上的先民们已产生了灵魂不死和存在鬼魂的观念,又由于重视血缘关系,逐渐将氏族始祖或历史上对本族有功勋的鬼魂作为崇拜的对象,形成对祖先的崇拜。源自同一男性祖先的为一个家族,若干源自同一祖先的家族组成宗族。所谓宗法就是一种尊崇共同祖先并在家族内部规定明确继承、行事秩序、权力与义务的法则。在这样的基本社会规则下,宗法制度在夏商就有初步发展,到了西周,宗法制度发展成熟并与行政制度相结合,形成君统（政主）与宗统（宗主）的高度一体化。

在宗法制度下，周王为天下大宗，称为天子，周王的嫡长子具有优先继承权，而其他儿子则被封为诸侯。到了战国，典型的宗法制度逐渐解体，各诸侯国纷纷变法、图强争霸，进入了先秦历史上的大动荡、大变革、大发展时期。

本文之所以一开始要介绍上述社会大背景，是因为任何一个历史时期的主流治理哲理都是那个历史条件下的产物，既对那个时期的现实有一定的继承与反映，又对那个时期的变革实践有一定的推动意义。

先秦中国并不是一个宗教性的国家，无论鬼魂还是神明都源于人的"心性"。"心性"一词主要还是儒家用语。在先秦文献中，鬼魂和神明还是有实指的，周朝对商朝的鼎革，最重要的在于破除了祖先和鬼神崇拜的私家属性。周天子统治的合法性在于"德"，德最初的含义是有能力去祭祀并且被"天"所接受。以前，"天"是商人的，周代商之后，天具备了一种客观和公正的属性，只要有"德"，便可无差别地接受祭祀。至春秋战国，"德"不只局限为祭祀能力，还扩大为人的品德、心性一类。所以，诸子百家论"天"，主要是破除"天"的私家属性，即"天"不再属于某一家或者某一姓，而是每一个修德、修心、修道的人都可以通达"天道"，治理人事。

周王虽然号称"天子"，但当时著名的思想家们并不认为"天"具有至高无上的赋予周"天子"治理一切的主宰权，否则，诸侯国内卿大夫专政、陪臣执掌政治格局、限制旧贵族宗族势力、瓦解周天子礼乐秩序的权力从何而来呢？他们参与治理的合法性又何以能够说得清楚呢？

因此，先秦诸子百家的大多数学说都具有无神论倾向，并且通过否定虚幻"天神"的至高无上的权威来否定"天的儿子"（天子）治理天下以及天子礼乐道德的合法性。例如，《阴阳应象大论》一文就提出，以天地而言，天为阳，地为阴，天为地气升腾所形成，这是当时对"天"的朴素唯物论的认知。这样，"天"不再是人格化的神，而仅仅是有规律的自然物，并无驾驭人世间一切的神秘力量，于是，"天子"的权力就不再是"君权神授"，也就不具有至高无上的地位。

可见，在诸子的话语体系中，"天"有两层含义。

第一，以"天"指待某种根本性的存在，一般可与"道"对等，如"生死有命，富贵在天"（《论语·颜渊》）、"尽其心者，知其性也。知其性，则知天矣"（《孟子·尽心上》）、"不出户，知天下；不窥牖，见天道"（《道德经·四十七章》）。

第二，以天、地这两个物质性对象为一组阴阳对应关系，综合论述天地万物物质世界，《阴阳应象大论》便是黄老道术派的自然科学理论。

于是，在西周至战国时期，"天"都不是一个人格化的神，也许有"天帝""天子"这样拟人化的比喻，但是总体上，"天"是一种客观的、超越语言的本体存在。

顺此逻辑，在哲理层面先秦诸子自然提出了一个包括天理、天运、天时等万事万物及其变化运动的客观规律，这一规律表现为"天行有常，不为尧存，不为桀亡"，至于规律的背后是什么，当时的科学水平无法回答，于是便想象出一个强大的但不是"神"的力量，这一力量就是"道"。按老子所说，"道"为"万物之宗""象帝之先"，"视之而不见""搏之而不得"，而且能量无穷，"不生不灭，无形无象，无始无终，无所不包，其大无外，其小无内，过而变之、亘古不变"。显然，"道"在这里表示为"终极真理"的概念，即对"道"无须再用其他繁杂的话语与来解释和说明。《道德经》言："道可道，非常道。"可知与"道"对等的"天"自然具有某种神秘的属性，这也是诸子的共识。只不过玄奥之道可以为人掌握和运用，即后世学人常说的体、用之分。体不可论，玄奥难测，但是用则清楚明白，有精确的理论模型，如阴阳五行、六爻八卦、河图、洛书等。

显然，在当时的生产实践、科技及认识自然的水平下，"道"好像现代物理学中被称为上帝粒子的希格斯玻色子，这是一种神秘且"万能"的粒子，其他粒子在希格斯玻色子作用下产生质量，如果没有上帝粒子，就不会产生原子、分子、DNA、蛋白质，也就不会有生命，不会有人类，不会有其他任何物质，宇宙将会是一片虚无。（李小龙，2013）

"道"在中国思想史中，是一个重要的概念，表示"终极真理"。显然，根据这一哲理，谁发现、提出并在实践中执掌"道"，谁就能在当时的乱世之中提供顺应历史的治理思想，取得图强征战的胜利。这实际上是在哲理层面上否定了"天子"和贵族的绝对治理权威以及把持旧分封制社会结构的永久合法性，并且形成了"道"是能够通过学习而被人掌握、诸子各家的各种变革纲领主张都是"顺应行道"的治国理政的"道"的认知。

一旦诸子各家有了行使"替天行道"的职责与权力,他们不仅取得了自身治理的合法地位,而且掌握了治理的"道",这在哲理上,就把"天"与"人"即"民众""相合"了。如前所述,既然"道"能量无穷,能够掌管天地之间万事万物,那谁的主张只要符合"道",天理、天运与人间社会就会和谐相容,作为"君子"的诸子做事就不会违背"天意",事业也会图强顺达,就能实现"天行健,君子以自强不息;地势坤,君子以厚德载物"。

进一步,《道德经》认为,"道"为天地的本源,它所反映出来的规律完全是"自然"的。而"人法地,地法天,天法道,道法自然",意思是人取法于地,地取法于天,天取法于道,而道是终极的,它自己取法于自己。因此,一切人、事均应顺乎社会发展规律(地),社会发展应顺乎自然规律(天),最终达到人—社会—自然在"道"的意义上的统一。这里,道家的"自然"更倾向于自然而然、本于自然的意思,与现代科学所论的"自然"不同,因此,"自然"理解成"物质世界的规律"可能比较恰当。

由此可见,在当时,"天人合一"的整体性思维内涵十分丰富,特别是将人从"天"的精神重压下解放出来,破除了商与西周的鬼神与祖先的崇拜体系在国家社会治理中的根本逻辑位置。进一步,又以具有精巧结构的阴阳五行学说替代原来对鬼神的信仰,从而构造出"天人合一"整体性的内部复杂关联结构,其中既有阴阳之间的对立与转换,又有五行之间的有序循环,以阴阳五行替代鬼神信仰,解释世间万物发展变化的规律。这实际上是对治理哲理中的上下、高低、前后、成败,以及各种自然条件、人的思想德行之间复杂关联与相互变化的高度凝练与抽象,是当时对自然、社会与人的认知最高水平的整体化图谱。

作为社会现象,对鬼神与祖先的崇拜和祭祀一直流传至今,但作为治理思想的哲理已缺乏根本力量。而"天人合一"突出"天"的客观和公正性及人的主观能动性,则是非常先进的治理哲理。

"天人合一"的治理哲理在当时具有重要的历史进步性,《周易》《尚书》《孟子》等先秦诸子经典著作都有反映。它可以被看作当时奴隶社会向封建社会过渡过程中代表进步力量的思想纲领与人权宣言,特别是,通过"天人合一"推动了当时的"远神近人""礼乐之统,管乎人心"(《荀子·乐论》),以及"国以民为本,社稷亦为民而立"(《四书章句集注》)的新兴阶级的革命性现实主义实践活动,极大地促进了早期中国先人的自由意志的解放与人文精神的觉醒,并在政治思想上直接推动由"天命"政治向以解决现实矛盾的政治形态的转化。这样,根据"天人合一"思想,得到人(民众)的支持,也就掌握了天之道,而道又有着管住天、神的至高无上的力量,那就可以因为"天人合一"而破除天子、君王的神圣性。

鲁昭公时期,大权旁落,"三桓"把持朝政,早先鲁桓公的三个儿子庆父、叔牙、季友的后代分别形成的孟氏、叔孙氏、季氏三家架空了国君的权利。因为贵族斗鸡赌案引发了一场驱逐国君案:鲁昭公弃国走齐。季氏掌权,昭公不得回国,诸侯会盟商议鲁昭公回国事宜,晋范献子不赞成,说道:"季氏甚得其民,淮夷与之,有十年之备,有齐、楚之援,有天之赞,有民之助,……"(《左传·昭公二十七年》)。诸侯听了范献子的意见,无力反驳,鲁昭公返国之事作罢。这里非常重要的是,范献子的基本逻辑就是季氏现在"有天之赞,有民之助",既有天,又有民,即为"天人合一",诸侯当然对此都无力反驳。由此看得出来,在当时的重大政治决策问题面前,"天人合一"已经成为包括各国政要在内的社会各界治理哲理共识。

时光过去两千余年,随着时代的进步,今天我们将"天"理解为"大自然","人"理解为"人类",从"天人合一"到"绿水青山就是金山银山"的生态文明思想,从"天人合一"到人类与大自然的和谐、人类与自然生态系统的生命共同体等,自有它的历史逻辑、现实逻辑与哲理逻辑。而在先秦那个特定的动荡、变革时代,中国先人们响亮提出"天人合一"的理念,主要还是通过破解对鬼神崇拜的迷信和私家属性,从"天"对人的精神禁锢中解放出来,用客观、公正的"天为人"的精神解放提供一个普遍有效的逻辑基础,从而为自身参与社会变革、推动社会进步、成就一番治理伟业争取合法性与话语权。因此,"天人合一"首先是一个强烈体现和反映当时复杂政治变革环境下,人的精神解放和人文关怀的治理性口号。

### 3.3 "定于一"的统筹治理目标

有什么样的社会现实与实际需求,就会孕育和催生出什么样的国家与社会治理思想。农业是早期中国社会的经济基础,当时生产力与抵御自然灾害的能力都十分低下,特别是水、旱灾频发,"六岁穰,六岁旱,十二岁一大饥"(《史记·货殖列传》),足见农业生产的稳定性很差。因此,当时最基本的社会治理思想之一是如何保持国家农业生产的稳定,特别是如何解决因自然灾害引发的饥荒。就一国而言,如果地域狭小,一遇灾害,就会全国受灾,国内不同地区相互调剂都无可能,只能依靠邻国救济,如果邻国不加接济,即为"阻籴",受灾国灾民为了生存,走投无路,邻国之间就可能发生战事。公元前 647 年,晋国发生饥荒,秦国予以接济;次年,秦国发生饥荒,晋国不仅不感恩图报,反而阻籴,因此两国发生战争。这次战争,秦国胜利,俘虏晋侯,恰巧次年晋国"又饥",秦伯再加以接济。这一事件充分说明,无论是抗御自然灾害还是赢得国家之间的征战,经济实力强大的国家比实力弱小的国家都具有优势。这就使人意识到,大国更容易实现国内不同地区之间的以丰补歉,这种全局意义上的资源调配是治理的统筹思想的重要内容。《道德经·七十七章》讲道:"天之道,损有余而补不足。"足见当时社会对资源均衡调配这一治理思想重要性的推崇。

在发展农业经济政策上,著名法家代表人物李悝出任魏文侯相时,进一步把发展农业的"尽地力"政策和"善平籴"救灾政策统筹起来,鼓励农民平时精耕细作,提高产量,国家在丰年以平价购买余粮,荒年以平价售出,以平粮价;另外,他还主张同时播种多种粮食作物,以防灾荒,这是内涵更为丰富的统筹治理思想(参见(《汉书·食货志第四》)。

因此,不论是防灾救灾,还是抗御北方游牧民族入侵等现实问题都让当时的政治家、思想家普遍认识到在尽可能广阔的空间范围内实现国家统一与大国崛起的重要性,这就是所谓"定于一"治理目标。

既然"定于一"是当时社会共同的主流治理理念与目标,那不同的政治集团与思想派别的代表人物必然会以自身的治理思想与利益诉求为核心来设计、谋划如何实现"定于一"的思想路线与政治路线,并努力通过各种变革手段驱动这一目标的实现。

例如,在治理思想层面,儒家以周礼乐秩序来挽救和整顿礼乐崩塌,重构"定于一"的原则;墨子"兼爱"、提倡"尚同",希望看到贤明、高尚的天子"使从事乎一同天下之义",而被天子挑选出来的贤士又能辅助天子统一民众的思想,这些都表达了墨家"定于一"诉求的治理思想内涵;法家则积极进取,强调变革要有"看得见、摸得着"的实际治理效果,因此,在社会现实层面上,制定法令,统一度量衡。

与"定于一"治理思想相比,最具实际推动"定于一"历史作用的是春秋战国时期各国之间争霸和兼并的相互征战,其间大大小小征战共有六百余次,无论是前期的大国争霸,还是后期的火拼兼并,都极大地推动了实现统一中国天下完整的历史进步。在这一过程中,为了应对组织战争和实施战略决策,军事思想家群体应运而生,并形成独特的兵家学派。如齐国人孙武是世界著名军事战略家,有《孙子兵法》传世,他的军事理论和对战争规律的总结充分体现了在战争全局意义上的治理谋划。

先秦正值封建制取代奴隶制的社会大变革时期,新旧不同的政治、经济、思想与文化斗争的最激烈形态就是战争。众所周知,战争是环境复杂,信息高度不确定、不对称,众多要素相互关联,配置与整合资源都非常困难的整体性活动,因此,必须在全局和全过程意义上进行顶层谋划与统筹。在这方面,以孙武为代表的兵家从高度的实战思维出发,不把"擒敌立胜"的希望寄托于鬼神和占卜,明确认为"天"是一种客观规律,战争中重视自然环境便是遵从客观规律的体现。兵家在重视自然环境、利用好自然规律的同时,意识到地理、气象、季节等各类自然要素在战争中的重要作用,并以阴阳学说进行诠释和谋划,力求做到审时度势。

特别值得赞赏的是,兵家不以狭义的战争观对待战争,而是在广阔的视角下,对与战争形势及形势变化等有着紧密关联甚至融为一体的政治之道、自然环境、奖惩法规、将帅能力、士兵素质等进行整体性分析，并由此进行战争胜负结果的预判，这应该是世界上最早的战争推演。以上可谓以战争求得"定于一"的兵家治理思维与实践总结。

当然，先秦思想家群体在国家治理问题上的学说内容十分丰富与多样，出于各种因素的制约，并非所有的思想派别在"定于一"问题上都起着同样积极的作用。例如，道家主要代表人物老子深受楚文化影响，楚地处江汉流域，受周礼乐宗法制度影响较小，社会变革进展缓慢，加之自然环境原始，因此，人的自由精神容易得到释放，并滋生出既不满现实，又逃避现实、不求进取的价值观；道家没有明晰的关于"定于一""大一统"的政治目标，反而非常欣赏"小国寡民"的理想国，其实，当时社会已不允许稳定的"小国寡民"的实体存在，无论老子的"小国寡民"还是"无为而治"，无非是退化到原始村落社会，这种政治上的虚无主义，不仅与"定于一"违异，也与当时社会进步大方向相悖。

上述现实状况表明，虽然先秦宏观层面上的治理思想不是"铁板一块"，但"定于一"的治理思想是当时符合历史进步潮流并有力推动着中国社会进步的主流治理思想。

### 3.4 "集大成"的统筹治理思想内核

先秦时期，农业生产、手工业与商业都在发展与进步；土地私有制的确立及封建生产关系逐渐形成，新兴地主要求改革奴隶制并大力实施各类变法；诸侯争霸与兼并的战争频繁。在这些激烈的社会动荡背后，诸子或者在某国为"吾王"出谋划策，竭力推行自己的治理思想，或者率弟子游走于各国之间，寻找能够接受自己治理路线的"吾王"。

这样，当时的社会变革、治理及征战实践对于各类治理思想都有实实在在的现实需求与考验，凡在现实中能够推动国家强大、历史进步的治理思想都会在一定范围和时期内受到重视，思想自身也将得到发展、传播的机会，思想学派杰出代表还能够从中影响政治格局，实现自己的政治抱负。概言之，是否顺历史之潮流、应社会之大势是判别当时某一治理思想是否具有生命力的最高标准。

　　例如，儒家是先秦时期重要的思想学派之一，它以春秋时孔子为师，有着最长久的思想传承。儒家注重通过教化上的传播实现道德理念的传承。在孔子思想中，"仁"是关于道德观念的凝练，仁爱的思想是孔子道德体系的核心，孟子更直接说出"君子以仁存心，以礼存心，仁者爱人，有礼者敬人"（《孟子·离娄下》）；后来的荀子则对礼赋予道德标准的意义，并强调进行礼的道德教化。

　　相比较而言，法家主张富国强兵、立赏罚之法，"不别亲疏，不殊贵贱，一断于法"（《史记·太史公自序（论六家要旨）》）。从春秋的管仲、子产起，社会发展大趋势使法家思想不断丰富。

　　商鞅，出身于卫国公族，年轻时喜欢刑名法术之学，后带着李悝的《法经》投奔秦国，受到秦孝公重用，在秦国推行变法。商鞅注重变法的执行力，主张立法要符合国家实际情况，提出"法明白易知而必行"（《商君书·定分》）。由于商鞅变法适应了当时秦国社会发展的需要，前后共计经历了 18 年，即使商鞅在秦孝公死后被旧贵族杀害，其新法仍在秦国继续推行。客观上，秦国借商鞅变法使贫穷落后的国家得到了显著的发展，并为后来秦国逐一战胜六国、统一中国奠定了坚实的基础。

　　因此，在战国时代那种"捐礼让而贵战争，弃仁义而用诈谲，苟以取强而已矣"（《战国策·刘向书录》）的殊死竞争情况下，法家思想确有相当实用之处。但是，法家缺乏人情，强调用重刑来治理国家的极端化思想对常态化的以德化民国家治理路线而言是片面的。

　　而儒家崇尚的仁德，也成为其他诸子的共识，如《庄子·天地》中有"爱人利物之谓仁"、《庄子·在宥》中有"亲而不可不广者，仁也"；《韩非子·解老篇》中有"仁者，谓其中心欣然爱人也"。然而，"仁德"在庄子、韩非的作品中，仍是常被批评的治理思想，这表明诸子思想之间的互通与争鸣。

　　从总体上看，在社会变革的宏观现实中，诸子不同的治理思想既相互争鸣，尽力凸显自身优势，同时又不可避免地暴露出自身理念、逻辑的不足与缺陷，因此，各派治理思想逐渐看到彼此的优缺点并互相取长补短，形成思想之"集大成"就成为先秦中国治理思想发展进程中的大趋势。这一历史性的"集大成"进程主要表现在各派治理思想不断克服原来的极端化与单一化倾向,进一步呈现出彼此内涵的相互渗透与完善。具体地说,我国先秦至秦汉最终成型的治理思想可总结为:儒家作为古代中国长期的官方思想,吸纳了道、法、阴阳、名诸家思想,这是当时诸家治理思想"集大成"的内核。

### 3.5 "功用性"的统筹治理思想标准

从总体上说,在先秦这一段历时数百年的历史进程中,可以分为不同的阶段。如文化方面的从思想解放、人才储备到思想体系形成的不同阶段;经济方面的从农业生产技术的发展、手工业的进步到商业日趋活跃的不同阶段;政治方面的从封建生产关系的形成、变法到建立和强化封建专制的不同阶段;军事方面的从以尊王为旗帜、结盟称霸到灭国夺地、一统天下的不同阶段。每个阶段都有着不同的历史任务,需要不同的治理思维与智慧。

具体而言,当时各国所处地域不同,有的地处中原核心地区,深受周朝礼乐传统秩序的影响,有的地处相对于中原的"边缘"地区,更易接受新的变革性思维,加之各国自然环境、经济发展、人文精神特征不同,在特定时期面临的政治、变革及安全形势与挑战各不相同,所以,各国有着极具鲜明性的自身历史任务以及不同的国家与社会治理路径选择。

因此,无论从宏观整体上,还是从微观局部上,各国政治家、思想家都需要紧密结合本国国情,切实找到为本国实际需要服务的治理思想。这样,就不难理解,当时的社会大变革、大发展的国家治理实践,既是一架强大的孵化器,使众多的新思想、新理念得以诞生和成长,同时又是一架强大的过滤器,把一切经实践检验与历史发展潮流相悖或者严重脱离实际、纸上谈兵的治理思想逐渐淘汰、过滤掉。

这是一个优胜劣汰、沙里淘金的过程。在这一过程中,最权威的"试金石"就是一种治理思想是否顺应当时的历史发展,特别是是否直接推动当时各国"定于一"的大一统大业。

中国先人的智慧决定了他们根据这一过程的不同阶段的现实需求,或者取诸子各家之长,避各家之短,形成相融相合的"集大成"治理思想的综合力量,或者以不同的重大治理问题为导向,适应性地强化和推崇某种治理思想,在功能上重构治理思想新的"功用性",突出先人们强调治理思想紧密联系实践、以实际功用性为检验治理思想适用性的标准。

本文在前面"集大成"治理思想内核一节中介绍的儒家代表人物荀子亲自入秦考察,既对秦国执行法家路线的成效大加赞扬,同时又直接指出秦国治理思想的不足一事,充分反映了当时对相融相合的"集大成"治理思想体系综合力量的重视。

当代历史学家潘岳在《文化纵横》上发表了《被误读的"百家争鸣"》一文,以近年来出土的战国简帛为直接证据进一步验证了秦以诸子各家的治理思想的"集大成"完成统一中国的历史情况。本文下面摘要了该文的几个主要观点。

在许多出土的简帛中,已经看到在秦征服六国之前,儒家与道家、儒家与墨家、道家与法家思想已经在同一场合中混同,而在一篇秦国官吏的思想培训教材文章中,竟然清楚地罗列着儒家大力标榜的忠信、悔过、和平、慈下、敬上、听谏的道德准则;写着"临财见利,不敢苟福;临难见死,不敢苟免;欲富太甚,贫不可得;欲贵太甚,贱不可得;毋喜富,毋恶贫;正行修身,祸去福存"的行为标准。

特别是,诸子自身顺应时代进步的治理思想在战国后期逐渐相互渗透融合,形成了一股推动和实现"定于一"的综合力量。突出的表现有:儒家贡献了基础性的礼仪道德秩序;法家贡献了制定法律、规则的刑德两柄;墨家贡献了"尚同"和"执一"的社会行为基准。在此基础上,在治理思维哲理层面,秦之法家设计了大一统的基层治理架构;鲁之儒家构建了大一统道德规范;楚之道家提倡了大一统自由精神;齐国将道、法融合,由"道隐无名,大音希声,大象无形"(《道德经·四十一章》)的思想产生了市场价格机制,推动了商贸活动的活跃。另外,魏韩的纵横战略治理、燕赵的军事体制等都成为秦统一六国建立中国第一个统一的封建王朝不可或缺的宝贵资源。否则,儒虽有礼乐道德秩序,但缺少在大空间尺度上建立统一的法律规制的力量;反之,法以强制的力量制造了中央集权制这样的治理体制,但缺少精神道义保证基于扎实的精神伦理基础的大一统国家的稳定形态。

从这个意义上讲,虽然秦始皇有过"焚书坑儒",但其实诸子各家治理思想已经在思想内涵构建以及被实践检验、打磨成为"集大成"思想的综合体系,并且形成当时推动历史前进的强大力量,这一力量绝不是秦王一次"焚书坑儒"运动能够彻底摧毁的。因此,就秦与其他国家诸子治理思想的关系而言,不是秦灭了其他各国以及各国的治理思想与路线,而是各国治理思想与路线的"集大成"让秦的治理路线在早期中国激烈的大一统过程中被改进、完善而重生(潘岳,2020)。

上述情况充分反映出当时治理思想家们普遍重视将自己的思想紧密与现实相结合并以在实际中的"功用性"来提高自己治理思想的适应性与生命力。

## 4 先秦时期微观运筹治理策略

治理思想不能仅仅看作一种具体的治理方法或技术,更是在整体、全局层面上的治理哲理、治理目标、治理内核与治理检验标准等思想内涵。因此,在国家治理的实践与过程中,需要把宏观层面的治理思想转换为微观层面解决具体治理问题的手段,特别是形成可执行和有实效的计谋工具,这就是微观治理运作上的"博弈运筹"策略。

我国商代甲骨文字中已经出现百、千、万位数字,后又有更大的亿(十万)、秭(十亿)等大数字。这样,表示、记录和计算大数字就遇到了困难,这时先人们发明了"筹"作为计算工具用来帮助人们计算。"筹"也称算筹,一副算筹有 271 枚。最初,通过横筹、竖筹和算筹位置的运动与摆布进行加、减、乘、除四则运算,后来还可以解答更加复杂的数学运算。由此,运筹的最初意思是运用(动用)算筹对数字进行计算得到正确的结果;到后来,更广义的是指对一个具体问题进行谋划,力图得到尽可能好的方案。因此,古时"运筹"大量表现在微观层面上体现治理思想的谋略是很自然的,并且从中显现出先人们的运筹智慧的光辉。

博弈本意是指下棋。引申为根据一定的规则,不同主体从各自允许的范围内选择某种行为策略,以在与对手的政治、军事与商业对抗、争斗中赢得对手、保护自己,取得相对满意的结果。不难理解,在先秦那段充满着激烈的社会变革、动荡与频繁战争环境中,博弈一定是治理实践的现实常态,而博弈一定需要运筹。所以,下述各领域博弈运筹案例实际上是先秦治理思想的实践载体。

### 4.1 政治博弈运筹治理策略

先秦时期前后一共有 120 多个国家,实力强大的号称"春秋五霸";战国初期有 20 多个国家,中后期经过相互兼并留有七国,称为"战国七雄"。各国经济军事发展水平不一,相互关系复杂,既要维护自身的生存,又要壮大自己,稍有实力的,都有着基本相同的"定于一"的争夺完整天下的政治诉求。因此,在处理国与国之间外交关系时,必然施以各种谋略获取自身利益最大化,这其中就包含着大量高超的政治博弈运筹策略。

**实例 1:**

商鞅变法之后,秦国国力大增。商鞅认为"以一秦而敌大魏,恐不如"(《战国策·齐策五》),他建议用尊魏为王的办法来麻痹魏惠王,从而把各国的攻击目标引向魏国。由于商鞅的离间,魏国成了众矢之的。公元前 341 年,魏国在马陵被齐国击败,实力大损,从此一蹶不振。而在这段时间内,秦国确定了削弱魏国的目标,并避免了过早同魏进行正面大战,在大力推行国内改革的基础上,做好了同魏决战的必要准备。

**实例 2:**

秦昭王图谋吞并六国,独霸中原。公元前 270 年,秦昭王计划出兵讨伐齐国。范雎此时向秦昭王献上"远交近攻"之策,阻秦攻齐。这一策略的基本运筹思想是远方的领土得不到,就先予以结交,防止其与敌人结交;近处的领土就在眼前,自然先要予以征服。范雎认为,齐国国力强大,离秦国又远,如果攻打齐国,军队派少了,难以取胜;多派军队,即使打胜了也无法占有齐国土地,不如先攻打邻国韩、魏,逐步推进。这一策略得到了秦昭王的积极推行。为了防止齐国与韩、魏结盟,秦昭王派使者主动与齐国结盟,而把斗争重点放在离秦国较近的韩、赵二国,因为韩、赵二国最近,国力最弱,稳住楚国与魏国两个巨无霸,暂时对较远的燕、齐置之不顾。

### 4.2 军事博弈运筹治理策略

先秦时期,从前期的相互争霸到后期的灭国兼并,战争频繁。据不完全统计,一共发生了 625 次战争,春秋 395 次,战国 230 次,这是早期中国由奴隶制社会向封建制社会过渡的激烈斗争的表现,如此大规模和频繁的战争也必然在战争谋略及行为运筹方面得到极高的锤炼与升华。

**实例 1:**

司马迁《史记·孙子吴起列传》:"夫解杂乱纠纷者不控拳,救斗者,不搏击,批亢捣虚,形格势禁,则自为解耳。"后人由此引申出成语"围魏救赵"。具体史实如下。公元前 354 年,魏国军队围赵国都城邯郸,双方战守年余,赵衰魏疲。这时,齐国派田忌为将,孙膑为军师,率兵八万救赵。起初,田忌准备直趋邯郸。孙膑认为,要排解别人打架,不能直接参与去打,派兵解围,要避实就虚,击中要害。他向田忌建议说:"此时魏国精锐部队都集中在邯郸,内部空虚,我们如带兵向魏国都城大梁猛攻过去,占据它的交通要道,袭击它空虚的地方,向魏国的国都大梁进军,它必然放下赵国回师自救。"齐军乘其疲惫,在预先选好的地区迎敌于归途,魏军大败,邯郸之围遂解。这便是历史上有名的"围魏救赵"的故事,示范了在战争中施以"避虚就实、以逸待劳"的运筹计谋。

**实例 2:**

春秋时期,晋国想吞并邻近的两个小国:虞和虢。但这两个国家之间关系不错,晋如袭其一,另一国必会出兵相助。大臣荀息向晋献公献上离间它们的计谋,他认为,要想攻占这两个国家,必须先要离间它们,使它们互不支持,并建议晋献公拿出心爱的宝物,送给虞公。献公依计而行。晋国故意在晋、虢边境制造事端,找到了伐虢的借口,并要求虞国借道让晋国伐虢,虞公得了晋国的好处,只得答应。晋大军通过虞国道路,攻打虢国,不到半年就取得了胜利。班师回国时,晋军大将里克装病,暂时把部队驻扎在虞国京城附近。几天之后,晋献公亲率大军前去,没多久,虞国京城就被晋军里应外合强占了。就这样,晋国又轻而易举地灭了虞国,此即"假道伐虢"《左传·僖公二年》的故事。

在先秦时期丰富的军事运筹实践基础上,产生了孙武、孙膑等伟大的军事家与水平极高的军事博弈著作《孙子兵法》与《孙膑兵法》等。《孙子兵法》又称《吴孙子兵法》,为春秋末期齐国人孙武所著,一共 13 篇,6 000 字左右,包括战略运筹、作战指挥、战场应变、军事地理、特殊战法等各类军事运筹理论,是中国现存最早的兵书,也是世界上最早的军事著作,早于克劳塞维茨《战争论》约2 300 年,被誉为"兵学圣典"。《孙膑兵法》的著作者为战国时期齐国军事家,孙武的后代。故《孙膑兵法》又名《齐孙子》,山东省临沂银雀山发掘西汉前期的两座墓葬时,发现了失传 1 700 多年的《孙膑兵法》等竹简,分上、下编,各 15 篇。孙膑的主要军事治理思想包括战争是政治斗争工具的战争观,提出了"因势而利导之"的作战原则,指出了战争是瞬息万变的,所以要及时抓住有利战机,以争取战争的胜利等,充分体现了当时战争运筹实践及经验的最高水平理论凝练。

### 4.3 农商博弈运筹治理策略

春秋之后,各国工商业逐渐发达,到了战国,工商业显现出繁荣景象,大大小小的城邑形成了,出现了市民阶层和农产品、手工业品的市场。博弈运筹思想逐渐表现在先秦逐渐发达起来的农商经营之道中,特别是如何利用自然环境、商贸往来中待人接物的行为准则以及各种计谋以避害获利。

计然是我国春秋时期的经济学家,《史记·货殖列传》记载的"计然之策",总结了他的丰富的经营管理思想,比如,他提出:"知斗则修备,时用则知物,二者形则万货之情可得而观矣。故旱则资舟,水则资车,物之理也。"他善于从经济学的角度来谈论治国方略,讲究经营地点的选择,弃官离越,往往经商。在他看来,齐地适合经营,并认为"天下之中,可以致富"及"论其有余不足,则知贵贱。贵上极则反贱,贱下极则反贵。贵出如粪土,贱取如珠玉",反映了他的"待乏"经营原则。范蠡师事计然,遂成巨富。

白圭,名丹,战国时期人,梁(魏)惠王时在魏国做官,后来到齐国、秦国,先秦时商业经营思想家,同时他也是一位著名的经济谋略家和理财家。他在经商过程中,注意观察市场行情和年成丰歉的变化,奉行"人弃我取,人取我与"的经营方法。他把经商的理论,概括为四个字:智、勇、仁、强。提出"吾治生产,犹伊、吕尚之谋,孙、吴用兵,商鞅行法"及"智不足与权变,勇不足以决断,仁不能以取予,强不能有所守,虽欲学吾术,终不告之矣"。白圭的这些经商理论,为后世商人效法和借鉴,故中国古代商人把他奉为祖师爷,《史记》中说他是经营贸易发展生产的理论鼻祖,即"天下言治生者祖白圭"。宋景德四年,真宗封其为"商圣"。

### 4.4 工程博弈运筹治理策略

农业与征战是先秦时期的两件大事。要能提供粮食这一最基本的生活资料,让百姓与军队吃饱饭,才能做其他事;其他事中最重要的便是"定于一"的征战,因此,战国中期的商鞅及后期的法家的经济治理思想都以"耕战"为中心。由于当时技术水平普遍低下,一方面,自然气象条件特别是水利条件对农业生产好坏的影响最大,因此,兴修水利工程多为了当时的农田灌溉,也有用于防洪、排洪、蓄洪、分洪等;另一方面,征战需要大规模的战争后勤保障,需要长距离的物资运输,这其中,最便捷和可靠的就是水路交通,这意味着,必要的水路交通工程关系到国家征战的胜败大事。基于以上两点,不难理解,先秦时期自然以"耕战"为导向,出现了规模空前的水利工程建设。

由于水利工程建设与地形、地势、水系、目的有着密切的关联,而当时工程建设装备、工具、技术水平都非常原始,工程建设效率低下是常态,因此,主持水利工程建设的治水官员与巧匠的系统思维与运筹能力往往是工程建设成功与否以及绩效大小的关键,特别是水利工程一般都是长寿命工程,工程方案的整体性、功能稳健性等都严厉考验着工程建设领导者驾驭工程复杂性的运筹能力。在这方面,先秦时期的先人们取得了运筹思维的杰出成就,典型的工程案例有至今还世界闻名的都江堰工程。

都江堰位于岷江中游灌县(现四川都江堰市)城的西北。岷江发源于川、甘交界的岷山,自北而南,沿途高山峡谷,水流湍急,到这里进入成都平原,水势变缓,造成大量泥沙沉积,每到夏秋季节,时常发生泛滥。

秦昭王时期,李冰任蜀守,被命设计并领导修建都江堰工程。李冰在总结前人治水经验的基础上,因势利导,本着变水害为水利的原则,设计并修筑了这一水利工程。这是一项不仅技术含量很高而且运筹思想极其深刻的水利系统工程。

从工程整体来看,都江堰水利工程布局缜密,结构科学、合理。工程主要分作三个部分。

一是以都江鱼嘴为主的分水工程,即在位于整个工程北面的江心中修筑一道鱼嘴形的分水堤坝,名为"都江鱼嘴",将江水一分为二,西侧称外江,东侧称内江。"鱼嘴"为岷江分水工程,有效地将岷江水引入内江,并以分岷江之水势,备引水之用。

二是以宝瓶口为中心的引水工程,即在内江东岸江水流经灌县城的西南角处,将岸边玉垒山之石壁凿开,引导江水东流。其开口处恰似一瓶口,故名"宝瓶口",其主要作用是将除沙后的水引入水网干道,内江水的一部分经宝瓶口东流后即分成许多小支渠,灌入成都平原。

三是以飞沙堰为主的分洪减淤工程,位于宝瓶口之西北侧,为连接内外江用石砌成的低堰。洪水时,内江水会漫过此堰,流入外江,以减少流经宝瓶口的水量;枯水时,此堰为分洪排沙工程,将泥沙排入外江,即发挥堤坝挡水的作用,逼使内江之水全部注入宝瓶口。整体上看,鱼嘴、飞沙堰、宝瓶口各司其能又互补互利,很好地完成了无坝引水、泄洪、排沙三大功能。

### 4.5 博弈运筹策略文化传播

先秦时期诸家争鸣需要广泛传播各自治理思想、文化与运作智慧,出现了大量的运筹博弈寓言故事,而讲述这类故事则成为大家喜闻乐见的宣讲治理思想的方式。这类故事大小精炼、情节生动、寓意深刻。典型的有《韩非子》这一流传至今脍炙人口的作品。

韩非,战国晚期人,出身韩国宗室。韩非子继承和总结了战国时期法家的思想和实践,因其综合了之前法家之"法""术"及"势"的思想,提出了更为完整的君主专制中央集权的法家理论,并发愤著书立说,因此,在一定意义上,韩非的历史贡献主要表现在为秦王建立统一的中央集权的封建国家提供了治理理论依据。

《韩非子》是韩非的重要著作,是先秦诸子百家中涌现出来的一部集法家学说大成的政治著作。《韩非子》共 20 卷,55 篇,重点宣扬了韩非法、术、势相结合的法治理论,其中不乏许多闪烁着运筹智慧的寓言故事,如自相矛盾(《韩非子·难一》)、守株待兔(《韩非子·五蠹》)、夔有一足(《韩非子·五蠹》)、宋贾买璞(《韩非子·说林下》)、郑人买履(《韩非子·外储说左上》)、目不见睫(《韩非子》)、老马识途(《韩非子》)、郢人燕说(《韩非子·外储说左上》)、讳疾忌医(《韩非子·喻老》)、滥竽充数(《韩非子·内诸谈上》)等。

除《韩非子》外,其他诸子也有许多充满运筹哲理的故事。这些内涵丰富、寓意深刻,既充满博弈运筹智慧又脍炙人口的经典案例出现在当时兴起的私人学堂中,灌输给不分贵贱等级(有教无类)的学生,给他们无限治理智慧的启迪,也就不难理解他们中间的许多人,因为学问渊博而成为推动当时社会进步、治国理政之"士"。

## 5 先秦时期治理思想的历史贡献

前面整体性论述了先秦时期治理思想的功能,特别是对推动当时中国中原地区由奴隶社会向封建社会过渡,并建立起第一个大一统封建秦王朝的历史性积极作用,主要观点如下。

第一,先秦时期诸子治理属性的诞生、形成、壮大、相互争鸣与集大成是早期中国一场波澜壮阔的政治、思想、军事大剧。剧情曲折复杂,关系到社会变革、统治阶级变更。其中,整体性的治理思想是诸子各派治国理政思想的"集大成"。

第二,先秦诸子通过"天人合一"的治理哲理,把"天"的客观性与人的主观性相结合,使人有了参与社会变革、推动社会进步、成就一番治理伟业的权利。

第三,以"定于一"的大一统政治目标,为各种治理思想成为推动当时社会变革、历史进步的力量而赋能,并通过为王或者国君提供国家治理的思想支撑获得现实生存权、发展权。比较而言,山东六国思想文化开放较早,并且通过不断争鸣和自身完善,属性文化的成熟度较高;而秦国居西,民风淳朴,思想开放度与多元化程度相对滞后。但正因为如此,秦国以法家思想为主流开展社会变革少了不少干扰与羁绊。秦孝公与商鞅可以聚精会神地大力推行改革,这在当时充满激烈战争的动荡社会中,为秦国客观上提供了壮大国力、战斗力与组织力的好机会,最终统一其他诸国,建立了中国历史上第一个封建集权国家。

第四,虽然诸子各家治理思想在实践中能够显现出巨大能量,但是,随着社会变革复杂性、演化性的不断增强,单一治理思想也往往暴露出适应性与鲁棒性不足的缺陷。因此,诸子各家治理思想彼此相互补充与融合以提升适应性与驾驭治理复杂性的能力,"集大成"便成为先秦时期治理思想发展的综合性潮流。治理思想的这一"集大成"趋势虽然没有来得及挽救秦王朝的灭亡,但对自汉王朝起的中国几千年各封建王朝的治理思想、中华民族文化精髓的形成都具有重大的基础性意义。

进一步地,还可以通过更加广阔的视角来探析先秦时期我国治理思想的深刻内涵。

放眼世界,无独有偶。两千多年前,地球东半球东端的早期中国与西端的古希腊几乎在同一时期出现了惊人相似的思想解放与蓬勃发展的历史现象。

我国先秦时期(公元前 770 年—公元前 221 年),正是古希腊爱琴海-色雷斯文明圈的黄金时期(约公元前 800 年—公元前 146 年),时间上几乎重叠。这一时期,中国中原地区起初大大小小建立了数百个城市国家;而在公元前 8 世纪—公元前 4 世纪,古希腊地区也出现了数百个城邦国并存的局面。几乎同时,我国先秦与古希腊思想家辈出,其中杰出思想家的思想对人类文明的发展贡献突出、影响深远,此后数千年,人类历史上再没有出现过这样鼎盛的现象。

但是,面对几乎同样的初始局面,先秦与古希腊两者之间有着根本不同的发展路径。例如,我国先秦时期整体上经历了以尊王为旗帜,结盟称霸到灭国夺地,一统天下,百多个国家趋于一;而古希腊城邦国的社会结构却一直趋于多元化,虽然城邦数量不断变动,但从未出现过趋于一的局面。个中原委十分复杂,这表现出人类历史发展路径的多样性,有着各自的合理性与规律性。但就我国先秦历史发展而言,其中,必然有其治理思想精髓的历史逻辑必然性。

具体而言,首先,虽然先秦时期各种治理思想的基础与核心形态不一,诸子各家又都各自站在不同的立场上,以自己的治理思想路线为纲领来争夺完整的"天下",但在国家意识层面的"定于一"问题上,在要不要国家"大一统"的底线问题上，却从来没有过分歧。这是早期中国先人们在国家大业中共同坚守的超越民族学意义，而升华为更高意义的所谓"中国"理念的国家意识。此后的两千多年，中国历经了 13 个大一统王朝，其中也有王朝的分裂与更迭，但不论社会如何动荡，在中国人的思想基因中，"大一统"国家理念是永恒、持续、不可断裂的根脉，并且成为中国在各种复杂环境与挫折中能够复兴、崛起和立于世界民族之林的根本力量。

其次，我国周王朝时期，知识被王与贵族所垄断，突出表现为学习和传授知识的场所（学校）皆由"官府"掌握，只有贵族子弟才有学习的资格，而传输的知识也由官府规定，此即所谓王官之学。这就从教育上杜绝了非王室贵族人员进入统治阶层的渠道。但是，西周之后或者东周时期，礼崩乐坏，王室衰败，无力维系原来的社会秩序。大批士的生存受到了极大的影响，而最易寻找的出路就是以他们掌握的"六艺"为基础知识，开办私学，教书育人，这就推动了"私学"的兴起。春秋末期，孔子创立私学，述而不作，将自己的学术思想和政治理想融入教书育人的教材之中。当时，在国与国之间，是农田和丛莽间杂的"野"，在野中居住生活的是被征服的土著居民或原部分商人，称为"野人"（谭其骧，1982）。私学使"野人"有了接受教育的机会，也就打破了"学在官府"对知识的垄断。私学客观上适应了当时社会对接受教育的需求，入学门槛不讲身份的高贵，学费也不算高，如孔子提倡"有教无类"，学生送他一串肉干（束脩）就可以听课，于是，一批批出身一般但有学问的"士"诞生并成长了起来，积极参与到当时的社会大变革、大动荡之中。他们的治理思想与社会"定于一"目标紧密相连，并为这一目标的实现提供巨大的思想力量。先秦诸子多为没落贵族或下等贵族，西周礼乐制度的崩坏迫使他们疲于生计，也关心如何建立新的秩序，更具变革社会、推动社会进步的诉求与动力；加之当时"功用性"为检验治理思想的标准，更促使诸子在社会实践行为上注重自己避免空谈，为使自己的治理思想能有用武之地，他们往往迈开双脚，不辞辛劳，奔走于各国之间，甚至献出自己的生命。

因此，可以认为，先秦治理思想的繁荣以私学的兴起为基础，私学教授学生的"有教无类"原则，使"士"甚至"野人"在私学中有了接触大量典籍的机会。私学培养了大批被诸侯大夫当作谋士而奉养的"士",他们或经人推荐或自荐,进而在某个具有相同理念的诸侯手下担任官职,尽其所能发挥直接的治理才能,著名的"毛遂自荐"就是一个典型事例。因此,私学制度的发展必然促进学术思想社会性、实践性特征的形成,使得先秦时期治理思想更以关注与解决社会发展重大实际问题为主要目的,极大改变了原来思想严重脱离政治、脱离社会和脱离实际的现象。

而在古希腊,虽然教育事业的规模很大,但基本上由城邦国家管控,教育主要是为国家培养有知识的商人与社会活动家,或者保卫国家的军人,使社会上的贵族、官员与商人子弟受到更好的教育并使其成为为国家服务的"智者"。这从以下几位古希腊著名思想家的显赫出身可见一斑:泰勒斯,出身于奴隶主贵族;柏拉图,出身于贵族;毕达哥拉斯,不仅他自己是贵族,他的学派成员都是贵族;德谟克利特,出身于富商之家;赫拉克利特,出生于伊奥尼亚地区的王族家庭;亚里士多德,他的父亲是马其顿国王腓力二世的宫廷御医。

相比之下,古希腊思想家们的研究与社会实践的关系不如先秦诸子那样紧密,他们更易于采用纯粹的思辨思维范式,特别是有些古希腊思想家自身就是数学家、天文学家、物理学家等,他们更习惯用自然科学思维方式思考思想问题。这一特征给古希腊,甚至给整个西方后来的科学理论思维范式的形成都带来了深刻的影响。例如,他们重视基础理论研究、注重理性思维的逻辑性和实证方法等,这显然有其非常积极的意义。相较之下,先秦时期国家治理的根本目的是立足于封建君主制度的长治久安,在于如何运用王权治民。因此,诸子也便缺乏对基础性科学理论探究的动力,不能不说,这一思维习惯与文化传统对我国后来长期忽视科学领域的基础理论研究有着一定的影响。

最后,必须强调的是,无论从历史逻辑、实践逻辑还是理论逻辑看,先秦时期我国治理思想及实践不仅对当时早期中国的社会变革与历史进步有着巨大的促进和推动作用,而且对中国几千年连绵不断的国家治理思想以及中华民族文化精髓的形成都具有重大的基础性意义。当然,先秦诸子各家依据自己的治理思想提出的各种治理方案与谋略,本质上都是为封建君主谋划而开出的药方,其行为目的的本质与现代民主治理有着根本的不同。这意味着,我们对先秦时期治理思想应有的态度主要是吸收、借鉴其中经过数千年考验已经成为中华民族优秀传统文化精髓的那些部分以及技术层面的某些有益的东西,而对其价值的取向是不能简单接受和套用的。

## 6　结语

中华文明如同散布在当今中华大地上空的满天星斗,比较而言,中原地区为早期中国版图上的中心区域,而先秦时期则是观察"早期中国"最具代表性和标志性的一个时段。

这一历史时段大约为公元前 770 年—公元前 221 年。从总体上说,在这一段漫长的时间里,早期中国通过发生在黄河、长江流域的社会大动荡、大变革、大发展,特别是以长期、激烈的战争形式初步实现了封建生产关系,各种变法推动奴隶社会向封建社会过渡,这是当时主流社会的全景式画卷。同时,在这一时段,中华大地上的国家治理思想与实践所表现出的强大生命力对数千年中华民族思想文化传承、发展都起了巨大的推动与"压舱石"作用。

因此,本文基本逻辑是以先秦时期的全景式社会情景和事件为基础,尊重当时"所有人"参与的治理活动与表现出的治理认知、思想与实践的大态势、大趋势;尊重那些在大态势、大趋势中涌现出来的作为当时社会杰出代表的"个别人"(政治家、军事家、工程家、哲学家等)的治理思想,以及体现思想的实践,因为现在没有谁能够做到像他们那样对当时的社会情景与治理实践有如此深切的感悟与应对,也做不到像他们那样以其自身的思想价值与精神力量推动那个时期的社会发展与治理思想的进步。

思想,不同于一般性知识、技术和方法,早期中国的政治家、军事家、工程家、哲学家们对当时各种治理实践的知识、经验的创新性思考,形成了既对实践有说明性又对实践有指导性的思维认知。这些认知对内通过一定的自洽性逻辑形成自生长、自组织、自集成能力,对外则表现出不断强大的适应性、融通性与拓展性功能,这就是先秦时期当时适应历史潮流、集大成的治理思想,也是我们中华民族甚至全人类治理思想的瑰宝。

本文采用的技术路线使我们沿着完整、有序的历史发展主线,挖掘和提炼那个时期整体性治理思想的内涵与特征,也使我们尽可能在整体与全局上理解当时的历史是怎样向前发展的,同时,当时的作为整体性的治理思想是如何深度介入与推动历史向前发展的。

全景式分析研究方式决定了我们不是简单地按照现代中国人,更不是按照现代外国人的思维框架与学科话语习惯在当今管理学概念样式下对当时的中国先人们的治理思想进行"剪裁"或做现代化包装,从而有效保留了早期中国治理思想精髓的内核。

距今两千多年的先秦时期作为历史的一页已经被翻过去了,但是,那段惊天动地、波澜壮阔的历史大剧中的治理思想是那么丰富而深邃,不仅承载了早期中国先人们的生活理念、精神追求、道德意识与家国情怀,也是两千多年前中国人治理思想与智慧的标志与载体,对中国几千年来的国家政权结构与社会稳定、历史发展以及文化精髓积淀都起到了基础性、贯通性的作用。

今天,在新的历史发展形势下,我们既要充分以国际视野,汲取人类整体性的治理思想文明,更要增强自身的治理理论与文化自信,传承、发扬、开创和发展具有中国特色、中国风格、中国气派的治理思想文明。

# 附　录

### 附录1：两个可借鉴的学术"公案"

历史现实中,早期中国学术思想与世界其他早期国家学术思想之间在很长时间内彼此相对独立、相互平行,导致在出现黑格尔所谓的东西方"文化结合"后,往往都会在某个学术领域引发一场西方学术思想与早期中国学术思想之间的"学术思想公案"。以下试举两例:

20 世纪之初，当中国哲学史以一门新的学科出现时，1930 年，金岳霖在冯友兰《中国哲学史》上册的《审查报告》中尖锐地提出所谓的"金岳霖问题"："所谓中国哲学史是中国哲学的史呢？还是在中国的哲学史呢？"（潘卫红，2004）这反映了金先生对中国哲学合法性的思考。他认为，现代哲学由西方传入中国，而在传统中国，经学君临所有学科，一切学术都依附于经学之下，所以写《中国哲学史》可以如陈黼宸那样，把作为现代学科体系中的哲学纳入儒家经学知识体系，又可像胡适《中国哲学史大纲》那样，使中国哲学史从经学中独立出来转向西学术体系，这必然产生了对西方哲学的依傍。这是 100 余年前诸位先生对中国哲学学术发展道路的探索，不能以今人之眼光简单下个对错的结论，正如蔡元培在胡适所著之序中所言，由于中国古代学术从没有编成系统的记载，因此"我们要编成系统，古人的著作没有依傍的，不能不依傍西洋人的哲学史"（吴晓明，2022）。

对此有人并不认同，如钟泰等认为中西方哲学各自自成系统，运用西方哲学话语来叙述中国哲学，就会扭曲中国哲学的本来面目，是不合理的（钟泰，2008）。他的目的是力求净化西方哲学的一切印记来体现中国哲学史的独立性。金岳霖对这种把中国哲学当作中国国学中一类学问的封闭态度并不赞同，他看到了当时西方学科体系对中国的影响是不可避免的。因此，他在《审查报告》中赞同以西方哲学作为普遍依据来研究中国哲学中与之对应的东西，即依傍西方学术有合乎现代性的意义，但不可根据西方某一哲学观点与主张来诠释中国哲学。但胡适没有能做到这一点，以致金先生说："我们看那本书的时候难免一种奇怪的印象，有的时候简直觉得那本书的作者是一个研究中国思想的美国人。"

这实际上是一场关于中国哲学史学术中主要依傍西方哲学学术体系和话语体系研究哲学学术问题的"在中国的哲学"与主要体现基于中国自主学术思想与范式研究哲学学术问题的"中国的哲学"两大类学术研究形态的学理之论辩。其中，最重要和最核心的，是以西方关于哲学的认知与学科框架为唯一标尺来度量并判定某一学术内涵和形态是否具有哲学学术的"资格"，还是认为不同的时代、不同的地域、不同的社会，有着不同的关于宇宙观、世界观、自然观、天人观这些体现哲学学术本质内核的基本问题，并有对这些问题的思想形成、观点形成、知识形成、理论形成，这在那个时代、那个地域、那个社会就具有一定的哲学思想与学术形态。

进一步地，随着时代与社会的发展，上述体现哲学学术本质内涵的基本问题无论内核、重心、形态、认知等都会转变与演化，这说明哲学的历史总是以历史的哲学的时序链作为整体形态的，任何一个历史阶段的哲学形态，从内核、内容、表述、认知在那个时代和社会都有其生命力及精神价值，都不能以后来的某种学术思维与人造概念作为统一不变的"刚性"尺度来度量不同时代、不同社会的哲学形态。

关于哲学本质属性的认定将直接关系到我们怎么看和看到了怎样的哲学，对哲学的起源和演化也就有了不同的结论。这件事也在黑格尔身上发生过。当年黑格尔在撰写哲学史时，十分重视哲学的本质属性与哲学史的关系，他不像一般哲学史家那样寻找哲学的起点，而是首先对哲学的内涵进行深刻的思考，这才在学理逻辑的主线下梳理哲学史。

哲学史上"在中国的"与"中国的"之论辩是现代中国哲学史学科发展大戏中的"开场锣鼓"，它的深刻意义在于让我们看到了大约 100 年前，中国哲学界先辈学者们就直面如此重大的学术起源和如何科学地对待西方学术思想与话语体系的问题，并给出现实逻辑和学理逻辑都清晰的基本结论。

具体地说，在这一结论下，我国关于哲学起源和早期形态的研究越来越走向范式。在辩证对待西方中心话语体系语境中的哲学史观基础上，上溯我国远古社会巫史文化、原始宗教都能够梳理出中国哲学形成的起点与路径，而至西周德能体系中，已经形成了中国哲学的基本组成部分。由此可见，关于中国哲学史的自我认知，必须充分尊重我国传统哲学基本问题和内源性发展规律，而不是简单地套用国外概念框架与定义话语。

2004 年，中国人民大学哲学系还为此专门举办了一次题为"重写中国哲学史与中国哲学学科范式创新"的学术会议，2019 年，又召开了中国哲学起源问题的新探索国际论坛。令人欣慰的是,随着这一近百年的中国哲学史学术讨论与争鸣的日益深入,中国哲学史逐渐走向发展与繁荣。

无独有偶,除了中国哲学史,探寻中国社会学的源头也遇到类似的情况。当今,国际学术界普遍认为,社会学发源于西方,而孔德是社会学的创始人,从他开始有了"社会学"这一名称。但是,是否就此就认为早期中国没有社会学呢?这一问题与前面探讨的早期中国哲学相当类似,即不应该仅仅依据某人给出的某个定义或者某个话语进行判断,而应该从作为社会学本质与精髓的学术上分析,认定早期中国是否存在中国的社会学的学术形态。

学者冯波在《探寻中国社会学的源头:逻辑与意义》一文中对此做了专门诠释,学理性很清楚。下面,根据该文的思想与观点,结合本人的体会进行简要的解读。

人类"社会"有其起源与演化的过程,但不论发展到哪个阶段,"社会"都是由"人"作为基本要素组成的整体,不同的"人"组成了"群体",不同层次与不同类型的"人"以及"群体"之间有了关联,所有的关联构成了整体意义上的"结构",任何"社会"在本质上都是这样的系统。人类的社会形态首先有它的实体形态,进而有它的经济形态、文化形态、文明形态等功能形态,也就形成了诸多不同的领域。人们在社会系统的某个领域中通过实践活动认识该领域的基本现象,总结实践中的经验并固化和提炼为相关的知识,积累并系统化、逻辑化这些知识就形成了人类在社会这一领域的理论,理论有自身的体系和学理,这就是所谓"学问"。从本质属性上讲,关于研究"社会系统"的学术(学问)就是"社会学"。

随着社会系统复杂性的提高和社会功能形态的细化,人们把研究"社会系统"的学术(学问)又分为关于社会系统的"哲学""经济学""历史学""法学"等,而把基于社会系统中人际关系、群体关系的研究社会秩序、社会运转和演化有序性、有效性的学术(学问)界定为社会学的核心内涵与精髓,这也是社会学的学术本质属性。这样的认知具有如下重要的意义。

(1)社会学的起源与演化不能简单地用某个定义甚至某个名词的出现来

界定,而应该从人类关于社会系统的实践与思维活动的互动、融通与演化的现实过程中,抽取其本质属性与特征才能找到以学术属性为基础对社会和社会学可靠的认识路线。

（2）由于人类社会系统本身在不同的历史时期、不同的地域、不同文化环境下,表现出多样性,所以,虽然社会学有着同一的学理属性,但这一同一性又会表现出学术内涵和学理逻辑的多元形态。换句话说,不同的社会文明都有着符合其自身社会系统发展规律的不同的社会学思想与学术起源和演化形态。也正因为如此,除了认为孔德是社会学创始人外,也有认为孟德斯鸠是社会学创始人。其实从上面的论述看,孔德、孟德斯鸠等都对社会学思想与学术形成与发展做出了重要贡献,但一定要认为某人是其创始人,而在其之前社会学完全"空白",这一过于简单化的推断有悖于社会学作为人类社会实践与学术活动的复杂形成事实。

（3）由于我国社会学学术界长期受西方学术话语体系的影响,在探求中国早期社会学、社会学的本土化等问题上文化自觉和理论自信不够充分,这一状况应该被反思。近年来,中国社会学学术界认为,我国战国时代荀子关于"明于天人之分"的自然观、"化性起伪"的道德观、"礼仪之治"的社会历史观等学说,提出的组织社会的关键在于"分",即社会职责的分工与社会角色的定位,只有"明分"才能"使群",而要使每个人在社会生活中各守其分,只能通过"礼"和"法"等社会规范加以保证等基本思想,虽然并没有出现现代社会学学术概念、定义、术语等话语,但其思想精髓都清晰表征了我国本土社会学传统资源已经构成了早期中国社会学思想的独特基因和根基,不能认为这些不是早期中国自主性、独创性的社会学形态。荀子的这些思想按其学术性要比孔德、斯宾塞等早2000多年,但我们也不一定非要认为荀子为全世界范围内的社会学创始人。（张清俐,2019）

上面两个关于早期中国哲学与早期中国社会学的"学术公案"都启发我们,关于早期中国管理思想的探源应该在怎样的学术思维原则指导下和应该按照怎样的研究路线开展,绝不是一个研究能力层次和具体方法层次的问题,而是体现了如何深刻反思西方学术体系与话语体系中心论对我国管理学界不恰当的影响和中国学者如何在管理学术研究中保持对中国管理实践的尊重、对中国管理经验的深度解读、对管理理论抽象的精准提炼;而不能简单地用国外现成的话语体系来"裁剪"中国情景和中国实践,更不能来"裁剪"中国历史和中国人的管理思想和价值观。

## 附录2:先秦时期全景式社会画卷

本文确定早期中国主要限定为春秋战国中原地区诸侯各国割据直至秦王朝结束春秋战国以来长达数百年混战局面,建立起我国历史上第一个实行中央集权制的大一统王朝这一时段;这一时段的主流管理思想主要为当时治国、理政、军事、经济、工程等治理现实社会生活的反映,有其确定的历史条件与物质基础,其中尤为治国理政思想的表征最具标志性;这一个时期的管理思想家往往首先是成功的军事家、政治家、哲学家、工程家或者是社会活动家,并且正是他们的这些社会角色使其自身有了参与、经历各个领域重要的治国理政实践活动的机会,成为形成他们管理思想的"底气",因此,需要我们简要描绘当时的全景式社会画卷。

夏商两朝之后的周代是中国第三个中央王朝。从社会性质而言,夏商是奴隶制度初步发展时期,而周代是奴隶制度从高度发达、逐渐瓦解到被封建制度所取代的时期。周分西周和东周两个时期,西周从武王灭商到公元前771年,历时250多年,这是奴隶制社会的鼎盛时期;东周从公元前770年到公元前256年,历时500多年。东周又分为春秋和战国两个阶段。春秋是奴隶制社会从瓦解到最后崩溃的时代;战国则是封建制社会取代奴隶制社会而初步确立其历史地位的时代,因此,春秋战国时期是中国历史上一个社会大变革时代。

作为当时社会最重要的土地制度,周代及之前,"普天之下,莫非王土","王"及全体贵族拥有所有土地,通过分配给农民耕种并由农民供养各等级贵族。

到了春秋战国时期,铁器广泛使用,公田之外,出现了对农民来说相对稳定的私田。秦商鞅变法，"废井田，开阡陌"，逐渐确立了土地私有制，动摇了原来奴隶社会的经济基础。

于是，诸侯、大夫大量占有私田，经济实力大大增强，同时靠公田制的周王室地位逐渐衰落，经济、军事实力强的诸侯便以武力兼并实力弱的，导致这类诸侯之间或者诸侯内部的战争此起彼伏、连绵不断。

为了增加收入和提供对战争的支持，最有激励作用的政策是向私田征收税赋开垦的私田以鼓励农民垦荒。鲁宣公十五年(公元前594年)颁发了相应的"初税亩"制，更进一步推动了作为封建制基础的土地制度的确立。

春秋之后，工商业逐渐发达，到了战国，工商业显现出繁荣景象，但基本上都是小规模和主要为贵族服务的如制陶、制骨、铸铜、冶铁等手工业作坊。

综上所述，春秋是我国奴隶制逐渐瓦解并向封建制过渡的时期，而战国则是封建制社会的萌芽时期，随着经济基础的变化，整个社会的阶级构成与关系出现了重大变化和重组，突出的社会景象体现在以下三个方面。

第一，原来世袭的贵族由于赖以生存的经济基础的瓦解而日趋衰败。

第二，地主阶级兴起，地主或者源于原来的贵族，或者源于致富的商人，他们充分利用私田制而大量兼并土地，并在政治上逐渐强大，甚至出现了鲁国的季孙氏、叔孙氏、孟孔氏"三分公室"和韩、赵、魏"三家分晋"以及"田氏代齐"等新兴地主阶级取代原来氏族贵族的政治事件。

第三，由于手工业的发展、工商业者的聚集和商品买卖集市规模的扩大，大大小小的城邑形成了，自然出现了市民阶级。与此同时，土地的自由兼并，使一批从公田制下解放出来的农民由于种种原因而没有自己的土地或者成为佃农、雇农，或者沦为城邑中的平民，生活状态极为窘迫。

基于本文的主题，这里特别要指出的是，这一时期的社会生活中出现了一个重要的被称为"士"的阶层。所谓"士"，基本上相当于学者、学问家，或者知识分子。士的出现，在当时有其深刻的社会背景，而社会变革的复杂性既造成"士"的阶级属性的复杂性、内涵的丰富性，又决定了作为整体的"士"对当时社会进步和明晰早期中国管理思想形态的积极推动作用。对此，我们简要地做如下分析。

（1）执政卿与君子是春秋时期"士"的主要群体。其中，执政卿多在君王左右，以其治理思想为国家大计建言献策，影响国家发展走向，而君子群体更强调自身的德行与精神修养。到了战国时期，诸子成为整个社会上最具思想深度的士的代表，他们不仅广收弟子，还著书立说，以各种方式传播自己的思想话语体系，还努力以"智囊"身份直接为各自国家奉献治国理政的思想与智慧，成为当时拥有最先进思想文化的人。

（2）春秋战国时期阶级的多元化、阶级关系复杂而变动，彼此利益对立和冲突，各阶级除了通过经济关系重组，甚至战争兼并实现自身利益外，还需要在思想文化领域确立自己的价值观，以自成的"一家之言"来制造舆论，宣传自身利益与政治主张的合法性以及武装本阶级队伍的头脑。这就要有一批本阶级的"士"来创造思想、创造学说，形成学派。由于当时社会阶级的多元化，所以，这样的代表不同阶级的"士"的种类就多，同一种类的"士"的内部还可能形成不同派别，那就更使社会上的"士"如天之繁星，各具光耀。不同时期、不同国家的士的思想往往直接为王者政术服务，把握国家发展方向，体现出极强的思想理念与实践的紧密结合。

（3）周时期，知识被王与贵族所垄断，《周礼》就明确规定"古者学在官府"，只有贵族子弟才有学习的资格，这就从教育上杜绝了非王室贵族人员进入统治阶层的渠道。东周之后，王室衰败，学府中从事教育的官员大量出走，流落社会，推动了"私学"的兴起，也就打破了"学在官府"对知识的垄断。"私学"入学门槛不讲身份的高贵，学费也不算高，于是，一批批有学问的"士"诞生并且成长了起来。他们中的杰出代表既是某个阶级的思想代表，又是某个文化学派的领袖。

例如，儒，本意是指用"六艺"来教育贵族子弟的官员，因此，儒家也成为政治上倾向保守、维护传统秩序与贵族文化的代表；墨家的代表人物墨子社会地位相对低下，接近下层社会的劳动者，因此，从自身低微的社会地位出发，墨家推崇"兼相爱，交相利"，反抗剥削压迫，以维护小生产者的一点脆弱的权力；法家则是新兴地主阶级的代表,鼓吹改变旧秩序、积极推进变法;道家主要代表了没落贵族的立场,既发泄对新的封建制的不满,又因为没落性而与社会下层接近,进而对劳苦群众有所同情;其他如名家、阴阳家、农家等,无不各自代表某一阶级的利益,又因为思想观点的不同而产生激烈争辩,这就是春秋战国时期著名的"百家争鸣"。

　　既然"士"不仅有学问和才干,又为某个利益阶级代言,这在当时社会变革中,必然有其服务的对象,除了开办"私学",教授学生外,更重要的是被诸侯大夫当作谋士而奉养,或者经人推荐或者自荐而在某个具有相同理念的诸侯手下担任官职,尽其所能地发挥自己治国理政思想的力量,著名的"毛遂自荐"就是一个典型事例。

　　春秋战国时期,士的阶层的出现与繁盛主要是因为具有极大的人才市场需求,凡自身有某一才干为社会所用的"士",必能够谋取发挥才干的机会,而且当时社会,各国诸侯对士的任用,"合则留,不合则去",因此,士的流动性极高。此外,对士的任用,主要看其才能,而不讲究其资历和出身是否高贵,甚至对过去为敌对诸侯出谋划策者,也往往不计前嫌。例如,秦昭襄王中期,齐楚两国衰败,赵勉力联合其他几国组成六国集团抗秦。社会上的士由此分为两大派系,以函谷关为界,关内秦国,主要是法家与纵横家,关外为其他六国,主要是儒、道、兵、阴阳诸家,齐国的稷下学宫为六国之士在此聚集并与秦国抗衡,儒家大师荀子在学宫连任三届祭酒,相当于学宫这所多学科国际化大学的校长。但荀子很随性地跑到秦国,一番考察之后,秦相认真地听取他对秦国治理的意见。荀子在比较秦与六国之差别后,既充分肯定了秦国的治理之道,又大胆指出秦国"缺儒"的问题,其时,秦昭王正大力推行法家,谋求霸主地位,对儒兴趣不大,荀子见状,感到与自己政见不同,遂离秦而返。有意思的是,后来战国时期两位杰出的法家代表韩非与李斯则都是荀子这位儒家大师的学生,并先后入秦为秦治国做出了重要贡献。这样的自由环境与对士的高度信任必然有利于先秦时期治国理政思想的创新与优秀人才的脱颖而出。

## 参考文献

[1] 李禹阶."早期中国"与"早期中华文明"[N].中国社会科学报,2019-09-16(005).

[2] 李小龙.没有上帝粒子就没有人类[J].中国民商,2013(12):60-61.

[3] 潘岳.被误读的"百家争鸣"[J].领导文萃,2020(23):3.

[4] 许海星,史智民,李宪增,等.虢国遗址——"唇亡齿寒"的发生地[J].文明,2002(06):105-111,6,104.

[5] 张高陵.从远古时代到辛亥革命 中国商人的轨迹与变迁(八)中华儒商始祖和经商灵魂大师[J].中国商人,2011(8):3.

[6] 张继宏.河洛文化的基本人文精神与河南创业文化的重塑[J].理论月刊,2011(06):110-113.

[7] 谭其骧.中国历史地图集 第一册:原始社会夏商西周春秋战国时期[M].地图出版社,1982.

[8] 潘卫红.金岳霖问题与冯友兰问题——关于中国哲学的合法性讨论的探讨[J].北方论丛,2004(05):96-99.

[9] 吴晓明.中西哲学比较的前提反思[J].学术月刊,2022,54(03):18-37.

[10] 冯波.探寻中国社会学的源头:逻辑与意义[N].中国社会科学报,2019-05-29(005).

[11] 张清俐.探究中国哲学起源与早期形态[N].中国社会科学报,2019-07-22(002).

[12] 钟泰.中国哲学史[M].北京:东方出版社,2008.

[13] 景天魁.中国社会学溯源论[M].北京:中国社会科学出版社,2022.

第四部分　管理的情怀与心迹

这一部分各篇主题之间的跨度比较大，但无论是对国家重大决策的建言，还是重组大学学科结构、主持重大基金项目过程中的工作笔记，甚至是为学术著作所作的序言及撰写的博物馆解说词等，无不反映出笔者对管理学术的情怀与孜孜以求的心迹，也反映出笔者对不同领域管理问题的关切与思考，这已经成为笔者一种生活习惯，也因此保持着思维的活跃和思考能力的稳定。

　　但愿人长久，千里共静思。

较长时间以来,社会上一直流传着国家拟建设烟(台)大(连)海底隧道(即渤海跨海通道)的计划,特别是,自东北振兴战略提出后,一段时间内,这一工程的规划工作更加"紧锣密鼓"。印象较深的是,那几年一到开"两会",媒体和相关人士都会发声,希望工程立即"上马"。但是,从多方面渠道传出来的消息看,对这一工程的立项规划工作又达不到这一深度不确定、高风险、重大创新型超级工程应有的规划论证质量。面对这一事关国家重大工程建设的大事,针对当时工程论证工作中主要存在的问题,我们在 2014 年年底,十易其稿,以国家自然科学基金重大项目"我国重大基础设施工程管理理论、方法与应用创新研究"(71390520)研究团队的名义向上级主管部门写了一份建议书,表达了我们对这一重要问题的深度关切,并提出了若干针对性建议。

# 历史重任　如履薄冰

## (《关于改进我国渤海跨海通道工程立项规划工作、保证论证科学性的建议书》,2014 年 12 月)

2014 年 8 月 19 日,国务院发布了《关于近期支持东北振兴若干重大政策举措的意见》,提出"下一步要加快推进渤海跨海通道工程前期工作"。

时隔不久,媒体广泛报道:"8 月底,渤海跨海通道项目战略规划研究组负责人对外透露:'渤海海峡跨海通道战略规划研究项目'已经完成。烟大海底隧道(即渤海跨海通道)的方案将以 1 个总报告和 12 个分报告的形式上报。"此消息立即引起国内外广泛关注。

虽然上述报告的详细内容还没有完全公开,但既然"规划研究项目已经完成",那么关于该工程立项的论证工作应该已经基本结束,并且许多战略性重要问题已有明确结论。但从最近该战略规划研究组负责人和一些参与单位的专家在不同场合多次介绍的基本情况和结论来看,当前关于渤海跨海通道工程的战略规划与论证工作,在论证基本原则、论证组织治理以及论证结论科学性等方面都存在比较突出的问题,例如:

(1)低估了复杂重大工程大尺度系统演化型风险;

(2)存在严重的"乐观偏差"倾向;

(3)论证队伍主要由"直接利益相关者"组成;

以上问题将严重影响该重大工程立项论证的科学性,并关乎我国当前社会经济建设的稳定健康发展和政府决策的公信度。如不加以认真对待和改进,很可能会严重误导国家对该工程的正确决策。基于上述考虑,我们根据有关媒体的采访和专题报道,特从渤海跨海通道工程战略规划的基本原则和组织治理等方面提出本建议报告。

## 1 当前论证工作中主要存在的问题

渤海跨海通道连接山东、辽宁两地,工程耗资巨大、辐射面广、复杂性强,是一项深度不确定、高风险、重大创新型超级工程。因此,该工程的立项规划和论证必须坚持对重大工程复杂性特征的基本认知,依据创新性的论证体系、运用多学科交叉理论和先进的科技手段、按照严格的科学决策程序进行。但根据已披露信息,当前的渤海跨海通道项目战略规划研究工作存在以下突出问题。

### 1.1 低估了复杂重大工程大尺度系统演化型风险

渤海跨海通道是一项建设规模宏大、工程环境和技术空前复杂、工程寿命长达百年的重大工程。工程建成后,它与周边区域将形成一个新的工程—社会—自然复合系统。这样,渤海跨海通道工程在建设过程中,特别是今后长时期的运营过程中,必将对工程区域的地质和生态、社会和经济环境造成广泛、持久而深刻的影响,表现为可能引发和涌现该区域过去和现在都从未出现过的重大自然灾害风险。这类由地质、洋流、生物、大气、人造工程等多个交互关联子系统所产生的演化型风险,使用传统工程论证的方法是难以发现和预测的。因此,渤海跨海通道工程前期规划论证工作必须充分识别与发现工程复杂性在超长工程寿命期内可能引发的新的重大潜在风险,特别是涌现的各类大尺度演化型重大自然灾害风险,这是渤海跨海通道工程论证工作面临的新的严峻挑战,任何囿于传统工程论证方法而低估这类风险的论证都是十分危险的。

例如,在地质环境方面,渤海跨海通道工程区域地质条件十分复杂,海底为沟脊横穿的崎岖地貌,地势自西向东,渤海海峡及其两岸的断裂较多。中国地震台网在 2014 年 8 月 22 日曾就渤海跨海通道项目发布信息:"郯庐地震带,北起黑龙江,南到长江,呈北东走向,纵贯中国大陆东部,延伸达 2 400 多公里,是东北亚巨型断裂系中的一条主干断裂带,历史上曾发生过多次强烈地震",目前仍处于活跃期。有地质专家比喻:渤海湾海底地质状况就像一只被打碎但还保持原来形状的瓷盘,非常脆弱经不起"折腾",对它要"小心翼翼"。而跨海隧道内高速列车超长时间连续不断运行,是否会导致渤海海底这一脆弱的"瓷盘"进一步破碎,并形成强烈地震等重大地质灾害? 对这类跨海通道工程引发的深度不确定大尺度演化型风险问题,必须要有明确的答案。这就需要在新的基于重大工程复杂性的论证思想指导下,通过一系列科学勘查、实验,获取足够的证据数据才能得出经得起历史检验的结论。

在工程寿命方面,渤海跨海通道工程是一个长达百年寿命的超级工程,在工程施工过程和今后上百年的运营中它会"激发"出哪些新的物理因素? 这些因素通过长时间的积累作用力可能会不断增强,并通过地质、洋流、生物侵蚀等作用,导致工程出现沉降、裂缝、坍塌,工程运行是否会引发地震? 针对这类问题,需要通过复杂工程质量演化分析、大规模高性能计算实验,以及多层次、多尺度、多粒度情景模拟与系统仿真等技术进行论证分析,才能逐步弄清现象和规律。在这一点上,绝不是像山东地震部门的规划论证专家说的那样简单:"我们认真查阅了这一地区历史上的地震资料……隧道工程抗震能力很强。"这实在只是一般工程地质风险论证的简单思维与方法,对于渤海跨海通道工程来说无疑是以蠡测海。

在生态环境方面,渤海跨海通道工程的施工和今后上百年的长期运营也可能对渤海海洋生态系统演化产生重大负面影响,可能会对渤海湾海洋生态环境和海洋野生生物生存环境造成巨大破坏,这些都将是一个大时空尺度下系统性生态灾害的传递—扩散—演化过程。一旦发生,它对渤海湾这样的海域封闭、水动力差、水体循环周期长和生态系统脆弱的自然系统造成的灾害性影响是巨大的,应该运用现代多学科方法进行论证研究:一是分析可能出现的潜在生态灾害,二是设计预防潜在灾害的、可靠的"防灾减灾"应急预案。

类似的演化型风险还有很多,对此我们既缺乏经验,更缺乏驾驭能力,如果在论证时严重低估它们,对于国家、社会和自然生态系统,其后果将是灾难性的。

### 1.2 论证存在严重的"乐观偏差"倾向

学术界对国内外几十年重大工程立项论证实践的调查研究发现,重大工程规划论证时,论证主体普遍存在着一种危险的低估预算成本、轻视工程风险与复杂性、夸大有利于工程上马的数据、高估工程经济收益及社会效益、主体过于自信、以工程理想化假设代替工程建设实际能力的倾向,这种倾向被称为"乐观偏差"。从总体上讲,在当前关于渤海跨海通道工程战略规划研究工作中,严重存在着这类"乐观偏差"倾向。

在客流预测上,根据人民网 2014 年 8 月 31 日的报道,渤海跨海通道战略规划研究项目组预测:到 2020 年,渤海海峡间潜在的客流量将达到 3 亿人次;按照跨海通道承担 60%～80%的客运比例,客流量将为 1.8 亿～2.4 亿人次。然而公开数据显示,2011 年,渤海湾全部客运量仅为 654 万人次,这意味着 9 年内渤海海峡间的客运量需要增长近 45 倍才能达到 2020 年 3 亿人次的预测值。9 年翻 45 倍,从目前和今后 10 年山东与辽宁两省最乐观的经济发展速度看,实在无法找到任何可靠、可信的论据。加之今后航空运输能力以及海上运输能力也将大幅提升,渤海跨海通道客流量将会更少。

以贯穿全国经济发展最为繁荣地区的京沪高铁为例,诚然今年将顺利突破 2 亿人次,但是在高铁修建以前,京沪沿线本身的客运量在 2009 年就已达到 1 亿4 千多万。难怪北京的管理专家直截了当地指出,该预测结论可能是"课题组为了推动项目尽快上马而根据投资金额倒推出来的需求数据"。

在投资回收期方面,据论证团队估算,目前项目的投资额在 2 000 亿～3 000亿,肩比三峡大坝及青藏铁路。但是,如果进一步把工程各类技术风险、经济波动、金融危机,以及工程材料价格、人力成本上涨等因素都考虑进来,整个工程所需资金将远不止于此。而在投资回收期上,一位论证负责人认为,因为设计隧道高铁时速较高,达 250 千米/小时,所以来往车辆会多,成本回收会很快,大约 12 年可以收回全部成本。这种用高铁速度推算投资回收期的方式在原理上过于牵强。

在融资方面,尽管目前在论证方案中考虑了多元化融资方式,但对于这类社会公共品属性突出、资金需求量巨大、成本回收期超长、风险又较高的重大基础设施工程来说,民营资本的介入意愿、投资持续性、撤资风险等都是非常不确定的,绝不能盲目乐观。例如,经济效益预期更好、地处经济发达地区、民营资本环境十分活跃的杭州湾大桥,建设初期民营资本占总投资比例的50.26%,建设期间部分民营资本撤出,至 2007 年 6 月 26 日贯通,民营资本只占28.64%,与前期民营资本进入过半的乐观估计相去甚远。而对渤海跨海通道工程这样的区域经济环境较弱的数千亿的投资项目,绝不能在工程投融资问题上盲目乐观;否则,如果融资途径规划不现实,可能会使中央及地方政府、金融机构及相关企业背上沉重的财政或债务重担。

在工程工期上,规划论证书预设了 6 个工作面,预计隧道打通工期为 6 年,建成需 10 年,这主要是从总工程量和工程技术效率测算出的。但是,气象专题论证表明,渤海海峡地区具有连续大风气象特点——海峡时常出现持续时间较长的大风,最长可持续 18 天,有时一个月能出现 28 天大风,这必将大大减少工程海上施工的有效时间。因此,如果充分考虑到气象因素对工程工期的重要影响与约束,工期可能要延长多年,那么,对工程经济效益、资金回收时间等的一系列论断,也就不能那么乐观。

渤海跨海通道项目战略规划研究负责人乐观地认为,这个项目能使东北"老工业区很快火起来"。众所周知,东北老工业区以大连、沈阳、哈尔滨、长春等东北工业基地为轴线,辐射到齐齐哈尔、大庆、吉林、鞍山、本溪等工业城市,覆盖整个东北三省,地域辽阔,人口总量1亿1千万。中央早就明确指出,振兴东北老工业基地涉及面很广,包括东北三省思想观念转变和体制机制创新,以及一些历史上积累的影响长远发展的结构性、体制性矛盾的解决,是一项长期、复杂和艰巨的工作,实现振兴目标任重而道远。从中央这一科学的战略论断中我们无法解读出一条海底隧道竟能马上使东北"老工业区很快火起来"的依据。

其实,国外在重大工程立项论证中的"乐观偏差"早已为我们提供了前车之鉴。英国财政部2003年曾发布报告认为与工程项目相关的评估人员几乎都存在过于乐观的倾向。英国国家审计署2013年发布的国家与地方政府投资建设项目审计报告便以"政府投资项目中的过度乐观"为题公告了政府项目风险管理的困境源于过度乐观和不切实际的期望,认为项目负责人的乐观偏差是政府项目风险和失败的重要诱因。

### 1.3 论证队伍主要由"直接利益相关者"组成

虽然参与渤海跨海通道工程战略规划研究工作的有多个部门的专家、学者,但主要是由两部分人员组成:一部分为山东等地的政府官员,以及有关省、市的半官方和民间学术团队;另一部分主要为工程施工与工程技术单位专家。一方面,由于渤海跨海通道工程对山东、辽宁两省有着直接、巨大的利益关联,当地政府对该项目的态度是积极而明确的。由此,论证队伍中有关省、市政府部门与高校容易表现出积极推动工程上马的态度,甚至有偏好地找出一些"依据"来推动工程上马。另一方面,根据媒体披露,工程施工与工程技术单位专家介入不久,就很快否定了其他如全程桥梁、桥-隧结合等技术方案,而确定了全程隧道方案。如此复杂庞大的世界级工程,仅由一家大企业专家迅速确定整体隧道方案,难免让人感到有失偏颇;而工程前期规划中过于推崇个别专家的"一家之言",只可能带来有损论证结论科学性的风险。

另外,据媒体报道,与渤海跨海通道工程有着直接而密切利益关系的地区、部门和个人,近期从不同层面、不同角度不断呼吁渤海跨海通道应尽快开工,他们公开表示:"我们将争取让这个项目进入国家'十三五'规划,并希望最早在'十三五'期间开工。"而山东省一些学者更把推动工程上马当作一项"硬任务",

表示"当务之急是将工程纳入国家'十三五'规划"。

战略规划研究负责人曾公开表示:"隧道两地的出入口已经明确下来,基本不会有什么大变化。好多房地产项目就可以开始规划了,希望尽早开工。"这不得不使人思考:催促该重大工程上马的"亟不可待"的态度背后是不是有着某些"直接利益相关者"的考虑。

面对渤海跨海通道工程这样一个如此宏大、复杂、在多个领域挑战人类工程技术高峰和具有世界级工程风险的复杂工程,是否建设?何时建设?还缺少哪些条件?资金怎么解决?怎么防灾减灾?在相当多的这些重大问题尚没有搞透彻之前,就采取匆忙、轻率地催促工程开工的态度,其原因之一就是当前跨海通道论证队伍构成存在明显的缺陷并缺乏开放、全面、严谨的态度。这样,论证专家在一种单一的决策思维和舆论环境中,又缺少从多元甚至冲突的信息中过滤、提取和完善论证结论的机制,极易因信息缺失、扭曲与偏好性选择等而出现论证结果偏差。经验表明,在重大工程规划论证队伍中,过多的"直接利益相关者"成分往往会严重影响论证结论的科学性。

当今社会是网络信息社会,媒体十分发达,重大工程论证队伍中的"一言堂"现象,既不符合当前社会民主决策的要求,又难以实现科学决策的目标。不仅会损害国家重大决策的领导力,而且会削弱政府的公信力。

## 2　主要的改进建议

根据国内外重大工程前期论证的正反面经验,重大工程"前期工作"主要是指对重大工程立项规划的必要性、可能性、困难、风险、工程经济、投融资、工程组织、管理模式以及重要施工方案等开展逐步深入的规划论证研究。为保证规划论证工作的科学性和权威性,一般都要在国家直接领导下,分层次、分阶段、分领域,集中全国各部门、各单位优秀人员,并可在适当时候邀请国外专家,集思广益地进行分析;在规划论证过程中,要鼓励独立思考,听取不同意见,进行民主讨论和辩论,从而纠正错误、追求真理、达成共识;要对一系列重大问题有序地开展研究,如果关联性前序问题没有搞清楚,就不宜提前对后序问题下结论。另外,对一些重大问题拟由不同队伍独立、并行、同等深度地进行论证和比较,而不能由一两个强势部门甚至少数个人"大包大揽"。基于国内外重大工程前期规划论证工作的基本经验和当前渤海跨海通道工程立项规划工作中存在的突出问题,我们特提出以下建议。

### 2.1 成立国家级的论证工作专职领导小组

建议成立国家级渤海跨海通道工程论证工作专职领导小组,专司渤海跨海通道工程论证工作中的重要事项决策及跨省、跨部委统筹协调工作等,保证论证工作超越省份、部门、企业的局部利益,真正站在国家战略层面上开展下一阶段的论证工作。

在专职领导小组指导下,要使有关省、市地区和相关部门充分认识到渤海湾通道工程是一项深度不确定、高风险、重大创新型的超级复杂工程;要认识到在渤海跨海通道工程论证工作中,将遇到许多国内首次甚至是世界首次出现的复杂问题,要承认我们的经验、能力和水平还有很多不足,对工程困难宁可估计得多一些、高一些,对工程风险宁可设想得周全些、深入些;要认识到我们面临的是人类历史上空前复杂和高风险的工程,千万不能操之过急,不能存有丝毫的盲目乐观倾向和侥幸心理,在许多重要风险和关键问题没有搞透彻之前,任何匆忙上马、急于开工的行为都是对国家、社会、人民和子孙后代不负责任的。

### 2.2 建立开放的多元化的论证队伍

国内外普遍认为,规避重大复杂工程论证工作中的"乐观偏差"和局部利益主导的唯一方法是论证时运用"外部观点"。具体来说,下一阶段渤海跨海通道工程的论证队伍要在目前主要由与工程有直接利益相关的地区和单位人员组成的基础上,广泛吸收全国有关地区、部门的专家人员参加,每个专题的论证队伍至少由来自两三个不同部门或地区的人员组成;参加论证的人员要能够独立思考,敢于发表意见;对于地质(地震)、环境、通道建设技术、安全、生态、工程管理等方面的分析和判断需要充分听取独立的第三方意见;要建立完善的论证组织制度和工作程序,对任何重要问题的结论,都要采取严格的科学质询制度,充分发挥各类专家咨询委员会的作用;坚持用科学的依据以理服人,平等对待和尊重少数人的意见;所有的论证结论都要有可靠的理论依据、扎实的事实和真实的数据为基础与支撑;在允许的范围内,欢迎人大代表、政协委员和社会媒体参与和监督。

### 2.3 加强整体谋划,完善论证体系的顶层设计

保证渤海跨海通道工程论证工作的质量和科学性的关键是在论证工作指导思想和原则下,充分体现跨海通道工程的深度不确定、高风险、重大创新这一本质特征,论证的重点和难点是工程超长寿命期内大尺度风险与灾害的预测、发现和相应的防灾减灾举措。为此,要由论证顾问委员会设计针对该重大工程复杂整体性的论证目标和论证体系,论证体系的设计不仅需要考虑社会、经济、生态、人文等多个子系统的交互关联性,还需要能够在决策目标、决策条件和决策准则之间体现良好的交互、接口与界面,从而能够进行目标的综合集成分析。一些新的、独特的论证目标和论证问题可能是世界首次出现的难题,更需要搞清楚、搞透彻,不能有任何一丝一毫的敷衍、回避、侥幸和简单化的态度。

另外,针对目前论证工作中存在的对不少关键问题分析深度不够、结论可信度不高等现象,要在新的顶层设计下进一步开展更深层次的论证工作。

### 2.4 贯彻科学精神,开展同等深度的多方案比对分析

在渤海跨海通道工程论证工作中,形成若干关系到工程立项和建设的全局性整体方案是最重要、最具战略意义的任务,如工程整体性技术经济与环境分析、建设方案、投融资模式、防灾减灾与应急等。对于这类专题应该遵守"多方案同等深度平行比对"的原则,在全国范围内组织不同部门和单位的高水平队伍,对不同方案进行同等深度的并行研究,不能有的深有的浅、有的细致有的粗糙,或者由一个单位同时"包干"不同方案的设计和比对,更不能出现重大问题论证的"孤案"现象。要通过同等深度比对反映出不同方案的实质区别,暴露其问题,最终实行综合评估。为了维护论证的公正性,应该由独立第三方组成方案综合评估委员会。

例如,可由中央政府成立一个权威机构,在此机构领导下,提供统一的基础数据资料,并通过多种途径在全桥、桥隧、全隧研究方面组织三个世界级顶级水

平的研究团队（可以采用中外合作联合体形式），分别就全桥、桥隧、全隧做同等深度比较，最后在完善的法规及制度保证下，通过科学、透明的机制与程序做出科学合理的决策。

回顾自我国三峡工程立项论证以来的历程，这些年来，我国重大工程决策的科学化和民主化进程大大向前推进。只要我们认真落实习近平总书记关于在制定重大决策、重大规划过程中，要充分听取各方面的建议和意见，不断推进决策民主化的指示精神，我们完全有信心把渤海跨海通道工程下一阶段的论证工作做得比历史上任何重大工程都好。

渤海跨海通道工程是中华民族在共筑中国梦和实现伟大民族复兴征程中的里程碑工程，是向全世界宣示中国人民为全世界创造人类伟大工程文明的世纪壮举。因此，渤海跨海通道工程立项论证工作需要凝聚全体中国人民的聪明智慧，特别是专业领域专家技术人员的智慧，以确保论证工作的科学性和权威性；需要国家加强对今后论证工作的领导和组织，以保证任何参与论证工作的组织和个人自始至终都站在国家、民族、人民和子孙后代长久利益的高度，对国家、民族与历史负责。

2013 年冬，经过前期一系列严格的评选程序，我们这支由 5 所高校师生组成的团队被获准开展"我国重大基础设施工程管理理论、方法与应用创新研究"国家自然科学基金重大项目研究。主持这样重大研究项目，所有的挑战、经历与过程都是"第一次"，只能多思、静思、深思，于是，将其中一些感悟作为工作笔记及时记录下来。以下为其中的第一篇工作笔记，记录了从基金项目申请直至 2014 年 1 月上旬项目开题这一时段的工作情况与思考，较细致地反映了作为一个缺乏组织重大科研项目经验的负责人当时那种小心翼翼、如履薄冰、诚惶诚恐、摸着石头过河的心态，主要目的是不断提醒自己要充分认识到主持一个重大项目并且最终取得优秀成果是一项复杂的知识创新系统工程，切不可漫不经心或者失职失责。

值得庆幸的是，在项目组所有成员的共同努力下，历经 5 年，该重大基金项目顺利结题，并被验收专家组评为"特优"。现以此写于 2014 年 3 月的第一篇笔记作为对承担这一项目难忘的 5 年的回忆与纪念。

# 博观约取　统筹规范

## （2014 年 3 月）

重大自然科学基金项目"我国重大基础设施工程管理理论、方法与应用创新研究"经提出建议、专家咨询（讨论）、双清论坛、学部立项、形成指南、公开申报、通讯评审、会议答辩等规范程序，终于明确了承担项目的团队。

站在国家自然科学基金重大项目组织与管理的高度，着眼于从项目立项到落实承担团队的全流程，总结工作过程中的一些做法与体会，尽可能思考一些重要科学研究项目前期的组织管理工作，也许能获得项目自身科学范畴之外的有意义的东西。

## 1　科学问题　厚积而薄发

国家自然科学基金委员会对于重大基金项目有着明确的学术定位，即"重大项目面向国家经济建设、社会可持续发展和科技发展重大需求，选择具有战略意义的关键科学问题"。

虽然开展科学问题研究是自然科学基金研究的基本宗旨，但对于重大基金项目的科学问题，基金会加上了"面向重大需求"与"具有战略性"的更高要求，这无疑增加了对科学问题"选择"的难度。

首先，在"面向重大需求"方面，我国重大基础设施工程建设，对于保持我国经济建设又好又快发展、促进社会经济协调发展具有重要战略意义。当前，我国堪称世界首屈一指的重大工程建设大国，一方面，我国在重大工程管理领域取得了丰富的经验和进步；另一方面，又面临着多方面的严峻挑战与难题。

从重大工程管理理论发展战略来说，正如郭重庆院士所说，在过去几十年里，我国学者的主要工作集中在引进、借鉴以项目管理为核心的国外工程管理理论与方法，从总体上看，这一阶段工作属于依据国外工程管理体系"照着讲"的阶段，但当前，我国工程管理的发展正处于一个重要的历史转折点，这一转折点的重要任务概括起来就是要从引进、吸收国外工程管理（主要是项目管理）体系的"照着讲"阶段走向直面我国工程管理实践、凝练其中的重要科学问题，开展工程管理理论与方法创新研究的"接着讲"阶段，实现我国工程管理理论研究与创新的一次提升和飞跃。这既是我国工程建设实践的迫切需求，又是我国工程管理学者对世界工程管理理论发展的历史贡献。

其次，在"具有战略性"方面，科学问题的"战略性"主要体现在学术前瞻性和前沿性以及拟研究的科学问题对于工程管理理论与方法发展（创新）的引领性。具体地说，重大基金项目拟研究的科学问题必须能够体现属于工程管理未来趋势方向、对整个工程管理理论发展具有较大程度的带动性和引导性，预期成果要有鲜明的突破性或原创性，而不能仅仅囿于某一小范围、低层次的问题研究，也不能只是对已有成熟方法的改进，而并无实质性的创新。当然，对管理

而言,在管理思想、基础理论、基本原理等方面的创新性研究的问题,无疑都是
"具有战略性"的科学问题。

以上两方面,第一方面强调了"重大问题导向",第二方面则强调了"保证学
术前沿"。两者结合在一起,完整地体现了基金会对重大基金项目"高水平"的
"顶天立地"的科学目标。

下面从项目申请者的角度谈谈对凝练"具有战略性"科学问题的体会。

一般来说,好的"具有战略性"的科学问题可能来自项目申请人的学术灵
感,对于科学问题思考的"一闪念"或学术思想"火花"的一次"闪耀",并且能够
将这一"灵感""闪耀"固化、拓展,而形成较高层次、较大带动性、较为完整的科
学问题体系,但这样的情况事实上并不多见。现实中,更常见的是通过"厚积薄
发"的途径来提出"具有战略性"的科学问题。

"厚积薄发"出自苏轼关于读书作文之心得:"博观而约取,厚积而薄发。"虽
然当初苏老先生讲的是读书和写文章的要领,其实其精神亦适用于科学研究,
特别是对科学问题的选择和凝练。

"博观",不仅是多看,更要多思考、多体会;而"约取",不是简单的"少取",
更要是"慎取""精取"。"厚积"指大量地、充分地吸收、积蓄,"薄发"则指少量
地、慢慢地释放。其实,这里主要不仅是对"量"的规定,更是对"质"的规定。为
什么大量的吸收而只有少量的释放呢? 这主要是因为只有在大量吸收的基础
上,经过认真的选择和凝练,才能形成为数不多但属于精炼的思想、观点、理念、
原理等,正是它们的属性与质量才能够保证科学问题"具有战略性"。

相反,对于重大自然科学基金项目的科学问题,绝不能仅仅读一些文献、开
几次会议、列若干提纲就轻而易举地形成,这样做一般只能是"薄积而薄发"或
"厚积而厚发",要么基本上是重复别人的思想和观点,要么是自己提不出多少
有深度、有内涵的新问题来。无论哪一种情况,都达不到重大基金项目对科学
问题选择的要求。而若要"厚积而薄发",一般都会有一个较长的积累和凝练的
过程,少则几年,多则十数年。

在这个问题上,我们有一点体会。早在 2003 年夏,我们就深入开展投资

65 亿元的苏通大桥工程建设管理研究，这与 2003 年 6 月 27 日大桥水上试桩几乎同步。在深入开展理论研究的同时，为了补上对重大工程切身理解的不足，我们住进了工程现场的简易宿舍，正式到工程指挥部上班，并"人盯人"地确定了工程师为"师傅"，使我们对重大工程管理实践与要点有了较深刻的感受。大约直到 2006 年年初，我们自我感到初步建立了以系统思想为引领，充分发挥项目管理现场执行力的多层次、整体化的工程管理学术观点，并形成了一些有重要意义的重大工程管理理论创新元素，明确提出苏通大桥工程是一个复杂系统，它不仅具有结构复杂性、功能复杂性，还具有建设管理复杂性，因此需要采用一种针对复杂系统特征的方法论来组织管理。

随后，我们紧紧围绕工程复杂性管理这一主题进行认真的探索和思考，并进一步向"深"和"实"方向发展。所谓"深"，就是进一步深入工程系统复杂性层次，并由此思考工程管理在这一层次上的许多新问题；所谓"实"，就是对复杂性管理要争取从理念、概念、原理、方法论层面向管理理论、方法、技术、工具渗透，尽量达到作业层次。力求把重大工程认识论、方法论与实践论融通起来，把管理理论、方法与应用贯通起来。

接着，从 2008 年开始，我们又承担了我国港珠澳大桥工程管理的咨询与研究工作。港珠澳大桥工程是一个连接中国香港、中国澳门与珠海三地，包括路、桥、隧、岛在内的世界级大型跨海陆路通道，无论工程物理复杂性、系统复杂性还是管理复杂性均可谓世界级的，这为我们进一步开展重大工程管理研究提供了宝贵的实践背景与源泉。

从 2008 年至今，这段时间的研究实践，让我们对重大工程管理的本质属性与理论创新的内涵以及如何向管理方法论和应用拓展都有了进一步的思考，对如何构建重大工程管理基础理论的核心概念和原理也有了初步的设计。所有这些，无疑对我们确立本重大自然科学基金项目的学术思想和凝练科学问题都起了十分重要的促进作用。

总而言之，要使重大基金项目较深刻、准确、完整地既"面向重大需求"又"具有战略性"的关键科学问题，一般情况下都需要一个较长的、在一系列前期的科学研究项目基础上逐步启发、积累、修正、完善的过程。在这个基础阶段，任何只想在较短时间内、用较少学术积累，仅仅通过"眉头一皱，计上心来"或浅尝辄止，寄希望于"灵感一闪"，就能够完成对重大基金这类大项目关键科学问题体系的精准构建，即使有，也很罕见，建议最好不要存此不现实的想法。

## 2 团队组建 质高而协同

国家自然科学基金委员会要求，对于重大基金项目，"研究队伍应具备较好的研究工作积累、研究条件和创新能力，有一批高水平学术带头人"。显然，这一要求是根据重大基金项目研究任务的前沿性与艰巨性而提出来的。

根据这一基本要求，我们在国内工程管理领域水平较高的高校内进行了交流与沟通，确定了5所不仅总体水平较高，而且研究方向既对应项目指南中各个子课题，又彼此互补的学校。

从总体上看，5所大学中有3所学校拥有3个国家重点学科，计划参与重大项目研究的30多位教师中有13位教授、11位副教授，其中，有1位长江学者、2位杰出青年基金获得者、5位新世纪优秀人才、4位海外合作教授，这一团队的核心学术骨干，年富力强，正值学术研究生命力最旺盛的年龄段。

这一团队在以往的科学研究中较好地体现出既关注理论研究，又重视实践研究，做到了理论紧密联系实际，这对落实重大基金项目"顶天立地"的科学宗旨具有十分重要的意义。

例如，项目研究团队近年来主持过港珠澳大桥、三峡工程、洋山深水港、苏通大桥工程、广州(新)白云机场等重大工程建设管理研究，又主持过多项重大工程管理领域学术层次高、理论性强的研究项目，其中，有国家自然科学基金面上、青年项目24项(含杰出青年基金项目2项、重点基金项目2项)、国家科技支撑计划2项、国家"863计划"项目2项。

在深入开展科学研究的基础上，研究团队累计发表工程管理相关论文400余篇，其中 SCI/SSCI 100 余篇，论文被 *International Journal of Project Management*，*Construction in Automation*，*Technovation*，*Journal of*

*Management in Engineering*, *Technology Analysis & Strategic Management*
等一批工程管理国际著名学术刊物收录,并获得工程管理领域的国家科技进步
二等奖、教育部科技进步一等奖、国际项目管理卓越大奖等。

　　这样一支队伍,无论是在学术水平、工作基础、创新思维、科研能力方面,还
是在投入研究的时间和精力等方面都能较好地保证重大基金项目对研究队伍
的基本要求。

　　当然,仅仅具有以上基本条件对承担重大基金项目还是不够的,基金会提
出重大基金项目需要"汇集创新力量"。"汇"从水,似水流聚集。因此,完成重
大基金项目需要研究团队中不同单位的力量聚集和协同,并形成"汇聚"性的合
力。这一要求在概念上不难理解,但在实践中要做到、做好绝非易事。因为不
同单位的人彼此背景不一、习惯不一、偏好不一,特别是能力强的"牛人"往往都
是有主见、有个性的人,要能在团队形成过程中很快地汇集、融合,需要有共同
的思路基础,共同的文化、理念与愿景。特别是,如果在研究团队的"团结""大
局"等文化问题上没有"开好局",形成隔阂,往往会消耗彼此的战斗意志,影响
团队合力的形成。

　　非常庆幸的是,我们这支由 5 所大学组成的研究团队,特别是各个单位的
学科带头人都能识大体、顾大局,并逐渐形成明晰的历史责任感。

　　当前,开展我国重大基础设施工程管理理论、方法与应用创新研究,不仅具
有重要的理论意义和科学价值,更体现了国家自然科学基金委员会及管理学部
对我国工程管理科学技术发展的关心和对我国工程管理领域学者的鞭策与殷
切期望。

　　承担并完成这一重大基金项目,是从"工程管理在中国"科学研究阶段走向
"中国的工程管理"阶段的重要标志,是中国学者对世界工程管理科学进步做出
创新性贡献的重要标志,也是当今我国学者在这一科学领域担当历史性学术责
任的重要标志。

　　我国是当今世界重大工程建设大国,创造并还在持续创造着众多举世瞩目
的世界一流重大工程。但相比而言,我国学者在重大工程管理学术研究领域,

并未取得与实践成就相匹配的成果,甚至在一段时间内,我国工程管理学术研究在一定程度上还出现了被"边缘化"的倾向。因此,在一定意义上,这一重大基金项目的立项,对我国工程管理研究领域而言,是几十年内一次难得的机遇。

无论哪一个团队承担这一项目,他们都是中国工程管理学术界的代表,正是基于这一历史责任感,我们团队的成员服从大局、遵从重大基金项目科学宗旨,不计较个人和本单位的得失,愉快地接受所分配的任务。在项目申报过程中,大家无条件地贡献自己的人员、学术思想、已有的研究资料与成果,主动联系关系密切的工程基地供大家参观学习。在讨论中,大家畅所欲言,除提出建设性建议外,还直率地提出否定性意见,正是因为有如此好的学术氛围和共同的学术价值观,才能形成整个项目团队的"协同力"和凝聚力,进而形成"1+1>2"的团队整体性力量。

## 3　总体统筹　引领而兼顾

本重大基金项目虽然包含着 5 个子课题,但绝不是 5 个独立的子课题的简单"拼盘";虽然每个子课题都有自身的研究重点和特点,但它作为项目的一部分必然与其他子课题之间有着紧密的学术逻辑与理论关联,这种关联应该是能够说得清、说得具体的,而不应只是概念性的抽象;不仅如此,这种关联还应体现在各个子课题内部研究专题之间的紧密关联上,以及项目技术路线设计与研究资源共享等方面。概括地说,重大项目要强调并做好一开始的总体统筹工作。

统筹,是通过细致合理的筹划、配置与安排,实现和保证项目的整体性、融合性与统一性。大体上说,具体有以下几个方面的重点。

**第一,做好项目拟研究科学问题(研究内容)的顶层设计。**

前面说过,重大项目不是各子课题的简单"拼盘",要做到这一点,就要扎扎实实做好顶层设计工作。顶层设计意味着首先承认项目是有层次的,如项目—各子课题—各专题,处于顶部的项目层无疑最为重要,一些全局性、原则性的规定,都应源于项目层而直接对各子课题产生引导和约束。

例如,不论子课题及专题具体研究什么问题,它们作为本项目的一个组成部分,就必须尊重本项目名称核心内涵的规定性,这一规定性其实从项目名称中的关键问题很容易看出,即"我国""重大工程"与"创新",因此,应以此为核心确立各子课题拟共同遵守的思维原则。

经过共同商讨,大家一致认为,应该从重大工程管理的关键与精髓,即"如何认识"工程物理复杂性、"如何分析"工程系统复杂性出发,开展"如何驾驭"管理复杂性及最终"如何解决"复杂性管理问题的学理链开展顶层设计,并确定设计的原则如下:

(1)指南的规定性,即遵守和服从基金指南的规定;

(2)实践的导向性,即重点研究基于中国情境的重大工程管理问题及对策;

(3)学术的前沿性,即注重科学问题的学术前沿性和前瞻性,保持研究创新的高水平;

(4)方法的先进性,即要充分注重管理方法创新原理的研究与突破。

根据以上原则可凝练出确定科学认知、突出中国情境与形成方法创新3个内核点,这3个内核点综合起来可共同支撑和实现本项目研究的整体创新,同时它们又构成了本项目学术思想的内核,并以此指导和深化指南规定的5个子课题的研究内容。

由此可见,重大项目的顶层设计本身就是一个艰苦的研究阶段和过程,忽视或简单化这一阶段工作,有可能会造成各子课题与项目学术逻辑关联的"虚化"与"先天不足"。

5个子课题与3个内核点之间数量上的不对称,恰恰说明了已经在子课题与项目之间突破了简单相加的思维,体现了子课题与项目在不同层次之间形成了整合。

第一步,一个非常重要的工作就是在3个内核点与5个子课题之间建立"3×5"阶的矩阵对应关系,使各个子课题所研究的专题内部与各个内核点对应起来。试想如果一个子课题的研究专题在某个内核中"缺位"或一个内核不能找到某子课题的研究专题,这暴露出学术逻辑上的不合理性,需要进一步改进与完善顶层设计的完备性与科学性。

第二步,要检验5个子课题之间的学术关联是否紧密,可以应用有向网络图,5个节点代表5个子课题,节点之间有着越多的双向连线,表示课题之间学术关联越紧密,换言之,重大项目的整体性就越强,这正是我们所期望的。

第三步,可以将各个子课题为基本要素构建整个项目的整体构架,如果这一构架不仅是联通的,而且构架中多次出现核心学术思想和内涵,特别是基础性概念与原理,那说明上面的顶层设计能将项目与子课题整体"罩住",这样的顶层设计基本上是成功的。

**第二,关注项目技术研发的成熟度。**

一般来说,一个重大基金项目的一个或几个子课题有信息技术的研发任务,本项目也因为"方法先进性"的顶层设计而要求对难以完全适用传统方法予以解决的重大工程中的复杂管理问题,运用现代信息技术加以研究和探索。具体地说,本重大项目就有重大工程决策情景鲁棒性计算实验与方法研发(课题2)、重大工程组织"结构—流程—行为"一体化模拟方法(课题3)、基于行为交互的现场安全系统仿真推演方法(课题4)。按照传统习惯,这些研发任务将由各自承担单位自行独立完成,但本项目总体研发对象为"重大工程",这些技术如果被成功开发,都将应用于工程建设的某个领域和阶段,所以应该有较高的成熟度。这就要求在信息技术标准、工具选择等方面尽可能保持一致性,保持接口与界面的融通性,尽量避免出现不同平台和环境之间的冲突,也就是说,从项目总体层面上看,不仅要关心能否研发成功,而且要多看一步,即尽量减少在今后实际应用中的困扰。

为此,本项目将有信息技术研发任务的几个单位组织起来专门成立了技术研发工作组,由一批专家共同协商和协调开发过程中的相关问题,明确要求今后在重大工程需要时,项目提供的几个技术系统不仅各自的成熟度要高,而且要尽可能减少用户在几个不同平台和环境中的"折腾"。

**第三,充分共享各类学术资源。**

一个重大项目由 5 个相对独立的子课题组成,并由 5 个单位承担,这在科研组织和管理上有一定的合理性,如便于日常管理等。但在当今"大科学"时代,对于像重大自然科学基金项目这类高级别科研项目,既要遵循现行的体制和制度约束,又要具有一定的柔性思维,采取一些变通的措施,以增强资源整合、共享的能力。以下措施可供借鉴。

(1)虽然一般承担某个子课题研究的单位在该研究领域(方面)内具有相对较强的研究力量和较好的研究基础,但这并不排除该单位内有个别研究人员在另外的研究领域有较高研究能力,而这一领域却是另一个单位承担的子课题。这表明,项目分工总体恰当但也存在局部"错位"的情况。这时,可以在整个项目范围内,在志愿互利原则下创造少量人员交叉以更好释放他们才能的机会。

(2)本重大项目因为具有很强的实践性,因此,稳定而重要的工程实践基地就成为项目的宝贵资源。重大工程实践基地既是工程管理实践问题、科学概念、管理原理与理论元素宝贵的发源地,又是项目研究成果,包括理论、方法创新科学性与有效性的检验、修正与完善之处,如果研究成果要拿到工程实践中去运用,实践基地也是首选之地。这样的基地资源总的来说是相当稀缺的。因此,对本重大项目而言,承担单位多年来建立起来并保持良好合作关系的几个在建重大工程就成为所有承担单位共同的宝贵资源。因此,我们通过多种渠道,包括为工程基地做好各项智力服务来换取他们对本重大项目研究的支持,特别是聘任中石化管道局局长、港珠澳大桥管理局局长等为顾问专家组成员,使本项目工程实践基地更加稳定,以发挥更大、更稳定的支持作用。另外,各子课题承担单位的案例库、重要资料等也采取共享原则。

## 4　项目启动　规范而稳健

2014 年 1 月上旬,国家自然科学基金委员会在南京召开了本项目的启动会,在这之前的大约 20 天,本项目 5 个子课题负责人在南京召开了一次预备会,除了落实启动会的一些具体会务事项外,更深入讨论了如何实实在在地做好项目的启动工作。

大家一致认识到,启动会是重大项目进入实际研究工作的开端,它虽具有某种仪式意义,但我们不能把它仅当作一项程序性的活动,而要在制度、工作及条例等方面做好一切准备,并以此为契机让各子课题承担单位进入实在的工作状态。

从总体上讲,重大基金项目启动会我们主要做了三件事。

第一,拿出项目"施工图"。如果我们把半年前提交的项目及课题申请书比作工程规则与设计图的话,启动会上我们则要交出工程施工图。也就是半年前,我们汇报了准备做什么,为什么要做,以及我们具备了哪些做的条件。启动会则要详细具体地汇报我们做的步骤,并让专家评议和提出改进意见。这样,虽然在程序上项目和各子课题负责人还要做一个汇报,但他一定不能与申报答辩时重复或者只是原来文件的简本,在这个问题上一定要能体现出"设计图"与"施工图"的差别。

差别在哪里?差别主要在于"施工图"更强调即将开始的研究工作的步骤,要清晰地描述即将启动的重要动作,而不能还只是停留在技术路线和学术思想阶段。另外,"施工图"要落实项目与各子课题的研究组织,特别是人员组织与具体分工。对第一手的工作安排要从"规划"细化为"计划",工作安排的几个重要阶段、任务、责任人与成员以及可验收的阶段性成果都不能再"雾里看花"朦朦胧胧。

第二,制定好整个项目 5 年需要遵守执行的章程。其实,"施工图"能否规范、有序、可持续性实施,要看是否有一个明确、可行、有可操作性的规章制度,考虑到项目是个统一的整体,因此,也应该有一个重大项目总体性的和各课题单位都应遵守、执行的规章制度。

其实,大约在启动会之前的 2 个月,我们已开始酝酿这一工作,几易其稿,经大家补充修改而于启动会前夕由各子课题负责人一致通过,即《"我国重大基础设施工程管理理论、方法与应用创新研究"项目章程》(简称《章程》)。

《章程》除前言外，共 6 章总计 24 条和 1 个附件。各章名称分别为"总则""项目管理组织架构""项目协调与管理""项目计划与考核""项目验收与附则"。《章程》主要是对重大项目研究期间组织架构、重要工作节点内容、常规工作安排要求等制度、要求、标准等做了明确的规定，便于项目全体研究人员有章可循和心中有数。根据项目特点和大家的要求，对设立专业工作组、制定科学行为规范、建立信息平台，以及确立项目后期工作内容等都做了具体规定。

重大基金项目研究制定《章程》是一件"新事"，关键在于遵守和执行，这是今后 5 年内的工作重点之一。

第三，风险分析与防范。任何科学研究活动都有不确定性，即都有风险。从"设计图"到"施工图"，项目研究的风险一步步凸显出来，承担重大基金项目不仅需要信心和勇气，在实际研究工作中更要多分析可能出现的研究风险，做到增强风险意识，认真分辨风险源，制定好风险防范计划。出于以上考虑，我们在一段时间内要求各子课题组针对本单位情况与子课题特点，认真梳理可能性较大的风险源，在细致分析的基础上提出相应的防范措施，从项目的整体性出发，做出风险分析与应对措施准备，主要内容如下。

风险 1：项目所依据的工程实践基地难以为继，重要的研究资料、数据来源出现不畅或中断。

应对措施：在通过多渠道争取相关工程基地、主管单位理解和支持的同时，尽力为对方多做贡献（包括智力支持、人才培养、管理咨询）以赢得对方的支持。

风险 2：理论创新中的新思想和新原理的连贯性发生"断裂"。

应对措施：加强理论创新中本质性和原发性理论元素与生长点的科学性与逻辑性论证，特别是新理论和新概念的可指导意义，杜绝仅仅针对特殊系统的具体问题而不针对一般科学问题的理论研究和缺乏实践可解释意义的理论模型。

风险 3：技术（方法）研发难以"收敛"。

应对措施：对技术（方法）研发进行概念设计，包括技术研发成本、时间、效果等，严格执行"有限目标"与实用性；避免随意变更研发计划，任意扩大研发边界。

风险 4：方法研发中出现"陷阱"。

应对措施：杜绝"唯创新"论，避免方法创新"冗余"；尽量采用成熟技术集成实现创新，而不是盲目采用科学原理尚不透彻的新方法。

风险5：研究力量难以保证。

应对措施：在5年时间内各承担单位牢固树立以本项目为"头等"研究任务的意识，收缩其他特别是横向科研任务；在研究生力量部署上，向本项目倾斜；加强国际合作等。

风险6：科研经费不足。

应对措施：本项目下拨经费严格执行"专款专用"，并争取获得一些其他渠道的资助等。

风险7：各级负责人能力不足。

应对措施：各级负责人要始终如一地在研究第一线工作；积极争取基金会和顾问专家组的指导；实行学术民主，发挥全体研究人员的积极性；向工程界专家请教。

虽不能说以上对风险源的分析完全准确，也不能认为相应的应对措施十分有针对性和有效，但在重大项目开始之时，研究团队特别是负责人头脑中树立研究风险意识和防范准备，总是一件好事。

启动会结束的当天，项目各子课题负责人及专家研究骨干立即开会，进一步研究了如何落实启动会上专家们的建议和要开展的工作，经认真讨论，制定如下计划：

（1）国际合作工作组牵头调研等制定2014年上半年有针对性的国际学术访问，构建重大项目研究的国际合作平台；

（2）各课题近日（春节前）召开工作会议，将启动会精神传达到所有研究人员，并切实制定好2014年工作计划；

（3）由南京大学研究团队负责在3月中旬完成项目内部信息交流平台的设计和"重大工程项目管理研究"网站的创办，争取3月份得以启用。

丁荣余研究员因为先学习哲学,又攻读了管理学博士,因此,通常把一般性行政工作当作科学研究来做,并且在其中体现了浓厚的哲学思维与丰富的思想内涵。2018年,他根据对江苏省创新体系现状与问题的深入调查,出版了《创新力场:江苏创新生态系统的提升之道》一书,该书为江苏人民出版社凤凰文库智库系列中的一本。本篇是读完该书稿后遵嘱写的序。

# 创新生态　演化有序

（丁荣余研究员著《创新力场:江苏创新生态
系统的提升之道》序言,2018年6月）

荣余同志的一本关于江苏创新生态系统的著作作为江苏人民出版社智库丛书系列中的一本出版了,这件事本身很有意思:因为江苏人民出版社创立该系列本身就是一项创新之举,而"智库系列"也就成为该社"出版生态系统"中的一个"新群落",这和荣余同志新著的主题不谋而合了。

近年来,我国智库如雨后春笋,发展很快,作用也不小。这是我国治理体制与治理能力现代化的体现,也体现了我国决策科学化、民生化的进步。

智库是生产智慧、生产思想的研发型咨询机构,其生产过程要以调查、分析、比较、反思、判断、运筹为基础,本书搜集的大量数据、信息、资料、事实以及案例如同一块块"砖石",正是构建书中许多真知灼见的政策和建议的坚实基础。本书中的许多结论让人感到接地气、立得起、站得住,也主要因为这一点。

智库书不同于一般学术著作,其目的不完全是进行理论研究,而是要在大量事实与透彻研究的基础上,提出新的思想与建议,并且要尽可能使这些思想与建议转化为可操作的决策方案,即智库研究成果要力求在实践层面上"落地",而且整个过程要以提供咨询建议的方式展现出来。

"咨询"两字是很有内涵的。首先,智库提出新的思想与建议,是给决策者做参考、当参谋的,不能僭越自职、替代决策,一般只有"次要"的话语权,此为"咨";而"询"告诫我们,提出新的思想与建议,要好好下一番功夫,例如至少研究"一旬"以后才敢"言",此为"询"。从本书的话语体系、论述方式、思维逻辑都能看出,本书作者能够把握住这一分寸。

关于"创新生态系统"的研究,已有数年,并已取得不少成果。但总体上看,成果多属学术型研究,一些研究存在对"生态"把握不够,从而使"创新生态系统"退化为"创新系统"。事实上,"创新生态系统"其核心是基于人类创新社会实践活动的具有"生命力"和"进化力"的环境与平台。"创新生态系统"作为人造复杂自适应系统,它既具有"开放""共生""演化""涌现""不可逆""自组织"等复杂性行为,又有以实现该系统"有序""发展""进化"的人的"他组织"调控行为。这是一种既由"系统外"构造又由"系统内"生成的复杂系统观。

荣余同志在这本书中所研究的关于创新生态系统的"提升之道"就是这种新复杂系统观的体现。他在这里把"创新生态系统"的"自组织"与"他组织"融为一体,并且着力于如何通过"他组织"来实现"自组织"系统的有序进化,以持续涌现出创新能力来。

在这一点上,"自组织"是创新生态系统自生长、自演化的客观规律,故而是"天"之道,而"他组织"则是人对创新生态系统的引导、管理和协调,是"人"之道,两者的结合,体现了中国哲学的"天人合一",这是创新生态系统和谐、可持续发展的最高境界。所有这些,都应当在我们研究创新生态系统的范畴之中,而之前不少类似研究在这方面显得相对不足。

荣余同志这本著作既有理论与思想的创新,又有政策与管理的落地,这符合现代智库以研究为基础,又承担着资政启民的宗旨与精神。书内信息量丰富、观点新颖、不空不乏,一本严肃题材的书读起来却很有故事感,文字也很流畅。

应该指出,"创新生态系统"比"创新系统"不知要复杂多少,这主要是因为"生态"是"有生命""自组织""有序"和"演化"的,这其中许多理论问题还没有完全搞清楚;另外,创新生态本身又包含着丰富的文化内涵,江苏的创新生态必然会深深打上江苏文化的烙印;还有,以互联网、大数据与人工智能为代表的现代信息技术对创新思维的巨大冲击都是我们必须重视的。所以,生态系统的自组织机理、江苏文化的以"文"化"人"的作用以及现代科技的重大变革等都将是今后进一步深化研究江苏创新生态系统的新课题。

　　我们期待荣余同志在这方面有新的研究成果。

曾赛星教授等著的《重大工程决策治理与风险管理》一书是其主持的国家自然科学基金应急项目"面向国际化的重大工程战略决策体系研究"的成果之一。该书聚焦于重大工程管理中的决策治理和风险管理问题与能力的提升,这恰恰是重大工程管理领域中的两项综合性"大事",驾驭大事,需要上乘能力,因此,在本书序言中以此作为主题。

# 大事驾四　上乘能力

（曾赛星教授著《重大工程决策治理与风险管理》序言,2020 年 5 月）

当今,重大基础设施工程(简称重大工程)建设已成为世界各国发展的强大推动力与国之竞争的利器,工程建设规模与水平也成为一个国家核心竞争力的重要标志。目前,全球范围内重大工程建设方兴未艾,用于重大工程建设的投融资规模空前高涨,经济学家称此为人类"史上最大的投资增长期"。

中国是当代世界上最大的发展中国家,无论是重大工程建设总数,还是重大单体工程的规模都在全世界首屈一指,青藏铁路、港珠澳大桥、北京大兴国际机场等都可谓当代世界级的"超级"重大工程。随着国家现代化进程的进一步加快,一批如川藏铁路等新的重大工程也即将逐一成为宏伟现实。

重大工程理论与实践都告诉我们,在重大工程全方位与全过程的管理活动中,决策治理和风险管理最具复杂性与挑战性,也使应对和驾驭它们的能力成为管理主体最具标志性的"上乘"能力。所谓"上乘",即为高强。《左传·哀公十七年》:"兵车一辕而二马夹之,其外更有二骖,是为四马……盖以四马为上乘,两马为中乘。大事驾四,小事驾二,为等差故也。"中国古人很有哲理性,对问题看得很清楚,认为能力之高强,主要不在于单元性本领,而在于对"大事"整体性的驾驭，凡能够"大事驾四"者其综合能力必定高强，此即"上乘"。具体而言，驾驭四马的"上乘"者，不仅要有一般的选兵秣马技术，从不视信马由缰为行为规范，而且要能够协调兵车四马的步伐，辨明道路方向不致"南辕北辙"，甚至有孙膑与齐威王赛马而胜之的谋略等综合性运筹本领。

在重大工程管理体系中，决策治理和风险管理就是这样极其复杂的综合性运筹"大事"，管理主体应对具有驾驭工程管理整体复杂性的"上乘"能力。本书作者正是紧紧抓住了重大工程管理体系中决策治理和风险管理这两个关键问题，聚焦如何提升管理主体驾驭复杂整体性这一"上乘"能力进行全面阐述与解读，应该说，这体现了本书作者眼光的独特之处。

例如，重大工程决策治理与决策管理是两个不同层次、有着不同内涵的概念。重大工程决策治理主要是指引导、规范和保障重大工程决策事务赋能合法合理、科学民主、程序规范、协同制衡的制度体系与行为准则，重点是保证决策活动主体的决策事权（治权）、事能（治能），以及执行力的科学配置、相互制衡及全过程监督管理。因此，决策治理是一个比决策管理更丰富、更深刻、更复杂、更具厚重感和层次更高的新概念，对重大工程决策事务与决策质量而言，决策治理更具引导性、基础性和保障性。从当今重大工程管理主体实际能力状况来看，相较于决策管理，决策治理能力更显不足，所以，提高主体决策治理能力确为当务之急。

又如，关于重大工程风险管理，本书作者充分考虑到源于复杂性的重大工程风险形成、发展、演化特征，避免用一般还原论思维的风险源分类与统计分析方法，而是采用了基于复杂性情景的重大工程风险分析方法，并且对传统的技术风险、投融资风险做了进一步拓展，安排了重大工程全景式跟踪审计研究，这都是本书与时俱进的创新之处。

本书是国家自然科学基金应急项目"面向国际化的重大工程战略决策体系研究"的成果之一，上海交通大学曾赛星教授不仅是该项目的主持人，也全面负责了本书的策划、架构设计及总体编写。他直接组织、筹划和参与了该课题的科学研究工作，故对课题研究成果有着透彻的了解；在此基础上，再进行本书的策划与编写,这就保证了课题质量与本书质量的连贯性和一致性。

　　由多个单位共同完成的课题的最终研究成果,不能仅仅是各自成果汇集而成的论文集,而应该是课题同一学理逻辑性的再一次综合,是课题研究最后阶段的再一次升华,应该把这一阶段的成果汇总工作看作课题研究本身的重要组成部分,是对课题研究的"二次开发"和"再创新"。本书体现了这一点。

　　在当今这样一个世界大变革时代背景下,全球性的重大工程建设的快速发展必将涌现出一系列关于重大工程管理的新思维、新理论和新方法,并且会迅速催化和推动重大工程管理科学体系,包括学理逻辑、理论体系、方法体系、话语体系的变革。特别是,尖锐的国际斗争已经从政治、外交、军事和经贸延展至重大工程建设领域,因此,我国工程管理学界需要扩大和深化传统的工程管理学术范畴,发挥好高端智库作用,为国家重大工程建设决策治理和风险管理提供更多、更深刻、更及时的理论与政策建议的支撑。

从 2002 年到 2008 年，我有幸带领团队参与了江苏省苏通大桥的工程管理研究，直至大桥竣工通车。对我个人而言，苏通大桥是个大学校，在这里，我们向工程师和工人们学理念、学技术、学知识，学建设者们的劳动精神与家国情怀，当你在桥头远眺烟波浩渺长江口的这座"东方巨龙"，而身边人海中又看不到一位当年的建设者时，你明白了什么是伟大的默默无闻的英雄。他们是我离开学校多年后的一批好老师。十多年过去了，我们仍然念念不忘。

苏通大桥竣工通车了，在桥头堡的一块空地上，盖了个博物馆，大桥建设指挥部的领导本着"尊重科学、尊重劳动"的价值观，请工人代表在醒目的纪念墙上按下了手模，此举令人动容。

博物馆里设计了一个展示室，向来访者展示大桥的建设历程。大桥指挥部领导要我为博物馆写点说明词，即使我文字水平有限，也会义不容辞地接受这一任务，我有这份责任，我不能不讴歌这座大桥的宏伟和所有建设者的豪迈。和工程师、工人们一起工作、生活的五六年的场景重新从眼前掠过，由此，对大桥建设者们的崇敬化作这镌刻在博物馆墙上的文字。

# 百年期盼　一朝梦圆

（苏通大桥博物馆说明词，2008 年 5 月）

## 总　序

千年梦想，百年期盼，十年奋斗，一朝梦圆。

跨长江，通南北，苏通大桥这座当今世界最大主跨、最深基础、最高桥塔、最长拉索的现代化特大型"头号"斜拉桥梁工程，经历二千二百多个日日夜夜，凝聚一万多建设者的心血与奉献，于公元二〇〇八年四月胜利通车。

旭日东升，大浪淘沙。苏通大桥似长虹贯日、落霞卧波，桥下千舸竞发，桥上万车奔流。

巍巍工程昭显民族之大任，国力之强盛。

## 建设历程

公元二〇〇二年十月，苏通大桥奠基。二〇〇三年六月，隆隆的钻机轰鸣，向全世界宣告，苏通大桥正式开工。

江宽岩深，牢牢插入江底的四百一十根群桩为镇滔滔巨浪的"定海神针"。

风大浪急，巍巍耸立蓝天的三百米桥塔成挽片片白云的"擎天巨人"。

经历六年风雨兼程，二〇〇七年六月，大桥顺利合龙，二〇〇八年四月，苏通大桥正式通车。这是中华民族一次穿越千年梦想、百年期盼的伸展，一次震撼世界桥梁工程历史的跨越。

盛世建桥。桥，水之梁。昂然挺拔的苏通大桥，中国人民的钢铁脊梁。

## 建设风采

经历岁月沧桑，大江作证：心系国家荣誉、满怀奉献精神、肩负报国重任、坚持人本和谐，来自祖国五湖四海的建设者用智慧、责任和双手托起了苏通大桥这一腾飞的"东方巨龙"。

让我们讴歌大桥工程决策者高瞻远瞩的豪迈，工程设计者描绘绚丽蓝图的恢宏，工程管理者审时度势的睿智，技术专家挑战"极限"的勇气，监理人员一丝不苟的严谨，更讴歌广大一线工人烈日下双手拧出的汗水，寒风中眉梢凝结的冰花。

## 建设成果

最大主跨、最深基础、最高索塔、最长拉索，我们有一座凝聚人类科技成果和建设者智慧的科技之桥；

以人为本、环境友好、公廉己任、综合集成，我们有一座落实科学发展，探索工程管理创新的和谐之桥；

　　崇尚劳动、为民造福、尊重科学、勇于创新，我们有一座传承优秀文化和彰显现代文明的人文之桥；

　　圆梦于人民，服务于人民。我们用丰硕的工程建设和管理成果谱写了中华民族在世界桥梁工程史上永恒的壮阔篇章。

苏通大桥，国内几十座跨江、跨河、跨海、跨峻岭峡谷长大桥梁，以及南海之滨的港珠澳大桥的建成，不仅让我对我国现代桥梁，更对我国重大工程建设有了越来越深刻的认识。当初，站在三峡工程大坝坝根最底处仰望高不可及的蓝天时，真的很难把它与多年后连成一排的三峡发电机组群联系在一起，这就是工程的伟大！

中华民族的重大工程，非神州不足以成其大，唯盛世方能够毕其功。

在《重大工程管理基础理论——源于中国重大工程管理实践的理论思考》中文版出版之际，我首先写下了下面这一献辞。

# 神州盛世　国之脊梁

## （2019 年 7 月）

岁月如歌，天地为证。

万里长城、都江堰、大运河水道……炎黄文明，功垂千秋，非神州不足以成其大。

三峡枢纽、青藏路、港珠澳大桥……华夏复兴，雄视全球，唯盛世方能够毕其功。

俱往矣，中华民族以绵延不绝之巍巍工程穿越千年风雨，梦圆百代期盼，向世界昭显国之伟业、民之大任。

谨以此书，献给——

铸写中华工程长卷、演绎惊世风采新篇的杰出贤俊；

骄阳跋山汗挥如雨、寒冬涉水霜凝眉梢的大国工匠。

工程是身躯，系统是灵魂，你们是脊梁！

写于《重大工程管理基础理论——源于
中国重大工程管理实践的理论思考》中文版扉页

以下是为2017年纪念大学毕业五十周年同学聚会写的邀请函。虽然仅仅过去了五年，但时光荏苒，对我们这样的耄耋老人来说，这样的聚会无论规模、内容、话题都不可能完全再现了。这不只是一次同学聚会，更是我们这代人对时代与岁月的记忆。谨把这封邀请函录于下，作为对生活历程的静思与怀念。

# 天涯守望　情系桑梓

（南京大学数学系1967届同学毕业五十周年聚会邀请函，2017年8月）

各位同窗学友：

孟秋之日，万物并秀。

这一封给你的殷殷家书，想必唤起了你天涯守望、魂牵梦萦的乡音乡愁；唤醒了你情系桑梓、共叙故谊的乡情乡谊。因为，无论你在何方，南京大学永远是我们共同的青春故乡。

五十年，弹指一挥间。

1962年考入南京大学，是我们人生历程中的重要"拐点"；

1967年，当我们走出校门，时代让我们面临着不同的人生抉择与命运沉浮。真所谓"人生轨迹，全在曲线弧度中；岁月履痕，尽含加减乘除里"。

今天，当我们再度缓步校园，放眼远眺：夕阳的余晖下，北大楼斑驳的高墙上，肆意攀爬的藤蔓依然如五十年前那样，坚忍不拔地伸展着生命的翠绿。

五十年，岁月蹉跎、红尘邈远，逝去的年轮留给我们太多的沧桑冷暖、阴晴圆缺；更在我们心底沉淀下对母校深深的眷恋、对恩师无尽的感激以及对同窗重逢的期盼。

"青青子衿,悠悠我心。但为君故,沉吟至今。"

俱往矣,如今相聚在即,这是我们五十年难得一次的回望!

让我们再一次一起走过,从数学系小洋楼到本科生大食堂;让我们再一次一起追忆,从艰苦岁月中的师生情缘到那被时光碾碎的似水年华。

秦淮桨声轻曼,牛首灯影璀璨。

须兰月廿七:曲终、人散尽;何日君再来。

我们,在南苑等你……

# 后 记

本来，一直计划着《管理静思录》收录的文章尽可能完整些，如果最近出版，以后的文章就不在其中了，这不能不说有点缺憾。但想想凡事哪能没有一点缺憾呢？笔者一介布衣，又近耄耋，眼下尚未老眼昏花，思维也算清晰，整理出一本《管理静思录》，总比到了老眼昏花，想做点什么又扛不住浑浑噩噩无能为力要好。所以，在笔者带领团队创建南京大学工程管理学院 20 周年的 2021 年完成初稿，之后 2 年又做了一些增删，2022 年定稿交给出版社编辑，2023 年与大家见面，总算了却了一桩生于 1944 年老人的心愿。

细想起来，《管理静思录》于 2022 年定稿，的确有着一些"逢十"数字的特别寓意：

2022 年是笔者母校建校 120 周年，也是笔者入大学 60 周年；《管理静思录》所收录的文章都是笔者 60 岁以后，特别是 70 岁以后的感悟；本书第二部分的核心内容主要为笔者从 2002 年苏通大桥开始到 2021 年港珠澳大桥工程管理理论研究结束整整 20 年的重大工程管理研究成果；本书最后一篇短文正好是笔者为大学同学纪念毕业 50 周年聚会写的邀请函。按中国传统文化习俗，"逢十"代表了圆满。当然，这只是文化上的寓意，而静思则是人们争取圆满的思维方式。

上述数字中有两个数字要做点解释，那就是 60 与 70，宜把它们看作两个时间段的起点，而不仅仅是两个时间点，在一定意义上，它们具有笔者学术研究生涯的特征标志。在做学问的道路上，不少有成就的人，他们在青年或者中年时就大有成就；而我是 60 岁之后才形成一些学术思想，70 岁之后学术思想才逐渐有些深度。其主要原因是，到了这样的年龄，生活阅历多了，思考更为冷静，比较容易体验到学术话语表面后的思想本质及内涵，比较容易将它们融会贯通或者识别貌似管理新学问、新热点，实际是"造新词"的学术内卷化并保持冷静。因此，到了一定的年龄后，尽量留些时光给自己"静思"是十分必要和有意义的。试想，一个读书人，忙忙碌碌了几十年，老了，如今"在宁静的时间里思考，容易融入一种恬淡的境界，少了许多羁绊，用多年的风雨阅历做基石，写下些许感悟，会比年轻时更真切、更豁达，不叹老，不悲秋"。这是一笔多么巨大而珍贵的学术思想财富！

需要说明的是，本书之各章节内容，如果以单篇文章为单元，可分为两类，一类是曾经在报刊上发表过的，这部分为文章集结；另一类是过去从未发表过的。后者比较简单，前者又可分为两种情况，一种是笔者为文章的唯一作者，另一种是笔者为文章多位作者中的第一作者与主要执笔人，这样的文章在本书中都保留了其他作者的全部信息，以示尊重其他作者的贡献并对他们表示衷心的感谢。另有一些文章，即使笔者是主要执笔人，但因不是第一作者，一律都没有收录到本书中。

静思数十载终成本书，可以想见，需要"屏蔽"掉多少杂事与干扰。夫人李力女士一直静静地承担着无数家庭事务的重担，为本书问世创造了良好的环境与条件。在此，向她深表谢忱。

《管理静思录》在南京大学出版社出版，主要是在过去与出版社的合作过程中，深深感受到出版社领导与编辑那种以"学术为本，精品为魂"的文化价值与高雅的书卷气，他们在工作中表现出的为作者（实际上也是为读者）的周到、精细的服务让笔者体验到一种高尚的文化享受。

向本书编辑及所有对本书做出过各种帮助的人们表示衷心感谢。

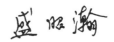

于石头城　　2022 年 7 月 29 日